경영학 에센스 8th edition

Essentials of CONTEMPORARY MANAGEMENT

GARETH R. JONES | JENNIFER M. GEORGE

경영학 에센스

Essentials of CONTEMPORARY MANAGEMENT 8th edition

곽원준 | 김성훈 | 김장훈 | 송영화 | 안성익 | 윤현중 | 이준우 | 조윤형 옮김

McGraw Hill

MEDIA JIPHIL (주)지필미디어

Essentials of Contemporary Management, 8th Edition

1 2 3 4 5 6 7 8 9 10 JP 20 21

Original: Essentials of Contemporary Management, 8th Edition © 2019
Gareth R. Jones, Jennifer M. George
ISBN 978-1-259-92765-2

This authorized Korean translation edition is published by Jiphil Media in arrangement with McGraw-Hill Education Korea, Ltd. This edition is authorized for sale in the Republic of Korea.

This book is exclusively distributed by Jiphil Media.

When ordering this title, please use ISBN 979-11-86674-79-6 (93320)
Printed in Korea

경영학 에센스 8th edition

Essentials of CONTEMPORARY MANAGEMENT

발 행 일 2021년 2월 28일
저 자 Gareth R. Jones, Jennifer M. George
역 자 곽원준, 김성훈, 김장훈, 송영화, 안성익, 윤현중, 이준우, 조윤형
발 행 인 김성남
발 행 처 (주)지필미디어

주 소 경기도 파주시 문발로 115 세종벤처타운 404호
전 화 (031) 957-4504
팩 스 (031) 957-4503
이 메 일 book@jiphil.co.kr
홈페이지 www.jiphil.co.kr
등록번호 제 312-1997-000043호 (1997년 7월 16일)

ISBN 979-11-86674-79-6 93320
편 집 (주)아작
정 가 34,000원

저자 소개 | Authors

Gareth Jones

Gareth Jones는 현재 미국 텍사스 주 휴스턴에서 비영리조직의 경영문제에 대한 프로보노 자문을 수행하고 있다. 그는 학부에서 경제심리학을 전공했고, 영국 Lancaster 대학에서 경영학박사를 취득했다. Texas A&M 경영대학에서 교수생활을 했으며, 이전에는 Michigan 대학과 Illinois(Urbana-Champaign) 대학, 그리고 영국 Warwick 대학에서 학생들을 가르쳤다.

그는 전략적 경영과 조직이론 분야에서 지속적인 연구를 수행했으며, 특히 거래비용 분석을 통해 다양한 형태의 전략적 행위와 조직행동을 설명하는데 두드러진 연구성과를 나타냈다. 또한 2010년대에는 경쟁우위와 정보통신기술간의 관계에 대해 복잡하고 변화하는 현상들을 연구했다.

그는 자신의 많은 연구결과들을 *Academy of Management Review, Journal of International Business Studies, Human Relations* 등과 같은 권위 있는 저널에 게재했다. 그는 또 다양한 조직기능에 있어서 정보통신기술의 역할에 대한 논문을 *Journal of Management*에 발표하기도 했다. 그의 논문은 *Academy of Management Journal*에서 베스트 페이퍼로 선정되기도 했고, *Academy of Management Review*에서 가장 많이 인용되는 연구자이기도 하다. 그는 *Academy of Management Review, Journal of Management, Management Inquiry*의 편집위원으로 활동하고 있다.

Gareth Jones는 자신의 학문적 지식을 경영학 교재로 출간해 왔으며 크게 조직행동, 조직이론, 전략적 경영 등 세 분야에 집중하고 있다. 그의 저서는 복잡하면서도 현실적인 이슈들이 학생들에게 명확히 전달될 수 있도록 혁신적인 최신의 내용을 담고 있는 것으로 널리 인정받고 있다.

Jennifer George

Jennifer George는 Rice 대학의 학부와 대학원에서 경영학 및 심리학 교수로 재직 중에 있다. 그녀는 Wesleyan 대학에서 심리학과 사회학을 전공했고, 석박사 학위는 New York 대학에서 취득했는데 석사는 재무관리, 박사는 경영관리와 조직행동을 전공하였다. Rice 대학에 근무하기 전에는 Texas A&M 경영학과에서 교수로 재직했다.

그녀의 전문분야는 조직행동이며 특히 작업장에서의 기분과 정서를 중심으로 그것의 결정요인 및 개인과 집단수준의 작업성과에 미치는 영향에 대한 연구들이 유명하다. 그녀는 다수의 논문들을 *Academy of Management Journal, Academy of Management Review, Journal of Applied Psychology, Organizational Behavior and Human Decision Processes, Journal of Personality and Social Psychology, Psychological Bulletin* 등과 같은 권위 있는 학술지에 발표하였고, 여러 저널에서 우수논문상을 수상하였다. 그녀는 *Journal of Applied Psychology, Academy of Management Journal, Academy of Management Review, Administrative Science Quarterly, Journal of Management, Organizational Behavior and Human Decision Processes, Organizational Science, International Journal of Selection and Assessment, Journal of Managerial Issues* 등의 편집위원으로 활동하고 있고, SIOP의 *Organizational Frontiers Series*의 편집위원을 역임하기도 했다. 그리고 *Journal of Applied Psychology*의 부편집위원장이다. 그녀는 다양한 국제적 학회의 정회원으로 활동 중에 있으며, *Understanding and Managing Organizational Behavior*라는 저서의 공동저자이기도 하다.

저자 서문

Authors

이 책은 *Essentials of Contemporary Management*의 제8판으로 기존의 주요 내용들을 유지하면서 전 세계에서 발생하고 있는 새로운 경영현상들을 추가하였다. 그리고 이 교재를 사용하는 교수와 학생들의 피드백을 반영하였다. 비즈니스가 직면하고 있는 크고 작은 기회와 위협들에 초점을 두고 시기적절한 예시들을 제시하여 학생들에게 도움이 되도록 하였다.

경영자들과 종업원들이 직면하고 있는 전략적·조직적·인적자원의 도전들은 더욱 복잡해지고 다양해지고 있다. 대부분 조직들에서 모든 계층의 관리자들은 이러한 도전들에 대응해 새롭고 개선된 경영방식들을 실행하고 있다. 오늘날 새로운 제품 및 서비스를 시장에 도입하는 속도나 성과 제고 및 원가 절감을 위해 종업원들을 동기부여 시키는 방법들에서는 기업간 차이가 비교적 작아졌지만, 이러한 것들이 결합되어 기업에 중요한 경쟁우위를 제공해 준다. 이미 증명된 경영기법과 제도들을 활용하여 의사결정 및 활동을 하는 기업과 경영자는 지속적으로 효과성을 제고시킬 수 있다. 그러나 새로운 경영기법이나 제도를 도입하는데 뒤처지는 기업과 경영자는 경쟁우위를 유지하는 것이 더욱 어렵게 된다. 따라서 많은 산업에서 새로운 수준에 도달한 성공적인 기업과 경쟁열위에 있는 기업간에 차이가 확대되는데, 성공적인 기업의 경영자들이 효율적이고 효과적인 방법으로 기업자원을 사용하는데 있어 더 나은 의사결정을 하기 때문이다.

글로벌 아웃소싱의 증가나 상품가격의 상승과 같은 글로벌 환경의 변화로 인해 경영자들이 직면하게 되는 도전은 기업에 영향을 미친다. 게다가 정보기술의 혁명은 모든 수준의 기업 위계와 기능들, 그리고 글로벌 사업부에서 의사결정의 방식을 혁신적으로 변화시켰다. 이 책은 이러한 도전들을 다룬다. 예를 들어 이 책에서는 글로벌 아웃소싱의 설명을 확대하고 장단점을 검증한다. 또 IT와 관련된 새로운 일자리 창출과 관련되어 등장하는 관리문제, 고객 서비스, 해외에서의 제조문제 등을 다룬다. 유사하게 글로벌화의 확산이 가속화 됨에 따라 경영자들이 직면하게 되는 법이나 규제의 차이, 윤리적 문제와 규범 등을 다룬다.

이 책에서 계속 다루게 되는 또 다른 주제는 작업장 인력의 다양성이 기업에 미치는 영향과, 다양성의 이점을 효과적으로 관리하고 성과와 연계할 수 있도록 사람들이 왜, 어떻게 다른지를 이해하는 것이 필수적이라는 것이다. 모든 수준의 조직 활동에서 경영자들은 스마트하게 일하고 성과를 향상시키는 방법을 찾아야 한다. 효율성과 고객대응을 제고시키는 모든 측면의 조직활동을 개선시키기 위해 새로운 기술을 사용하는 것은 이 프로세스에서 가장 중요한 부분이다. 한편 제품과 서비스의 질을 향상시키고 혁신하기 위한 필요성이 계속됨에 따라 생산방식과 효과적인 경쟁방식도 또한 중요하다. 이 책은 이러한 도전들을 중요하게 다루었다.

이 교재를 사용하는 교수와 학생들이 증가함에 따라 우리는 용기를 내어 여러 방식으로 이 책을 개정하고 최신화 했다. 그러나 이 책의 흐름은 기존과 동일하다. 이 책을 사용하는 교수들이 각 장의 구성방식이 적절하고, 학생들이 파트별로 공부하면서 경영에 대한 큰 그림을 그릴 수 있게 되어 있으며, 뛰어난 학습자료와 경영현상에 대한 포괄적인 범위를 다루고 있다고 추천해 주었기 때문이다.

이 교재는 교수들이 자신의 학습목표에 맞추어 각 장을 강의할 수 있도록 분류해 두었다. 기본적으로 계획, 조직화, 지휘통솔, 통제 등의 체계로 구성하였지만, 반드시 이에 따라 강의할 필요는 없으며 적절하게 변화를 줄 수 있도록 구성하였다.

역자 소개 | Translators

곽원준 | 숭실대학교 경영학부 교수
퍼듀대학교 경영학박사

김성훈 | 울산대학교 경영학부 교수
서울대학교 경영학박사

김장훈 | 충남대학교 경영학부 교수
서울대학교 경영학박사

송영화 | 건국대학교 기술경영학과 교수
동경대학교 기술경영학박사, 한양대학교 정보기술경영학박사

안성익 | 영남대학교 경영학과 교수
서울대학교 경영학박사

윤현중 | 강원대학교 경영회계학부 교수
서울대학교 경영학박사

이준우 | 한밭대학교 융합경영학과 교수
서울대학교 경영학박사

조윤형 | 조선대학교 경영학부 교수
아주대학교 경영학박사

역자 서문 | Preface

이 책은 2019년에 발간된 '*Essentials of Contemporary Management*'의 제8판을 번역한 것으로, 경영학을 전공하거나 교양으로 공부하는 학생들에게 필요한 핵심적인 내용과 최신의 사례가 충실히 제공되어 있어 학습의 효과가 매우 높다는 장점을 가지고 있다. 따라서 이미 경영학원론 관련 서적들이 시중에 많이 출간되어 있지만, 대학에서 오랫동안 경영학을 강의해 온 교수들이 뜻을 모아 학생들에게 유익한 원서를 소개하고자 번역작업을 시작했다. 이 책을 번역하는데 있어 중요한 목적 중의 하나는 경영학 전공자뿐만 아니라 경영학을 처음 공부하는 타 전공 학생들도 흥미롭고 이해하기 쉬운 수준에서 경영학의 기본 내용을 학습하도록 하는 것이다.

원서에서 설명하고자 하는 내용을 충실히 반영하면서 학생들이 이해하기 쉽도록 풀어쓰려는 노력을 하였으나, 여전히 번역의 한계를 완전히 극복하기 어려웠던 아쉬움이 남는다. 추후 지속적인 보완이 이루어질 것이다. 이 책을 활용하는 방법에 대해서는 '교재 학습방법'에 설명해 두었으나, 특히 한 가지 강조하고 싶은 것은 각 장의 'Management Snapshot'을 반드시 읽어 보라는 것이다. 여기에는 본문에서 학습해야 할 핵심주제들에 대한 사례를 현실적인 상황으로 설명하고 있어 보다 생생한 느낌으로 공부하도록 해 줄 것이다.

이 책의 번역과정에서 여러 분들의 도움이 있었다. 울산대 우하진 연구원을 비롯하여, 특히 최종 교정을 위해 1장부터 14장까지 학생의 입장에서 꼼꼼히 정독해 도움을 준 이화여대 이민경 학생의 수고에 감사를 드린다. 마지막으로 여러 가지 상황으로 인해 번역작업이 1년이나 지체되었음에도 불구하고 역자들을 지원하고 기다려 준 지필미디어의 김성남 대표와 김성준 부장께도 깊은 감사를 드린다.

역자 일동

풍부하고 적절한 사례 예시

우리 교재의 중요한 특징은 학생들에게 실질적인 도움이 되도록 기업과 경영자에 대한 실제 사례와 이야기를 활용한다는 것이다. 이 교재를 검토해 준 사람들은 각 장에서 제시된 사례들이 충분한 범위와 깊이가 있는 흥미롭고 생생한 것들이라고 의견을 모았다. 게다가 다른 교재들과는 달리 박스안의 사례들이 본문과 자연스럽게 통합되어 있어, 교재를 학습하는데 훨씬 더 효과적이다. 이 점이 우리의 교재 저술 방식에서 핵심적인 것이다.

각 장마다 "Management Snapshot"으로 시작하면서 본문과 관련된 도전들을 설명하고, 그러한 도전들에 대해 경영자들이 어떻게 대응하는 지를 토론하도록 하였다. 이러한 교재 내의 삽화 등을 통해 경영 프로세스를 둘러싸고 있는 불확실성과 자극들을 설명하는데 도움을 주도록 했다.

버즈피드의 창업자이자 경영자인 조나 페레티는 버즈피드가 자사의 일반고객들을 위해 최신 자료와 정보를 지속적으로 제공하는 학습 지향적 글로벌 미디어 기업으로 성장하기를 바라고 있다.

출처: Max Morse/Flikr/CC BY 2.0

MANAGEMENT SNAPSHOT

버즈피드(BuzzFeed) 콘텐츠의 세계적 확산

첨단기술은 기업의 경영방식에 어떠한 영향을 미치는가?

전 세계 수백만 명이 버즈피드가 제공하는 다양한 콘텐츠를 접할 수 있다면 뉴스를 통해 세상을 이해하는 것이 어렵지 않을 것이다. 현실에 순응하지 않는 역동적 조직을 운영하는 버즈피드의 경영자, 조나 페레티(Jonah Peretti)는 고객이 원하는 콘텐츠를 다른 경쟁사보다 신속하게 전달하려는 아이디어를 갖고 창업하였다.

실제 버즈피드의 사이트는 매월 70억 뷰에 달할 정도로 광범위한 뉴스와 엔터테인먼트 소식을 제공하는 글로벌 플랫폼으로 자리잡았다. 예를 들면 페이스북, 트위터, 텀블러, 스냅챗, 인스타그램, 핀터레스트, 유튜브 등 30개 이상의 SNS 매체에서 최신 뉴스를 취사선택한 후 7개 언어, 11가지 버전의 콘텐츠로 만들어 제공한다.

*허핑턴포스트(Huffington Post)*의 공동창업자이자 교사 출신인 페레티는 파라마운트 영화사가 보유한 방대한 콘텐츠에 주목하였다.소속배우를 활용하여 영화를 제작하고 배급하는 파라마운트의 가치사슬 시스템이 기존 미디어 환경을 변화시킬 것으로 보았다. 버즈피드의 경영진은 미디어 사업에 필요한 자원과 능력을 수직적으로 통합하는 파라마운트의 비즈니스 모델을 모방하고자 했다. 즉 창의적 기획, 자체 콘텐츠 제작, 정교한 데이터 분석, 뉴스채널과 배급망을 전 세계적으로 통합하는 것이다. 결국 18개국에 해외 사무소를 운영하고 1,300명 이상의 종업원을 거느린 버즈피드는 자체 콘텐츠를 제작하고 다수 SNS 매체들을 활용하여 배급하는 미디어 기업으로 성장하였다.

한편 버즈피드는 자사의 전략적 초점을 갑자기 변화시킬 수밖에 없는 극적인 상황에 봉착하였다. 대다수 사용자들은 단순히 정보를 습득하기 위해 소셜 앱을 활용하지 않는다는 점을 깨달았다. 이에 페레티는 웹 트래픽 증가에 따른 과부하를 줄이면서 자사의 콘텐츠, 이미지 및 비디오를 많은 사용자가 즐겨 찾는 SNS 매체에 직접 올리는 방식을 고안하였다.

페레티는 버즈피드가 "학습 지향"의 문화로 충만하고 최신 자료와 정보를 끊임없이 생성하는 조직이기를 원한다. 또한 버즈피드가 양산하는 모든 콘텐츠는 다국적기업의 브랜드 광고에 대한 제작계획을 경영진에게 보고하기 위해 활용하는 데이터 분석의 투입요소로 활용되기를 바란다.

버즈피드 비즈니스 모델의 핵심은 이미 대표적 서비스로 자리 잡은 "네이티브" 광고에서 찾을 수 있다. 최근 모바일 광고시장의 '뜨거운 감자'로서 언론사의 기사, 사회관계망서비스(SNS)의 게시물처럼 사실적 느낌을 부여해 만들어진 제품 및 기업광고를 의미한다. 가령 퓨리나의 프리스키 고양이 사료(Dear Kitten)는 유튜브 조회수 2,700만 건을 기록할 만큼 버즈피드를 알린 유명한 사례이다. 최근 버즈피드는 세계적 광고기업의 자회사인 그룹엠(GroupM)과 협

3

Management insight

조직변화를 유발하는 감정

개인 삶에서 강렬한 정서적 경험은 일반적으로 더 나은 변화의 계기가 될 수 있다. 예를 들어, 자동차 사고에 대한 두려움 때문에 운전자는 속도를 줄이고 목적지에 도착하는데 더 많은 시간을 할애할 수 있다. 주요 프레젠테이션에 대한 준비가 부족하여 당황스러움을 느끼면 학생은 향후 더 많은 준비를 할 수 있다. 부정적 대우에 대한 분노는 가끔씩 나쁜 대인 관계에서 벗어나는데 도움이 될 수 있다.

흥미롭게도 일부 관리자와 조직은 감정을 사용하여 조직에 필요한 변화를 촉진한다. 예를 들어 North American Tool의 CEO인 Curt Lansbery는 직원들이 401(k) 퇴직 계획에 최대한 기여하지 못하고 있다는 사실에 실망했다. 회사가 직원 기여도에 일정 비율을 기여하 … 하는 것이 그들의 이익이었다. North … 01(k) 등록에 대한 회의 … 있다. Curt … 않았기 때문에 전년도에 받지 못한

Ethics in Action

Subaru of Indiana Automotive의 일자리와 환경보호

Subaru of Indiana Automotive (SIA)는 인디애나주 라파예트(Lafayette)에 있다. 스바루 레거시(Subaru Legacy)와 아웃백(Outback)을 생산하고 5,400명 이상의 직원을 두고 있다. 미국 자동차 산업은 대규모 정리 해고에서 대규모 파산에 이르기까지 치명적인 문제를 겪고 있지만 SIA는 직원을 해고 한 적이 없다. 실제적으로 SIA 직원은 연간 임금 인상, 무료로 된 의료 서비스, 상당한 양의 초과 근무, 재정 상담, 더 나아가 공장 생산시설에서 퍼듀대학(Purdue University) 학위를 취득할 수 있는 기회를 제공받으며 자원봉사 비용을 지불한다. 인디애나주에서 약 46,000개의 자동차와 관련된 일자리가 사라지고 여러 자동차 제조 공장이 폐쇄되었지만 SIA는 발전되는 현상을 보여주었다.

Managing Globally

자동차 제조업체의 요람, 멕시코

중국을 필두로 아시아 지역에서 노동자의 임금수준이 계속 상승한다면 다국적 자동차 기업들도 공장을 옮겨갈 국가를 찾을 수밖에 없다. 일부 미국 기업이 본국으로 제조공장을 이전하고 있으나 임금상승에 따른 생산비 부담을 생각하면 한시적 현상에 불과할 전망이다.

사실 다국적 제조업체들은 경쟁적으로 멕시코에 생산기반을 구축하고 있다. 멕시코는 첨단 제조공장을 설립하더라도 비용우위 달성에 전혀 문제없을 정도로 유리한 입지우위를 향유한다. 가령 물류의 경우 공장에서 생산한 제품을 수 시간 안에 옮길 수 있는 주요 항구가 인접해 있어 물류비용 절감이 가능하다. 심지어 미국에 비해 멕시코 공대생의 임금수준이 훨씬 저렴할 뿐만 아니라 고학력 노동력도 풍부하다는 점이다. 실제 멕시코 엔지니어의 초임 연봉은 미국의 약 1/4 수준에 불과한 것으로 추정한다. 멕시코 자동차 노

Focus on Diversity

세계 1위 회계감사 기업, 프라이스 워터하우스 쿠퍼스의 효과적인 다양성 관리

프라이스 워터하우스 쿠퍼스(PwC)는, 직원 223,000명과 매출액 320억 달러의 미국 최대 민간기업 중 하나이며, 효과적인 다양성 관리를 위해서 선제적으로 다양한 조치를 취해왔다. PwC는 155개가 넘는 국가에서 고객에게 감사, 보험, 세무 및 자문 서비스를 하고 있으며, 다양성에 대한 효과적인 관리를 위해 PwC의 노력은 경영진에서부터 시작해서 회사 곳곳에 퍼져 있다. 이 글로벌 기업의 회장인, 밥 모리츠는 이 효과적인 다양성 관리를 오랫동안 열렬히 … 츠는, 그의 회사근무 초기에, … 일본에서 회계 감사와 자문 … 훈을 얻었다. 일본에서 일하면 … 자에 속하고, 모국어를 말하 … 것들이다. 또한, 그는 문화적

Manager as a Person

알콘 엔터테인먼트의 목표달성

스코트 패리쉬는 LA에 본사를 둔 알콘 엔터테인먼트사의 최고재무책임자(CFO) 및 최고운영책임자(COO)로 재직하고 있다. 20년 전만 하더라도 누추한 임대아파트에서 시작한 사업이지만 현재는 블라인드 사이드, *P.S.* 아이 러브 유 및 돌핀 테일과 같은 히트 영화를 제작하여 수익성 높은 존경받는 기업으로 자리 잡았다.

한때 평생직장으로 생각했던 물류기업에서의 안정적 경력을 뒤로하고 영화산업으로 자리를 옮겼다. 이직 후 영화사의 관리업무를 수행하는 사무직으로 출발했으나 현장의 제작경험을 바탕으로 여러 번의 승진기회를 잘 활용하였다. 현재는 최고경영진의 일원으로서 소규모

우리 교재의 박스는 전통적인 박스와 다르다. 즉 본문에서 기술하고 있는 내용과 분리되어 있지 않기 때문에, 이러한 주제들을 적용하여 본문의 내용과 통합해야 한다. 학생들은 고민할 필요 없이 박스 내용을 읽어야 한다. 이 자료들은 흥미로운 것들이며 따라서 본문의 내용도 생활 속에서 활용할 수 있다.

박스에는 깊이 있는 사례들이 제시되어 있다. "Management Insight"는 각 장의 여러 가지 주제들을 설명하고 있고 "Ethics in Action"과 "Managing Globally", 그리고 "Focus on Diversity"에서는 각각의 관점에서 본문의 주제를 검토하도록 하였다.

소규모 기업 사례 학생들이 경영학원론을 학습한 내용을 중소기업에도 적용하도록 연계해 추후 자신의 미래 직무 선택에 도움이 되도록 했다. 우리는 중소기업의 창업자, 경영자, 종업원들이 직면하게 되는 기회와 도전들에 대해 다양한 사례들을 제시했다.

경험적 학습의 특징

우리는 상당한 시간과 노력을 들여 최신의 경험적 사례를 개발했고, 이를 각 장의 마지막에 연습문제로 제시해서 학생들이 풀이하도록 했다. 이 연습문제들은 “Management in Action”에 나와 있는데, 다음과 같은 활동들을 수행하도록 했다.

Topic for Discussion and Action 이 연습문제는 본문의 내용과 관련된 질문과 숙고해야 할 강조점들에 대한 내용이다. 실질적인 경영 이슈들을 찾고 관리자로서 해야 할 것들을 질문한다.

Building Management Skill 이 연습문제는 학생들이 조직 내의 경험이나 관리자로서의 경험으로부터 배운 것들을 적용해 스스로 개발하도록 하는 것이다.

Managing Ethically 이 연습문제는 학생들에게 윤리적인 시나리오나 딜레마를 제시하고, 윤리적 관점에서 관리자가 직면하게 되는 그러한 이슈들을 잘 이해할 수 있도록 생각하도록 하는 것이다.

Small Group Breakout Exercise 이 연습문제는 대규모 강의를 하는 교수가 학생들과의 상호작용적 경험을 연습하도록 하는 것이다.

Be the Manager 이 연습문제는 경영자나 조직이 직면하게 되는 도전, 문제, 기회 등이 발생할 수 있는 현실적인 시나리오를 제시하고 해결하도록 한다. 학생들은 이러한 연습을 통해 각 장에서 배운 내용을 적용하여 실질적인 문제를 해결하는 능력을 키운다.

Case in the News 각 장에는 전체 또는 축약된 형태의 뉴스 사례가 소개되어 있다. 결론에서의 질문을 통해 학생들은 비즈니스 세계의 문제들을 실제 경영자가 어떻게 해결하는지 생각하게 한다.

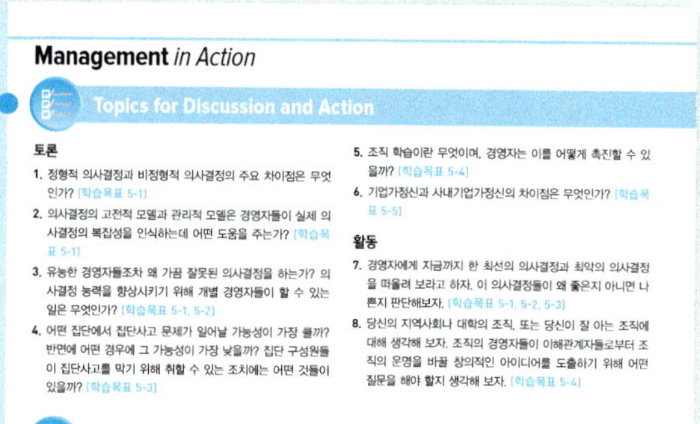

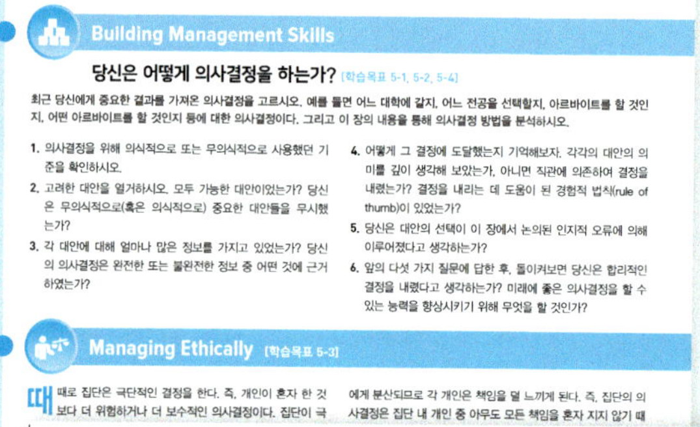

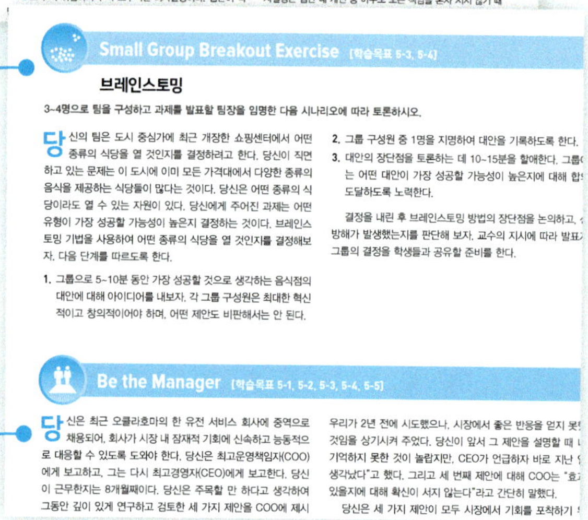

간추린 목차 | Brief Contents

목차 Contents

제1부 | 경영과 경영자

제2부 | 경영환경

제3장 윤리경영 및 다양성 76

제4장 글로벌 환경 관리 122

제3부 | 계획, 의사결정, 경쟁우위

제 4 부 | 조직화와 조직변화

제 5 부 | 개인과 집단의 지휘통솔

제 6 부 | 핵심적인 경영활동과 프로세스 통제

제1부

1 현대의 경영프로세스

학습목표

이 장을 학습한 후, 다음 내용에 답할 수 있어야 한다.

학습목표 1-1 경영의 개념, 경영의 중요성과 경영자의 기능을 설명하고, 조직목표 달성을 위해 경영자원을 어떻게 효율적, 효과적으로 활용할 수 있을지 경영자의 역할을 말하시오.

학습목표 1-2 경영의 핵심과업—계획수립, 조직화, 지휘통솔, 성과통제—을 제시하는 한편, 성과창출을 위해 경영과업을 성공리에 실행하는데 요구되는 경영자의 능력을 설명하시오.

학습목표 1-3 경영의 3가지 수준을 각각 설명하고, 조직수준에 따른 관리자의 과업과 책임이 무엇인지 말하시오.

학습목표 1-4 관리자에게 요구되는 3가지 경영능력을 말하는 한편, 과업의 원활한 수행을 위해 어떻게 관리자를 적재적소에 기용할 것인지 논의하시오.

학습목표 1-5 세계화의 심화와 정보통신기술의 발전으로 인해 경영현장에서 일어난 변화를 설명하고 이에 대해 토론하시오.

학습목표 1-6 앞으로 글로벌 경쟁이 치열해질 상황에서 경영자에게 놓인 도전적 과제가 무엇인지 토론하시오.

버즈피드의 창업자이자 경영자인 조나 페레티는 버즈피드가 자사의 일반고객들을 위해 최신 자료와 정보를 지속적으로 제공하는 학습 지향적 글로벌 미디어 기업으로 성장하기를 바라고 있다.

출처: Max Morse/Flikr/CC BY 2.0

MANAGEMENT SNAPSHOT

버즈피드(BuzzFeed) 콘텐츠의 세계적 확산

첨단기술은 기업의 경영방식에 어떠한 영향을 미치는가?

전 세계 수백만 명이 버즈피드가 제공하는 다양한 콘텐츠를 접할 수 있다면 뉴스를 통해 세상을 이해하는 것이 어렵지 않을 것이다. 현실에 순응하지 않는 역동적 조직을 운영하는 버즈피드의 경영자, 조나 페레티(Jonah Peretti)는 고객이 원하는 콘텐츠를 다른 경쟁사보다 신속하게 전달하려는 아이디어를 갖고 창업하였다.

실제 버즈피드의 사이트는 매월 70억 뷰에 달할 정도로 광범위한 뉴스와 엔터테인먼트 소식을 제공하는 글로벌 플랫폼으로 자리 잡았다. 예를 들면 페이스북, 트위터, 텀블러, 스냅챗, 인스타그램, 핀터레스트, 유튜브 등 30개 이상의 SNS 매체에서 최신 뉴스를 취사선택한 후 7개 언어, 11가지 버전의 콘텐츠로 만들어 제공한다.

*허핑턴포스트(Huffington Post)*의 공동창업자이자 교사 출신인 페레티는 파라마운트 영화사가 보유한 방대한 콘텐츠에 주목하였다.소속배우를 활용하여 영화를 제작하고 배급하는 파라마운트의 가치사슬 시스템이 기존 미디어 환경을 변화시킬 것으로 보았다. 버즈피드의 경영진은 미디어 사업에 필요한 자원과 능력을 수직적으로 통합하는 파라마운트의 비즈니스 모델을 모방하고자 했다. 즉 창의적 기획, 자체 콘텐츠 제작, 정교한 데이터 분석, 뉴스채널과 배급망을 전 세계적으로 통합하는 것이다. 결국 18개국에 해외 사무소를 운영하고 1,300명 이상의 종업원을 거느린 버즈피드는 자체 콘텐츠를 제작하고 다수 SNS 매체들을 활용하여 배급하는 미디어 기업으로 성장하였다.

한편 버즈피드는 자사의 전략적 초점을 갑자기 변화시킬 수밖에 없는 극적인 상황에 봉착하였다. 대다수 사용자들은 단순히 정보를 습득하기 위해 소셜 앱을 활용하지 않는다는 점을 깨달았다. 이에 페레티는 웹 트래픽 증가에 따른 과부하를 줄이면서 자사의 콘텐츠, 이미지 및 비디오를 많은 사용자가 즐겨 찾는 SNS 매체에 직접 올리는 방식을 고안하였다.

페레티는 버즈피드가 "학습 지향"의 문화로 충만하고 최신 자료와 정보를 끊임없이 생성하는 조직이기를 원한다. 또한 버즈피드가 양산하는 모든 콘텐츠는 다국적기업의 브랜드 광고에 대한 제작계획을 경영진에게 보고하기 위해 활용하는 데이터 분석의 투입요소로 활용되기를 바란다.

버즈피드 비즈니스 모델의 핵심은 이미 대표적 서비스로 자리 잡은 "네이티브" 광고에서 찾을 수 있다. 최근 모바일 광고시장의 '뜨거운 감자'로서 언론사의 기사, 사회관계망서비스(SNS)의 게시물처럼 사실적 느낌을 부여해 만들어진 제품 및 기업광고를 의미한다. 가령 퓨리나의 프리스키 고양이 사료(Dear Kitten)는 유튜브 조회수 2,700만 건을 기록할 만큼 버즈피드를 알린 유명한 사례이다. 최근 버즈피드는 세계적 광고기업의 자회사인 그룹엠(GroupM)과 협력하여 네이티브 광고사업을 본격 확대할 계획이다. 지금 현재 나이키, 타겟 등 핵심 고객사들과 협의를 마친 상태이며 비디오 제작을 위한 광고작업에 이미 착수한 상태이다.

실제 명확한 컨셉의 참신한 광고제작을 위해 최대 7명 내외의 구성원들로 팀을 조직한다. 심지어 제작에 참여한 팀원들을 3개월 주기로 다른 팀에 재배치할 정도로 차별적 광고제작에 집중하고 있다. 이처럼 재미있고 파격적인 광고를 제작하기 위한 창조적 프로세스의 일환으로 인력재배치를 활용한다. 또한 심각한 뉴스조차도 위트 있는 동영상 광고를 제작하는 식으로 구전효과의 극대화를 도모한다. 버즈피드의 뉴스 그룹은 정치, 경제, 엔터테인먼트 및 탐사보도를 취재하는 수백 명의 기자들과 편집장으로 구성된다. 결과적으로 수백만 건의 조회 수를 기록하거나, 유수의 언론상을 받을 정도로 사회여론을 주도하는 탐사기획물도 만들고 있다.

한편 데이터 분석그룹은 심층보도의 신뢰성을 위해 정보수집과 검증작업을 지원한다. 신속하지만 정확한 기사제작을 위해서라면 비즈니스 모델을 수정하거나, 데이터 기반 경영시스템 하이브(Hive)를 활용하기도 한다. 대표적으로 기사가 될 만한 아이디어를 캐치할 목적으로 여러 다양한 플랫폼을 망라하여 검색 범위를 확대한다. 예컨대 치킨을 정성껏 조리하여 맛있는 요리를 만드는 상황을 생각해 보자. 가장 먼저 버즈피드 웹으로 검색해 보면 여섯 가지에 달하는 레시피 정보를 탐색할 수 있다. 우선 페이스북은 46초짜리 비디오, 인스타그램은 짧은 코멘트가 가미된 15초 분량의 비디오 클립을 제공한다. 다음으로 핀터레스트에서는 페이스북을 링크시킨 2장의 이미지 형태로 연결한 포스팅 정보를 찾을 수 있다. 결국 하이브는 페레티가 그토록 바라는 즉각적 방식으로 "꼬리에 꼬리를 무는 정보연계"를 실현하는 일종의 빅데이터 분석 툴이다.

버즈피드의 경영자들에게 비디오, 뉴스, 광고, 오락 및 이미지처럼 모든 형태의 정보제공은 빅데이터 분석을 활용하면 한나절 소일거리에 불과하다. 결국 패스트 컴퍼니(Fast Company) 매거진에서 2016년 가장 혁신적 기업의 하나로 선정될 만큼 놀라운 성과를 창출하는 기업이 되었다.

개요

앞서 조나 페레티(Jonah Peretti)처럼 능력 있는 경영자도 조직 내외부의 도전을 피해갈 수 없듯이 경영은 복잡한 과정의 산물이다. 그런 점에서 기업경영은 예측 불가능한 관리적 과정에서 파생되는 의사결정을 다룬다. 성공한 경영자마저 올바른 의사결정은 둘째 치고 각종 실수를 연발하기도 한다. 그럼에도 불구하고 능력 있는 경영자는 실수로부터 교훈을 새기며 기업성과 제고를 위해 끊임없이 고민하는 사람이다.

본서 1장은 경영자의 역할을 살펴보고 기업을 성공적으로 관리하기 위해 경영자가 갖춰야 할 자질과 능력을 기술한다. 아울러 계층별 관리자의 유형, 각 유형의 관리자가 지녀야 할 역량과 능력을 제시하고 설명한다. 끝으로 조직의 장기생존과 지속성장을 위해 경영자가 마음에 새겨야 할 도전과제를 제시한다.

경영이란 무엇인가

과연 기업의 경영자는 무슨 일을 하는 사람일까? 조나 페레티처럼 자신이 설립한 기업을 운영하는 경영자를 보면 어떤 생각이 드는가? 패스트푸드 매장에서 직원을 다독이고 고객응대 서비스를 제공하는 관리자를 본 적 있는가? 앞서 질문에서 말한 관리자, 또는 경영자의 공통점은 무엇인가? 사실 그들은 조직을 위해 맡은 일을 성실히 수행하는 조직의 관리자이다. 우선 **조직(Organization)**은 목표달성, 또는 성과창출을 위해 여러 업무를 수행하고 다양한 활동을 조정하는 사람들로 구성된다. 다음으로 관리자/경영자는 단위조직의 목표달성을 위해 인력을 포함한 각종 자원을 동원, 관리 및 감독하는 권한을 가진 책임자이다.

조직(Organization) 각종 목표를 달성하고 다양한 성과를 창출하고자 여러 활동들을 수행하고 조정하는 사람들로 구성된 집단

경영(Management) 조직의 목표가 효율적, 효과적으로 달성되도록 여러 자원들을 계획, 조직, 지휘통솔 및 성과통제하는 일련의 활동

한편 **경영(Management)**은 조직의 목표를 효율적, 효과적으로 달성하기 위해 기업이 보유한 다양한 자원들을 계획수립(Planning), 조직화(Organizing), 지휘통솔(Leading) 및 성과통제(Controlling)하는 것이다. 보통 조직의 자원(resources)은 인적자본, 숙련, 노하우, 경험, 기계장치, 원재료, 컴퓨터와 정보기술, 특허권, 재무자본, 고객충성도 및 종업원과 같은 유무형적 자산을 모두 포함한다.

경영자의 목표: 고성과 창출

학습목표 1-1

경영의 개념, 경영의 중요성과 경영자의 기능을 설명하고, 조직목표 달성을 위해 경영자원을 어떻게 효율적, 효과적으로 활용할 수 있을지 경영자의 역할을 말하시오.

기업의 임직원이 달성해야 할 기본적 목표의 하나는 고객이 원하고 바라는 제품과 서비스를 만들어 공급하는 것이다. 앞서 조나 페레티가 생각한 버즈피드의 핵심목표는 비디오, 뉴스처럼 고객을 위한 새로운 콘텐츠의 생성, 사회적 플랫폼을 통한 콘텐츠의 신속한 확산 및 세계 유수의 기업들이 "네이티브(native)" 광고에 돈을 지불하도록 경영하는 것이다. 아울러 패스트푸드 매장의 관리자는 만족스런 제품을 신속, 정확히 제공함을 통해 고객들이 반복적으로 매장을 방문하도록 만드는 것이다.

조직성과(Organizational performance)는 고객만족처럼 조직목표를 달성하는데 보유한 자원들을 얼마나 효율적, 효과적으로 활용하는지를 측정하는 것이다. 〈그림 1.1〉을 보면 효

그림 1.1

효율성, 효과성, 성과와의 관계

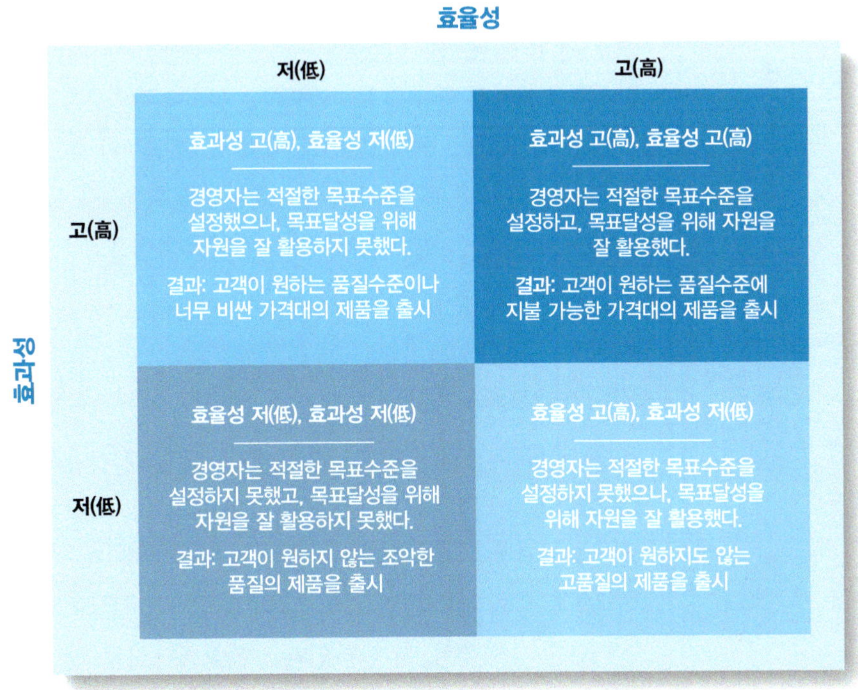

고성과 조직들은 효율성과 효과성을 동시에 달성한다.

조직성과(Organizational performance) 고객만족처럼 조직목표를 달성하는데 보유한 자원들을 얼마나 효율적, 효과적으로 활용하는지를 평가

효율성(Efficiency) 얼마나 자원을 생산적으로 활용하여 목표를 달성했는지 여부를 측정

율성과 효과성이 모두 좋아질수록 경영성과도 증가한다는 것을 알 수 있다. 그렇다면 효율성과 효과성은 어떤 의미를 내포하는가?

효율성(Efficiency)은 얼마나 자원을 생산적으로 활용하여 목표를 달성했는지 여부를 평가한다. 최소의 시간을 투입하거나 최소한의 생산요소를 투입하여 제품과 서비스를 출시했다면 효율성이 높은 것이다. 즉 최소투입(원료, 시간)으로 최대산출(제품, 서비스)을 만드는 것이 조직의 효율성을 제고하는 첩경이다. 예컨대 버거킹은 식용유를 가장 적게 사용하여 가장 빠른 시간에 프렌치 프라이를 조리하는 효율적 방식을 고안하였다. UPS처럼 짧은 거리는 트럭 문을 열어놓고 배달함으로써 배송시간을 단축하는 새로운 작업방식을 도입한 사례도 있다.

버즈피드는 트래픽을 증가시키지 않고 자체 콘텐츠를 다른 미디어 플랫폼에 공유하는 식으로 효율성을 제고하려 하였다. 결국 개인취향에 따라 유저 자신이 수정한 콘텐츠를 게재함으로써 다수 이용자들의 관심을 유도하여 조회 수가 급증하는 결과로 나타났다. 심지어 정교한 데이터 분석 툴을 활용하여 비디오, 광고와 같은 자사의 콘텐츠가 소비되는 시점과 방식을 예측하게 되었다. 결과적으로 월별 평균 조회 수가 70억 건을 상회하는 놀라운 실적을 만들어냈다.

효과성(Effectiveness) 경영자가 설정한 목표수준의 적절성(appropriateness), 혹은 목표달성의 수준이나 정도를 평가

효과성(Effectiveness)은 성과달성에 관한 것으로 경영자가 설정한 목표수준의 적절성(*appropriateness*), 혹은 목표달성의 수준이나 정도를 평가하는 것이다. 만약 경영자가 적절한 목표수준을 설정하고 이를 달성했다면 효과적 조직으로 부를 수 있다. 수년 전 맥도날드의 경영자는 맥모닝 서비스를 제공함으로써 더 많은 고객들이 매장을 방문하는 실적을 창출하였다. 결과적으로 패스트푸드 부문의 매출이 30% 이상 증가하는 놀라운 성과를 창출한 결정으로 평가되었다. 심지어 2015년 맥도날드는 맥모닝 메뉴를 하루 종일 제공하는 결정을 통해 고객들의 뜨거운 반응을 불러일으키는 동시에 수익증가로 연결시켰다.

애플, 맥도날드, 월마트, 인텔, 홈데포, 액센추어 뿐만 아니라, 해비타트 운동(Habitat for Humanity)과 같은 비영리조직조차 효율성과 효과성을 동시에 달성하고 있다. 결국 능력 있는 경영자는 적절하고 올바른 목표를 설정하고 조직자원을 효율적으로 활용하여 목표를 달성하도록 조직을 이끄는 사람이다.

왜 경영학을 배우는가?

불확실성과 복잡성이 큰 역동적 환경일수록 현대 경영학은 높은 수준의 경영능력을 요구한다. 그만큼 복잡한 과업의 성격을 이해하고 환경적 변화에 신속히 대응함으로써 윤리적, 효과적 의사결정을 내릴 수 있는 경영자를 중시한다. 결국 경영학을 배우는 이유도 적재적소에 인재를 등용하고 배치함으로써 조직목표를 달성하는데 있다.

개인은 사적 경험, 혹은 타인의 경험을 체득하는 과정에서 학습하고 성장하는 것이 일반

적이다. 가령 학부수업에서 경영학을 배우는 것도 다른 사람들이 이미 경험했던 성공과 실패의 기업사례로부터 교훈을 얻고자 함이다. 결국 과거에 많은 사람들이 무수히 반복했던 실패를 반면교사로 삼음으로써 사회적 학습이 이루어진다. 따라서 고성과 조직을 만든 경영자의 남다른 생각과 불굴의 행동을 배울 수 있다면 여러분들은 미래 경영자로 성장할 가능성이 제고될 것이다.

한편 능력 있는 경영자로 평판이 자자할 경우 받을 수 있는 경제적 반대급부도 생각하지 않을 수 없다. 최근 조사에 따르면 미국 경영자의 평균 연봉은 97,730 달러로 나타났으며, 2024년까지 경영자에 대한 사회적 수요도 매년 5~8% 수준에서 증가할 것으로 전망하고 있다.

끝으로 경영학 수업을 통한 경영원리의 체득은 일상생활에서 올바른 의사결정을 내리는데 도움을 준다. 가령 유소년 축구팀 지도, 5Km 단축마라톤 대회 조직, 기술사업화를 위한 창업, 심지어 개인의 수입과 지출관리에도 요긴하다. 결국 경영원리의 내재화는 다른 사람을 이해하고 올바른 의사결정을 반복함으로써 개인적 성공에도 기여할 것이다.

경영의 핵심과업

학습목표 1-2

경영의 핵심과업—계획수립, 조직화, 지휘통솔, 성과통제—을 제시하는 한편, 성과창출을 위해 경영과업을 성공리에 실행하는데 요구되는 경영자의 능력을 설명하시오.

경영은 목표달성을 위해 조직자원을 어떻게 활용할지에 관한 것이다. 그러면 경영자는 조직의 목표를 어떻게 달성하는가? 즉 경영의 4가지 핵심과업—**계획수립**(*Planning*), **조직화**(*Organizing*), **지휘통솔**(*Leading*) 및 **성과통제**(*Controlling*)—을 준비하고 실행함으로써 목표를 달성한다. 〈그림 1.2〉를 보면 각각의 단계에서 경영자가 수행해야 할 핵심과업을 자세히 설명하고 있다. 20세기 말 「산업관리론」에서 프랑스의 경영학자 앙리 페이욜(Henry Fayol)은 경영자의 관리활동을 언급하면서 고성과 조직을 위해 경영자가 수행해야 할 과업을 기술해 놓았다.

중소기업과 대기업, 영리조직과 비영리조직, 국내기업과 다국적기업을 포함하여 모든 조직, 전 계층의 관리자와 경영자는 다음의 4가지 핵심과업을 수행할 책임을 진다. 결국 경영의 핵심과업을 잘 수행하는 경영자일수록 조직의 효율성과 효과성 제고에 기여할 것이란 점은 분명하다.

계획수립

계획수립(Planning) 구체적 목표를 설정하고 이를 달성할 계획을 수립하는 경영과업

경영자는 조직 목표와 행동방침을 확인하는 것으로 **계획수립**(*Planning*)에 착수한다. 즉 계획은 고성과를 달성하기 위한 수단이자, 방법으로 **전략**을 수립하는 것이다. 계획수립은 (1) 조직의 목표설정, (2) 목표달성을 위한 전략수립, (3) 목표달성과 전략수립에 소요되는 내부자원 할당의 3단계로 이루어진다. 결국 경영자가 주도하여 수립하는 계획과 전략이 조직의 경영성과(효율성과 효과성)에 영향을 미친다.

그림 1.2
네 가지 경영과업

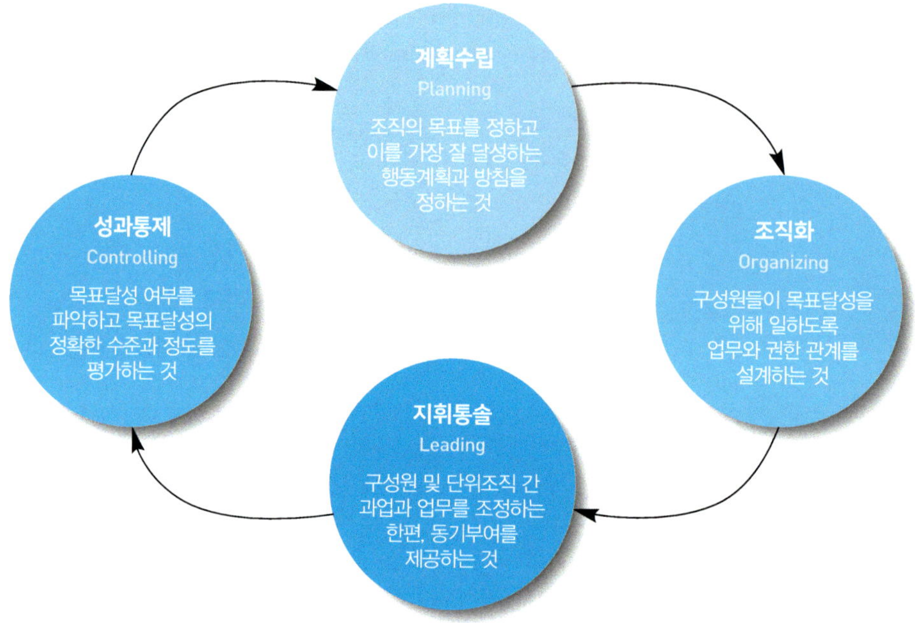

예컨대 버즈피드가 광고회사 및 방송국과 같은 전통적 미디어와 어떤 식으로 협력관계를 형성했는지 살펴보자. 각종 플랫폼 기반의 "네이티브" 광고와 데이터 마케팅으로 유명한 버즈피드는 유니레버와 타겟의 광고를 제작하기 위해 세계적 광고대행사인 WPP의 자회사, 그룹엠(GroupM)과 파트너십을 체결하였다. 이를 통해 그룹엠은 플랫폼별 콘텐츠 이용률처럼 의미 있는 정보제공을 중시했기 때문에 버즈피드의 빅데이터 분석시스템(Pound)을 사용하는 첫 번째 기업이 되었다.

2016년 브라질 리오 올림픽을 계기로 컴캐스트(Comcast) 소유의 NBC유니버셜은 밀레니얼(Millennial) 세대를 유치하고자 버즈피드와 사업적 협력을 단행하였다. 실제 올림픽 기간 중 약 3,500만명 이상의 유저들에게 스포츠 콘텐츠를 제공하는데 스냅챗(Snapchat)을 활용하였다. 최근까지 NBC유니버셜은 버즈피드에 초기 투자금의 2배인 2억 달러를 추가 투자할 계획을 밝히고 있다. 버즈피드는 투자재원을 토대로 자사의 뉴스 콘텐츠 및 엔터테인먼트 네트워크를 확장하는데 사용할 것으로 전해졌다. 결국 버즈피드에 대한 외부 투자자의 관심은 미래 성장동력을 확보하는 한편, 지속적 성장을 지원할 효과적 **사업전략**(Business strategy) 수립에 있다. 따라서 계획수립은 조직목표 설정, 목표달성을 위한 전략수립 및 전략실행에 얼마만큼의 자원을 할당할 것인지를 결정하는 자원배분에 관한 것이다.

전략(Strategy) 목표설정, 전략수립, 전략실행 및 자원투입에 대해 일련의 의사결정을 단행하는 계획

현실적으로 계획수립 단계에서 성공과 실패에 대한 결과를 예측할 수 없다는 점에서 전략수립은 어렵고 복잡한 과정이다. 따라서 경영자는 전략수립과 실행과정에서 대규모 자원을 투입할 수밖에 없는 위험부담을 안고 있다.

조직화

조직화(Organizing) 구성원들이 협력하여 목표를 달성하도록 권한과 책임관계를 명확히 설계하는 경영과업

조직화(*Organizing*)는 목표달성을 위해 구성원들의 협력과 상호작용을 이끌어내도록 업무와 권한관계를 공식화 시킨 것이다. 과업의 성격, 혹은 직무별로 구성원을 특정 부서에 배치하는 조직화는 구성원과 단위조직의 권한과 책임을 명확히 하는 것을 의미한다. 일례로 어떤 유형의 인적자원을 얼마나 투입할 것인지 결정하는 것이 여기에 해당한다.

조직화는 목표달성을 위해 구성원의 활동을 조정하고 동기부여 유인을 제공한다는 점에서 과업, 업무 및 의사소통 체계를 형성하는 조직구조 설계로 볼 수 있다.

조직구조(Organizational structure) 목표를 달성하도록 구성원들이 수행할 활동을 조정하고 종업원을 동기부여 시키는 업무와 보고체계를 공식적으로 기술

조직구조는 제품생산을 위해 조직자원을 얼마나 투입할 것인지를 가늠하는 잣대이다. 가령 버즈피드의 기업규모가 커지고 사업영역이 확대될 경우 수반되어야 할 경영과업은 경영목표와 사업전략을 연계하는 조직구조의 설계이다. 과거 가십성 비디오 콘텐츠에 치중했다면 지금 현재 버즈피드는 적극적 세계화의 일환으로 탐사보도, 엔터테인먼트, 네이티브(native) 광고 및 빅데이터 기법을 토대로 수익성 다변화를 추구한다. 결국 다양한 플랫폼 기반에서 다수 프로젝트가 진행되는 상황에서는 상이한 국적의 구성원들을 긴밀히 통합하는 과제수행 지원이 요구되고 있다. 최근 조나 페레티는 사업 확장단계에 있는 버즈피드를 뉴스와 엔터테인먼트 부문으로 분할하는 조직구조 변경을 단행하였다. 본서의 9장에서 조직을 분할하는 배경, 동기, 세부 과정과 절차를 설명할 것이다.

지휘통솔

지휘통솔(Leading) 조직 비전 공유를 통해 각자의 맡은바 역할을 할당하고 과업을 수행하도록 구성원을 동기부여 시키는 경영과업

보통 비전은 조직의 미래 지향적 방향성을 의미하지만, 보다 중요한 것은 구성원의 열망을 담아야 한다는 점이다. 리더십 관련 경영자는 **지휘통솔**(*Leading*)을 통해 구성원의 성취욕을 자극하고 자신감을 불어넣는 한편, 목표달성에 동참한다는 인식을 심어주기 위해서라도 조직비전을 공유하도록 만들어야 한다. 구체적으로 팀원의 노력과 팀의 성과창출 활동이 균형을 맞추도록 권한, 성격, 영향력, 설득 및 의사소통과 같은 다각적 채널을 활용하는 것이다. 달리 말해 비전공유와 목표달성을 위해 전 구성원이 각고의 노력을 기울이도록 권한과 책임을 명확히 해야 한다. 즉 구성원들의 자발적 몰입과 헌신을 촉발하는 동기부여를 제공하는 것이다. 예컨대 버즈피드의 1,300명에 달하는 종업원들은 경영성과에서 개인의 기여도를 평가하는 척도로서 핵심가치 준수와 리더십의 안정성을 중시한다. 아울러 「허핑턴포스트(*Huffington Post*)」의 공동창업자인 조나 페레티는 조직의 성공요인뿐만 아니라, 개별 종업원 기여도와 보상을 연계시키는 방법을 잘 알고 있다. 본서의 9장부터 12장까지는 개인과 팀을 운영하고 관리하는 과정에서 직면하는 경영상의 이슈를 다루고자 한다.

성과통제

성과통제(Controlling)
조직의 목표달성 여부, 혹은 목표달성 수준이나 정도를 평가하는 경영과업

성과통제(*Controlling*)에서 경영자의 역할은 목표달성 여부를 평가하는 한편, 목표달성을 위해 서라면 기존행동의 변화를 촉구하는 것이다. 예컨대 경영자는 단위조직을 중심으로 계획 대비 실적을 충족했는지를 통제, 감독한다. 버즈피드에서 조나 페레티는 경영목표의 달성 여부를 확인하는데 있어 성과 평가 및 통제의 중요성을 아는 경영자이다. 만약 목표 대비 실적이 부진할 경우 버즈피드의 최고경영진은 조직성과를 달성할 묘안을 고민해야 한다.

올바른 통제는 성과를 정확히 측정한 후 통제 가능한 범위에서 조직의 효율성과 효과성 향상을 도모하는 것이다. 즉 성과통제의 시작은 생산성, 품질, 고객반응시간 등 무슨 종류의 성과를 측정할지 결정하고, 성과달성의 수준을 파악하고자 성과평가 및 통제수단을 설계해야 한다. 무엇보다 통제는 계획수립, 조직화, 지휘통솔의 경영 프로세스에서 경영자의 기여도를 파악하는 피드백을 제공한다.

e-비즈니스의 경우 비디오, 뉴스, 이미지, 광고 및 오리지널 콘텐츠의 제작비용이 각각 다르다는 점에서 비용통제는 가장 보편적 통제수단이다. 가령 제작방향 수정, 촬영일정 조정, 심지어 예상치 못한 사고는 제작비용 증가를 초래하기 때문에 버즈피드의 경영자에게도 도전적 숙제이다. 그럼에도 불구하고 명확한 사업전략과 강력한 리더십은 버즈피드의 경쟁우위를 강화하는데 기여하고 있다.

앞서 4가지 주요 경영과업—계획수립, 조직화, 지휘통솔 및 성과통제—은 경영자가 수행할 핵심 업무이다. 조직의 계층별로 핵심과업을 성공리에 수행하는 효과적 경영관리는 조직의 효율성과 효과성 증진에 기여한다. 다음의 "Manager as a Person"은 산업에 정통한 전문성을 지닌 경영자로 스코트 패리쉬(Scott Parish)를 소개하고 있다.

Manager as a Person

알콘 엔터테인먼트의 목표달성

스코트 패리쉬는 LA에 본사를 둔 알콘 엔터테인먼트사의 최고재무책임자(CFO) 및 최고운영책임자(COO)로 재직하고 있다. 20년 전만 하더라도 누추한 임대아파트에서 시작한 사업이지만 현재는 블라인드 사이드, *P.S.* 아이 러브 유 및 돌핀 테일과 같은 히트 영화를 제작하여 수익성 높은 존경받는 기업으로 자리 잡았다.

한때 평생직장으로 생각했던 물류기업에서의 안정적 경력을 뒤로하고 영화산업으로 자리를 옮겼다. 이직 후 영화사의 관리업무를 수행하는 사무직으로 출발했으나 현장의 제작경험을 바탕으로 여러 번의 승진기회를 잘 활용하였다. 현재는 최고경영진의 일원으로서 소규모

제작사에 불과하던 알콘을 영화, TV쇼 및 음반사업을 영위하는 종합 엔터테인먼트사로 키우는 막중한 역할을 수행하고 있다.

글로벌 미디어 환경에서 지속적 성장을 통해 장기생존을 도모하는 것은 의미 있는 도전이다. 스코트 패리쉬도 돈벌이가 되는 콘텐츠 제작과 배급만이 생존비법이란 점을 잘 알고 있다. 사실 기획부터 배급까지 수년이 소요될 정도로 복잡한 프로세스를 거치기 때문에 영화제작은 생각보다 쉽지 않은 분야이다. 달리 말해 촬영 전 작품기획 단계부터 상당한 시간과 노력을 투입할 수밖에 없다. 즉 많은 관객을 유치하여 공전의 히트작을 만들려면 창의적 아이디어와 혁신적 기획안을 고민할 수밖에 없기 때문에 패리쉬를 포함한 경영진은 심사숙고를 거듭한다. 결과적으로 알콘은 라이언 고슬링과 해리슨 포드 주연의 블레이드 러너(*Blade Runner*) 속편을 성공리에 제작할 수 있었다.

한편 참신한 아이디어의 기획안이 채택되더라도 수백만 달러의 제작비를 충당하기 위한 투자자 모집에 나서야 한다. 실제 영화를 잘 모르는 투자자들을 대상으로 투자비를 조달하기 때문에 영화제작 프로세스를 잘 알아야 설명회 개최가 가능하다. 먼저 알콘을 소개한 후, 소요 투자금을 조달한 다음 신작 제작과 배급을 맡길 최상의 팀을 구성한다. 그 다음 영화제작에 반드시 필요한 캐스팅 디렉터와 밀고 당기는 협상이 남겨져 있다. 협상단계의 사소한 실수는 영화제작이 무산되는 치명타로 작용하기 때문에 조심해야 한다. 결국 투자비를 상회하는 수익을 창출하려면 감독과 출연배우의 까다로운 요구사항을 절충하는 노련한 협상가의 면모도 최고경영진에게 요구된다.

알콘 엔터테인먼트의 최고운영책임자(COO)이자 최고재무책임자(CFO)인 스코트 패리쉬는 경쟁압력이 높아지는 치열한 영화산업에서 계획수립, 조직화, 지휘통솔 및 성과통제의 4가지 경영과업을 조화시키려 노력한다. ©Alcon Entertainment

변화무쌍한 환경에서 영화를 제작하는 관리적 어려움 외에도 패리쉬는 첨단기술이 엔터테인먼트 산업에 미치는 변화를 감지하고 기회를 포착할 준비를 하고 있다. 즉 고객들이 디지털 콘텐츠를 선호함에 따라 콘텐츠 제작방식에 변화를 주는 다양성을 도모한다. 즉 알콘과 같은 제작사는 콘텐츠 유통을 위해 기존 극장주들의 배급망을 활용하는데 주력해 왔다. 아직까지 영화관이 대세이지만 넷플릭스, 아마존 프라임 및 훌루(Hulu)처럼 유료 동영상 스트리밍 서비스(OTT)를 통해 자사의 콘텐츠를 제공하는 변화를 시도하고 있다.

한편 알콘은 콘텐츠 사용권 이전을 댓가로 로열티 수수료를 챙길 만큼 다수의 영화판권도 갖고 있다. 패리쉬는 고객의 취향을 고려하여 수익성 높은 콘텐츠의 제작과 배급을 위한 혁신적 방법을 끊임없이 고민한다. 가령 공상과학(SF) 채널에 신규 프로그램(*The Expanse*)을 편성하거나, 어린이의 사랑을 받는 도서(*Pete the Cat*)를 만화시리즈로 만든 판권을 토대로 TV부문 진출을 계획하고 있다. 또한 블레이드 러너 2049 오프닝에 맞춰 AR/VR 전문제작사인 오큘러스(Oculus)와 '알콘 인터액티브' 합작법인 설립을 발표하였다. 결국 알콘은 다각화 전략을 활용하여 단순한 영화제작사를 넘어 종합 엔터테인먼트 기업으로 성장할 준비를 마쳤다.

사실 종합 엔터테인먼트 사업을 경영하는 것은 생각보다 복잡하다. 즉 동태적 환경에서 고객 취향을 감지하는 동시에 기술적 변화도 고려함으로써 참신한 아이디어로 돈이 되는 콘텐츠를 제작하고 배급하는 것은 하나의 작품과도 같다. 그런 점에서 알콘의 경영진은 계획수립, 조직화, 지휘통솔 및 성과통제라는 경영의 핵심과업과 관리 프로세스를 숙지하고 있어야 한다. 끝으로 다양한 외부 이해관계자들과 바람직한 사회적 관계를 형성하도록 조직을 변화시킬 막중한 역할도 맡고 있다.

경영자의 계층과 경영자의 역량

앞서 4가지 경영과업에 대한 효율적, 효과적 실행을 위해 경영자 계층과 경영자 역량을 구분하여 설명할 것이다. 우선 조직의 위계에 따라 관리자는 계층별로 구분되며 서열이 정해진다. 즉 조직계층에 따라 세 가지 유형의 관리자로 구분하는데 일선관리자, 중간관리자 그리고 상위관리자이다. 보통 현장의 **일선관리자**는 중간관리자에게 보고하고, 중간관리자는 다시 상위관리자에게 보고함으로써 피드백이 이루어진다.

일선관리자(First-line manager) 현업부서의 구성원들을 상대로 일상적 관리 및 감독업무를 수행하는 현장관리자

부서(Department) 원활한 과업수행을 위해 동일하거나 유사한 역량, 지식, 수단 및 기법을 지닌 구성원들로 이루어진 집단

다음으로 엔지니어링, 마케팅 및 기술개발처럼 특정 직무의 숙련, 경험 및 전문성에 따라 부서별로 관리자를 배치한다. **부서(Department)**는 동종기술과 경험, 혹은 유사한 지식, 도구 및 기법을 가지고 과업을 수행하는 구성원으로 이루어지는데 생산, 회계, 인사 및 마케팅 부서로 불린다. 다음 파트에서 경영자 계층을 구분하여 설명한 다음 수행업무에 따라 관리자를 특정 부서에 배치하는 이유를 제시할 것이다.

학습목표 1-3

경영의 3가지 수준을 각각 설명하고, 조직수준에 따른 관리자의 과업과 책임이 무엇인지 말하시오.

관리자의 계층

일반적으로 조직은 일선관리자, 중간관리자 및 상위관리자라는 세 가지 관리계층으로 구분한다. 조직계층별 관리자는 별도의 보유자원을 활용하지만 궁극적으로 효율성과 효과성처럼 경영성과에 대해 공동으로 책임진다.

다음 그림의 피라미드에서 제일 하단은 감독관(Supervisors)으로 불리는 일선관리자이다. 그들은 제품과 서비스의 출시처럼 특정 생산활동을 수행하면서 현장 종업원을 일상적으로 관리, 감독하는 역할을 맡는다. 즉 조직에서 일선관리자는 기능별 부서에 소속되어 있는

그림 1.3
조직계층에 따른 관리자 유형

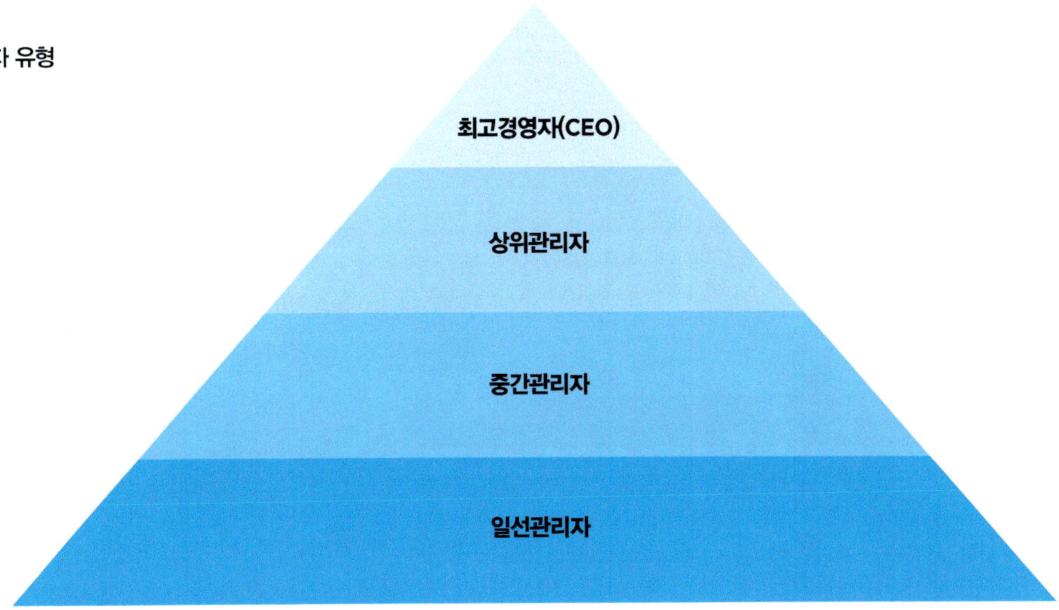

것이 보통이다.

대표적으로 일선관리자는 자동차 생산부서의 작업반장, 대형병원의 수간호사, 서비스센터에 있는 기술자들을 관리하는 파트장 등이다.

중간관리자(Middle manager) 목표달성을 위해 일선관리자를 감독하는 한편, 자원을 최적으로 활용하는 방법을 고민하는 관리자

다음으로 **중간관리자**는 일선관리자를 관리하는 사람으로서 이들은 목표달성을 위해 인적자원을 효율적으로 활용할 방법을 주로 고민한다. 즉 중간관리자는 비용절감, 고객서비스 향상처럼 효율성 제고를 위해 일선관리자의 자원 활용을 지원한다. 또한 중간관리자는 목표수준의 적절성과 목표수정에 대한 필요성을 상위관리자에게 보고함으로써 조직의 효과성 제고에 기여한다. 결국 상부에 대한 중간관리자의 보고가 조직성과를 근본적으로 향상시킬 정도로 영향력을 미친다. 중간관리자의 주요 역할은 생산, 마케팅과 같이 기능별 전문성을 최대한 활용함으로써 효율성과 효과성 증진에 기여하는 것이다. 실제로 중간관리자는 제품의 생산과정에서 수천가지에 달하는 세부 의사결정을 내리기도 한다. 가령 일선관리자 중 누구에게 특정 프로젝트를 맡길 것인가? 최고 수준의 자원을 어디서 조달할 것인가? 최적의 자원 활용을 위해 종업원을 어떤 식으로 조직할 것인가? 등을 결정한다.

중간관리자는 성과에 합당하는 보상을 마련함으로써 부하직원을 동기부여 시키는 역할을 맡는다. 마치 중간관리자는 우수한 선생들이 창의적, 혁신적 수업을 진행하도록 아낌없는 지원과 격려를 마다하지 않는 교장과 같은 존재이다.

상위관리자(Top manager) 전사 목표를 설정하고 부서들의 목표를 조정하는 한편, 중간관리자의 성과평가를 수행하는 고위관리자

한편 중간관리자와 달리 **상위관리자**는 모든 부서의 성과에 대해 책임지는 막중한 역할을 담당한다. 달리 말해 특정 부서를 넘어 전사 차원의 경영성과와 창출과 향상에 매진한다. 상위관리자는 제품과 서비스의 출시, 부서 간 소통과 통합, 중간관리자의 자원 활용에 대한 관리

아메리칸 익스프레스(AMEX)의 최고경영자 겸 회장을 역임했던 케네스 셔놀트(Kenneth Chenault)는 불굴의 추진력과 온화한 성품을 겸비한 덕분에 피라미드 최상부로 올라가는 성취감을 맛보았다. 아울러 단 한 번도 짜증과 화를 낸 적이 없는 사람으로 주위 동료들은 기억하고 있다. 심지어 부하직원이 사무실을 방문하여 자신의 생각을 솔직히 개진할 만큼 관리자들의 멘토를 자처하며 열린 경영을 몸소 실천하였다. ©lev radin/Shutterstock.com

처럼 전사 수준의 목표를 설정한다. 결국 조직의 성공과 실패에 대한 책임을 부담하기 때문에 내부, 외부의 이해관계자(예. 종업원, 투자자)를 위해 지속 가능한 성과를 창출할 의무가 있다.

보통 피라미드의 정점을 차지하며 상위관리자로부터 경영 전반을 보고받는 연장자에 해당하는 관리자를 **최고경영자**(*CEO: Chief Executive Officer*)로 부른다. 가령 **최고운영책임자**(*COO: Chief Operating Officer*)는 조직의 전반적 운영을 담당하는 상위관리자인데 애플의 팀 쿡도 운영책임자를 거쳐 지금의 최고경영자로 발탁된 경우이다. 최고경영자와 최고운영책임자 모두 생산과 마케팅처럼 서로 다른 부서의 상위관리자와 원만한 관계를 형성해야 한다. 보통 조직도 상에서 부문의 상위관리자를 "부사장"(Vice president)으로 칭하기도 한다. 현실에서 부사장, 최고운영책임자 및 최고경영자로 구성되는 **최고경영진(TMT: Top management team)**이 전사 수준의 목표달성에 매진한다.

최고경영진(TMT) 조직에서 상위직급에 해당하는 부사장, 최고운영책임자(COO) 및 최고경영자(CEO)로 구성되는 최고경영층

앞서 살펴본 네 가지 경영과업 중 계획수립, 조직화, 실행 및 성과통제는 계층별 관리자에 따라 상대적 중요도가 달라진다. 〈그림 1.4〉에서 보듯이 피라미드 상층부로 갈수록 성과향상을 위한 계획수립과 조직화에 보다 많은 시간과 자원을 투입한다. 가령 최고경영자는 대부분의 시간을 계획수립과 조직화에 매진한다는 점에서 조직의 장기성과를 결정하는데 핵심역할을 맡는다. 반면 최고경영자나 상위관리자에 비해 중간관리자는 현장 종업원을 포함하여 일선관리자를 지도, 감독하는데 상당한 시간을 할애한다.

학습목표 1-4

관리자에게 요구되는 3가지 경영능력을 말하는 한편, 맡은바 과업의 원활한 수행을 위해 어떻게 관리자를 적재적소에 기용할 것인지 논의하시오.

관리자의 역량

기업에서의 경험과 교육은 조직자원을 활용하는 관리자의 역량 파악과 개발을 지원하도록 돕는다. 버즈피드의 최고경영자인 페레티는 조직 통솔에 있어 특정 분야의 경험이 부족한 것을 깨달았다. 결국 부족한 역량을 습득하고자 펩시코, CBS 및 폴리티코에서 다양한 경험을 쌓은 노련한 관리자를 채용하였다. 기존 연구에 따르면 경험과 교육은 개념, 인간 및 기술처럼 세 가지 유형의 역량 개발과 축적에 기여하는 것으로 나타났다.

개념적 역량(Conceptual skills) 상황 분석과 진단을 통해 문제의 원인과 해결책을 제시하는 능력

개념적 역량(Conceptual skills)은 특정 상황의 인과관계를 파악, 분석 및 진단하는 일반적 능력이다. 보통 개념적 역량은 계획수립과 조직화를 담당하고 있는 상위관리자에게 매우 중요하다. 버즈피드의 조나 페레티도 새로운 사업기회의 발굴과 활용을 위해 관리자와 같은 인적자원의 도움을 받을 수밖에 없었다.

그림 1.4
네 가지 과업별 관리자의 상대적 투입시간

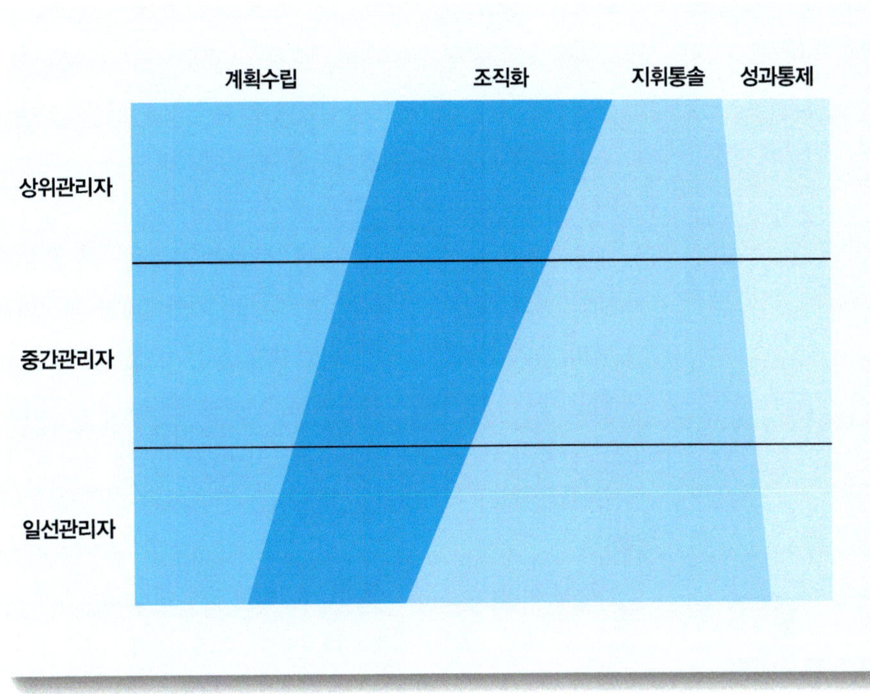

공식적 교육훈련은 관리자의 개념적 역량을 개발하는데 중요한 역할을 수행한다. 학부 및 경영대학원(MBA)은 관리자 본연의 역할에 충실하도록 개념적 분석수단(예. 4P 및 기업분석)을 집중적으로 가르친다. 경영학은 조직이 처한 상황을 분석한 다음 경영전략(Big picture) 수립에 필요한 종합적 사고능력을 함양하는데 도움이 된다. 결국 종합적 사고능력은 특정 상황의 이면에 숨겨진 의미를 간파하고 조직의 장기목표 달성을 위한 핵심 의사결정을 지원한다.

오늘날 조직의 효과성 제고를 위한 전사품질경영, 벤치마킹, 클라우드컴퓨팅 및 가상기업과 같은 이론과 기법이 유행한다는 점에서 경영학 관련 교육훈련은 첨단 정보기술을 활용하는 관리적 역량강화에 집중하고 있다. 가령 블룸버그, 비즈니스위크 및 포브스를 읽다보면 중간관리자 이상을 대상으로 기술마케팅, 재무, 리더십, 인적자원관리를 강연하는 각종 세미나 정보를 볼 수 있다. 마이크로소프트, IBM의 경우 수강여부는 자율이지만 별도 예산을 책정할 만큼 경영능력향상프로그램을 중시한다.

한편 국제채권거래, 전사품질경영처럼 특정 분야에서 고난이도 업무수행이 가능한 능력 있는 관리자를 기대한다. 그런 점에서 특별한 업무능력을 향상시킬 수 있는 전문경영프로그램에 전폭적 지원을 아끼지 않는다. 업무수행의 우수함에 대한 강조는 관리자의 역량개발과 능력함양에 관심을 갖고 아낌없이 지원한다는 것을 시사한다. 심지어 현업부서에서도 잠재력 있는 인재를 대상으로 경영능력향상과정을 제공함으로써 고난이도 업무수행에 필요한 경영능력을 습득하고 일선관리자로 승진할 경력기회를 마련해 준다.

인간적 역량(Human skills) 다른 부서원의 생각과 행동을 이해하고 의견 차이를 조율하며 이들을 통솔하고 변화시키는 능력

인간적 역량(Human skills)은 타 부서 및 팀원들의 행동을 이해하고, 변화를 유도하며 이들을 통제하는데 필요한 인간적 능력을 의미한다. 즉 활발한 의사소통과 원만한 의견조정에 따른 동기부여가 확실하고 응집력 있는 팀워크를 형성한다면 냉소적 관리자마저 변화시킬 공감대가 형성될 것이다. 버즈피드의 조나 페레티도 성과평가 및 보상을 연계시켜 종업원을 동기부여 시키는데 인간적 역량을 중요하게 생각한다.

개념적 역량과 마찬가지로 경험, 학습과 더불어 교육훈련을 통해 인간적 역량도 함양된다. 자기관리팀의 장점이 발휘되기를 바라는 기업이라면 최신의 교육프로그램을 활용하여 개인과 팀의 리더십 역량을 강화해야 한다. 모든 구성원들도 인적 상호작용을 통해 동료의 생각을 읽고 상대방에 공감하는 능력을 배워야 한다. 결국 강점을 강화하고 약점을 보완하는 방법은 상사, 동료 및 부하직원으로부터 자신의 업무성과를 평가받고 피드백을 받는 것이다. 심지어 직접적이며 객관적인 피드백은 관리자의 인간적 역량을 고양하는데 실질적 도움이 된다.

기술적 역량(Technical skills) 조직에서 맡은 바 업무를 수행하는데 필요한 과업 지향적 지식 또는 기법

기술적 역량(Technical skills)은 특정 업무를 처리하는 능력인데 상위 직급으로 갈수록 중요해지는 과업 지향적 역량이다. 생산, 회계, 마케팅 및 IT부서 관리자가 보유한다는 점에서 특정 부서에서 필요로 하는 전문성을 의미한다. 부서 관리자는 특정한 기술적 역량을 효과적으로 활용하는 것이 중요하다. 달리 말해 관리자의 기술적 역량은 조직의 계층과 기능별 부서에 따라 상이하다. 가령 레스토랑의 관리자는 쉐프를 대신한 요리실력, 비용처리 및 급여정산을 위한 회계경리능력, 고객 취향을 반영한 실내외 인테리어 교체처럼 미학적 역량까지 요구된다.

〈그림 1.5〉는 과업 수행역량을 기준으로 관리자를 기능별 부서로 배치하는 방법을 보여준다. 부서별로 일선, 중간 및 상위관리자가 맡은 업무를 수행하는 시간이 다르다는 것을 확인할 수 있다. 그러나 조직계층과 기능부서별로 네 가지 경영과업에 투입하는 상대적 시간에 차이가 있을지라도 업무수행을 위해 계층과 부서의 협조가 요청된다는 점은 분명하다. 가령 일선관리자와 중간관리자는 영업, 마케팅, 회계, 엔니지어링, 생산 및 인사처럼 특정 부서업무에 정통해야 한다. 만약 생산부서장이 조립라인을 감독할 여력이 없다면 다른 회사에서 동일 업무를 수행해 본 경험이 풍부한 중간관리자를 채용하면 된다.

핵심역량(Core competency) 경쟁우위의 원천으로서 기업이 내부적으로 보유하고 있는 기술, 지식 및 경험과 같은 유무형적 자산

오늘날 **핵심역량(Core competency)**은 경쟁우위의 원천으로서 기술, 지식 및 경험처럼 기업 특유의 독점적 자산을 의미한다. 만약 특정 부서가 핵심역량을 보유하고 있다면 이는 부서의 경쟁우위 창출에 기여할 것이다. 가령 델(Dell)은 구매 및 재고비용 절감에 탁월한 능력을 발휘함으로써 비용우위를 향유하는 PC 제조업체였다. 구글은 혁신적 제품과 서비스를 경쟁사보다 먼저 출시할 정도로 우수한 연구개발(R&D)이 경쟁력의 원천이다. 사실 구글 글래스부터 자율주행차에 이르기까지 구글은 대중의 취향을 저격하는 혁신기술을 선도하는 기업으로 유명하다.

그림 1.5
관리자 계층별 담당 업무

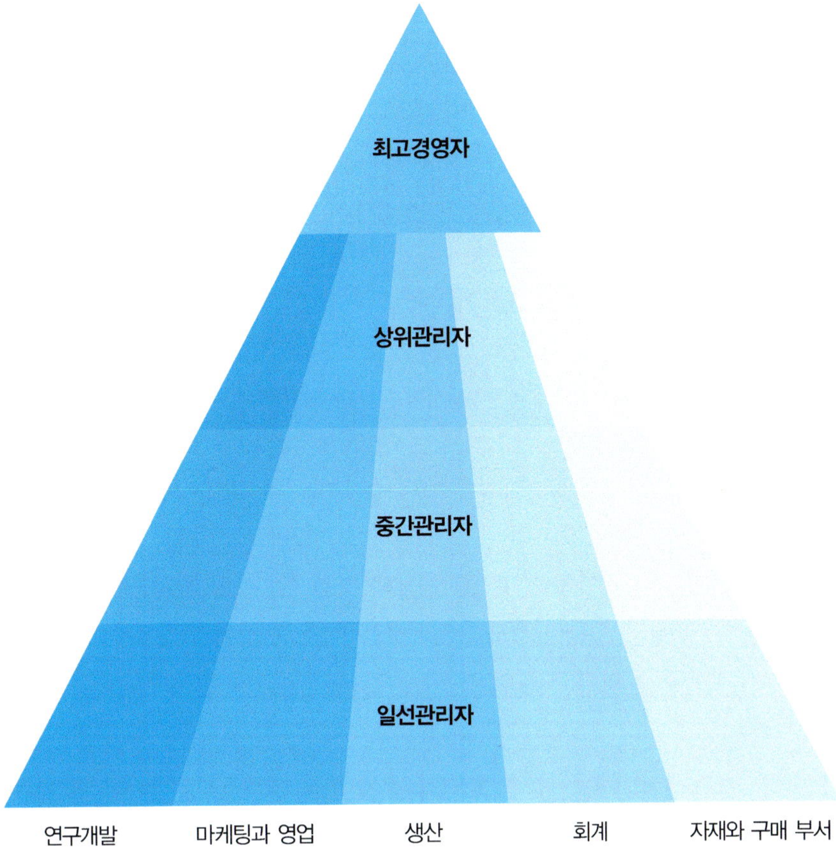

조직의 효율성 및 효과성 향상을 고민하는 경영자라면 개념적, 인간적, 기술적 역량을 갖춰야 한다. 만약 관리자의 세 가지 역량 중 하나만 부족해도 조직은 실패할 수 있다. 가령 상당수 창업기업이 실패하는 이유 중 하나는 적절한 개념적 역량과 인간적 역량의 부족에서 기인한다. 사실 창업을 시도할 만큼 기술적 역량이 뛰어난 창업자도 체계적 경영방식의 필요성을 체감하지 못할 수 있다. 또한 연구자에서 관리자로 경력전환을 꾀하는 과학자, 또는 엔지니어는 인간적 역량의 부재라는 심각한 문제에 봉착하기도 한다. 글로벌 경쟁이 치열한 상황에서 세 가지 역량의 필요성을 인식하고 있는 전도유망한 관리자라면 개념적, 인간적, 기술적 역량을 배울 수 있는 학습법을 고민할 것이다.

관리자로 대표되는 인적자원의 잠재력은 교육훈련에 얼마나 관심을 가지며, 새로운 관리적 역량강화에 어느 정도 투자하는가에 달려 있다. 대다수 종업원은 역량강화프로그램에 많은 관심을 갖고 있기 때문에 마이크로소프트, IBM 및 GE도 계층별, 부서별 관리자와 부서원을 대상으로 사내교육 과정을 운영하고 있다. 매년 기업들은 수천 명의 종업원을 경영프로그램에 참여시킨 다음 두각을 나타내는 소수 핵심인재를 특별 관리한다. 이들은 차세대 관리자 및 리더로 성장할 우수 인재 풀로서 미래 경영자 양성을 위한 교육훈련 과정에 참여할 기회를 갖는다. 대동소이하지만 상당수 기업들은 자사에 꼭 필요한 핵심인재를 선별하여 관리자로 승진할 기회를 준다. 가령 애플과 3M은 연구개발 팀을 잘 이끌며 신제품 개발을 성공시키는 것을 승진요건으로 제시한다. 또한 액센츄어와 IBM은 신규고객 발굴과 기존고객 유지를 컨설턴트가 보유해야 할 핵심역량으로 본다. 앞으로 본서는 관리자가 습득하고 개발해야 할 다수 역량을 다른 장에서 기술하고자 한다.

최근 기업 경영의 변화

요즘 관리자의 역할과 책임에 대한 변화의 목소리가 높아지고 있다. 글로벌 경쟁심화와 정보기술 혁명이 급진적 변화를 초래하는 원인으로 알려져 있다. 국제화 역량강화를 요구하는 경쟁압력은 경영자에게 조직의 효율성과 효과성 제고를 압박하고 있다. 향후 경영자는 경영성과 향상을 위해 전사 차원의 사업기회 발굴에 전력투구할 수밖에 없다. 또한 정보기술은 조직 전 계층에 걸쳐 신뢰할만한 정보를 생성, 확산시킬 뿐만 아니라, 계획수립, 조직화, 지휘통솔 및 성과통제의 경영과업 수행을 지원할 것이다. 심지어 정보기술은 종업원에게 직무 관련 정보를 제공하는 한편, 구성원의 업무능력, 전문지식 및 생산성을 향상시키는 수단이 되고 있다.

구조조정과 아웃소싱

정보기술을 통해 효율성과 효과성 향상이 가능함에 따라 경영진은 구조조정이나 아웃소싱을 활용하여 인력을 감축하거나 잉여자원의 생산적 활용을 도모한다.

구조조정(Restructuring)
조직의 인력을 감축하고 사업부를 통폐합하는 과정을 통해 비용절감을 도모하고 핵심역량을 강화하려는 경영혁신

과거 마이크로소프트, 메이시(Macy's) 백화점 사례처럼 **구조조정**은 사업재편, 조직축소 및 인력감축을 활용하여 운영비용을 획기적으로 줄이는 혁신활동이다. 2008년 금융위기 이후 소득하락으로 소비가 감소하는 상황에서 대기업, 중소기업, 영리조직 및 비영리조직은 비용절감을 선택할 수밖에 없었다. 보통 구조조정은 팀 해제, 부서 통폐합, 조직계층 축소를 수반하기 때문에 경영자, 관리자를 포함한 종업원의 실직을 초래한다. 특히 정보기술의 무분별한 도입은 적은 인력으로 보다 많은 업무처리가 가능해진 결과 인력감축을 부채질하는 요인으로 작용하였다. 사실 정보기술이 정보처리 속도와 신속한 의사결정에 기여한다는 이유로 미국 기업들은 첨단 정보시스템 구축에 연간 1,000억 달러 이상 투자하는 것으로 나타났다. 본서 13장에서 정보기술이 기업경영에 미친 영향을 상세히 기술할 것이다.

그러나 정보기술의 이점에도 불구하고 구조조정은 부정적 영향을 초래하기도 한다. 조직 안정성과 직무 연속성을 우려할 만큼 종업원의 사기를 심각히 저하시키는 것으로 나타났다. 실제 인력감축을 경험한 경영자도 초과근무에 따른 피로누적, 서비스품질 저하에 따른 고객 불만을 구조조정의 부작용으로 여긴다.

아웃소싱(Outsourcing)
기업이 수행하던 가치사슬 활동 중 일부를 외부에 존재하는 독립적 기업에게 맡기는 계약방식

한편 **아웃소싱**은 내부에서 수행하던 생산, 마케팅 및 고객서비스와 같은 가치사슬 활동을

외부 독립적 기업에게 맡기는 것을 말한다. 즉 외주를 통해 절감한 운영비용만큼을 제품개발에 투입할 수 있기 때문에 경쟁우위 강화에 도움이 된다.

2000년 초반 다국적기업 주도의 가격인하 경쟁은 아웃소싱을 전 세계적으로 확산시키는 요인이 되었다. 그러나 아웃소싱 때문에 2015년 미국에서만 240만개의 일자리가 없어진 반면, 인도, 인도네시아, 중국과 같은 신흥국은 아웃소싱 거점으로 부상하고 있다. 최근 전략적 아웃소싱은 비용절감을 넘어 핵심역량을 강화하여 경쟁우위를 창출하는 수단으로 각광받고 있다. 일례로 IT서비스 분야에서 인도와 러시아는 미국 임금수준의 3분의 1에 불과한 입지우위를 토대로 수만 명의 프로그래머를 공급하고 있다.

지금처럼 구조조정과 아웃소싱의 활용이 보편화된 상황에서 다국적기업은 10년 전보다 인력규모를 10~20%씩 줄여 채용한다. 예컨대 포드, IBM, AT&T 및 듀폰은 효율성과 효과성을 위해 조직인력과 사업규모를 축소하는 수많은 기업들 중 하나에 불과하다. 그래도 일자리를 잃은 종업원은 그동안의 기술, 지식 및 경험을 살려 미국계 기업들을 통해 재취업의 기회를 모색할 수밖에 없다. 왜냐하면 세계무역이 계속 성장한다는 가정 하에 제조업에서 잃은 수백만 개의 일자리가 서비스 분야에 강점이 있는 미국에서 창출될 가능성이 높기 때문이다. 이와 함께 임금수준이 급격히 높아지는 신흥시장도 아웃소싱 기반의 제조업 성장이 한계에 봉착할 전망이다. 자동차산업의 경우 저임금 노동력과 숙련노동자가 상대적으로 풍부한 국가로 제조기반을 옮기고 있다. 다음 사례는 멕시코에 생산법인을 설립하려는 다국적 자동차기업들을 소개하고 있다.

학습목표 1-5

세계화의 심화와 정보통신 기술의 발전으로 인해 경영현장에서 일어난 변화를 설명하고 이에 대해 토론하시오.

임파워먼트와 자기관리팀

조직의 효율성과 효과성을 중시하는 경영자일수록 구조조정과 아웃소싱 다음으로 권한위임과 자기관리팀(Self-managed team)을 또 다른 해결책으로 제시한다. **임파워먼트(Empowerment)**은 개인에게 더 많은 권한과 책임을 이양하여 원활한 업무수행을 지원하도록 만든 관리방식이다. 미국의 트랙터 제조업체인 존 디어(John Deere)는 종업원에 대한 권한위임이 성과로 연결된다고 믿는다. 트랙터 조립라인에 있는 경험 많은 노동자들은 제품의 작동방식을 잘 아는 능숙한 숙련공이다. 존 디어의 경영자는 이들에게 일정한 판매교육을 제공한다면 우수한 영업사원이 될 것으로 확신하였다. 결국 생산직 노동자를 대상으로 집중교육을 제공한 다음 고객서비스 부서에 배치하여 제품판매를 맡겼다. 새로운 권한을 부여받은 이들은 고객목소리(VOC)에 귀 기울이는 "영업사원"처럼 고객 니즈를 반영한 신제품 개발에 선도적 역할을 담당하였다. 언젠가 생산현장으로 복귀하겠지만 영업과 판매활동에서 습득한 지식과 경험은 효율성과 효과성 향상에 기여할 것이다.

임파워먼트 (Empowerment)
상위관리자의 지식, 업무 및 의사결정에 대한 권한과 책임을 하위관리자에게 위임하는 것

보통 기업은 자율성을 최대한 보장하는 동시에, 권한위임과 보상체계를 연동함으로써 다양한 성과창출을 도모한다. 앞서 존 디어의 사례는 자율성을 원하는 종업원들과 별도의 근

Managing Globally

자동차 제조업체의 요람, 멕시코

중국을 필두로 아시아 지역에서 노동자의 임금수준이 계속 상승한다면 다국적 자동차 기업들도 공장을 옮겨갈 국가를 찾을 수밖에 없다. 일부 미국 기업이 본국으로 제조공장을 이전하고 있으나 임금상승에 따른 생산비 부담을 생각하면 한시적 현상에 불과할 전망이다.

사실 다국적 제조업체들은 경쟁적으로 멕시코에 생산기반을 구축하고 있다. 멕시코는 첨단 제조공장을 설립하더라도 비용우위 달성에 전혀 문제없을 정도로 유리한 입지우위를 향유한다. 가령 물류의 경우 공장에서 생산한 제품을 수 시간 안에 옮길 수 있는 주요 항구가 인접해 있어 물류비용 절감이 가능하다. 심지어 미국에 비해 멕시코 공대생의 임금수준이 훨씬 저렴할 뿐만 아니라 고학력 노동력도 풍부하다는 점이다. 실제 멕시코 엔지니어의 초임 연봉은 미국의 약 1/4 수준에 불과한 것으로 추정한다. 멕시코 자동차 노동자의 평균 임금은 급여와 복리후생을 포함하여 시간당 평균 8달러에 지나지 않는다. 최근 자동차연구센터(Center for Automotive Research)의 자료를 보면 미국의 58달러, 독일의 52달러에 비해 훨씬 낮은 수준임을 알 수 있다. 2020년까지 직접투자 유입액이 130억 달러 이상을 상회한다면 멕시코의 자동차 생산능력은 지금보다 2배 이상 증가할 것으로 내다본다.

멕시코 셀라야(Celaya) 공장의 노동자들이 혼다 승용차를 조립하고 있다. 최근 다국적 자동차기업들은 저임금의 풍부한 노동력, 미국시장과의 접근성 등을 앞세워 일부 해외공장을 멕시코로 이전하고 있다. ©Crain Communications, Inc.

한편 멕시코로의 투자집중을 북미자유무역협정(NAFTA) 탓으로 돌리는 주장도 있지만, 포드, GM, 닛산, BMW, 도요타 및 아우디를 포함한 다국적기업들은 미국과 지리적으로 인접한 입지로 인해 물류비용과 운송비용의 절감이 오히려 이윤창출의 가능성을 제고했다고 주장한다.

미국의 트럼프 전 대통령은 멕시코로 공장을 이전하는 자동차 기업들의 의사결정을 탐탁지 않게 생각한다. 2017년 초반 트럼프 대통령은 외국으로 공장을 이전하는 자국기업들에게 "국경세(Border tax)" 또는 관세를 부과할 것이라 위협하였다. 최근 포드는 16억 달러의 멕시코 공장설립을 취소하는 대신 기존 미시간 공장에 7억 달러를 투자하여 전기차 및 하이브리드차를 양산할 계획을 발표하였다. 포드의 전임 경영자인 마크 필즈(Mark Fields)는 소형차 수요는 하락하는 반면, 스포츠유틸리티(SUV)를 선호하는 미국 소비자들을 고려하여 투자철회를 단행한 배경을 설명하였다. 다만 가까운 미래에 미국이 아닌 멕시코에 소형자 공장을 건설할 것이라 발표하였다.

존 디어의 생산직 노동자들은 트랙터를 조립하는 한편, 판매교육 이수 후 영업활동을 지원하기도 한다. 결국 고객목소리를 토대로 신제품을 출시할 뿐만 아니라, 판매 시 제품에 대한 충분한 설명과 기술적 지원도 제공하게 되었다. ©Deere & Company

로계약을 체결할 정도로 내부적 평가가 호의적이다. 가령 효율성과 효과성 측면에서 신규지식을 배우는 학습활동에 참여하거나, 프로그래밍처럼 야간 교육과정을 수료한 종업원들에게 보다 많은 임금을 지불한다. 결국 존 디어는 경쟁사가 모방하기 힘들 정도로 고객 지향적 제품을 출시한 결과 2010년부터 수익성이 꾸준히 증가하고 있다.

한편 정보기술은 과업지식과 책임범위를 확장시켜 권한위임을 확산시키는 역할을 수행한다. 기술발전에 힘입어 많은 인력들이 처리하던 기존 업무도 한명의 종업원이면 가능한 수준으로 변모되었다. 결국 이전에 비해 더 많은 자율성과 책임감을 토대로 수월성 향상을 도모할 수 있게 되었다. 정보기술로 인해 계획수립, 조직화, 지휘통솔 및 성과통제를 공동으로 수행하도록 **자기관리팀**(자율작업팀) 운용이 가능해졌다. 즉 성과평가 정보를 신속하고 정확히 제공한다면 자기관리팀은 맡은 바 일을 보다 효율적으로 수행할 수 있는 방법을 강구하는데 집중하면 되었다. 결국 기존의 역할과 책임의 관계에 정통한 자기관리팀일수록 일선관리자의 활용이 좀 더 용이해졌다. 즉 일선관리자는 단순지시보다 효율적 작업이 이루어지도록 전문적 조언에 충실한 코치 및 멘토 역할에 집중하면 된다. 마찬가지로 중간관리자도 팀의 업무를 정확히 파악한 다음 최적의 자원투입과 활용을 결정할 수 있다. 본서 11장은 자기관리팀에 대해 자세한 내용을 설명할 것이다.

자기관리팀(Self-managed team) 구성원 각자가 자율적으로 활동을 계획, 조직, 감독하는 동시에, 제품과 서비스 품질을 통제할 권한을 지닌 팀원들로 이루어진 소그룹

글로벌 도전에 직면한 경영학

과거와 다른 글로벌 환경의 역동성은 다국적기업들에게 보다 높은 수준의 성과창출을 압박하고 있다. 지난 20년 간 특정산업을 중심으로 국내외 경쟁사들이 많아짐에 따라 경쟁압력도 꾸준히 증가해 왔다. 다국적기업, 또는 **글로벌기업**은 기존과 다른 방식으로 자원을 활용함으로써 성과를 창출해야 한다. 독일계 다국적 제약사 바이엘(Bayer), 이탈리아의 가구업체 나투지(Natuzzi), 한국의 전기전자기업 삼성전자와 LG전자, 브라질의 중소형 항공기 제조업체 엠브라에르(Embraer), 유럽연합의 에어버스조차도 글로벌 경쟁사들과 치열한 경쟁을 통해 생존을 도모할 수밖에 없다.

글로벌기업(Global organizations) 둘 이상의 국가에서 법인, 또는 자회사를 설립하여 경영활동을 수행하는 다국적기업

한편 비영리조직(NGOs)도 경쟁의 세계화로부터 자유로울 수 없다. 즉 대학원, 대학교, 사법기구 및 정부기관 모두 선진 국가들의 선례(Best practice)를 벤치마킹함으로써 조직의 관리방식에 변화를 준다. 가령 일본과 유럽의 교육제도를 모방한 미국은 학사일정과 수업방식을 일부 변경하였다. 이와 반대로 유럽과 아시아 국가들은 효율성은 떨어지지만 세계적 수준의 진료시스템을 갖춘 미국식 의료체계를 도입하기도 한다.

학습목표 1-6

앞으로 글로벌 경쟁이 치열해질 상황에서 경영자에게 놓인 도전적 과제가 무엇인지 토론하시오.

결국 급변하는 글로벌 환경에서 학습능력이 부족하고 변화를 따라가지 못하는 기업일수록 수동적 대응에 치중한 결과 위기에 봉착하거나 도산할 것이다. 최근 변화하는 경영환경은 경쟁우위, 윤리경영, 다양성, 정보기술 및 위기경영의 필요성을 인식하고 이를 실천할 것을 요구한다.

경쟁우위 창출

경쟁우위(Competitive advantage) 동일제품을 경쟁사보다 저렴한 비용으로 생산하거나, 독특한 가치의 차별적 제품을 출시하여 프리미엄 가격을 받는 기업의 가치창출능력

치열한 경쟁환경에서 조직의 지속적 성공을 위해 기업경영자가 새겨야 할 중요한 교훈은 무엇인가? 이에 대한 답은 핵심역량을 토대로 경쟁우위를 창출하고 유지하는 것에 달려 있다. **경쟁우위(Competitive advantage)**는 제품과 서비스의 효율적, 효과적 제공을 통해 경쟁사보다 더 많은 경제적 가치를 창출하는 조직의 능력이다. 〈그림 1.6〉을 보면 탁월한 **효율성**, **품질**, **혁신** 그리고 **신속한 고객대응**이 경쟁우위를 구성하는 요소라 말하고 있다.

기업은 자본, 노동 및 부품처럼 투입요소를 줄이면서 제품을 생산할 때 효율성을 향유한다. 최근 동태적 경쟁환경에서 자원 활용에 있어 혁신적 방식을 고안한 결과로서 효율성 제고가 가능하다. 대다수 기업들은 스마트 팩토리를 구현하는 기술, 기법과 지식을 전수하는 수단으로 교육훈련을 강조한다. 다양한 과업을 원활히 수행하도록 돕는 교차훈련(Cross-training) 자기관리팀을 중심으로 지식을 전수하고 확산하는 등의 방법을 활용한다. 결과적으로 종업원 교육훈련은 생산성 향상을 위해서라도 반드시 있어야 할 핵심 활동이자 방법이다. 실제 미국, 이탈리아보다 일본과 유럽계 기업들이 종업원 훈련에 상대적으로 많은 자원을 투자하고 있다.

그림 1.6
경쟁우위의 구성요소

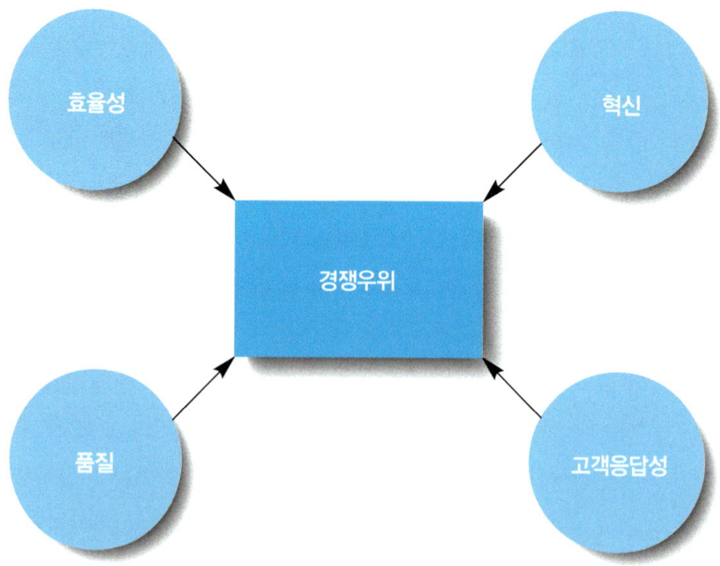

한편 인건비가 저렴한 멕시코, 중국, 말레이시아로 진출한 기업들과 경쟁관계에 있는 조직의 경영자는 효율성 향상에 주력해야 한다. 경영혁신을 통한 비용절감을 도모하거나, 아웃소싱에 따른 일자리 감소가 걱정된다면 품질수준을 제고함으로써 효율성 제고처럼 경쟁우위 창출에 매진해야 한다.

선진국 및 신흥국 다국적기업을 중심으로 제품과 서비스 차원의 세계적 경쟁은 구성원의 자질과 역량강화를 필요로 한다. 이미 **전사적 품질경영**(*Total Quality Management*)이 경영품질을 제고하는 대표적 수단이란 점은 주지의 사실이다. 품질경영에 있어 종업원은 품질관리팀에 소속되어 품질향상에 동참하거나, 품질수준을 평가하고 통제하는 새로운 방식을 고민한다. 본서의 14장에서 전사적 품질경영의 성공적 도입에 대한 내용을 소개하고자 한다.

한편 경쟁적 환경에서 살아남는 생존비법은 신제품을 적기에 출시하는 제품의 적시성(Time to market)과 외부환경에 자사의 행동을 재빨리 변화시키는 조직의 **유연성**(*Flexibility*)에 달려 있다. 만약 신속성과 유연성 모두 활용할 수 있다면 민첩한(Agile) 기업이 되고도 남는다. 결국 목표달성을 위해 계획수립과 자원동원에 남다른 면모를 지닌 경영자를 가진 민첩한 기업이 요구된다. 따라서 민첩한 기업일수록 변화하는 환경에 적응하는 것을 두려워 하지 않는다. 예컨대 미국의 알콘은 마진율이 낮은 틈새시장에서 양질의 콘텐츠를 효율적으로 제작하는 노하우를 알고 있으며 이를 잘 활용하는 기업이다. 아울러 음악시장과 AR/VR분야처럼 사업다각화를 추구함으로써 기존 방송/영화산업에서의 경쟁압력을 낮추려 노력한다.

고객니즈를 토대로 제품개선, 제품출시 및 제품과 서비스의 제공방식을 본질적으로 변화시키는 **혁신(Innovation)**은 특별한 도전이다. 본래 소그룹과 팀에서 빈번한 혁신이 발생한다는 점에서 혁신을 자연스럽게 수용할 수 있는 조직분위기 조성이 급선무이다. 이를 위해 업무추진 권한을 하위 부서에 위임하는 한편, 위험을 부담한 만큼 보상으로 연계하는 기업문화를 조성해야 한다. 결국 불확실한 상황에서 자원투입을 전제로 단행된 전략적 투자에 대한 적절한 보상만이 혁신을 창출하는 원동력이다. 대표적으로 2014년 업무시간의 20%를 "개인과제(Pet project)" 수행에 활용하도록 허용한 구글의 80:20 원칙은 지메일(Gmail) 탄생에 기여하였다. 그러나 최근 구글은 생산성 저하를 우려하여 80:20 원칙을 잠정 중단하는 의사결정을 내렸다. 도입 당시에는 구성원의 혁신노력을 장려할 것으로 기대를 모았으나, 업무를 수행하는 방식을 새로이 설계하는 것이 차라리 생산성 향상에 기여한다는 점을 인정한 결과였다. 지금 현재 구글은 자율성을 대신할 또 다른 수단으로 X랩을 앞세워 경쟁우위를 지속할 묘수를 찾고 있다.

혁신(Innovation) 제품개선, 신제품 출시, 또는 제품/서비스의 제공방식을 혁신하는 창조적 파괴의 산물이자 결과물

한편 기업은 목표고객을 대상으로 제품과 서비스를 제공하는 방식을 혁신하는데 집중하고 있다. 특히 서비스 기업일수록 고객 니즈에 신속히 반응하는 것을 경쟁우위의 원천으로 생각한다. 가령 마트, 은행 및 병원은 고품질의 서비스를 합리적 비용으로 제공하는 인적역량이 중요한 자산이다. 산업구조 고도화에 따라 제조업 일자리는 감소하는 반면, 서비스 활

동, 품질 및 경영에 강점을 지닌 미국, 캐나다 및 스위스 등은 서비스 분야에서 일자리가 늘고 있다. 점차 많은 기업들이 고객서비스 권한을 위임하고 서비스 품질수준 제고를 위해 상당한 자율성을 부여하고 있다. 예컨대 현업 부서원에게 권한을 위임하고, 자기관리팀을 활용하려는 시도도 일선관리자의 효율적 자원 활용을 지원하는 것이다.

기업회생(Tumaround management) 새로운 비전제시, 계획수립과 실행에 따른 경영방식에 변화를 줌으로써 부실기업을 장기생존과 성장궤도에 다시 올려놓는 회생경영

조직의 장기생존을 위해 경영자가 기울이는 최선의 노력이 반드시 성공으로 연결되진 않는다. 다만 파산 직전의 기업일수록 기업회생의 경험이 풍부한 능력 있는 경영자를 모셔야 한다. **기업회생(Turnaround management)**은 계획수립과 실행단계에 새로운 방법을 적용하는 것으로 조직자원을 잘 활용하여 부실기업을 정상화시키는 것이다. 성공적 기업회생은 애플의 수익성을 초과할 정도로 성장잠재력이 풍부하다는 새로운 비전 제시로 출발한다. 물론 제품라인을 포함한 생산과 유통채널 축소, 국내외 조직의 통폐합처럼 비용절감을 전제로 추진하는 구조조정을 포함한다. 실제 고객만족도 하락, 경쟁사의 신제품 출시, 조직의 성과부진과 방만한 경영 때문에 위기에 봉착한 절체절명의 시점에 기업회생을 추진할 경영자를 영입하는 것이 보통이다. 1980년대 일본의 소니는 혁신적 제품출시와 글로벌 브랜드에 힘입어 세계시장을 선도할 수 있었다. 가령 소니는 세계 최초 전자책인 리브레(Librie)보다 10년 이상 앞서 이리더(e-reader)로 불리는 전자책 시제품 기술개발이 가능하였다. 다만 소니는 기술적 돌파구를 상업적 제품으로 출시하는데 실패한 반면, 아마존은 전자책 킨들과 관련 앱 출시를 통해 세계시장을 주도하고 있다. 따라서 경쟁적 기술환경에서 소니는 제품의 상업적 출시를 가능하게 만드는 기술사업화 역량과 전략이 부재한 것이 실패로 귀결되었다.

정리하면 효율성, 품질, 혁신 및 고객대응도 내부자원 뿐만 아니라, 경영자의 지식, 경험 및 전문성의 뒷받침이 있어야만 경쟁우위 창출이 가능하다. 따라서 전략수립과 조직화에 조직자원을 투입하는 한편, 구성원에 대한 지휘통솔과 성과통제를 중심으로 효율성과 효과성을 제고하는 식으로 경영과업을 수행할 필요가 있다.

사회적 책임의 수행

2008년 금융위기 이후 기업의 임직원들은 자원을 최대한 활용하여 성과를 창출할 것을 요구받아 왔다. 가령 최고경영자는 경영성과 향상을 내세워 이익, 배당금 및 주가상승을 통한 주주가치 극대화에 주력하였다. 결국 효율성과 효과성에 민감한 경영자일수록 자원 활용과 탐색을 강조하는 동시에, 고객유치를 통한 이윤극대화를 위해서라면 중간관리자와 일선관리자를 압박하는 '악역'도 서슴지 않았다.

한편 성과향상에 대한 압력은 계획수립, 조직화, 실행 및 성과통제처럼 핵심과업을 변화시킬 정도로 긴장감을 불러오는 효과도 있었다. 그러나 성과압박에 따른 심리적 스트레스는 비윤리적, 탈법적 행동을 조장하여 내·외부 이해관계자들의 비난을 초래하는 부정적 파급효과를 초래하였다.

한편 전국 규모의 소매업체마저 비용절감을 위해 저급한 의류를 구매하거나, 제품을 생산하던 열악한 작업환경을 외면하였다. 결국 1990년대 열악한 노동환경에서 노동 집약적 제품을 생산하던 다국적기업이 세계적 비난여론에 직면하면서 경영자들은 윤리적 딜레마에 봉착하였다. 그로부터 나이키, 월마트 및 애플은 비윤리적 외주관행을 중단하고 불공정한 압력을 행사하지 못하게 주재원 관리에 세심한 주의를 기울이고 있다. 결국 다국적기업은 현지공장의 작업환경을 감시할 감독관을 파견하거나, 불법적, 탈법적 행위를 일삼는 공급업체와 계약해지라는 특단의 조치를 단행하였다.

한편 방위산업체의 판매관리자는 대규모 계약을 성사시키고자 불법인 줄 알면서도 뇌물을 제공한다. 최근 미국의 화장품 기업인 에이본(Avon)은 새로운 시장진출에 앞서 뇌물수수 문제해결을 위해 1.35억 달러를 지불하였다. 또 다른 사례로 독일의 지멘스(Siemens), 브라질의 오데브레시(Odebrecht)는 해외사업에서의 뇌물수수 혐의를 받고 수십억 달러에 달하는 벌금을 납부하였다.

본서 3장에서 사회적 책임 이슈는 공급업자, 종업원 및 고객처럼 현지의 이해관계자들이 지켜야 할 최소한의 의무를 다룬다. 최근 다국적기업의 경영자는 직간접적 이해당사자 모두를 고려할 만큼 사회적 책임을 중시한다. 그럼에도 불구하고 일부 경영자는 자신의 이해관계를 관철시키기 위해 다른 사람에게 피해를 주는 비윤리적 수단을 선택하기도 한다. "Ethics in Action"에서 웰스파고 사례는 의사결정이 내려지는 경영현장에서의 윤리적, 사회적 책임의 준수가 중요하다는 점을 상기시켜 준다.

종업원 다양성의 관리

다국적기업 경영자는 공정한 종업원 관리를 위해 윤리적, 법률적 기준을 고민하고 있다. 가령 나이, 성별, 인종, 민족, 종교, 성적 취향, 사회적 및 경제적 소속에 따라 차별대우를 하지 않겠다는 것은 새로운 도전이다. 즉 정해진 규정, 절차 및 관행에 따라 열정과 숙련도가 뛰어난 인재를 육성하도록 인적자원관리(HRM)의 실천이 중요하다. 오늘날 대다수 기업들은 다재다능한 재능을 활용하고 효과적 동기부여 수단을 마련함으로써 동등한 승진기회를 제공하고자 한다. 결국 구성원 각자의 기술과 경험을 토대로 조성되는 인적자원의 다양성이 성과향상에 기여한다는 점을 인정하는 것이다. 다국적 컨설팅업체인 액센츄어(Accenture)는 종업원의 다양성을 활용하여 잠재력을 성공적으로 구현한 대표적 사례이다.

액센츄어는 전 세계 120개 국가에서 수천에 달하는 기업고객을 거느리고 문제점 진단과 해결책을 제시하는 다국적 컨설팅업체이다. 조직의 핵심비전은 인적구성의 다양성을 증진하고 관리함으로써 종업원만족과 고객성과를 제고하는 것이다. 사내 관리자와 경영자 모두 컨설턴트가 자신의 재능을 발휘하고 경험을 공유하기를 기대하며, 이질적 배경의 컨설턴트 간에도 협업을 통한 최상의 서비스 제공을 강조한다. 특히 고객사의 국적, 민족 및 종교의 차이

Ethics in Action

웰스파고 스캔들의 후폭풍

전 경영자 존 스텀프(John Stumpf)는 판매사원들에게 교차상품을 판촉하기 위해 "여덟 개면 좋다"는 영업방식을 강조하곤 했다. 판매수수료를 위해서라면 예금, 당좌계좌, 수익증권, 신용카드, 신용대출, 모기지론, 계좌유지, 보험상품처럼 총 8개 이상의 상품과 서비스를 끼워 팔도록 압박하였다. 사실 수년 동안 진행된 이러한 불완전 판매는 한때 웰스파고를 세계적 우량은행으로 성장시키는 견고한 전략으로 평가되었다.

경영진의 비현실적 성과기대는 5년 동안 수천 명의 종업원들이 목표달성을 위해 2백만 개가 넘는 유령계좌 개설을 방조하도록 만들었다. 당시에도 일부 임원과 지점장은 과도한 실적경쟁에 따른 부작용을 우려했으나, LA타임즈 탐사보도와 시당국의 소송이 진행되기 전인 2015년까지 계속되었다.

최고경영진의 강요에 따라 유령계좌 2백만 개를 개설할 수밖에 없었던 이유로 5천명을 해고하는 '꼬리 자르기'에 분노한 시위자들이 뉴욕의 웰스파고 본사 건물 밖에서 항의시위를 하고 있다. ©Erik McGregor/Pacific Press/LightRocket/Getty Images

연방정부의 조사가 시작되자 웰스파고는 비윤리적 스캔들의 확산을 조기에 차단하고자 주정부와 연방정부에 1.85억 달러, 고객에게 5백만 달러를 지급하는데 동의하였다. 비록 불법영업에 연루된 5,300명의 종업원을 해고하는 신속한 조치에도 불구하고 웰스파고 사태는 확산일로에 접어들었다. 결국 2016년 9월 연방의원들은 존 스텀프의 증언을 듣기 위해 청문회를 소집하였다.

상하원 출석에 앞서 스텀프는 "조직적 개입"을 전면 부인하는 한편, 물의를 일으킨 점을 사과하고 재발방지를 약속하였다. 그러나 스텀프의 미온적 대응에 실망한 연방의원들은 불법관행이 지속된 것에 대해 최고경영진의 책임을 요구하였다. 그로부터 2주 후 2016년 10월 웰스파고는 스텀프를 즉각 퇴진시키고, 29세의 전도유망한 금융전문가인 티모시 슬로안(Timothy J. Sloan)을 후임자로 발표하였다.

결국 고객의 신뢰도 추락은 둘째치더라도 웰스파고의 수익성 악화를 막을 수는 없었다. 후임 경영자인 슬로안은 수백만 달러를 지출해서라도 불법적 판매관행을 근절할 것이라 공언하였다. 결과적으로 2016년 회계연도 기준 신용카드 발급과 계좌개설 실적이 전년 대비 40%나 감소할 것으로 전망하였다. 2017년부터 비현실적 목표할당을 폐기하는 대신 종업원의 교육훈련, 내부통제 및 관리감독 강화에 주력한다고 발표하였다.

글로벌 컨설팅기업인 액센츄어는 개인 및 조직의 성과향상을 위해 매년 종업원들에게 수백 개의 다양성 증진 프로그램을 제공한다.

에도 불구하고 이질성을 다양성으로 승화시키는데 다국적 컨설턴트가 최적임자라는 점을 누구보다 잘 알고 있다.

액센츄어는 매년 수백 가지 비즈니스 교육훈련 프로그램을 제공한다. 2016년 투명성 제고 목적에서 컨설턴트의 인종과 성별 통계를 공개한 결과 인적자원 통합과 다양성 증진에 기여하였다. 통계에 따르면 전체 종업원 중 여성은 약 36%, 백인은 50% 수준, 그리고 아시아 지역출신이 약 1/3 정도를 차지하는 것으로 나타났다.

액센츄어에서 북미 법인장을 맡은 줄리 스위트(Julie Sweet)는 아프리카, 라틴계 출신과 참전 용사에 대한 채용이 조직발전에 기여했다고 믿는다. 심지어 동성애자, 양성애자 및 성전환자 뿐만 아니라 장애인 고용도 가능한 채용환경을 만들어 가고 있다. 결과적으로 조직의 다양성이 효율성과 효과성 향상에 공헌한 성과를 전파하고자 유명한 교육기관을 통해 다양성 증진 프로그램을 제공하고 있다. 즉 액센츄어가 보유한 지식, 경험 및 전문성을 활용하여 개인 및 조직성과 창출에 매진하였다. 결국 전 세계에서 가장 성공적으로 성장하는 다국적 컨설팅업체로 자리 잡아가고 있다.

한편 다양성을 성공인자로 인식하는 경영자일수록 종업원의 기술과 역량강화에 투자할 뿐만 아니라, 장기성과 향상에 주력한다. 동태적 글로벌 환경에서 상당수 기업 경영자는 사람을 가장 중요한 인적자원으로 생각하는 한편, 인적역량의 개발과 축적을 중시한다. 미국기업통합컨소시엄(National Business Inclusion Consortium)과 미국동성애자상공회의소(National Gay & Lesbian Chamber of Commerce)는 다양성 증진에 기여한 기업으로 미국계 투자은행인 JP모건 체이스를 선정하였다. JP모건 체이스의 최고경영자인 제이미 디몬(Jamie Dimon)은 "가장 중요한 자산이 사람이기 때문에 모든 구성원의 발전을 위해 다양한 인력을 통합하는 것이 우리가 할 수 있는 가장 현명하고 올바른 일"이라고 수상소감을 전하였다. 본서의 3장에서 종업원 다양성 관리에 필요한 몇 가지 현안을 논의할 것이다.

신기술의 활용

앞에서도 언급했듯이 경영자의 또 다른 도전은 조직계층과 무관하게 과업수행능력이 탁월한 구성원을 발굴하고 육성하는데 정보기술을 효율적, 효과적으로 활용하는 것이다. 정보기술이 직급별 업무수행 방식을 변화시킨 대표적 기업으로 UPS를 들 수 있다. UPS 소속 기사들은 하루 평균 120개 이상의 택배를 배송하기 때문에 정차트럭에서 목적지에 이르는 최단경로 탐색은 배송스피드를 향상시키는 동시에 경제적 가치를 실현하는 중요한 과업이다. 흥미로운

UPS의 택배기사들은 오리온을 포함한 다른 첨단기술을 활용하여 최단 배송경로를 탐색함으로써 연료절감, 비용감소 및 시간단축처럼 부수적 효과를 향유한다. © Andriy Blokhin/Shutterstock.com

점은 하루에 25개를 배송하는 택배기사의 경우 보통 15조개의 서로 다른 루트들 중에서 선택을 고민한다는 것이다. 이처럼 경로선택 문제를 해결하기 위해 UPS는 오리온(ORION: On-Road Integrated Optimization and Navigation) 시스템을 적극 활용하고 있다. 오리온은 택배기사의 최종배송지에 따라 정확한 정차위치와 짧은 경로를 조합하여 최단경로를 제공한다. 다만 배송물류의 효율성과 효과성 제고를 위한 핵심기술에 불과하며, 택배기사가 배송일, 교통량 및 다른 영향요인을 종합적으로 고려하여 일정계획을 수립한다. UPS에 따르면 택배기사 한 사람이 하루 1마일을 단축할 경우 연간 5천만 달러의 비용절감이 가능한 것으로 나타났다.

점차 정보통신기술은 자기관리팀을 위한 핵심정보를 제공하는 한편, 가상의 상호작용이 가능한 수준으로 발전하고 있다. 정보기술을 활용하면 할수록 글로벌 조정활동에 대한 품질과 속도 향상을 기대 할 수 있다. 마이크로소프트, 히타치, IBM은 경쟁우위 창출과 유지를 위해 새로운 정보기술을 탐색하고 있다. 본서의 13장에서 정보기술의 중요성을 설명할 것이다.

위험관리의 실행

마지막으로 기업과 경영자가 직면하는 도전은 바로 글로벌 위기에 대응하는 경영이다. 보통 위기, 또는 참사의 주요 원인은 자연 및 인적 재해로부터 기인한다. 과거 수년 동안 반복되는 허리케인, 쓰나미, 지진, 산불 및 질병처럼 자연재해로 인해 위기가 발생하는 것이 보통이다. 보험사에 따르면 2016년 전 세계적으로 자연재해에 의한 손실규모가 1,750억 달러였지만, 그 중에서 보험처리가 가능했던 건은 500억 달러로 집계되었다.

한편 환경오염, 환경파괴, 안전불감증, 또는 전쟁처럼 국가 간 갈등, 테러리즘과 같은 요인들이 인적 재해의 원천으로 지목되었다. 세계화 과정에서 불가피한 지정학적 충돌은 경제적, 정치적 이해관계를 보호하려는 정부 노력을 물거품으로 만들기도 한다. 글로벌 시장의 경제적, 정치적 불안정성은 불확실한 상황에서의 대응을 요구할 만큼 경영자의 빠른 판단과 신속한 의사결정이 중요하다. 결국 위기경영에서 중요한 것은 (1) 빈번한 소통과 신속한 의사결정이 가능한 위기관리팀 구성, (2) 재빠른 수습을 위한 명령체계로서의 지휘·관리계통 명시화, (3) 팀 주도로 위기관리 업무를 수행할 수 있는 최적의 관리자 확보, (4) 상이한 목표와 이해를 가진 개인, 집단과의 갈등과정에서도 주도면밀한 협상전략을 위한 최적의 선택과 결정을 하는 것이다.

요약 및 리뷰

경영이란 무엇인가 목표달성을 위해 경영자는 조직의 가용자원을 동원, 활용, 관리 및 감독할 권한과 책임을 맡은 상위관리자이다. 조직은 목적을 달성하고자 서로 다른 생각의 구성원들이 업무를 수행하고 활동을 조정하기 위해 만들어진 집단이다. 결국 경영도 계획수립, 조직화, 지휘통솔 및 성과통제의 과업을 수행함으로써 조직의 목표를 효율적, 효과적으로 달성하기 위한 자원 활용의 과정이다. 효율적 조직일수록 자원을 가장 생산적으로 활용하려는 반면, 효과적 조직은 자원 활용을 통해 고객이 원하는 제품과 서비스 제공이라는 목표의 달성을 추구한다. [학습목표 1-1]

경영의 핵심과업 앞서 보았듯이 경영은 계획수립, 조직화, 지휘통솔 그리고 성과통제라는 네 가지 핵심과업으로 구성된다. 결국 경영의 핵심과업은 계층별, 부서별 경영자와 관리자를 중심으로 일련의 과업을 수행한다. 따라서 효과적 경영이라 함은 이러한 경영과업을 성공적으로 수행하는 것을 의미한다. [학습목표 1-2]

경영자 계층과 경영자 역량 전통적으로 조직은 세 가지 관리계층으로 구성된다. 우선 일선관리자는 비관리부서의 종업원에 대해 일상적 의사결정을 내리고 책임진다. 다음으로 중간관리자는 조직의 자원을 효율적, 효과적으로 동원하여 활용하는 책임을 맡는다. 끝으로 최고경영자는 각 부서별 의견을 종합하여 전사적 의사결정을 내리는 막중한 권한과 책임을 진다. 세 가지 유형의 경영자 역량은 인간적, 개념적, 기술적 역량이다. 기술적 역량처럼 직무중심으로 역할과 책임(R&R)을 나누다보니 부서별로 관리자 유형을 구분하게 되었다. 예컨대 최고경영자는 전사 차원의 목표를 설정하는 반면, 상위관리자는 단위조직의 자원을 동원하여 부서별 목표를 달성하는데 매진한다. [학습목표 1-3, 1-4]

최근 기업 경영의 변화 대다수 기업들은 효율성과 효과성 증진을 위해 조직의 관리방식을 수정, 변경한다. 기업 경영자는 인력감축과 같은 구조조정이나 아웃소싱을 활용하여 비용절감을 도모한다. 심지어 효율성과 효과성 제고를 위해 권한과 책임을 하위관리자에게 위임하거나 자기관리팀을 조직화 한다. 최근까지 경영자들은 정보통신기술을 토대로 조직혁신을 단행하는데 각고의 노력을 경주하고 있다. [학습목표 1-5]

글로벌 도전에 직면한 경영학 글로벌 환경에서 경쟁의 역동성은 경영자에게 상당히 흥미로운 도전과 숙제를 부여한다. 즉 효율성, 유연성, 혁신과 고객 응답성을 활용하여 경쟁우위를 창출해야 한다. 또 다른 도전으로 윤리적·사회적 책임 완수, 인적자원의 다양성 관리, 정보기술의 활용과 글로벌 위기관리 시스템을 구축하는 것이다. [학습목표 1-6]

Management *in Action*

Topics for Discussion and Action

토의

1. 효율성과 효과성의 차이를 설명하고, 실제 효율성과 비효율성, 또는 효과성과 비효과성에 해당하는 기업사례를 예시하시오. [학습목표 1-1]
2. 조직의 하위관리자, 중간관리자, 상위관리자 및 최고경영자와 같이 관리자 유형별로 효율성과 효과성을 제고할 수 있는 방법에 대해 말하시오. [학습목표 1-3]
3. 고성과조직과 저성과조직에 해당하는 기업을 각각 선정하고, 두 조직의 성과를 비교한 후 성과차이가 발생하는 이유를 설명하시오. [학습목표 1-2, 1-4]
4. 경쟁우위의 구성요소는 무엇인가? 경영자에 있어 경쟁우위의 창출이 중요한 이유를 나름대로 말하시오. [학습목표 1-5]
5. 지난 10년 동안 가장 커다란 변화를 불러온 경영자의 과업은 무엇인가? 그러한 과업의 변화가 발생한 원인을 말하시오. [학습목표 1-6]

실천

6. 주변에 있는 학교나 금융기관 하나를 선택하여 방문한 다음, 본인이 방문한 기업이 보유하고 있는 내부 자원들을 나열하시오. 과연 경영자는 성과창출을 위해 내부 자원을 어떤 식으로 활용하는지 말하시오. [학습목표 1-2, 1-4]
7. 조직의 계층별로 일선관리자, 중간관리자 및 상위관리자(최고경영자 포함)의 맡은 바 역할을 물어보고 효율성과 효과성 증진을 위해 무슨 일들을 해야 하는지 말하시오. [학습목표 1-3, 1-4]
8. 중간관리자나 최고경영자에게 계획수립, 조직화, 지휘통솔 및 성과통제와 같은 핵심과업을 어떻게 수행했는지 질문하시오. 또한 각각의 과업을 수행하는데 어느 정도의 시간을 투입했는지 물어보시오. [학습목표 1-3]
9. 업무수행을 온종일 관찰할 수 있는 협조적인 관리자를 물색하시오. 담당자가 수행하는 역할을 나열하고 그 역할의 수행에 소요되는 시간을 기록하시오. [학습목표 1-3, 1-4]

Building Management Skills

경영과 관리자를 생각해 보자 [학습목표 1-2, 1-3, 1-4]

과거 근무했던 조직과 업무지시를 받던 상사를 떠올려 보시오(혹은 오랜 직장생활 경험을 가진 당사자에게 물어보시오); 그런 다음 아래의 질문들에 순차적으로 대답하시오.

1. 당신의 직장상사는 누구였나요? 상사의 부서와 직급은 어떻게 되나요?
2. 상사의 경영방식은 어떠했는지 말해보시오. 상사가 빈번히 수행했던 업무와 역할은 무엇이었나요? 상사가 보였던 경영능력은 무엇이었나요?
3. 상사의 역할과 능력은 특정 업무를 수행하는데 적합했나요? 상사는 어떻게 업무성과를 향상시켰나요? 정보기술은 성과향상에 도움이 되었나요?
4. 상사의 관리스타일은 당신의 태도와 행동에 영향을 주었습니까? 부하직원의 눈으로 봤을 때 업무성과는 어떠했나요, 동기부여와 같은 자극제가 있었나요?
5. 과거 근무했던 기업의 보유자원을 생각해 보시오. 관리자와 경영자는 조직자원을 효과적으로 활용했나요? 성과창출에 가장 큰 기여를 했던 내부자원을 말해 보시오.
6. 과거 근무했던 기업은 어떤 식으로 인적자원을 활용했는지 말해 보시오. 당시 기업의 자원 활용방식이 구성원의 태도와 행동에 미친 영향을 설명하시오.
7. 당시 상사에게 꼭 전하고 싶은 조언이 있다면 말하시오. 당시 기업에게 경영방식의 근본적 변화가 필요했을까요?
8. 당시 조직의 관리자들은 효율성, 품질, 혁신 및 고객응답의 필요성을 어떻게 조율했습니까? 고객이 원하는 제품과 서비스 출시라는 핵심목표의 달성방법이 있었다면 무엇이라 생각하십니까?

Managing Ethically [학습목표 1-1, 1-3]

과거 목격했던 비윤리적 기업행위를 떠올려 보시오. 다만 종업원과 고객 입장에서 비공식적 경험일 수도 있습니다.

질문

1. 개인, 혹은 구성원 입장에서 비윤리적 행동이라 생각한 이유를 세 가지 말하시오. 가령 어떤 규칙과 규범을 위반했는지, 그 일로 인해 누가 이득을 보고 손해를 보았는지, 관련 담당자에게 미친 파급효과는 무엇이었나요?
2. 비윤리적 행동을 미연에 방지하고 윤리적 행동을 강화할 수 있는 방안이 있다면 무엇인지 말하시오.

Small Group Breakout Exercise [학습목표 1-2, 1-3, 1-4]

레스토랑 개업하기

3~4명으로 팀을 구성하고 과제를 발표할 팀장을 임명한 다음 시나리오에 따라 토론하시오.

당신을 포함한 사업 파트너들이 지역사회에 대형 레스토랑을 개업하기로 결정했다. 영업시간은 오전 7시부터 저녁 10시까지로 아침, 점심 및 저녁을 모두 제공할 예정이다. 우선 각자 5만 달러를 투자한 다음 공동으로 30만 달러를 추후 대출받기로 하였다. 사실 외식을 즐기지 않거나 사업 경험이 없는 동업자들이라 어떻게 레스토랑을 운영할지, 각자의 역할은 무엇일지 결정해야 하는 상황에 봉착하였다.

1. 동업자 각자가 어떤 역할을 맡아야 할지 말해보시오. 대표적으로 핵심부서와 중요활동을 누가 담당할지 정하시오. 조직에서 당신이 맡은 관리자로서의 역할을 설명하시오.
2. 레스토랑 성공에 필요한 경쟁우위의 구성요소는 무엇인가? 레스토랑의 성공을 평가하기 위해 어떤 평가기준을 활용할 것인지 말하시오.
3. 자원 활용과 경쟁우위 창출을 위해 계획수립, 조직화, 지휘통솔 및 성과통제별로 수행해야 할 가장 중요한 의사결정이 무엇인지 토의하시오.
4. 네 가지 경영과업에 따라 풀어야 할 이슈들을 나열하고 레스토랑의 성공에 있어 핵심과업이 무엇일지 말하시오.

Be the Manager [학습목표 1-2, 1-5]

아치바(Achieva)가 직면한 문제

아치바는 네트워크 S/W에 특화된 전문기업으로서 B2B 시장을 중심으로 성장하고 있는 기업이다. 당신은 아치바의 관리자와 경영자를 도와주기 위해 급하게 호출된 상황이다. 즉 급격한 성장의 부작용으로서 경영상의 문제를 해결하고자 소환되었다.

사실 사용자 급증에 따라 소프트웨어 신제품 개발과 고객서비스 제공을 위해 불과 2년 사이 50명의 신입직원을 채용하였다. 아치바의 급격한 성장은 비공식적 조직운영, 느슨한 조직구조를 부각시켰으며, 이러한 문제를 구성원 각자가 해결하려고 나선 상황이다. 과거에는 기존 조직구조로 운영하는 것이 가능했으나 오히려 지금은 똑같은 문제들이 반복적으로 발생하고 있다.

가장 심각한 문제는 성과달성의 확인이 불확실함에 따라 평가에 대한 종업원들의 불만이 극에 달해 있다. 더욱이 관리자들은 부하직원의 아이디어를 경청하지 않을 뿐만 아니라 실행에도 관심이 없다는 점이다. 결과적으로 암울한 조직분위기가 지속되는 상황에서 우수한 인재들이 회사를 떠나게 되었다. 당신은 아치바가 처한 경영이슈를 신속히 해결하고 회사를 정상화 시키는 관리자를 돕는 역할이다.

질문

1. 점차 악화되는 아치바의 경영상황을 보면서 조직화나 성과통제에 있어 무엇이 문제라고 생각합니까?
2. 만약 경영상의 문제해결이 절실하다면 어떤 식의 변화가 가능할런지 구체적으로 말하시오.

Bloomberg Case in the News [학습목표 1-1, 1-3, 1-4, 1-5, 1-6]

모기업의 유나이티드 항공 구하기

저자: Mary Schlangenstein and Michael Sasso

미국 항공사들에게 최대한 빠른 해결은 거액의 현금을 투입해야 한다는 의미이다.

유나이티드 항공은 비행기에서 강제로 끌려나오면서 피를 흘리고 다친 승객과 합의하였다. 또한 델타항공의 선례에 따라 탑승 포기에 동의한 승객 당 10,000 달러를 지급하기로 했다. 사우스웨스트 항공은 오버부킹(Overbooking) 예약을 중단할 것으로 전해졌다. 끝으로 아메리칸항공도 종업원들과 새로운 신뢰를 조성하는 데 약 10억 달러의 비용이 소요될 것으로 추산하였다.

UA항공사로부터 촉발된 오버부킹 사태는 소셜 미디어 대응에 소홀한 항공사에 경고음을 주기에 충분하다. 지난 20년 동안 미국의 항공사들은 비용절감, 부가수익 및 저렴한 기름 값 때문에 사상 최대의 이익을 누려왔다. 그러나 지출할 비용을 아껴 허리띠 졸라매는 감축경영이 부실한 고객응대를 초래한 원인으로 지목되었다. 지금보다 상황이 악화되기 전에 항공사들은 자사의 평판을 개선할 시험대에 올랐다.

"기존 항공사들이 고객보다 기업 입장에서 경영하는 것에 일반 대중은 불편한 시각을 갖고 있다. 심지어 비행기를 이용하는 승객이라면 누구나 알고 있는 사실이다"라고 ICF 인터내셔널 컨설팅 협회 부사장 새뮤얼 엥겔(Samuel Engel)은 지적한다.

한편 비행기 여행자를 위한 블로그를 운영하는 게리 레프(Gary Leff)는 "기존 항공사에 만족하는 승객은 없다"라고 단언한다.

끌어 내려진 승객

유나이티드 컨티넨탈 지주사는 4월 9일 탑승 포기를 거부한 직후 비행기에서 강제로 끌려나온 69세 데이비드 다오에게 비밀 합의금을 지불하는 것으로 오버부킹 사건을 무마하였다. 심지어 유나이티드 항공은 오버부킹으로 말미암아 비행일정을 변경하게 된 승객들에게 7배에 달하는 위약금 제공에 합의하였다.

한편 UA 항공사는 고객의 예약취소에 대비하여 정원 이상의 승객을 더 받아 운용해 왔던 오버부킹 관행을 축소할 계획이다.

경쟁이 격화되는 항공서비스 시장에서 UA는 오버부킹 사건에 따른 경영성과 예측치 발표를 거부하였다. 오버부킹의 고질적 관행을 연구한 아메리칸 대학교의 이터 카레스멘 아이딘(Itir Karaesmen Aydin) 교수는 오버부킹을 통한 항공사의 수익성이 수억 달러에 달할 것으로 추산한다. 그러나 다오 사건은 그동안 물밑에 숨겨져 있던 비용이 생각보다 클 수 있음을 시사한다.

그는 이메일을 통해 "UA항공사 사례는 '대중의 주의를 환기한 경우'로서 오버부킹에 대한 안이한 대응이 상당한 파급효과를 초래할 수 있음"을 지적하고 있다.

기업회생 노력

다오 사례의 파장은 경쟁격화로 말미암아 재무적, 운영적 기업회생을 진두지휘했던 유나이티드 그룹의 최고경영자 오스카 무노즈(Oscar Munoz)에게 타격을 주었다. 2016년 UA의 EBITDA는 매출액의 19%인데, 이는 아메리칸 항공사와 비슷한 수준이나 델타 항공과는 상당한 격차를 보여준다.

항공사의 고객서비스 관련 하원 청문회를 마치고 무노즈는 논란의 중심으로 다시 돌아와야 할 것이다.

과거 컨티넨탈에서 근무했지만 지금은 UA와 합병한 통합법인의 홍보 담당 부사장인 브루스 힉스(Bruce Hicks)는 "사회적 비난이 가시지 않은 상황이지만 시간이 약"이라고 말한다. 또한 "원래 고객서비스는 잘해야 본전이다. 다만 앞으로 변화될 가능성은 일선 현장에 있는 종업원과 관리자에 달려 있다"라고 말한다.

고객서비스 방안 발표 후 유나이티드의 주가는 1%밖에 하락하지 않았다. 다오 사건은 소셜 미디어를 뜨겁게 달군 이슈였지만, 이를 심각하게 여기지 않던 투자자들로 인해 UA 주가는 하락폭을 대부분 회복한 상태이다. 당시 뉴욕 증시의 UA 주가는 1% 미만 소폭 하락한 70.07 달러에 거래되었다.

경쟁사의 급여수준

마찬가지로 승객들도 수년 동안 비용절감 압박에 시달리던 항공사의 고객서비스가 만족할만한 수준이 아니라는 점을 알고 있다. 조만간 아메리칸 항공은 과거 최고경영자(Doug Parker)가 반대한 안(案)이었지만 자사의 기장과 승무원들에게 기존 고용계약과 별개로 임금인상을 핵심으로 하는 사기 진작책을 발표할 계획이다.

2019년까지 아메리칸 항공은 9억 3천만 달러에 달하는 비용을 추가 부담할 전망이다. 결과적으로 월스트리트는 좋아하지 않을 것이기 때문에 목요일 아메리칸 항공의 주가는 최근 3개월 사이 가장 큰 낙폭인 약 3% 하락한 42.68달러로 장을 마쳤다.

파커는 경쟁사에 비해 자사 종업원들의 임금과 처우가 2년 이상 뒤쳐져 있고 이것이 노사관계 악화를 초래할 것을 우려한 피치 못한 선택임을 강조한다. 그나마 임금격차를 축소하는 것이 고객서비스 향상의 출발이라고 말한다.

"우리 회사가 말하는 투자는 제품과 서비스에 대한 투자다"라고 파커는 첨언한다.

다만 아메리칸 항공의 변화가 종업원을 만족시킬 만큼 충분한지, 아니면 더 많은 추가비용이 소요될지 주주들은 궁금해 한다.

임금인상 경쟁

코웬 앤 코(Cowen & Co.)의 애널리스트 헬렌 베커(Helane Becker)는 "임금이 오르더라도 기장들이 현재의 임금수준에 만족할 것으로 기대하지 않는다. 경쟁사 델타나 유나이티드보다 임금수준이 낮은 것을 고려할 때 아메리칸 항공의 노동조합이 이익공유제를 주장할 가능성이 있다"라고 전망한다.

기업이미지 개선을 위한 투자는 임금상승, 연료비용 및 가격경쟁처럼 항공서비스산업의 경쟁압력을 증가시킨다. 앞서 압력요인들은 과거 수년에 걸쳐 누렸던 고수익 시절이 끝나가는 시기와 맞물려 항공사 경영을 압박하고 있다. 블룸버그가 조사한 자료에 따르면 미국 항공사의 주당순이익(EPS)은 전년 동기 대비 약간 하락할 것으로 전망하고 있다.

무엇보다 항공사들은 승객들로부터 더 많은 수익을 창출하고자 업그레이드 버전의 구전효과(Viral marketing)를 만드는 것에 주력할 것이다.

과거 지역 항공사의 경영자였고 지금은 아이디어웍스(Idea-Works)의 책임자로 있는 제인 소렌슨(Jay Sorensen)은 "심지어 스마트폰을 눈에서 떼지 않는 고객을 보면 미디어와 고객들은 여전히 밝게 빛나는 찬란한 대상이다. 항공사들은 끊임없는 즐거움을 선사할 수 있다는 점에서 새로운 뉴스거리 전파는 일도 아니다. 수만 명의 승객들을 완벽히 통제하면서 목적지까지 무사히 운송해야 하는 비즈니스는 항공서비스가 유일하다"는 의미심장한 말을 남기고 있다.

토론을 위한 질문

1. 승객을 강제로 끌어내리는 장면이 소셜 미디어 전파를 타고 여론의 후폭풍이 심상치 않은 상황에서 유나이티드 항공사 경영자가 가장 먼저 했어야 할 일은 무엇인가?
2. 고객서비스의 우선순위가 가장 높다는 것을 일선관리자는 종업원들에게 어떻게 전달할 수 있습니까?
3. 유나이티드 항공에서 발생한 불미스런 사건이 경제적 손실은 둘째 치고 UA의 경영자, 관리자 및 종업원에게 미친 영향은 무엇인가?
4. 기존고객 유지와 신규고객 창출을 위한 대응책으로서 UA가 취해야 할 경영전략은 무엇입니까?

Mary Schlangenstein and Michael Sasso "United Blunder Prompts Airlines to Throw Cash at Their Problems", Bloomberg Technology, www.bloomberg.com, April 28, 2017.

부 록

A 경영의 역사

경영학에 대한 체계적인 연구는 산업혁명이 유럽과 미국을 휩쓸었던 19세기 말엽부터 시작되었다. 새로운 경제환경에서, 정치, 교육 및 경제 등 모든 유형의 조직관리자들은 점점 더 고객의 니즈를 만족시키는 방법을 찾는데 초점을 맞추었다. 그 시기에는 많은 경제, 기술, 문화적 변화가 일어나고 있었다. 특히 방직 및 의류 산업에서는 증기동력의 도입 및 정밀기계 설비의 발전으로 제품 생산방식이 변화되었다. 수공예품(**공예품 생산**이라고 하는 시스템)을 생산하는 숙련공들이 운영하는 작은 작업장은 수백 또는 수천 명의 숙련공이나 반숙련공들이 관리하는 정교한 기계를 통해 제품을 생산하는 대형 공장으로 대체되고 있었다. 예를 들어 과거에는 천의 원재료를 만들기 위해 가족이나 마을 전체가 함께 작업을 하였다. 그러나 산업혁명 후에는 원면, 양모와 같은 원재료를 공장으로 보내어 기계로 가공하기 시작하였다.

하지만, 공장의 소유주 또는 관리자들은 소규모 생산에서 대규모 기계화 생산으로 변화하는데 수반되는 문제들에 준비가 되어 있지 않다는 것을 알게 되었다. 더욱이 대부분 관리자와 상사들은 기술지향적인 엔지니어였다. 그들은 사람들이 대규모(예: 공장, 상점)로 함께 일할 때 발생하는 사회적 문제에 대응할 준비가 되어 있지 않았다. 따라서 관리자들은 조직의 자원을 관리하기 위한 새로운 기술을 찾기 시작했고, 근로자-과업 믹스(worker-task mix)의 효율성을 높일 수 있는 방법에 집중하기 시작했으며, 그들은 프레드릭 테일러(Frederick W. Taylor)의 도움을 받았다.

과학적 관리법 효율성(Efficiency)을 제고시키기 위해 사람과 과업간의 관계를 체계적으로 연구하는 것

테일러와 과학적 관리

테일러(1856–1915)는 효율성을 증진시키기 위해 업무 프로세스를 재설계할 목적으로 사람과 업무 간의 관계를 체계적으로 연구하여 **과학적 관리기법**을 주장한 것으로 가장 잘 알려져 있다. 그는 컨설턴트가 된 제조업계의 관리자였으며 다른 관리자에게 자신의 과학적 관리기법을 적용하는 방법을 가르쳤다. 테일러는 전문화와 노동 분업의 강화를 통해서 각 근로자가 한 단위(완제품 또는 서비스)를 생산하는데 드는 시간과 노력을 줄인다면 생산 프로

프레드릭 테일러(Frederick W. Taylor)는 과학적 관리기법의 창시자이자 공장 종업원들의 행동과 성과를 처음 연구한 연구자그룹의 일원이다. ©Bettmann/Corbis

세스가 보다 효율적일 것이라고 믿었다. 그는 가장 효율적인 노동 분업을 창출하는 방법은 직관적 또는 비공식적 경험에 입각한 지식보다는 과학적 관리기법을 사용하여 결정할 수 있다고 믿었다. 제조업계의 관리자로서 테일러는 다양한 관찰과 실험을 통해 작업장에서 효율성을 높이기 위한 4가지 원칙을 개발하였다.

- 원칙 1: 근로자의 과업 수행 방식을 연구하고, 근로자가 보유하고 있는 모든 비공식적인 직무 지식을 수집하며, 작업 수행 방식을 개선하는 방법을 실험한다.

특정한 과업을 수행하는 가장 효율적인 방법을 찾아내기 위해 테일러는 많은 근로자들의 과업 수행 방법을 측정했고 아주 자세하게 연구하였다. 그가 사용했던 주요 방법 중 하나는 시간과 동작연구(Time and motion study) 였는데, 이는 특정한 과업을 수행하기 위한 표준화된 시간과 행동(Actions)을 측정하는 것을 말한다. 테일러는 기존의 과업 수행 방법을 이해한 후 전문성(specialization)을 높이기 위해 다양한 실험을 시작하였다. 그는 제품 한 단위를 생산하는 데 필요한 과업(Tasks)을 나누는 다양한 방법을 시도하였다. 즉 근로자가 수행하는 직무(Job)를 단순화하고 더 적은 수의 과업(tasks)으로 세분하는 것을 의미하는 것이다. 테일러는 또한 각 근로자가 특정 과업 수행 능력을 향상시킬 수 있는 방법을 찾으려고 했다. 예를 들어 과업을 완료하기 위해 수행한 동작의 수를 줄이거나, 작업 영역의 레이아웃이나 사용하는 도구의 유형을 변경하거나, 또는 크기가 다른 도구를 사용해 반복적 실험을 시도했다.

- 원칙 2: 새로운 과업 수행 방법을 명문화된 규칙과 표준작업절차로 문서화한다.

특정 과업을 수행하는 최선의 방법이 결정되면, 테일러는 동일한 작업을 수행하는 모든 근로자에게 절차를 가르칠 수 있도록 그것을 기록해야 한다고 주장하였다. 이러한 규칙은 직무를 표준화하고 단순화하여 보다 일상적으로 사용됨으로써 조직 전체의 효율성을 증가시킬 수 있다.

- 원칙 3: 과업의 요구에 맞는 기술과 능력을 갖춘 근로자를 과학적으로 선발하고, 정해진 규칙과 절차에 따라 과업을 수행하도록 훈련시킨다.

전문성을 높이기 위해, 테일러는 근로자들은 자신의 과업을 이해하여야 하고 요구수준에 맞게 과업을 수행하기 위해 철저히 숙련되어야 한다고 믿었다. 만약 이 수준에 적합하지 않은 근로자는 최소한의 숙련 수준에 도달할 수 있는 직무로 옮겨야 했다.

- 원칙 4: 과업에 대해 공정하고 수용 가능한 성과 수준을 확립하고, 초과 달성하는 부분에 대해 보상을 제공하는 임금 시스템을 개발한다.

근로자들이 높은 수준의 효율성을 발휘하도록 격려하고, 가장 효율적인 업무 수행 기법을 활용하도록 하기 위해 인센티브를 제공함으로써 테일러는 근로자들이 성과 향상에 따른 이익을 얻을 수 있어야 한다고 주장했다. 그는 효율적인 업무 프로세스를 통해 달성한 성과 이익의 일정비율과 보너스를 근로자에게 지급하여야 한다고 주장하였다.

1910년까지 테일러의 과학적 관리 시스템은 미국 전역으로 확산되어 알려졌으며 많이 사용되었다. 하지만 대부분 조직의 관리자들은 과학적 관리법을 선택적으로 실시하여 결국 문제를 초래하였다. 예를 들어, 과학적 관리를 사용하는 일부 관리자들은 성과가 향상되었지만 테일러가 주장한대로 보너스를 통해 이익을 근로자들과 나누기보다는 단순히 각 근로자가 수행할 작업량을 늘린 것에 불과했다. 재구성된 작업 시스템을 경험한 많은 근로자들은 성과가 증가함에 따라 관리자가 동일한 임금으로 더 많은 일을 요구한다는 것을 발견했다. 근로자들은 업무 수행량이 증가할수록 종종 일자리 감소뿐만 아니라 필요한 노동력이 줄어들기 때문에 해고 위험이 커진다는 것을 알게 되었다. 또한 전문화되고 단순화된 직무는 단조롭고 반복적이어서 많은 근로자들은 직무에 불만을 갖게 되었다.

하지만 성과 측면에서 보면, (1) 근로자-과업 전문화의 달성, (2) 사람과 과업을 생산라인의 속도로 연결하는 관리 방법은 비용의 절감과 대규모로 조직화된 작업환경에서 발생하는 생산성의 증가를 초래하였다. 예를 들어, 1908년 프랭클린 자동차 회사(Franklin Motor Company)의 관리자는 과학적 관리법을 사용하여 업무 프로세스를 재설계했고, 자동차 생산량은 월 100대에서 하루 45대로 증가하였다. 그러나 근로자들의 임금은 겨우 90% 증가하는데 그쳤다.

테일러의 과학적 관리법은 생산시스템 관리에 지속적인 영향을 미쳤다. 현재 모든 조직의 관리자들은 제품 또는 서비스의 생산 여부에 상관없이 근로자가 수행해야하는 기본적인 과업을 과학적으로 분석하고 조직이 가장 효율적으로 운영될 수 있도록 작업환경을 조성하려고 노력한다. 이 중요한 문제는 제7장에서 논한다.

베버의 관료주의 이론

효율성을 높이기 위해 사람-과업 믹스(Person-task mix)라는 과학적 관리자들의 연구와 함께 다른 연구자들은 조직이 효율적이기 위해 어떻게 관리되어야 하는지 그 방법에 초점을 맞추고 있었다. 독일의 사회학자인 막스 베버(Max Weber)는 관료주의에 관한 원칙을 설명하여 **관료주의 이론**을 만들었다. 이는 효율성(Efficiency)과 효과성(Effectiveness)을 보장하기 위해 설계된 공식적인 조직 및 관리 시스템이다. 관료주의적 관리 시스템은 다음 5가지 원칙에 기초한다.

관료제(Bureaucracy) 효율성 및 효과성(유효성)을 보장하도록 설계된 공식적인 조직과 관리시스템

- 원칙 1: 관료주의에서 관리자의 공식적인 권한은 조직에서 자신이 맡고 있는 직위(*Position*)로부터 나온다.

권한(Authority) 자신의 행동에 책임을 지거나 조직의 자원을 배분할 수 있는 힘(power)

권한은 사람들이 자신의 행동에 대해 책임을 지도록 하고 조직 자원의 사용에 대해 결정을 내릴 수 있는 힘이다. 권한은 관리자들에게 조직 목표를 달성하기 위해 부하들의 행동을 지시하고 통제할 수 있는 권리를 부여한다. 관료주의적인 관리 시스템에서 관리자에게 복종하는 것은 성격, 부 또는 사회적 지위와 같은 개인적 자질 때문이 아니라, 관리자가 특정 수준의 권한 및 책임과 관련된 직위를 갖기 때문이다.

- 원칙 2: 관료주의에서 사람들의 직위는 사회적 지위나 개인적 친분이 아니라 그들의 성과 때문이다.

이 원칙은 베버 시대에는 항상 지켜지지 않았고 오늘날에도 종종 무시되고 있다. 일부 조직과 산업에서는 여전히 직무 관련 기술이 아닌 개인적 친분과 관계가 고용 및 승진 결정에 영향을 주는 소셜 네트워크의 영향을 받고 있다.

- 원칙 3: 조직내에서 각 직위의 공식적인 권한과 책임의 범위, 그리고 다른 직위와의 관계를 명확하게 명시해야 한다.

막스 베버(Max Weber)는 독일의 산업혁명 황금기에 조직의 효율성과 효과성을 제고하는데 도움이 되는 관료제 이론을 개발했다. ©akg-images/The Image Works

조직내에서 다양한 직위와 관련된 업무와 권한이 명확히 규정되면, 관리자와 근로자는 그들에게 기대하는 것과 서로에게 기대하는 것이 무엇인지 알게 된다. 또한 모든 구성원이 그들의 정확한 책임을 알고 있을 때 자신의 행동에 대해 엄격하게 설명할 수 있다.

- 원칙 4: 계층별로 부여되는 권한은 누가 누구에게 보고할 것인지 보고체계를 정한다는 점에서 효과적 업무수행으로 이어진다.

관리자는 갈등이나 문제가 발생했을 때 누가 누구에게 보고해야 하는지를 명확히 하는 조직적 권한 구조를 만들어야 한다. 이러한 원칙은 군대, FBI, CIA 등과 같이 큰 영향을 미치거나 민감한 문제를 다루는 조직에서 특히 중요하다. 상위 계층의 관리자들은 부하들에게 자신의 행동에 대해 책임지도록 할 수 있어야 한다.

- 원칙 5: 관리자는 조직 내에서 효과적으로 행동을 통제할 수 있도록 규칙(*Rules*), 표준운영절차(*Standard operating procedures*) 및 규범(*Norms*)에 대해 명확한 시스템을 만들어야 한다.

규칙은 특정한 목표를 달성하기 위해 다양한 상황에서 취할 수 있는

규칙(Rules) 상이한 환경에서 특정 목적을 달성하고자 수행해야 할 행동을 명시해 놓은 규정집

표준운영절차(Standard Operating Procedures) 특정 과업을 수행하는 절차, 프로세스 및 방법을 기술해 놓은 지침서

규범(Norms) 특정한 상황에서 취해야 할 행동수칙으로서 집단 또는 조직이 중요시하는 비공식적 행동규범

공식 서면 지침이다(예: A가 발생하면 B를 수행함). **표준운영절차(SOP)**는 과업의 어떤 특정 측면을 수행하는 방법에 대한 구체적인 서면 설명이다. 예를 들어 규칙은 근로자가 작업을 마치고 퇴근할 때 기계를 잘 정돈된 상태로 두어야 한다고 명시하는 반면, SOP는 어떤 기계 부품에 기름을 바르거나 교체해야 하는지를 항목별고 정확히 명시할 수 있다. **규범**은 사람들이 특정 상황에서 어떻게 행동해야 하는지를 규정하는 문서화 되지 않은 비공식적인 행동규범을 말한다. 예를 들어, 레스토랑의 조직적 규범은 시간이 허용되면 웨이터들은 서로 도와야 한다는 것을 말한다.

규칙, SOP 및 규범은 조직의 과업을 수행하는 최선의 방법을 명시하기 때문에 관료주의 시스템의 성과를 향상시키는 행동지침을 제공한다. 맥도날드, 월마트 등과 같은 업체들은 "항상 미소로 고객을 맞이하라"와 같은 구성원들에게 요구되는 행동을 명시하기 위해 많은 규칙과 절차를 개발했다.

베버는 5가지 원칙을 모두 수행하는 조직이야 말로 그 조직의 성과를 향상시키는 관료주의 시스템이라고 주장하였다. 직위에 대한 명세 및 과업 수행 방식을 규제하기 위한 규칙과 SOP의 활용은 관리자들이 부하들의 업무를 조직하고 통제하는 것을 훨씬 용이하게 한다. 마찬가지로 공정하고 공평한 선발 및 승진 시스템은 관리자의 안전성에 대한 신뢰를 높이고 스트레스를 줄이며 조직구성원이 윤리적으로 행동하고 조직의 이익을 더욱 촉진하도록 장려한다.

하지만 관료제가 잘 관리되지 않으면 많은 문제가 발생할 수 있다. 관리자들은 간혹 규칙과 SOP를 과도하게 허용함으로써, "형식적인 관료주의 절차(Bureaucratic red tape)"에 따라 의사결정이 느리고 비효율적이며 조직의 변화를 일으킬 수 없게 만든다. 관리자가 문제를 해결하기 위해 규칙에 너무 많이 의존하고 자신의 기술과 판단을 충분히 활용하지 못하면, 그의 행동은 융통성이 없게 된다. 따라서 관리자들에게 있어 중요한 도전은 관료주의 원칙을 이용하여 조직에 해를 끼치기 보다는 이익을 얻는 것이다.

메리 파커 폴렛의 연구

만약 테일러를 경영학의 아버지로 부르면, 메리 파커 폴렛(Mary Parker Follett: 1868–1933)은 경영학의 어머니라고 부를 수 있다. 그는 테일러가 조직의 인간적인 면을 무시하고 있다는 우려를 제기하였고, 그의 대다수 연구는 이에 대한 응답이였다. 폴렛의 주장에 따르면, 관리자가 지나치게 근로자들의 직장 생활에 관여하고 주도권을 행사하게 되면 직원들이 조직에 기여할 수 있는 다양한 방법을 간과할 수 있다고 지적했다. 예를 들어, 테일러는 관리자가 과업을 더 잘 수행할 수 있는 방법을 식별하기 위해 직무를 분석하는데 근로자들을 참여시키거나 그들이 직무에 대해 어떻게 생각하는지 물어보는 것조차 허용하지 않았다고 주장하였다. 대신 시간 및 동작 전문가를 활용하여 근로자의 업무를 분석했다고 하였다.

메리 파커 폴렛(Mary Parker Follett)은 "상급자, 하급자처럼 직급에 상관없이 권한은 전문성을 수반해야 한다는 점"을 강조한 초기 경영학자다. Photo courtesy of Regina A. Greenwood, from the Ronald G. Greenwood Collection

반대로 폴렛은 근로자들이 자신의 직무에 대해 가장 잘 알고 있기 때문에 직무 분석에 참여해야 하고, 관리자들은 작업자들이 작업 개발 프로세스에 참여할 수 있도록 해야 한다고 주장했다.

폴렛은 "권한은 지식과 함께 가야 한다… 그것이 상급자이든 하급자이던"이라는 관점을 주장하였다. 즉 근로자가 관련 지식을 보유하고 있다면 관리자가 아닌 근로자가 작업 프로세스 자체를 통제해야 하며, 관리자는 감시자 및 상사가 아닌 코치 및 촉진자로서 행동해야 한다는 것이다. 이런 관점을 발표하면서 폴렛은 자기관리팀(Self-managed teams)과 임파워먼트에 대한 사람들의 관심을 기대했다. 그는 또한 의사결정을 신속화하기 위해 서로 다른 부서의 관리자들이 직접적으로 의사소통하는 것이 중요하다는 것을 인식했다. 그는 소위 "다기능 팀(Cross-functioning)"을 주장했는데, 즉 오늘날 점점 더 많이 활용되고 있는 것으로 여러 부서들의 협력을 받아 인력을 차출한 다음 특정 프로젝트를 수행하는 방식이다. 또한 폴렛은 계층구조에서 파생된 관리자의 공식적인 권한이 아니라 지식과 전문성에 의해 특정 순간에 누가 주도할 것인지를 결정해야 한다고 제안하였다. 그는 오늘날 많은 경영학자들이 주장하듯이 권력은 유동적이어서 조직이 목표를 달성하는데 가장 도움이 될 수 있는 사람에게 부여하여야 한다고 생각하였다. 폴렛은 수직적인 명령 체계를 효과적인 관리에 가장 필수적인 것으로 보기 보다는 권력(Power)과 권한에 대한 수평적 관점을 취했기 때문에 그 당시에는 매우 급진적이었다.

호손연구와 인간관계

아마도 급진적인 특성 때문에, 폴렛의 연구는 아주 최근에 와서야 관리자와 연구자들의 인정을 받기 시작했다. 대부분은 테일러의 뒤를 따라 효율성을 높이기 위해 직무 전문화나 근로자들이 사용하는 도구 종류 등 작업 환경의 다양한 특성을 개선하는 방법을 연구했다. 1924년부터 1932년까지 웨스턴 전기 회사(Western Electric Company)의 호손 공장에서 일련의 연구가 진행되었다. 호손연구로 알려진 이 연구는 작업환경의 특성(특히 조명의 수준)이 근로자의 피로 및 성과에 어떠한 영향을 미치는지 조사하기 위한 시도로 시작되었다. 연구자들은 다양한 조명 수준에서 체계적으로 작업자의 생산성을 측정하는 실험을 했다.

하지만 이 실험을 통해 예상치 못한 결과가 나타났다. 연구자는 조명 수준을 높이거나 낮추더라도 생산성이 증가한다는 것을 발견했다. 실제로, 조명의 정도가 달빛의 수준까지 떨어졌을 때 비로서 생산성은 떨어지기 시작했다. 이는 아마도 근로자들이 더 이상 일을 효율적으로 수행할 수 없을 정도로 잘 볼 수 없는 수준이었을 것이다.

1931년 전화기 제조공장에서 일하는 노동자들. 그 당시 웨스턴 전기 회사의 호손 작업장에 있던 일군의 연구자들은 조명, 휴식기간과 같은 작업장 환경이 생산성에 미치는 영향을 연구하기 시작했다. 그러나 실제로 작업환경보다 연구원들의 관심이 종업원의 생산성에 더 많은 영향을 미친다는 일명 '호손 효과'로 알려진 놀라운 사실을 발견하였다. ©Fox Photos/Hulton Archive/Getty Images

이런 결과는 연구자들을 매우 곤혹스럽게 만들었다. 그들은 유명한 하버드 대학의 심리학자인 엘튼 메이요(Elton Mayo)를 초대하여 원인을 규명하고자 했다. 메이요는 이 미스터리를 풀기 위한 또 다른 일련의 실험을 제안했다. 릴레이 조립 테스트(Relay assembly test)로 알려진 이러한 실험은 작업 맥락의 서로 다른 측면들이 직무성과에 미치는 영향을 조사하기 위해 설계된 것이다. 예를 들어, 휴식기간 및 근무시간이 피로와 단조로움에 미치는 영향을 살펴보는 것을 말한다. 이러한 실험의 최종 목표는 생산성을 높이는 것이었다.

2년 동안 소규모 여성 노동자들을 대상으로 연구를 실행한 결과, 연구자들은 시간이 지남에 따라 생산성이 증가한다는 것이 다시 관찰되었지만, 이러한 결과가 작업 환경 변화의 효과만이라고는 볼 수 없었다. 점차적으로, 연구자들은 이러한 결과가 연구자 자신의 영향에 의해 발생한다는 것을 발견했다. 즉 근로자들이 관심을 받고 연구 대상이 되는 것을 즐겼고 연구자들이 원하는 결과를 산출하기 위해 기꺼이 종업원들과 협력했기 때문에 결과에 영향을 미치는 것이었다.

호손 효과(Hawthorne effect) 물리적 작업환경보다 주변 사람들의 주의와 관심이 종업원의 생산성에 더 커다란 영향을 미치는 것으로 알려진 효과

그후 많은 다른 요인들이 근로자의 행동에도 영향을 미친다는 것이 밝혀졌으며, 무엇이 실제로 호손 공장의 근로자들의 행동에 영향을 미쳤는지 분명하지 않았다. 그러나 **호손 효과(Hawthorne effect)**로 알려지게 된 이 특별한 효과는 관리자에 대한 근로자의 태도가 그들의 성과 수준에 영향을 미친다는 것을 보여주었다. 특히 경영자들은 행동이나 리더십 접근 방식이 성과에 영향을 미칠 수 있다는 유의미한 결과를 발견하였다. 이런 발견으로 인해 많은 연구자들이 관리행동과 리더십에 관심을 돌리게 되었다. 만약 상사가 훈련을 통해 부하들로부터 협력적인 행동을 이끌어낼 수 있는 방법을 실행할 수 있다면 생산성은 증가할 수 있을 것이다. 이러한 관점에서 관리자는 협력관계를 이끌어 내고 생산성을 향상시키는 방법으로 부하를 관리하기 위해 행동 훈련을 받는 **인간관계운동(Human relations movement)**이 대두되었다.

인간관계운동(Human relations movement) 종업원의 협조를 이끌어내고 생산성 향상을 도모하기 위해 감독관의 호의적 행동과 리더십 훈련의 중요성을 강조한 학파

행동 또는 인간관계 훈련의 중요성은 은행 배선실 실험(Bank wiring room experiments)이라는 또 다른 일련의 실험 후 더욱 명확해졌다. 전화 스위칭 장비를 만드는 근로자들에 대한 연구에서 엘튼 메이요와 레슬리스버거(F. J. Roethlisberger)는 한 그룹의 근로자들이 일자리를 보호하기 위해 의도적으로 생산을 제한한다는 사실을 발견했다. 오히려 그룹의 멤버들은

이 암묵적인 생산 규범을 지키지 않은 근로자들을 제재 대상으로 삼았다. 그들은 내부의 묵시적 규범을 위반하고 표준 이상으로 산출하는 사람들을 "레이트버스터즈(Ratebusters)"라고 불렀고, 표준 이하의 성과를 보인 사람들을 "치즐러(Chiselers)"라고 불렀다.

실험 참가자들은 두 유형의 근로자가 모두 그룹 전체를 위협한다고 결론지었다. 레이트버스터즈는 관리자에게 얼마나 빨리 작업을 수행할 수 있는지 알려주므로 그룹 멤버를 위협하고, 치즐러는 자기 몫의 일을 하고 있지 않기 때문에 무시를 당하였다. 그룹 멤버들은 근로자(관리자가 아닌)가 공정하다고 생각하는 일의 속도를 창출하기 위해 레이트버스터즈와 치즐러를 모두 훈련하였다. 따라서 작업 그룹이 생산량에 미치는 영향은 상사의 영향력과 동일하였다. 작업 그룹이 멤버들의 행동에 영향을 미칠 수 있기 때문에, 일부 경영학자들은 상사들이 근로자들의 선의와 협력을 얻도록 훈련받아 근로자가 아닌 상사가 그룹의 성과 수준을 통제하는 방식으로 해야 한다고 주장하였다.

호손연구의 주요 시사점 중 하나는 업무 환경에서 관리자와 근로자의 행동이 과업의 기술적 측면만큼 성과 수준을 설명하는데 중요하다는 것이다. 관리자는 조직에서 행동을 관리하거나 변화시키려고 할 때, **비공식적인 조직(Informal organization)**의 작동, 즉 그룹에서 나타나는 행동 규칙 및 규범 시스템을 이해해야 한다. 많은 연구에서 시간이 지남에 따라 작업집단이 그룹 멤버를 결속시키는 정교한 절차와 규범을 수립하여 성과를 높이거나 조직의 목표 달성을 저지하는 통일된 행동을 취할 수 있다는 것이 밝혀졌다. 호손연구는 작업 그룹 멤버와 관리자의 감정(feelings), 생각 및 행동이 성과에 어떤 영향을 미치는지 이해하는 것이 중요하다는 것을 보여주었다. 연구자들에게는 조직내에서의 행동을 이해하는 것은 복잡한 프로세스이며 성과를 향상시키는데 중요하다는 것이 분명해지고 있다. 실제로 경영학의 중요한 영역인 **조직행동론(Organizatioanal behavior)**에 대한 관심이 높아짐에 따라, 개인과 집단이 조직에서 어떻게 반응하고 행동하는지의 영향요인에 대한 연구는 이러한 초기 연구에서 시작된 것이다.

X이론과 Y이론

제2차 세계대전 이후 여러 연구에서는 근로자의 태도와 행동에 대한 가정이 관리자의 행동에 어떻게 영향을 미치는지 밝혀냈다. 그중 더글러스 맥그리거(Douglas McGregor)는 가장 영향력 있는 접근방법을 개발했다. 그는 작업 태도와 행동이 관리자의 사고 방식과 조직내 행동 방식에 어떻게 영향을 미치는가에 따라 서로 다른 두 가지의 가정을 제안했다. 맥그리거는 이 두 가지 대조적인 가정을 *X*이론과 *Y*이론으로 명명하였다.

X이론(Theory X)
보상과 처벌을 받지 않는다면 가능한 일을 하지 않을 뿐 아니라, 심지어 책임을 회피하는 사람으로 종업원을 바라보는 시각

X이론의 가정에 따르면 근로자는 게으르고, 일을 싫어하며, 가능한 적게 일하려고 노력한다. 더욱이 그들은 야망이 거의 없고 책임을 회피하고자 한다. 따라서 관리자의 임무는 근로자들이 일을 회피하는 자연적 경향에 대응하는 것이다. 고성과를 유지하기 위해 관리자들은 근로

자들을 잘 관리하여야 하고, 당근(보상)과 채찍(처벌)을 통해 그들의 행동을 통제해야 한다.

X이론의 가정을 수용하는 관리자는 근로자의 행동에 대한 통제를 극대화하고 일의 속도에 대한 근로자의 통제를 최소화하기 위해 작업환경을 설계하고 조성한다. 이런 관리자들은 근로자가 조직의 성공을 위해 필요한 일을 하도록 만들어져야 한다고 믿고, 그들의 행동을 통제하기 위해 규칙, SOP 및 잘 정의된 보상과 처벌 시스템을 개발하는데 초점을 맞추고 있다. 그들은 근로자들이 협력을 기대하지도 원하지도 않는다고 생각하기 때문에 근로자들에게 자신의 문제를 해결하기 위한 자율권을 주는 것은 별 의미가 없다고 본다. X이론의 가정을 수용하는 관리자는 근로자가 생산 프로세스에 기여하고 제품 품질에 위협이 되지 않도록 잘 모니터링하는 역할을 한다. 예를 들어, 헨리 포드(Henry Ford)는 자신의 직원을 면밀하게 감독하고 관리함으로써, X이론의 가정을 갖고 있는 관리자에 대한 맥그리거의 설명에 부합하는 사례이다.

Y이론(Theory Y)
작업 관련 적절한 환경, 기회 및 동기가 부여된다면 조직을 위해 맡은 바 일을 잘 수행하는 사람으로 종업원을 바라보는 관점

대조적으로 **Y이론**은 근로자가 본질적으로 게으르지 않고, 일을 싫어하지 않으며, 기회가 주어진다면 조직에 좋은 일을 할 것이라고 가정한다. Y이론에 따르면, 작업환경의 특성에 따라 근로자는 일을 만족이나 처벌의 근원으로 간주하는 것으로 보았다. 관리자들은 근로자가 조직의 목표에 전념할 때 자제력을 발휘할 것이므로 높은 수준의 성과를 내기 위해 근로자의 행동을 면밀히 통제할 필요가 없다. 맥그리거의 관점에 따르면 Y이론의 시사점은 "조직환경에서 협업의 한계는 인간 본성의 한계가 아니라, 인적자원으로 대표되는 잠재력의 실현 방법을 발견하는 경영진의 독창성"이라고 주장하였다. 따라서 조직 목표에 대한 헌신을 장려하고 근로자들의 주도성과 자기지향(self-direction)을 발휘할 수 있는 기회를 제공하는 작업환경을 만드는 것이 경영자의 임무이다.

관리자들이 Y이론에 의해 제안된 태도와 행동에 대한 가정을 반영하기 위해 조직 환경을 설계할 때, X이론을 기반으로 하는 조직의 특성과는 상당한 차이가 있다. 근로자가 조직의 목표 달성을 돕기 위해 동기부여를 받고 있다고 믿는 관리자는 권한을 분산시킬 수 있고 개인으로서나 집단적으로 일에 대한 더 많은 통제권을 줄 수 있다. 이런 설정에서 개인과 집단은 여전히 그들의 행동에 대한 책임이 있지만, 관리자의 역할은 근로자들을 통제하는 것이 아니라 지원과 조언을 제공하는 것이며, 근로자들이 그들의 일을 수행하는데 필요한 자원을 갖도록 하고, 조직의 목표를 달성하는데 도움을 줄 수 있는 능력을 평가하는 것이다.

관리자가 조직의 효율성과 효과성을 향상시키려고 하는 오늘날, 이와 같은 논쟁은 격화되고 있다.

2 가치, 태도, 감정, 문화: 경영자

학습목표

이 장을 학습한 후, 다음 내용에 답할 수 있어야 한다.

학습목표 2-1 경영자가 생각하고 느끼고 행동하는 방법에 영향을 미치는 다양한 성격 특성을 설명할 수 있다.

학습목표 2-2 가치관과 태도가 무엇인지를 설명하며 관리자의 행동에 미치는 영향을 설명할 수 있다.

학습목표 2-3 기분과 감정이 조직의 모든 구성원에게 미치는 영향을 이해할 수 있다.

학습목표 2-4 감성지능의 본질과 그것이 경영에서 수행하는 역할에 대해 설명할 수 있다.

학습목표 2-5 조직문화에 대해 정의하고 관리자가 조직 문화를 어떻게 창조하고 조직문화에 의해 어떻게 영향을 받는지를 설명할 수 있다.

Kevin Plank는 그의 차 트렁크에서 자신의 혁신적인 티셔츠들을 팔면서 사업을 시작하였다. Under Armour는 이제 스포츠 의류, 신발, 악세사리를 판매하는 글로벌 회사가 되었다. 그의 성공은 굳은 의지와 실전을 거치면서 위험을 감수하는 것이 매우 희박한 가능성에도 성공으로 이어질 수 있음을 보여준다.

MANAGEMENT SNAPSHOT

Under Armour에 대한 Kevin Plank의 의사결정과 경험에 대한 개방성

조직의 성장과 함께 관리자는 어떻게 계속 혁신하고 성공할 수 있을까?

1990년대 Kevin Plank이 메릴랜드 대학(University of Maryland)의 풀백 축구 선수 시절, 그는 티셔츠가 땀에 젖어 무거워지는 것에 종종 짜증을 냈었다. 항상 독창적인 사상가 특성을 지닌 그는 선수 유니폼이 어떤 종류의 폴리에스테르 블렌드로 만들어져 운동선수와 스포츠 애호가의 땀 수분을 흡수할 수 있게 하는 것에 대해 궁금했다. 그는 메릴랜드에서 학부 과정을 마치면서 지역 재단사의 도움을 받아 다양한 섬유 관련 업무를 경험하게 되었다. 결국 Under Armour의 첫 번째 제품인 0039 컴프레션 셔츠가 개발되었다.

메릴랜드 대학교를 졸업 한 후 Kevin Plank는 푸르덴셜 생명 보험(Prudential Life Insurance)으로부터 오퍼를 받았다. 기발한 아이디어를 추구하기 위해 모든 위험을 감수하려는 마음을 가진 기업가였던 Kevin Plank는 보험 회사에서 받을 수 있는 안정된 직책에 대해 받아들이려는 마음이 없었다. 따라서 그는 푸르덴셜의 제안을 거절하고 자신의 혁신적인 티셔츠를 판매하겠다는 굳은 결의를 표명했다. 사업에 대한 교육이나 경험이 거의 없었고 인내와 규칙이 많았던 Kevin Plank는 20년 후인 2016년에 48억 달러 이상의 순수익을 올리며 Nike의 주요 경쟁자가 될 제품을 만들기 위해 노력을 아끼지 않았다. 거대한 자원과 널리 인정받는 브랜드를 보유한 Nike와 같은 대기업이 지배하는 경쟁적 스포츠 의류 산업에 진입하고 성공하는 것은 거대한 자본과 많은 경험을 지닌 사업가라도 어려울 것으로 보인다. 은행에 약 2만 달러가 되는 저축으로 Kevin Plank의 아이디어를 실행 가능한 벤처로 바꾸겠다는 결의는 결국 그를 모든 역경에서부터 성공으로 이끌어 냈다.

매우 외향적이고 자신감 있는 Kevin Plank는 고등학교, 군대, 메릴랜드 대학에서 팀에서 활약하던 운동 네트워크를 활용하여 자신이 개발한 셔츠에 대한 소식을 전했다. 그가 뛰었던 여러 팀 중에서 그는 약 40명의 NFL 선수들과 연락을 취하고 셔츠에 대해 논의할 수 있을 만큼 가까운 사이가 되었다. 트렁크에 셔츠를 가득 채운 채 차에서 살면서 플랭크는 운동선수와 관리자에게 그의 신제품을 보여주기 위해 훈련 캠프와 학교로 차를 몰고 다녔다. 두 파트너와 팀을 구성해 Kevin Plank는 25만 달러의 중소기업 대출을 받아 워싱턴 DC 조지타운에 있는 할머니 집 지하에서 사업을 시작했다. 주문이 들어오자 Under Armour는 지하실을 벗어나 볼티모어의 상업거리에 매장을 세웠다. 그 후에 일어난 변화는 말 그대로 역사로 되었다.

Under Armour는 현재 육상, 스포츠, 야외 활동 및 피트니스를 위한 여성과 남성 및 청소년을 위한 의류, 신발 및 액세서리를 생산 및 판매하고 있다. 이 의류는 체온을 조절하고 다양한 조건에서 성능을 향상시키는 데 초점을 두고 있으며 세 가지 라인으로 구성되었다. 즉 각 라인은 타이트 핏(압축), 핏(운동적 핏), 느슨한 핏(릴랙스)

의 세 가지 스타일로 제공되었다. HEATGEAR® 라인은 덥거나 따뜻한 온도에서 단독 착용이 가능하고 의류 안에도 착용할 수 있으며, 이는 초미세 합성 섬유 블렌드로 만들어져 땀을 배출하여 시원하고 건조하게 유지해주는 기능을 지니고 있다. COLDGEAR®는 추운 날씨에 착용해야 하며 땀을 배출하고 체온을 순환시켜 체온을 유지하여 착용자가 추운 날씨에 따뜻하고 건조할 수 있도록 해주는 기능을 지니고 있다. ALLSEASONSGEAR®는 온도가 변할 때 착용해야 하며 추울 때는 몸을 따뜻하게 하고 따뜻할 때는 시원하고 건조하게 해주는 기능을 지니고 있다.

회장 겸 CEO인 Kevin Plank는 Under Armour에서 자신의 성격과 가치에 충실한 문화를 만들고 그것을 유지해 왔다. 그와 그의 두 파트너가 Under Armour를 시작하기 위해 팀으로 일했던 것처럼 팀 정신이 문화와 브랜드에 영향을 미쳤다. 직원인 Erin Wendell이 말했듯이 "여기서 일하는 것은 스포츠 팀의 일원이 되는 것과 같다." 높은 성과를 달성하고, 위험을 감수하며, 흥분되고, 활동적, 개방적, 야심적, 상상력이 풍부하고, 용기가 있는 것은 Kevin Plank와 Under Armour의 문화에 대한 핵심 부분이며 또한 건강에 초점을 둔 것이다. Kevin Plank가 차 트렁크에 티셔츠를 넣은 채 학교와 훈련 캠프를 돌아다니던 초기 시절에 그가 얻은 경험, 의사결정능력, 확신도 마찬가지이다. Under Armour의 제품 디자인 사무소 대문 위에 있는 간판에는 "우리는 아직 명확한 제품을 창조하지 않았다."

오늘날 Under Armour는 대부분의 직원이 미국에서 근무하지만 전 세계에서 14,000명의 직원을 보유하고 있는 글로벌 기업이다. Under Armour는 현재 Procter & Gamble이 세제를 제조했던 볼티모어의 40만 평방 피트 Tide Point 단지에 본사를 두고 있다.

Kevin Plank와 그의 팀은 활동, 피트니스, 다이어트/영양 모바일 앱을 포함하여 성과, 피트니스, 건강에 대해 끊임없이 추구해 왔다. 활동, 피트니스, 다이어트/영양 모바일 앱은 MAPMYFITNESS, ENDOMONDO, MYFITNESSPAL를 포함하고 있는 Under Armour Connected Fitness and the Under Armour Record Dashboard의 일부분이 되었다. Kevin Plank의 독창적이고 대담하며 위험을 감수하면서 고도로 단호하고, 규칙적인 특성들은 관리자와 기업가가 시간이 지남에 따라 지속적으로 혁신하고 성공할 수 있게 도움을 제공할 수 있다는 것을 증명해 준다. 그가 말했듯이, "지금 죽을까봐 두려워하는 기업가가 있다. 움츠리고 있지말고 빨리 기회를 잡고 사업을 시작하라."

개요

학습목표 2-1

경영자가 생각하고 느끼고 행동하는 방법에 영향을 미치는 다양한 성격 특성을 설명할 수 있다.

대부분 사람들과 마찬가지로 Kevin Plank는 독특한 성격, 가치, 어떤 일에 대해 관점을 가지는 방식, 개인적인 도전과 실망에 대한 경험을 가지고 있다. 이 장에서는 관리자의 사람들에 대한 생각과 느낌에 초점을 맞춘다. 우리는 관리자가 어떻게 일하고 다른 사람, 조직 및 세계를 보는 관점들이 형성되는 것에 지속적인 영향을 미치는 특성을 설명한다. 또한 조직의 관리자로서의 가치, 태도 및 분위기가 조직에서 어떻게 역할을 발휘하며 어떻게 조직문화를 형성시키는지에 대해 논의한다. 이 장의 마지막 부분을 통해 관리자의 개인특성이 전반적인 경영과정에 어떻게 영향을 미치는지를 파악하며 특히 조직문화에 어떻게 영향을 미치는 지를 알아본다.

지속적인 특성: 성격특성

관리자를 포함하여 모든 사람들은 직장에서 어떻게 생각하고, 느끼며, 행동하는지에 영향을 미치는 일정한 특성을 지니고 있다. 이러한 특성이 바로 **성격 특성**이다. 특정한 방식으로 느끼고, 생각하고, 행동하는 경향을 통해 개인의 성격을 설명할 수 있다. 관리자의 성격은 행동과 인력 및 자원 관리에 대한 접근 방식에 영향을 미치기 때문에 관리자의 성격을 이해하는 것이 중요하다.

성격 특성(personality traits) 특정한 방식으로 느끼고, 생각하고 행동하는 지속적인 성향

일부 관리자는 다른 사람들에 대한 요구가 많은 편이고, 관리자와 잘 지내기가 어려우며, 매우 비판적이다. 또 다른 일부 관리자들은 효과성과 효율성에 대해 매우 비판적이지만 이러한 관리자들과 친해지기 쉽고 호감을 불러 일으키며 주변 사람들을 자주 칭찬한다. 두 가지 관리 스타일 모두 훌륭한 결과를 얻을 수 있지만 직원에게 미치는 영향은 상당히 다르다. 관리자들은 이러한 관리방식 중 하나를 의도적으로 채택하는 것일까? 비록 그들이 가끔씩 그렇게 행동할지라도, 그들의 성격특성은 다른 접근 방식을 사용하는 원인이 될 수 있다. 실제로, 연구에 따르면 사람들이 다양한 상황에서 반응하는 방식은 부분적으로는 성격에 따라 달라질 수 있다.

Big 5 성격특성

우리는 일반적으로 개인의 성격은 외향성, 신경성, 친화성, 성실성, 경험에 대한 개방성이라는 5가지 특성으로 구성되어 있다고 생각할 수 있다. 연구자들은 일반적으로 Big Five 성격특성을 고려한다. 이 요인들은 각각 모든 개인, 더 구체적으로 모든 관리자에게 해당된다(그림 2.1 참조).

일부 관리자는 하나의 특성 연속체의 최상위 층에 있을 수 있고, 다른 관리자는 최하위 층에 있으며, 또 다른 관리자는 중간층에 있을 수 있다. 이러한 특성들이 관리 방식에 어떤 영향을 미칠 수 있는지를 이해하기 쉬운 방법은 각각의 특성 연속체의 최상위와 최하위 점에

그림 2.1
Big 5 성격특성

관리자의 성격은 아래에 보이는 성격측면들에서
관리자를 가장 잘 나타내는 점수에 묘사하여 파악할 수 있다.

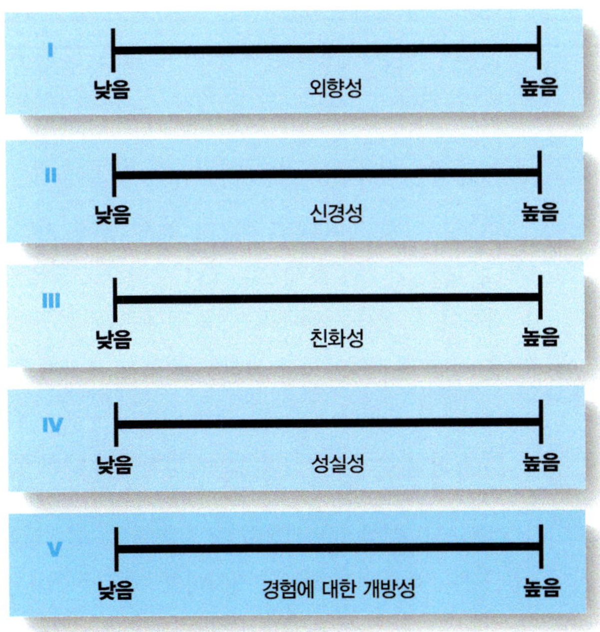

서 그들이 어떤 모습을 보여주는가에 대해 파악하는 것이다. 각 특성에 대해 이해하면서 분명하게 알 수 있는 것은 효과적인 관리자가 되는데 있어서 하나의 옳거나 그른 특성은 없다는 것이다. 반대로, 효과성은 관리자의 특성(성격 포함)과 그들이 일하고 있는 업무 및 조직의 성격 사이의 복잡한 상호 작용에 의해 결정된다. 예를 들어, 어떤 상황에서 관리 효과성을 향상시키는 성격 특성이라 할지라도 다른 상황에서는 부정적일 수 있다.

외향성 긍정적인 감정과 기분을 경험하고 자신과 세상에 대하여 좋게 느끼는 성향

외향성 **외향성**은 긍정적인 감정과 기분을 경험하고 자신과 세상에 대해 기분을 좋게 하는 경향을 의미한다. 높은 수준의 외향성을 지닌 관리자(일반적으로 외향적인 사람)는 사교적이고, 다정하며, 외향적이며, 우호적인 경향이 있다. 낮은 수준의 외향성을 지닌 관리자(일반적으로 내향적인 사람)는 사회적 상호 작용에 대해 영향을 적게 받으며 전망에 대해서도 긍정적인 관심이 적은 경향이 있다. 외향성이 강하면 특히 사회적 상호 작용 수준이 높은 관리자의 자산이 될 수 있다. 외향성이 약한 관리자는 특히 자신의 직업이 사회적 상호 작용을 크게 필요로 하지 않을 때 매우 효율적일 수 있다. 그들은 더 조용한 접근 방식을 통해 제한된 시간에 많은 작업을 수행 할 수 있다. 그림 2.2는 외향성 수준을 측정하는데 사용할 수 있는 측정도구이다.

신경성 부정적인 감정과 기분을 경험하고, 괴로움을 느끼며, 자신과 타인에 대해 비판하는 경향

신경성 **신경성**은 부정적인 감정과 기분을 경험하고, 괴로움을 느끼며, 자신과 타인에 대해 비판하는 경향을 의미한다. 신경성이 높은 관리자는 종종 화를 내고 불만족스러우며 자신과 타인의 발전 부족에 대해 불평할 수 있다. 신경성이 낮은 관리자는 부정적인 감정과 기분을 많이 경험하지 않는 경향이 있으며 자신과 타인에 대해 덜 비관적이고 비판적이다. 좋은 점은, 부정적 정서가 높은 관리자의 비판적 접근 방식은 때때로 관리자와 다른 사람들이 성과를 개선하도록 자극할 수 있다. 그러나 부정적인 정서가 낮은 관리자와 함께 일하는 것이 더 즐겁다. 이런 유형의 관리자는 더 나은 업무 관계를 촉진할 수 있으며, 이는 중요한 자산이 될 수 있다.

친화성 다른 사람들과 잘 어울리는 경향

친화성 **친화성**은 다른 사람들과 잘 어울리는 경향을 의미한다. 친화성 연속체가 높은 관리자는 다른 사람들의 환심을 살 수 있고, 애정이 많으며, 다른 사람을 배려하는 경향이 있다. 낮은 수준의 친화성을 지닌 관리자는 타인에 대한 신뢰성이 낮으며, 동정심이 없고, 비협조적이며, 때로는 적대적일 수 있다. 타인과 긍정적이고 친밀한 관계를 발전시켜야 하는 책임을 지닌 관리자에게는 특히 긍정적인 측면이 중요할 수 있다. 그러나 낮은 수준의 친화성은 관리자가 훈련 하사관 및 다른 유형의 군사 지휘관과 같이 실제로 적대적이어야 하는 관리직의 자산일 수 있다. 그림 2.2는 친화성에 대한 측정도구이다.

성실성 신중하고, 꼼꼼하며, 인내심을 나타내는 경향

성실성 **성실성**은 신중하고, 꼼꼼하며, 인내심을 나타내는 경향을 의미한다. 높은 수준의 성실성을 지닌 관리자는 조직적이고 자기 수양이 잘 되어 있다. 반대로 성실성이 낮은 사람들은

그림 2.2
외향성, 신경성(negative affectivity), 친화성, 성실성, 경험에 대한 개방성

아래 나열된 것은 사람들의 행동을 설명하는 문항들이다. 아래 나열된 문항들을 통해 각 진술이 귀하를 얼마나 정확하게 설명하고 있는지를 파악할 수 있다. 미래의 자신에 대한 설명이 아니라 지금 상황에서의 자신에 대한 설명이다. 자신에 대해 솔직하게 묘사하라.

1	2	3	4	5
전혀 그렇지 않다	그렇지 않다	보통이다	그렇다	매우 그렇다

____ **1.** 나는 사람에 대해 관심을 가지고 있다.
____ **2.** 나는 풍부한 어휘력을 지니고 있다.
____ **3.** 나는 하는 일에 항상 준비가 되어 있다.
____ **4.** 나는 다른 사람에게 별로 관심이 없다.*
____ **5.** 나는 나의 소유물들을 잘 챙기지 못한다.*
____ **6.** 나는 활동적이다.
____ **7.** 나는 추상적인 아이디어를 이해하는 데 어려움이 있다.*
____ **8.** 나는 다른 사람들의 감정에 대해 공감한다.
____ **9.** 나는 말수가 적은 편이다.*
____ **10.** 나는 세부 사항에 주의를 둔다.
____ **11.** 나는 풍부한 상상력을 지니고 있다.
____ **12.** 나는 사람들을 모욕한다.*
____ **13.** 나는 물건들을 엉망으로 만든다.*
____ **14.** 나는 사람들 사이에서 편안함을 느낀다.
____ **15.** 나는 추상적인 아이디어에 관심이 없다.*
____ **16.** 나는 부드러운 마음을 가지고 있다.
____ **17.** 나는 잡일을 당장 끝내야 하는 편이다.
____ **18.** 나는 보수적이다.*
____ **19.** 나는 훌륭한 아이디어를 가지고 있다.
____ **20.** 나는 대화를 잘한다.
____ **21.** 나는 다른 사람들의 문제에 관심이 없다.*
____ **22.** 나는 일반적으로 물건을 제자리에 돌려놓는 것을 잊어버리는 편이다.*
____ **23.** 나는 할 말이 적다.*
____ **24.** 나는 풍부한 상상을 하지 않는다.*
____ **25.** 나는 다른 사람들을 위해 시간을 허비한다.
____ **26.** 나는 명령 받기를 좋아한다.
____ **27.** 나는 모임에서 많은 다른 사람들과 이야기한다.
____ **28.** 나는 일들을 빨리 이해한다.
____ **29.** 나는 다른 사람들에게 거의 관심이 없다.*
____ **30.** 나는 내 의무를 회피한다.*
____ **31.** 나는 다른 사람들이 나에게 주의를 주는 것을 좋아하지 않는다.*
____ **32.** 나는 어려운 언어를 사용한다.
____ **33.** 나는 다른 사람들의 감정을 느낀다.
____ **34.** 나는 일정대로 행동한다.
____ **35.** 나는 사물에 대해 생각하는 시간을 가지고 있다.
____ **36.** 나는 관심 대상이 되는 것에 대해 걱정하지 않는다.
____ **37.** 나는 사람들로 하여금 편안함을 느끼게 한다.
____ **38.** 나는 내 일에 노력한다.
____ **39.** 나는 낯선 사람들 앞에서 조용하다.*
____ **40.** 나는 많은 아이디어를 가지고 있다.

* 역질문 문항: 1 = 5, 2 = 4, 4 = 2, 5 = 1
점수계산: 문항에 대한 응답을 합산한다.
외향성 = 문항 6, 9, 14, 18, 20, 23, 27, 31, 36, 39의 합계
친화성 = 문항 1, 4, 8, 12, 16, 21, 25, 29, 33, 37의 합계
성실성 = 항목 3, 5, 10, 13, 17, 22, 26, 30, 34, 38의 합계
경험에 대한 개방성 = 항목 2, 7, 11, 15, 19, 24, 28, 32, 35, 40의 합계

Source: International Personality Item Pool, Oregon Research Institute, October 8, 2012

때로는 자기 수양이 부족한 것처럼 보일 수 있다. 성실성은 다양한 조직에서의 관리 직무를 포함하여 많은 종류의 직무성과를 예측할 수 있는 좋은 지표로 알려져 있다. "Management Snapshot"에 소개 된 Kevin Plank와 같이 자신의 회사를 설립한 기업가는 일반적으로 높은 수준의 성실성을 지니고 있다. 그들의 끈기와 결단력은 장애물을 극복하고 그들의 아이디어는 성공적인 새로운 벤처에 도움이 될 수 있다. 그림 2.2는 성실성에 대한 측정도구이다.

경험에 대한 개방성
독창적이고 광범위한 관심사를 가지며 다양한 자극에 개방적이고 대담하고 위험을 감수하는 경향

경험에 대한 개방성 **경험에 대한 개방성**은 독창적이고 광범위한 관심사를 가지며 다양한 자극에 개방적이고 대담하고 위험을 감수하는 경향을 의미한다. 경험에 대한 개방성이 높은 관리자는 위험을 감수하고 계획적이며 의사결정에 있어서 혁신적일 수 있다. 이 장의 "Management Snapshot"에서 논의한 Kevin Plank은 자신의 회사를 설립했으며 지속적으로 새로운 방식으로 성장하고 혁신하며 성공할 수 있는 새로운 방법을 모색하고 있다. 그는 높은 수준의 경험에 대한 개방성을 입증하였다. 반대로, 경험에 대한 개방성이 낮은 관리자는 위험을 덜 감수하고 계획 및 의사 결정에 더 보수적일 수 있다. 또한 이러한 경향은 어떤 특정 조직 및 직위에서 자산이 될 수 있다. 예를 들어, 공립대학의 재정 사무소 관리자는 모든 대학 부서와 단위가 예산, 지출 계정 및 비용 상환에 관한 대학의 규칙과 규정을 준수하도록 해야 한다. 그림 2.2는 경험에 대한 개방성에 대한 측정도구이다.

성공적인 관리자는 Big Five 성격 특성 연속체에서 다양한 포지션을 차지한다. 매우 효과적인 어떤 관리자는 외향성과 신경성이 높을 수 있다. 반대로 또 다른 효과적인 관리자는 이 두 가지 특성 모두 낮을 수도 있다. 그리고 또 다른 관리자는 중간 수준에 있을 수 있다. 조직구성원들은 이러한 차이점들을 반드시 파악해야 한다. 그 원인은 관리자가 어떻게 행동하는지와 계획, 지도, 조직 또는 통제에 대한 접근 방식을 밝힐 수 있기 때문이다. 예를 들어, 부하 직원이 그의 관리자가 외향성이 낮다는 것을 인지하게 되면, 관리자가 본질적으로 냉담하다는 것을 인지하기 때문에 부하 직원은 무시를 당한다고 여기지 않는다.

관리자 자신도 부하 직원과 동료 관리자를 포함하여 자신의 성격 특성과 타인의 특성을 인식해야 한다. 자신이 다른 사람에게 매우 비판적인 경향이 있음을 알고 있는 관리자는 부정적인 접근 방식을 완화시킬 수 있다. 마찬가지로, 만성적으로 불평하는 부하 직원이 때문에 너무 부정적인 경향이 있다는 것을 인지한 관리자는 그의 모든 불평을 소금 한 알로 받아들이고 상황이 이 부하 직원이 말하는 것처럼 나쁘지 않다고 생각할 수 있다.

조직의 모든 구성원이 고객 및 공급 업체와 같은 조직 외부의 사람들과 잘 협력하려면 서로를 이해해야 한다. 이런 이해는 부분적으로 사람들이 서로 다르다는 근본적인 방식, 즉 성격 특성에 대한 인식에서 비롯된다.

관리 행동에 영향을 미치는 다른 성격 특성

Big Five 성격특성 외에도 많은 다른 특성들이 사람들의 성격을 설명한다. 여기서 우리는 경영 효과성을 이해하는데 있어서 핵심적인 특성을 살펴본다. 이 특성에는 통제위치, 자기존중감, 성취욕구, 소속욕구, 권력에 대한 욕구가 포함된다.

통제위치 사람들은 자신에게 일어나는 일과 주변에서 일어나는 일에 대해 얼마나 많은 통제권을 가지고 있는지에 대한 견해가 다르다. 통제위치 특성은 이러한 신념을 포착한다.

내적 통제위치 자신의 운명을 책임 질 수 있다고 믿는 경향

내적 통제위치를 지닌 사람들은 자신의 운명을 책임 질 수 있다고 믿는다. 그들은 자신의 행동이 직무성과 달성 수준, 승진 또는 선택한 직무 할당에 대한 거절과 같은 중요한 결과의 주요 결정 요인으로 간주한다. 내적 통제 위치를 지닌 일부 관리자는 전체 조직의 성공에 대한 책임이 자기한테 있다고 생각한다. 한 가지 예를 들면 "Management Snapshot"의 Kevin Plank다. 내적 통제위치는 사람들이 자신의 행동에 대해 책임감을 느끼기 때문에 조직에서 윤리적 행동과 의사결정을 하는데도 도움이 된다.

외적 통제위치 외부 세력이 주변에서 일어나는 일에 대한 결과를 결정할 수 있다고 믿는 경향

외적 통제위치를 지닌 사람들은 외부 세력이 주변에서 일어나는 일에 대한 결과를 결정할 수 있다고 믿는다. 그들은 자신의 행동이 큰 변화를 가져온다고 생각하지 않는다. 따라서 상황을 바꾸거나 문제를 해결하기 위해 개입하지 않고 다른 사람에게 맡기는 경향이 있다.

관리자로서 조직에서 일어나는 일에 대한 책임이 있기 때문에 내적 통제 위치가 필요하다. Under Armour의 Kevin Plank처럼 자신이 변화를 가져올 수 있다는 것을 믿어야 한다. 또한 관리자는 조직과 구성원이 윤리적으로 행동하도록 할 책임이 있으며, 이를 위해 내적 통제위치가 필요하다. 그들은 변화를 가져올 수 있다는 것을 알고 느낄 필요가 있다.

자기존중감 개인이 자신과 능력에 대해 긍정적으로 느끼는 정도

자기존중감

자기존중감은 개인이 자신과 능력에 대해 긍정적으로 느끼는 정도이다.

높은 수준의 자기존중감을 지닌 사람들은 Kevin Plank처럼 자신이 유능하고 합리적이며 대부분의 상황을 처리 할 수 있다고 생각한다. 자기존중감이 낮은 사람들은 자신에 대한 의견이 명확하지 않고 자신의 능력에 대해서도 확신이 없으며 다른 시도를 할 때 성공 여부에 대해 의문을 제기한다. 연구에 따르면 사람들은 자기존중감 수준과 일치하는 행동과 목표를 선택하는 경향이 있다. 자기존중감이 높은 관리자는 자신의 설정을 용이하게 하고 자신에 대한 높은 기준을 유지하며 어려운 프로젝트를 추진하는데 있어서 중요한 결정을 내리고 업무수행 시 필요한 자신감을 가지기 때문에 관리자에게 적절하다.

성취욕구 개인이 도전적인 업무를 잘 수행하고 우수성에 대한 개인적인 기준을 충족시키려는 강한 욕구를 가지고 있는 정도

소속욕구 개인이 좋은 대인 관계를 수립하고 유지하고, 선호하며, 주변 사람들과 서로 어울리는데 관심이 있는 정도

권력욕구 다른 사람들을 통제하거나 그들에게 영향을 미치고자하는 정도

성취욕구, 소속욕구, 권력욕구

심리학자 David McClelland는 성취, 소속감 및 권력에 대한 욕구를 광범위하게 조사하였다. **성취욕구**는 개인이 도전적인 업무를 잘 수행하고 우수성에 대한 개인적인 기준을 충족시키려는 강한 욕구를 가지고 있는 정도를 의미한다. 성취욕구가 높은 사람들은 일반적으로 자신에 대한 명확한 목표를 설정하고 성과에 대한 피드백을 받기를 바라는 경향이 있다. **소속욕구**는 개인이 좋은 대인 관계를 수립하고 유지하고, 선호하며, 주변 사람들과 서로 어울리는데 관심이 있는 정도를 의미한다. **권력욕구**는 다른 사람들을 통제하거나 그들에게 영향을 미치고자하는 정도라고 볼 수 있다.

연구에 따르면 높은 수준의 성취와 권력에 대한 욕구는 일선과 중간 관리자의 자산이며, 높은 권력에 대한 욕구는 특히 최고관리자에게 중요하다. 한 연구에 따르면 상대적으로 권력욕구가 높은 미국 대통령은 임기 동안 특히 효과적인 것으로 나타났다. 높은 수준의 소속욕구는 관리자에게 있어 항상 바람직하다고 볼 수 없다. 그 원인은 가능한 높은 성과를 보장하

기 위해 최선을 다하는 것 보다는 부하 직원을 포함한 다른 사람들이 자신을 좋아할 수 있게 만드는데 너무 큰 노력을 기울이기 때문이다. 이런 욕구에 대한 대부분의 연구가 미국에서 진행되었지만 일부 연구에서는 이러한 결과가 인도 및 뉴질랜드와 같은 다른 국가의 사람들에게도 적용될 수 있음을 시사한다.

총체적으로, 내적 통제위치, 높은 수준의 자기존중감, 높은 수준의 성취욕구와 권력욕구는 관리자를 위한 바람직한 성격특성으로 볼 수 있다. 이러한 특성들을 지닌 관리자들은 자신의 행동이 자신과 조직의 운명에 대해 결정적인 역할을 한다고 믿을 뿐만 아니라 자신의 능력에 대해 확신한다는 것을 암시 해준다. 이런 유형의 관리자는 성취에 대한 개인적인 욕구와 다른 사람에 대한 영향력을 지니고 있다.

가치, 태도, 기분 및 감정

학습목표 2-2

가치관과 태도가 무엇인지를 설명하며 관리자의 행동에 미치는 영향을 설명할 수 있다.

그들은 어떻게 합리적인 행동을 해야 한다고 생각하는가? 그들은 자신의 직무와 조직에 대해 어떤 생각을 가지고 있는가? 그리고 그들은 실제로 직장에서 받는 느낌은 어떤 것일까? 이러한 질문에 대한 답을 찾기 위해 관리자의 가치, 태도 및 기분을 파악하는 것이 중요하다. 가치, 태도, 기분 및 감정은 관리자가 개인 신분으로 자신의 직업을 경험하는 방식에 대한 반영이다. 가치는 관리자가 목표를 달성하기 위해 어떻게 행동해야하며 어떤 방식으로 생각해야 하는지를 설명한다. 태도는 특정 직업과 조직에 대한 생각 및 느낌을 의미한다. 기분과 감정은 관리자가 관리 할 때 실제로 느끼는 감정을 의미한다. 관리자의 업무 경험에 대해 이 세 가지 측면은 매우 개인적인 것이지만 관리자의 행동 방식, 타인에 대한 대응 방식, 노력을 통해 계획, 주도, 조직화, 통제를 통해 조직의 효율성에 기여하는 방법을 이해하는 데 핵심적인 역할을 한다.

가치관: 영구적 및 수단적

영구적 가치관 평생의 목표 또는 신념에 대한 개인적 확신

수단적 가치관 원하는 행동 방식 또는 수행에 대한 개인적인 확신

규범 사람들이 특정 상황에서 어떻게 행동해야 하는지에 대해 규정하고 집단이나 조직의 대부분의 구성원이 중요하다고 간주하는 비공식적 행동 규칙

가치 체계 개인의 삶에서 길잡이 역할을 하는 영구적 및 수단적 가치

개인적 가치관은 영구적(terminal) 가치관과 수단적(instrumental) 가치관으로 구분된다. **영구적 가치관**은 평생의 목표 또는 신념에 대한 개인적 확신을 의미한다. **수단적 가치관**은 원하는 행동 방식 또는 수행에 대한 개인적인 확신을 의미한다. 영구적 가치관은 일반적으로 사람들이 특정 상황에서 어떻게 행동해야하는지에 대해 규정하고 집단이나 조직의 대부분의 구성원이 중요하다고 간주하는 정직하거나 정중하게 행동하는 것과 같이 **규범적** 형식으로 이루어진다.

가치관 분야의 선도적 연구자로 불리우는 밀런로키치(Milton Rokeach)는 각 개인의 **가치 체계**를 설명하는 18개의 영구적 가치관과 18개의 수단적 가치를 식별했다. "1(개인의 삶에서 가장 중요한 원칙)"에서 "18(자신의 삶에서 가장 덜 중요한 원칙)"으로 최종 가치의 순위를 정한다. 이러한 순위를 매김으로써 자기 삶에서 목표달성을 위해 노력하는 행동 방식에 대해 자신의

가치관 체계를 인지하는데 도움을 줄 수 있다.

"성취감(지속적인 기여)", "공정(형제, 모두를 위한 동등한 기회)", "자기존중(자존감)"과 같은 로키치(Rokeach)의 영구적 가치관 중 일부는 관리자에게 특히 중요한 것으로 볼 수 있다." 성취감이 가장 중요하다고 생각하는 관리자는 Medtronic(심장 박동기 등 의료 기기 제조 회사)의 관리자처럼 생명을 구하거나 연장 할 수 있는 신제품을 개발하여 조직에 지속적으로 기여하는 데 집중할 수 있다. 공정성을 영구적 가치의 최고 위치에 있다고 여기는 관리자는 점차적으로 다양한 인구통계적 특성의 인력들을 지원하고, 동등한 고용 기회를 제공하며 활용하려는 조직의 노력에 앞장설 수 있다.

"편안한 삶 (번영하는 삶)", "흥미로운 삶(자극적이고 활동적인 삶)", "자유(독립, 자유)", 사회적 인정(존중, 감탄)."과 같은 다른 영구적 가치는 많은 관리자에 의해 중요하다고 간주 될 가능성이 높다. 관리자가 각 최종 가치에 부여하는 상대적 중요성은 조직에서 목표를 달성하기 위해 노력하고 있는 것과 노력에 집중하는 것을 설명하는데 도움이 된다.

로키치의 수단적 가치 중 일부인 "야심(열심히, 열망)", "광범위한(열린 마음)", "유능한(유능하고, 효과적인)" 책임감(신뢰할 수 있고 신뢰할 수 있음)", "자기 통제(자제, 자기 훈련)는 일부 관리자들에게 중요하다. 더욱이, 관리자가 이들 및 기타 수단적 가치에 상대적인 중요성을 부여하는 것은 직무에 대한 실제 행동의 중요한 결정 요인이 될 수 있다. 예를 들어, "상상력이 풍부(대담하고 창의적)"하다는 것이 매우 중요하다고 생각하는 관리자는 이것이 덜 중요하다고 생각하는 관리자(다른 모든 것이 동등함)보다 혁신적이고 위험을 감수할 가능성이 더 크다. "정직 (진실하고 진실한)"을 가장 중요하게 여기는 관리자는 부서 또는 조직의 모든 구성원이 윤리적으로 행동하도록 조치를 취하는 원동력이 될 수 있다.

총체적으로, 관리자의 가치 체계는 개인으로서의 관리자가 개인 생활과 직장에서 목표를 달성하는데 노력하는 것을 의미한다. 따라서 관리자의 가치관 시스템은 계획, 주도, 조직화 및 통제에 대한 행동과 노력에 대한 기본적인 지침으로 볼 수 있다.

태도

태도 감정과 신념의 집합체

태도는 감정과 신념의 집합체이다. 다른 모든 사람들과 마찬가지로 관리자는 자신의 직업과 조직에 대한 태도를 가지고 있으며 이러한 태도는 자기 업무를 수행하는 방식에 영향을 미친다. 또한 이러한 맥락에서 가장 중요한 두 가지 태도는 직무만족과 조직몰입이다.

직무 만족도 관리자가 현재 직무에 대해 가지고 있는 감정과 신념의 집합체

직무만족 **직무 만족도**는 관리자가 현재 직무에 대해 가지고 있는 감정과 신념의 집합체이다. 일반적으로 높은 수준의 직무만족 수준을 지니고 있는 관리자들은 일반적으로 공정하게 대우를 받고 있다고 느끼고, 자기 직무가 많은 바람직한 특성(예를 들어, 흥미로운 일, 바람직한 급여, 직무 안정성, 자율성, 좋은 동료)을 지니고 있다고 생각한다. 그림 2.3은 관리자의 직무

그림 2.3 두 가지 직무만족도 측정에 대한 샘플 항목

미네소타대학의 만족도 설문지 샘플 항목:
다음 각 문항에 응답해 주십시오.

[ ] 매우 불만족
[ ] 불만족
[ ] 만족 여부를 결정할 수 없음
[ ] 만족
[ ] 매우 만족

나는 현재의 직무에 대해 생각은 . . .

____ **1.** 나의 양심과 어긋나지 않는 일을 할 수 있다.
____ **2.** 나의 직업은 안정성이 높은 고용방식을 제공해 주고 있다.
____ **3.** 다른 사람들을 위해 일할 수 있는 기회가 있다.
____ **4.** 나의 능력을 이용하여 무언가를 할 기회가 있다.
____ **5.** 회사 정책들은 실행되고 있다.
____ **6.** 나는 급여에 따른 업무량을 수행하고 있다.
____ **7.** 직무와 관련하여 승진 할 수 있는 기회가 있다.
____ **8.** 어떤 일에 대해 판단할 자유가 있다.
____ **9.** 나는 나의 근무 조건에 대해
____ **10.** 나는 나의 동료들과 서로 잘 어울린다.
____ **11.** 나는 일을 잘했을 때 칭찬을 받는다.
____ **12.** 나의 직장에서 얻은 성취감에 대해

얼굴 척도
자신의 직무에 대한 느낌을 가장 잘 표현한 얼굴을 선택.

11 10 9 8 7 6 5 4 3 2 1

Source: D. J. Weiss et al., *Manual for the Minnesota Satisfaction Questionnaire*. Copyrighted by the Vocational Psychology Research, University of Minnesota; copyright ©1975 by the American Psychological Association. Adapted by permission of R.B. Dunham and J.B. Brett.

만족도를 측정하는 데 사용할 수 있는 두 가지 척도의 샘플 항목이다. 직무 만족도는 조직에서 직위가 높을수록 증가하는 경향이 있다. 일반적으로 상급 관리자는 신입 사원보다 자신의 직무에 더 만족하는 경향이 있다. 관리자의 직무 만족도 수준은 매우 낮거나 매우 높을 수도 있다.

어려운 경제 상황에서 실업률이 높고 해고가 만연한 경우 일자리를 가진 사람들이 상대적으로 만족할 수 있다고 생각할 수도 있다. 그러나 반드시 그런 것은 아니다. 예를 들어, 2009년 12월 미국의 실업률은 10%였고 85,000개의 일자리가 사라졌으며 불완전 고용률(일자리를 포기한 사람들과 풀타임을 찾지 못한 원인으로 파트타임으로 일하는 사람들)은 17.3%였다. 이러한 불황기 동안 미국의 직무 만족도는 최저 수준으로 떨어졌다.

컨퍼런스 보드(The Conference Board)는 1987년부터 근로자들을 대상으로 그들의 직무만족도 수준을 조사하였는데 근로자의 61.1%가 그들의 직무에 만족한다는 결과를 얻었다. 그

러나 2009년에 설문 조사에서는 응답한 근로자의 45%만이 자신의 직업에 만족한다는 결과를 얻었으며 이는 사상 최저치를 보여주었다. 직업 불만족의 일부 원인으로는 흥미없는 일, 직업 안정성 부족, 인플레이션에 보조를 맞추지 못한 소득, 건강 보험에 더 많은 돈을 지출해야 하는 것 등이 포함되어 있었다. 예를 들어, 2009년에 건강보험료를 납부한 근로자들은 3배나 되었으며 1980년에 비해 상승한 것으로 나타났다. 또한 1987년의 59%에 비해 2019년에는 43%의 근로자만이 일자리가 안정성을 지니고 있다고 생각한다는 결과를 얻었다. 그리고 2000년대에는 인플레이션을 감안한 평균 가계 소득이 감소했다.

2009년에 직무 불만족 수준과 관련하여 모든 연령대 중 25세 미만 근로자가 가장 높은 것으로 나타났다. 보다 구체적으로, 이 연령대 근로자의 약 64%가 기회 감소와 상대적으로 낮은 소득으로 인해 자신의 직업에 불만족을 느꼈다. 또한 전체 응답자의 약 22%는 1년 내에 같은 직업을 가질 것이라고 생각하지 않았다.

2015년 컨퍼런스 보드에 따르면 미국 근로자의 48.3%가 설문 조사에서 자신의 직무에 만족한다고 답했다. 10년 연속으로 미국인의 절반 미만이 자신의 직무에 만족한다는 결과를 얻었다. 2015년 직무 불만족 수준에 영향을 미친 요인으로는 보상, 승진 정책, 보너스 등이 포함되어 있었다.

일부 조직은 환경 보호에 대한 우려와 근로자의 일자리 보존에 대한 우려를 결합했으며 "윤리행동"을 통해 직장을 그만두는 것을 방지하였다.

Ethics in Action

Subaru of Indiana Automotive의 일자리와 환경보호

Subaru of Indiana Automotive (SIA)는 인디애나주 라파예트(Lafayette)에 있다. 스바루 레거시(Subaru Legacy)와 아웃백(Outback)을 생산하고 5,400명 이상의 직원을 두고 있다. 미국 자동차 산업은 대규모 정리 해고에서 대규모 파산에 이르기까지 치명적인 문제를 겪고 있지만 SIA는 직원을 해고 한 적이 없다. 실제적으로 SIA 직원은 연간 임금 인상, 무료로 된 의료 서비스, 상당한 양의 초과 근무, 재정 상담, 더 나아가 공장 생산시설에서 퍼듀대학교(Purdue University) 학위를 취득할 수 있는 기회를 제공받으며 자원봉사 비용을 지불한다. 인디애나주에서 약 46,000개의 자동차와 관련된 일자리가 사라지고 여러 자동차 제조 공장이 폐쇄되었지만 SIA는 발전되는 현상을 보여주었다.

동시에 SIA는 낭비를 줄이는 방식으로 비용을 절감하고 환경을 보호하는 타협하지 않는 이무를 수행해 왔다. SIA 폐기물의 약 98%는 재활용되거나 퇴비화로 인해 상당히 높은 효

주 슈콸락(Shuqualak)에 있는 Shuqualak Lumber 부사장 Charlie Thomas는 할 수 없이 4분의 1에 가까운 직원들에 대해 해고한다는 것을 알렸을 때, 그는 자신의 사무실로 돌아가지 않고서는 견딜 수가 없다는 글을 썼다. 그가 말했듯이 "나는 그것을 떨쳐버릴 수 없었다… 그것은 내 영혼을 죽였다." 관리자들이 알고 있듯이 해고는 직원과 그 가족에게 치명적일 수 있다.

조직몰입 관리자가 조직 전체에 대해 갖는 느낌과 믿음의 집합체

조직몰입 **조직몰입**은 관리자가 조직 전체에 대해 갖는 느낌과 믿음의 집합체이다. 조직에 몰입하는 관리자는 자신의 조직이 하는 일을 믿고, 이러한 조직에 속해 있는 것을 자랑스럽게 생각하며 조직에 대한 높은 충성도를 느낀다. 헌신적인 관리자는 자기 역할을 넘어 조직에 도움을 주며 조직을 그만 둘 가능성이 적다. 구성원과 관리자가 조직의 가치를 진심으로 믿을 때 조직에 대한 몰입은 특히 강력할 수 있다. 또한 강한 조직문화로 이어질 수 있다.

조직몰입은 관리자들로 하여금 중요한 지휘 및 대변인 역할을 수행하는데 도움을 줄 가능성이 크다(1장 참조). 관리자가 조직 내부와 외부의 다른 구성원들에게 조직이 수행하는 일의 장점을 강조하고 관리자가 진정으로 조직을 믿고 헌신한다면 달성하고자 하는 목표가 훨씬 더 쉽다.

다른 나라의 관리자들은 유사하거나 다른 태도를 가지고 있을까? 여러 나라의 관리자들의 직무만족도와 조직몰입의 수준의 차이는 관리자들이 서로 다른 종류의 기회와 보상을 가지고 있고 조직의 일반적인 환경에서 다른 경제적, 정치적, 사회 문화적 요인에 직면하기 때문일 수 있다. 서로 다른 나라들에서 존재하는 조직몰입 수준은 해고에 영향을 미치는 제정법이 있는 국가의 범위와 한 국가의 시민이 지리적으로 이동하는 정도에 따라 달라질 수 있다.

학습목표 2-3

기분과 감정이 조직의 모든 구성원에게 미치는 영향을 이해할 수 있다.

기분과 감정

기분 감정 또는 마음의 상태

때로는 기분이 좋고 때로는 기분이 나쁜 것처럼 관리자도 마찬가지다. **기분**은 감정 또는 마음의 상태를 의미한다. 기분이 긍정적일 때 사람들은 흥분, 열정, 활동적 또는 기쁨을 느낀다. 반대로 사람들의 기분이 부정적일 때 고통스럽고 두려움을 느끼며 경멸적이거나 적대적, 또한 불안하거나 긴장함을 느낀다. 부정적인 감정이 높은 사람들은 특히 부정적인 기분을 경험할 가능성이 크다. 사람들의 상황이나 환경들이 그들의 기분을 결정할 수 있다. 그러나 임금이 인상되면 성격 특성에 관계없이 대부분의 사람들이 기분이 좋아질 수 있다. 부정적인 감정이 높은 사람들이 항상 기분이 나쁜 것은 아니며 외향성이 낮은 사람들도 여전히 긍정적인 기분을 경험할 수도 있다.

감정 강렬하고 상대적으로 짧게 지속되는 느낌

감정은 기분보다 더 강렬한 느낌이며 일반적으로 감정을 일으킨 모든 것과 직접적으로 연결되며 지속기간이 더 짧다. 그러나 감정을 유발한 것이 무엇이든 처리되면 감정은 덜 강렬한 분위기의 형태로 남아있을 수 있다. 예를 들어, 부하 직원이 비윤리적인 행동을 했을 때 매우 화가 난 관리자는 문제를 해결하는 방법을 결정한 후 분노가 감소하는 것을 알 수 있다. 그러

나 그는 불행한 사건에 대해 직접적으로 생각하지 않지만 하루 종일 계속해서 기분이 좋지 않다.

연구에 따르면 기분과 감정은 관리자와 조직의 모든 구성원의 행동에 영향을 미친다. 예를 들어, 한 연구에서 직장에서 긍정적인 분위기를 경험하는 관리자의 부하 직원은 직장에서 긍정적인 분위기를 느끼지 않는 관리자의 부하 직원보다 다소 높은 수준에서 업무성과를 창출하며 사직하거나 퇴사할 가능성이 적다고 강조하였다. 다른 연구에 따르면 특정 조건에서 창의성은 긍정적인 기분에 의해 향상 될 수 있는 반면, 다른 조건에서는 부정적인 기분이 사람들로 하여금 진정으로 창의적인 아이디어를 내기 위해 더 열심히 일하게 할 수 있다고 한다. 두 기분 상태가 서로 다른 방식으로 창의성에 기여할 수 있는 잠재력이 있다는 것을 인식 한 최근 연구에 따르면 직원은 특히 직장에서 두 가지 기분 상태를 모두 경험할 가능성이 있고 이로 인해 창의적일 수 있으며 직장 환경은 창의성에 대해 지원해 줄 수 있다고 한다.

다른 연구에 따르면 기분과 감정이 윤리적 의사결정에 중요한 역할을 할 수 있다는 것을 알 수 있다. 예를 들어, 프린스턴대학교의 연구자들은 사람들이 어려운 개인적 도덕적 딜레마를 해결하려고 할 때 감정과 기분을 담당하는 두뇌 부분이 특히 활동적이라는 사실을 발견했다.

전반적으로, 감정과 기분은 관리자와 모든 구성원에게 직장에서 일어나는 일에 대한 중요한 정보와 신호를 제공한다. 긍정적인 감정과 기분은 일이 잘되고 있다는 신호이므로 더 광범위하고 흥미로우며 좋은 생각으로 이어질 수 있다. 부정적인 감정과 기분은 주의가 필요한 문제와 개선할 영역이 있음을 나타내는 신호이다. 따라서 사람들이 부정적인 분위기에 놓여 있을 때, 그들은 더 눈앞에 보이는 작은 일에 집중하는 경향이 있다. 일부 연구에 따르면 비판적 사고와 악마의 대변인은 부정적인 분위기에 의해 촉진될 수 있으며, 때로는 특히 부정적인 분위기의 관리자가 정확한 판단을 내릴 수 있게 한다.

지적한 바와 같이 "Management Insight" 기능에서 알 수 있듯이 감정은 때때로 조직의 중요한 변화의 원동력이 될 수 있다.

관리자와 조직의 구성원은 자신이 느끼는 방식이 다른 사람을 대하는 방식과 다른 사람들이 그들에게 반응하는 방식에 영향을 미친다는 것을 인식해야 한다. 예를 들어, 부하 직원이 관리자가 기분이 좋다고 생각하면 다소 비정상적이지만 잠재적으로 유용한 아이디어로 관리자에게 접근할 가능성이 더 높다. 마찬가지로 관리자가 기분이 매우 안 좋을 때 부하 직원은 어떤 대가를 치르더라도 관리자들을 피하려고 할 수 있다. 그림 2.4는 직장에서의 긍정적 및 부정적인 기분을 경험하는 정도를 측정 할 수 있는 척도이다.

Management insight

조직변화를 유발하는 감정

개인 삶에서 강렬한 정서적 경험은 일반적으로 더 나은 변화의 계기가 될 수 있다. 예를 들어, 자동차 사고에 대한 두려움 때문에 운전자는 속도를 줄이고 목적지에 도착하는데 더 많은 시간을 할애할 수 있다. 주요 프레젠테이션에 대한 준비가 부족하여 당황스러움을 느끼면 학생은 향후 더 많은 준비를 할 수 있다. 부정적 대우에 대한 분노는 가끔씩 나쁜 대인 관계에서 벗어나는데 도움이 될 수 있다.

흥미롭게도 일부 관리자와 조직은 감정을 사용하여 조직에 필요한 변화를 촉진한다. 예를 들어 North American Tool의 CEO인 Curt Lansbery는 직원들이 401(k) 퇴직 계획에 최대한 기여하지 못하고 있다는 사실에 실망했다. 회사가 직원 기여도에 일정 비율을 기여하는 계획을 가지고 있었기 때문에 가능한 한 많이 기여하는 것이 그들의 이익이었다. North American Tool은 산업용 절단 기계를 생산하며 매년 401(k) 등록에 대한 회의가 있다. Curt Lansbery는 직원들이 401(k) 계획에 최대의 기여를 하지 않았기 때문에 전년도에 받지 못한 금액과 동일한 금액을 다음 회의에 가져 오기로 결정했다. 그는 돈을 테이블에 던지며 직원들에게 이 돈이 회사의 돈이 아니라 그들의 돈이어야 한다고 말했다. 이런 부정적인 느낌은 직원들에게 이 많은 돈은 직원의 것이 되어야 한다는 것을 인지하게 하였고 401(k)에 대한 기여 계획의 혜택을 받게 하였다.

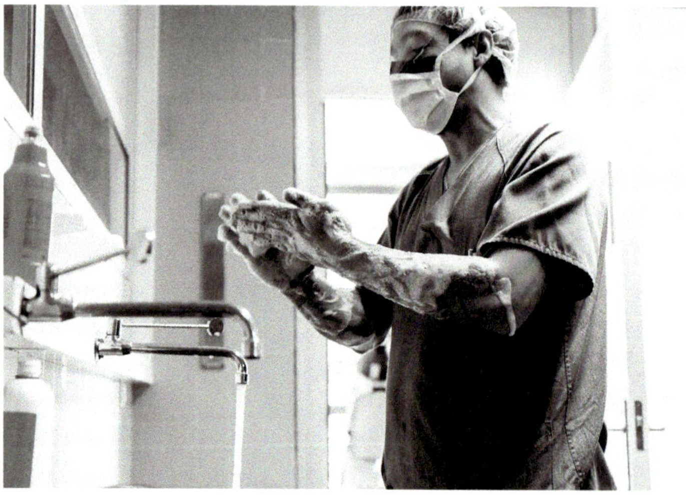

한 병원에서는 씻지 않은 손이 세균으로 덮여있는 것을 보여주는 컴퓨터 화면 보호기의 혐오감으로 인해 의사와 다른 의료 전문가들은 손 씻기 절차를 더 잘 준수하게 되었다. 의료진이 반복적으로 손을 씻는 것은 세균 감염을 예방하고 생명을 구하는데 핵심적인 기여를 한다.

Cedars-Sinai Medical Center 소속인 Leon Bender 의사와 기타 동료들은 의사와 간호사가 손을 자주 씻지 않는다고 걱정했다. 의료진이 손을 반복해서 씻는 것은 환자를 2차 세균 감염으로부터 보호하는데 중요한 역할을 한다. 병원에서 이러한 종류의 예방 가능한 세균 감염을 피하면 환자의 생명을 구할 수 있다. Cedars-Sinai Medical Center에서 더 많은 손 씻기를 장려하려는 노력에도 불구하고 표준 준수율은 약 80%였다. Cedars-Sinai Medical Center는 검사를 받아야 했으며 그 동안 최소 90%의 준수율이 필요하다.

어느 날 점심 식사 후 센터의 전염병 학자는 약 20명의 의사와 직원이 한천평판에 손을 얹도록 요청했다. 한천평판에 있는 세균을 배양한 후 의사와 관리자의 손에 세균이 있다는 것이 나타났다. 이와 관련한 사진을 공개했으며 병원 컴퓨터의 화면 보호기로 설정하였다. 화면 보호기와 사진을 본 모든 사람들은 부정적인 감정을 느꼈고 변화에 대한 강력한 원동력이 되었으며 손 씻기 프로토콜 준수 수준이 거의 100%에 가까웠으며 높은 수준을 유지하였다. 이 사례를 통해 감정이 조직에서 필요한 변화에 어떻게 유용한 계기가 될 수 있는지 알 수 있다.

그림 2.4
직장에서의 긍정적 및 부정적 감정 측정

각 항목에 대해 지난 주 동안 직장에서 느낀 정도를 다음의 척도로 표시하시오.

1 = 아주 약간 또는 전혀 없음
2 = 약간
3 = 보통
4 = 많이
5 = 아주 많이

____ **1.** 활동적이다	____ **7.** 열정적이다
____ **2.** 고민이 있다	____ **8.** 두려움이 있다
____ **3.** 기운이 있다	____ **9.** 원기왕성하다
____ **4.** 흥분되다	____ **10.** 불안하다
____ **5.** 경멸적이다	____ **11.** 행복하다
____ **6.** 적대적이다	____ **12.** 초조하다

측정: 항목 1, 3, 4, 7, 9, 11에 대한 점수 합산은 긍정적인 기분에 대한 것이다.
점수가 높을수록 직장에서 더 긍정적인 분위기를 경험한 것이다.
항목 2, 5, 6, 8, 10, 12에 대한 점수 합산은 부정적인 기분에 대한 것이다.
점수가 높을수록 직장에서 부정적인 분위기를 더 많이 경험한다.

Sources: A. P. Brief, M. J. Burke, J. M. George, B. Robinson, and J. Webster, "Should Negative Affectivity Remain an Unmeasured Variable in the Study of Job Stress?" *Journal of Applied Psychology* 72 (1988), 193–98; M. J. Burke, A. P. Brief, J. M. George, L. Roberson, and J. Webster, "Measuring Affect at Work: Confirmatory Analyses of Competing Mood Structures with Conceptual Linkage in Cortical Regulatory Systems," *Journal of Personality and Social Psychology* 57 (1989), 1091–102.

감성지능

학습목표 2-4

감성지능의 본질과 그것이 경영에서 수행하는 역할에 대해 설명할 수 있다.

관리자와 모든 구성원의 기분과 감정이 미치는 영향을 이해하기 위해서는 그들의 감성지능 수준을 고려하는 것이 중요하다. **감성지능**은 자신의 기분과 감정 및 다른 사람의 기분과 감정을 이해하고 관리하는 능력을 말한다. 높은 수준의 감성 지능을 가진 관리자는 자신의 감정과 이유를 더 잘 이해하고 감정을 효과적으로 관리할 수 있다. 관리자가 두려움이나 불안과 같은 감정이나 스트레스를 받는 느낌을 경험할 때 감성지능을 통해 이를 이해하고 이러한 감정을 관리하여 효과적인 의사결정에 방해가 되지 않도록 한다.

감성지능 자신의 기분과 감정 및 다른 사람의 기분과 감정을 이해하고 관리하는 능력

감성지능은 관리자가 대인역할(명목상의 최고위자, 리더 및 연락 담당자)과 같은 중요한 역할을 수행하는 데 도움이 될 수 있다. 부하 직원이 어떻게 느끼는지, 왜 그렇게 느끼는지, 그리고 이러한 느낌을 어떻게 관리하는지에 대한 이해는 강력한 대인관계를 형성하는 데 핵심적인 요소이다. 또한 감성지능은 다양한 방식으로 효과적인 리더십에 기여할 수 있는 잠재력을 가지고 있다.

예를 들어, 감성지능은 관리자가 다른 사람들을 이해하고 훌륭한 인간관계를 맺는데 도움을 준다. 또한 관리자가 열정과 자신감을 유지하고 부하 직원이 조직의 목표를 달성 할 수 있도록 격려하는 데 도움이 된다. 최근의 이론과 연구에 따르면 감성지능은 직원의 창의성을 발휘하는데 특히 중요할 수 있다고 한다. 관리자는 감성지능의 중요성을 점점 더 크게 인식하고 있다. 그림 2.5는 감성지능을 측정하는 척도이다.

조직문화

학습목표 2-5

조직문화에 대해 정의하고 관리자가 조직 문화를 어떻게 창조하고 조직문화에 의해 어떻게 영향을 받는지를 설명할 수 있다.

성격은 모든 관리자와 구성원이 서로 다른 방식으로 생각하고 행동하는 이유를 이해하는 하나의 방법이다. 그러나 사람들이 같은 조직에 속하면 비슷한 방식으로 행동하도록 이끄는 특정 신념과 가치를 공유하는 경향이 있다.

조직문화 조직 구성원이 서로 관계를 맺고 조직의 목표를 달성하기 위해 협력하는 방식에 영향을 미치는 신념, 기대치, 가치, 규범 및 업무 규칙의 공유된 집합

조직문화는 조직 구성원이 서로 관계를 맺고 조직의 목표를 달성하기 위해 협력하는 방식에 영향을 미치는 신념, 기대치, 가치, 규범 및 업무 규칙의 공유된 집합으로 구성된다. 본질적으로 조직문화는 조직 구성원이 업무를 수행하고 조직 내부 및 외부의 다른 사람들과 관계를 맺는 독특한 방식을 반영할 수 있다. 예를 들어, 특정 호텔의 고객이 체크인 시 인사를 받고 떠날 때까지 대우받는 방식을 들 수 있다. 또는 연구팀이 신제품 개발을 안내할 때 사용되는 작업 규칙에 대한 공유로 볼 수 있다.

조직 구성원이 문화적 가치, 신념 및 루틴에 대한 강렬한 헌신을 공유하고 이를 목표 달성에 사용할 때 강력한 조직문화가 형성된다. 조직 구성원이 가치, 신념 및 일상의 공유 시스템에 강하게 헌신하지 않으면 조직 문화가 약해진다.

조직의 문화가 강할수록 구성원의 행동 방식에 영향을 미치기 때문에 조직의 "특성"이라고 볼 수 있다. 강력한 문화를 지닌 조직은 구성원이 서로에 대해 행동하고 업무를 수행하는 방법을 결정하는 다양한 차원에서 다를 수 있다. 예를 들어, 조직은 구성원들 간의 관계(공식적 또는 비공식적), 의사 결정의 중요성(상향식 또는 하향식), 변화 의향(유연한 또는 단호한), 혁신(창의적이거나 예측 가능한) 및 장난기(심각하거나 우연한) 등이다. 실리콘 밸리의 IDEO 제품 개발과 같은 혁신적인 디자인 회사에서 구성원들은 자신의 업무에 대해 유쾌한 태도를 취하고, 조직 외부에서 영감을 찾고, 다양한 관점을 사용하는 제품 디자인에 유연한 접근 방식을 채택하는 것이 바람직하다. IDEO의 문화는 Citibank 및 ExxonMobil 문화와 매우 다르다. 이들 회사의 종업원들은 보다 공식적이고 신중한 방식으로 서로를 대하고, 구성원들은 자신의 업무에 대해 진지한 접근 방식을 채택할 것이며, 의사결정은 계층 구조에 따라 제약을 받게 된다.

그림 2.5
감성지능의 측정

아래 1–7 척도를 사용하여 다음 각 항목에 대해 동의 또는 동의하지 않는 정도를 표시하십시오.

1	2	3	4	5	6	7
전혀 동의하지 않음	동의하지 않음	약간 동의하지 않음	보통	약간 동의함	동의함	매우 동의함

____ **1.** 나는 내가 왜 대부분의 시간에 특정한 감정을 갖는지 잘 알고 있다.

____ **2.** 나는 항상 친구들의 행동을 통해 그들의 감정을 잘 알고 있다.

____ **3.** 나는 항상 나 자신을 위해 목표를 설정하고 그것을 달성하기 위해 최선을 다 한다.

____ **4.** 나는 어려움을 합리적으로 처리할 수 있도록 화를 잘 다룰 수 있다.

____ **5.** 나는 내 감정을 잘 이해하고 있다.

____ **6.** 나는 다른 사람의 감정을 잘 관찰한다.

____ **7.** 나는 항상 유능한 사람이라고 스스로를 다스린다.

____ **8.** 나는 내 감정을 통제할 수 있다.

____ **9.** 나는 내가 느끼는 것을 잘 이해한다.

____ **10.** 나는 다른 사람들의 감정과 느낌에 민감합니다.

____ **11.** 나는 자신에게 동기를 부여할 수 있다.

____ **12.** 나는 매우 화가 났을 때 항상 빨리 진정 할 수 있다.

____ **13.** 나는 항상 내가 행복한지 또는 아닌지에 대해 잘 알고 있다.

____ **14.** 나는 주변 사람들의 감정을 잘 이해하고 있다.

____ **15.** 나는 항상 자신에게 최선을 다하도록 격려한다.

____ **16.** 나는 자기감정을 잘 통제한다.

점수계산: 자기 감정 평가 = 항목 1, 5, 9, 13의 점수 합계
타인에 대한 감정 평가 = 항목 2, 6, 10, 14의 점수 합계
감정의 사용 = 항목 3, 7, 11, 15의 점수 합계
감정 조절 = 항목 4, 8, 12, 16의 점수 합계

Sources: K. Law, C. Wong, and L. Song, "The Construct and Criterion Validity of Emotional Intelligence and Its Potential Utility for Management Studies," *Journal of Applied Psychology* 89, no. 3 (June 2004), 496; C. S. Wong and K. S. Law, "The Effects of Leader and Follower Emotional Intelligence on Performance and Attitude: An Exploratory Study," *Leadership Quarterly* 13 (2002), 243–74.

관리자와 조직문화

조직의 모든 구성원이 조직 문화를 개발하고 유지하는 데 기여할 수 있지만, 관리자는 다양하고 중요한 역할을 통해 조직 문화에 특히 큰 역할을 미친다(제1장 참조). 관리자가 문화를 만드는 방법은 신생 기업에서 가장 명확하게 드러난다. 기업이 성장하고 수익을 올릴 때까지 자신의 기업을 창업하는 기업가는 일반적으로 새로운 기업의 최고 관리자이다. 일반적으로 회사 설립자라고 불리는 관리자는 조직의 문화를 창조한다.

IDEO 직원 브레인스토밍—비공식적 의사소통, 캐주얼 의류 및 융통성은 모두 조직 특징이다. IDEO 제공

유인-선택-탈퇴 프레임워크
성격이 조직문화에 미치는 영향을 설명하는 모형

기업 설립자의 개인특성은 조직문화 창출에 중요한 역할을 한다. 유명한 관리학자 벤자민 슈나이더(Benjamin Schneider)는 설립자의 개인특성이 조직문화를 결정하는 역할을 설명하는 데 도움이 되는 모델을 개발했다. 그의 모델은 **유인-선택-탈퇴(attraction-selection-attrition: ASA) 프레임워크**라고 불린다. 그의 모델은 설립자가 새로운 직원을 고용할 때 자신의 성격과 비슷한 직원을 선택하고 고용하는 경향이 있음을 나타낸다. 설립자와 유사한 직원은 조직에 남아 있을 가능성이 더 크다. 성격이 다른 직원이 고용 될 수도 있지만 시간이 지남에 따라 조직을 떠날 가능성이 더 크다. 이러한 유인, 선택 및 탈퇴 프로세스의 결과로 조직구성원들은 비슷한 성격의 경향이 있으며 조직 구성원의 전형적 또는 지배적인 성격 프로필은 조직 문화를 결정하고 형성한다.

예를 들어, David Kelley가 1970년대 후반 엔지니어링 및 제품 설계 문제에 관심을 갖게 되었을 때, 그는 자신이 전형적인 기업 환경에서 일하는 것을 선호하지 않는다는 것을 깨달았다. Kelley는 경험에 대한 개방성이 높으며, 관심사가 있는 곳으로 향하며, 다른 사람의 지시를 따르는 것을 선호하지 않았다. Kelley는 자신이 사업을 시작할 필요가 있음을 인식하고 다른 스탠포드 대학의 엔지니어 및 디자인 전문가의 도움을 받아 IDEO를 설립했다.

처음부터 IDEO의 문화는 다채롭고 비공식적인 작업 공간에서 가능한 많은 사람들과 디자인 문제를 이해하기 위해 네트워킹 및 커뮤니케이션에 중점을 두도록 Kelley는 일하고 디자인 할 수 있는 자유로운 접근 방식을 구체화시켰다. 또한 IDEO 규모에 비해 너무 크거나 작은 문제점이나 프로젝트는 없었다. 이 회사는 Apple Lisa 컴퓨터와 마우스(Mac의 선구자), Palm뿐만 아니라 Crest Neat Squeeze 치약 디스펜서와 Racer's Edge 물병을 디자인했다. Kelley는 규칙, 직책, 큰 코너로 된 사무실 및 창의력을 저해하는 대규모 전통 조직의 모든 것을 선호하지 않았다. IDEO에 매료되고 선발되어 회사에 남아 있는 직원들은 창의성과 혁신을 중요하게 여긴다. 또한 다음과 같은 IDEO의 모토 중 하나를 받아들인다. "자주 실패를 경험하게 되면 곧 성공할 것이다."

ASA 프로세스는 IDEO와 같은 중소기업에서 가장 분명하지만 대기업에서도 도입할 수 있다. ASA 모델에 따르면, 관리자와 신입사원은 모델이 지정해준 종류를 자유롭게 선택 할 수 있다. 이는 자연스럽게 발생하는 현상이다. 그러나 사람들은 자신과 비슷한 다른 사람들과 잘 어울리는 경향이 있지만 조직의 유사성이 너무 많으면 조직의 효율성이 떨어질 수 있다. 즉, 유사한 사람들은 비슷한 방식으로 조건과 사건을 바라보는 경향이 있으므로 변화에 저항할 수 있다. 더 나아가 조직은 관점의 유사성보다는 다양한 관점에서 이익을 창출한다(제3장 참조). IDEO Kelley는 다양한 인격, 배경, 경험 및 교육을 갖춘 사람들이 디자인 팀에 가져올 수 있는 다양한 재능과 관점을 활용하는 것이 얼마나 중요한지 인식했다. 따라서 IDEO의 설계 팀에는 엔지니어뿐만 아니라 인류학자, 의사소통 전문가, 의사 및 제품 사용자와 같이 문제에 대한 고유한 통찰력을 지닌 사람들로 구성되어 있다. IDEO에서 신입 사원을 고용할 때 다양한 배경과 특성을 가진 많은 직원들을 볼 수 있게 된다. 여기서 핵심적인 것은 유사한 사람을 고용하는 것이 아니라 오히려 능력을 제공 할 수 있는 사람을 채용한다. 또한 통찰력을 지닌 구성원을 채용할 수도 있다.

성격 외에도 관리자의 다른 개인특성은 조직 문화를 형성할 수 있다. 여기에는 관리자의 가치, 태도, 기분과 감정, 감성지능이 포함된다. 예를 들어, 관리자의 영구적 및 수단적 가치는 모두 조직 문화를 결정하는 데 중요한 역할을 한다. 또한, 자유와 평등을 중시하는 관리자는 조직의 자율성과 임파워먼트 및 모든 사람을 위한 공정한 대우의 중요성을 강조할 수 있다. 또 다른 예로, 도움이 되고 용서하는 것을 매우 중요하게 생각하는 관리자는 실수에 대해 관대할 수 있을 뿐만 아니라 조직 구성원이 서로 친절하고 도움이 되는 것에 대한 중요성을 강조한다.

직무에 만족하는 관리자는 조직에 전념하고 긍정적인 기분과 감정을 경험하면서 다른 사람들에게 이러한 태도와 느낌을 권장할 수 있다. 이는 결과적으로 긍정적인 태도와 감정을 강조하는 조직문화가 형성될 것이다. 연구에 따르면 직무만족 및 조직몰입과 같은 태도는 타인의 영향을 받을 수 있다. 관리자의 여러 가지 역할을 감안할 때 이들은 특히 사회적 영향력을 행사할 수 있는 강력한 위치에 있다. 또 다른 연구에 따르면 기분과 감정이 전파될 수 있으며 흥분되고 열정적인 사람들과 함께 시간을 보내면 자신도 흥분과 열정을 높일 수 있다고 한다.

조직문화의 가치와 규범의 역할

공유된 영구적 가치와 수단적 가치는 조직 문화에서 핵심적인 역할을 한다. 영구적 가치는 조직과 구성원이 달성하고자 하는 것을 의미하며 수단적 가치는 조직과 구성원이 조직 목표를 달성하는 방법을 알려준다. 공유된 규범은 가치 이외에 조직 문화의 핵심 요소이기도 하다. 규범은 특정 상황에서 적절하게 행동하게 한다. 예를 들어, IDEO의 규범은 타인의 아이디어를 비판하지 않고, 하나의 결정적인 아이디어를 창출하기 전에 여러 아이디를 제시하며 새로운 제품의 프로토 타입을 개발하는 것을 포함한다.

관리자는 조직에서 홍보하는 가치와 규범의 종류를 통해 조직문화를 결정하고 형성시킨다. IDEO의 데이비드 켈리(David Kelley)와 같은 일부 관리자는 위험을 감수하고, 문제와 기회에 창의적으로 반응하며, 실험을 해볼 뿐만 아니라 성공하기 위해 실패를 받아들이며, 자율성을 높이는 가치와 규범을 설정하였다. Microsoft 및 Google과 같은 조직의 최고 관리자는 구성원들이 경쟁 우위의 원천인 혁신에 대한 약속을 지키기 위해 그러한 가치를 채택하도록 권장하고 있다.

그러나 다른 관리자는 직원들에게 다른 사람들과의 거래에서 보수적이고 신중해야 하며 중요한 결정이나 현상 유지에 대해 변경을 하기 전에 상사와 상의를 거쳐야 한다고 강조하는 가치와 규범을 수립할 수 있다. 행동과 결정에 대한 책임성이 강조되며 상세한 기록은 정책과 절차가 준수되도록 보장된다. 원자력 발전소, 정유소, 화학 공장, 금융 기관, 보험 회사는 주의가 필요한 상황에서 보수적이고 신중한 결정을 내리는 것이 적절할 수 있다. 예를 들어, 원자력 발전소에서는 실수로 인한 파국적인 결과를 방지하기 위해서 높은 수준의 관리가 필수적이다. 마찬가지로, 은행이나 뮤추얼 펀드 회사에서 투자자의 돈을 잃을 위험은 적절하게 투자하는데 신중한 접근 방식을 취한다.

조직의 다른 유형의 관리자는 고의적으로 자신의 작업과 일반적인 환경, 전략 또는 기술에 가장 적합한 조직의 가치와 규범을 개발한다. 조직 문화는 설립자, 사회화 프로세스, 의식 및 의례, 이야기 및 언어의 가치를 통해 조직 구성원에게 유지되고 전달된다(그림 2.6 참조).

그림 2.6
조직 문화를 유지하고 전달하는 요소

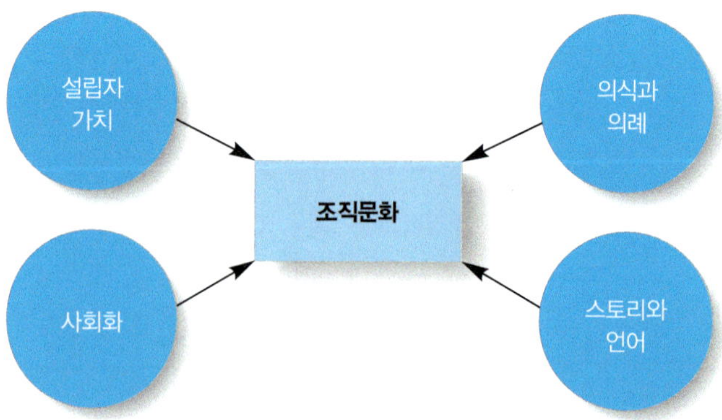

설립자의 가치 설립자의 가치와 관련하여 방금 논의 된 ASA 모델을 살펴보면, 조직 설립자는 조직문화에 심오하고 지속적인 영향을 미칠 수 있음이 분명하다. 회사설립에 영감을 부여하고, 차례로 회사의 본질과 특성을 결정하게 된다. 따라서 조직 설립자와 조직의 영구적 가치 및 수단 가치는 조직 내에서 시간이 지남에 따라 발전하는 가치, 규범 및 행동 기준에 상당한 영향을 미친다. 설립자는 문화적 가치와 규범적 가치의 형성에 대한 기초를 제공한다. 그 원인은 그들의 가치관이 회사를 인도하기 때문이다. 또한 조직에서는 가치를 공유하고 이를 달성 할 수 있다고 보는 직원을 고용한다. 새로운 관리자는 설립자로부터 조직의 어떤 가치와 규범이 적절한 것인지를 습득하게 된다. 부하 직원은 설립자의 스타일을 모방하며, 또한 반대로 이런 부하는 그들의 스타일을 다른 부하에게 전달한다. 점차적으로 창업자의 가치와 규범이 조직에서 형성된다.

부하 직원의 존경심을 중요시하고 공식적 직책 및 복장과 같은 예의를 선호하는 설립자는 부하 직원에게 이러한 방식으로 행동하도록 권장한다. 설립자의 개인적 가치는 일반적으로 조직의 경쟁 우위에 영향을 미친다. 예를 들어, McDonald의 설립자인 Ray Kroc은 처음부터 McDonald 레스토랑의 높은 수준의 고객 서비스와 청결을 주장했다. 따라서 이 두가지는 맥도날드의 경쟁 우위의 핵심 원천이 되었다. 마찬가지로 Microsoft의 창립자인 Bill Gates는 Microsoft의 문화적 가치를 이끌어 냈다. 구성원들은 창의적이고 열심히 일할 것으로 기대되지만, 비공식적으로 옷을 입히고 개인 사무실을 꾸미는 것을 요구한다. 게이츠 회장은 요리사, 피크닉, 스포츠 이벤트와 같은 회사 이벤트를 수립하여 직원들에게 자기 자신 및 팀원으로서의 중요성을 강조하였다.

사회화 시간이 지남에 따라 조직 구성원은 조직에서 중요한 가치와 적절하고 부적절한 행동을 규정하는 규범을 습득한다. 결과적으로 조직 구성원은 조직의 가치와 규범에 따라 행동한다.

조직사회화 신입사원이 조직의 가치와 규범을 배우고 효과적으로 직무를 수행하는 데 필요한 업무 행동을 습득하는 과정

조직사회화는 신입사원이 조직의 가치와 규범을 배우고 효과적으로 직무를 수행하는 데 필요한 업무 행동을 습득하는 과정이다. 사회화 경험의 결과를 토대로, 조직 구성원은 조직의 가치와 규범을 내재화하고, 이러한 가치와 규범이 올바른 행동을 설명한다고 생각하기 때문에 그것에 따라 행동한다.

예를 들어 텍사스 A&M 대학의 신입생은 모두 "물고기 캠프"에 가서 "Aggie"(대학생의 전통적인 별칭)가되는 법을 배우는 것이 좋다. 그들은 A & M의 역사에서 중요한 사건이나 인물들을 기념하기 위해 시간이 지남에 따라 형성된 의식에 대해 배우게 된다. 또한, 그들은 축구 게임과 수업 시간에 어떻게 행동하는 지에 대한 법, 그리고 Aggie가 되는 것이 무엇인지를 배우게 된다. 즉 고도로 조직화 된 사회화 프로그램의 결과로, 신입생들이 캠퍼스에 도착하여 첫 학기를 시작할 때까지 그들은 텍사스 A&M 학생이 해야 할 일로 사회화되어 왔으며 대학 환경에 적응하는 데는 거의 문제가 없다.

대부분의 조직에는 신입사원들이 조직의 가치, 규범 및 문화를 배울 수 있도록 도와주는 일종의 사회화 프로그램이 있다. 예를 들어, 군대는 신병을 숙련된 병사로 전환시키는데 사용되는 엄격한 사회화 과정으로 잘 알려져 있다. 월트 디즈니 회사와 같은 조직은 신입사원들을 엄격한 교육 프로그램을 통해 배치하여 그들이 업무를 잘 수행하고 디즈니랜드 방문객들이 건전한 테마파크에서 즐겁게 활동할 수 있도록 돕는다. 디즈니의 신입사원은 "캐스트 멤버"라고 불리며 디즈니 대학에 다니면서 디즈니 문화를 배우게 된다. 디즈니의 문화는 안전, 예의, 오락 및 효율성의 가치를 강조하며, 이러한 가치는 디즈니 대학의 신입생들에게 활력을 띄게 한다. 신입사원은 디즈니 대학에서 어드벤처랜드 또는 판타지랜드와 같은 근무할 지역에 대해 배우며 숙련된 캐스트 멤버들로부터 해당 지역 자체에서 현장 사회화를 습득하게 된다. 조직 사회화를 통해 조직의 설립자 및 관리자는 조직 구성원의 행동을 형성하는 문화적 가치와 규범을 구성원에게 전달한다. 따라서 디즈니랜드에서 설립자 월트 디즈니의 가치와 규범은 신입사원들이 디즈니 방식으로 사회화되면서 현재에도 여전히 살아있게 된다.

의식 및 의례 관리자가 조직 문화를 창출하거나 영향을 줄 수 있는 또 다른 방법은 조직 의식 및 의례이다. 즉 조직 전체와 특정 구성원에게 중요한 사건을 인식시키는 공식 행사를 개발하는 것이다. 조직이 회원들에게 문화적 규범과 가치를 전달하기 위해 사용하는 가장 일반적인 의식은 통과, 통합 및 향상 의례이다(표 2.1 참조).

통과의례는 개인이 어떻게 조직에 들어오고, 발전하며, 퇴출하는 지를 결정한다. 미국 육군이나 대형 회계사 및 법률 회사가 개발한 사회화 프로그램은 통과의례이다. 마찬가지로, 조직 구성원의 승진 또는 은퇴를 위해 준비하는 조직의 방식도 통과의례이다.

조직의 성공, 사무실 파티 및 회식의 알림 같은 **통합의례**는 조직 구성원 간의 연결 고리를 만들고 이를 강화한다. IDEO는 직원들이 서로 연결되어 특별한 존재로 느껴지도록 하기 위해 많은 통합의례 방법을 사용한다. "연말 연시" 축하 파티를 갖는 것 외에도, IDEO 직원들은 정기적으로 스포츠 이벤트, 영화, 식사를 즐기거나 자전거 타기 또는 요트타기에 시간을 할애한다. 이런 유형의 공유된 활동은 IDEO의 문화를 강화할 뿐만 아니라 직무에 대한 영감의 원천이 될 수 있다(예: IDEO는 *The Abyss and Free Willy*와 같은 영화 제작에 참여했다). 데니스 보일(Dennis Boyle)이 이끄는 IDEO의 35명으로 구성된 디자인 스튜디오는

표 2.1 조직 의례

의례 유형	의례 관련 예	의례 목적
통과의례	입문 및 기본교육	규범과 가치를 배우고 내면화
통합의례	사무실 크리스마스 파티	일반적인 규범과 가치를 구축
향상의례	연간 시상식	규범과 가치에 대한 헌신의 동기 부여

2개월에 한 번씩 점심 회식을 진행한다. 맛있는 음식, 이야기 및 우정을 나누면서 스튜디오 구성원들은 일반적으로 최신 제품에 대한 아이디어를 공유하게 되고 결국 자유롭게 흐르는 대화는 일반적으로 창의적인 통찰력으로 이어진다.

회사는 연례 회의도 **통합의례**로 활용하여 관리자, 다른 직원 및 주주에게 조직의 가치를 전달할 수 있는 기회로 삼는다. 예를 들어 Walmart는 연례 주주 총회에서 회사의 성공을 기념하는 호화로운 행사를 개최한다. 이 회사는 스타 뮤지컬 공연으로 완비된 거대한 엔터테인먼트 축제의 본사인 알칸사의 벤톤 빌(Bentonville, Arkansas) 본사에서 개최되는 연례 회의에 수천명의 최고 실적 직원을 초청한다. 월마트는 지지자들에게 엔터테인먼트에 대한 보상이 회사의 고성능 가치와 문화를 강화 시킨다고 믿는다. 이 절차는 모든 월마트 매장의 폐회로 TV에 생방송 되어 모든 직원이 회사의 업적을 기념하는 의식에 참여할 수 있도록 한다.

시상식 만찬, 신문 배포 및 직원 홍보와 같은 **향상의례**는 조직이 직원의 공헌을 공식적으로 인정하고 보상하여 조직의 가치에 대한 약속을 강화하도록 한다. 조직 내 회원들을 결합시킴으로써 강화 의식은 조직의 가치와 규범을 강화시킨다.

스토리와 언어 또한 조직 문화를 형성한다. 조직 영웅과 악당 및 그들의 행동에 관한 이야기(사실 또는 소설)는 가치와 규범에 관한 중요한 단서를 제공한다. 이러한 스토리는 조직에 의해 가치가 있는 행동의 종류와 찬성하지 않는 관행의 종류를 나타낼 수 있다. McDonald의 풍부한 문화의 중심에는 McDonald 설립자인 Ray Kroc와 관련된 수백 가지 이야기가 있다. 이 이야기의 대부분은 Ray Kroc가 엄격한 운영 가치와 규범을 어떻게 확립했는지에 초점을 두고 있다. Ray Kroc은 맥도날드의 품질, 서비스, 청결 및 돈 가치(QSC&V)에서 완벽을 가하기 위해 헌신했으며, 이 네 가지 중심 가치는 맥도날드 문화에 스며든다. 예를 들어, Ray Kroc과 휴스턴 지역의 여러 매니저가 여러 레스토랑을 방문했을 때 어떤 일이 일어났는지에 대한 이야기가 있다. 그 중에서 한 매점이 비효율적으로 경영하고 있었다. Ray Kroc은 고객의 긴 대기행렬에 대해 화가 났으며, 고객이 그날 제공받은 제품이 자신의 기준에 미치지 못한다는 것을 깨달았을 때 그는 격분했다. 문제를 해결하기 위해 그는 모든 고객과 운영 팀의 주의를 끌고자 앞쪽 카운터에 뛰어 올라갔다. 그는 자신을 소개하고 오랫동안 기다렸다가 받은 차가운 음식에 대해 사과했으며 고객에게 음식을 바꿔줄 수 있으며 돈을 되돌려줄 수 있다고 말했다. 결국 고객들은 행복하게 자리를 떠났다. Ray Kroc가 나중에 확인했을 때, 그의 메시지가 관리자에게 전달되어 구성원의 행동도 영향을 받아 좋은 행동으로 이어지게 되었음을 인지하였다. 다른 이야기는 Ray Kroc이 더러운 화장실을 닦고 레스토랑 안팎에 쓰레기를 청소하였다는 얘기도 있다. 맥도날드 직원들은 이러한 이야기와 비슷한 이야기를 조직에 전달한다. Ray Kroc을 맥도날드의 "영웅"으로 만드는 데 도움이 된 이야기이다.

언어로 된 표현은 조직에서 의사소통의 주요 매개체이기 때문에 사람들이 어떤 일을 구성하고 설명하기 위해 사용하는 특유한 속어 또는 특수 용어는 규범과 가치에 대한 중요한 단서를 제공한다. 예를 들어 "McLanguage"는 모든 레벨의 McDonald에서 유행한다. McDonald의 직원중 자신의 피에 케첩이 있다고 진술한 사람은 진정으로 맥도날드 방식에 전념하는 사람이다. 또한 맥도널드의 문화에 완전히 사회화 된 사람이다. McDonald는 신입사원들에게 "McDonald의 말"을 가르치는 광범위한 교육 프로그램을 보유하고 있으며, 신입사원들은 QSC&V에 대한 Ray Kroc의 헌신을 보여주는 공식 오리엔테이션을 통해 구성원들에게 환영을 받는다.

조직 언어의 개념은 말로 표현할 뿐만 아니라 사람들이 옷을 입는 방식, 그들이 일하는 사무실, 운전하는 자동차, 서로 이야기 할 때 사용하는 형식의 정도를 포함한다. 예를 들어 캐주얼 드레스는 Microsoft의 기업 문화와 가치를 반영하고 강화한다. 공식적인 비즈니스 의류는 많은 은행에서 볼 수 있는데 보수적인 문화를 지지한다. 이 문화는 권위 존중과 규정 된 역할에 머무르는 것과 같은 조직의 규범을 준수하는 것의 중요성을 강조한다. 직원이 조직의 언어를 말하고 이해할 때 조직에서 어떻게 행동해야 하며 조직이 기대하는 바를 알고 있다.

IDEO에서 언어, 드레스, 육체적 노동 환경 및 극도의 비공식성은 모두 모험성이 크고 흥미가 있으며 위험을 무릅쓰고 평등주의뿐만 아니라 혁신적인 문화를 강조한다. 예를 들어, IDEO에서 직원은 제품을 "왼손잡이"로 설계할 때 소비자의 시각을 고려해야 한다. 직원들은 티셔츠와 청바지로 옷을 입고 있다. 그리고 작업환경의 지속적인 변화는 구성원들이 어떻게 작업 공간을 개성화하려는 것과 관련성을 지닌다. 또한 그 누구도 창문이 있는 멋진 사무실을 "소유"하지 않으며 규칙은 거의 존재하지 않는다.

문화 및 관리기능

설립자와 관리자는 조직 문화를 개발하고 유지 및 전달하는 데 중요한 역할을 담당하지만 이 같은 문화는 관리자를 비롯한 모든 구성원의 행동을 형성하고 통제한다. 예를 들어, 문화는 관리자가 계획, 조직화, 지휘 및 통제의 네 가지 주요 기능을 수행하는 방법에 영향을 미친다. 이러한 기능을 고려할 때 독창적이고 혁신적인 행동을 장려하는 가치와 규범을 강조하는 최고경영자와 보수적이고 신중한 접근 방식을 장려하는 최고경영자를 구분할 수 있다. 앞에서 우리는 조직 상황과 유형에 따라 이 두가지 가치와 규범이 모두 적절할 수 있음을 언급하였다.

계획 혁신 문화를 지닌 조직의 최고 관리자는 하위 관리자가 계획 프로세스에 참여하고 계획을 수립하는 데 유연한 접근 방식을 개발하도록 권장할 가능성이 크다. 그들은 새로운 아이디어에 대해 경청하고 신제품 개발과 관련된 위험을 감수하고자 한다. 반대로 보수적인 가치를 지닌 조직의 최고 관리자는 공식적으로 위에서부터 아래로 진행되는 하향식 계획을 강조할 가능성이 있다. 하위 관리자의 제안은 공식적인 검토 과정을 거쳐 의사결정이 크게 지연될 수 있다. 이런 의도적 접근 방식은 원자력 발전소에서 의사결정의 질을 향상시킬 수 있지만 의도하지 않은 결과를 초래할 수 있다. 과거에 보수적인 IBM은 계획 프로세스가 공식화되어 관리자가 대부분의 시간을 복잡한 슬라이드 쇼와 오버 헤드를 조합하여 IBM이 변화를 대비하기 위해서 컴퓨터 산업에서 해야 할 일을 생각하는 대신 자신의 현재 위치를 방어하는 데 이용하였다. 전 CEO인 Lou Gerstner가 취임하였을때, 그는 관리자의 사고방식을 바꾸기 위해 새로운 캠퍼스 스타일의 본사를 세우는 등 기존 문화를 없애기 위해 모든 수단을 동원했다. IBM의 문화는 차기 CEO인 Samuel Palmisano에 의해 만들어진 추가적인 변화를 겪었다.

조직화 혁신적이고 보수적인 문화를 선호하는 관리자들은 어떤 유형의 조직을 선호할까? 독창성을 중요시하는 혁신 문화에 속해 있는 관리자는 계층 구조가 거의 없는 수평적 조직과 분권화된 조직을 만들어 구성원들이 지속적인 문제를 해결하기 위해 함께 작업하도록 권장할 수 있다. 제품 팀 구조는 혁신적인 문화를 가진 조직에 적합할 수 있다. 대조적으로, 보수적인 문화에 속해 있는 관리자는 잘 정해진 권한 계층을 만들고 명확한 보고 관계를 설정하여 구성원에게 보고 대상을 정확히 알리고 발생하는 문제에 어떻게 대처할 것인지를 결정할 수 있다.

지휘 혁신적인 문화에서 관리자는 사례를 통해 주도하고 구성원들이 위험을 감수하고 실천하도록 이끌 가능성이 크다. 그들은 구성원의 성공 여부에 관계없이 지지한다. 대조적으로, 보수적인 문화에 속해있는 관리자는 목표에 따라 관리하고 목표를 향한 부하 직원의 진행 상황을 지속적으로 모니터링 하여 모든 행동을 관리한다. 관리자가 직원 행동에 영향을 미치고 형성 할 수 있는 리더십 스타일을 고려할 때 제10장의 리더십을 자세하게 살펴보아야 한다.

통제 관리자가 성과를 평가하고 개선을 위해 행동하는 방식은 조직 문화가 공식화와 신중함을 강조하느냐 아니면 혁신과 변화를 강조하느냐에 따라 다르다. 위험을 감수하고 독창성을 부여하며 혁신을 선호하는 관리자는 성공할 수 있는 여러 경로가 있으며 창의력을 이끌어 내기 위해서 실패가 받아들여져야 한다고 생각한다. 따라서 구성원들은 사전에 결정된 방식으로 업무를 수행하지 않더라도 사전 설정된 목표를 달성하는데 관심을 두고 유연성을 더욱 강조하며 성과 향상에 대한 아이디어를 제안한다. 혁신 문화에 속해 있는 관리자는 단기 목표보다 장기적 목표에 더 많은 관심이 있다. 진정한 혁신은 유연성을 필요로 하는 많은 불확실성을 수반한다는 것을 인식하기 때문이다. 대조적으로, 현상 유지를 강조하는 문화에 속해 있는 관리자는 일반적으로 구성원에게 구체적이고 어려운 목표를 설정하고 이러한 목표에 대한 진행 상황을 자주 모니터링하며 직원들이 준수해야 할 명확한 규칙을 개발한다.

조직 문화의 가치와 규범은 관리자가 관리 기능을 수행하는 방식에 큰 영향을 미친다. 관리자가 조직의 가치와 규범을 설정하는 정도는 특정 상황에서 그들의 행동 및 결정에 대한 자신의 견해를 형성한다. 또한 관리자가 취하는 조치는 조직의 성과에 영향을 미칠 수 있다. 따라서 조직 문화, 경영 활동 및 조직성과는 모두 서로 연결되어 있다.

IDEO의 초기 사례는 조직 문화가 궁극적으로 조직에 도움이 되는 경영 활동을 야기할 수 있는 방법을 보여 주지만, 항상 그런 것은 아니다. 일부 조직문화는 기능 장애가 되어 조직에 불리한 영향을 미치며 성과를 향상시킬 수 있는 행동을 저해할 수 있다. Enron, Tyco, WorldCom과 같은 대기업의 기업 스토리는 조직과 구성원들에게 기능을 잃은 문화는 얼마나 파괴적인지를 설명해 준다. 예를 들어, Enron의 오만한 "모든 희생을 치루더라도 성공"을 강조하는 문화는 최고 관리자의 사기 행각을 초래했다. 불행하게도 수백 명에 달하는 Enron 구성원들은 이러한 최고 관리자와 기능 불능이 조직 문화의 비윤리적 행동에 많은 댓가를 지불했다. 따라서 직원들은 일자리를 잃었을 뿐만 아니라 Enron 주식 및 연금을 잃게 되었다. 다음 장에서는 윤리에 대해 더 심도 깊게 논의한다.

요약 및 리뷰

지속적 특성: 성격특성 성격 특성은 특정 방식으로 느끼고 생각하고 행동하는 지속적인 경향이다. Big Five의 일반적인 특징은 외향성, 부정적 감정, 친화성, 성실성, 경험에 대한 개방성으로 구성되었다. 경영 행동에 영향을 미치는 다른 성격 특성은 통제위치, 자기존중감, 성취욕구, 소속욕구 및 권력욕구이다. [학습목표 2-1]

가치, 태도, 기분, 감정 영구적 가치는 평생의 목표 또는 목적에 대한 개인적인 신념이다. 수단적 가치는 행동 양식에 대한 개인적인 신념이다. 영구적 가치와 수단적 가치는 관리자가 조직에서 목표를 달성하려고 시도하는 것과 그들이 참여하는 행동에 영향을 미친다. 태도는 감정과 신념의 집합체이다. 경영 행동을 이해하는 데 중요한 두 가지 태도는 직무만족(관리자가 자신의 직무에 대해 갖고 있는 감정과 신념의 집합체)과 조직몰입(관리자가 조직에 대해 가지고 있는 감정과 신념의 집합체)을 포함합니다. 기분은 느낌이나 마음의 상태이다. 감정이란 단명하고 원인에 직접적으로 연관된 강렬한 감정을 의미한다. 관리자의 기분과 감정, 또는 일상에서 일하는 방식은 자신의 행동과 효율성뿐만 아니라 부하 직원에게 영향을 미칠 잠재력이 있다. 감성지능이란 자기 자신이나 다른 사람들의 기분과 감정을 이해하고 관리할 수 있는 능력이다. [학습목표 2-2, 2-3, 2-4]

조직문화 조직문화는 조직 구성원들이 서로 어떻게 관련되어 있으며 조직의 목표를 달성하기 위해 어떻게 협력하는지에 영향을 주는 믿음, 기대, 가치관, 규범 및 작업 규칙을 공유하는 집합체이다. 새로운 조직 및 창립자는 조직 문화를 형성하고 유지하는 데 중요한 역할을 한다. 조직 사회화는 신규 구성원이 조직의 가치와 규범을 배우고 효과적으로 직무를 수행하는 데 필요한 업무 행동을 습득하는 과정이다. [학습목표 2-5]

Management *in Action*

Topics for Discussion and Action

토의

1. 성격이 다른 관리자가 똑같이 효과적이고 성공적일 수 있는 이유에 대해 토론하시오. [학습목표 2-1]
2. 관리자는 자신의 직무에 너무 만족할 수 있는가? 조직에 너무 몰입할 수 있는가? 그 이유는 무엇인가? [학습목표 2-2]
3. 당신이 레스토랑의 매니저라고 가정해보시오. 당신이 기분이 좋지 않을 때 당신을 위해 무엇을 할 것인지 설명하시오. [학습목표 2-3]
4. 관리자는 왜 낮은 수준의 감성지능에 의해 불리해질 수 있습니까? [학습목표 2-4]

행동

5. 지역 조직의 관리자와 인터뷰하시오. 관리자에게 자신의 가치에 따라 행동할 가능성이 있는 상황을 설명하도록 요청하시오. 관리자에게 자신의 가치에 따라 행동할 가능성이 적은 상황을 설명하도록 요청하시오. [학습목표 2-2]
6. 인기있는 TV 쇼를 보고, 그것을 보면서 배우가 묘사하는 캐릭터의 감성지능 수준을 정하십시오. 캐릭터들을 감성지능의 수준에 따라 순위를 정하십시오. 쇼를 보면서 감성지능 수준 평가에 영향을 미치는 요인은 무엇인가? [학습목표 2-4]
7. 근처에 있는 고급 의류 매장으로 가십시오. 그리고 고급스럽지 않은 옷가게에 가십시오. 상점의 환경뿐만 아니라 각 상점의 직원 행동을 관찰하십시오. 각 매장의 조직 문화는 어떤 측면에서 유사한가? 그들은 어떤 측면에서 차이가 있을까? [학습목표 2-5]

Building Management Skills

문화 진단 [학습목표 2-5]

마지막으로 근무한 회사, 현재 대학 또는 자신이 속한 다른 조직이나 구단의 문화를 생각해 보시오. 그런 다음 질문에 답하시오.

1. 이 문화에서 강조되는 가치는 무엇인가?
2. 이 조직의 구성원들은 어떤 규범을 따르고 있는가?
3. 누가 문화를 창조하는 데 중요한 역할을 한 것 같은가?
4. 조직 문화는 조직 구성원들에게 어떤 방식으로 전달되는가?

Managing Ethically [학습목표 2-1, 2-2]

일부 조직에서는 잠재적인 직원을 선별하기 위해 성격 및 관심 목록에 의존한다. 다른 조직은 필기 시험을 통해 직원을 선발하려고 한다.

질문

1. 개별적으로 또는 그룹으로 성격과 관심사 목록을 사용하여 잠재적인 직원을 선별하는 것의 윤리적 함의에 대해 생각해 보시오. 잠재적인 지원자에게는 이 관행이 어떻게 불공평 할 수 있습니까? 고용담당자는 어떻게 이를 악용 할 수 있을까?
2. 측정 오류 및 타당성 문제로 인해 상대적으로 신뢰할 수 있는 사람들이 정직성 테스트에 "실패"할 수 있다. 신뢰할만한 사람들이 정직성 테스트를 통과하지 못하는 것에 대한 윤리적 시사점은 무엇이며, 선발을 위한 정직성 테스트를 할 때 고용주는 어떤 책임을 져야한다고 생각하는가?

Small Group Breakout Exercise [학습목표 2-2, 2-3, 2-4, 2-5]

불경기 시기에 어려운 결정을 내리기

3~4명으로 팀을 구성하고 과제를 발표할 팀장을 임명한 다음 시나리오에 따라 토론하시오.

당신은 골판지 상자, 용기 및 기타 골판지 포장재를 제조하는 중소기업의 최고 관리자이다. 귀사는 주요 기업 고객 계정에 대한 경쟁이 치열 해지고 수익이 크게 감소했다. 직원 해고를 제외하고 비용을 절감하고 경쟁력을 유지할 수 있는 모든 노력을 기울였다. 귀하의 회사는 지난 20년간 해고 금지 정책을 시행해 왔으며 이것이 조직 문화의 중요한 부분이라고 생각한다. 그러나 회사의 성과를 높이기 위해 압력이 증가되고, 귀하의 해고 금지 정책에 주주들은 의문을 제기하고 있다. 아직까지 정리해고 실시여부를 결정하지 않았음에도 불구하고, 회사에서 무언가가 진행되고 있다는 소문이 만연해 있으며 직원들은 걱정하고 있다. 이 문제를 해결하기 위해 오늘 회의를 진행한다.

1. 귀하가 회사에서 겪었던 경쟁의 심화 및 수익 감소를 다루기 위한 옵션 목록과 잠재적 조치 목록을 개발하시오.
2. 원하는 행동 방침을 선택하고 왜 이 방법을 택할 것인지 정당화하시오.
3. 의사결정을 직원에게 알리는 방법을 설명하시오.
4. 선호하는 옵션에 해고가 포함되는 경우 그 이유를 정당화하시오. 해고가 필요하지 않은 경우 그 이유를 설명하시오.

Be the Manager [학습목표 2-1, 2-2, 2-3, 2-4, 2-5]

당신은 최근에 광고 대행사의 인사 담당 부사장으로 채용되었다. 당신의 주의를 끄는 한 가지 문제는 대행사의 창의적 부서가 기능에 문제가 발생하여 높은 수준의 갈등을 겪고 있다는 것이다. 당신은 각 부서의 구성원들과 이야기를 나눴다. 각 부서의 구성원 중 일부는 모든 문제를 만들고 있는 것으로 보인다. 그러나 이 모든 개인은 창의적인 광고 캠페인을 많이 수행하고 있는 소중한 기여자이다. 높은 수준의 분쟁은 부서에서 문제를 일으키고 있으며, 부정적인 분위기와 감정은 긍정적인 감정보다 훨씬 더 컸다. 소중한 직원을 두고 이 부서의 과도한 갈등과 부정적인 감정을 완화하기 위해 어떻게 해야 하는가?

Bloomberg Case in the News [학습목표 2-1, 2-2, 2-3, 2-4]

중고 옷을 재활용하는 미스터 퓨전(A Real Mr. Fusion Feeds on Used Clothing)

저자: Pavel Alpeyev

영화 백투더퓨처(Back to the Future)의 마지막 부분에서 광분한 과학자 Emmett "Doc" Brown은 그의 시간 여행인 DeLorean과 함께 다시 등장한다. 미래에 있어 미스터 퓨전(Mr. Fusion)이라 불리는 가상 재활용 원자로 덕분에 쓰레기는 새롭게 조명받게되었다. 일본의 한 회사는 자체적으로 미스터 퓨전을 구축하고 있다. 그것을 홍보하기 위해 상징적인 자동차의 복제품을 구입하기도 했다.

Recycler Jeplan은 중고 의류에서 면 섬유를 추출하여 연료로 전환하기 위해 노력하고 있다. Jeplan은 1톤의 버려진 의류가 약 700리터의 에탄올을 생성하여 식량 재배에 사용할 수 있는 토지와 수자원을 절약 할 수 있다고 말했다. 이 회사는 폴리에스터를 재활용하는 방법도 개발했다고 한다. 이 화합물은 많은 직물에 혼합되어 비용을 절감하고 내구성을 높이며 옷의 주름을 방지한다. Jeplan에 따르면 매년 전 세계적으로 생산되는 의류의 약 60%에서 사용되며 새 옷에 분해하여 재사용 할 때 귀중한 자원이 될 수 있다고 한다.

일반적으로 플라스틱, 종이 및 금속을 재활용하지만 전 세계에서 매년 생산되는 의류의 대부분은 매립지와 소각로에서 처리된다. 도쿄에 본사를 둔 Jeplan의 공동 창립자자 겸 CEO인 Masaki Takao는 "의류의 10%만이 재활용되며 여기에는 중고 판매도 포함된다. 이는 모든 나라에 있어서 사실이다."라고 하였다.

Takao와 그의 팀은 여러 증류 및 기화주기를 통해 의류에서 폴리에스테르 섬유를 추출하는 기술을 연구하고 있다. 이 공정은 재료를 처음부터 만들 때 생성되는 이산화탄소 양의 절반을 생성한다. 폴리에스테르의 순도를 높이는 것은 어려운 부분이며 이와 관련하여 Takao는 다음과 같이 말했다. "너무 어렵기 때문에 아무도하지 않는다."

Takao는 무역 회사의 섬유 판매원인 Michihiko Iwamoto와 함께 2007년에 Jeplan을 설립하기 위해 대학원을 포기했다. 이 회사는 오사카 대학과 협력하여 면화 재활용 기술을 개발했다. Mitsubishi 및 NTT Docomo를 비롯한 고객의 재활용 문제에 대해 컨설팅하면서 2010년 운영을 시작했다. Jeplan은 설립 이래 약 1,300만 달러를 모금했으며 Docomo와 벤처 캐피탈 회사인 Jafco를 투자자로 꼽았다.

영화 백투더퓨처에서 Christopher Lloyd가 연기한 Doc Brown은 바나나 껍질과 맥주 반 캔을 커피 분쇄기 크기의 Mr. Fusion에 넣었다. Jeplan의 프로세스에는 공장이 필요하다. 이 회사는 올 여름 가동을 시작할 예정인 남섬 큐슈에 공장을 짓고 연간 2,000톤의 의류를 취급할 예정이다. 폴리에스테르는 현재 공장이 오픈할 때까지 비축 중이다.

Jeplan의 재활용 노력을 촉진하기 위해 Takao는 영화에서 DeLorean의 전체 크기 복제품을 주문했다. 그는 스튜디오가 그에게 차를 팔고 그에게 승진권을 부여하기 전에 유니버설 픽처스(Universal Pictures)에 공식적인 요청을 하였다. 그는 지불한 금액에 대해서 언급하지 않을 것이며 이 모델을 일본으로 배송하는데 드는 비용은 500만엔(44,000달러)이 든다.

DeLorean은 Jeplan의 작업을 홍보하기 위해 일본 전역의 쇼핑몰을 방문하면서 도로에서 더 많은 시간을 보낼 것이다. 기존 생산 방식과 경쟁하기 위해 회사는 연간 30,000톤의 폴리에스테르 의류가 필요하다. Takao는 자동차가 사람들을 끌어 모으기를 바라고 있으며 Jeplan의 재활용에 대해 더 많이 알게된 후 물품을 기부하기를 희망하고 있다.

이 회사는 쇼핑몰을 포함하여 일본 전역의 2,100개 지점에 중고 의류 수거함을 배치하고 소매업체 Muji의 소유주인 Ryohin Keikaku 및 7-Eleven 소유주인 Seven & I Holdings와 협력했다. 또한 Takao는 여러 의류 제조업체들로 하여금 의류를 수집하는데 노력하고 궁극적으로 재활용 소재로 만든 의류를 제조업체에 판매할 계획이다.

Jeplan은 유사한 이니셔티브에 대해 전 세계의 스포츠 브랜드 및 축구 팀과 논의 중이다. Takao는 강력한 팬층을 활용할 수 있는 기회를 포착한다. 또한 선수 유니폼은 폴리에스테르 함량이 높아 재활용에 적합하다. "지구에 대한 진지함이나 관심에 대한 호소로 소비자에게 동기를 부여하는 것은 어렵지만 재미있는 일이면 그들은 함께 할 것이다."라고 그는 말했다. "이러한 유형의 이벤트를 수행함으로써 우리는 재활용과 관련된 문화적 변화에 영향을 미치기를 희망한다."

논의를 위한 질문

1. Masaki Takao의 성격 특성을 Big five 성격 측면에서 볼 때 어느 유형과 유사할까? 그 원인은 무엇인가?
2. 당신은 관리 행동에 영향을 미치는 다른 성격 특성의 측면에서 Takao의 성격을 어떻게 묘사하겠는가?
3. 당신에게 영구적 가치와 수단적 가치 중에 어느 요소가 Takao에게 있어 특별히 중요하다고 생각하는가?
4. Takao의 감성지능은 어느 수준에 있을가? 왜 그렇다고 생각하는가?

Pavel Alpeyev, "A Real Mr. Fusion Feeds on Used Clothing," *Bloomberg Businessweek*, January 30–February 5, 2017, pp. 29–30. Used with permission.

제 2 부

3 윤리경영 및 다양성

학습목표

이 장을 학습한 후, 다음 내용에 답할 수 있어야 한다.

학습목표 3-1 윤리가 이해관계자들을 다룰 때 관리자는 어떠한 올바른 행동을 하는지를 설명할 수 있다.

학습목표 3-2 관리자가 윤리적으로 행동하고 윤리적 조직문화를 창출해야 하는 이유를 제시한다.

학습목표 3-3 인력과 조직환경의 다양성 증가에 대한 의미를 설명할 수 있다.

학습목표 3-4 관리자가 다양성을 효과적으로 관리하는 데 있어서 발휘하는 핵심적인 역할을 파악할 수 있다.

학습목표 3-5 다양성의 효과적인 관리가 왜 윤리적이면서도 비즈니스상의 필수요건인지를 이해할 수 있다.

학습목표 3-6 성희롱의 두 가지 주요형태와 그것이 어떻게 제거될 수 있는지를 이해할 수 있다.

TOMS의 창업자인 Blake Mycoskie는 회사의 One for One 프로그램을 통하여 강한 윤리적 가치와 사회적 책임에 대한 신념을 드러낸다. 그는 신발로 시작하여 안경과 커피 로스팅으로 깨끗한 물을 공급하는데 기여를 하고 있다. 2016년 TOMS는 약자 괴롭힘 해결을 사회적 의제로 추가 설정하면서 고객들이 TOMS 가방을 구입할 때 일정금액 기부를 하고 있다. ©DFree/Shutterstock.com

MANAGEMENT SNAPSHOT

TOMS의 윤리 및 사회적 책임

윤리적이면서 사회적 책임을 수행하는데 있어 혁신적인 관리방법은 무엇인가?

One for One은 TOMS의 특징이다. 이 회사는 2006년에 신발을 판매하기 시작했고 소비자가 한 켤레의 신발을 구입하면 한 켤레의 신발을 제3세계 어린이들에게 기부했다. 2011년부터 TOMS는 'TOMS 아이웨어'와 'TOMS 백 컬렉션'을 런칭하기도 했다. 2014년에는 제3세계 국가들의 안전한 식수 확보를 위해 TOMS Roasting을 런칭하여 커피사업을 시작했으며, 소비자가 한 봉지의 커피를 구매하면 제3세계 나라에게 일주일에 한 번씩 물을 기부한다. 그리고 2015년에 Creatis Text Line 및 No Bully와 협력하여 소비자가 Standup 백팩을 한 개 구매할 때마다 청소년 왕따 문제를 예방하고 대응할 수 있도록 학교 공동체 훈련 또는 위기 상담원 교육을 제공한다.

TOMS는 전 세계적으로 필요한 것이 무엇인지를 파악하고 이것을 해결할 수 있는 제품을 생산해 운영하고 있다. TOMS의 설립자인 Blake Mycoskie는 아르헨티나를 여행했을 때 맨발로 다니는 많은 아이들을 목격하고 그들을 돕기 위해 신발 한 켤레가 팔릴 때마다 신발을 필요로 하는 가난한 국가의 아이들에게도 똑같이 한 켤레의 신발을 기부하는 회사를 설립했다. 그 때까지 TOMS는 6,000만 켤레 이상의 신발을 판매했으며 이는 6,000만 켤레의 신발을 기부했다는 것을 의미한다. TOMS 제품은 전 세계 500개 이상의 매장과 TOMS.com의 웹 사이트에서 판매되고 있다.

Mycoskie의 다음 목표는 눈이 불편한 사람들에게 시력검진을 제공하는 것이다. TOMS는 Seva 재단과 파트너십을 맺어 수백만 명의 시각 장애인에게 백내장 수술 및 감염 치료 등 의학적인 시술과 더불어 시력에 맞는 안경을 제공하는 활동을 활발히 진행하고 있다. TOMS의 안경테나 선글라스를 구매할 때마다 저개발국가 사람들의 개안수술 및 안경 보급을 위한 지원 정책을 실시하고 있다. 2011년부터 40만 명 이상의 사람들이 One to One 프로그램을 통해 안경이나 수술을 받았다.

2014년에는 제3세계 국가들의 안전한 식수 확보를 위해 Mycoskie는 One for One 비즈니스 모델을 적용할 것이라고 발표했다. 그리하여 TOMS Roasting을 런칭하여 커피 사업을 시작하였다. TOMS Roasting의 커피백 하나가 판매될 때마다 도움이 필요한 한 사람에게 일주일을 생활할 수 있는 식수를 지원한다. TOMS는 페루, 온두라스, 르완다, 말라위 및 과테말라를 포함한 커피를 공급받는 7개 국가에 지속 가능한 급수를 지원하기로 하였다. 현재까지 TOMS Roasting은 도움이 필요한 사람들을 위해 335,000주 이상이나 오랜 기간동안 안전한 물을 제공하였다.

2015년에 TOMS는 청소년 왕따 문제를 해결하는 것을 사회적 요구 중 하나라고 인식했다. 미국에서는 12세에서 18세 사이의 학생 3명 중 거의 1명이 왕따를 당하고 있다고 보고되는데, TOMS와 그 파트너는 이러한 현상이 변화되기를 원한다. TOMS의 파트너 중 하나인 Crisis Text Line (CTL)은 위기에 처한 청소년에게 실시간 정서적 지원을 제공하여 괴롭힘에 대응하는 방법에 특히 중점을 둔다. 도움이 필요한 사람은 위기에 대해 언제든지 CTL에 문자를 보낼 수 있다. 숙련된 전문가가 신속하게 응답하고 효과적인 위기 상담 및 추천을 통해 안전하게 보호되도록 도와준다(모든 과정은 문자 메시지를 통해 이루어진다). 노불리(No Bully)는 괴롭힘을 방해하는 방법과 괴롭힘이 발생했을 때 학생들을 "해결팀"으로 모이게 하는 방법을 교육하기 위해 전국의 학교와 협력하는 단체이다. 이 팀들은 다른 학생들이 학교에서 리더가 될 수 있도록 힘을 실어주고, 괴롭힘을 당하는 학생들과 공감대를 형성하고, 더 많은 존경과 연민을 가지고 모든 사람들에게 길을 찾을 수 있는 힘을 준다.

TOMS는 최근 10주년을 맞이했으며, 사람들은 여전히 'Tom'에 대해 질문하지만 Mycoskie는 여전히 조직의 얼굴이다. 그에 따르면 Tom은 없으며, 회사 이름 TOMS는 Mycoskie의 '오늘 신발 한 켤레를 판매하고 내일 한 켤레를 선물하겠다'는 비전을 상징한다. 내일(tomorrow)이라는 단어는 신발에 있는 인식표에 맞지 않아 TOMS로 줄였다. 이름과 관계없이 TOMS는 한 번에 한 켤레의 신발부터 시작해서 전 세계 사람들의 삶과 사회 복지에 크게 기여했다.

개요

학습목표 3-1

다양한 이해관계자들을 상대하는 경영자가 올바른 방식으로 행동할 수 있도록 윤리가 어떻게 도움을 주는지 설명할 수 있다.

강력한 윤리 강령이 직원의 행동 방식에 영향을 미칠 수 있으나, 처음부터 비윤리적 행동을 하게 하는 요인은 무엇인가? 그리고, 관리자와 직원이 어떤 것이 윤리적이고 어떤 것이 비윤리적인지 어떻게 결정하는가? 이 장에서는 경영자와 기업의 의무나 책임의 본질에 대해 다룰 것이다. 이들의 행동은 많은 사람들과 사회에 영향을 미치기 때문이다. 첫째, 우리는 윤리의 본질과 윤리적 문제의 본질을 조사하고자 한다. 둘째, 기업의 운영 방식에 영향을 받는 **이해 관계자**라고 하는 주요 그룹에 대해 논의한다. 셋째로, 이 장에서는 관리자가 특정 사업의 의사결정이 윤리적인지 비윤리적인지, 그리고 사람과 기업이 윤리적인 방식으로 행동하는 것이 왜 중요한지에 대하여 의논하며, 이를 결정하기 위해 사용할 수 있는 4가지 규칙이나 지침을 살펴본다.

또한, 우리는 다양성의 효과적인 관리라는 문제로 전환한다. 이는 먼저 조직, 관리자 및 모든 직원들이 윤리적으로 행동하는 것을 필요로 하고, 다양한 직원들의 고용, 승진 및 대우하는 방식이 법적 규칙과 규정을 따르도록 요구한다. 둘째, 다양성을 효과적으로 관리하는 것은 다양한 직원들이 조직에 가져오는 요구, 태도, 신념 및 가치에 대해 적절히 평가하고 대응하는 방법을 배우고, 그들과 그들이 일하는 회사에 이익을 도움이 되는 기술과 재능을 사용할 방법을 찾는 것을 의미한다. 마지막으로 관리자가 조직에서 성희롱을 근절하기 위해 취할 수 있는 조치에 대해 논의한다. 이 장을 학습한 후에는 윤리와 다양성을 효과적으로 관리하는 것이 비즈니스 관행과 사람, 사회 및 국가의 삶을 형성하는데 중심적인 역할을 수행한다는 것을 이해하게 될 것이다.

윤리의 본질

당신은 한 사람이 강도를 당하는 것을 봤다고 가정해보자. 당신이 다칠 위험이 있음에도 불구하고 당신은 어떤 방법으로 도움을 줄 것인가? 떠날 것인가? 아마도 당신은 개입하지 않을지도 모른다. 그러면 당신은 경찰에 신고할 것인가? 강도를 당하는 사람이 건강한 남자인지, 노인인지, 노숙자인지에 따라 행동이 달라지는가? 그리고 주변에 다른 사람이 있을 경우, 당신은 아마도 "다른 사람이 도와주거나 경찰에 신고하겠지? 나를 필요 없을 거야"라고 말할 수도 있다.

윤리적 딜레마

윤리적 딜레마 다른 사람이나 그룹을 돕기 위해서 자신의 이익에 어긋날 수 있는 방식으로 행동해야 하는지 결정해야 하는 곤란한 상황을 의미한다.

앞서 설명한 상황은 바로 **윤리적 딜레마(ethical dilemma)**의 예이다. 윤리적 딜레마란 다른 사람이나 그룹을 돕기 위해서 자신의 이익에 어긋날 수 있는 방식으로 행동해야 하는지 결정해야 하는 곤란한 상황에 처한 사람들을 말하는 것이다. 어떤 과정을 선택하든 다른 사람에게 도움이 될지라도 한 사람이나 그룹에 해를 끼칠 수 있다는 것을 알고, 두 가지 다른 행동과정 중 하나를 선택해야 하는 경우 딜레마가 발생할 수 있다. 여기에서 윤리적 딜레마는 두 가지 악 중 해를 덜 끼치는 행동을 결정하는 것이다.

사람들은 윤리적 딜레마에 직면하고 있다는 사실을 종종 알고 있다. 윤리적 딜레마에 직면했을 때, 그들은 도덕적으로 양심의 가책이 생겨서 주저하고 논쟁하며 행동방식의 옳거나 선함을 반영하게 만든다. 도덕적 양심의 가책은 사람에게 옳고 그른 것을 말해주는 생각과 감정이다. 그것은 한 사람의 윤리의 일부분이다. **윤리(Ethics)**는 사람들이 어떤 상황을 분석하거나 해석한 다음에 행동할 수 있는 올바른 방법이나 적절한 방법을 결정할 때, 사용하는 내적인 도덕 원칙, 가치 및 신념을 말하는 것이다. 윤리는 어떤 것이 부적절한 행동인지, 다른 사람에 해를 주지 않기 위해 어떻게 행동해야 하는지에 대해서 말하고 있다.

윤리 사람들이 어떤 상황을 분석하거나 해석한 다음에 행동할 수 있는 올바른 방법이나 적절한 방법을 결정할 때 사용하는 내적인 도덕 원칙, 가치 및 신념을 의미한다.

윤리적 문제를 처리하고 윤리적 딜레마를 해결하는데 있어서 본질적인 문제는 어떤 행동이 윤리적인지 비윤리적인지를 판단하기 위한 절대적이거나 명확한 규칙이나 원칙을 개발할 수 없다는 것이다. 다시 말하면, 다른 사람이나 그룹은 그들의 개인적인 이익과 태도, 신념, 가치관에 따라 어떤 행동이 윤리적이거나 비윤리적인지에 대해 조금씩 차이가 날 수 있다. 이는 제2장에서 논의한 개념이다. 우리와 기업 및 관리자와 직원들은 윤리적이라는 것을 어떻게 결정해야 하는가? 그리고 다른 사람과 그룹에게 어떻게 하면 적절한 행동인가?

윤리와 법률

이 질문에 대한 첫 번째 대답은 사회전체가 정치적, 법적 절차를 이용하여, 사람들이 할 수 있는 것과 할 수 없는 것을 명시한 법을 로비하고 통과시킬 수 있다는 것이다. 우리의 생활 속에 다양한 법들이 사업에 영향을 준다. 예를 들어, 사기 및 속임수에 대한 법률, 그리고 기업이 그들의 직원과 고객을 어떻게 대할 수 있는지에 대한 법률 등이 있다. 법률은 법률이 위반될 경우 어떤 제재나 처벌이 뒤따를지를 명시하고 있다. 사회 속에 다양한 그룹들은 옳고 그름에 대한 자신의 개인적 이익과 신념에 근거하여 법이 제정되도록 로비를 한다. 가장 많은 지지를 받을 수 있는 단체가 자신의 이익과 신념에 부합하는 법률을 통과시킬 수 있다. 일단 법이 통과되면 개인이나 상황과 관련하여 적절한 행동이 무엇인지에 대한 결정은 개인의 윤리적 영역에서 사회의 법적 영역으로 전환된다. 법을 준수하지 않으면 기소 될 수 있으며 법을 어 기고 유죄 판결을 받으면 처벌을 받을 수 있다. 그리고 당신은 그 문제에 대해 거의 발언권이 없다. 당신의 운명은 법원과 변호사들의 손에 달려 있다.

윤리와 법의 관계를 연구함에 있어서, 법과 윤리는 시간이 지남에 따라 **변하지 않는 고정된 원칙이 아니라는 것**을 이해하는 것이 중요하다. 윤리적 신념은 시간이 지남에 따라 변한다. 그리고 그렇게 함으로써, 법은 사회의 변화하는 윤리적 신념을 반영하기 위해 변한다. 그것은 윤리적으로 여겨졌다. 예를 들어, 19세기 후반까지 고대 로마, 그리스 및 미국에서 노예를 취득하고 소유하는 것은 합법적이었다.

그러나 노예제도가 도덕적으로 옳은지 적절한지에 대한 윤리적 견해는 바뀌었다. 미국에서 노예제도는 권력자들이 노예제도가 인간으로서의 의미를 악화시켰다고 결정했을때 불법이 되었다. 노예제도는 인간의 가치와 삶의 권리, 자유, 행동추구에 대해 진술한다. 만약 우리가 다른 사람들에 대한 이러한 권리를 부인한다면, 우리는 어떻게 이런 것들에 대해 어떤 자연적인 권리를 가지고 있다고 주장할 수 있을까?

또한 정치적, 법적 절차를 장악할 수 있을 정도로 강력해지는 어떤 사람이나 집단을 막을 수 있는 것은 무엇인가, 우리를 노예로 만들고 자유롭고 소유할 권리를 부정하는 것이 무엇인가? 다른 사람들의 자유를 부인할 때, 다른 사람들에게서 훔치는 대가로 그들이 우리에게서 훔칠 수 있는 문이 열리듯이 사람은 스스로 자유를 잃을 위험이 있다. "남에게 대접을 받고자 하는 대로 남을 대접하라."는 것은 사람들이 옳은 일을 결정하기 위해 그러한 상황에서 적용하는 일반적인 윤리적 또는 도덕적 규칙이다.

시간이 지남에 따른 윤리의 변화

행동에는 여러 가지 유형이 있다. 살인, 도둑질, 노예제도, 강간 및 음주운전 등 부정적인 행동이 있다. 대부분의 사람들은 이러한 행동들을 받아들일 수 없고 비윤리적이며 따라서 불법적이어야 한다고 믿고 있다. 그러나 다른 많은 행동들의 윤리는 여전히 논쟁의 여지가 존재한다. 어떤 사람들은 특정한 행동(예를 들어, 담배를 피우거나 총을 소지하는 것)을 비윤리적으로 여기며, 따라서 나중에 불법이 되어야 한다고 생각할 수도 있다. 그러나 일부 사람들은 그러한 행동을 윤리적으로 여길 수도 있다. 또 어떤 이들은 특정한 행동이 합법적인지를 결정하는 것은 개인이나 집단에 달려있다고 주장할 수도 있다.

윤리적 신념이 시간이 지남에 따라 변화함으로 일부 사람들은 특정한 행동을 불법으로 만드는 현행법이 여전히 적합한지에 대해 의문을 갖을 수도 있다. 그들은 어떤 행동이 불법이라고 규정되어 있지만, 그것이 비윤리적인 행동이라고는 보지 않기 때문에 오히려 법을 바꾸어야 한다고 주장할 수도 있다. 예를 들어, 미국의 25개 주에서 마리화나(대마초)를 소유하거나 사용하는 것은 불법이라는 사례가 있다. 이 법을 정당화하기 위해, 마리화나를 피우는 것은 사람들로 하여금 더 위험한 마약을 시도하게 만들 수 있다고 주장한다. 일단 마약을 하는 습관이 몸에 익으면, 사람들은 그 마약에 푹 빠질 수 있다. 헤로인이나 다른 마약과 같은 더 강력한 마약은 중독성이 있으며, 대부분의 사람들은 도움 없이는 그것의 사용을 중단할 수 없다. 따라서, 마리화나의 사용은 심한 해를 초래할 수 있으므로 비윤리적인 관행으로 간주될 수 있다.

그러나 특정 질병에 걸린 사람들한테는 마리화나를 사용하는 것이 도와줄 수 있다고 의학적으로 입증되었다. 예를 들어, 항암 치료를 받고 있는 암 환자와 강력한 약물을 복용하고 있는 AIDS 환자들의 경우, 마리화나는 메스꺼움과 식욕부진과 같은 많은 치료 부작용을 완화시킬 수 있다. 미국의 많은 주에서는 의사들이 이러한 환자들에게 마리화나를 처방하는 것이 불법이기 때문에 그들의 고통은 계속되고 있다. 그러나 1996년 이후 28개 주에서는 의료 목적으로 마리화나를 처방하는 것이 합법화 되었다. 그럼에도 불구하고, 연방정부는 그러한 주법을 중단시키려고 노력했다. 미국 대법원은 2005년에 의회나 주 정부만이 의료용 마리화나 사용의 합법화를 결정할 수 있다고 판결했으며, 현재 많은 주의 사람들은 의료용도로 마리화나 사용에 반대하는 주법의 완화하기 위해 로비를 벌이고 있다. 캐나다에서는 마리화나를 불법화하려는 움직임이 널리 보급되었다.

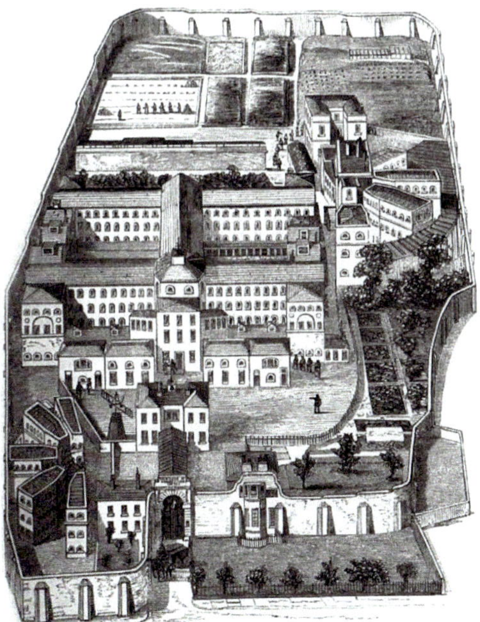

Coldbath Fields 교도소(1810). 과거 영국의 사법시스템은 매우 엄격하였다. 사람들은 양을 훔치는 것을 비롯하여 350가지의 여러가지 죄목들로 처형될 수 있었다. 윤리적인 신념이 시간에 따라 변화하면서 법도 그와 같이 변화하는 것이다.

약물을 합법화하지는 않지만 의학적으로 의료용도와 관련 없이 기소의 위협을 제거하고 약물에 과세하도록 허용한다. 몇 개 주에서는 개인 용도로 소량의 마리화나를 소지하는 것을 금지하고 있지만 의료 목적을 위해 합법적으로 사람들에게 보다 널리 보급하기 위한 노력이 진행되고 있다. 현재 많은 국가와 미국의 주에서 이 문제에 대한 윤리적 논쟁이 진행되고 있다.

여기서 유의해야 할 점은 윤리적 신념이 특정 행동을 방지하거나 다른 사람을 격려하기 위해 법과 규정의 발전을 이끌어내지만, 윤리적 신념이 바뀌면 법률 자체가 변하거나 심지어 사라지질 수 있다는 특징이 있다. 1830년, 영국에서는 한 사람이 양 도둑질을 포함한 350가지가 넘는 범죄로 처형될 수 있었다. 오늘날 사형은 영국에서 더 이상 합법적이지 않게 되었다. 따라서 윤리적 및 법적 규칙은 모두 상대적인 것이다. 우리가 어떻게 행동해야 하는지를 판단하기 위한 절대적인 기준이나 변함없는 표준은 존재하지 않으며, 사람들은 항상 도덕적 딜레마에 빠져있다.

앞의 논의에서는 윤리, 법률 및 비즈니스 사이의 관계를 이해하는 데 중요한 문제를 강조했다. 2010년에 J.P. Morgan Chase, HSBC, Standard Chartered Bank, ING, Barclays 및 Capital One과 같은 많은 대기업 스캔들이 이어졌다. 이 중의 일부 기업의 경영자들은 위험한 거래, 금리 조작, 불법 거래 촉진, 마약, 돈세탁 등 부정적 행위를 했다.

또 다른 경우에는 어떤 법도 위반되지 않았지만 비도덕적인 행동에 대한 분노가 표출되었다. 2011년 9월 17일 뉴욕시의 월 스트리트 금융 지구와 가까운 공원에서 시작된 시위인 월 스트리트 점령 운동(Occupy Wall Street movement)이라는 예가 있었다. 이 운동은 부분적으로 금융 서비스 부문이 정부에 미치는 비윤리적인 영향에 의해 촉발되었다. 이 조직은 웹 페이지(occupywallstreet.org)에서 "민주적인 과정 위에 군림하는 대규모 은행과 다국적 기업들의 부패한 권력과 여러 세대동안 대규모 경기침체를 가져온 원인을 제공한 월 스트리트의 역할에 대해 맞써 싸우는 것"이라고 밝혔다. 또한 사회적, 경제적 불평등 문제도 제기했다.

이 운동의 목표 중의 하나는 정부에 대한 기업의 영향력을 줄이고 균형 있는 소득분배를 허용하는 것이었다. 시위자들은 금융기관의 행위가 불법행위라고 주장하지 않았지만 윤리적인 사업관행과 일치하지 않는다고 주장했다. 2011년, 버락 오바마 대통령은 금융부문의 정책 영향에 대한 월 스트리트 점령운동의 우려에 대하여 입장을 표명하였다. 그는 "미국인들이 대공황 이후 최대의 금 융위기를 겪었다는 좌절감을 느끼고 있다는 것을 알 수 있는데, 이러한 문제에 책임이 있는 사람들은 여전히 이런 점렴운동을 촉발한 나쁜 관습들을 없애야 한다는 노력들에 반기를 들고 있다"고 말했다.

이해관계자와 윤리

사람들이 행동의 옳고 그름을 연구해야 하는 것처럼 기업도 마찬가지이다. 법에서 기업이 윤리적으로 해야 하는 행동을 명시하지 않은 경우, 관리자는 자신의 행동에 영향을 받는 사람들과 집단들에게 적절한 행동 또는 윤리적인 행위를 해야 된다는 것을 인식해야 한다. 기업의 의사결정에 영향을 받을 수 있는 사람이나 그룹은 누구인가? 만약 회사가 윤리적인 방식으로 행동한다면, 이것이 어떻게 사람들과 사회에 도움이 되는가? 반대로, 사람들은 회사의 비윤리적인 행동에 의해 어떻게 피해를 입는가?

이해관계자 회사에 생산 자원을 공급하고 회사에 대한 소유권을 갖는 사람들과 그룹

회사와 경영자의 행동에 영향을 받는 사람들과 그룹은 이해관계자라고 부른다. **이해관계자(Stakeholders)**는 회사에 생산 자원을 공급한다. 그 결과, 그들은 회사에 대한 소유권을 가지게 된다. 이해관계자는 기업과 경영자의 행동에 의해 직접적으로 이익이나 손해를 입기 때문에, 이들의 윤리적인 의사결정은 매우 중요하다. 회사의 주요 이해관계자는 누구인가? 그

들이 회사에 기여하는 것은 무엇이며, 대가로 무엇을 요구하는가? 이 관점으로 우리는 이해관계자를 주주, 관리자, 직원, 공급자 및 유통업체, 고객, 지역 공동체, 사회 및 국가 등으로 검토하였다.

주주

주주(Stockholders)는 회사의 주식을 구매하여 회사에 대한 소유권을 가지고 있다. 설립자가 자본을 조달하기 위해 그 사업을 공개적으로 통합하기로 결정하면, 해당 회사의 주식은 발행된다. 이 주식은 구매자에게 회사의 일정 비율에 대한 소유권과 미래의 주식 배당금을 받을 권리를 부여한다. 예를 들어, 2005년에 Microsoft는 50억주의 소유주들에게 320억 달러의 특별 배당금을 지급하기로 결정했다. 빌 게이츠는 주식 보유액을 기준으로 33억 달러의 배당금을 받았고, 이 돈을 빌 & 멜린다 게이츠 재단에 기부했으며, 이 재단은 현재까지 280억 달러 이상을 기부했으며 앞으로 더 많이 기부하기로 약속했다. 또한 워렌 버핏(Warren Buffet)은 향후 10년간 게이츠 재단에 최소 300억 달러를 기부하기로 약속했다. 전 세계에서 가장 부유한 두 사람은 글로벌적인 윤리적 문제에 대처하기 위해 재산의 상당한 부분을 기부하기로 결정했다. 특히 영양 실조, 말라리아, 결핵 및 AIDS와 같은 건강 문제를 다루기 위한 것에 노력을 기울인다고 했다. 2013-2018년간 소아마비 퇴치를 돕기 위해 게이츠 재단에 약 18억 달러를 기부했다.

주주들은 투자수익을 극대화하기 위해 회사가 운영되는 방식에만 관심이 많다. 따라서, 경영진이 회사의 수익성을 높이기 위해 열심히 하고 있는지를 확인하기 위해 회사와 경영진을

그림 3.1
회사 이해관계자의 유형

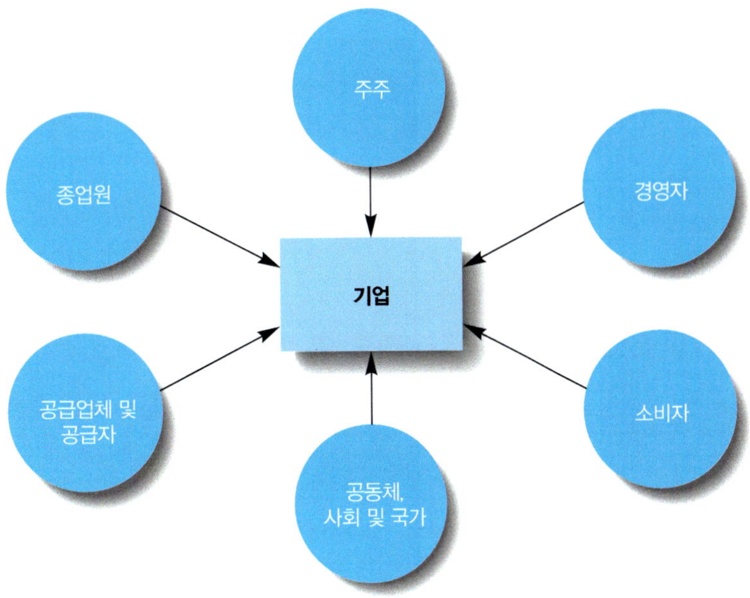

면밀히 관찰한다. 그리고 주주는 경영진이 윤리적으로 행동하고 회사의 명성을 해칠 수 있는 행동에 참여하지 않음으로써 투자자의 자본을 위험에 빠뜨리지 않도록 보장하기를 원한다. 기업체들이 사람들에 대한 가치보다 돈을 더 중시하고 소수의 특권층에게 사적 이익을 위해 일한다고 주장하는 월가점령 시위자들이 묘사하는 명성을 얻기 원하는 기업은 없다. 그러나 전문가들은 기업이 이러한 운동을 무시하면 안 된다고 경고한다. 하버드의 블로거들은 "월가점령의 지속성은 미국 경제시스템의 실패에 대한 진실하고 심오한 불행이 있다는 신호다. 그것은 경제적 불평등이 아주 중요한 문제로 인식되고 있음을 보여주는 지표다. 따라서, 기업은 즉각적인 관심을 가져야 된다"라고 말한다.

경영자

경영자(관리자)들은 기업의 재무, 자본, 인적자원을 사용하여 성과 및 그에 따른 주가를 향상시킬 책임이 있기 때문에 중요한 이해관계자이다. 경영자는 자신의 기술, 전문지식 및 경험을 제공하기 때문에 조직에 대한 권리를 갖는다. 회사의 성과를 높이기 위해 인적자원을 투자하여 좋은 수익이나 보상을 기대할 권리가 있다. 이러한 보상은 좋은 봉급과 복리후생, 승진 및 발전기회, 회사의 성과와 관련된 스톡옵션 및 보너스도 포함한다.

경영자는 조직이 이해관계자에게 가장 이익이 되는 목표를 설정하고 이러한 목표를 달성하기 위해 자원을 가장 효율적으로 사용하는 방법을 결정하는 책임을 지는 이해관계자 그룹이다. 그러한 결정을 내릴 때, 경영자들은 자신을 포함한 다른 이해관계자들의 이익을 조정해야 한다. 때로는 경영자가 내린 이러한 어려운 결정은 특정 이해관계자(관리자 및 주주)에게 이익이 될 수도 있으나 일부 결정이 다른 그룹(개별 근로자 및 지역 사회)을 해칠 수도 있기 때문에 경영자에게는 윤리적 가치를 지킬 수 있는지의 도전도 된다. 예를 들어, 경기침체나 기업의 성과 저하를 겪을 때, 정리해고는 해고된 종업원을 희생시켜 비용을 절감(이익을 얻기 원하는 주주)하는 데 도움이 될 수 있다. 최근 대다수의 미국 관리자들은 이 어려운 결정에 직면했다. 2009년 금융위기로 인해 실업률이 10% 이상으로 증가했고 매년 1억 4000만명의 노동력 가운데 약 160만명의 미국 근로자들이 해고를 당했다. 또한, 2005년 이후부터 미국, 유럽 및 일본에서 약 300만 개 이상의 일자리가 아시아로 아웃소싱되었다. 해고결정은 항상 어렵다. 종업원, 그들의 가족 및 지역 사회에 큰 피해를 줄 뿐만 아니라 가치 있는 종업원이 앞으로 그 조직에 기여하지 못하게 된다는 것

직원을 해고하는 결정은 항상 어렵다. Bank of America는 고객들이 은행서비스를 이용할 때 점점 더 모바일 뱅킹으로 옮겨가면서 수천 명의 소매금융 서비스 부문의 인력을 감축하는 계획을 최근 발표하였다.

을 의미한다. 2016년, 미국은행은 자사의 소비자 은행부서에서 수천 명의 인력을 줄이겠다는 계획을 발표하면서 점점 더 많은 고객들이 지점 은행업무 대신에 모바일이나 온라인을 사용하고 있기 때문이라고 설명했다.

제1장에서 논의한 바와 같이, 관리자들은 동기부여와 인센티브를 통한 자극을 해야 주주의 이익을 위해 더 열심히 일할 수 있게 된다. 그들의 행동은 주주 및 회사의 이익을 위협하는 목표를 추구하기 위해 불법적 또는 비윤리적으로 행동하지 않도록 면밀히 조사되어야 한다. 불행하게도 2010년 대에 최고 경영자가 주주들과 종업원들을 희생시켜 무자비하게 자기 이익을 추구한 사례를 쉽게 찾을 수 있었다. 왜냐하면 법과 규정은 그들을 윤리적으로 행동하도록 강요하지 않았기 때문이다.

간단히 말해서, 많은 기업에서 부패한 관리자가 회사의 자본과 주주의 재산을 창출하는 것이 아니라 그들 자신의 개인적 자본과 부를 최대화하는 데 초점을 맞추고 있는 것이다. 앞으로 이러한 스캔들을 방지하기 위해 미국 정부의 증권거래위원회(Securities and Exchange Commission: SEC)는 회사의 감사와의 관계와 스톡옵션 관련 규정을 재정비하고 사외 이사의 권한을 높여 CEO를 면밀히 조사하기 시작했다. SEC의 목표는 이전에 단순히 비윤리적인 것으로 분류되었던 많은 행동들을 금지하는 것이다. 예를 들어, 기업은 이제 주주들에게 최고 경영진 및 이사에 부여하는 스톡 옵션의 가치를 공개해야 하고 언제 그들에게 이러한 옵션을 주는지를 보여주어야 한다. 또한, 이 지급액이 회사 이익을 얼마나 감소시키는지 보여주어야 한다. 관리자나 이사들은 이러한 지급액을 위장하거나 숨기려고 하면 그들을 기소할 수 있는 권리를 부여했다. 2010년에 SEC는 기업들이 수많은 임원보상 패키지의 세부사항을 투자자들에게 공개하도록 요구하는 많은 새로운 규칙을 발표했다. 많은 기업의 이사회는 무료 개인 제트여행, 독점 컨트리 클럽 회원권 및 "출장"에 대한 고급 숙박시설과 같은 CEO에게 제공하는 특권을 중단했다. 또한 2010년에 의회는 2009년 금융위기를 초래한 은행 및 기타 금융기관 관리자들의 많은 비윤리적이고 불법적인 행동을 방지하기 위한 새로운 법을 통과시켰다. 이 규정 중 하나인 "볼커 규칙(Volcker Rule)"은 은행이 예금자의 돈을 위험에 빠뜨릴 가능성을 줄이려고 하는 것이다.

실제로 많은 전문가들은 최고 경영자, 특히 CEO와 COO에게 주어진 보상이 2000년대에 통제에서 벗어났다고 주장한다. 최고 경영자는 오늘날의 "귀족(aristocrats)"이며 이사회에 영향을 미치는 권력을 가지고 있고 자신의 임금을 인상할 수 있는 능력을 통해 수억 달러의 개인적 재산을 축적했다. 예를 들어, 연방 준비위원회(Federal Reserve) 조사에 따르면, 미국의 CEO들은 평균 근로자가 버는 돈의 약 600배를 지급 받았다. 이는 1980년의 약 40배에 비하면 엄청난 증가였다. 2016년 CEO 평균 임금은 10.8만 달러였다. 우리는 제1장에서 임금 외에도 수천만의 주식 보너스와 옵션을 받을 수 있다고 언급했다. 심지어 기업의 성과가 저조한 경우에도 마찬가지다.

최고 경영자들이 회사로부터 그렇게 엄청난 돈을 받는 것이 윤리적인가? 그들은 그것을 벌고 있는가? 이 돈은 배당금의 형태로 주주들에게 돌아갈 수 있었다는 것을 기억하라. 또한 상위계층과 하위계층의 급여 격차를 줄일 수도 있었다. 많은 사람들은 CEO와 다른 종업원들에게 주어지는 보상 간의 불균형이 비윤리적이며 규제되어야 한다고 주장하였다. CEO는 서로의 봉급과 보너스를 설정하고 통제하는 사람으로 이는 CEO 급여가 급증하게 된 이유다. 그들은 사외이사로 다른 회사의 이사회에 간섭할 수 있기 때문에 이것을 할 수 있다. 최고 경영자는 기업의 자본과 부를 구축하는 데 중요한 역할을 담당하고 있기 때문에 이익의 상당 부분을 차지할 자격이 있다고 주장하는 사람들도 있다. 최근의 일부 연구에 따르면 CEO 보상에 스톡 옵션 비중이 큰 기업은 이익보다 더 큰 손실을 경험할 수 있는 경향이 있으며 스톡 옵션 비중이 상대적으로 균형된 기업은 성과가 향상될 수 있다고 밝혀졌다. 최고 경영자와 다른 관리자들에게 얼마를 지불해야 하는지에 대한 논쟁은 여전히 격렬하다. 특히 2009년 금융위기로 인해 기업의 성과와 주가가 폭락되더라도 일부 CEO들은 여전히 많은 돈을 벌었다는 것을 알 수 있었다. 예를 들어, 서브 프라임 사업을 개척한 Countrywide Mortgage는 2007년 17억 달러 이상의 손실을 입었고 주식은 80% 하락했다. 그러나 CEO인 Angelo Mozilo는 2천만 달러의 주식 보상을 받고 회사의 주식이 떨어지기 전에 약 1억 2천 1백만 달러의 스톡 옵션을 팔았다.

종업원

기업의 종업원들(employee)은 연구, 판매 및 제조와 같은 다양한 부서와 직무를 수행하는 수십만 명의 사람들을 말한다. 종업원들은 성과에 따른 보상을 받을 것으로 기대한다. 기업이 종업원들에게 윤리적으로 행동하고 기대에 부응할 수 있는 한 가지 방법은 종업원들의 기여에 대해 공정하고 공평하게 보상을 해주는 조직구조를 만드는 것이다. 예를 들어, 기업은 종업원들을 차별하지 않고 종업원들이 공정하다고 믿는 채용, 훈련, 성과평가 및 보상 시스템을 개발하는 것이 필요하다.

공급업체 및 공급자

혼자 운영하는 기업은 거의 없다. 모든 기업은 운영에 필요한 투입물(원재료, 부품, 계약노동 및 고객)을 공급하는 다른 회사와의 관계망에 있다. 또한 최종 소비자들에게 제품을 배포하기 위해 도매업체 및 소매업체와 같은 중개업자에 의존하고 있다. 공급업체는 투입물에 대해 공정하고 신속하게 지불하는 것을 원한다. 유통업체는 합의된 가격으로 고품질의 제품을 기대하고 있다. 기업이 공급업체 및 유통업체와 계약하고 상호작용하는 과정에 많은 윤리적 문제가 발생할 수 있다. 안전 규격과 관련된 중요한 쟁점은 기업이 공급업체 및 유통업체와 체결하는 계약서에 의해 적용될 수 있다. 그러나 느슨한 감독은 비극적인 결과를 가져올 수 있다.

많은 다른 문제들도 기업윤리에 달려있다. 미국 상점에서 판매되는 수많은 제품들은 이러한 제품을 만드는 근로자들을 보호하기 위한 미국식 규제와 법이 없는 나라들로 아웃소싱되었다. 모든 기업들은 그들이 방식에 대한 윤리적인 입장을 취하여 판매하는 제품을 만들어야 한다. 일반적으로, 이 입장은 회사의 웹사이트에 게시되고 있다.

소비자

소비자들은 가장 중요한 이해관계자 그룹으로 간주되며, 기업이 자사의 제품을 구매하도록 유도할 수 없으면 비즈니스를 계속할 수 없기 때문이다. 따라서, 관리자와 종업원들은 충성도 높은 고객을 만들고 새로운 고객을 유치하기 위해 효율성과 효과를 높이기 위해 노력해야 한다. 그들은 소비자들에게 고품질의 제품을 공정한 가격에 판매하고 훌륭한 애프터 서비스를 제공함으로써 그렇게 한다. 또한, 시간이 지남에 따라 제품을 개선하기 위해 노력할 수 있다. 예를 들어, 아래 Ethics in Action에서 소개하는 Soap Dispensary를 보면 알 수 있다.

Ethics in Action

비누 시장 지키기

비누 소비는 우리가 생각하는 것만큼 깨끗한 사업이 아니다. 첫째, 비누는 플라스틱으로 포장되는 경우가 많다. 그 이유는 식기 세제, 의류 세제, 샴푸, 바디워시, 액체 핸드 비누 등 모든 것은 플라스틱 용기에 담겨 있기 때문이다. 미국 매년 3300만 톤 이상의 플라스틱이 폐기되고 약 14%만이 재활용되거나 에너지 시설로 보내진다. 나머지는 쓰레기 매립장으로 이동하여 오염물질을 그 지역의 토양과 해양으로 누출시킬 수 있으며 현재까지 약 1억 톤으로 추정되는 오염물질이 해양생물의 건강을 위협하고 있다.

둘째, 많은 비누에는 의심되거나 알려진 발암물질(암 유발제)이 함유된 화학물질이 들어가 있다. 25개의 가정용 제품에 대한 한 연구에 따르면 많은 향료가 유해 화학물질을 배출하는 것으로 나타났다. 그러한 화학물질 중 하나는 비누 제품에서 흔히 볼 수 있는 트리클로산(triclosan)이다. 트리클로산은 수생 식물과 동물에게 유독하다. 물과 염소가 같이 반응할 경우 암, 신경장애 및 면역체계에 장애를 일으킬 수 있다. 또한 사람에게 감염을 일으키는 세균 내 항생제 내성에도 기여할 수 있다. 비누 소비 후의 더러운 잔여물을 해결하기 위해 캐나다의 밴쿠버에 있는 비누 조제실(Soap Dispensary)과 같은 상점들이 생겨나고 있다. 비누 제조

들이 가지고 있는 실질적인 능력에 대해 교육해야 한다. 예를 들어, 장애를 인식하는 주간 동안 Notre Dame대학교의 관리자는 장애에 대해 대중의 지식을 높이는 동시에 장애인의 능력에 대한 인식을 개선하고자 했다. Houston대학교에서는 "Think Ability"이라는 프로그램을 시행하였다. 휴스턴 대학의 장애학생들을 위한 센터의 책임자인 Cheryl Amoruso에 따르면 많은 사람들이 장애와 그 결과에 대해 잘못된 정보를 가지고 있다고 한다. 그녀의 제안에 따르면 예를 들어, 볼 수 없는 학생들이라고 할지라도 그들은 학업에서 뛰어날 수 있고, 성공적인 직업을 가질 수 있다고 하였다. 장애를 가진 학생들이 자신의 능력을 최대한 발휘할 수 있도록 ADA의 적용을 받는다.

ADA는 면역결핍증후군(AIDS)를 가진 구성원들이 직장에서 차별받는 것을 보호하기도 한다. 에이즈는 인체 면역결핍바이러스(HIV)에 의해 발생되며, 성접촉, 감염된 주사바늘이나 감염된 혈액을 통해 전염된다. HIV는 성관계가 아닌 가벼운 접촉을 통해 전염되지는 않는다. 그러나 어떤 사람들은 무지, 두려움 또는 편견으로 인해 HIV에 감염된 사람과 모든 접촉을 피하려고 한다. 감염이 된 사람들이 반드시 에이즈에 걸리는 것은 아니며, HIV에 걸린 몇몇 사람들은 다른 사람들을 위험에 빠뜨리지 않으면서도 직장생활을 효과적으로 수행할 수 있다.

에이즈에 대한 인식교육이 된 사람들은 두려움을 극복하는 것을 도울 수 있고, 관리자들에게 HIV에 감염된 구성원들에 대한 불법적인 차별을 방지할 수 있도록 도울 수 있다. 이러한 인식훈련은 직원들에게 HIV와 AIDS에 대한 교육을 통해 근거 없는 믿음을 제거하고, 관련 조직의 정책에 대한 정보를 제공하고, HIV양성 환자의 사생활을 보호하고 생산성 향상을 위한 환경을 조성하는데 초점을 맞추고 있다. 에이즈 인식에 대한 훈련의 필요성은 에이즈에 감염된 직원들이 직장에서 다른 사람들이 자신의 상태를 알게되었을 때 경험하게 되는 문제 중 일부에 의해 강조된다. 게다가 조직들은 에이즈에 감염된 사람이 효과적으로 업무를 수행할 수 있도록 합리적인 편의를 제공해야 한다.

따라서 관리자는 직원들에게 HIV(바이러스)와 AIDS(에이즈)에 대해 교육하고, 근거없는 믿음으로부터의 에이즈에 대한 낙인을 없애고, HIV와 관련된 차별이 직장에서 일어나지 않도록 할 의무가 있다. 예를 들어, Home Depot는 매장 관리자들에게 HIV에 대한 훈련과 교육을 제공했다. 관리자들 중 절반 이상이 에이즈와 관련하여 말할 기회가 처음이라고 지적했기에 훈련이 절실히 필요하다고 보았다. 게다가 약물 치료의 발전은 많은 감염자들이 지속적으로 일을 할 수 있고, 그들의 상태가 호전이 된 후 일터로 돌아갈 수 있음을 의미한다. 그러므로 관리자들은 이 구성원들이 조직에서 모든 구성원들과 공평하게 대우받을 수 있도록 보장할 필요가 있다. 그리고, 관리자들은 HIV양성반응을 보이지 않는 구성원을 공정하게 대우하지 않고, 편의를 제공(휴식시간 허용 및 양 복용시간)하지 않는다면 비용이 많이 드는 소송의 위험이 있다.

사회경제적 배경

사회경제적 배경이라는 용어는 일반적으로 사회적 계층과 소득 관련 요인의 조합을 의미한다. 경영자의 관점에서 사회경제적 다양성(소득수준에 따른)은 관리자들이 개인의 필요와 관심사에 민감하게 반응해야한다. 1990년대 중반에서 후반에 이르기까지 미국의 복지개혁은 공공의 지원을 받을 필요가 있는 미혼모 등의 사람들이 근로를 하거나, 복귀해야하는 필요성을 강조했다. 이러한 결합은 2000년 인구통계조사에 따라 빈곤한 수준 이하로 살고 있는 가족, 가구 그리고 어린이들의 수가 기록적으로 감소하는 결과를 가져왔다. 그러나 2000년대 초반과 후반의 경기침체는 가족을 빈곤에서 벗어나게 한 과거의 일부분이 되었다. 경제가 호황이면 기술력이 부족한 가난한 사람들이 쉽게 일자리를 구할 수 있다. 경제가 어려운 시기에 기업들이 직원을 해고할때 직장을 잃은 사람들이 새로운 일자리를 찾는 일은 쉬운 일이 아니다. 예를 들어, 2009년 12월 모든 일자리에 대해 평균 6.1명의 실업자가 있었다.

미국 인구통계국이 발표한 자료에 따르면 2012년 공식 빈곤율은 15%(4,650만명)이었으며, 2009년의 빈곤율은 14.3%(4,360)으로 나타났다. 인구통계국은 빈곤의 수준을 결정하기 위해 인플레인션을 매년 조정하고 가족의 규모와 구성에 근거해 미리 결정되는 수치를 사용한다. 소득이 기준이하로 떨어진 가정은 빈곤층으로 간주된다. 예를 들어, 2012년 4인 가족 연간소득이 23,492달러 미만으로 떨어지면 이들은 빈곤층으로 간주된다. 시간당 15달러 미만을 버는 경우 가족의 필요를 충족시키는 것은 불가능하지는 않지만 어려울 수 있다. 더욱이, 점점 더 많은 가정들이 성인의 적절한 소득수준을 유지하기 위해 오랜 시간 또는 밤새 일할 수 있도록 도와주는 적절한 보육제도를 찾는데 어려움을 겪고 있다. 새로운 정보기술들은 더 많은 사업들이 24시간동안 운영할 수 있도록 이끌었고, 야간에 근무 시 아이들이 있는 근로자들에게 실질적인 어려움을 안겨주었다. 전국 수많은 야간근무, 출근시간이 길거나, 공휴일 근무를 하는 학부모들이 직장에 긴 시간의 노동을 하는 동안 아이를 돌볼 사람을 찾는데 어려움을 겪고 있다. 이로 인해 24시간 내내 운영되는 탁아시설과 근로자들의 아이를 돌보기 위한 방법을 모색하게 되었다. 예를 들어, 네바다 주 라스베가스에 있는 어린이 학습센터(Children's Choice Learning Center)는 인근 카지노, 병원, 콜센터에서 근무하는 근무자들을 수용하기 위해 24시간 운영된다. Randy Donahue는 자정까지 일하는 보안 요원으로 퇴근할 때 센터에서 아이들을 데려온다. 그의 아내는 야근 근무조의 간호사이기 때문이다.

노동조합(United Workers Union)의 가족 및 육아문제에 초점을 맞추고 있는 Judy Harden은 가족들이 직면하고 있는 시급한 것으로 24시간 내내 그리고 불규칙적인 시간에 아이를 돌볼 수 있는 선택권이라고 보았다. 많은 부모들은 아이들이 아플 때 신경쓸 수 없으며, 밤이나 주말에 자녀를 돌볼 수 있는 시간을 선택할 여지가 없다. 일부 부모들과 심리학자들은 특히 밤에 자녀가 많은 시간동안 가족과 떨어져 있는 것에 불안을 느낀다. 대부분의 사람들은 불행히도 많은 가정에서 이러한 일들이 필연적으로 발생하고 있다는 것에 동의한다.

사회경제적 다양성은 관리자들이 소득과 재정을 지원해주고, 보육과 노인을 돌보며, 주거를 제공하며 사회 및 경제적 측면에서 자신보다 불행한 근로자의 필요와 우려에 민감하게 반응해야 한다고 제안한다. 마찬가지로 관리자들은 개인들에게 경제적 복지를 개선하면서 자신의 조직에 대해 배우고 발전하면서 의미있는 기여를 할 수 있는 기회를 주도록 노력해야한다.

성적 취향

UCLA법대의 윌리엄스 연구소의 Gary Gates가 수행한 연구에 따르면, 미국성인의 약 3.5% 미국인 9백만명이 레즈비언, 게이, 양성애자, 트랜스젠더(LGBT)로 자칭하고 있다. 어떠한 법에서도 성적성향에 따른 차별을 금지하지는 않는다. 하지만 21개주와 Columbia는 그러한 법률을 제정하고 있으며, 1998년 행정명령은 성적 취향으로 인한 차별을 금지한다. 게다가 트랜스젠더 직원들의 소수지위를 인정하고, 공평하고 동등한 대우에 대한 권리를 가지고자 하며, 게이 및 레즈비언 구성원에게 혜택을 제공하는 기관이 늘어나고 있다. 예를 들어, 포춘지 500대 기업의 대다수는 성적 성향에 따른 차별을 금지하고 있으며, 동성 배우자에게 동일한 복지 혜택을 주고 있다. 보다 일반적으로 관리자들은 구성원들 사이에서 성적취향이 부당하게 차별받지 않도록 많은 조치를 취할 수 있다.

기타 다양성 요인

기타 다른 종류의 다양성도 조직에서 중요하며 경영자들이 효과적으로 관리해야 한다. 만약 이러한 다양성을 잘못 관리하게 되면 불공정한 대우를 하게 되는 잠재적 요인으로 작용할 수도 있다. 예를 들어, 조직과 팀은 다양한 배경과 경험을 가진 구성원을 필요로 한다. 이것은 마케팅, 생산, 재무, 영업과 같은 다양한 부서에서 구성원이 조직 다기능 팀의 확산을 보여준다(11장에서 팀에 대해 자세히 다룬다). 신제품 개발 및 도입을 담당하는 팀은 연구 설계 및 엔지니어링 뿐만 아니라 마케팅, 영업, 생신 그리고 금융에 관한 분야에서 구성원의 전문적인 지식을 요구한다.

다른 유형에 대한 다양성은 구성원이 조직에서 어떻게 대우를 받는지에 영향을 미칠 수 있다. 예를 들어, 구성원들은 그들이 얼마나 매력적인지(조직문화에 근거해서) 차이가 나는 것과 마찬가지로, 체중에 있어서 서로 다르다. 개인이 매력을 가지고 있든지 그렇지 않든지, 또는 마른 체형을 가진 사람이든지 아니든지에 상관없이 모델과 같이 신체적인 외모가 중요한 역할을 하는 직업을 가지지 않는 한 이것은 그들의 직무성과에 아무런 영향을 미치지 않는다. 때때로, 이러한 물리적인 다양성이 승진과 급여에 영향을 미칠 수 있다. *American Journal of Public Health*에서 발표된 연구에 따르면 고학력을 가진 비만 여성이 비만이 아닌 여성이나 남성(남성의 비만 여부와 관계없이)보다 연간 약 30% 적은 수익을 올린다는 사실을 발견했다. 분명하게 관리자는 모든 구성원들이 외모와 상관이 없이 공평하게 대우를 받을 수 있도록 관리해야 한다.

경영자와 효과적인 다양성 관리

학습목표 3-4

관리자가 다양성을 효과적으로 관리하는 데 있어서 발휘하는 핵심적인 역할을 파악할 수 있다.

환경의 다양성이 증가함에 따라 결과적으로 조직의 노동력 다양성이 증가되며 관리자는 이러한 다양성을 효과적으로 관리하는데 어려움에 직면할 수 있다. 논의된 여러 종류의 다양성은 관리자가 효과적으로 대응할 수 있도록 관리자가 알아야 할 특정한 문제를 제시한다. 많은 정보에 입각해 관리자들이 이러한 문제를 이해하는 것이 간단한 문제는 아니다. 따라서 다양한 집단들이 어떻게 대우받고 있고 또 무의식적으로 불공정한 영향을 받고 있는지를 다루는 차별에 대한 연구들은 중요하다. 이러한 연구들은 경영자로 하여금 여러 종업원 집단들이 오랜 기간동안 존재해 왔던 미묘하고 눈에 잘 보이지 않는 불공정한 대우를 인식할 수 있도록 해 주기 때문이다. 관리자는 조직 다양성의 지속적인 영향에 민감하게 되고, 다양한 종업원들이 만들어내는 조직에 대한 기여도를 확보할 수 있으며, 구성원들이 불공평한 대우를 받는 것을 방지한다.

경영자의 주요 역할

경영자들은 각자의 역할관리(1장 참고)에서 다양성에 대한 효과적인 관리를 촉진하거나 중단할 수도 있다. 그들에게는 이 과정이 매우 중요하다. 예를 들어, 대인관계 역할에서 경영자들은 다양성의 효과적인 관리가 가치 있는 목표와 목적(대표적 역할)을 의미하며, 모든 조직의 구성원들이 공정하게 대우받을 수 있도록 하기 위한 역할 모델 및 정책과 절차를 수립할 수 있으며(리더의 역할), 다양한 역할을 수행할 수 있는 개인과 그룹이 노력을 조정하고 조직 내부와 조직의 경계(조직의 역할)에서 서로 협력하는 관계를 가질 수 있다. 표 3.2는 경영자가 다양한 역할을 수행하는데 있어 다양성이 효과적으로 관리될 수 있는 방법을 요약한 것이다. 경영자들이 가지고 있는 조직에서의 공식적 권한을 고려하면 그들은 일반의 구성원에 비해 더 많은 영향력을 가지고 있다. 경영자들이 다양성을 지원하기로 할 때 그들의 권한 및 지위는 다른 구성원들에게 영향을 미친다. 사회적 영향력에 관한 연구는 이러한 연관성을 뒷받침한다. 사람들은 높은 지위를 가진 사람에게 영향을 받고 설득될 수 있다.

표 3.2 효과적인 다양성관리를 위한 경영자의 역할

역할의 종류	구체적인 역할	예시
대인관계	대표 역할(Figurehead)	다양성의 효과적인 관리가 가치 있는 목표와 목적이라는 것을 증명한다.
	리더 역할(Leader)	다양성을 가진 구성원들이 공평하게 대우받을 수 있도록 역할모델 및 정책과 절차를 제공한다.
	연락자 역할(Liaison)	다양성을 가진 개인들이 그들의 노력을 조정하고 서로 협력하게 한다.
정보	정보모니링 역할(Monitor)	모든 구성원들이 공평한 대우를 받는 정도를 평가한다.
	정보분배자 역할(Disseminator)	구성원들에게 다양성에 대한 정책 및 계획과 차별에 대한 편협성에 대해 알린다.
	대변자 역할(Spokesperson)	더 넓은 커뮤니티에서 다양성에 대한 계획을 지원하고 다양한 그룹에게 직장생활에 대한 기회를 가질 수 있도록 지원한다.
결정권자	기업가 역할(Entrepreneur)	다양성을 효과적으로 관리하고 편견과 차별을 없앨 수 있는 새로운 방법을 개발하기 위한 자원을 약속한다.
	조직안정화 역할(Disturbance handler)	불평등을 바로잡고 차별적인 행동을 줄이기 위한 신속한 행동을 취한다.
	자원할당자 역할(Resource allocator)	다양성의 효과적인 관리를 지원하고 장려하기 위해 자원을 제공한다.
	협상가 역할(Negotiator)	조직(예: 공급자) 및 그룹(예: 노동조합)과 협력하여 다양성에 대해 효과적인 관리를 지원하고 장려한다.

Focus on Diversity

세계 1위 회계감사 기업, 프라이스 워터하우스 쿠퍼스의 효과적인 다양성 관리

프라이스 워터하우스 쿠퍼스(PwC)는, 직원 223,000명과 매출액 320억 달러의 미국 최대 민간기업 중 하나이며, 효과적인 다양성 관리를 위해서 선제적으로 다양한 조치를 취해왔다. PwC는 155개가 넘는 국가에서 고객에게 감사, 보험, 세무 및 자문 서비스를 하고 있으며, 다양성의 효과적인 관리를 위한 PwC의 노력은 경영진에서부터 시작해서 회사 곳곳에 퍼져 있다. 이 글로벌 기업의 회장인, 밥 모리츠는 이 효과적인 다양성 관리를 오랫동안 열렬히 지지하고 뒷받침해 주었다. PwC에서 오랫동안 재직해 온 모리츠는, 그의 회사근무 초기에 PwC 도쿄에서 3년 동안 미국과 유럽의 금융 서비스 회사들이 일본에서 회계 감사와 자문 서비스를 하는 것을 도우면서, 다양성이 상당히 가치 있다는 교훈을 얻었다. 일본에서 근무하면서 모리츠는 수 많은 다양성과 관련 문제에 눈을 떴는데, 소수 자에 속하고, 모국어를 말하지 않고, 차별을 경험하는 것과 같은 것이 어떤 느낌인지와 같은 것들이다. 또한 그는 문화적 다양성, 사고의 다양성 등 여러 면에서 우리와 다른 사람들과의 신뢰 관계를 만드는 것의 가치를 알게 되었다. 모리츠는 다음과 같이 말한다. "다양하고 예상하지 않았던 인재 풀이 전 세계에 나타나고 있습니다. 오늘날의 글로벌 경제에서 성공하려면, 조직들이 다양한 인재를 유치하고 유지하기 위한 포용적인 문화를 만들어야 합니다."

경영진과 파트너들은 채용, 유지, 업무, 홍보, 문화 간 멘토링과 같은 다양한 분야에서 다양성과 포용적인 목표를 향해 노력한다. 모든 미국 직원들(이들 중 대부분은 관리직이다)은 멘토링 프로그램(신입사원 멘토링, 동료 멘토링, 역 멘토링)에 참여하고 있으며, 이들 멘토링 프로그램의 반 이상이 한 쌍으로 이루어진 문화간 멘토링이다.

마이크 딜런은 PwC의 다양성과 포용정책 책임자인데, 다양성 전략과 계획을 주도하고 있다. 그는 다양성을 효과적으로 관리하면 모든 직원들에게 성공적인 경력을 쌓을 기회를 제공할 수 있다고 믿는다. 또한, 그는 모든 사람들이 자신과 다른 사람들을 이해하고 서로가 번영할 수 있도록 돕는 일을 해야 한다고 믿는다. 다양한 직원은 PwC가 다양한 고객의 요구를 혁신적으로 충족시키는데 도움이 되기도 한다.

PwC는 민족성, 성별, 인종, 성적 지향점, 종교, 육체적 능력, 세대 등과 같은 여러 차원의 다양성에 가치를 두고, 이를 효과적으로 관리하고 있다. PwC의 다양성 계획의 핵심 초점은 포용적인 환경을 제공하고 유지하는 것인데, 말하자면, 다양한 개인이 환영과 지지를 느낄 뿐만 아니라 성공과 번영의 기회를 가지는 것이다. 그런고로, 이 계획은 PwC가 다양한 직원을 채용하는 훌륭한 경로를 갖추도록 하고, 이러한 직원들이 PwC와 함께 가치 있는 기여를 할 수 있고, 회사 근무초기에 성공을 달성할 수 있도록 하는 데 초점을 맞추고 있다. 다양한 리더십 토대를 쌓고, 지속적인 발전 및 승진 기회를 제공하는 것도 핵심이다.

고객에게 감사 및 컨설팅 서비스를 제공하는 PricewaterhouseCoopers는 모집, 유지, 헌신, 승진, 다문화 멘토링 등 다양한 분야의 다양성과 포용의 효과적인 관리를 위해 노력하고 있다. ©Konektus Photo/Shutterstock.com

다양한 소수자 직원 및 다수 직원을 위한 계획과 지원이 마련되어 있다. 예를 들어, 일하는 부모를 다양한 방법으로 지원하는데, 이러한 것들에는 유급 육아휴직, 보육 제공(보육하는 사람들을 위한 할인, 보모 지원/위탁 서비스, 긴급상황을 위한 대체 보육), 입양 지원 및 휴가, 육아 서클, 일하는 부모를 위한 그룹 등이 있다. 또 다른 예를 들면, 회사는 LGBT 전문가들을 다양한 방식으로 제공하고 있으며, 사회 관계망과 관계망 서클을 갖추고 있으며, 국내 파트너들에게 완전한 혜택 적용에 대한 접근성과 회사의 세금

균등화(tax equalization)에 대한 접근성을 갖추고 있다. 사실, PwC는 빅 4 회계기업 중 유일하게 게이와 레즈비언이라고 공표한 파트너들로 구성된 게이와 레즈비언 파트너 자문 위원회를 두고 있는데, 이 위원회는 PwC에 LGBT 관심사와 문제들을 자문하고, 이들의 회사경력 발전에 집중하고 있다. PwC에 새로 채용된 직원들 중 35%이상이 소수자(라티노/히스패닉, 미국 인디언, 흑인/아프리카 계 미국인, 동양인/태평양 섬 주민, 또는 다문화인)들이고, PwC는 이러한 가치 있는 직원들을 회사에서 유지하고 승진시킬 수 있도록 적극적으로 노력하고 있다. 다양성 서클은 이들 구성원들과 기타 다양성 있는 모임들이 서로 교류하고, 학습, 개발, 멘토링 경험을 제공하는 전문적인 포럼이다. 또한, 이 서클은 회사경력에서 발전할 수 있도록 노력하는 역할 모델을 종업원들에게 제공한다. 최근 PwC에서 설립된 다양성 서클 중 하나는 특별 니즈 간병인 서클인데, 이 서클은 장애를 가지고 있거나 특별한 도움이 필요하거나 또는 그러한 사람들을 도와주는 전문가 네트워크를 지원하고 있다.

PwC는 많은 직원들이 회사경력과 자신의 인생에서 특정 시점에 직업적 요구와 개인 생활의 균형을 맞추기 위한 융통성을 필요로 하거나 원한다는 것을 인식하고, 직원들이 혜택을 볼 수 있는 여러 가지 유연한 업무 방식을 갖추고 있다. PwC는 직원들이 어떤 형태의 업무 방식이 직업적 욕구와 개인적 욕구를 가장 잘 충족시키는 지를 결정하도록 지원하기도 한다. 이것은 PwC가 취하고 계속 추구해온 여러 가지 다양성과 관련된 노력의 일부에 불과하다. PwC는 직원, 고객, 회사 자체 및 기타 주주들의 이익을 위해 여러 가지 방법으로 다양성을 효과적으로 관리하기 위해 계속 노력하고 있다.

학습목표 3-5

다양성의 효과적인 관리가 왜 윤리적이면서도 비지니스의 필수요건인지를 이해할 수 있다.

관리자가 다양성에 집중할 때, 그들의 다양성 관리 노력이 다름사람들에게 정당화된다. 또한 조직의 모든 구성원들은 다양성과 관련된 노력이 지지를 받고 있고 가치가 있다고 이러한 추론은 일관되게 다양성 지원에 대한 경영진의 약속과 보상이 다양성을 관리하는 이니셔티브 성공에 중요한 요소로 인용된다. 추가적으로 관리자들이 다양한 구성원들의 능력과 재능에 대한 신뢰를 표현하면 다른 구성원이 마찬가지로 자신감을 가지게 되고, 그들이 무지하거나 고정관념으로 인해 가질 수 있는 편견을 줄이는 데 도움이 될 수 있다.

다른 두 가지 중요한 요소는 경영자들의 다양성에 대한 효과적인 관리가 왜 중요한지 강조한다. 첫 번째 요인은 여성, 아프리카계 미국인, 히스패닉, 그리고 다른 소수민족들이 근무환경에서 다른 사람들에게 어떻게 인식이 되는지에 따라 종종 불이익을 당하는 경우가 많다. 성을 연구하는 Hunter College의 심리학자인 Virginia Valian이 지적하듯 “대부분의 조직에서 여성은 불리한 점을 가지고 시작하며, 여성을 남성에 비해 전문적이지 않다고 보기에 동등한 위치에서 시작하지 않는다.”

두 번째 요인은 연구에 따르면 약간의 불리한 차이가 누적이 되어 시간이 지남에 따라 큰 불균형을 초래한다는 연구결과가 있다. 예를 들어 승진에 대해 남성들에게 편중된 호의는 작은 차이로 시작할지 모르지만 시간이 지남에 따라 남성과 여성의 관리자 수에 대한 차이를 가져올 수 있다. 따라서 여성이나 다른 소수자들이 부당한 대우를 받고 있다고 인식했을 때 "사소한 문제를 크게 만들지 말라"고 충고하는 것은 바람직하지 않다. Valian 등의 다른 주장에 따르면(인종, 성별 또는 민족과 같은 약간의 차이) 가벼운 차이가 시간이 흐름에 따라 큰 문제로 변할 수 있음을 시사한다. 무시되는 경우(진급과 같은 중요한 결과의 차이) 다시한번, 관리자들은 윤리적인 관점이나 비즈니스적 관점에서 인종이나 민족과 같이 부적절하게 한쪽으로 치우치는 차이에 대해 방지할 의무를 가진다.

다양성을 활용하여 성공적인 사업 만들기

다양한 조직의 구성원들은 경쟁우위에 있어 원천이 될 수 있으며, 고객에게 더 나은 재화와 서비스를 제공할 수 있다. 다양성을 가진 구성원들이 제공하는 다양한 관점의 문제와 기회에 대한 접근은 경영의사결정을 향상시킬 수 있다. Budget Gourmet 냉동식품 회사가 건강을 의식하는 고객들에게 새로 어필할 수 있는 냉동식품에 대한 창의적인 아이디어가 필요하다고 가정해보자. 동북부 중상류층 가정에서 자란 예일대 마케팅 학위를 가진 백인여성이 속한 그룹이나, 전국 각지 소득수준이 다른 가정에서 성장해 참여한 남녀 혼성 그룹 등 과연 어떤 그룹이 가장 창의적인 아이디어를 내놓을 수 있다고 생각하는가? 대부분의 사람들은 다양한 집단이 좀 더 광범위한 창의적 아이디어를 가질 가능성이 있다는 것에 동의한다. 이 사례는 단순하지만, 다양성이 경쟁우위를 가져올 수 있다는 점을 강조한다.

노동인력이 점차 다양해지듯이 조직의 재화나 서비스를 구매하려고 하는 고객들 또한 마찬가지이다. 지역고객의 니즈와 취향을 충족시키기 위해 여러 도시와 지역매장에서 제공되는 제품을 다양하게 선택할 수 있도록 제품을 변화시킨다.

조직의 다양한 구성원들은 시장에서 원하는 상품과 원하지 않은 것에 대응할 가능성이 높다. 예를 들어, 자동차회사들은 여성고객의 필요와 욕구가 새 자동차 디자인에 고려되도록 적용하기 위해 디자인 팀에 여성을 배치하고 있다.

Darden Restaurants의 경우 다양성에 대한 비즈니스 사례에 따르면 시장점유율과 성장에 달려있다. Darden은 히스패닉 인구가 많은 지역사회에서 스페인어로 메뉴를 제공하여 다양한 고객의 요구와 취향을 충족시키기 위해 노력한다. 마찬가지로 시장점유율과 성장 및 틈새시장을 파악해 Tracey Campbell은 장애가 있는 여행자들에게 음식을 제공했다. 그녀는 전화와 온라인을 활용하여 숙박과 아침식자를 제공하는 업체들을 연결하는 사업을 수행하는 InnSeekers의 대표를 맡고 있다. Nikki Daruwala는 사회적책임과 다양성을 강조하는 무추얼 펀드인 메릴랜드 주 베데스다의 Calvert그룹에서 일한다. 그녀는 이익만이 다양성을 효과적으로 관리할 수 있는 인센티브 이상의 것을 제공한다고 말한다. 그녀의 표현에 따르면 "자동차 회사를 보면 된다. 더 많은 여성들이 차를 사거나 집을 사는 것에 대한 결정을 내리며… 구매에 있어 연간 3조 7천 2백억 달러가 여성들에 의해 소비된다."

다양성에 대한 효과적인 관리가 수익성을 향상시킨다는 또 다른 방법은 가치있는 구성원의 수를 늘리는 것이다. 이는 모든 구성원들이 고도로 동기부여 할 뿐만 아니라 그만두는 사람들의 대체 고용비용을 감소시킨다. 현재 법률적 환경을 고려할 때, 점점 많은 조직들이 고용에서 다양성에 대한 중요성을 강조할 필요를 느끼고 있다. 일단 채용이 되면 다양성을 가진 구성원들은 부당한 대우를 받고 있다고 인식할 경우 다른 곳에서 기회를 모색할 가능성이 높다. 그러므로 다양한 구성원들을 채용하는 것은 가치있는 조직구성원을 유지하기 위한 효과적인 다양성 관리의 방법이다.

다양성이 효과적으로 관리되지 않고 공정하게 대우받지 못하는 집단 구성원들의 이직률이 높으면, 수익성은 몇 가지 이유로 인해 어려움을 가질 수 있다. 퇴사 시 다양한 직원의 미래에 대한 기여도가 상실될 뿐만 아니라 대체인력 채용 비용까지도 조직이 부담해야 한다. 고용관리협회에 따르면 신입사원을 고용하는 데 평균 1만 달러 이상의 비용이 소요된다. 예를 들어 Ernst & Young은 전문가 10명을 대체하는데 약 120만달러의 비용이 소요될 것으로 추산하고 있으며, 다양성 컨설팅 회사 Hubbard & Hubbard는 직원 평균 연봉 1.5배에 달하는 대체비용을 예상하고 있다. 더욱이 다양성을 효과적으로 관리하지 못함으로 인한 추가 소요비용이 발생하게 되는데, 이러한 비용은 다양한 조직구성원들이 자신의 발전과 성장을 저해한다고 인식함으로써 생기는 장벽으로 인한 시간의 손실에서 비롯된다.

다양성을 효과적으로 관리하는 것은 또 다른 이유에서 좋은 비즈니스라는 의미를 만든다. 다양성에 관심을 가지고 있는 경영자와 조직들은 점점 더 공급업자들도 다양성을 지원해야 한다고 주장하고 있다.

마지막으로 비즈니스 및 윤리적 관점 모두에서 다양성의 효과적인 관리는 Advantica (Denny's chain 소유주)와 Coca-Cola 회사가 해결한 것과 같은 비용이 많이 드는 소송들을 피하기 위해서 필요하다. 2000년 코카콜라는 1억 9천 2백만 달러를 들여 아프리카계 미국인 직원들이 가져온 집단 소송을 해결하였다. 이러한 소송이 가져오는 금전적 손해는 금전적 보상을 넘어 다른 사람들에게까지 미치고 있다. 그것은 회사의 이미지 손실에도 많은 영향을 미친다. 코카콜라는 2000년 합의안에서 한 가지 긍정적인 결과로 다양성 관리정책에 추가적 자원 투입이 필요가 있다는 것을 인식했다. 코카콜라는 소수의 공급업체의 사용을 늘리고, 공식적인 멘토링 프로그램을 마련하고 다양한 노동인력들의 다양성을 위해 노력하고 있다. 이러한 노력은 성과를 거두었으며, 코카콜라는 DiversityInc "다양성을 위한 상위 50대 기업" 목록에 게재되었다.

2013년 Merrill Lynch는 미국 연방법원에서 약 8년을 보낸 700명의 흑인 중개업자들이 제기한 인종차별 소송을 해결하는 데 동의하였다. 중재비용은 1억6천만 달러였다. 소송 후 Merrill Lynch는 뱅크오브아메리카에 의해 매수되었다. 해결의 일환으로 Merrill Lynch는 정책을 변경하였고, 차별이 발생하지 않도록 조치를 취하였으며, 흑인 브로커들이 성공할 수 있는 공정한 기회를 가지도록 하는데 동의하였다. 이 계획은 3년간 흑인 브로커들로 구성된 위원회에 의해 관리감독 되었다. 또한 2013년 Bank of America는 Merrill Lynch의 여성직원들이 3천 9백만 달러에 제기한 차별에 대한 소송을 해결하기로 합의했으며, 1998년부터 2013년까지 Merrill Lynch는 차별에 대한 소송을 해결하기 위해 50만 달러에 달하는 비용을 지불했다. 이 합의의 일환으로 Merrill Lynch는 여성들이 성공할 수 있는 공정한 기회를 갖을 수 있도록 정책을 변경하는데 동의했다. 이 두 소송의 결과로 실시되는 이니셔티브는 Merrill Lynch가 다양성을 효과적으로 관리할 수 있도록 보장해야 한다. 이러한 사례들을 통해 우리는 다양성을 효과적으로 관리하는 것이 윤리적, 사업적 측면 모두에서 필수라는 것을 분명히 인식해야 한다.

성희롱

학습목표 3-6

성희롱의 두 가지 주요 형태와 그것이 어떻게 제거될 수 있는지를 이해할 수 있다.

성희롱은 괴롭힘을 당하는 사람과 그것이 발생된 조직의 평판을 심각하게 손상시킨다. 또한 조직에서 많은 돈을 낭비시킬 수 있다. 예를 들어, 1995년 Chevron Corporation은 캘리포니아 San Ramon에 있는 Chevron 정보기술회사에 근무하는 4명의 여성이 제기한 성희롱 소송을 해결하기 위해 220만 달러를 지불하는 것으로 합의하였다. 이 소송에 연류된 한 여성은 회사 메일을 통해서 폭력적인 음란물을 받았다고 하였으며, 전기엔지니어인 또 다른 사람은 포르노 비디오을 알래스카 시추현장의 쉐브론의 근로자들에게 가져다 달라고 요청받았다고 말하였다. 최근 2001년에 TWA가 260만 달러를 들여 뉴욕의 JEK국제공항에서 여직원들이 성희롱을 당했다고 주장하는 소송을 해결하였다. EEOC에 따르면 TWA에서 성희롱에 대해 묵인하였고, 회사 관계자들 또한 성희롱에 대한 조치를 취하지 않았다고 한다. 안타깝게도 Chevron과 TWA 사건은 분리가 된 사건이 아니며 2011년 American Apparel 설립자 겸 CEO인 Dov Charney은 성희롱 혐의로 2건의 소송이 제기되었다. 여성임원들을 대상으로 전국협회가 조사한 607명의 여성 중 60%는 어떠한 형태로든 성희롱을 경험했다고 밝혔다. 인적자원관리(Human Resource Management)학회 조사에서 460개 회사의 36%가 지난 24개월동안 1명 이상의 직원이 성희롱을 경험했다고 주장한 것으로 나타났다. 성희롱의 피해자는 여성이나 남성이 될 수 있고, 가해자가 반드시 이성일 필요는 없다. 그러나 남성 근로자 비율이 높은 직종에서 종사하는 여성이나 남성의 상사에게 보고하는 여성비서와 같이 특정한 성적 고정관념과 연관이 있는 지위에 있는 여성들이 특히 성희롱의 가장 빈번한 피해자가 된다. 자주 일어나는 일은 아니지만, 남성도 성희롱의 피해자가 될 수 있다. 예를 들어, Jenny Craig의 몇몇 남성 직원은 여성 동료 및 관리자로부터 음담패

- 조직의 성희롱에 대한 방침은 신입직원 모두에게 전달되어야 하며, 정기적으로 직원들과 검토해야 한다.
- 공급자와 고객은 조직의 성희롱 정책을 숙지해야 할 필요가 있다.
- 관리자는 직원들에게 성희롱 사건을 보고할 수 있는 대안을 제시해야 한다.
- 성희롱을 신고한 직원은 자신의 권리를 보호받을 수 있어야 하며, 잠재적인 보복으로부터 보호받을 수 있어야 한다.
- 성희롱 혐의는 비밀로 유지해야하며, 괴롭힘으로 기소된 사람들은 그들의 권리를 보호받아야 한다.
- 괴롭힘 혐의에 대한 조사와 그에 따른 징계조치는 적시에 진행될 필요가 있다.
- 관리자들은 직무를 수행하는 동안 공급업자나 고객과 같은 상호작용할 수 있는 제3자의 성희롱으로부터 직원을 보호해야 한다.

요약 및 리뷰

윤리와 이해관계자 윤리는 무엇이 옳고 그른가에 대한 도덕적 원칙이나 믿음을 의미한다. 이러한 믿음은 다른 개인이나 집단(이해관계자)을 대하는 사람들을 인도하고, 옳고 적절한 행동을 결정하는 근거를 제공해 준다. 많은 조직들은 주로 사회적 윤리, 직업적 윤리 그리고 조직의 최고경영자들의 개인적인 윤리로부터 파생된 공식적인 윤리강령을 가지고 있다. 경영자들은 윤리적인 기준을 적용하여 조직의 이해당사자들에게 행동할 수 있는 적절한 방법을 스스로 결정할 수 있다. 윤리적 조직문화는 윤리적 가치와 규범을 강조하는 문화이다. 윤리적인 조직문화는 조직과 그 구성원들이 사회적으로 책임감 있는 방식으로 행동할 수 있도록 도울 수 있다. [학습목표 3-1, 3-2]

노동력과 작업환경의 다양성 증가 다양성은 나이, 성별, 인종, 민족성, 종교, 성적취향, 사회경제적 배경, 능력/장애여부에 따라 사람마다 다르게 가지고 있다. 노동과 조직의 환경이 점차 다양해짐에 따라 다양성에 대한 효과적인 관리는 윤리적으로 필수적이며 조직의 효율성을 향상시킬 수 있다. [학습목표 3-3, 3-5]

다양성 관리 다양성의 효과적인 관리는 경영자의 본질적인 책임일 뿐만 아니라 윤리적이고 비즈니스에서 필수적인 의무이다. 관리자들은 각자의 역할에서 조직전반의 다양성에 대한 수용성과 가치를 장려할 수 있다. [학습목표 3-4, 3-5]

성희롱 성희롱에 대한 두 가지 형태는 보복적 성희롱과 적대적인 근무환경의 성희롱이다. 성희롱을 근절하기 위해 관리자들이 취할 수 있는 조치로 성희롱에 대한 정책의 개발, 의사소통, 성희롱 방지정책의 실행, 공정한 불만처리 절차의 사용, 성희롱 발생 시 신속한 시정조치, 성희롱에 대한 훈련과 교육이 포함된다. [학습목표 3-6]

Management *in Action*

Topics for Discussion and Action

토의

1. 조직에서 윤리와 윤리적 기준은 언제 특히 중요한가? [학습목표 3-1]
2. 관리자는 어떤 이유로 자신의 윤리적 가치와 맞지 않는 일을 할까? [학습목표 3-1]
3. 관리자는 어떤 방법으로 윤리적인 조직 문화를 만들 수 있을까? [학습목표 3-2]
4. 게이와 레즈비언 직원들과 HIV 양성 판정을 받은 직원들은 어떤 이유로 종종 차별 받는가? [학습목표 3-3]
5. 일부 직원들은 미국 장애인 법을 준수하는 작업장 시설에 대해서 어떤 이유로 분개하는가? [LO 3-3]

행동

6. 이 장에서 언급되지 않은 포춘지 500대 기업을 선택하라. 이 조직이 다양성을 효과적으로 관리하고 성희롱을 없애기 위해 어떤 조치를 취했는지를 판단하기 위해 조사를 하라. [학습목표 3-4, 3-5, 3-6]

Building Management Skills

다양성 관련 문제 해결하기 [학습목표 3-3, 3-4, 3-5, 3-6]

당신이 (1)다양성 측면에서 의사 결정권자와 달랐기 때문에 불공정한 대우를 당했거나 (2)특별히 다양성 특징에서 의사 결정권자와 달랐기 때문에 어떤 사람이 불공정한 대우를 받는 것을 목격했던, 마지막 때를 생각해 보시오. 그런 후 다음의 질문들에 답변하시오.

1. 이런 상황에서 의사 결정권자가 어째서 불공정한 대우를 했다고 생각하는가?
2. 편견, 고정관념, 또는 공공연한 차별중에서 이 상황에 관련된 것은 무엇이었는가?
3. 의사 결정권자가 자신이 불공정하게 행동하고 있는 것을 알고 있었는가?
4. 불공정한 대우를 받은 당신이나 어떤 사람이 문제를 개선하고 즉시 불공정을 바로잡기 위해 무엇을 할 수 있는가?
5. 이 상황은 어떤 성희롱이 관련되어 있었는가? 만약 있다면, 어떤 종류이었는가?
6. 당신이 의사 결정권자에 대한 권한을 쥔다면(예를 들어, 당신이 의사 결정권자의 관리자나 감독자라면), 의사 결정권자가 다양한 개인에게 불공정한 대우를 더 이상 하지 못하도록 당신은 어떤 조치를 취할 것인가?

Managing Ethically [학습목표 3-1]

일부 회사들은 직원들이 장시간 근무하고, 멀리 출장 가기를 요구한다. 어린 아이를 두고 있는 직원들, 노부모를 부양하고 있는 직원들, 직장 외부에 대해서 흥미를 가지고 있는 직원들이 좀 더 합리적인 시간을 일하려고 하고 직장관련 출장을 줄이려고 한다면, 자신들의 회사경력이 위태로워진다는 것을 종종 알게 된다. 이들 직원들 중 어떤 이들은 관리자가 직장에서 자신들에게 너무 많은 것을 기대하고, 부모나 부양자로서의 요구사항을 이해하지 못하는 것은 비윤리적이라고 생각한다.

질문

1. 개인이나 그룹으로서, 어떤 직무에서 장시간과 멀리 가는 출장을 요구하는 것에 대한 윤리적 관련성을 생각해 보라.
2. 당신은 관리자와 회사가 직원들이 균형잡힌 삶을 살 수 있도록 하고 직원들의 비업무적인 니즈와 요구를 충족시키기 위해 어떤 의무가 있다고 생각하는가?

Small Group Breakout Exercise [학습목표 3-3, 3-4, 3-5]

어떤 문제가 있는지를 판단하기

3~4명으로 팀을 구성하고 과제를 발표할 팀장을 임명한 다음 시나리오에 따라 토론하시오.

당신과 당신의 파트너들은 주중에는 점심, 저녁, 주말에는 저녁 식사를 보통~높은 가격의 지역 식당 체인을 소유하고 운영하고 있다. 당신의 직원은 다양성 있는 직원들이고, 당신은 이러한 다양성을 효과적으로 관리하고 있다고 생각한다. 그럼에도 불구하고, 당신이 운영하는 여러 식당을 방문했을 때, 아프리카계 미국인 직원들이 함께 모여서 주로 자기네끼리만 의사소통하는 것을 당신은 알게 됐다. 당신의 히스패닉 직원들과 백인 직원들도 마찬가지 상황이다. 당신은 오늘 이러한 관찰을 논의하기 위해 당신의 파트너들과 미팅을 가진다.

1. 당신의 식당에서 당신이 관찰한 이러한 의사소통 패턴이 어떤 이유로 일어난 것인지를 논의하라.
2. 당신의 관찰 결과가 근본적인 문제를 나타낸 것인지를 논의하라. 근본적인 문제가 있다면, 그 이유는 무엇인가? 근본적인 문제가 없다면, 그 이유는 무엇인가?
3. 식당에서 직원들과 이 문제를 해결할 것인지를 논의 하라. 해결하려 한다면, 이유는 무엇이고, 방법은 어떻게 할 것인가? 해결하려 하지 않는다면, 그 이유는 무엇인가?

Be the Manager [학습목표 3-3, 3-4, 3-5, 3-6]

당신은 마리아 에레라이고, 최근에 소비자상품을 판매하는 중소기업의 재정분석 책임자로 승진했다. 이 직무의 몇 주 동안, 당신은 당신의 부하 각자와 점심을 가지고 이들을 더 잘 알기 위한 시간을 가졌다. 당신은 다양한 제품군을 지원하는 하급 및 고위급 재정 분석가가 누구인지에 대한 12개의 직접 보고서를 받는다. 당신이 점심을 함께한 여성 재정분석가 중의 한 사람인 수잔 엡스타인은 다음과 같은 말을 했다: "저는 우리 회사에 마침내 여성 책임자가 나온 것에 대해 매우 기쁩니다. 이제, 희망컨대 우리 회사가 잘 돌아갈 거예요." 당신이 그런 상황에 대해 엡스타인에게 자세히 설명해 달라고 다그쳤지만, 그녀는 입을 다물었다. 엡스타인은 불필요하게 당신에게 편견을 갖게 하고 싶지 않았고, 그 문제들은 꽤 자명하다고 넌지시 말했다. 사실 엡스타인은 자신이 한 말을 당신이 몰랐다는 사실에 놀랐고, 그녀가 속한 그룹과 다른 사람들과의 상호작용을 관찰하면서 비밀리에 얼마간 시간을 보내야 한다고 농담 식으로 말했다.

당신은 현재의 상급자 뿐만 아니라 승진한 전임 책임자에게도 이것에 대해 이야기했다. 당신의 그룹에서 다양성 관련 이슈를 알고 있는 남성들은 전혀 없었다. 사실, 당신의 상급자의 반응은 이랬다. "우리는 많은 문제가 있지만, 다행스럽게도 다양성 문제는 없다."

질문

1. 당신은 이 문제를 해결하기 위해서 무엇을 할 것인가?

Bloomberg Case in the News

블라인드 채용을 하는 나라에서

저자: Ellen Huet

2013년 10월에, 트레이시 초우(Tracy Chou)는 기술회사들에게 그들의 소프트웨어 엔지니어들 중 몇 퍼센트가 여성이었는지 세계에 알려달라고 공개적으로 이의를 제기했다. 놀랍게도 이것은 효과가 있었다. 1년 이내에 애플, 페이스북, 구글과 기타 기술회사들이 자신들의 한 쪽으로 일방적으로 기울어진 성별 통계를 모두 공개했고 인종 통계도 공개했다. 그 당시 핀터레스트의 엔지니어였던 초우는 기술 회사의 다양성 운동의 얼굴이 되었다.

핀터레스트는 자사에 여성, 흑인, 라틴계 사람들을 고용하기 위해 열심히 노력하는 회사라는 브랜드 이미지를 심었다. 2015년에, 핀터레스트는 자사의 공개 엔지니어 모집에 여성을 30% 채용하는 야심 찬 목표를 발표했다. 핀보드 사이트는 일부 목표를 달성했다(신규 엔지니어 모집의 적어도 8%가 흑인, 라티노, 미국 인디언 이었다), 하지만 2016년에 채용된 엔지니어의 22%만이 여성이었다. 금년에 핀터레스트는 목표치를 25%로 낮추었다. 5월에 인권단체 Project Include를 공동으로 설립하고 6월에 핀터레스트를 떠난 초우(그녀는 뭔가 새로운 것을 시도하고 싶었다고 말한다)는 다음과 같이 말한다.

“분명히, 우리 모두는 핀터레스트가 30퍼센트에 더 가까워지고 더 나아지기를 바라고 있었다.” 핀터레스트는 더 많은 고위직에 여성을 채용하는 데 초점을 맞췄으며, 이것은 시간 오래 걸릴 것이며, 그 목표는 도전이 될 것이라고 말한다. 다양성 책임자 캔디스 모건은 다음과 같이 말한다. “공개적인 목표를 설정하는 것은 팀이 좀더 진정성 있는 대화를 나누고 의미 있는 진전을 이루는 방법에 대해 더 많이 배울 수 있도록 집중하게 되고 도움을 줍니다.”

핀터레스트는 대부분의 회사들보다 더 잘 하고 있다. 전형적인 거대 기술 기업의 다양성 통계는 지난 2년 동안 거의 요지부동이었고, 일부는 떨어졌다. 처음에, 많은 회사들은 더 많은 ‘블라인드’ 채용을 시도했는데, 예를 들어 이력서에서 이름과 사진을 삭제하는 것이었다. 일부 회사는 이제 블라인드 이상을 하고 싶어 한다.

트위터는 구체적인 목표를 정했다. 페이스북은 ‘다양성 채용’을 하는 채용담당자들에게 두 배의 점수를 부여하고 있다. 마이크로소프트는 여성 채용 비율이 계속 낮아지고 있는 문제를 해결하기 위해 다양성 채용과 경영진 보너스를 연계시키고 있다. 샌프란시스코에 있는 직원이 4명인 개인 금융 회사인, Penny와 같은 회사들조차도 다른 관점들의 가치를 두려고 노력하고 있다. 이들 기업은 소수자 우대정책 채용을 받아들이지만, 대부분은 그것을 그렇게 부르지 않도록 조심한다.

기술회사의 다양성 컨설턴트이자 Project Include의 또 다른 공동 설립자인 이본느 허친슨은 다음과 같이 말한다. “꽤 많은 고객들이 ‘우리는 한 걸음 더 나아가고 싶다’고 말하거나 ‘이봐, 우리는 무의식적인 편견에 사로잡힌 일을 했고, 그것으로부터 많은 것을 얻지 못했다’고 말하고 있는 것을 저는 들었습니다.” 회사들이 ‘소수자 우대정책’이나 ‘쿼터’ 같은 말을 애써 피하지만, 그녀는 다음과 같이 말한다. “그것은 작년에 없었던 방식으로 일어나고 있어요.”

38억 달러짜리 기업용 메신저 스타트업인 슬랙은 ‘의도적인 채용’을 실행하고 있다라고 슬랙의 엔지니어 책임자인 레슬리 마일리는 말한다. “제가 원하는 것은 공정한 경쟁의 장입니다.”라고 그는 말하고, 자신의 기준은 지원자들이 경력자인지, 지역사회 대학에 다녔는지, 아니면 가족 중에서 학위를 받은 첫 번째 사람인지와 같은 요소들을 포함할 수 있다고 덧붙였다. 슬랙은 여성 엔지니어의 비율을 2015년 이후 18%에서 24%까지 높였다. Task Rabbit의 CEO인 스테이시 브라운-필포트는 흑인인데, 10월에 그녀의 회사는 직원들을 미국처럼 보이겠다는 그녀의 약속을 이행하기 위해 몇몇 그룹들을 ‘보통보다 높게 연계’할 필요가 있다고 말했다. “제가 이것이 소수자 우대정책이라고 말해야 할지는 모르겠습니다.”라고 그녀는 즉시 덧붙였다.

Task Rabbit은 13% 흑인 비율인 미국과 마찬가지로, 13%의 아프리카계 미국인 직원 비율을 앞두고 있다. 소수자 우대정책 때문에 그녀의 어머니가 연방 일을 얻은 흑인 여성인 허친슨은 자신은 고객이 ‘소수자 우대정책’이라는 용어에 민감하다는 것을 의식하고 있지만, 실력주의에 대한 실리콘 밸리의 믿음때문에 이 정책을 실행하지 못하고 있다고 말한다: 다음은 그녀의 말이다. “소수자 우대정책은 많은 반발을 받습니다. 그렇지만, 이 정책은 대표성을 적게 부여 받은 그룹의 사람들이 그들이 배제된 직업과 기관으로 들어가게끔 만드는 가장 성공적인 방법들 중 하나였습니다.”

초우는 실리콘 밸리에서 엔지니어 부서의 다수를 차지하는 백인과 동양인이 기회의 공평성에 관한 문제에 공감하는 것은 어려울 수 있다는 것을 인정한다. 그러나 핀터레스트에서 그녀는 공익적 목표에 다달아야 한다는 압력이 성과를 냈다고 말한다. 그녀는 다음과 같이 말한다. “‘우리는 이 문제를 해결하지 않을 것이고, 만약 우리가 하지 않는다면 정말 나빠 보일 것입니다’라는 조직 내부의 대화로 하여금 사람들을 서두르게 하고, 정신을 차리게 만들었습니다.”

전직 채용 담당자들이 2015년에 다양성을 우선시하라는 지시를 받았다고 말하는 페이스북에서도 상황이 잘 풀리지 않았다. 통계수치는 여전히 제자리 걸음이다. 기술직에 여성이 17%이고, 라티노가 3%, 흑인이 1%였다. 이 직무를 논의할 권한을 부여 받지 못했음을 이유로 신원을 밝히지 않도록 요구한, 전직 채용담당자들은 모든 제안에 대해 거부권을 가지고 있고 동일한 목표를 가지지도 않았던 엔지니어 책임자 그룹에게 책임이 있다고 말한다. 페이스북은 면접담당자들이 편견에 대한 교육과정을 거치고, 이것은 통계수치를 개선하는데 효과가 있을 거라고 말한다.

컴퓨터 프로그래머가 작업을 저장하고 공유하는 사이트인 GitHub의 전직 직원 두 명은 다양성을 적용한 채용이 언제나 최상의 결과를 만들어 내는 것은 아니라고 말한다. 이 둘은, 2015년에 신설된 다양성에 초점을 맞춘 내부 팀이 채용담당자가 지원자의 배경에 너무 많은 초점을 두어, 정작 직무에 적합한 사람을 놓치게 되는 경우가 발생했다고 말한다. GitHub는 논평을 거부했다.

그럼에도 불구하고, 개인 금융 스타트업인 Penny의 공동 설립자 미첼 리는 최고의 직원이 언제나 코드를 가장 빨리 발송하는 것은 아니라고 말한다. Penny의 처음 4명의 직원들은 자신들의 금융 조언 메신저 로봇인 챗봇의 메시지를 어떻게 구성할지에 대해 비슷한 아이디어를 가진 20명의 남자로부터 출발했다. 그래서 리는 가을을 이 봇의 정밀성을 확대할 5번째 사람을 찾으면서 보냈다. 그는 동등한 자격과 비슷한 아이디어를 가진, 가상적인 다섯 번째 남자를 반대했다. 그는 다음과 같이 말한다. "다양성 배경을 가지고 완전히 다른 관점을 가진 누군가가 그 직책에 좀 더 적합합니다."

페이스북이나 슬랙보다 정치적인 압력을 덜 받은 리는 '소수자우대정책'이란 말을 사용한 것에 부끄러워하지 않는다. 10월에, 수 백 개의 이력서를 샅샅이 살펴본 리는 인도계 미국 여성인 베르티카 스리바스타바를 채용했다. 이 여성은 미시간 대학을 나와서, 컨설팅 회사 Accenture에서 소프트웨어를 개발했고, Penny의 중심 소프트웨어인 Ruby에 대한 경험이 거의 없었다. 인터뷰 과정 동안 어느 한 때, 스리바스타바는 네 명의 남자가 어떤 이유로 자신에게 관심이 있었는지에 대해 물었다. 이 네 명의 남자는 그녀의 성격 네 가지 측면을 열거했다. 그들은 무뚝뚝했다. 그것은 또한 그녀가 여자이기 때문이기도 했다. "나는 그들이 나를 슬금슬금 살펴보지 않는 것이 좋았다."라고 그녀는 말한다. 그녀는 1월 9일에 일을 시작했다.

논의를 위한 질문

1. 실리콘 밸리 기술 회사들의 엔지니어 부서에 백인과 동양인이 다수를 차지하는 이유는 몇 가지가 있는가?
2. 기술 회사들은 어떤 이유로 다양성 채용을 하려고 노력하는가?
3. 일부 기술 회사들이 다양성을 위한 채용을 하는데/다양성 목표를 달성하는데 어떤 이유로 어려움을 겪고 있는가?
4. 경영진 보너스와 다양성 채용을 연계하는데 이익과 불이익 가능성은 어떤 것이 있는가?

Ellen Huet, "In the Land of the Blind Hire," *Bloomberg Businessweek*, January 23–January 29, 2017, pp. 27–28. Used with permission.

4 글로벌 환경 관리

학습목표

이 장을 학습한 후, 다음 내용에 답할 수 있어야 한다.

학습목표 4-1 글로벌 환경을 이해하며, 분석하고 대응하는 능력이 기업성공에 왜 중요한지 그 이유를 설명하시오.

학습목표 4-2 글로벌 차원을 고려하여 일반환경과 과업환경의 차이점을 비교하여 설명하시오.

학습목표 4-3 일반환경과 과업환경의 영향요인들을 제시하고, 이들 중 기업에게 영향을 미치는 기회요인과 위협요인을 구분하시오.

학습목표 4-4 글로벌 환경의 개방성과 복잡성이 증가하는 이유를 설명하고, 글로벌 시장에서 기업이 직면하는 기회요인과 위협요인을 각각 나열하시오.

학습목표 4-5 국가별 문화적 차이가 발생하는 원인을 제시하고, 무역장벽의 축소와 지역경제통합의 확산이 각국의 정치적, 사회적 시스템을 변화시키는 것에 경영자가 왜 관심을 가져야 하는지 그 이유를 토론하시오.

아마존의 창업자, 경영자인 제프 베조스가 인도시장에서의 성과를 격려하고 있다. 현지시장에서 아마존은 로컬문화를 이해하고 소비자가 원하는 판매방식을 도입한 덕분에 기대 이상의 결과를 창출하였다. ©IANS

MANAGEMENT SNAPSHOT

아마존 인도법인의 성공

해외시장 진출 시 경영자가 고려해야 할 요인은 무엇인가?

기술혁신으로 인해 물리적 거리가 축소되자 전자상거래 공룡기업인 아마존(Amazon)은 일본, 영국, 스페인, 프랑스 및 이탈리아 등 해외시장 진출을 서둘렀다. 1994년 당시 온라인 서점에 치중하던 아마존은 프라임 서비스 출시를 계기로 지난 십년 동안 괄목할만한 성장을 달성하였다.

비록 기술혁신이 국가별 차이를 줄여준다 하더라도 미국에서의 성공이 다른 시장에서의 성공을 보장하지 않는다. 다른 기업들처럼 아마존도 국제화를 추구하는 과정에서 이질적 시장에 적응하는 것이 쉽지 않음을 알고 있었다. 대표적으로 수년 전 다른 나라에서 성공했던 비즈니스 모델을 중국시장에 적용하려 했으나 시행착오 끝에 철수하였다. 아마존의 경영자인 제프 베조스(Jeff Bezos)는 중국소비자의 관습과 문화를 반영하여 중국식 비즈니스 모델을 수립하지 못한 점을 실패원인으로 지목하였다. 2013년 아마존은 중국시장에서의 고전을 교훈삼아 현지시장의 특성을 반영하는 현지화로 세계 2위의 인도시장으로 진출하였다.

사실 아마존 입장에서도 인도는 결코 만만한 시장은 아니었다. 첫째 첨단기술과 스마트폰을 선호하는 청년인구가 많은 잠재적 시장이지만 전체 인구의 약 70%는 인프라(도로 및 인터넷 등)가 열악한 농촌지역에 거주하고 있다. 둘째 주로 "구멍가게(mom and pop)"와 같은 영세한 점포가 대부분이며 현금거래가 일상화 되어 있는 시장이다. 인도정부 역시 자영업자 보호를 위해 다국적 유통업체가 소비자에게 온라인 판매를 직접적으로 하지 못하도록 제한을 가하고 있다. 즉 외국계 기업은 현지기업과 합작투자를 선택하거나, 혹은 타 유통업체로부터 인도산 제품을 공급받아 재판매하는 제3자 판매방식만 허용되었다. 결국 타국 시장에서 했던 것처럼 로컬문화를 변화시키는 대신 아마존은 현지 중소기업의 제품을 납품받아 아마존 사이트를 통해 인도를 포함하여 전 세계시장에 판매하는 중개상 역할을 수행하기로 마음먹었다.

이를 위해 아마존은 차와 신선식품을 담아 팔던 기존 카트와 유사한 아마존 차이 카트(Chai Cart)처럼 모바일 카트로 불리는 교육 프로그램을 영세 상인들에게 제공하였다. 차이 카트 팀은 인도 전역에서 수천마일 떨어진 30개 이상 도시들을 방문하면서 영세업자들의 니즈를 파악하는데 주력하였다. 온라인 신규사업을 가속화 하기 위해 수천 명의 상인들이 회원가입, 이미지등록 및 판매기법을 직접 배울 수 있는 모바일 "스튜디오"라는 웹사이트 서비스도 오픈하였다.

또한 아마존은 고객의 상품주문을 처리하기 위해 과감한 "현지화(Think local)"를 선택하였다. 아마존의 배달원들은 판매자의 상점에서 제품을 직접 수령한 다음 고객들에게 직접 "배송서비스(Easy Ship)"를 제공한다. 즉 웹사이트(Amazon.in)에서 판매자는 주문받은 제품에 대한 보관창고를 지정해 주면 아마존이 배송계획을 수립하는 "셀러 플렉스(Seller Flex)" 프로그램을 운용하고 있다. 현지 특성을 반영한 주문처리 방식은 아마존과 판매자 모두에게 배송시간을 단축시키는 결과를 창출하였다.

더 나아가 아마존은 영세 상인들을 배송 파트너로 참여시키는 동기부여를 제공하였다. 인터넷 접속이 어려운 농촌마을 소비자도 가까운 가게의 인터넷을 활용하여 아마존 사이트를 통한 상품주문이 가능하다. 즉 고객 주문과 동시에 가게 주인은 대금을 직접 수령하고, 상품이 도착하면 구매자에게 알린 다음 보관료를 제외한 나머지 대금을 아마존에 송금하면 거래가 완료된다. 이러한 주문과 배송과정은 현금거래가 일상적인 인도시장에서 아마존이 전자상거래 사업을 수행하는 현지화 방식이 되었다.

향후 인도가 핵심 전자상거래시장으로 부상할 것에 대비하여 아마존은 진출 후 3년 만에 30억 달러를 추가 투자할 것이라 발표하였다. 최근 자료에 따르면 2020년까지 인도시장의 전자상거래 매출은 전체 소매업 매출의 25%를 차지할 전망이다. 이에 아마존은 자사의 충성고객이 인도 창업기업의 제품구입을 지원함으로써 스타트업을 지원하는 "아마존 론치패드(Launchpad)" 프로그램도 운영 중이다. 현재 인도 온라인 유통시장의 성과에 고무된 아마존은 중국시장 재진출을 천명하면서 중국 소비자들에게 아마존 프라임 서비스를 제공할 계획을 발표하였다.

개요

학습목표 4-1

글로벌 환경을 이해하며, 분석하고 대응하는 능력이 기업성공에 왜 중요한지 그 이유를 설명하시오.

아마존닷컴처럼 다국적기업의 경영자는 경쟁사에 비해 독특한 자원과 능력을 확보하기 위해 치열한 경쟁도 불사한다. 21세기 들어 모든 경영자는 본국을 포함한 전 세계시장에서 지속 가능성을 제고함으로써 **다국적기업(Global organization)**으로 성장하는 것 이외의 다른 대안을 생각하고 있지 않다. 그러나 환경의 복잡성과 급변성이 심해지는 상황에서, 해외시장 진출의 성공을 보장하지 않을 만큼 불확실성이 높아지고 예측가능성은 떨어진다는 점이 경영자의 고민이라 하겠다.

글로벌 조직 (Global organization) 둘 이상의 국가에 직접 진출하여 현지 기업들과 경쟁하고 있는 다국적기업

만약 글로벌 시장에서 성공적 적응을 바라는 경영자라면 글로벌 환경에 영향을 미치는 요인들을 이해함으로써 환경변화에 따른 기회와 위협에 대처할 수 있다. 본서 4장은 국내외 환경이 개방적, 역동적 및 경쟁적 환경으로 변화되고 있는 현실적 상황에서 출발할 것이다. 다음으로 일반환경과 과업환경을 구성하는 영향요인들이 기업과 경영자에게 미치는 파급효과를 탐색한다. 끝으로 시장의 세계화가 거스를 수 없는 대세임을 고려할 때 세계 지향적 관점이 다국적기업의 효율성과 효과성 제고에 중요할 수밖에 없다는 점을 설명한다.

글로벌 환경이란 무엇인가

글로벌 환경(Global environment)은 외부환경의 하나로서 기업의 활동과 운영에 영향을 미치는 요인들로 구성되어 있다. 이처럼 환경에 미치는 영향요인은 변화에 따른 상호작용을 거치면서 기회 또는 위협으로 작용한다. 예컨대 효율적 생산기술의 개발, 저렴한 생산요소에 대한 접근성 및 외국시장으로의 진출가능성 확대처럼 우호적 환경변화는 제품의 판매기회를 확장하는 동시에 핵심역량을 습득할 좋은 기회를 제공한다. 반면 글로벌 경쟁기업의 출현, 세계적 경기침체, 혹은 국제 원유가격 상승으로 말미암아 제품판로에 타격을 받으면 생존

글로벌 환경 (Global environment) 글로벌 차원에서 자원을 획득하고 활용하는 경영자의 능력에 영향을 미치는 요인들로 구성되는 경영환경을 지칭

과업환경 (Task environment) 생산요소의 획득과 완제품의 생산처럼 경영자의 일상적 의사결정에 영향을 미치는 공급업체, 유통업체, 고객 및 경쟁사로 구성되는 외부환경

일반환경 (General environment) 과업환경에 비해 기업과 경영에 광범위한 영향을 미치는 것으로 경제적, 기술적, 사회문화적, 인구통계적, 정치적, 법률적 영향요인으로 이루어진 외부환경

에 위협이 된다. 결국 글로벌 환경의 변화를 이해하고 환경에 적절히 대응하는 조직능력은 기업의 승패를 결정하는 핵심요소이다.

글로벌 환경의 변화방향을 파악하고 환경변화에 어떻게 적응할지 다국적기업 경영자의 고민이 깊어질 수밖에 없다. 우선 기업의 경영자는 글로벌 환경을 구성하는 과업환경과 일반환경의 차이를 이해함으로써 기회와 위협에 대응하는 책임있는 자리에 있다.

과업환경(Task environment)은 글로벌 공급업체, 유통업체, 고객 및 경쟁사들로 구성되며 이들 간에 주고받는 영향관계와 상황요인의 집합이다. 실제 과업환경의 참여자를 보면 생산요소를 획득하고 완제품을 생산하는데 영향을 주는 이해관계자들이다. 과업환경은 일상적 의사결정에 영향을 미칠 정도로 조직에 즉각적, 직접적 영향을 미치는 당사자들로 구성되어 있다. 결국 국내외 뉴스를 듣고, 사무실에 출근하여 이메일을 확인하며, 컴퓨터 및 스마트폰을 검색할 때마다 과업환경의 변화로부터 기인하는 여러 다양한 문제들을 확인할 수 있다.

일반환경(General environment)은 포괄적 영향을 미치는 경제적, 기술적, 사회문화적, 인구통계적, 정치적, 법률적 요인을 말하는데 과업환경에도 영향을 준다. 경영자 입장에서 일반환경의 변화에서 기인하는 기회와 위협을 파악하여 대응하는 것이 과업환경보다 훨씬 힘들고 어렵다. 결국 **과업환경** 못지않게 **일반환경**의 변화도 기업과 경영자에게 상당한 영향력을 행사하고 있다.

과업환경

국내외의 공급업체, 유통업체, 고객 및 경쟁사가 과업환경(Task environment)을 구성하는 요소들이다(그림 4.1). 보통 과업환경은 주기적인 자원획득과 제품생산에 관련된 것으로 관리자의 일상적, 단기적 의사결정에 중요한 영향을 미치는 특성이 있다.

공급업체(Suppliers) 완제품의 조립과 생산에 필요한 원부자재를 만들어 제조업체에 납품, 공급하는 개인 또는 조직

학습목표 4-2

글로벌 차원을 고려하여 일반환경과 과업환경의 차이점을 비교하여 설명하시오.

학습목표 4-3

일반환경과 과업환경의 영향요인들을 제시하고, 이들 중 기업에게 영향을 미치는 기회요인과 위협요인을 구분하시오.

공급업체

공급업체(Suppliers)는 완제품의 생산에 필요한 원자재, 부품, 노동력처럼 생산요소를 제공하는 개인과 조직을 의미한다. 보통 생산요소 획득을 위한 서비스를 제공한 대가로 부품 또는 납품대금을 받는다.

가령 세계 PC시장을 선도하는 미국의 델 테크놀로지스(Dell Technologies)가 대표적 사례이다. 델은 마이크로프로세서(인텔) 및 디스크 드라이브(엔비디아, 인텔)를 납품하는 다양한 공급업체들과 거래관계를 형성한다. 아울러 운영체제(마이크로소프트)와 응용소프트웨어(크롬, 아도비)를 포함하여 각종 소프트웨어를 제공하는 벤더(Vendors)기업과도 거래한다. 심지어 은행을 포함한 타 금융기관으로부터 재무적 자본을 조달하여 기업을 운영한다.

델은 높은 숙련도를 지닌 미래의 기술자를 양산하는 학교와 같은 지원기관들로부터 노동력을 공급받는다. 파업을 통해 조합원의 목소리를 전달함으로써 종업원의 권리를 대변하는

- 물적 자본(*Resource capital*): 철강, 금속, 원목, 에너지, 농산물, 마이크로프로세서 및 자동차 부품처럼 천연자원, 부품, 시설, 설비 및 기계장치 등의 물적 자산
- 정치적 자본(*Political capital*): 국가의 정치적 이해관계를 관철시키기 위한 수단으로 외교, 설득, 전쟁 및 물리력 행사를 위한 물리적 영향력과 정치권력

경제성장과 소득수준 향상처럼 정치적 목적과 사회적 문제를 해결하고자 자연스럽게 경쟁하듯이 글로벌화를 통한 경제적 발전은 네 가지 자본의 이동과 상호작용으로부터 기인한다. 다음에서 전 세계적으로 자본의 이동과 흐름을 촉진했던 요인들을 자세히 살펴볼 것이다. 긍정적 효과로서 자본이동이 빨라질수록 가치창출을 위한 자본의 속도나 빈도도 증가한다. 즉 개인이 능력을 발휘하여 높은 연봉을 받고, 투자자는 금융소득을 위해 주식과 채권에 투자하는 것처럼 기업도 저렴한 원자재를 활용하여 이윤극대화를 도모한다. 반면 기업과 투자자가 단기성과 추구에 따른 시세차익을 목적으로 자본의 유출과 유입이 빈번해 질수록 경제위기와 같은 부정적 효과가 발생하기도 한다. 결국 단기자본의 급격한 유출은 일자리 감소, 소득수준 하락 및 일시적 경기침체를 야기할 뿐만 아니라, 만약 지속될 경우 높은 실업률, 생활수준 하락, 구조적 경기불황으로 말미암아 국가위기에 봉착할 수 있다.

무역과 투자장벽의 축소

글로벌화에 따라 자본의 이동을 심화시킨 또 다른 요인은 무역장벽의 축소이다. 1920~1930년대 각국은 무역장벽을 강화하는 보호무역주의(Protectionism)를 국부창출의 수단으로 삼았다. 달리 말해 외국에서 수입하는 재화에 고율의 관세를 부과하는 관세장벽에 의존하였다. **관세(Tariff)**는 외국산 제품에 정부가 정당하게 부과하는 세금이다. 만약 수입품에 관세가 부과되면 부과한 세금만큼 제품가격이 인상되기 때문에 자국의 일자리, 기업 및 시장을 보호하는 효과를 발생시킨다. 가령 2009년 미국 정부는 자국의 타이어 생산자를 보호하기 위해 중국산 타이어 제품에 고율의 관세를 부과하였다. 2012년 관세부과를 중단하자마자 중국산 승용차 타이어는 4천 6백만 본, 비율로는 55% 이상 수입이 급증하였다. 2016년 미 상무부는 중국산 상용차 타이어의 덤핑으로 자국시장이 교란되자 관세국경보호청(U.S. Customs and Border Protection)에 반덤핑 관세부과 검토를 지시하였다. 결국 2017년 1월 최종결과에 따라 상무부는 반덤핑 혐의를 받던 중국의 대다수 타이어 업체들에게 과징금을 부과하는 조치를 취하였다.

관세(Tariff) 정부가 경제적, 정치적, 사회적 목적에 따라 수입품에 부과하는 일종의 세금

사실 관세장벽 축소가 필요한 이유는 보복관세를 당한 상대방 정부가 소송과 함께 또 다른 보복조치를 단행하여 양국 간 무역 분쟁이 악화될 가능성 때문이다. 가령 1920년대 관세장벽 강화는 세계적 무역규모 축소와 소비수요 하락을 부채질하여 1929년의 대공황으로 이어져 엄청난 실업을 초래하였다. 특히 금융위기를 겪은 2010년 이후 각국은 관세장벽이 산업

과 일자리 보호보다 오히려 일자리 축소를 야기한다는 점에서 다른 정책대안을 마련하려 노력하였다. 결국 관세장벽을 강화할수록 이윤극대화를 쫓는 단기자본의 유출가능성이 높아지기 때문에 실업률 증가와 경제성장률 하락의 악순환이 반복될 뿐이다.

GATT의 등장과 자유무역의 확대 세계적 대공황과 2차 세계대전을 겪은 서구 국가는 자원과 자본의 이동을 저해하는 무역장벽을 완화하고자 노력하였다. 즉 보호무역보다 자유무역주의가 실업률을 낮추고 국가경제를 건전히 발전시키는 최선의 방법임을 알기 때문에 관세장벽 축소에 적극 임하고 있다.

자유무역주의 각국이 비교우위에 특화한 제품을 교역을 통해 교환한다면 무역에 참여한 모든 당사국이 이득을 볼 수 있다는 주장

자유무역주의(Free-trade doctrine)는 생산요소의 효율적 조달이 가능한 교역국은 특정 재화의 생산에 특화할 것을 주장한다. 가령 인도는 면화 재배, 미국은 컴퓨터 S/W 개발에 비교우위를 서로 가지며 양국이 자유무역을 한다면, 섬유제품 생산을 위해 일부 자본은 인도로 이동하고 나머지 자본은 S/W 개발을 위해 미국에 투자될 것이다. 결국 비교우위에 따라 자원 배분과 활용에 있어 효율성을 추구한 결과 섬유와 S/W 제품가격은 하락하고 소비자는 가격인하 혜택을 향유할 것이다. 반대로 단기수익을 쫓아 중국과 말레이시아처럼 신흥시장으로 공장설립에 필요한 자본이 폭주하여 글로벌 소싱이 확대될수록 미국의 일자리가 감소하는 부작용을 낳을 수 있다. 결국 자유무역에 따른 결과는 제조업 분야의 일자리를 줄이는 반면, 첨단기술 및 서비스 분야에 대한 자본의 집중적 투자는 장기적으로 수백만 개의 일자리를 만들고 있다.

역사적으로 자유무역을 채택한 국가는 국경을 넘어 제품, 서비스 및 자본의 자유로운 이동을 보장하고자 관세 및 비관세 장벽을 철폐하는데 앞장서 왔다. 특히 관세 및 무역에 관한 일반협정(GATT: General Agreement on Tariffs and Trade)은 재화와 서비스의 자유로운 이동에 기여함으로써 자유무역주의 확산에 기여하였다. 2차 세계대전 이후 지금까지 각국은 관세장벽을 축소하고자 총 8번의 다자간 협상(Round)을 진행하였다. 우루과이 라운드(UR)의 경우 117개 국가들이 참여하여 과거보다 관세율을 30% 이상 낮추는 합의안을 도출함에 따라 성공적으로 타결되었다. 관세장벽 축소와 더불어 분쟁 시 분쟁해결기구(Dispute Settlement Body)를 마련함으로써 GATT체제 후속인 세계무역기구(WTO: World Trade Organization)가 출범하는 계기가 되었다. 결국 1948년 당시 40%에 육박하던 상품의 관세장벽은 현재 기준 평균 3% 수준으로 하락함으로써 자유무역 확산에 일조하였다.

물리적, 문화적 장벽의 완화

과거 물리적, 문화적 장벽의 존재는 국제화의 동기를 약화시켜 국내시장에 안주하도록 만들었다. 20세기 말 영국의 대표적 다국적기업인 유니레버(Unilever)는 물리적, 문화적 거리가 국제화에 미친 영향을 경험한 기업이었다.

다국적기업은 역내국이 향유하는 경제적 과실을 나눌 기회에 동참할 수 있기 때문에 지역경제통합에 관심을 가질 수밖에 없다.

문화의 역할

시장의 세계화가 전 세계를 "지구촌(Global village)"으로 만들더라도 가치, 규범 및 태도에 따른 문화적 이질성은 여전히 심대한 영향을 미친다. 보통 문화는 사람을 통합시키는 가치, 규범, 지식, 신념, 도덕기준, 법률, 관습 및 관행을 포함하는 개념이다. 즉 문화는 타인과의 관계, 올바른 행동을 장려하고 잘못된 행동을 제약하는 행동규범과 가치체계이다. 결국 개인은 일상생활에서 타인과 교감하는 상호작용을 통해 자신이 속한 문화를 배워간다.

가치와 규범으로서의 문화

가치(Values) 옳고 그름의 도덕적, 윤리적 의식, 아름다움과 추함의 미적 판단처럼 사회전체의 믿음과 신뢰를 나타내는 신념체계

문화를 구성하는 기본요소로서 가치와 규범을 언급할 수 있다. **가치(Values)**는 옳고 그름, 아름다움과 추함을 구분하는 미적 감각처럼 사회 일반의 신념체계이다. 즉 개인의 자유, 민주주의, 진실, 정의, 정직, 충성, 사회적 의무, 책임감, 젠더, 사랑, 섹스 및 결혼처럼 추상적 개념을 가치 판단하는 정신적 토대이다. 그러나 추상적 개념에 함몰되지 않고 자유의지, 인간의 존엄성처럼 고귀한 가치를 지키고자 논쟁하고 투쟁하며 심지어 목숨을 바칠 수 있는 신념이 바로 가치이다.

사회에 굳건히 뿌리내린 가치라 하더라도 정체되어 있는 것은 아니다. 가치는 시간이 지남에 따라 고통스런 변화를 수반하기도 하는 점진적 진화의 산물이자 결과이다. 가령 그루지야, 헝가리 및 루마니아는 사회주의를 버리고 자본주의 시장경제로 편입되면서 국가통제보다 개인자유를 중시하는 근본적 가치변화를 경험하였다. 최근 아시아, 남미 및 중동지역의 일부 국가에서는 가치체계 변화가 일어나는 과정에서 사회적 변동이 발생하기도 한다.

규범(Norms) 특정 상황에서 대다수 개인과 조직이 바람직한 행동을 할 것으로 기대하게 만드는 관습적, 비공식적 행동규범

풍속(Mores) 사회기능을 유지하고 사회생활을 영위하는데 반드시 필요한 규범

규범(Norms)은 어떤 상황에서 개인과 조직 다수가 올바른 행동을 하리라 기대하는 관습적, 비공식적 행동규범이다. 즉 타인과의 관계에서 개인의 행동을 결정하고 문화 전반에 영향을 미치는 규범은 보통 풍속과 풍습으로 구분한다. **풍속(Mores)**은 사회기능이 제대로 작동하고 사회생활이 올바로 이루어지도록 하는 일종의 규범이다. 사실 절도, 간통, 근친상간, 살인처럼 풍속을 저해하는 행위는 그에 상응하는 형벌로 다스린다. 대다수 사회는 풍속위반을 법으로 다스리며 선진국일수록 살인과 절도는 그에 상응하는 처벌을 내린다. 그러나 사회적 풍속은 국별로 차이가 있는데 한국은 음주에 관대한 편이나, 사우디아라비아는 풍속 저해를 이유로 엄격히 단속하고 처벌하기도 한다.

풍습(Folkways) 일상생활에서 최소한으로 필요한 규범으로서의 전통, 관례 및 관습

풍습(Folkways)은 일상생활에 영향을 미치는 사회적 전통, 관례 및 관습이다. 예컨대 시간과 장소에 적합한 옷차림, 사회적으로 용인되는 매너, 식기를 이용하는 식습관, 타인을 배려하는 행동처럼 일종의 예의범절이다. 풍습은 개인의 행동양식이기 때문에 위반 시 법적 처

아시아 지역에서 집단주의 성향이 높은 일본과 같은 국가들은 조직구성원을 팀원이자 동료로 생각하는 경향이 크다.

벌을 초래하지 않는다. 즉 풍습에 어긋나는 행동을 일삼는 사람은 버릇이 없거나 예의가 없을 뿐이지 심각한 도덕성 결여나 중대한 범죄자로 여기지 않는다. 대부분의 국가들은 현지문화에 익숙하지 않은 사정을 감안하여 이방인이 풍습에 벗어난 말과 행동을 하더라도 이해하고 넘어간다. 다만 일탈적 행위가 반복해서 일어나면 예절바른 행동을 하도록 압력을 행사할 순 있다. 결국 다국적기업의 경영자는 이문화에 대해 폭넓은 경험을 축적하는 것이 문화적 차이에 적응하는 첩경이다.

문화에 대한 접근법: 홉스테드 모델

학습목표 4-5

국가별 문화적 차이가 발생하는 원인을 제시하고, 무역장벽의 축소와 지역경제통합의 확산이 각국의 정치적, 사회적 시스템을 변화시키는 것에 경영자가 왜 관심을 가져야 하는지 그 이유를 토론하시오.

지금까지 연구자들은 국별 가치와 규범을 중심으로 문화적 동질성과 이질성을 파악하는데 주력해 왔다. 예컨대 네덜란드의 심리학자인 홉스테드가 IBM이 진출한 64개국의 자회사 종업원 십만 명을 대상으로 수행한 설문자료를 토대로 세계인의 가치와 규범을 조사한 홉스테드 모델(Hofstede Model)이 대표적이다. 분석결과에 따르면 문화를 개인주의 대 집단주의, 권력격차, 불확실성회피성향, 남성주의 대 여성주의, 장기지향성 대 단기지향성의 다섯 가지 차원으로 구분하고 차원별 점수를 산출함으로써 국별 문화적 차이를 비교할 수 있도록 만들었다.

개인주의(Individualism)
사회적 배경보다 개인의 자유와 표현을 중시하며 개인의 성취도를 평가할 것을 강조하는 세계관

집단주의(Collectivism)
개인보다 조직의 복종을 중시하며 자신이 속한 집단에 대한 책임감을 평가할 것을 강조하는 세계관

개인주의 대 집단주의

인류 문명을 관통할 정도로 오랜 역사를 갖고 있는 것이 "개인주의 대 집단주의" 성향이다. **개인주의(Individualism)**는 개인의 자유의지와 자기표현을 중시하며 사회적 배경보다 개인적 성취를 강조하는 세계관이다. 국가적으로 개인주의는 사회적 성공에 대한 존경, 개인의 권리에 대한 확고한 신념 및 기업가/창업자에 대한 동경으로 나타나기도 한다.

이와 달리 **집단주의(Collectivism)**는 구성원으로서 조직목표 달성에 헌신하는 것을 중시하며 자신이 속한 집단의 성과를 강조하는 세계관이다. 역사적으로 집단주의는 사회주의 체제의 보편적 특성이었으나, 사회주의가 몰락하자 그 중요성이 점차 약화되고 있다. 흥미로운 결과는 사회주의 체제도 아닌 일본이 집단주의 성향이 높은 것으로 나타나는 점이다.

이러한 일본의 집단주의 성향은 1600~1870년대 도쿠가와 시대로 거슬러 올라가며 유교, 불교 및 토착신앙인 신도(神道)의 결합으로부터 기인한다. 당시는 마을, 지역 및 기업과 같은 집단의 구성원으로서의 소속감과 유대감을 핵심가치로 강조하였다. 결국 일본은 개인과 집단을 동일시하는 사회로서 개인주의를 경원시 하고 집단규범을 강조하며 집단행동으로 개인을 압박하는 모습이 나타나게 되었다.

기업 경영자는 개인과 조직 내에서 개인주의와 집단주의 성향을 파악하는 것이 급선무이다. 실제 일본과 미국기업에 있어 경영방식의 차이는 일본의 집단주의 성향과 미국의 개인주의 성향과 무관하지 않다.

권력격차(Power distance) 인간의 육체적, 정신적 능력과 출신성분에 따라 서열과 행복이 정해지는 것을 얼마나 수용하는지 정도

권력격차 홉스테드에 따르면 **권력격차(Power distance)**는 개인의 육체적, 정신적 능력과 출신성분의 차이에 따라 사람들의 행복과 서열이 결정된다는 것에 얼마나 동조하는지 정도이다. 즉 개인의 능력차이가 경제적 부, 사회적 지위 및 사람의 행복에 미치는 영향에 얼마나 많은 사람들이 동의하는지 여부이다.

오랜 시간 불평등이 지속되거나 불평등을 쉽게 용인하는 사회일수록 **권력격차가 크다**고 한다. 달리 말해 권력격차가 클수록 능력으로 출세하는 특정인이 부를 독점하는 한편, 자식세대로 이어져 부의 불평등이 강화되고 고착된다. 즉 권력격차가 큰 사회일수록 정치적, 사회적 성과도 차별적으로 배분됨으로써 빈부격차를 심화시킨다. 이와 반대로 **권력격차가 작은** 사회는 사람들 간 불평등이 심화되는 것을 용납하지 않는다. 권력격차가 낮은 국가일수록 불평등 해소와 최소한의 생존권 보장을 위해 복지예산을 증액하고 관련 프로그램을 늘린다. 결국 권력격차가 작을수록 빈부격차를 예방하고 사회적 불만을 잠재우는데 관심을 갖고 행동으로 옮기는 사회이다.

미국, 독일, 네덜란드 및 영국과 같은 국가들은 개인주의 성향이 높고 권력격차가 작다는 특성을 나타낸다. 반면 과테말라, 파나마, 또는 아시아의 스리랑카와 방글라데시처럼 빈곤국가일수록 집단주의 성향이 높고 권력격차가 크다. 이는 소득수준이 높을수록 개인의 권리를 보호하는 동시에, 모든 사람들에게 성공에 대한 동등한 기회를 제공한다는 것을 암시한다.

불확실성회피(Uncertainty avoidance) 사회 전반의 불확실성과 위험을 회피하고 안정을 추구하려는 정도

불확실성회피 개인과 마찬가지로 사회도 불확실성과 위험에 직면하면 이를 피하려 노력한다. 미국과 홍콩처럼 **불확실성회피(Uncertainty avoidance)** 성향이 낮을수록 사람들은 느긋하고 다양성을 강조하며 신념과 행동의 차이를 인정하려고 한다. 반면 일본과 프랑스처럼 불확실성회피 성향이 높을수록 사회적 일탈을 초래하는 개인의 신념과 행동에 비판적이라 이를 엄격히 통제하려고 한다. 결국 불확실성회피 성향이 높은 사회는 집단 및 사회가치에 개인이 순응할 것을 요구하고, 이를 규범으로 만들어 구조적 안전장치를 마련하는 특성을 갖고 있다.

남성중심주의(Masculinity) 자기주장, 적극성, 경쟁, 성취도 및 성공의 속성을 강조하는 세계관

여성중심주의(Femininity) 워라벨, 삶의 질, 인간관계, 친밀성, 사회적 약자의 배려를 강조하는 세계관

남성중심주의 대 여성중심주의 **남성 중심적(Masculinity)** 사회는 적극성, 경쟁, 성과, 성공 및 결과의 속성을 선호한다. 반면 **여성중심주의(Femininity)** 사회일수록 삶의 질, 친밀한 인간관계, 사회적 약자에 대한 관심과 돌봄을 강조한다. 결과적으로 일본과 미국은 남성 지향적 성향이 높은 반면, 네덜란드, 스웨덴 및 덴마크는 여성 지향적 성향이 높은 문화권으로 분류된다.

장기지향성
(Long-term orientation)
현재 소비를 줄이고 꾸준한 저축을 통해 먼 미래에 보상받는 것을 중시하는 세계관

단기지향성
(Short-term orientation)
지금 개인의 안정과 행복 추구처럼 현재 삶에 대한 보상과 만족을 중시하는 세계관

장기지향성 대 단기지향성 문화의 마지막 차원은 가정과 일에 대해 가지는 지향성이다. 즉 **장기지향적(Long-term orientation)** 문화일수록 근검절약, 저축 및 지속적 목표달성처럼 장기 지향적 가치를 중시한다. 이와 반대로 **단기지향적(Short-term orientation)** 사회일수록 개인의 안정, 또는 현재 삶에 대한 만족과 행복을 강조한다. 대만과 홍콩은 저축률이 높은 장기지향적 문화권에 속하는 반면, 미국과 프랑스는 개인의 소비성향이 높고 저축률이 낮은 단기지향적 가치를 중시하는 국가로 볼 수 있다.

문화와 글로벌 경영

다국적기업 경영자에게 문화적 이질성은 중요한 의미를 제공한다. 우선 어떤 국가에서 성공적인 경영방식이라도 문화적 차이로 말미암아 다른 국가에서는 문제가 될 수 있다. 미국의 GE는 1억 5천만 달러의 거금을 투자하여 헝가리의 전구 제조업체인 퉁스람(Tungsram)을 인수한 후 좌절을 경험하였다. 사실 헝가리의 풍부한 저임금 노동력과 서유럽 수출시장으로 진출하는 교두보를 마련하기 위해 헝가리 최대기업인 퉁스람을 인수하였다. 인수 이후 GE는 퉁스람에 고위관리자를 파견하는 등 유럽 최고의 전구 제조업체로 성장시킬 꿈에 부풀었으나 불행히도 많은 문제들에 봉착하였다.

심각한 문제 중 하나는 미국기업과 헝가리기업의 문화적 차이로부터 발생하였다. GE는 헝가리 종업원의 불성실함을 불평한 반면, 퉁스람은 GE의 지나친 경영간섭을 힐난하였다. 가령 GE는 경쟁사로부터 고객을 빼어오는 막강한 영업능력을 기대했으나 사회주의 체제에 익숙한 퉁스람은 그런 식의 고객유치를 불편하게 인식하였다. 반면 퉁스람은 미국식 연봉제 도입을 내심 기대했으나 GE는 저임금의 노동력을 활용하는데 주력하였다. 결국 퉁스람의 손실이 급증하자 GE는 헝가리 문화에 대한 이해가 부족했을 뿐만 아니라, 향후 흑자전환도 쉽지 않음을 인정할 수밖에 없었다. 현재 문화적 이질성에 따른 경영상의 문제는 점진적으로 해결되었으며, 퉁스람의 생산성 증대로 인해 GE는 글로벌 전구사업에서 시장지위를 높여가고 있다.

해외시장 진출 시 문화적 차이를 고려하여 경영방식은 수시로 수정되어야 한다. 미국에서 성공한 경영방식도 문화적 이질성이 존재하는 일본, 헝가리 및 멕시코에서 성공을 보장하지 않는다. 예컨대 개인성과를 강조하는 미국식 연봉제를 집단의 목표달성 시 개인의 공헌도를 반영하는 일본에 동일하게 적용할 수는 없는 노릇이다.

해외진출을 도모하는 다국적기업 경영자일수록 진출대상국의 신념, 규범 및 가치에 벗어나지 않도록 올바로 처신해야 한다. 가령 이슬람 문화권에서 금요일은 안식일로 여기는데, 본사 경영자가 중동에 진출한 자회사에 금요일 업무지시를 내리는 것은 무례하고 적절하지 않은 것이다.

한편 미국으로 파견나간 주재원이 미국 생활에 적응할 수 있는 꿀팁을 소개하면 다음과 같다.

- 우수한 공립학교가 소재하고 있는 지역에 거주할 주택을 마련해라
- 괜찮은 조건을 제시하는 건강보험에 꼭 가입해라
- 파견기간 연장에 대비하여 여윳돈(현금, 예금)을 반드시 챙겨라
- 관심을 기울이면 많은 볼거리가 있기 때문에 미국 전역을 여행하는 계획을 세워라
- 미국의 역사, 전통과 더불어 공휴일과 스포츠의 기원과 문화적 생활방식을 익혀라

HSBC은행 사이트의 관련 콘텐츠는 단순한 개인의견이며, 각 정보와 의견에 대해 HSBC은행은 책임이 없음을 알려드립니다. 다만 외국생활을 앞두고 있는 당사자와 그 주재원 가족에게 참고할 만한 정보임을 밝힙니다.

요약 및 리뷰

글로벌 환경이란 무엇인가? 글로벌 환경은 외국에서 사업을 수행하는 상황에서 기업의 자원 개발과 활용에 영향을 미치는 요인들로 구성된다. 즉 글로벌 환경은 과업환경과 일반환경으로 구분할 수 있다. [학습목표 4-1]

과업환경 과업환경은 해외의 공급업체, 유통업체, 고객 및 경쟁사로부터 기인하는 영향요인들의 조합으로서 관리자의 일상적 의사결정에 영향을 미친다. 결국 과업환경에서 파생되는 기회와 위협은 기업의 국제화 수준이 높아질수록 훨씬 복잡해지는 양상을 보인다. [학습목표 4-2, 4-3]

일반환경 일반환경은 경제적, 기술적, 사회문화적, 인구통계적, 정치적 및 법률적 요인들로 구성되는데 과업환경뿐만 아니라 기업에까지 광범위한 영향을 미친다. [학습목표 4-2, 4-3]

글로벌 환경의 변화 지금까지 자유무역을 신장하는 글로벌 환경에서 개인과 기업은 부의 축적과 이윤 창출을 위해 해외로부터 기회요인을 활용해 왔다. 달리 말해 자유무역주의는 세계시장을 통합시키는 대표적 요인으로 작용하고 있다. 즉 국별 차이에도 불구하고 과업환경과 일반환경의 개방화는 세계의 경제적, 정치적, 사회적 시스템을 연결, 통합함으로써 국가간 동질성과 상호의존성이 강화되는 결과로 나타났다. 결국 무역장벽 축소에 따른 시장의 세계화는 물리적, 문화적 거리를 감소시키는 역할을 충실히 수행하고 있다. [학습목표 4-4, 4-5]

Management *in Action*

Topics for Discussion and Action

토의

1. 기업의 경영자에게 영향을 주는 글로벌 환경의 영향요인(Forces)을 이해하는 것이 중요한 이유를 말하시오. [학습목표 4-1]
2. 신약을 개발하는 제약업체와 갭(GAP), 매이시(Macy's)의 유통업체 중 상대적으로 복잡한 과업환경에 직면하는 기업은 어떤 기업인지, 그 이유는 무엇인지 설명하시오. [학습목표 4-2, 4-3]
3. 베이비 붐 세대의 은퇴, 이들의 평균 수명 연장으로 노인인구가 증가하고 있다. 이러한 인구 통계적 변화요인이 제약산업에 미치는 영향을 말하시오. [학습목표 4-1, 4-2, 4-3]
4. 정치적, 법률적 및 경제적 환경요인이 문화에 미치는 영향은 무엇인가? 기업의 성공적 국제화에 가장 커다란 영향을 미치는 문화적 요인을 설명하시오. [학습목표 4-3, 4-5]
5. NAFTA 출범 이후 상당수 미국기업들은 저렴한 노동력과 느슨한 환경규제 때문에 멕시코로 제조공장을 이전하였다. 결과적으로 멕시코로 진출한 기업들은 비용절감을 토대로 치열한 글로벌 경쟁에서 경쟁력 향상을 도모할 수 있었다. 그러나 공해시설을 이전하는 미국기업의 행태가 수단이 목적을 정당화 하는 것이라 비난을 가하고 있는데 이에 대해 각자의 생각을 피력하시오. [학습목표 4-4]

실천

6. 주변에 있는 기업의 경영자를 찾아서 그 기업이 속한 과업환경의 요인들을 나열하고, 가장 강력한 영향을 미치는 영향요인을 제시하시오. 아울러 고객, 경쟁사 및 공급업체를 중심으로 경쟁압력이 변화함에 따라 특별히 조심해야 할 기회와 위협요인을 말하시오. [학습목표 4-1, 4-2, 4-3]

Building Management Skills

기업의 외부환경을 분석해 보자 [학습목표 4-1, 4-2, 4-3]

주변의 직장경력이 있는 당사자(임직원 포함)에게 다음의 문항들에 대해 물어보시오.

1. 당시 기업에게 영향을 주었던 과업환경의 영향요인들을 나열하시오.
2. 당시 기업에게 영향을 주었던 일반환경의 영향요인들을 나열하시오.
3. 당시 기업에서 과업환경과 일반환경의 영향요인이 관리자 업무에 미친 영향을 말하시오. 특히 환경적 요인들이 관리자가 기회를 활용하고 위협에 대비하는데 어떤 영향을 주었는지 설명하시오.

Managing Ethically [학습목표 4-4, 4-5]

미국의 홈 데포(Home Depot)는 중국시장을 과소평가하였다. 2006년 주택개보수 용품을 판매하던 홈 데포는 중국 진출 6년 만에 시장철수를 결정하였다. 홈 데포의 DIY 방식 비즈니스 모델이 중국시장에서 만큼은 통하지 않은데 따른 당연한 결과였다. 중국의 저렴한 인건비는 홈 데포를 대신해 주택 개보수를 수행할 노동력을 구하기 쉽다는 것을 의미한다. 또한 중국 소비자는 아파트를 선호하기 때문에 목재부품에 대한 수요가 많지 않다는 점도 철수의 원인으로 지목되었다.

질문

1. 홈 데포의 입장에서 중국시장에서의 실수를 만회할 다른 대안이 있었는지 말하시오.
2. 미국의 홈 데포는 문화적 특성이 어떠한 환경에서 성공가능성을 제고할 수 있는지 설명하시오.

Small Group Breakout Exercise [학습목표 4-1, 4-2]

복사기 시장 진출

3~4명으로 팀을 구성하고 과제를 발표할 팀장을 임명한 다음 시나리오에 따라 토론하시오.

당신과 파트너는 인구 10만의 대학가에 소규모 인쇄소를 오픈하기로 결정하였다. 예상컨대 인쇄업에서 주요 경쟁사는 페덱스 복사점(FedEx Office)이 될 것으로 점쳐진다. 오픈 첫해 영세 사업자의 성공률이 50% 미만임을 고려할 때 인쇄업의 과업환경에 대한 철저한 분석은 필수로 생각되어 기회와 위협요인 도출에 주력하였다.

1. 만약 성공가능성을 제고하려면 인쇄업의 핵심고객, 잠재적 경쟁자, 혹은 과업환경의 또 다른 영향요인으로 어떤 것이 있는지 말하시오.
2. 인쇄업을 시작하기에 앞서 강력한 진입장벽이 존재한다면 무엇인지 설명하시오.
3. 앞서 분석결과에서 새로운 비즈니스 모델 설계 시 고려해야 할 핵심요인이 있다면 무엇인지 나열하시오.

Be the Manager [학습목표 4-1, 4-2]

의류 유통업의 변화

당신은 지난 15년 동안 지속 성장했으나 지금은 위기에 봉착한 대형 의류소매점의 신임 관리자로 부임하였다. 최근 3년간 경쟁사의 공격적 확장으로 고객의 이탈이 심해져 매출액이 30%나 하락하였다. 이탈고객을 대상으로 매출 하락의 이유를 파악하는 설문조사를 실시한 결과 온라인 쇼핑처럼 패션 트렌드의 변화를 읽지 못한 것이 주된 원인이었다. 심지어 구매 담당자가 새로운 거래처 발굴대신 동일업자로부터 계속 제품을 납품받았던 관행도 또 다른 원인으로 지목되었다. 또 판매사원은 고객요구를 무시했을 뿐 아니라, 점포 운영을 개선하기 위해 어떠한 노력도 하지 않을 만큼 무책임한 모습을 보이고 있었다.

질문

1. 위에 언급한 의류 소매업에서 과업환경의 영향요인들을 분석하시오.
2. 의류 소매업의 특성을 고려할 때 시장수요와 고객니즈에 대응하도록 매장 관리자와 판매사원을 변화시키는 프로그램이 있다면 말해 보시오.

Bloomberg Case in the News [학습목표 4-1, 4-2, 4-3, 4-4, 4-5]

다른 방향으로 진행되는 유럽의 두뇌유출

저자: Zoltan Simon

세계에서 가장 큰 자산운용사인 블랙록(주)이 헝가리 부다페스트에 500명 규모의 사무실을 오픈할 계획을 발표하자, 관계없을 것 같던 런던 지점의 지원자들로 문전성시를 이루었다.

헝가리의 책임자인 멜라니 세이무어(Melanie Seymour)는 세계금융의 중심지인 런던을 떠날려는 사람이 응시자의 1/3에 육박한다고 말한다. 1월 말 본사는 지원자를 위한 모임을 주선했는데 이 자리에 다수의 투자은행가와 고액 연봉의 헝가리 출신 금융인들이 저녁까지 남아 있었다.

브렉시트로 말미암아 영국은 인재유출을 걱정하는 반면, 중부유럽과 동유럽은 인재유입을 준비하고 있다. 과거 수년 동안 우수한 졸업생들은 고소득 일자리가 풍부한 서유럽으로 떠날 수밖에 없었지만 오히려 지금 동유럽은 더 많은 일자리 기회를 제공한다. 중부와 동유럽에 사무실을 두고 있는 무역회사조합인 기업서비스 경영자연합(ABSL: Association of Business Service Leaders)

에 따르면 2025년까지 재무, 법률, 연구 및 디자인 분야의 고용이 2015년의 3배 이상인 1백만명에 달할 것으로 전망한다. 이러한 대규모 채용은 폴란드의 골드만삭스, 체코의 화이자처럼 다국적 기업이 주도하고 있다. 세이무어의 말을 빌리자면 "런던에서 일하는 동유럽 출신 대다수 종업원들은 고향에 정착하는 것이 평생의 꿈"으로 여기지만, "고향으로 돌아가기 어려운 이유는 자신의 능력과 승진을 만족시킬 충분한 경력기회가 없기 때문"이라고 한다.

한편 동유럽에서 일자리가 창출되는 이유는 오랜 기간 다국적 기업이 회계, 인사 및 세관경영 등의 지원(Back-office) 활동을 체제전환국에서 수행하고 있을 정도로 기업경영과 서비스의 중심지이기 때문이다. 즉 본사도 사무자동화를 통해 인건비를 절감하듯이 동유럽에 진출한 자회사도 학력수준이 높고 외국어능력이 탁월한 인력을 저렴한 비용으로 활용할 수 있다. 이러한 이유로 블랙록 헝가리 사무소도 마케팅, 재무분석 및 타 분야 전문가 채용에 적극 나서고 있다고 말한다. 아울러 미국의 GE도 지금의 1,900명에서 2017년 말까지 2,000명 이상 수준으로 인력채용을 늘려 서비스센터를 확충할 계획을 갖고 있다.

비록 브렉시트와 별개로 다국적기업은 현지화의 일환으로 서비스센터 확충을 추진하는 상황에서 영국 고용주들의 25% 이상은 EU시민권자인 노동자들이 영국을 떠날 것을 우려한다고 런던 기반의 인적개발연구소(Chartered Institute of Personnel and Development)는 말했다. 향후 영국으로부터의 인재유출로 가장 커다란 수혜를 입을 국가로 폴란드를 지목하고 있다. 폴란드 정부는 유럽연합 탈퇴가 현실화되면 영국에 진출한 다국적기업들이 다른 EU회원국으로 이전할 수밖에 없기 때문에 30,000개 이상의 일자리가 창출될 것으로 예측한다. 독일의 경제신문인 한델스블라트(Handelsblatt)에 따르면 금융서비스업의 골드만삭스는 런던 사무소 인력을 3,000명 정도의 절반으로 줄이는 동시에, 향후 3년에 걸쳐 폴란드 바르샤바 현지에 "수백 명" 수준으로 인력을 증원할 계획이다. JP모건 체이스도 2,000명에 달하는 인력을 중부유럽의 폴란드로 재배치할 것을 고려하고 있다. 심지어 스위스의 UBS은행은 이미 폴란드 크라쿠프(Krakow)에 글로벌 금융센터를 운영하고 있다.

미국의 AT&T는 체코의 브르노(Brno)시에 법인을 진출시켜 놓은 한편, 휴렛패커드는 루마니아의 클루지-나포카(Cluj-Napoca)에 자회사를 전출시켰다. 이에 따라 동유럽 국가를 중심으로 임금수준도 꾸준히 증가하고 있다. ABSL에 따르면 3~5년 경력의 소프트웨어 개발자의 평균 연봉은 프라하 기준 28,500유로(30,900달러), 부다페스트 기준 33,200유로 수준으로 알려져 있다.

프라하와 부다페스트의 임금수준은 체코와 헝가리 전체 평균보다 3배 이상 높지만, 아일랜드 더블린에서 소프트웨어 개발자가 받는 연봉 65,000유로에 비하면 여전히 낮다. 서유럽의 높은 임금수준은 동유럽 출신 인재를 흡수하는 유인일 뿐만 아니라, 임금 차이가 여전한 동유럽으로 다시 돌아갈 가능성을 낮추기도 한다. 유로스태트(Eurostat)에 따르면 인재유출은 지역경제의 걸림돌로서 노동력 부족을 초래하였고, 헝가리, 폴란드, 루마니아 및 체코는 EU회원국 중에서도 낮은 실업률을 자랑하는 대표적 국가이다.

ABSL의 비즈니스-서비스센터는 동유럽 노동자의 생산성 향상에 적극 나서고 있다. 즉 높은 생산성은 임금수준을 향상시키고, 높아진 임금수준은 해외 노동자의 본국 귀향을 도울 것이다. 블랙록의 세이무어는 "핵심인재를 둘러싼 쟁탈전은 다국적기업의 전반적 성과에 중요할 뿐만 아니라, 런던, 뉴욕, 홍콩 및 싱가폴에서 수행하는 업무가 그만큼 쉽지 않다는 점을 암시한다. 결국 동유럽으로 돌아가려는 인재를 붙잡는 동시에, 핵심인재가 이탈되지 않도록 인적자원의 관리양상이 복잡해질 뿐이다"라고 말한다.

토론 질문

1. 중부와 동유럽처럼 다국적기업이 현지에 진출하는 의사결정을 내리는데 영향을 미친 글로벌 환경요인들이 있다면 말해보시오.
2. 고향을 떠나지 않고 일자리를 구하기로 결심하는데 자국 문화가 어떤 영향을 미쳤는지 설명하시오.
3. 연중 내내 실업률이 낮은 수준에 있는 소수 동유럽 국가에서 경영자는 핵심인재의 유출에 어떻게 대응할 것인지 말해보시오.
4. 브렉시트의 파급효과를 알 순 없지만 다국적기업의 경영자는 영국의 유럽연합(EU) 탈퇴 상황을 어떻게 경쟁우위 제고로 연결시킬 수 있을지 말하시오.

Zoltan Simon, "In Europe, Brain Drain Flows the Other Way," *Bloomberg Businessweek*, April 3–April 9, 2017, pp. 16–18. Used with permission.

제 3 부

5 의사결정, 학습, 창의성, 기업가정신

학습목표

이 장을 학습한 후, 다음 내용에 답할 수 있어야 한다.

학습목표 5-1 경영 의사결정의 속성을 이해하고, 정형적 의사결정과 비정형적 의사결정의 차이를 구분하며, 비정형적 의사결정이 왜 복잡하고 불확실성이 높은지를 설명할 수 있다.

학습목표 5-2 경영자가 최적의 의사결정을 내리기 위해 거쳐야 하는 여섯 단계를 이해할 수 있다.

학습목표 5-3 집단 의사결정의 장단점을 파악하고, 이를 개선할 수 있는 기법을 설명할 수 있다.

학습목표 5-4 경영자가 하는 의사결정의 질 향상에 조직 학습과 창의성이 미치는 영향을 설명할 수 있다.

학습목표 5-5 경영자들이 학습조직을 만들기 위해 어떻게 기업가정신을 북돋을 수 있는지를 설명하고, 기업가정신과 사내기업가정신을 구분할 수 있다.

경영자들의 혁신적인 의사결정으로 인해 후지필름은 필름과 카메라 이외의 산업에서 연구개발 인력을 포함한 인적자원의 강점을 활용해 기회를 포착할 수 있었다.

©BK foto/Shutterstock.com RF

MANAGEMENT SNAPSHOT

후지필름의 효과적인 의사결정

기회와 위협에 대응하기 위한 의사결정이 변화하는 시기에 특히 중요한 이유는?

모든 경영자들은 불확실성 속에서 매일 의사결정을 해야 한다. 때로는 그 의사결정이 잘못 되는 경우도 있다. 아무리 뛰어난 경영자도 가끔은 잘못된 의사결정을 내릴 수 있다. 그리고 적절한 의사결정이었음에도 불구하고, 경영자가 통제할 수 없는 요인들로 인해 예상치 못한 부정적인 결과를 초래할 수도 있다. 효과적인 경영자들은 이전 의사결정으로부터 학습할 뿐만 아니라, 의사결정의 연속성이 얼마나 중요한지를 안다.

후지필름 홀딩스(Fujifilm Holdings)의 회장 겸 최고경영자 고모리 시게타카(Komori Shigetaka)와 경영진이 중대한 위협에 대응하여 내린 의사결정과, 회사의 강점을 활용하여 새로운 기회를 포착하기 위해 연속적으로 하고 있는 의사결정을 생각해 보자. 후지필름은 일본 도쿄에 본사를 두고, 전 세계적으로 79,000명이 넘는 직원을 고용하고 있다. 이 회사의 주요 제품은 사진 필름과 컬러사진 용지였다. 지난 10여 년 사이에 스마트폰과 디지털 카메라의 인기가 높아지면서 이러한 감광 물질의 수요는 급격히 감소했다.

고모리는 경쟁자인 코닥을 파산에 이르게 한 위협의 심각성을 인식했다. 그래서 먼저 초정밀 공학이 필요한 사진 필름의 제조에서 그동안 회사가 어떻게 성공할 수 있었는지에 대해 경영자, 연구자, 엔지니어들과 함께 면밀히 분석해볼 필요가 있다고 판단했다. 그리고 소분자를 매우 정밀하게 다루는 절차와 과정을, 비슷한 요구조건을 가진 다른 제품의 제조에 활용하기로 결정했다. 예를 들어 일본 가나가와에 위치한 회사의 연구소에서 일하는 타시로 토모코(Tashiro Tomoko) 연구원은 출산휴가 이전까지 시간이 지나도 인화된 사진의 색이 바라지 않도록 하는 분자를 개발하는 프로젝트에 참여하고 있었다. 하지만 출산 후 자리로 돌아와 보니, 그녀의 프로젝트는 중단되었고, 대신 그녀는 유사한 기술을 사용하여 스킨케어 제품을 개발하게 되었다. 타시로는 사진 관련 프로세스와 기술 연구로부터 얻은 지식과 경험을 바탕으로 아스타리프트(Astalift)라는 화장품 개발에 참여했다. 흥미롭게도 콜라겐의 파생물인 젤라틴은 사진 필름의 핵심 성분인데, 인간 피부의 약 70%는 콜라겐으로 이루어져 있다. 이후 아스타리프트는 연간 807만 달러의 매출을 올려 성공적인 스킨케어 브랜드가 되었다. 타시로는 "처음에는 어리둥절했어요. 하지만 얼마 지나지 않아 우리가 창출할 수 있는 가치가 얼마나 큰지 알 수 있었어요"라고 말했다.

후지필름의 고모리와 최고경영진은 제약, 줄기세포 연구, 생명공학, LCD용 필름 제조 등 새로운 분야에 진출하기 위해 회사의 광범위한 전문지식을 활용하기로 결정했다. 현재 후지필름의 큰 수입원은 프린터와 복사기이지만, 고모리는 생명공학, 의료, 의약품을 미래에 성장을 이끌 잠재력이 가장 큰 분야로 설정했다. 예를 들어 제팬 티슈 엔지니어링(Japan Tissue Engineering)이라는 사업부는 심한 화상이나 다른 질병의 환자들을 치료하는 데 사용할 수 있는 재생 연골과 피부 제품을 제조하여 판매한다. 또한 최근 고모리는 인체의 여러 부분을 재생하는 데 사용할 수 있는 줄기세포의 종류인 IPS 세포를 만드는 미국 회사 셀룰러 다이나믹스 인터내셔널(Cellular Dynamics International)을 인수하기로 결정했다. 고모리는 췌장이나 간과 같이 손상된 장기를 재생시키는 세포 개발에서 기회를 포착하고, 후지필름의 사업부와 계열사들이 이 기회를 현실화시키길 바란다.

고모리는 회사가 그동안 구축한 강점과 전문성을 바탕으로, 화학자 토다 요조(Toda Yuzo)가 의약품 및 스킨케어 사업을 이끌어 나가도록 결정했다. 토다는 "우리는 세포를 다루는 것을 전문으로 하는 회사입니다. 우리는 우리가 이길 수 있는 분야에서 게임 체인저가 되고자 합니다. 미세 환경이요? 우리가 이미 잘 아는 영역입니다"라고 했다.

스마트폰과 디지털 카메라의 인기로 인해 회사의 주력인 사진 관련 사업이 직면한 위협에 대응하기 위해 고모리와 경영진이 내린 여러 의사결정들은 의료와 생명과학 분야에서 거대한 새로운 기회를 창출하였다. 물론 그들은 프린팅 재료와 장비, 디지털 카메라, 스마트폰 카메라 부품, 포토북과 같은 기존의 핵심 사업들에 대해서도 여전히 여러 의사결정을 하고 있다.

고모리와 경영진, 그리고 연구원들은 그동안 효과적이고 탁월한 의사결정을 해온 것으로 보인다. 이는 견실한 재무성과, 디지털 카메라 디자인 상 수상, 난이도가 매우 높은 췌장암 등의 고형종양에 대한 항암제 임상시험 단계 진입에서 입증되고 있다. 하지만 고모리는 여기에 안주하지 않고, 후지필름이 변화하는 시대를 헤쳐 나갈 수 있도록 효과적인 의사결정을 내리고자 여전히 노력하고 있다. 고모리는 "아직 우리가 성공했다고는 할 수 없습니다. 세상에 모든 것이 너무 빨리 변하고 있어서 어떤 회사도 쉽게 말할 수 없을 겁니다. 단지 우리는 계속 전진하고 있습니다"라고 말했다.

개요

후지필름의 사례는 의사결정이 어떻게 조직의 효과성에 지대한 영향을 미칠 수 있는지를 보여준다. 크고 작은 모든 회사의 모든 수준에서 경영자들이 내리는 의사결정은 회사의 성장과 번영, 그리고 직원과 고객을 포함한 이해관계자들의 행복에 영향을 미친다. 그러나 의사결정에는 불확실성이 내포되어 있기 때문에 쉬운 일이 아니다.

학습목표 5-1

경영 의사결정의 속성을 이해하고, 정형적 의사결정과 비정형적 의사결정의 차이를 구분하며, 비정형적 의사결정이 왜 복잡하고 불확실성이 높은지를 설명하시오.

이 장을 통해, 우리는 경영자들이 어떻게 의사결정을 하는지 살펴보고, 개인, 집단, 조직적 요소들이 경영자들이 하는 의사결정의 질과 궁극적으로는 조직의 성과에 어떻게 영향을 미치는지를 알아볼 것이다. 우리는 경영 의사결정의 속성을 논의하고, 성공적인 의사결정을 하는 것이 얼마나 복잡한지를 보여주는 의사결정 모델을 살펴보며, 의사결정 과정의 주요 단계를 개략적으로 알아본다. 다음으로 우리는 경영자가 조직 내에서 조직 학습과 창의성을 촉진하고 의사결정의 질을 개선할 수 있는 방법을 검토한다. 마지막으로, 조직의 창의성을 촉진하는 데 있어 기업가정신의 중요성에 대해 논의하고, 기업가정신과 사내기업가정신을 구분할 것이다. 이 장을 마치면 고성과 조직을 만드는데 경영진의 의사결정이 얼마나 핵심적인지를 알 수 있을 것이다.

경영 의사결정의 속성

경영자들은 조직 활동을 계획하고, 조직화하며, 지휘하고, 통제할 때마다 일련의 의사결정을 내린다. 예를 들어 새로운 식당을 열 때, 경영자들은 식당의 위치, 음식의 종류, 직원의 채용 등에 대해 결정해야 한다. 의사결정은 경영자가 수행하는 모든 업무 중 가장 기본적인 것이다.

이전 장에서 논의했듯이, 경영자가 직면한 주요 과제는 조직의 환경을 관리하는 것이다. 외부 환경의 압력은 경영자와 조직에게 많은 기회와 위협을 준다. 조직 내부적으로는, 경영자가 조직의 자원을 사용할 때 발생할 수 있는 많은 기회와 위협을 고려해야 한다. 경영자들은 이러한 기회와 위협에 대처하기 위해 의사결정을 한다. 즉, 이들은 일련의 대안들 중에서 하나의 해결책을 선택해야 한다. **의사결정(decision making)**은 경영자들이 조직의 목표와 활동에 대해 대안을 분석하고 결정과 결단을 함으로써 기회와 위협에 대응하는 과정이다. 좋은 의사결정은 적절한 목표와 활동을 선택하여 조직의 성과를 높이고, 반면 나쁜 의사결정은 성과를 떨어뜨린다.

의사결정 경영자들이 조직의 목표와 활동에 대해 대안을 분석하고 결정과 결단을 함으로써 기회와 위협에 대응하는 과정

기회에 대응하는 의사결정은 고객과 직원을 포함한 이해관계자들에게 혜택을 주기 위해, 조직의 성과를 개선하는 방법을 모색할 때 일어난다. 앞서 후지필름의 고모리는 의료 회사를 인수하고, 회사의 강점을 활용한 신제품을 개발하여 기회를 붙잡았다. **위협에 대응하는 의사결정**은 조직 내부나 외부의 사건이 조직의 성과에 악영향을 미치는 상황에서, 경영자들이 성과를 높일 수 있는 방법을 모색할 때 일어난다. 고모리는 사진 관련 제품의 수요가 감소하는 위협에 직면하여, 후지필름의 전문지식과 전문성을 활용한 생명공학, 의료, 의약품 분야 진출을 결정함으로써 대응했다. 의사결정은 경영자에게 핵심적이며, 경영자들은 네 가지 주요 업무인 계획, 조직화, 지휘, 통제를 수행할 때마다 끊임없이 결정을 내린다.

경영자는 조직의 성과를 개선하기 위해 더 나은 결정을 내릴 수 있는 방법을 끊임없이 모색한다. 동시에 조직의 성과를 저해하는 큰 실수를 피하려 최선을 다한다. 획기적이고 훌륭한 의사결정의 사례로는 모토로라에서 최초의 휴대전화를 개발하기로 한 마틴 쿠퍼(Martin Cooper)의 결정과, 애플에서 아이팟(iPod)을 개발하기로 한 스티브 잡스(Steve Jobs)의 결정을 들 수 있다. 반대의 예로는 1986년 7명의 우주비행사를 사망하게 한 **챌린저** 우주왕복선 프로그램에서 NASA의 모턴 사이어콜(Morton Thiokol)과 경영진이 내린 결정과, 또다시 7명의 우주비행사를 잃은 2003년 **컬럼비아** 우주왕복선 프로그램에서 NASA 경영자들이 내린 결정을 들 수 있다.

정형적 및 비정형적 의사결정

경영자가 하는 의사결정은 크게 정형적인 것과 비정형적인 것으로 나뉜다.

정형적 의사결정 수립된 규칙이나 지침에 따라 일상적이고 사실상 자동적으로 하는 의사결정

정형적 의사결정

정형적 의사결정(programed decision making)은 일상적이고 사실상 자동적인 과정이다. 정형적 의사결정은 어떤 상황이 반복해서 일어나서, 적용할 규칙이나 지침을 개발해 놓을 정도로 과거에 이미 여러 번 내린 의사결정이다. 학교장이 등록 학생이 40명 증가할 때마다 이사회에 신임 교사 채용을 요청하는 것, 제조 관리자가 기존 근로자의 초과

근무수당이 10% 증가할 때마다 새로운 직원을 채용하는 것, 사무실 관리자가 정해진 보유량 이하로 떨어지면 펜이나 종이 같은 사무용품을 주문하는 것 등이 정형적 의사결정의 예이다. 특히 마지막 예에서는 주문하는 수량도 이미 정해져 있을 수 있다.

예를 들어 사무실 관리자의 의사결정은 무엇을 해야 하는지에 대해 계속해서 새로운 판단을 할 필요가 없기 때문에 정형화된 것이다. 그들은 다음과 같이 오랜 기간에 걸쳐 확립된 의사결정 규칙에 의존하면 된다.

- 규칙 1: 보관함에 복사지 1/4이 남았을 때 주문한다.
- 규칙 2: 용지를 주문할 때는 선반을 가득 채울 만큼 주문한다.

경영자는 규칙과 지침을 개발하여 모든 일상적인 조직 활동을 통제할 수 있다. 예를 들어 작업자가 특정 작업을 수행하는 방법을 규칙으로 명시할 수 있고, 원자재 구매 시 충족해야 하는 품질 기준을 규칙으로 만들어 놓을 수도 있다. 조직의 일상적인 운영과 관련된 대부분의 의사결정은 정형적 의사결정이다. 보유할 재고량, 대금 지급 시기, 청구서 발송 시기, 원자재 주문 시기 등에 대한 결정이 그 예이다. 정형적 의사결정은 경영자가 의사결정에 관한 규칙을 만드는 데 필요한 정보를 가지고 있을때 가능하다. 창고가 비어있는 상태를 확인하거나, 학교에서 신입생 수를 세는 것은 모호한 일이 아니다.

비정형적 의사결정 그러나 경영자들이 어떤 일련의 행동이 원하는 결과를 가져올지를 확신하지 못한다고 가정하자. 또는 더욱 모호한 상황으로, 경영자들이 그들이 달성하려고 하는 것이 무엇인지조차 확신하지 못한다고 가정하자. 당연히 불확실한 사건들을 예측하는 규칙은 개발될 수 없다. 이러한 비일상적인 의사결정에 있어서는 **비정형적 의사결정(nonprogrammed decision making)**이 필요하다. 비정형적 의사결정은 비정상적이거나 새로운 기회와 위협에 대응하여 이루어진다. 비정형적 의사결정은 경영자가 상황에 적용할 수 있는 미리 만든 의사결정 규칙이 없을 때 일어난다. 규칙이 존재하지 않는 이유는 상황이 예측불가능하거나 불확실하고, 경영자들이 이 상황에 대한 규칙을 개발하는 데 필요한 정보가 부족하기 때문이다. 비정형적 의사결정의 예로는, 후지필름과 같이, 신기술 투자, 신제품 개발, 새로운 마케팅 캠페인 개시, 새로운 시장 진출, 국가 시장 확대, 신규 사업 진출, 연구개발 투자, 기업 인수 등에 대한 결정을 들 수 있다.

> **비정형적 의사결정** 비정상적이고 예측불가능한 기회와 위협에 대응하는 비일상적 의사결정

마땅한 규칙이 없는 상태에서 경영자들은 어떻게 의사결정을 해야 하는가? 그들은 **직관(intuition)**에 의존할 수 있다. 직관은 마음속에 가진 느낌, 믿음, 예감을 의미하는데, 여기에 의존함으로써 의사결정과 정보수집에 필요한 노력을 줄일 수 있고, 즉각적인 의사결정을 할 수 있다. 또한 경영자들은 신중한 정보수집, 대안 도출 및 평가에 시간과 노력을 필요로 하는 **논리적 판단(reasoned judgement)**을 통해 의사결정을 할 수 있다. 논리적으로 판단하는 것은 직관을 따르는 것보다 더 합리적인 과정이다. 하지만 이 장의 뒷부분에서 살펴보게 될 이

> **직관** 의사결정과 정보 수집을 위한 노력이 거의 필요 없고 빠른 의사결정이 가능하도록 하는 마음속의 느낌, 믿음, 예감

> **논리적 판단** 신중한 정보 수집, 대안 도출 및 평가에 시간과 노력을 필요로 하는 결정

비정형적 의사결정은 사진과 같이 적용할 수 있는 과거의 사례나 기준이 존재하지 않는 영역에서 일어난다.

유로 인해, 직관과 논리적 판단 모두 때로는 결함이 있고 잘못된 의사결정을 초래할 수 있다. 따라서 비정형적 의사결정은 정형적 의사결정보다 오류가능성이 훨씬 더 크다. 이 장의 나머지 부분에서 말하는 의사결정은 비정형적 의사결정을 의미한다. 비정형적 의사결정이 경영자들에게 문제를 많이 일으키고 본질적으로 도전적이기 때문이다.

때때로 경영자들은 신속한 결정을 내려야 하고, 관련 문제들을 신중하게 고려할 시간이 없다. 긴급한 사안에 신속히 대응하기 위해서는 직관에 의지해야 한다. 예를 들어 소방서장 등 관리자들은 위험하고 통제 불가능한 화재와 싸우는 소방관들에게 명령을 내릴 때, 소방관들과 사람들의 생명을 구하고, 화재를 진압하며, 재산을 보호할 수 있도록, 전문가적인 직관에 의존하여 즉각적인 의사결정을 하는 경우가 많다. 이는 불확실성과 위험이 높고 조건이 급변하는 상황에서의 의사결정 사례이다. 그러나 일반적으로 경영자들은 논리적 판단에 필요한 시간은 있지만, 인수합병의 진행 여부를 결정할 때처럼 기존에 만들어진 의사결정 규칙이 없는 경우가 많다.

비정형적 결정은 상황에 관계없이 효과적이거나 비효과적인 의사결정을 낳을 수 있다. 다음의 'Manager as a Person'에서 볼 수 있는 것처럼, 경영자들은 직관과 논리적 판단 중 무엇을 사용했는지와 상관없이, 자신이 내린 의사결정에 대한 지나친 확신을 경계해야 한다.

Manager as a Person

지나친 자신감 주의

경영자들은 자신의 직관과 논리적 판단에 확신을 가져야 하는가? 노벨상을 수상한 대니얼 카너먼(Daniel Kahneman)과 아모스 트버스키(Amos Tversky)에 따르면, 모든 사람들과 마찬가지로 경영자는 직관이든 논리적 판단이든 상관없이 자신이 내리는 의사결정에 대해 과신하는 경향이 있다. 지나친 자신감(overconfidence)은 자신이 내린 결정의 타당성에 대해 평가 및 재검토와 실수로부터 학습을 하지 못하게 한다.

카너먼은 의사결정의 내용에 진정으로 전문가인 경영자의 직관과, 약간의 지식과 경험을 가지고 있지만 진정한 전문가는 아닌 경영자의 직관을 구분했다. 두 가지 유형의 직관이 모두 잘못될 수 있지만, 전문가의 직관은 결함이 있을 가능성이 적다. 그렇기 때문에 비전문가에게는 복잡한 상황임에도 불구하고, 전문가인 소방서장과 유명한 체스 선수는 많은 시간을 할애하지 않고도 좋은 의사결정을 내리고 묘수를 두게 된다. 전문가와 전문지식이 제한적인 사람의 차이점은, 전문가들이 의사결정의 결과에 대해 신속하고 명확한 피드백을 받는 조건에서 광범위한 경험을 가지고 있다는 점이다.

불행하게도, 내용에 대한 경험은 있지만 진정한 전문가가 아닌 경영자들은 직관과 판단을 지나치게 확신하는 경향이 있다. 카너먼의 표현에 따르면, "사람들은 매우 빈약한 증거에 근거하여 통계적 결론을 내려버린다. 우리는 정말로 불충분한 정보를 바탕으로, 결과의 반복가능성과 경향에 대해 강력한 직관을 형성한다." 경영자들을 포함하여 모든 사람들은 자신의 직관과 판단에 대해 과신할 뿐 아니라, 실수로부터 배우지 않는 경향이 있다. 사람들은 이러한 지나친 낙관론과 함께 자신의 능력과 예측할 수 없는 사건에 대한 영향력을 과신하는 경향 또한 있다. 설문조사 결과에 따르면, 대다수의 사람들은 자신이 평균 이상이라고 생각하고, 더 나은 결정을 내리며, 나쁜 결정을 내릴 가능성이 다른 사람들보다 적다고 생각한다. 물론 어떤 것에 있어서 대부분의 사람들이 평균 이상일 수는 없다.

경영자의 지나친 자신감을 보여주는 사례는 흔하다. 많은 연구에서, 합병이 수익성 저하와 주가 하락 등 좋지 않은 결과를 낳는 경향이 있음을 일관되게 경고하였다. 예를 들어 다임러와 합병할 때 크라이슬러는 미국 3대 자동차 회사 중 가장 큰 수익을 내고 있었다. 하지만 합병은 큰 실패로 이어졌고, 크라이슬러와 다임러 둘 모두에게 재앙이 되었다. AOL과 타임 워너(Time Warner)의 합병, 휴렛패커드와 컴팩의 합병 등 많은 연구와 언론 기사에서 다루어진 합병 이후 기업들이 겪는 어려움으로부터 다른 기업의 최고경영자와 이사회가 교훈을 얻었을 것으로 생각할 수 있다. 하지만 전혀 그렇지 않다. 최고경영자들은 지나친 자신감으로 인해 다른 사람들은 실패했지만 자신은 성공할 수 있다고 믿는 것으로 보인다. 마찬가지로, 새로운 소규모 벤처가 5년 이상 정상적으로 사업을 유지할 확률은 35% 미만에 불과한데 반해, 창업자들에게 물어보면 10명 중 6명은 자신이 성공할 수 있다고 자신한다.

스탠퍼드 경영대학원 제프리 페퍼(Jeffrey Pfeffer) 교수는 경영자들이 자신이 내린 결정과 그 의사결정의 결과를 비판적으로 평가함으로써 지나친 자신감의 위험을 피할 수 있다고 제안하였다. 경영자들은 실수를 저질렀을 때 스스로 인정하고 실수로부터 진정으로 배워야 한다. 운이 나빴다거나 그들이 통제할 수 없는 상황이 발생했다는 이유로 피하지 말아야 한다. 또한 경영자는 다른 사람들의 동의가 너무 많을 때를 경계해야 한다. 페퍼는 "두 사람이 항상 동의한다면, 둘 중 한명은 불필요하다"고 언급했다.

고전적, 관리적 의사결정 모델은 의사결정에 영향을 미치는 많은 가정, 복잡성, 눈에 보이지 않는 함정을 보여준다. 이러한 모델은 의사결정의 질을 개선하기 위해 경영자를 포함한 의사결정자들이 인지해야 하는 요인을 파악하는데 도움이 된다.

고전적 모델

고전적 모델 의사결정자가 모든 가능한 대안과 그 결과를 파악하고 평가하여 가장 적절한 대안을 선택할 수 있다는 가정에 기반한 규범적 접근법

최적 결정 경영자가 조직에 가장 바람직한 결과를 가져올 것으로 믿는 최선의 의사결정

의사결정의 가장 초기 모델 중 하나인 **고전적 모델(classical model)**은 규범적인 것으로, 의사결정이 어떻게 이루어져야 하는지를 설명한다. 고전적 모델을 사용하는 경영자는 의사결정 과정에 대해 일련의 단순화된 가정을 한다(그림 5.1 참조). 고전적 모델의 가정은 일단 경영자가 의사결정의 필요성을 인식하면, 모든 가능한 대안 및 결과를 나열할 수 있고, 최선의 선택을 할 수 있다는 것이다. 즉, 고전적 모델은 경영자가 **최적 결정(optimum decision)**을 내리는 데 필요한 모든 정보에 접근할 수 있다고 가정하는데, 최적 결정은 조직에 가장 바람직한 결과를 가져올 것으로 믿는 최선의 의사결정이다. 더욱이, 고전적 모델은 경영자가 각 대안에 대한 자신의 선호를 쉽게 제시할 수 있고, 최적 결정을 위해 가장 선호하지 않는 것부터 가장 선호하는 것까지 순위를 매길 수 있다고 가정한다.

관리적 모델

제임스 마치(James March)와 허버트 사이먼(Herbert Simon)은 고전적 의사결정 모델의 기본적인 가정들에 동의하지 않았다. 그들은 현실 세계에서 경영자가 의사결정에 필요한 모든 정보에 접근하는 것은 불가능하다고 주장했다. 게다가 모든 정보를 쉽게 이용할 수 있다고 해도, 많은 경영자들은 그것을 정확히 흡수하고 평가할 수 있는 정신적 또는 심리적 능력이 부족하다고 주장했다. 이에 따라 마치와 사이먼은 왜 의사결정이 항상 본질적으로 불확실하고

그림 5.1
고전적 의사결정 모델

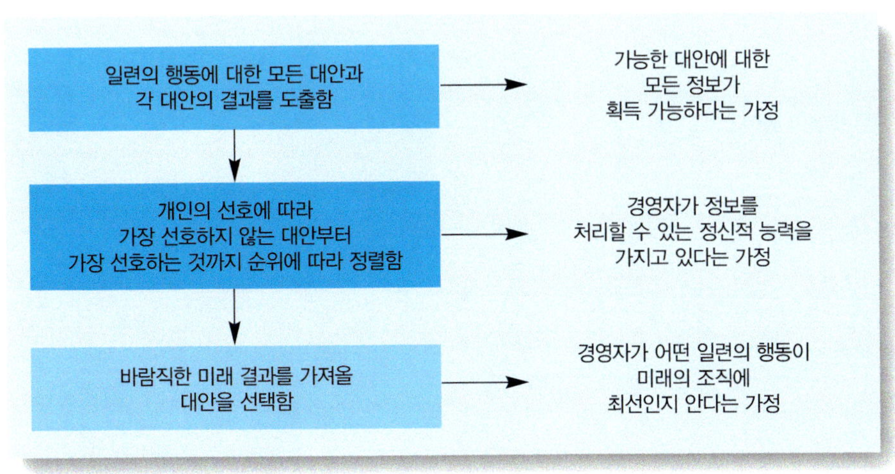

위험한 과정인지, 그리고 왜 거의 모든 경영자들이 고전적 모델에서 제시한 방식으로 의사결정할 수 없는지를 설명하기 위해 **관리적 모델(administrative model)**을 개발했다. 관리적 의사결정 모델은 제한된 합리성, 불완전한 정보, 만족화의 세 가지 주요 개념에 기초하고 있다.

관리적 모델 왜 의사결정이 본질적으로 불확실하고 위험하며, 왜 경영자가 보통 최적 결정보다 만족스러운 결정을 내리는지를 설명하는 의사결정에 대한 접근법

제한된 합리성

마치와 사이먼은 인간의 의사결정 능력이 사람들의 인지적 한계, 즉 정보에 대한 해석, 처리 및 행동 능력의 제약 때문에 제한된다고 지적했다. 인간 지능의 한계가 최적 결정을 선택하려는 의사결정자 능력에 제약을 가한다는 것이다. 마치와 사이먼은 경영자가 식별해야 할 대안의 수가 너무 많고 정보의 양이 너무 방대하여, 결정을 내리기 전에 경영자가 비슷하게라도 모든 것을 평가하기조차 어려운 상황을 묘사하기 위해 **제한된 합리성(bounded rationality)**이라는 용어를 만들었다.

제한된 합리성 정보에 대한 해석, 처리 및 행동 능력을 제약하는 인지적 한계

불완전한 정보

경영자들이 정보를 평가할 수 있는 무한한 능력이 있다고 해도, 불완전한 정보로 인해 최적 결정에 도달할 수 없다. 대부분의 상황에서 의사결정 대안의 전체 범위를 알 수 없고, 알려진 대안과 관련된 결과가 불확실하기 때문에 정보는 불완전하다. 바꾸어 말하면, 정보는 위험과 불확실성, 모호성, 시간제약 때문에 불완전하다(그림 5.2 참조).

위험과 불확실성

제4장에서 살펴보았듯이, 조직을 둘러싼 환경의 요인들은 끊임없이 변화하고 있다. **위험(risk)**은 경영자들이 특정 행동의 가능한 결과를 알고 그 결과에 확률을 부여할 수 있을 때 존재한다. 예를 들어 생명공학 산업의 경영자들은 신약이 임상시험을 성공적으로 통과할 확률이 10%, 실패할 확률이 90%라는 것을 알고 있다. 이러한 확률은 임상시험을 거친 수천 개 약물로부터의 경험을 반영한다. 따라서 생명공학 업계의 경영자들은 약물을 임상시험 단계에 보내기로 결정할 때, 그 약이 성공할 확률은 10%에 불과하다는 것을 알지만, 적어도 그들은 그들의 결정에 근거가 되는 정보는 가지고 있다.

위험 특정 행동에 따라 가능한 결과가 일어날 수 있는 확률의 수준

불확실성(uncertainty)이 존재할 경우, 각 대안에 따른 결과의 확률을 정할 수 없으며, 미래의 결과 또한 알 수 없다. 경영자들은 주어진 결과가 발생할 확률을 알 수 없기 때문에 의

불확실성 예측불가능성

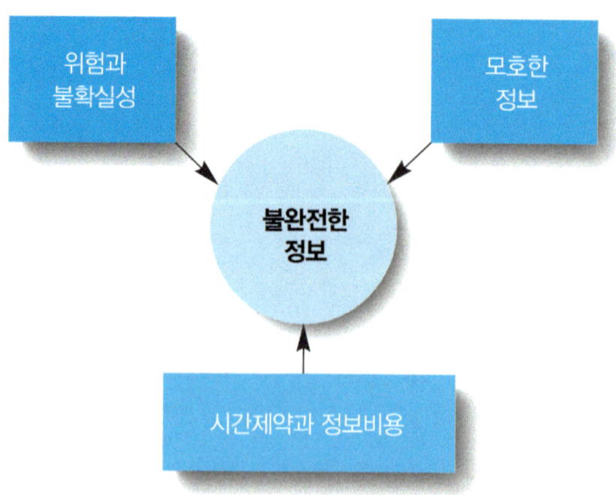

그림 5.2
불완전한 정보의 원인

사결정에 사용할 정보가 거의 없다. 예를 들어 1993년 애플 컴퓨터가 뉴턴이라는 최초의 PDA를 출시했을 때, 경영자들은 제품 출시의 성공 확률을 전혀 알지 못했다. 애플이 완전히 새로운 PDA라는 제품을 가장 먼저 출시했기 때문에, 경영진이 성공 가능성을 계산하기 위해 활용할 수 있는 근거 자료가 없었다. 불확실성은 대부분의 경영 의사결정을 어렵게 한다. 한편 애플의 초기 PDA는 기술적인 문제로 인해 어려움을 겪었지만, 이후 개선된 버전은 비교적 성공적이었다.

모호한 정보 정보가 불완전한 두 번째 원인은, 경영자들이 수중에 가지고 있는 많은 정보들이 **모호한 정보(ambiguous information)**이기 때문이다. 다양한 해석이 가능하고, 경우에 따라서는 상반되는 해석이 가능해서 정보의 의미가 명확하지 않은 것이다. 그림 5.3을 보자. 젊은 여자가 보이는가, 늙은 여자가 보이는가? 이와 유사하게, 경영자들은 종종 같은 정보를 다르게 해석하고, 자신의 해석에 기초하여 의사결정을 한다.

모호한 정보 다양한 해석이 가능하고, 경우에 따라서는 상반되는 해석이 가능한 정보

시간제약과 정보비용 정보가 불완전한 세 번째 이유는, 경영자들이 가능한 모든 해결방안의 대안을 찾고, 그러한 대안의 모든 잠재적 결과를 평가하는 데 필요한 시간도 돈도 없다는 것이다. 작은 엔진 부품의 공급업체 선정이 한 달 남은 포드 자동차의 구매 담당자가 직면한 상황을 생각해보자. 이 부품의 잠재적 공급자는 미국에만 2만여 개가 있다. 가능한 시간을 고려할 때, 구매 담당자가 모두에게 연락하여 각 회사의 납품 조건(가격, 납기 등) 제시를 요청할 수는 없다. 더욱이 시간적으로는 가능하다고 해도, 경영자 자신의 시간을 포함한 정보 수집 비용은 엄두도 못 낼 정도로 클 것이다.

만족화 마치와 사이먼은 경영자들이 제한된 합리성, 불확실한 미래, 측정할 수 없는 위험, 상당한 모호성, 시간제약 및 높은 정보비용에 직면하기 때문에, 모든 대안을 찾으려는 시도를 하지 않는다고 주장했다. 오히려 경영자들은 모든 잠재적 대안의 제한된 샘플만을 탐색하는

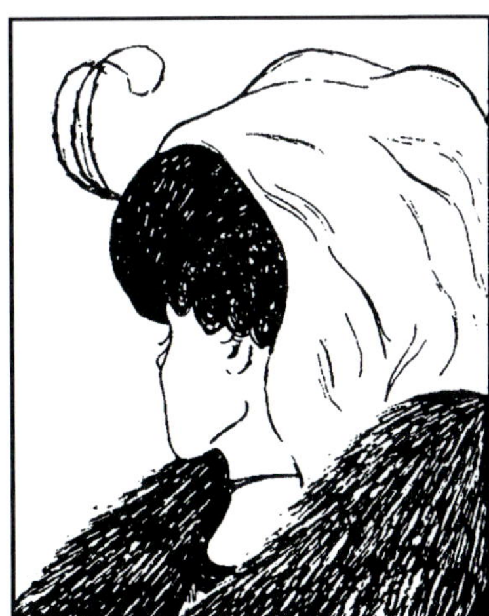

그림 5.3
모호한 정보: 젊은 여자? 아니면 늙은 여자?

만족화 문제와 기회에 대응하여 최선의 결정이 아니라, 만족스럽거나 수용 가능한 결정을 탐색하고 선택하는 것

만족화(satisficing)로 알려진 전략을 사용한다. 경영자가 '만족화'를 추구하면, 최적 결정을 내리기 위해 노력하기보다는 수용 가능하거나 만족스러운 방법으로 문제와 기회에 대응할 방법을 찾고 선택한다. 포드의 구매 담당자를 예로 들면, 제한된 수의 공급자에게 납품 조건 제시를 요청한 후, 그들이 공급자 전체를 대표한다고 믿고 그 중 하나를 선정함으로써 만족화할 수 있다. 이러한 일련의 행동이 구매 담당자의 관점에서는 논리적이지만, 잠재적으로 우수한 공급업체를 간과하는 결과를 낳을 수 있다.

마치와 사이먼은 경영 의사결정이 과학보다는 기술(art)에 가깝다고 지적했다. 현실 세계에서 경영자는 불확실성과 모호함에 직면하여 최적의 의사결정을 내릴 수 있도록 직감과 판단에 의존해야 한다. 게다가 경영 의사결정은 주로 빠른 속도로 진행된다. 불완전한 정보의 제약 하에서 중요한 결정을 내리기 위해 그들의 경험과 판단을 이용한다. 비록 이 접근방식에 문제가 없지만, 의사결정자들은 인간의 판단이 항상 완벽할 수 없다는 것을 알아야 한다. 최고의 경영자들조차 가끔 잘못된 의사결정을 내린다.

의사결정 과정의 단계

학습목표 5-2

경영자가 최적의 의사결정을 내리기 위해 거쳐야 하는 여섯 단계를 이해

연구자들은 마치와 사이먼의 연구에 기반하여 의사결정 과정의 단계 모델을 개발했고, 각 단계에서 경영자들이 직면하는 이슈와 문제를 제시했다. 아마도 이 모델을 설명하는 가장 좋은 방법은 선 마이크로시스템스(Sun Microsystems)의 역사에서 가장 중요한 시점에 스콧 맥닐리(Scott McNealy)가 실제로 했던 비정형적 의사결정을 살펴보는 것이다. 선 마이크로시스템스는 네트워크 솔루션을 중심으로 한 워크스테이션 컴퓨터 하드웨어 및 소프트웨어 제조회사이고, 맥닐리는 이 회사의 설립자로 2010년 회사가 오라클에 인수되기 전까지 이사회 회장을 맡았다.

1985년 8월 초, 당시 최고경영자 스콧 맥닐리는 9월 10일로 예정된 새로운 커레라(Carrera) 워크스테이션 컴퓨터 출시를 추진할지를 결정해야 했다. 회사의 경영자들은 커레라에 대한 개발 계획이 처음 제안된 9개월 전에 이 날짜를 결정했었다. 맥닐리는 9월 10일 출시를 준비하는 데 적어도 한 달이 걸릴 것으로 생각했기 때문에 더 이상 의사결정을 미룰 수 없었다.

고객들은 새로운 장비를 기다리고 있었고, 맥닐리는 모토로라의 강력한 16Mhz 68020 마이크로프로세서를 내장한 최초의 워크스테이션을 시장에 내놓고 싶었다. 회사는 이 기회를 이용하여 워크스테이션 시장에서 주요 경쟁자인 아폴로(Apollo)보다 상당한 우위를 점할 수 있었다. 그러나 맥닐리는 9월 10일 출시가 위험하다는 것을 알고 있었다. 모토로라는 16Mhz 68020 마이크로프로세서 생산에 문제를 겪고 있어서 이 칩의 안정적 공급을 보장할 수 없었다. 더욱이 운영체제 소프트웨어의 버그를 완전히 제거하지도 못했다.

만약 선 마이크로시스템스가 9월 10일 출시를 강행할 경우, 모토로라의 16Mhz 버전 보

다 낮은 수준인 12Mhz 68020 마이크로프로세서를 기반으로 하고, 시스템의 충돌 가능성이 있는 불완전한 소프트웨어가 설치된 워크스테이션을 초반에 내놓을 수밖에 없을지도 모르는 상황이었다. 물론 추후에 이 제품을 구매한 고객들에게 마이크로프로세서와 운영시스템 소프트웨어를 업그레이드 해줄 수 있지만, 이로 인해 회사는 평판에 타격을 입을 수 있었다. 반면 회사가 9월 출시를 강행하지 않으면, 회사는 중요한 기회를 놓치게 될 수 있는데, 업계에서는 아폴로가 12월에 신제품을 출시할 것이라는 소문이 돌고 있었다.

맥닐리는 분명히 어려운 의사결정을 해야만 했다. 커레라의 출시 여부를 빠르게 결정해야 하지만, 이에 필요한 정보가 매우 부족했다. 예를 들어 마이크로프로세서나 운영체제의 문제가 9월 10일까지 해결될 수 있는지, 그리고 아폴로가 12월에 경쟁 제품을 출시할 것인지 알지 못했다. 하지만 그는 이런 것들을 정확히 알아낼 때까지 기다릴 시간이 없었다. 어떻게든 그는 의사결정을 해야만 했다. 그가 어떤 결정을 내렸는지는 나중에 알아보자.

불완전한 정보를 바탕으로 중요한 의사결정을 해야 하는 많은 경영자들은 맥닐리와 같이 딜레마에 빠지게 된다. 경영자들은 좋은 의사결정을 하기 위해 의식적으로 여섯 단계를 따라야 한다(그림 5.4 참조). 이제 이 단계들에 대해서 좀 더 자세히 살펴보자.

의사결정 필요성 인식

의사결정 과정의 첫 단계는 의사결정을 해야 할 필요성을 인식하는 것이다. 맥닐리는 이러한 필요성을 인식했고, 빠른 의사결정이 필요하다는 것을 깨달았다.

대개 의사결정을 해야 한다는 것을 깨닫도록 자극하는 요인들이 있다. 조직 환경의 변화가

그림 5.4
의사결정의 여섯 단계

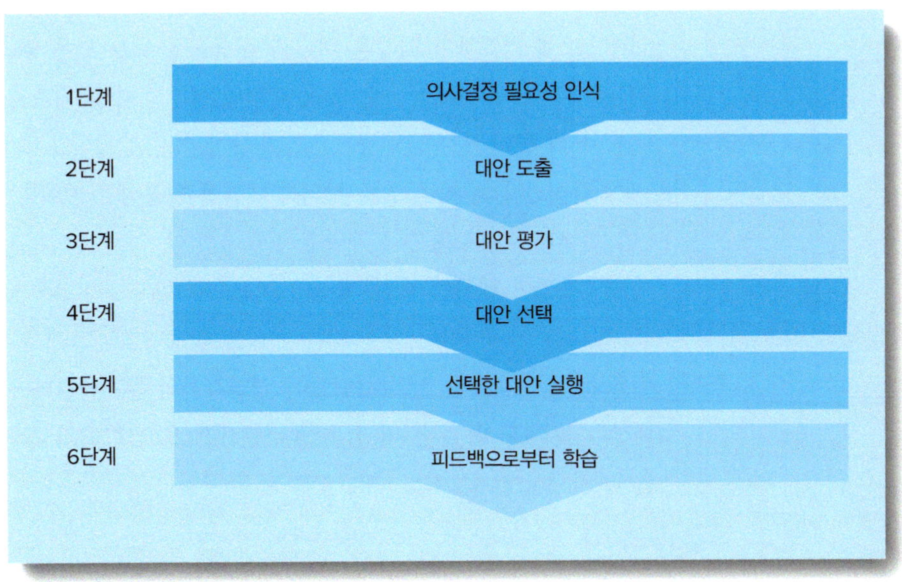

새로운 유형의 기회와 위협을 초래하면 이러한 자극이 명확해 진다. 선 마이크로시스템스에게도 마찬가지였다. 9월 10일은 모토로라 칩을 쉽게 구할 수 있을 것으로 예상했던 시점이었다. 그러나 이후에 칩의 안정적 공급이 의심되고, 소프트웨어 버그의 완벽한 수정이 불확실해지자, 출시시기를 맞추지 못할 위기에 처하게 되었다.

의사결정을 촉발하는 자극 요인은 외부 환경의 변화뿐 아니라, 조직 내부 경영자들의 행동에서 비롯될 수도 있다. 조직은 구성원 개인과 마케팅, 제조, 연구개발 등 부서 내에 스킬, 역량, 자원을 가지고 있다. 이러한 자원과 역량을 활용할 기회를 적극적으로 추구하는 경영자들이 의사결정의 필요성을 만든다. 따라서 경영자들은 의사결정의 필요성을 인식하는데 있어서, 자극에 반응할 수도 있지만 때로는 능동적으로 자극을 스스로 만들어 낼 수도 있다. 어떠한 경우이든 중요한 이슈는 경영자들이 이러한 필요성을 인식하여 적절한 시기에 적절한 방식으로 대응해야 한다는 것이다.

대안 도출

의사결정의 필요성을 인식한 경영자는 기회나 위협에 대응하여 취할 수 있는 실행가능한 대안들의 집합을 만들어 내야 한다. 전문가들은 경영자들이 잘못된 의사결정을 하는 주요 이유로, 적절하게 대안을 도출하고 검토하는데 실패하는 것을 든다. 선 마이크로시스템스의 의사결정에서 대안은 명확했다. 9월 10일 출시를 강행하거나, 100% 준비가 될 때까지 출시를 연기하는 것이다. 그러나 이와는 달리 가끔 대안들은 그리 분명하지 않거나, 명확하게 명시할 수 없을 때도 있다.

한 가지 중요한 문제는 경영자들이 특정 문제에 대한 창의적인 해결책의 대안을 도출하는 것을 어렵게 생각할 수도 있다는 것이다. 일부 경영자들은 특정 경영 마인드(managerial mind-set)에 의존하여 세상을 하나의 시각으로 보는 것에 익숙할 수 있다. 많은 경영자들이 신선한 시각으로 문제를 보는 것을 어려워한다. 피터 센게(Peter Senge)의 베스트셀러 책에 따르면, 우리 모두는 무엇이 중요하고 세상이 어떻게 돌아가는가에 대한 자신의 정신모델(세계관)에 갇혀있다. 문제를 푸는 창의적 대안을 도출하고 기회를 포착하려면, 이러한 기존의 마인드를 버리고 새로운 것을 개발할 필요가 있다. 하지만 이는 매우 어렵다.

경영자들이 세상에 대한 자신의 정신모델로부터 벗어나 창의적인 대안을 도출하는 것이 중요하다는 아이디어는 최근 많은 관심을 받고 있다. 그래서 피터 센게나 에드워드 드 보노(Edward de Bono)와 같은 사람들은 경영자들의 문제해결과 창의적 사고를 자극하는 방법을 대중화시키기도 하였다. 이 장의 뒷부분에서 조직 학습과 창의성이라는 중요한 주제에 대해 좀 더 자세히 알아보자.

대안 평가

경영자들은 일단 일련의 대안을 생성하면, 각각의 대안이 가진 장단점을 평가해야 한다. 대안의 성공적인 평가를 위한 핵심은 기회나 위협을 정확하게 정의하고, 기회와 위협에 대응하기 위한 대안의 선택에 사용되어야 할 평가 기준을 명확히 정하는 것이다. 잘못된 의사결정의 한 가지 이유는 경영자들이 가끔 결정을 내리는 데 중요한 기준을 명확히 정하지 못하는 것이다. 일반적으로 성공적인 경영자는 일련의 행동에 대한 대안의 장단점을 평가하기 위해 네 가지 기준을 사용한다(그림 5.5 참조).

1. 합법성(*legality*): 경영자들은 대안이 국내 또는 국제법이나 정부 규정을 위반하지 않도록 해야 한다.
2. 윤리성(*ethicalness*): 경영자들은 대안이 윤리적이며 이해관계자 집단에 불필요하게 해를 끼치지 않도록 해야 한다. 경영자가 내리는 많은 의사결정은 어떤 이해관계자들에게는 도움이 될 수 있고, 어떤 이해관계자들에게는 해를 끼칠 수도 있다(제3장 참조). 대안을 검토할 때, 경영자들은 결정의 잠재적 영향에 대해 명확히 인지할 필요가 있다.
3. 경제적 타당성(*economic feasibility*): 경영자들은 대안이 경제적으로 실현가능한지, 즉 조직의 성과 목표를 고려할 때 달성가능한지를 결정해야 한다. 일반적으로 경영자들은 다양한 대안에 대한 비용–효익 분석을 수행하여, 어떤 대안의 재무적 보상이 가장 큰 지를 검토한다.

그림 5.5
대안 평가의 일반적 기준

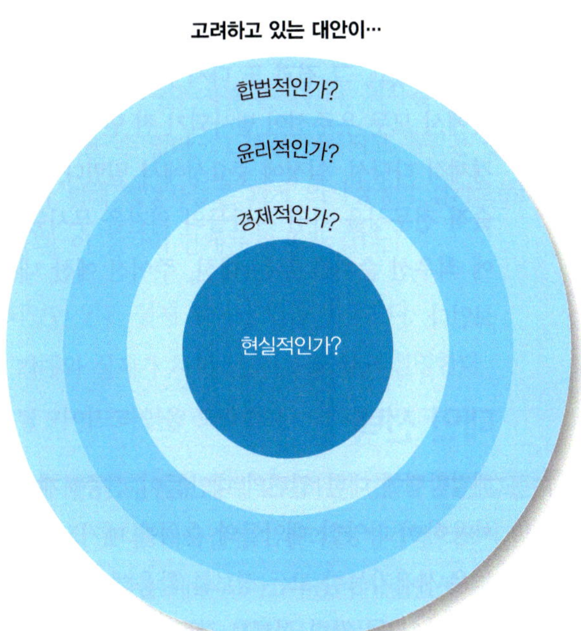

Management in Action

Topics for Discussion and Action

토론

1. 정형적 의사결정과 비정형적 의사결정의 주요 차이점은 무엇인가? [학습목표 5-1]
2. 의사결정의 고전적 모델과 관리적 모델은 경영자들이 실제 의사결정의 복잡성을 인식하는데 어떤 도움을 주는가? [학습목표 5-1]
3. 유능한 경영자들조차 왜 가끔 잘못된 의사결정을 하는가? 의사결정 능력을 향상시키기 위해 개별 경영자들이 할 수 있는 일은 무엇인가? [학습목표 5-1, 5-2]
4. 어떤 집단에서 집단사고 문제가 일어날 가능성이 가장 클까? 반면에 어떤 경우에 그 가능성이 가장 낮을까? 집단 구성원들이 집단사고를 막기 위해 취할 수 있는 조치에는 어떤 것들이 있을까? [학습목표 5-3]
5. 조직 학습이란 무엇이며, 경영자는 이를 어떻게 촉진할 수 있을까? [학습목표 5-4]
6. 기업가정신과 사내기업가정신의 차이점은 무엇인가? [학습목표 5-5]

활동

7. 경영자에게 지금까지 한 최선의 의사결정과 최악의 의사결정을 떠올려 보라고 하자. 이 의사결정들이 왜 좋은지 아니면 나쁜지 판단해보자. [학습목표 5-1, 5-2, 5-3]
8. 당신의 지역사회나 대학의 조직, 또는 당신이 잘 아는 조직에 대해 생각해 보자. 조직의 경영자들이 이해관계자들로부터 조직의 운명을 바꿀 창의적인 아이디어를 도출하기 위해 어떤 질문을 해야 할지 생각해 보자. [학습목표 5-4]

Building Management Skills

당신은 어떻게 의사결정을 하는가? [학습목표 5-1, 5-2, 5-4]

최근 당신에게 중요한 결과를 가져온 의사결정을 고르시오. 예를 들면 어느 대학에 갈지, 어느 전공을 선택할지, 아르바이트를 할 것인지, 어떤 아르바이트를 할 것인지 등에 대한 의사결정이다. 그리고 이 장의 내용을 통해 의사결정 방법을 분석하시오.

1. 의사결정을 위해 의식적으로 또는 무의식적으로 사용했던 기준을 확인하시오.
2. 고려한 대안을 열거하시오. 모두 가능한 대안이었는가? 당신은 무의식적으로(혹은 의식적으로) 중요한 대안들을 무시했는가?
3. 각 대안에 대해 얼마나 많은 정보를 가지고 있었는가? 당신의 의사결정은 완전한 또는 불완전한 정보 중 어떤 것에 근거하였는가?
4. 어떻게 그 결정에 도달했는지 기억해보자. 각각의 대안의 의미를 깊이 생각해 보았는가, 아니면 직관에 의존하여 결정을 내렸는가? 결정을 내리는 데 도움이 된 경험적 법칙(rule of thumb)이 있었는가?
5. 당신은 대안의 선택이 이 장에서 논의된 인지적 오류에 의해 이루어졌다고 생각하는가?
6. 앞의 다섯 가지 질문에 답한 후, 돌이켜보면 당신은 합리적인 결정을 내렸다고 생각하는가? 미래에 좋은 의사결정을 할 수 있는 능력을 향상시키기 위해 무엇을 할 것인가?

Managing Ethically [학습목표 5-3]

때때로 집단은 극단적인 결정을 한다. 즉, 개인이 혼자 한 것보다 더 위험하거나 더 보수적인 의사결정이다. 집단이 극단적인 의사결정을 하는 경향에 대한 한 가지 설명은 책임의 분산이다. 집단에서 의사결정의 결과에 대한 책임은 집단의 구성원들에게 분산되므로 각 개인은 책임을 덜 느끼게 된다. 즉, 집단의 의사결정은 집단 내 개인 중 아무도 모든 책임을 혼자 지지 않기 때문에 극단적인 결과로 나타날 수 있다.

질문

1. 개인 또는 팀을 만들어 집단에 의한 극단적 의사결정의 윤리적 의미에 대해 생각해 보자.
2. 집단 의사결정이 이루어질 때, 집단의 각 구성원은 의사결정의 결과에 대해 완전히 책임을 느껴야 하는가? 왜인가? 아니라면 무엇 때문인가?

Small Group Breakout Exercise [학습목표 5-3, 5-4]

브레인스토밍

3~4명으로 팀을 구성하고 과제를 발표할 팀장을 임명한 다음 시나리오에 따라 토론하시오.

당신의 팀은 도시 중심가에 최근 개장한 쇼핑센터에서 어떤 종류의 식당을 열 것인지를 결정하려고 한다. 당신이 직면하고 있는 문제는 이 도시에 이미 모든 가격대에서 다양한 종류의 음식을 제공하는 식당들이 많다는 것이다. 당신은 어떤 종류의 식당이라도 열 수 있는 자원이 있다. 당신에게 주어진 과제는 어떤 유형이 가장 성공할 가능성이 높은지 결정하는 것이다. 브레인스토밍 기법을 사용하여 어떤 종류의 식당을 열 것인지를 결정해보자. 다음 단계를 따르도록 한다.

1. 그룹으로 5~10분 동안 가장 성공할 것으로 생각하는 음식점의 대안에 대해 아이디어를 내보자. 각 그룹 구성원은 최대한 혁신적이고 창의적이어야 하며, 어떤 제안도 비판해서는 안 된다.
2. 그룹 구성원 중 1명을 지명하여 대안을 기록하도록 한다.
3. 대안의 장단점을 토론하는 데 10~15분을 할애한다. 그룹에서는 어떤 대안이 가장 성공할 가능성이 높은지에 대해 합의에 도달하도록 노력한다.

결정을 내린 후 브레인스토밍 방법의 장단점을 논의하고, 산출 방해가 발생했는지를 판단해 보자. 교수의 지시에 따라 발표자는 그룹의 결정을 학생들과 공유할 준비를 한다.

Be the Manager [학습목표 5-1, 5-2, 5-3, 5-4, 5-5]

당신은 최근 오클라호마의 한 유전 서비스 회사에 중역으로 채용되어, 회사가 시장 내 잠재적 기회에 신속하고 능동적으로 대응할 수 있도록 도와야 한다. 당신은 최고운영책임자(COO)에게 보고하고, 그는 다시 최고경영자(CEO)에게 보고한다. 당신이 근무한지는 8개월째이다. 당신은 주목할 만 하다고 생각하여 그동안 깊이 있게 연구하고 검토한 세 가지 제안을 COO에 제시했다. COO는 당신의 제안들에 관심을 보이는 것 같았고, 상당한 자원이 투입되어야 하는 것이므로 이에 대해 CEO와 상의해 보겠다고 했다. 그러나 이후 COO로부터 아무런 소식도 듣지 못했고, 그래서 당신은 몇 주 후 COO에게 제안이 어떻게 되고 있는지 조심스럽게 물어보았다. 첫 번째 제안에 대해 COO는 "좋은 생각이라고 생각하지만 시기가 적절하지 않다. 당분간 보류하고 내년에 다시 검토해 보자"고 하였고, 두 번째 제안에 대해서는 "CEO는 우리가 2년 전에 시도했으나, 시장에서 좋은 반응을 얻지 못했던 것임을 상기시켜 주었다. 당신이 앞서 그 제안을 설명할 때 내가 기억하지 못한 것이 놀랍지만, CEO가 언급하자 바로 지난 일이 생각났다"고 했다. 그리고 세 번째 제안에 대해 COO는 "효과가 있을지에 대해 확신이 서지 않는다"라고 간단히 말했다.

당신은 세 가지 제안이 모두 시장에서 기회를 포착하기 위해 실행 가능한 방법들이라고 믿지만, 그 어떤 것도 진행할 수 없다. 게다가 당신은 각각의 제안에 대해 상당한 시간을 투자했고, 심지어 제안을 뒷받침하기 위해 다른 사람들까지 동원했지만, CEO는 제안들을 모두 거부했다. 당신이 이 회사의 입사 면접을 볼 때, COO와 CEO는 "우리가 상자 밖으로 나가 혁신할 수 있도록 돕는 외부인의 역할"을 당신에게 원한다고 했지만, 지금까지의 경험은 정반대이다. 당신이라면 어떻게 하겠는가?

Bloomberg Case in the News [학습목표 5-1, 5-2, 5-4, 5-5]

편안한 턴: 에이펙스 부츠로 고통 없이 스키를 즐긴다

저자: Michael Behar

2008년 겨울 어느 날, 스콧 리프만(Scott Lippman)은 뉴멕시코의 타오스 스키 밸리(Taos Ski Valley)를 향해 운전하고 있었다. 지난 밤사이 계속 눈이 왔기 때문에 스콧의 마음은 들떠 있어야 했다. 하지만 그의 표정은 그리 밝지 않았다. 사업을 하며 산타페에 살면서 아내와 16살 쌍둥이 딸들과 함께 스키를 타곤 하던 리프만(48세)은 "언제나 슬로프를 내려오다가 중간에서 부츠를 풀어야 해요. 발에 감각이 없어지기 때문이죠"라고 말했다. 그는 최근 무려 500달러를 들여 보온 밑창과 안창을 새로 사고, 전문가에게 의뢰해 부츠 바깥의 플라스틱 부분(plastic shell)을 늘리고 다듬었다. 하지만 부츠를 신는 고통은 여전히 그대로였다. 여행 후에, 그는 고통을 계속 참아가면서까지 스키를 더 타야하는지 심각하게 고민했다. 그리고 결정을 내리기 전에 먼저 인터넷 검색을 잠시 해 보았다.

리프만은 에이펙스 스키 부츠(Apex Ski Boots)가 개발한 부츠에 대한 온라인 리뷰를 접하게 되었다. 이 부츠는 외부의 플라스틱 부분을 획기적으로 최소화한 것이다. 에이펙스 부츠 시스템은 두 부분으로 이루어져 있다. 먼저 프레임(뼈대)은 단단한 플라스틱으로 만들어져 있다. 기존의 부츠는 바깥 부분을 모두 딱딱한 플라스틱으로 감싸는 형태인 반면, 에이펙스는 외부 뼈대에만 이러한 소재를 사용한다. 둘째는 이 프레임에 탈착할 수 있는 스노우보드 부츠나 운동화와 비슷한 방수 부츠(walkable boots)이다. 이 부츠는 다시 외부와 내부 부츠로 나뉘는데, 내부 부츠(liner)는 발 모양에 따라 맞춤이 가능하다. 이 부츠를 신고 슬로프를 세 번 내려온 리프만은 "저는 바로 이 제품에 반해버렸어요"라고 말했다. 이제 고통도 발 저림도 없다. 리프만은 아내와 딸들에게도 이 부츠를 사주었다.

얼마나 많은 스키어들이 표준화된 부츠를 싫어하는지에 대한 시장조사는 지금까지 없었다. 그러나 입증되지는 않았지만 거의 모든 사람들이 불편해할 것이다. 여기에는 에이펙스의 최고경영자인 케빈 타이스(Kevin Tice)도 포함된다. 콜로라도 출신의 전 월스트리트 금융전문가 타이스(54세)는 1983년 덴버 서쪽 러브랜드 스키장에서 벌어진 일을 회상했다. 그는 오른 발에 큰 통증을 느껴 부츠를 벗었다. 그런데 엄지발가락에서 피가 나고 있었고, 발톱이 빠지기 일보직전이었다. 다음 리프트를 스키장의 안전요원과 함께 타게 되었는데, 그로부터 "너무 걱정하지 마세요"라는 말을 들었다. 그 안전요원은 "스키 잘 타는 사람들은 대부분 엄지발톱이 빠진 경험이 있어요"라고 말을 이었다. 이 말은 타이스의 머리에 맴돌았다. "이건 미친 짓이라고 생각했어요. 여기 당신의 발을 망치는 제품이 있는데, 사람들은 이걸 그대로 받아들이고 있었어요."

에이펙스의 공동 창업자인 로저 닐리(Roger Neiley)는 "기존의 레저용 스키 부츠는 경주용 부츠의 저품질 보급형에 불과 했어요"라고 말한다. 살로몬이나 노르디카 같은 제조업체들은 스키 선수들을 모집해 제품을 테스트하고, 이들로부터 피드백을 받아 최종 디자인을 결정한다. 하지만 선수들은 부츠가 아프더라도 상관하지 않는다. 그들은 가파른 슬로프를 시속 90마일로 돌진하기 때문에, 스키 플레이트를 눈 위에서 정교하게 컨트롤하기 위해 딱딱한 플라스틱 부츠가 필요하다. 그러나 보통 사람들은 이렇게 스키를 타지 않는다. 또 다른 공동 창업자인 데니 핸슨(Denny Hanson)은 "레이싱 선수들은 2분짜리 코스만 타요. 그들은 엄청난 고통도 잘 참습니다. 퍼포먼스의 작은 차이를 위해서라면 편안함을 기꺼이 포기하지요"라고 말한다.

65세의 닐리는 1970년대 초 콜로라도 대학 스키 팀에서 대회전과 활강 부문 선수였다. 그는 지금은 없어진 라이클(Raichle)이라는 회사에서 탄력성이 높은 부츠를 개발했다. 73세인 핸슨의 에이펙스 참여는 그의 아버지로부터 비롯되었다. 그의 부친은 다우케미칼(Dow Chemical)의 화학자로 120여개의 특허를 가지고 있었다. 그 중 하나가 빙점 이하의 저온에서도 탄력성을 유지하는 플라스틱에 대한 것이었다. 60년대 중반, 핸슨은 플로라이트로 불리는 그 재료로 부츠 안쪽(liner)의 쿠션을 만들기 시작했고, 70년대에는 그의 형제와 함께 회사를 설립했다. 그들의 첫 번째 제품은 해치백 자동차처럼 뒤쪽에서 열리는 부츠였는데, 발 모양에 더 적합했고 무난할 정도로 맞춤 제작하는데 비용이 덜 들었다.

2006년 닐리는 캘리포니아 남부에 있는 스노우보드 회사에서 2년 동안 제품 엔지니어로 일했다. 그는 "스키어들이 왜 이렇게 딱딱하고 차가운 껍데기에 갇혀 있어야 하는지 계속 생각했다"고 말했다. 반면, 유연한 부츠를 신는 스노우보더들은 통증 없이 스노우보드를 즐길 수 있었다. 닐리는 스키 선수 시절부터 알고 지내던 핸슨에게 전화했고, 두 사람은 이제는 불가능이 가능해질 만큼 부츠 기술이 발전했다는데 금세 동의했다.

핸슨과 그의 형제는 1984년 그들의 부츠 사업을 일본 회사에 팔고 스키 산업을 떠났었다. 그는 고질적인 발 통증에 진저리가 난 고령의 스키어들이 많은 보울더 컨트리 클럽(Boulder Country Club)의 멤버였다. 타이스 역시 마찬가지였다. 둘을 모두 알고 있는 친구의 소개로 핸슨과 타이스가 만나게 되었고, 타이스는 신생 회사의 자금 조달을 돕게 되었다. 그들은 투자자들을 찾으려 멀리 갈 필요가 없었다. 타이스는 "클럽의 사람들은 단지 즐거운 시간을 보내고 싶고, 가족, 아이들과 함께 있기를 바라는 사람들이에요"라고 말했다. "그들은 에이펙스 아이디어에 바로 공감했어요. 그래서 이 골프 친구들에게 모자를 나누어주며 50만 달러를 모금했지요"라고 말했다.

닐리와 핸슨은 부츠를 만드는데 쓰이는 기존의 비싼 금형을 사용하여 제품을 대량 생산해서는 기존 스키 산업의 거인들과 싸워서 승산이 없음을 잘 알고 있었다. 노르디카의 미국 자회사 부사장인 스콧 루소(Scott Russo)에 따르면, 부츠를 만드는데 필요한 금형은 한 사이즈 당 14만 달러에 달하는데, 부츠의 한 모델은 보통 9~10개의 사이즈로 나온다. 그리고 노르디카는 연간 41만개의 부츠를 생산하는데 반해, 에이펙스의 생산량은 5,000개 정도에 불과하다. 루소는 "제품 라인에 새로운 모델을 추가하려면, 첫 번째 제품이 나오기까지 적어도 100만 달러가 필요합니다. 산업을 지배하는 회사들은 이미 기존 사업의 틀에 많은 투자를 해왔습니다. 따라서 당신이 할 수 있는 일은 극히 제한적입니다"라고 말했다.

닐리와 핸슨은 시제품을 제작하는데, 가장 먼저 실물 모형을 흙으로 만들고, 이를 바탕으로 탄소 섬유를 가지고 정교하게 수작업했다. 여기까지는 형태와 시제품 제작과정이 일반적인 스키 부츠와 비슷했다. 이 후 그들은 반드시 필요한 부분만을 남기고 과감하게 잘라내기 시작했고, 결국 금형을 통해 사출성형이 필요한 부분은 큰 강도가 필요한 세 파트로 구성된 뼈대만 남게 되었다. 이로써 금형 제작비용을 크게 절감할 수 있어서, 주요 제조업체의 1/4인 3만5천 달러만으로 가능했다. 닐리는 "우리는 사업을 시작하기 위해 농장을 저당 잡힐 필요가 없었어요"라고 말했다.

타이스에 따르면 전 세계 15,000명 이상의 스키어들이 에이펙스 부츠를 신는다. 그리고 부츠를 신어본 사람의 거의 95%가 실제로 구매한다. 그는 "더 이상 스키를 탈 수 없었는데, 우리 부츠 때문에 다시 가족과 함께할 수 있게 되었다는 사람들의 이메일도 받습니다"라고 말했다. 하지만 사실 스키샵에서 큰 인기를 끌지는 못하고 있다. 에이펙스의 제품은 추가적인 맞춤작업이 필요 없고 가격이 795~995달러로 비싸기 때문이다. 일반적인 플라스틱 부츠는 약 450~950달러로 에이펙스 제품에 비해 저렴하다. 하지만 리프만이 경험한 것처럼, 여기에 고객의 발에 맞추기 위한 몇 시간의 교정 작업이 필요하다. 스키샵들은 이 과정에서 값비싼 추가 용품을 권하게 되는데, 교정용 밑창이나 발모양에 맞춘 내부 부츠(liner) 등이다. 이에 따라 소비자들이 지불하는 부츠의 최종가격은 처음의 두 배에 이르게 된다.

매년 피팅 전문가들은 수백 개의 부츠 모델을 평가하기 위해 오리건 배첼러 산(Mt. Bachelor) 스키장에 모인다. 전문가들은 작년 에이펙스에 두 개의 혁신상을 수여했다. 에이펙스는 지난해 전문가들의 피드백을 반영하여 이번 시즌에 새로운 모델을 선보였다. 고속에서 단단함이 부족하고, 특정 스키 바인딩에는 사용할 수 없다는 문제를 보완한 모델이다. 그럼에도 불구하고, 일부 사람들은 에이펙스 제품의 시장은 여전히 틈새시장에 불과하다고 주장한다. 노르디카의 루소는 "너무 파격적이라 절대 베스트셀러 부츠가 되지 않을 것"으로 전망했다.

이러한 생각은 에이펙스를 힘들게 하고 있다. 타이스는 "우리 시장이 틈새(niche)에 불과하다는 주장은 스키 부츠산업에 만연해 있는 고정관념을 보여 줍니다"라고 말했다. 그는 스키가 최근 몇 년 동안 큰 변화를 겪었다고 지적한다. 카빙스키가 주류가 되어 플레이트는 짧아졌고, 허리는 가늘고 머리와 꼬리가 넓어져 굴곡을 가지게 되었다. 이 모래 시계 모양의 설계로 인해 컨트롤이 훨씬 쉬워졌다. 스키어들은 더 이상 방향 전환을 위해 힘을 쓰느라 허벅지 통증을 겪을 필요가 없어졌다. 그럼에도 불구하고 부츠는 여전히 길들이기 힘든 짐승 같은, 길고 일자형의 예전 스타일 플레이트에 적합하도록 설계되고 있다.

타이스는 "우리는 우리 부츠를 좋아하는 고객들과, 우리 제품에 비호의적인 딜러들 사이에서 좌절하고 있습니다"라고 말했다. 에이펙스 부츠를 본 딜러들의 초기 반응은 항상 "글쎄, 편하긴 한데… 성능은 별로일걸요"였다. 사실과 상관없이, 사람들은 발이 편하면 성능이 떨어질 것이라는 일종의 세뇌와도 같은 편견을 가지고 있다.

에이펙스는 만족한 고객들의 도움을 받아 이 편견을 극복하기 위해 천천히 노력하고 있다. 리프만은 산타페의 동네 스키샵 주인을 설득하여 마침내 에이펙스 부츠를 들여놓게 하였다. 리프만은 "스키를 타는 것은 재미있고 즐거운 활동이어야 해요. 항상 아픈 발 때문에 방해받아서는 안됩니다"라고 말한다.

토론 질문

1. 에이펙스의 공동 설립자인 로저 닐리와 데니스 핸슨이 새로운 종류의 스키 부츠를 개발하기로 한 결정은 정형적 의사결정인가, 아니면 비정형적 의사결정인가?
2. 이 의사결정은 위험과 불확실성 측면에서 어떠한가?
3. 그들은 의사결정의 필요성을 어떻게 인식했는가?
4. 일부 딜러들이 에이펙스 제품을 취급하는 걸 주저하는 이유는 무엇인가?

Michael Behar, "Comfy Carving: The Apex Boot Takes the Misery Out of Skiing," *Bloomberg Businessweek*, January 9–January 15, 2017, pp. 59–61. Used with permission

6 계획, 전략, 경쟁우위

학습목표

이 장을 학습한 후, 다음 내용에 답할 수 있어야 한다.

학습목표 6-1 계획 프로세스의 주요 3단계를 파악하고, 계획과 전략의 관계를 설명할 수 있다.

학습목표 6-2 전략의 주요 유형을 구분하고, 어떻게 전략이 우수한 성과로 이어지는 경쟁우위를 창출하는지 설명할 수 있다.

학습목표 6-3 기업 수준 전략의 주요 유형을 구분하고, 어떻게 사업 수준 전략과 경쟁우위를 강화하는데 활용되는지 설명할 수 있다.

학습목표 6-4 조직의 미션과 목표 달성을 위한 전략의 실행에 경영자가 수행하는 핵심적인 역할을 설명할 수 있다.

GE(General Electric)는 최근 사업 구조를 단순화하였다. 이러한 글로벌 전략의 변화는 최근 은퇴를 선언한 CEO 제프리 이멜트가 주도했다. ©Ken Richardson

MANAGEMENT SNAPSHOT

GE의 사업 전략 재집중화

경영자가 경쟁우위를 유지하는 최선의 방법은 무엇인가?

과거 어느 때보다 기업들은 경쟁력 유지를 위해 변화하는 시장에 적응하는 법을 배워야 할 필요성이 커졌다. 과도하게 다각화되어 관리가 어려울 때, 기업들은 기업 전략 전반의 수정을 고려할 수 있다. GE는 다양한 분야의 사업을 인수해 빠른 속도로 성장한 기업의 한 예이다. 그러나 최근 최고경영진은 주주 가치를 높이고 성공을 지속하기 위해서 회사의 사업 포트폴리오를 단순화하는 전략적 시도를 실행에 옮겼다.

GE는 1892년 에디슨 제너럴 일렉트릭(Edison General Electric)과 톰슨-휴스턴 일렉트릭(Thomson-Houston Electric)의 합병으로 탄생했다. 이 회사는 1896년 다우존스 산업지수가 처음 시작될 때부터 지금까지 계속 지수에 포함된 유일한 기업이다. 토마스 에디슨과 찰스 코핀은 백열전구의 개발을 주도했다. GE가 이러한 전구와 관련 장비를 생산하고 판매한 최초의 회사는 아니었다. 그러나 토마스 에디슨과 찰스 코핀은 전문지식과 특허를 결합함으로써, 실용적이고 저렴한 전구를 비교적 쉽게 생산하여 경쟁우위를 확보했다.

원래 GE는 뉴욕주 스케넥터디(Schenectady)의 본사에서 전구 관련 장비를 생산했다. 이후 160여개 국가에서 수많은 고객들에게 제품과 서비스를 제공하기 위해, 다양한 사업과 수백 개의 제품으로 사업 영역을 확장하였다. 이를 위해 GE는 전 세계 30여만 명 직원들의 재능을 활용한다.

두 기업의 합병으로 GE가 탄생해 신사업 개발과 기업 인수를 통해 다각화함으로써 빠른 성장을 추구하는 성장 방식이 만들어졌다. 20세기에 걸쳐 이 회사는 항공기 엔진, 컴퓨터, 의료기술, 엔터테인먼트, 풍력 발전, 가전, 화학 등 다양한 영역으로 다각화했다. 또한 기업 성장 전략의 일환으로 은행과 금융 서비스에도 진출했다.

이러한 성장 방식의 문제는 전 세계의 서로 다른 산업에서 수많은 기업을 관리하는데 엄청난 복잡성이 따라온다는 것이다. GE 같은 기업은 규모와 범위가 커지면서 관리에 어려움을 겪는 경우가 많다. 운영 전반에 걸쳐 일관성을 유지하기 위해, 이들은 지나치게 공식화되고 관료화될 수 있다. 이와 같은 경영 방식은 회사가 운영 전반에 대한 통제를 유지할 수 있게 한다. 그러나 변화하는 시장에서 대응 능력을 떨어뜨리고 혁신을 방해할 수도 있다. GE는 다수의 산업에서 경쟁하고 있기 때문에, 대규모 글로벌 시장의 경쟁에서 민첩성을 유지하기 위해 부단히 노력해야 한다.

이러한 경쟁적이고 도전적인 경영환경으로 인해, GE의 최고경영자인 제프리 이멜트(Jeffrey Immelt)와 경영진은 회사의 과도하게 다각화된 사업 포트폴리오에 대해 비판적인 시각을 가지고 지난 몇 년간 급격한 변화를 추구했다. '산업 디지털화 기업(digital industrial company)'이라는 목표에 초점을 맞춘 이멜트는 GE캐피탈, 가전사업, NBC유니버설 등 관련 없는 사업들을 매각함으로써 사업을 단순화했다.

하지만 GE가 사업 축소에만 집중한 것은 아니다. 산업 디지털화 기업의 비전을 뒷받침하기 위해 기업을 인수하거나 다른 기업들과 제휴를 맺는데도 적극적이었다. 2016년 GE는 석유와 가스 사업을 베이커 휴즈(Baker Hughes)와 합병함으로써, 2020년까지 340억 달러 매출의 세계 2위 유전 서비스 회사를 만들 것이라고 발표했다. 경영진은 이러한 합병을 통해 산업의 모든 가치사슬 활동에 필요한 서비스를 제공하는 기업이 되고자 했다. 즉, 장비가 필요한 고객뿐 아니라, 탐사, 운송, 정제에서 서비스가 필요한 고객들 모두에게 다양한 서비스를 제공할 것이다.

2015년 GE는 프랑스 알스톰(Alstom)의 전력 및 그리드 사업을 인수하면서 발전사업의 글로벌 확장을 추구하였다. 또한 최근에는 병원, 대학, 유통업체, 심지어 도시와 같은 대규모 고객들이 에너지 효율을 향상시키기 위해 필요한 제품과 서비스를 개발하는 데 주력하고자 스타트업 기업인 커런트(Current)를 설립한다고 발표했다.

그가 추구한 단순화된 접근방식이 회사를 지속적인 성공의 길로 인도할지는 이멜트 은퇴 이후 시간이 지나야 알 수 있을 것이다. 그에 따르면 이제 GE는 서로 관련 없는 단절된 사업들, 과도한 재무적 통제와 관료적 업무방식에서 벗어나, 미션 기반의 민첩한 팀으로의 획기적인 도약을 하였다. 그는 또한 새로운 GE가 젊고 재능 있는 리더들이 일하고 싶어 하고, 혁신을 계속하고 싶어 하는 장소가 되어야 한다고 말했다. 이멜트는 지금처럼 디지털화되고 급변하는 경영환경에서 '속도'와 '단순화'는 품질과 혁신의 동의어라고 믿었다. GE가 성공하기 위해서 단순화의 문화는 투자자, 고객, 조직구성원 모두에게 핵심적이다.

개요

급변하는 경쟁 환경에서 경영자들은 제품이 고객의 니즈를 얼마나 잘 충족하는지 지속적으로 평가해야 하며, 이러한 니즈를 더 잘 충족하기 위한 새로운 전략을 찾기 위해 철저하고 체계적인 계획을 세워야 한다. 이 장에서는 기획자 겸 전략가로서 경영자의 역할을 살펴본다. 첫째, 계획의 속성과 중요성, 경영자들이 수립하는 계획의 종류와 수준에 대해 논의한다. 둘째, (1) 조직의 미션 및 주요 목표 설정, (2) 미션 및 목표를 달성하기 위한 전략의 수립, (3) 이러한 전략을 실행하는 가장 효과적인 방법을 선택하는 계획 프로세스의 주요 단계를 살펴본다. 또한 관리자들이 계획의 질을 향상시키는데 도움을 주는 SWOT 분석과 같은 기법들을 검토한다. 그리고 경쟁자 대비 경쟁우위를 창출하기 위해 경영자들이 활용할 수 있는 다양한 전략들에 대해 논의한다. 본 장을 통해 우월한 성과를 내는 조직을 만들기 위한 전략의 수립과 실행에 있어서 경영자가 수행하는 핵심적인 역할을 이해할 수 있을 것이다.

계획 조직의 적절한 목표와 행동을 파악하고 선택하는 것

학습목표 6-1

계획 프로세스의 주요 3단계를 파악하고, 계획과 전략의 관계를 설명하시오.

계획과 전략

제1장에서 언급한 바와 같이, **계획(planning)**이란 조직의 적절한 목표와 행동을 파악하고 선택하기 위해 경영자가 활용하는 과정(process)이다. 계획 과정의 결과물인 조직의 계획은 조직의 목표와 목표 달성을 위해 경영자가 실행해야할 구체적인 전략을 담고 있다. 제1장에서 살펴본 것처럼 **전략(strategy)**은 조직이 목표 중 하나를 달성하는 데 도움이 되는 의사결정과 활동의 집합이다. 따라서 계획은 목표를 세우는 동시에 전략을 세우는 과정이다.

전략 어떤 목표를 추구하고, 어떤 활동을 수행하며, 목표 달성을 위해 어떻게 자원을 활용할지에 대한 의사결정의 집합

그림 6.1
계획의 3단계

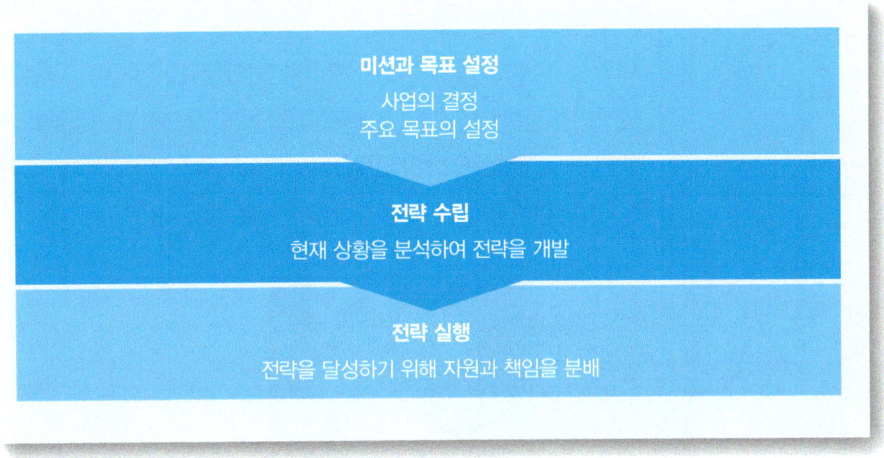

미션 선언문 기업의 제품과 고객을 정의하고, 자사의 독특함을 부각하는, 조직의 근본적인 목적에 대한 광범위한 선언

대부분의 조직에서 계획은 3단계의 활동이다(그림 6.1 참조). 첫 번째 단계는 조직의 미션과 목표를 결정하는 것이다. **미션 선언문(mission statement)**은 조직의 최우선 목적, 즉 그 활동을 통해 달성하고자 하는 것에 대한 폭넓은 선언이다. 이는 직원과 고객에게 자사 제품의 독특함과 중요성을 인식시킨다. 그리고 자신의 조직이 경쟁자와 구별되거나 차별화되도록 한다. 그림 6.4는 그 예로서 구글, 트위터, 페이스북의 미션 선언문을 제시한 것이다.

두 번째 단계는 전략을 수립하는 것이다. 경영자들은 조직의 현재 상황을 분석한 후 조직의 미션과 목표를 달성하는 데 필요한 전략을 구상하고 개발한다. 세 번째 단계는 전략을 실행하는 것이다. 경영자는 조직 내에서 전략을 실현하는 데 필요한 자원과 책임을 어떻게 할당할지 결정한다. 지금부터는 이러한 각 단계에 대해 자세히 살펴보려 한다. 그 전에 계획의 일반적 속성과 목적에 대해 먼저 알아보자.

계획 프로세스의 속성

기본적으로 계획 업무를 수행하기 위하여, 경영자들은 (1) 조직이 현재 어디에 있는지 분석하여 파악하고, (2) 조직이 미래에 어느 상태에 있어야 하는지, 희망하는 미래의 상태를 설정하며, (3) 이러한 미래의 상태에 도달하기 위해 앞으로 나아가도록 할 방법을 결정한다. 경영자들은 계획을 세울 때 미래에 어떤 일이 일어날지 예측하여 현재 무엇을 해야 할지 결정해야 한다. 미래 예측의 질이 높을수록, 미래 환경으로부터의 기회를 활용하고 경쟁적 위협에 대응하기 위해 경영자들이 수립하는 전략이 더 효과적일 것이다. 그러나 앞 장에서 언급했듯이 외부 환경은 불확실하고 복잡하며, 일반적으로 경영자는 불완전한 정보, 방대한 기술적 자료와 피할 수 없는 시간적 제약에 대처해야 한다.

계획의 중요성

대부분의 경영자는 미래의 기회와 위협을 예측하고, 고성과 조직을 만들 계획과 전략을 개발해야하기 때문에, 다양한 계획 활동에 참여한다. 더욱이 계획이 없으면 망설임이나 잘못된 조치 또는 잘못된 방향 변경으로 이어져서 조직의 피해, 심지어는 재앙으로 이어지는 경우가 많다. 계획이 중요한 것은 네 가지 이유 때문이다.

경영자들이 회사의 전략을 수립하기 위해 한자리에 모여 있다. 기회와 위협을 파악하고 미래를 예측하는 능력은 그들의 지능에만 좌우되지 않는다. SWOT 분석과 같은 기법을 활용하면 예측의 정확성을 높일 수 있다.

1. **계획은 조직에 방향성과 목적의식을 부여한다.** 계획은 조직이 달성하고자 하는 목표와 이를 달성하기 위해 어떤 전략을 사용할 것인지를 명시한다. 공식적 계획이 제공하는 방향과 목적의식이 없다면, 경영자들은 자신의 업무와 과업을 자신만의 방식으로 해석할 수 있다. 그 결과, 조직은 여러 목표나 상반된 목표를 추구하게 되고, 구성원들은 다른 사람들과 협력하지 않으려 한다. 어떤 목표와 전략이 중요한지를 명시함으로써, 계획은 경영자가 궤도를 벗어나지 못하게 하여 자신의 통제 하에 있는 자원을 효율적이고 효과적으로 사용하도록 한다.
2. **계획은 조직의 적절한 목표와 전략에 대한 의사결정에 여러 경영자가 참여하도록 하는 유용한 방법이다.** 효과적인 계획은 모든 경영자들에게 의사결정에 참여할 기회를 준다. 예를 들어, 인텔에서는 최고경영자들이 연간 계획 프로세스의 일부로 조직의 목표와 전략이 무엇이어야 하는지를 결정하기 위해, 정기적으로 하위 수준의 경영자들로부터 의견을 수렴한다.
3. **계획은 조직의 서로 다른 기능과 부서의 경영자들을 조정하여 모두 같은 방향으로 나아가도록 하고, 원하는 미래 상태에 도달하기 위해 노력하도록 한다.** 예를 들어 제대로 된 계획이 없다면, 제조부서에서는 영업부서가 판매할 수 있는 것보다 더 많은 제품을 만들어 판매되지 않은 재고를 양산할 가능성이 있다. 2016년 미국 북동부지역의 겨울이 온화하여 강설량이 평년의 절반도 되지 않자 타이어 소매점들에 수많은 겨울용 타이어 재고가 쌓인 것은 이러한 이유 때문이었다.
4. **계획은 조직 내에서 경영자들을 통제하는 도구로 사용될 수 있다.** 좋은 계획은 조직이 어떤 목표와 전략에 전념하는지 뿐만 아니라, 목표 달성을 위해 전략을 실행에 옮기는 책임을 누가 지는지를 명시한다. 경영자가 목표를 달성하는 데 있어서 자신의 책임을 명확히 인식할 때, 이를 위해 최선을 다하도록 동기부여 된다.

제1장에서 논의한 경영모델의 창시자인 앙리 페욜(Henri Fayol)에 따르면 효과적인 계획은 통일성, 연속성, 정확성, 유연성의 네 가지 특성을 가져야 한다. **통일성**(*unity*)이란, 조직 목표를 달성하기 위해서는 언제나 하나의 핵심적이며 지침이 되는 계획만이 운용되어야 함을 의미한다. 목표 달성에 하나 이상의 계획이 동시에 존재하면 혼동과 혼란을 야기한다. **연속성**(*continuity*)이란, 계획이 경영자가 기존의 계획을 수립하고 구체화하며, 기업·사업·기능의 전 수준에서 지속적으로 수정해나감으로써, 하나의 광범위하고 통합된 프레임워크를 만들어 내는 연속적인 프로세스가 되어야 함을 의미한다. **정확성**(*accuracy*)이란, 계획과정에서 경영자는 가능한 모든 정보를 수집하고 활용해야 함을 의미한다. 이 과정에서 물론 불확실성이 필연적으로 존재하고 정보가 완벽하지 않음을 경영자는 인식해야 한다. 그 이유에 대해서는 이미 제5장에서 살펴보았다. 마지막으로 **유연성**(*flexibility*)이란, 상황 변화에 따라 계획이 대체되거나 수정되어야 함을 의미한다. 경영자가 한 시점에서 수립된 계획에 지나치게 집착하는 것은 바람직하지 않다.

계획의 수준

대규모 조직에서는 대개 기업, 사업, 기능의 세 가지 수준에서 계획이 이루어진다. GE의 운영 방식을 예로 들어보자. GE는 수많은 사업과 산업에서 경쟁하고 있고, 300여 개의 글로벌 기업과 협력하고 있다. GE는 세 가지 주요 관리 수준을 가지고 있다(그림 6.2 참조). 기업 수준에는 CEO, 최고경영진, 본사 스텝 인력들이 있다. 이들은 조직 전체의 전략과 계획을 수립하는 역할을 수행한다.

그림 6.2 GE의 계획 수준

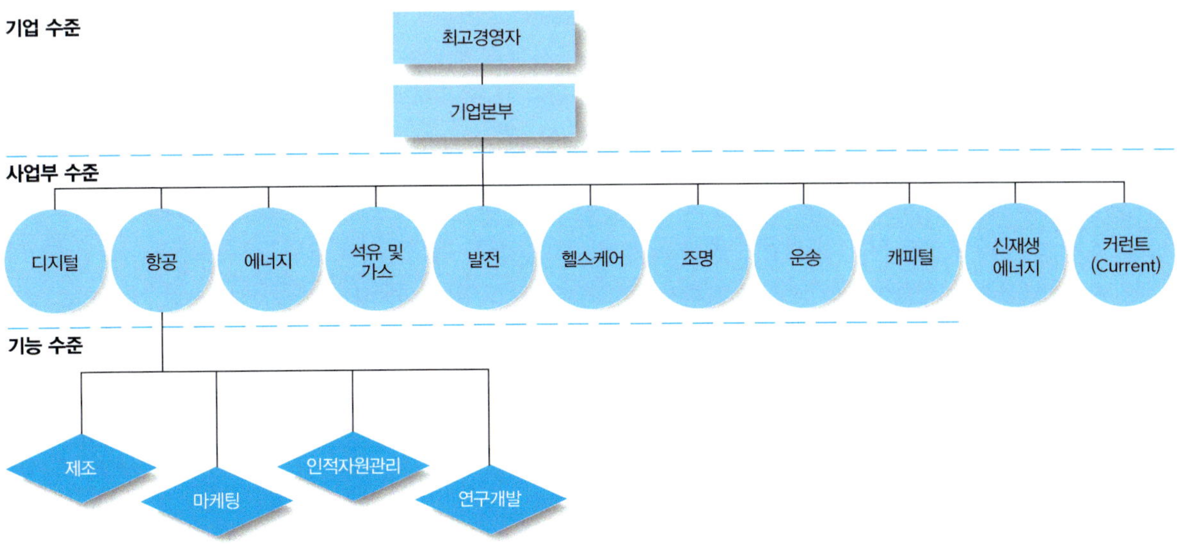

기업 수준 아래에는 사업 수준이 있다. 이 수준에는 각기 다른 산업에서 경쟁하는 **사업부**들이 있다. GE는 2017년 현재 항공, 디지털, 헬스케어, 석유 및 가스 등 10개 사업부를 가지고 있다. 각 사업부는 자체적인 경영자들을 보유하는데, 이들은 자신이 속한 특정 사업부의 계획 및 전략을 담당한다. 예를 들어 GE 항공 사업부 경영자들은 국가별로 각기 다른 고객의 니즈를 충족시키는 동시에 원가를 절감하기 위해서 어떻게 전 세계적으로 운영활동을 전개할지 계획한다.

한 단계 더 내려가면, 각 사업부는 제조, 마케팅, 인적자원관리, 연구개발과 같은 자체적인 **기능**이나 **부서**를 가지고 있다. 예를 들어 GE 헬스케어 사업부는 다른 사업부와 마찬가지로 자체적인 마케팅 기능(부서)을 가지고 있다. 각 사업부의 **기능 수준 경영자**는 특정 기능의 효율성과 효과성를 높이기 위해 필요한 계획 및 전략을 담당한다. 예를 들어 GE 조명 사업부의 마케팅 기능 관리자는 각 국가에서 조명 판매를 증가시키기 위해, 사업부의 광고 및 영업 프로그램의 효과를 향상시킬 책임이 있다.

계획의 수준 및 유형

다른 대기업과 마찬가지로 GE의 계획은 각 수준에서 이루어진다. 그림 6.3은 계획 및 전략의 세 수준과 그림 6.1에서 설명한 세 단계를 모두 보여준다.

기업 수준 계획 조직의 미션, 전반적 전략과 구조에 관한 최고경영진의 의사결정

기업 수준 전략 조직이 어떤 산업과 국가시장에서 경쟁할지에 대한 계획

기업 수준 계획(corporate-level plan)에는 조직의 미션 및 목표, 기업 전체적인(기업 수준) 전략, 조직(통제)구조에 관한 최고경영진의 결정이 포함된다(그림 6.3 참조). **기업 수준 전략(corporate-level strategy)**은 어떤 산업과 국가 시장에서 조직이 경쟁하려 하는지와 그 이유를 명확히 한다. GE의 기업 수준 계획의 주요 목표는 회사가 경쟁하는 모든 산업에서 시장점유율의 선두주자가 되어야 한다는 것이다. 이 목표를 달성할 수 없는 사업부는 다른 회사에 매각할 수 있다. 예를 들어 GE는 2015년에 GE 캐피탈 금융 서비스 부문 대부분을 매각했다. GE는 특정 사업부가 특정 산업에서 시장을 선도하는데 필요한 경우 다른 기업을 인수하기도 했다. 앞서 살펴본 것처럼 2015년 GE는 프랑스 다국적 기업인 알스톰의 전력 및 그리드 사업을 90억 달러가 넘는 자금을 들여 인수했다.

일반적으로 기업 수준 계획과 전략은 최고경영자나 기업 수준 경영자들의 일차적인 책임이다. GE의 기업 수준 목표는 경쟁하는 모든 산업에서 1, 2위를 다투는 것이다. CEO와 최고경영진은 이 목표를 달성하기 위해 GE가 경쟁해야 할 산업을 결정한다. 기업 수준 계획은 사업부 경영자가 사업 수준 계획을 작성하는 틀을 제공한다. 사업 수준에서 각 사업부 경영자들은 **사업 수준 계획(business-level plan)**을 수립한다. 이 계획은 (1) 기업 수준 목표를 달성할 수 있도록 하는 사업부의 장기적 목표와 (2) 사업부 수준의 전략과 구조를 명시한다. 사업 수준 전략(business-level strategy)은 사업부가 자신의 산업에서 경쟁자와 효과적으로 경쟁

사업 수준 계획 사업부의 장기 목표, 전반적 전략과 구조에 관한 사업부 경영자의 의사결정

그림 6.3 계획의 수준 및 유형

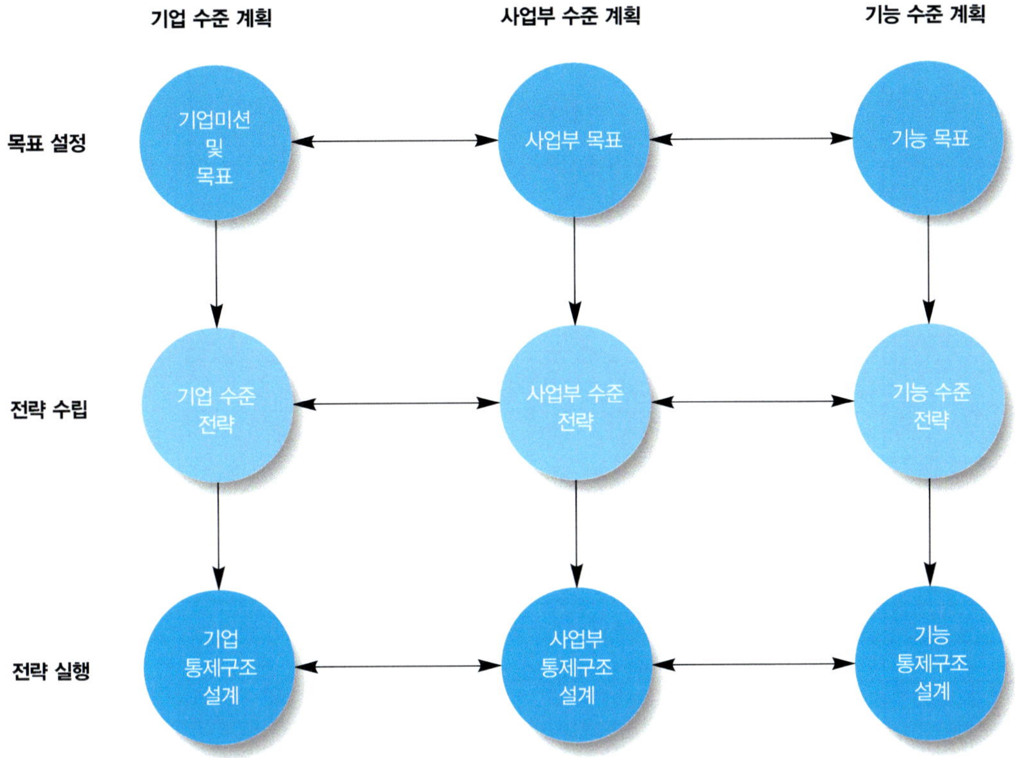

하는 구체적인 방법을 제시한다. GE 조명 사업부 경영자들은 그들의 사업부가 업계 1위를 차지하여 GE의 기업 목표에 기여할 수 있도록 전략을 개발한다. 조명 부문의 구체적인 전략은 모든 부서의 비용을 절감하여 가격을 낮춤으로써, 경쟁자로부터 시장점유율을 빼앗는데 초점을 맞출 수 있다. 예를 들어 GE는 비용을 절감할 수 있는 입지인 헝가리에서 유럽 조명 사업을 확대하였다.

기능 수준 계획 사업부가 사업부 수준 목표를 달성하기 위해 각 기능이 추구해야 하는 목표에 대한 기능 수준 경영자의 의사결정

기능 수준 전략 기능 수준 경영자가 조직의 제품과 서비스에 가치를 더해 고객이 인지하는 가치를 높이기 위해, 각 기능의 과업 수행 능력을 향상시키는데 활용하는 행동 계획

사업 수준 계획은 기능 수준 경영자들이 계획을 마련하는데 틀을 제공한다. **기능 수준 계획(function-level plan)**은 각 기능의 경영자가 사업 수준 목표 달성을 위해 추구해야할 목표를 명시하며, 이를 통하여 회사 전체가 기업 수준 목표를 달성할 수 있게 된다. **기능 수준 전략(function-level strategy)**은 기능(제조나 마케팅 등) 수준 경영자가 조직의 제품과 서비스에 가치를 더해 고객이 인지하는 가치를 높이기 위해, 각 기능의 과업 수행 능력을 향상시키는데 활용하는 행동 계획이다. 예를 들어 조명 사업부의 제조 기능은 사업부의 원가절감 전략과 일관되도록 '향후 3년 내 생산비용 20% 절감'이라는 목표를 설정하고, 이 목표를 달성하기 위한 기능 수준 전략에 (1) 유럽의 첨단 생산설비에 대한 투자와 (2) 구매 및 재고 비용 절감을 위한 글로벌 B2B 네트워크 수립을 포함하였다.

계획 프로세스에서 세 가지 수준에 걸친 계획 수립의 일관성을 확인하는 것이 중요하다. 기능 수준 목표 및 전략은 사업 수준 목표 및 전략과 일관성이 있어야 하며, 이는 다시 기업 수준 목표 및 전략과 **일관성**이 있어야 한다. 또한 그 반대 방향도 마찬가지여야 한다. 일관성을 갖추면, 회사 전체가 조화롭게 운영되고, 한 수준에서의 활동이 다른 수준의 활동을 강화하여 효율성과 효과성을 높인다. 이를 달성하기 위해 각 기능 수준 계획은 사업 수준 계획과 연계되며, 이 계획은 다시 기업 수준 계획과 연계된다. GE처럼 복잡한 조직은 그리 많지 않지만, 대부분 GE와 같은 방식으로 명시적 계획을 세우고 수시로 수정함으로써 경영진의 의사결정에 방향을 제시하고 있다.

계획의 지속기간

지속되는 기간
계획이 유효한 기간

계획은 적용 또는 **지속되는 기간(time horizon)** 측면에서 분류할 수 있는데, 보통 5년 이상의 **장기계획**, 1년에서 5년 사이의 **중기계획**, 1년 이하의 **단기계획**으로 구분된다. 일반적으로 기업과 사업 수준 목표와 전략에는 장기 및 중기계획이 필요하며, 기능 수준 목표와 전략에는 중기 및 단기계획이 필요하다.

대부분의 기업이 5년 이상 기간의 계획을 가지고 운영되지만, 이는 5년 동안 주요 계획을 한 번 수립하여 해당 기간 동안 특정 목표 및 전략을 고정한다는 의미는 아니다. 주요 계획 수립은 몇 년에 한 번일 수 있지만, 조직은 대부분 보통 연간 예산 계획과 연계된 연간 계획 프로세스를 가지고 있다. 따라서 수년에 걸친 기업 또는 사업 수준 계획은 일반적으로 외부 환경의 변화를 고려하여 매년 업데이트되고 개정되는 **연동계획**(*rolling plan*)으로 간주된다. 즉, 조직의 2018년 기업 수준 장기 계획의 대상 기간은 2018~2023년이 되고, 다음 해에 수립되는 2019년 계획은 2019~2024년이 된다. 환경변화의 가능성이 높고 향후 5년간 경쟁상황을 예측하기 어렵기 때문에 연동계획의 활용이 필수적이다. 경영자들은 환경변화에 대한 가정이 계속 타당하면 계획을 소폭 수정하지만, 더 이상 타당하지 않을 경우 새로운 계획을 수립하여 기존의 계획을 대체할 수 있다. 경영자들은 연동계획을 활용함으로써, 장기적 시각의 계획수립과 계획의 유연성 확보의 필요성을 동시에 만족시킬 수 있다.

상시적 계획과 일회성 계획

흔히 계획의 또 다른 구분은 상시적 계획인지 일회성 계획인지의 여부다. **상시적 계획**(*standing plan*)은 정형화된 의사결정이 적절한 상황에서 사용된다. 동일한 상황이 반복적으로 발생할 경우, 경영자들은 직원의 업무 수행 방식을 통제하기 위해 정책, 규정 및 표준 운영 절차를 개발한다. 정책(policy)은 행동에 대한 일반적인 지침이다. 규정(rule)은 행동에 대한 공식적이고 문서화된 지침이다. 표준 운영 절차(standard operating procedure)는 특정 상황에서 따라야 하는 일련의 구체적인 행동들에 대한 문서화된 지침이다. 예를 들어 많은 조직이 직원의 윤리적 행동에 대한 상시적 계획을 가지고 있다. 이 계획은 모든 종업원이 공급자 및 고객과의 거래에서 윤리적으로 행동해야 한다는 정책, 공급자나 고객으로부터 50달러 이상의 선물을 받는 경우 반드시 보고해야 한다는 규정, 선물을 받은 직원은 30일 이내에 서면으로 그 사실을 알리도록 의무화하는 표준 운영 절차를 포함한다.

이와는 대조적으로, **일회성 계획**(*single-use plan*)은 비정상적이거나 특별한 상황에서 비정형화된 의사결정에 적용하기 위해 개발된다. 그 예로는 특정 목표 달성을 위한 여러 계획의 집합인 **프로그램**(*program*)과 프로그램의 다양한 측면을 완성하기 위해 만들어진 구체적인 행동 계획인 **프로젝트**(*project*)가 있다. 예를 들어 NASA는 화성 표면의 특정 환경을 조사하기 위해 2020년 탐사선을 발사하는 프로그램을 추진하고 있다. 이 프로그램의 한 프로젝트는 화성으로부터 토양 샘플을 채취하여 가져올 기구를 개발하는 것이다.

조직의 미션과 목표 결정

앞서 논의한 바와 같이, 계획 과정의 첫 번째 단계는 조직의 미션과 목표를 결정하는 것이다. 일단 미션 및 목표에 대한 합의가 이루어지고 기업의 계획에 정식으로 명시되면, 어떤 전략이 적절한지를 규정하게 되므로 계획의 다음 단계로 넘어갈 수 있다. 그림 6.4는 세 개의 인터넷 회사(구글, 트위터, 페이스북)의 미션을 보여준다.

사업의 정의

조직의 **미션**(*mission*)은 고객이 가치있다고 인지하는 제품과 서비스를 제공함으로써 조직이 존재하는 근본적인 이유이다. 미션을 결정하기 위해 경영자들은 먼저 자신의 **사업을 정의**하여 고객이 어떤 가치를 제공받는지를 명확히 인식해야 한다. 사업을 정의하기 위해 경영자는 자사의 제품에 관한 다음의 세 가지 연관된 질문을 해보아야 한다. (1) 우리의 고객은 **누구인가**

그림 6.4
인터넷 3사의 미션 선언문

회사	미션선언문
구글	전 세계 정보를 체계화하여, 보편적으로 접근가능하고 유용하게 쓰이도록 한다.
트위터	장벽 없이 아이디어와 정보를 창출하고 공유할 수 있는 힘을 모든 사람들에게 제공한다.
페이스북	공동체를 형성하고 세상을 더 가깝게 할 수 있는 힘을 사람들에게 제공한다.

출처: Facebook mission statement: http://newsroom.fb.com; Twitter mission statement: https://about.twitter.com; Google mission statement: https://google.com, accessed September 20, 2017.

(*who*), (2) 고객의 어떤 니즈를 충족시키고 있는가(*what*), (3) 우리는 어떻게 고객의 니즈를 충족시키고 있는가(*how*)에 대한 질문이다. 경영자는 조직이 충족시키는 고객의 니즈와 조직이 이러한 니즈를 충족시키는 방법을 규명하기 위해 이와 같은 질문을 한다. 이러한 질문에 답하는 과정에서 경영자들은 기업이 현재 충족시키고 있는 니즈뿐 아니라, 미래에 충족시키려 노력해야 하는 니즈를 파악하고, 누가 그들의 진정한 경쟁자인지를 인식해야 한다. 이 모든 정보는 경영자들이 적절한 목표를 수립하는 데 도움을 준다.

주요 목표 설정

일단 사업이 정의되면, 경영자는 조직이 추구해야 하는 최우선 목표들을 설정해야 한다. 이러한 목표를 결정함으로써 조직이 방향성과 목적의식을 갖게 된다. 대부분의 조직에서 주요 목표의 설정은 최고경영자의 역할이다. 다른 경영자들은 이 프로세스에 필요한 정보를 제공하게 된다. 예를 들어 GE에서 최고경영자가 설정한 최우선 목표는 경쟁하는 모든 산업에서 1등 또는 2등을 하는 것으로, 이는 매우 도전적인 목표이다. 하지만 원래 좋은 목표는 야심찬 것이다. 목표는 조직의 성과를 향상시키기 위하여, 조직이 신장(stretch)하고 모든 구성원이 노력하도록 해야 한다. 이때 **전략적 리더십(strategic leadership)**이 매우 중요한데, 이는 최고경영자나 최고경영진이 달성하고자 하는 비전을 부하에게 설득력 있게 전달하는 능력이다. 부하 직원이 비전을 수용하고 리더가 본보기가 되면, 이들은 창조적이고 위험이 높은 전략에 필요한 힘들고 스트레스 받는 일들도 기꺼이 하게 된다.

전략적 리더십 최고경영자나 최고경영진이 달성하고자 하는 비전을 부하에게 설득력 있게 전달하는 능력

비록 목표는 도전적이어야 하지만, 동시에 현실적이기도 해야 한다. 도전적인 목표는 모든 수준의 경영자들에게 조직성과를 향상시킬 방법을 찾도록 동기부여 하지만, 비현실적이고 확실히 달성 불가능한 목표는 경영자들을 포기 상태에 이르게 할 수 있다. 예를 들어 GE의 최고경영진은 사업부 경영자들을 좌절시킬 수 있는 비현실적인 판매 목표를 설정하지 않도록 주의해야 한다.

마지막으로, 목표를 달성하기까지 예상되는 기간을 명시할 필요가 있다. 시간 제약을 두는 것은 타당한 기간 내에 목표를 달성해야 함을 강조하기 때문에 중요하다. 이는 목표 달성에 긴박감을 주고 동기부여를 한다. 예를 들어 2014년 미국 베이커리 체인 파네라(Panera)의 경영진은 고객들에게 2016년 말까지 모든 메뉴에 '깨끗한' 원료만을 사용할 것이라고 약속했다. 이 회사의 최고경영자는 2017년에 이 약속이 지켜져서 이제 미국의 전 메뉴가 인공향료, 방부제, 인공감미료, 인공색소 없이 100% 깨끗하다는 사실을 고객들에게 확인시켜 주었다.

전략 수립

전략 수립 조직이 미션을 완수하고 목표를 달성할 수 있도록 하는 기업, 사업, 기능 수준 전략의 개발

전략 수립(strategy formulation)을 맡은 경영자는 조직이 미션을 완수하고 목표를 달성할 수 있도록 하는 일련의 전략(기업, 사업, 기능)을 개발하기 위해 노력한다. 전략 수립은 경영자들이 현재와 미래의 목표 달성에 영향을 미치는 조직 내부와 외부의 요인들을 체계적으로 분석하는 데서 시작된다. SWOT 분석과 5포스 모델은 이러한 요소를 분석하는 데 사용할 수 있는 두 가지 유용한 기법이다.

SWOT 분석

SWOT 분석 경영자가 조직 내부의 강점과 약점, 외부 환경으로부터의 기회와 위협을 식별하는 계획 수립 기법

SWOT 분석은 경영자가 조직 내부의 강점(S)과 약점(W), 외부 환경으로부터의 기회(O)와 위협(T)을 식별하는 계획 수립 기법이다. SWOT 분석에 기초하여, 다양한 수준의 경영자는 조직의 미션과 목표를 달성하기 위한 기업, 사업, 기능 전략을 선택한다(그림 6.5 참조). 우리는 이미 제4장에서 조직에 잠재적으로 영향을 미칠 수 있는 과업과 일반 환경의 요인들을 살펴보았다. 그리고 이러한 요인들의 변화는 조직이 활용할 수 있는 기회나 상황을 어렵게 하는 위협을 만들어낸다.

SWOT 분석의 첫 단계는 조직의 장점과 단점을 파악하는 것이다. 표 6.1은 조직의 다양한 장점과 약점의 예를 열거하고 있다. 경영자들이 직면하는 과제는 조직의 현재 상태를 파악할 수 있는 장점과 단점을 찾아내는 것이다.

SWOT 분석의 두 번째 단계는, 경영자들이 현재 조직에 영향을 미치거나 미래에 영향을 미칠 수 있는 환경의 잠재적 기회와 위협을 식별하는 것이다. 기회와 위협의 다양한 예는 표 6.1에 제시되어 있다.

SWOT 분석을 통해 장점과 단점, 기회와 위협이 파악되면, 경영자는 계획 프로세스를 계속 진행하여 조직의 미션과 목표를 달성하기 위한 구체적인 전략을 결정할 수 있다. 전략을

그림 6.5
계획 및 전략 수립

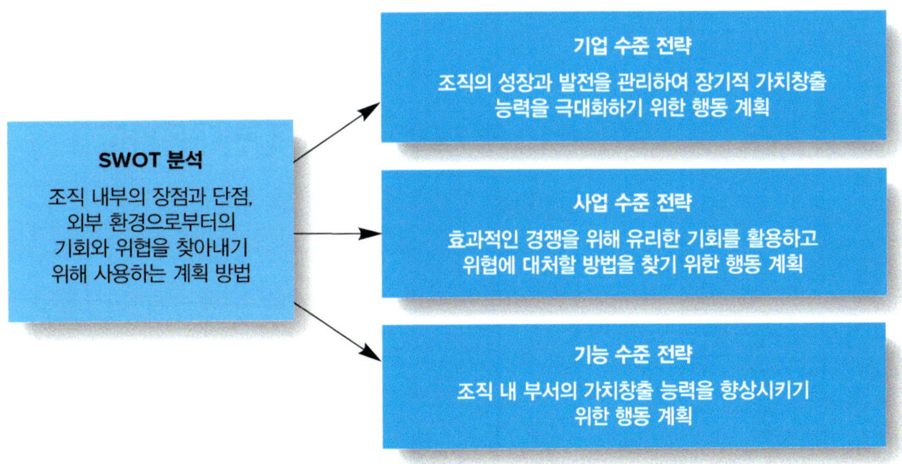

표 6.1 SWOT 분석을 위한 질문

잠재적 강점	잠재적 기회	잠재적 약점	잠재적 위협
• 적절한 전략?	• 핵심사업 확장?	• 부적절한 전략?	• 핵심 사업에 대한 공격?
• 강력한 제품라인?	• 새로운 세분시장 개척?	• 제품라인 진부화?	• 국내 경쟁 심화?
• 넓은 마케팅 영역?	• 제품의 폭 확대?	• 제조비용 증가?	• 해외 시장에서 경쟁 심화?
• 제조 역량?	• 원가 또는 차별화 우위 강화?	• 연구개발 혁신 감소?	• 진부화된 기술?
• 마케팅 역량?	• 신성장 사업으로 다각화?	• 부실한 마케팅 계획?	• 고객 기호의 변화?
• 자재관리 역량?	• 해외시장 진출?	• 부실한 자재관리 시스템?	• 진입장벽 약화?
• 연구개발 역량?	• 연구개발 역량의 새로운 영역 적용?	• 고객의 선호도 감소?	• 신제품 또는 대체재 등장?
• 인적자원의 역량?	• 관련 사업 진출?	• 부적절한 인적자원?	• 산업 내 경쟁강도 증가?
• 브랜드의 명성?	• 전방통합?	• 브랜드 가치 감소?	• 새로운 유형의 경쟁?
• 차별화의 비용?	• 후방통합?	• 방향성 없는 성장?	• 피인수 가능성?
• 적절한 경영관리?	• 진입장벽 극복?	• 사업부간 갈등?	• 인구통계적 환경변화?
• 적절한 조직구조?	• 경쟁강도 약화?	• 기업 통제의 상실?	• 경제적 환경변화?
• 적절한 통제시스템?	• 브랜드 자산의 새로운 영역 적용?	• 부적절한 조직구조 및 통제시스템?	• 경기 불황?
• 전략적 변화 관리능력?	• 빠른 시장 성장 추구?	• 갈등과 정치?	• 인건비 상승?
• 이외의 강점?	• 이외의 기회?	• 이외의 약점?	• 시장 성장 둔화?
			• 이외의 위협?

통해 조직은 기회를 활용하고, 위협에 대응하며, 강점을 구축하고, 약점을 보완함으로써 목표를 달성할 수 있어야 한다. 토이저러스 사례는 이 프로세스를 잘 보여준다. 이 회사의 최고경영자 데이빗 브랜든(David Brandon)은 판매 및 전자상거래에서 회사를 정상 궤도에 올려놓기 위해 노력하는 과정에서 여러 어려움에 직면하였다.

Manager as a Person

토이저러스의 CEO, 도전에 정면대응하다

토이저러스(Toys "R" Us)의 CEO인 데이빗 브랜든은 변화를 추구한다. 도미노피자를 성공으로 이끈 그는 2015년 7월 완구 전문 유통업체 토이저러스의 대표이사가 되었다. 브랜든은 유통업에 대한 경험이 거의 전무했음에도 불구하고, 회사를 호전시켰을 뿐만 아니라 상장까지 이끌었다.

브랜든은 모든 수준에서 조직을 두려움 없이 뒤흔들었다. 도미노피자를 경영할 때, 그는 회사가 오랫동안 사용해온 핵심적인 피자 조리법을 변경하기로 결정했다. 그는 도미노 제품

토이저러스의 최고경영자인 데이비 브랜든은 전자상거래 플랫폼을 개선하고 전체적인 매출을 향상시켜야 하는 등 여러 도전에 직면했다. ©Christopher Goodney/Bloomberg

을 솔직하게 비판했는데, 자사의 피자가 별로라고 인정하며 더 좋은 피자를 만들기 위해 기업이 변화하겠다고 고객들과 약속했다. 그의 결정은 고객들이 도미노피자 브랜드를 어떻게 보는지를 다시 생각하게 했고, 오늘날까지 상당한 사세 확장을 이끌었다. 또한 브랜든은 도미노의 디지털 주문 방식을 개척하였다. 브랜든 취임 초기만 해도 피자 주문의 90% 이상이 전화로 이루어졌다. 그러나 오늘날은 주문의 절반 이상이 모바일 기기나 인터넷을 통해 이루어지고 있다.

브랜든이 토이저러스를 맡게 된 시기는 이 회사의 재무적 전환기였다. 이전 경영진이 내놓은 원가절감과 홍보축소 전략이 효과를 거두기 시작했지만, 여전히 2005년부터 토이즈러스를 소유한 세 사모펀드 회사가 충분히 만족할 만한 수준은 아니었다.

브랜든은 회사의 몇몇 주요 분야에 관심을 가졌다. 토이저러스는 다른 유통업체들에 비해 혁신적인 전자상거래 플랫폼에서 뒤쳐져 있었다. 특히 세계적인 거대 기업인 아마존에 비교하면 그 격차는 매우 컸다. 밀레니얼 세대의 엄마들은 주로 웹을 통해 아이들의 장난감과 게임을 구매하기 때문에, 토이저러스는 온라인에서 빠르게 입지를 넓혀가야 했다. 그리고 브랜든은 도미노피자에서의 경험을 통해 회사가 디지털 공간으로 확장하는 것에 대해 잘 알고 있었다.

브랜든은 몇 년 전 뉴욕시의 대표 매장을 매각했지만, 여전히 토이저러스 브랜드에 활기를 불어넣기 위해 뉴욕시에서 오프라인 매장을 강화하려 하고 있다. 그러나 브랜든은 단지 새로운 플래그십 매장을 열기 위해 큰 금액의 손실을 감수하고 싶지는 않았다. 그는 뉴욕시의 새로운 대표 매장은 그 규모가 이전보다 훨씬 작아질 것이며, 중국 매장에 적용하고 있는 '대도시 모델'을 따르려 한다고 말했다.

브랜든이 여러 산업에서 성공적인 CEO로 입증되었음에도 불구하고, 그와 토이저러스는 매우 힘든 시기를 겪고 있다. 토이저러스가 최근 파산 보호 신청을 한 것이다. 파산 보호 신청을 통해 토이저러스는 부채를 재조정하고, 대출을 연장하여 공급자들에게 대금을 지불하며, 중요한 휴가철 대목에 매장 운영이 가능하게 되었다. 브랜든은 파산 보호 신청이 지난 몇 년간 회사의 발목을 잡아왔던 재무적 어려움을 해소하는데 도움이 될 것으로 기대하고 있다.

5 포스 모델

경영자가 외부 환경에서 가장 중요한 5가지 경쟁 요인 또는 잠재적 위협에 중점을 두는 데 도움을 주는 잘 알려진 모델은 마이클 포터(Michael Porter) 교수의 5 포스 모델(Five Forces Model)이다. 이 중 네 가지에 대해서는 이미 제4장에서 살펴보았다. 포터는 이 다섯 개 포스를 주요 위협 요인으로 보았는데, 한 산업 내에서 경쟁하는 기업들이 얼마나 많은 수익을 낼 수 있는지에 영향을 미치기 때문이다.

- 산업 내 기존 기업 간 경쟁: 기업들이 고객을 놓고 서로 경쟁할수록(예를 들어 제품 가격인하나 광고 비용증가) 산업의 수익성이 낮아진다(저가격으로 인한 이윤감소 등).
- 신규 진입자의 진입 가능성: 브랜드 충성도와 같은 진입장벽이 낮아 외부 기업의 산업 내 진입이 쉬울수록, 산업의 가격과 수익성이 낮아진다.
- 공급자의 협상력: 주요 공급자가 소수인 경우, 이 공급자는 가격을 상승시킬 수 있으며, 비싼 원재료 구매비용은 해당 산업 내 기업의 수익성을 낮춘다.
- 구매자의 협상력: 일부 대형 구매자만이 산업의 생산물을 구매하는 경우, 이 구매자는 구매 가격을 낮추기 위해 협상을 하게 된다. 결과적으로 해당 산업의 생산자는 이익이 줄어들게 된다.
- 대체재의 위협: 때로는 한 산업의 제품이 다른 산업의 제품을 대체한다. 예를 들어 생수는 콜라의 대체재이며, 플라스틱은 강철을 대체할 수 있다. 대체재가 존재하면 산업 내 기업들은 높은 가격을 형성할 수 없거나, 고객이 대체재로 전환할 수 있기 때문에 수익성이 낮게 유지된다.

포터는 경영자들이 기회와 위협을 분석할 때, 조직이 직면하게 될 주요 위협이기 때문에 특히 이 다섯 가지 요인에 주의를 기울여야 한다고 주장했다. 기업, 사업부, 기능 수준의 경영자들은 이러한 위협에 대응하기 위한 전략을 수립하여, 조직이 과업과 일반 환경을 관리하고, 성과 수준을 향상시키며, 높은 수익을 창출할 수 있도록 해야 한다. 토이저러스의 최고경영자 데이빗 브랜든 또한 장난감 전문 소매업이 직면한 기회와 위협을 파악하기 위해 지속적으로 이러한 분석을 실시한다.

초경쟁 기술 발전이나 고객의 취향 변화로 인해 벌어지는 영구적이고 지속적이며 치열한 경쟁

오늘날의 기업들은 대부분의 산업에서 매우 치열하게 경쟁한다. **초경쟁(hypercompetition)**이라는 용어는 기술 발전이나 고객의 취향과 유행의 변화로 인해, 영구적이고 지속적이며 치열한 경쟁이 벌어지는 산업을 묘사하는데 사용된다. 계획과 전략의 수립은 초경쟁이 벌어지는 산업에서 훨씬 더 어렵고 위험하다.

사업 수준 전략 수립

학습목표 6-2

전략의 주요 유형을 구분하고, 어떻게 전략이 우수한 성과로 이어지는 경쟁우위를 창출하는지 설명

5 포스 모델을 개발한 마이클 포터는 특정 시장이나 산업에서 경쟁우위를 창출하기 위한 계획인 사업 수준의 전략을 경영자들이 어떻게 선택할 수 있는지에 대한 이론을 개발하였다. 그는 사업 수준 전략을 통해 조직이 5가지 경쟁 요인으로부터의 위협에 효과적으로 대응할 수 있기 때문에 경쟁우위를 창출한다고 주장했다. 즉, 성공적인 사업 수준 전략은 기존 기업 간 경쟁을 줄이고, 새로운 경쟁자들이 산업에 진입하는 것을 막으며, 공급자나 구매자의 협상력을 감소시키고, 대체제의 위협을 낮춤으로써 가격과 이윤을 증가시킨다.

마이클 포터에 따르면, 이와 같이 높은 수익을 얻기 위해 조직은 제품의 가치를 높이기 위해 **제품을 차별화**하거나, 제품을 만드는 **비용을 낮추는** 두 가지 기본적인 방법 중 하나를 선택해야 한다. 또한 그는 경영자가 시장 전체에 제품과 서비스를 제공하는 것과, 특정 세분시장 또는 시장의 일부에만 제품과 서비스를 제공하는 것 중 하나를 선택해야 한다고 주장했다. 이러한 선택을 바탕으로 경영자는 저원가, 차별화, 집중화된 저원가, 집중화된 차별화 등 4가지 사업 수준 전략 중 하나를 추구하게 된다(표 6.2 참조).

저원가 전략

저원가 전략 조직의 비용을 경쟁자보다 낮추는 것

경영자들은 **저원가 전략(low-cost strategy)**을 통해 기업의 비용을 경쟁자보다 낮추는데 조직의 모든 부서나 기능의 역량을 집중시킴으로써 경쟁우위를 확보하려고 노력한다. 예를 들어 이 전략에 따라 생산 관리자들은 제조비용을 줄이기 위한 새로운 방법을 찾고, 연구개발 관리자들은 더 낮은 비용에 제조할 수 있는 신제품 개발에 초점을 맞추며, 마케팅 관리자들은 고객 유치 비용을 낮출 수 있는 방법을 찾기 위해 노력한다. 포터에 따르면, 저원가 전략을 추구하는 기업은 경쟁자보다 낮은 가격으로 제품을 판매하지만, 생산비용이 낮기 때문에 여전히 높은 수익을 올릴 수 있다. 따라서 이러한 조직은 낮은 가격으로 인한 경쟁우위를 누리게 된다. 예를 들어 빅(BIC)은 저원가 전략을 추구하는데, 고객들에게 질레트보다 낮은 가격의 면도기와 크로스나 워터맨보다 낮은 가격의 볼펜을 제공한다. 또한 기존 기업들이 저비용과 저가격을 달성하고 있으면, 잠재적 진입자가 그 산업에 들어오기 어려워진다. 한 산업에 진입하기 위해서는 항상 큰 비용을 감수해야하기 때문이다.

표 6.2
포터의 사업 수준 전략

	목표 세분시장 수	
전략	다수	소수
저원가	✓	
집중화된 저원가		✓
차별화	✓	
집중화된 차별화		✓

차별화 전략

차별화 전략 제품의 디자인, 품질, 사후서비스 등 하나 이상의 중요한 차원에서 경쟁자 대비 자사의 제품이 독특하게 인식되도록 하는 것

경영자는 **차별화 전략(differentiation strategy)**을 통해, 제품의 디자인, 품질, 사후서비스 등 하나 이상의 중요한 차원에서 경쟁자 대비 자사의 제품이 **독특하게** 인식되도록 하기 위해, 조직의 모든 부서와 기능의 역량을 집중함으로써 경쟁우위를 확보하려 한다. 제품을 독특하고 다르게 만드는 과정에는 높은 비용이 따른다. 예를 들어 차별화 전략에 따라 경영자들은 제품을 차별화하기 위해 제품 디자인이나 연구개발 지출을 늘려야 하므로 비용이 증가할 수밖에 없다. 차별화 전략을 성공적으로 추구하는 조직은 자사 제품에 대해 **프리미엄 가격**을 부과할 수 있다. 그리고 기업은 프리미엄 가격을 통해 차별화에 필요한 높은 비용을 회수할 수 있다. 코카콜라, 펩시, P&G는 차별화 전략을 추구하는 유명한 회사들이다. 이들은 광고에 막대한 비용을 들여 자사 제품에 대한 독특한 이미지를 만든다. 차별화 전략은 신규진입자가 기존 기업의 브랜드 충성도를 극복하기 어렵게 하고, 고객들이 타제품을 대체품으로 인식하지 않게 함으로써 신규진입을 저지한다.

포터의 이론에 따르면, 경영자들은 저원가 전략과 차별화 전략을 동시에 추구할 수 없다. 차별화는 비용을 증가시키고 따라서 높은 비용을 회수하기 위해 높은 가격을 요구할 수밖에 없다. 예를 들어 만약 빅이 자사 제품에 대한 강력한 글로벌 브랜드 이미지를 구축하여 경쟁자와 차별화하기 위해 갑자기 대대적인 광고를 시작한다면 빅의 비용은 급격히 상승할 것이다. 그러면 빅은 더 이상 질레트의 면도기나 크로스의 볼펜보다 낮은 가격으로는 이익을 내기 힘들다. 포터에 따르면, 경영자들은 저원가 전략과 차별화 전략 중 하나를 선택해야 한다. 그는 이런 선택을 하지 않은 경영자와 조직을 어중간한 상태에 빠져있다(stuck in the middle)고 말한다.

어중간한 상태에 빠진 조직들은 저원가나 차별화 전략 중 하나를 추구하는 조직보다 성과가 낮은 경향이 있다. 최고경영자는 이러한 상태에 빠지지 않기 위해 자사의 경영자들에게 낮은 비용이나 차별화 중 하나를 강화하는 조치를 취하도록 지시해야 한다.

그러나 이에 대한 예외 또한 있을 수 있다. 예를 들어 사우스웨스트 항공사는 '따뜻함, 친근함, 개인의 자부심, 회사의 정신이 깃든 최고의 고객 서비스를 제공하기 위해 헌신한다'는 미션을 선언했다. 이 선언문을 바탕으로 고객 서비스 측면에서 차별화 전략을 추진하고 있는 것으로 보인다. 그러나 사우스웨스트 항공권의 평균 가격은 여전히 업계 최저수준에 머물러 있어서, 저원가 전략을 동시에 추구하는 것으로 볼 수 있다. 마찬가지로 애플은 저원가와 차별화 전략을 동시에 사용하고 있다. 애플의 최고경영자 팀 쿡(Tim Cook)은 애플이 고객이 좋아하는 위대한 제품을 만드는데 초점을 맞추고 있다고 강조한다. 이는 차별화 전략을 의미한다. 그는 애플이 저가 휴대전화 판매를 목표로 한 적이 전혀 없다고 말한다. 그러나 그는 애플이 휴대폰을 통해 고객에게 위대한 경험을 제공한다는 목표를 달성하면서도 동시에 비용

을 절감하는 방법을 찾아냈다고 강조한다. 즉, 팀 쿡은 애플의 목표가 명확히 차별화이지만, 동시에 저원가의 달성도 가능하다고 강조한 것이다. 이러한 사례들은 포터의 아이디어가 대부분의 경우 유효할 수 있으나, 사우스웨스트 항공이나 애플과 같이 관리가 철저히 이루어지는 기업들은 저원가와 차별화된 제품 둘 다 추구하여 달성할 수 있음을 암시한다.

집중화된 저원가와 집중화된 차별화 전략

집중화된 저원가 전략
산업 내 하나 또는 소수의 세분시장에 제품과 서비스를 제공하며, 그 시장에서 가장 낮은 비용구조를 가진 회사가 되는 것

집중화된 차별화 전략
산업 내 하나 또는 소수의 세분시장에서 자사를 가장 차별화된 회사로 만드는 것

차별화 전략과 저원가 전략 모두 자동차, 장난감, 식품, 컴퓨터와 같은 특정 산업 내 시장의 전체 또는 대부분에 제품과 서비스를 제공하는 것을 목표로 한다. 포터는 한 산업 내 한 개 또는 소수의 세분시장에서만 고객의 니즈를 충족시키는 것을 목표로 하는 두 가지 다른 사업 수준 전략을 추가적으로 제시하였다. **집중화된 저원가 전략(focused low-cost strategy)**을 추구하는 경영자들은 전체 시장 중 하나 또는 소수의 부문에 제품과 서비스를 제공하며, 그 세분시장에서 가장 낮은 비용구조를 가진 회사가 되는 것을 목표로 한다. 이와는 대조적으로, **집중화된 차별화 전략(focused differentiation strategy)**을 추구하는 경영자들은 시장 내 하나 또는 소수의 부문에서 자사를 가장 차별화된 회사로 만드는 목표를 추구한다.

이 두 전략을 추구하는 기업들은 특정 유형의 고객(예를 들어 유아 또는 부유한 고객) 또는 특정 지역의 고객(예를 들어 서부 또는 동부 고객)이 가진 니즈에 특화하려는 노력을 한다. 예를 들어 BMW는 고소득 고객만을 위한 자동차를 생산함으로써 집중화된 차별화 전략을 추구한다. 이와는 대조적으로 도요타는 차별화 전략을 추구하는데, 가장 기본적인 니즈를 가진 고객(코롤라)부터 중간(캠리), 그리고 고소득 고객(렉서스)에 이르기까지 자동차 시장 내 대부분의 세분시장을 목표로 하여 공략하고 있다.

자라는 패션의 유행을 재빨리 파악하여 신규 아이템 출시가 신속하게 이루어지도록 하는 집중화 전략을 통해 성공하고 있다. ©Matej Kastelic/Shutterstock.com

원가를 절감하고 고객의 니즈에 적절한 대응이 가능하도록 하는 기술들이 등장하고 발전함에 따라, 점차 소규모 기업들이 집중화 전략(focused strategy)을 통해 대규모 저원가 및 차별화 기업과 성공적으로 경쟁하는 것이 용이해지고 있다. 전자상거래를 통해 수많은 소규모 전문화된 기업들이 대규모의 오프라인 경쟁자들로부터 수익성 높은 틈새시장들을 빼앗고 있다.

자라(Zara)는 최근 몇 년간 매출이 급상승한 스페인의 글로벌 유통업체 인디텍스(Inditex)의 대표 브랜드로, 오프라인 위주로 운영함에도 불구하고 기술을 활용한 집중화 전략을 추구함으로써 글로벌 시장

에서 경쟁할 수 있음을 보여주는 훌륭한 사례이다. 자라는 자신의 니즈에 딱 맞는 기술을 적용함으로써, 패션 의류 시장에서 구찌나 H&M과 같은 차별화 기업들과 경쟁하여 저원가 리더로서 성공적인 자리매김을 할 수 있었다. 의류업체들에게 주요 비용 중 하나가 재고비용인데, 자라는 이를 최소화하는 방식으로 디자인 및 제조 프로세스를 관리한다. 그러나 이와 동시에 기술의 진보에 따라 디자이너들에게 어떤 옷이 잘 팔리고 어떤 나라에서 잘 팔리는지에 대한 즉각적인 피드백을 제공할 수 있게 되었고, 이는 자라에게 차별화를 통한 경쟁우위 확보 또한 가능하게 하였다. 구체적으로, 자라는 낮은 비용으로도 고객 수요에 따라 특정 제품의 생산량을 크게 늘릴 수 있고, 빠르게 늘어나고 있는 해외 매장들에서 어떤 옷을 판매할지 정확히 결정할 수 있으며, 유행에 따라 끊임없이 제품 라인을 조정할 수 있다.

또한 자라는 기술을 활용하여 스페인 알테이소(Arteixo)의 본사에 함께 위치한 디자인과 제조 기능 간 조율을 효율적으로 할 수 있었다. 이에 따라 새로운 옷을 디자인하고, 제조하여 전 세계의 매장으로 배송하는데 2주밖에 걸리지 않는 경우도 있다. 이와는 대조적으로, 경쟁자인 스웨덴 패션업체 H&M의 경우에는 이 과정에 보통 몇 달이 소요된다. 짧은 출시 속도는 자라에게 높은 유연성을 가져다주어서, 수시로 바뀌는 유행에 대응하여 제품도 수시로 바꿀 수 있도록 해준다. 빠른 제조-판매 사이클과 적시재고관리(just-in-time) 스타일로 인해, 자라는 비교적 저렴한 가격을 제시하면서도 높은 수익을 올려 다른 패션업체들의 부러움을 사고 있다.

자라는 의류 디자인, 마케팅, 기술 등의 기능에서 경쟁우위를 가져다주는 강력한 강점을 개발했기 때문에, 의류산업 중 패션시장에서 집중화된 저비용과 차별화 전략을 동시에 추구할 수 있었다. 이와 같이 사업 수준의 전략을 강화하고 경쟁력을 높이는 기능 수준의 전략을 개발하는 것은 필수적인 과제이다. 이 중요한 과제에 대해서는 다음 장에서 논의하고, 이번 장에서는 먼저 계획의 수준을 한 단계 높여 기업 수준 전략이 어떻게 조직의 미션과 목표를 달성하는 데 도움이 되는지 살펴보자.

기업 수준 전략 수립

일단 경영자들이 특정 산업에서 경쟁자를 이기기 위한 사업 수준 전략을 수립하였다면, 이제는 미래를 내다보아야 한다. 이 사업 수준의 계획이 성공한다면 회사는 높은 수익을 창출할 것이다. 그래서 다음 과제는 이렇게 창출된 수익을 어떻게 투자해서 장기적인 성과를 향상시킬지에 대해 계획하는 것이다.

학습목표 6-3

기업 수준 전략의 주요 유형을 구분하고, 어떻게 사업 수준 전략과 경쟁우위를 강화하는데 활용되는지 설명

기업 수준 전략(*corporate-level strategy*)은 기업이 미션과 목표를 달성하기 위해 자원을 투자해야 할 산업과 국가를 선택하는 계획이다. 경영자들은 기업 수준 전략을 선택할 때, 고객에 대한 가치창출 능력을 높여서 성과를 향상시키도록 회사의 성장과 발전은 어떻게 관리되어야 하는지의 질문을 던져보아야 한다. 효과적인 조직은 고객들에게 새롭고 개선된 제품과

서비스를 창출하여 제공하기 위해 회사의 자원을 사용할 새로운 기회를 적극적으로 탐색한다. 예를 들어 제품 라인이 빠르게 확대되는 조직의 예로 구글, 인텔, 도요타 등을 들 수 있는데, 이들 기업에서 경영자들은 회사가 보유한 능력을 활용하여 고객에게 신제품을 제공할 기회를 적극적으로 모색한다.

또한 경영자는 사업 수준 전략의 효과성과 수익성을 감소시키는 과업 또는 일반 환경의 변화로 인한 위협에 대응할 방법을 찾아야 한다. 예를 들어 고객이 더 이상 회사가 생산하는 유형의 제품과 서비스(염도 높은 수프, 부피 큰 TV, 연비 낮은 자동차)를 구매하지 않을 수도 있고, 다른 조직이 시장에 진입하여 고객을 빼앗아갈 수도 있다. 2000년대 애플과 삼성이 더 나은 MP3 플레이어, 노트북, 평면 TV 등을 생산함에 따라, 이러한 일이 실제로 소니에게 일어났다. 최고경영자들은 사업 수준 전략을 강화하여 변화된 환경에 대응함으로써 성과를 향상시킬 수 있는 기업 수준 전략을 찾아야 한다.

경영자가 회사를 성장시켜 업계 최고 수준으로 유지하며, 때로는 쇠퇴를 막기 위해 구조조정을 실시하는데 활용할 수 있는 대표적인 기업 수준 전략에는 (1) 단일 산업 집중, (2) 수직적 통합, (3) 사업다각화 (4) 글로벌 확장의 네 가지가 있다. 이러한 기업 수준 전략을 추구하여 조직의 제품과 서비스가 제공하는 가치를 증가시킴으로써, 더 많은 고객의 구매로 이어질 때 더 높은 수익이 창출된다. 구체적으로, 제품과 서비스의 가치를 높이기 위해서는, 기업 수준 전략이 사업(부) 수준에서 (1) 제품을 개발하거나 제조하는 비용을 낮추거나, (2) 제품차별화를 증가시켜 더 많은 고객들이 프리미엄 가격에도 불구하고 제품을 구매하도록 할 수 있어야 한다. 이 두 가지 결과 모두 기업의 경쟁우위를 강화하고 성과를 향상시킨다.

단일 산업 집중 전략

단일 산업 집중 전략
현재 산업에서 경쟁적 지위를 강화하기 위해 수익을 재투자하는 것

대부분의 기업은 현재의 산업에서 경쟁우위를 강화하기 위해 수익을 재투자함으로써, 즉, **단일 산업 집중 전략(concentration on a single industry)**을 추구함으로써 성장해나간다. 일반적으로 조직은 보유하고 있는 기능의 역량을 활용하여, 새로운 제품을 개발하거나 새로운 지역을 개척함으로써 성장한다. 예를 들어 애플이 아이폰과 아이패드와 같이 뛰어난 모바일 디지털 기기를 지속적으로 개발하는 반면, 맥도날드는 캘리포니아의 한 식당에서 시작하여 자신의 자원을 활용하여 빠르게 전 세계적으로 확장함으로써 미국에서 가장 규모가 크고 수익성이 높은 기업으로 성장하였다.

한편 조직이 효과적으로 성과를 올리는 경우, 기업은 늘어나는 수익을 투자하여 새로운 사업부를 설립함으로써, 더욱 가치 있는 다양한 제품을 창출하고 만들기 위해 새로운 산업에 뛰어들기도 한다. 이에 따라 코카콜라, 펩시, GE 등과 같이 수직적 통합이나 사업다각화를 추구하기 시작한다.

Management insight

미쉐린의 혁신

백여 년 전, 프랑스 형제인 André Michelin과 Edouard Michelin은 이전에 차량에 사용되던 나무 바퀴를 대체하기 위해 튜브와 분리형 스틸 휠을 발명하여 타이어 산업에 혁명을 일으켰다. 한 세기 후 미쉐린은 자동차, 트럭, SUV, 중장비, 농기계, 항공기, 오토바이와 자전거 등에 쓰이는 타이어 제조라는 단일 산업에서 혁신을 계속하고 있다. 미쉐린 북미법인은 16개 지역에 19개 공장을 두고 2만 2천여 명을 고용한 100억 달러 규모의 기업이다. 사우스캐롤라이나 그린빌(Greenville)에 본사를 둔 이 회사는 캐나다와 멕시코뿐만 아니라 미국 내 6개 주에서 타이어를 제조한다.

혁신은 계속해서 성공의 핵심 요소가 되고 있다. 세계 최고의 타이어 제조업체인 미쉐린은 1950년대 레이디얼 타이어(radial tire)를 발명했고, 1960년대 중반 포드가 링컨 컨티넨탈에 이 타이어를 적용함에 따라 미국에 진출했다. 곧이어 유통업체인 시어스(Sears)는 기술적 전문성을 인정하여 미쉐린을 타이어 공급업체로 선정했다. 오늘날 900명이 넘는 직원이 일하는 미쉐린의 북미 연구개발 센터에서는 다양한 제품들이 개발되고 있다. 그리고 사우스캐롤라이나 로렌스(Laurens)에 위치한 테스트 시설은 타이어 및 서스펜션 시스템에 대한 실험을 진행하고 운전자들을 훈련하기 위해 다양한 길이와 표면의 특수 트랙들을 보유하고 있다.

1970년대 전 세계적으로 레이디얼 타이어에 대한 수요가 증가하자 미쉐린 북미법인은 자동차와 트럭 타이어를 모두 제조할 수 있는 공장을 건설하는 등 사업을 계속 확장해 나갔다. 창업자 중 한 명의 손자인 François Michelin의 결정에 따라 본사가 뉴욕에서 사우스캐롤라이나로 이전하였다. 단일 산업에 집중하는 것이 어려울 수 있지만, 미쉐린은 1989년 미국 최고의 경쟁업체 중 하나인 유니로얄 굿리치 타이어(Uniroyal Goodrich Tire)를 인수하는 등 제품군을 확장하기 위해 노력하였다. 이 인수를 통해 회사는 전 세계적으로 유명한 고품질의 미쉐린 브랜드를 유지하면서도 다양한 가격대의 타이어를 공급할 수 있게 되었다.

120년이 넘는 역사의 글로벌 타이어 제조업체인 미쉐린에서 여전히 혁신은 기업 전략의 핵심이 되고 있다. 이 회사의 미쉐린 맨은 세계에서 가장 오래되고 가장 인정받는 마스코트 중 하나로 여겨진다. ©ricochet64/Shutterstock.com

미쉐린은 120년이 넘도록 여전히 강력한 회사이다. 상징적인 미쉐린 맨은 1894년 프랑스 리옹(Lyon) 전시회에서 소개된 세계에서 가장 오래된 상표 중 하나이다. 그리고 미쉐린 형제는 소비자들의 여행을 장려하여 더 많은 타이어를 판매하려는 의도로, 프랑스 식당에 대한 미쉐린 가이드를 1926년 처음 만들었다. 오늘날 이 유명한 식당 및 여행 가이드는 전 세계 25개 이상의 국가를 대상으로 만들어지고 있다.

수직적 통합 전략

조직이 한 산업에서 좋은 성과를 거두고 있을 때, 경영자들은 제품 제조에 필요한 투입물을 직접 생산하거나 제품을 고객에게 직접 판매함으로써 가치를 창출할 새로운 기회를 얻게 된다. 예를 들어 테슬라는 35,000달러에 판매될 전기자동차의 대량 생산이라는 목표 달성을 위해서는 배터리가 중요하다는 것을 깨달았다. 이러한 필요에 따라 배터리를 자체 생산하기로 결정하고, 5억 달러를 투자하여 네바다 스파크스(Sparks) 외곽에 거대한 공장을 건설하여 2017년부터 생산에 들어갔다. 테슬라는 이 공장이 배터리 비용 절감에 도움이 될 것으로 기대하고 있다. 테슬라는 2018년 출시 예정이던 신형 모델3의 사전계약을 40만 건 이상 받을 만큼 인기를 끌었다. **수직적 통합(vertical integration)**은 기업 수준 전략으로, 제품의 투입물을 생산하는 새로운 산업으로 사업을 확장하거나(후방통합), 회사의 제품을 사용, 유통, 판매하는 새로운 산업으로 진출하는 것을 말한다(전방통합). 철강 회사는 철광석 광산을 구매함으로써 원재료 산업에 진출하는 **후방통합**(*backward vertical integration*)을 할 수 있다. 또한 PC 제조사는 자사의 PC 판매를 위해 자체적인 판매 매장을 열어 **전방통합**(*forward vertical integration*)에 나설 수 있다. 예를 들어 애플은 컴퓨터 및 기타 모바일 기기를 직접 판매하기 위해 애플 스토어를 설립함으로써 유통업에 뛰어들었다.

수직적 통합 제품의 투입물을 생산하는 새로운 산업으로 사업을 확장하거나, 회사의 제품을 사용, 유통, 판매하는 새로운 산업으로 진출하는 것

그림 6.6은 원재료에서 고객으로 이어지는 전형적인 네 가지 주요 단계를 보여준다. 각 단계에서는 각 산업과 관련된 활동에 의해 제품에 가치가 부가된다. 조립 단계에 기반을 둔 기업의 경우, 후방통합은 중간재 제조 또는 원재료 생산 산업에 새로운 사업부를 설립하는 것

그림 6.6
수직적 가치사슬의 단계

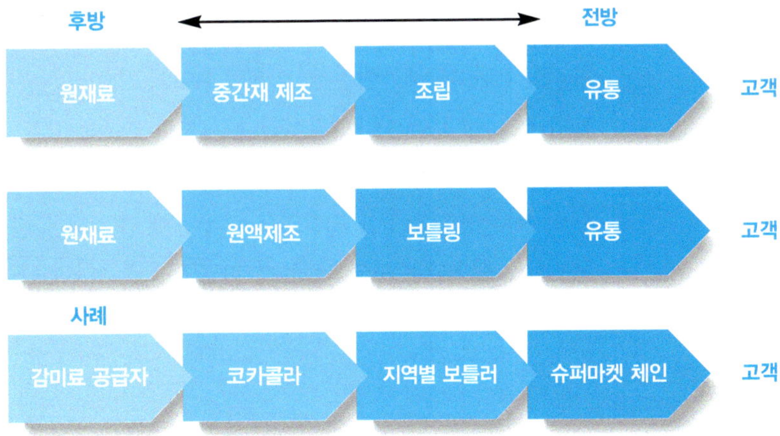

이고, 전방통합은 소매업자에게 자사 제품을 공급하기 위한 새로운 사업부 또는 고객에게 직접 판매하기 위한 소매 사업부를 설립하는 것이다. 한 단계 또는 한 산업의 사업부는 이전 단계 또는 산업의 사업부가 생산한 제품을 받아 변환하여 가치를 부가한 후, 가치사슬 상 다음 단계의 사업부에 높은 가격을 받고 제공한다.

이러한 산업 가치사슬(vertical 또는 industry value chain)이 어떻게 작용하는지에 대한 예로서, 청량음료 산업의 콜라 세분시장을 생각해보자. 원료산업의 업체에는 설탕시럽 또는 다이어트 콜라에 사용되는 인공감미료 제조업체가 포함된다. 이 회사들은 콜라 원액(농축액)을 생산하는 코카콜라와 펩시와 같은 기업에 제품을 판매한다. 코카콜라와 펩시는 콜라 원액을 생산하기 위해 감미료와 다른 투입물을 혼합한다. 이 과정에서 이들은 투입된 원재료에 가치를 더한다. 보틀러들(bottlers)은 콜라 원액에 탄산수를 첨가하고 병과 캔 등에 담아 완제품을 만듦으로써 농축액에 가치를 추가한다. 보틀러들은 이 완제품을 코스트코, 월마트와 같은 소매점이나 맥도날드와 같은 패스트푸드 업체에 판매한다. 이들 유통업체들은 최종 고객이 제품을 편하게 구매할 수 있도록 함으로써 가치를 부가하고, 고객에 대한 직접 판매로부터 이익을 얻는다. 따라서 원재료부터 유통에 이르는 각 단계에서 기업들은 가치를 추가한다.

경영자들이 수직적 통합을 추구하는 이유는 제품을 독특하게 만들어 가치를 높이거나, 제품을 만들고 판매하는 비용을 낮출 수 있기 때문이다. 차별화를 높이기 위해 전방통합을 활용하는 사례로 애플을 들 수 있다. 이 회사는 자사의 독특한 제품을 구매하기 전에 체험해 볼 수 있고, 고객들이 보다 쉽게 접근할 수 있도록 애플 스토어라는 자체 매장을 열었다. 또한 코카콜라와 펩시는 자사 제품을 더욱 차별화하고 비용을 절감하기 위해서 보틀러들을 인수하기도 했다.

수직적 통합은 조직의 경쟁우위를 강화하고 성과를 향상시킬 수 있지만, 변화하는 환경에 대응할 수 있는 조직의 유연성을 감소시키거나, 원하지 않는 전략의 변화를 초래하는 문제를 발생시킬 수 있다. 예를 들어 P&G가 2005년 질레트를 인수했을 때, 질레트에게는 수직적 통합에 해당하는 계열사인 듀라셀 배터리도 함께 인수하게 되었다. 그러나 배터리는 P&G가 구축하려하는 사업 포트폴리오와는 거리가 먼 사업이었다. 이에 따라 일부 분석가들이 듀라셀 매각을 P&G에 제안했는데, 실제로 P&G는 2016년 워런 버핏의 버크셔 해서웨이(Berkshire Hathaway)에 듀라셀을 매각하였다.

따라서 경영자들은 부가가치를 창출하는 전략으로서 수직적 통합을 고려할 때, 오히려 기업의 가치 창출 능력을 떨어뜨릴 수 있음에 주의해야 한다. 이는 조직의 관심과 자원이 주요 목적에서 벗어나는 사업으로부터 기업들이 철수하려 하는 이유이다.

사업다각화 전략

사업다각화 새로운 종류의 가치 있는 제품이나 서비스를 생산하기 위해 새로운 산업으로 영역을 확장하는 것

사업다각화(business diversification)는 새로운 종류의 가치 있는 제품이나 서비스를 생산하기 위해 새로운 산업으로 영역을 확장하는 기업 수준 전략이다. 예를 들어 펩시는 프리토레이(Frito-Lay)를 인수하면서 스낵 사업으로 다각화했고, 시스코는 링크시스(Linksys)를 인수하여 소비자 가전으로 다각화하였다. 사업다각화에는 관련 다각화와 비관련 다각화의 두 가지 유형이 있다.

관련 다각화 하나 이상의 기존 사업부 또는 사업에서 경쟁우위를 창출하기 위해 새로운 사업 또는 산업에 진입하는 것

시너지 개인이나 부서가 활동을 조정하여 얻어지는 성과의 증가

관련 다각화 **관련 다각화(related diversification)**는 하나 이상의 기존 사업부 또는 사업에서 경쟁우위를 창출하기 위해 새로운 사업 또는 산업에 진입하는 전략이다. 경영자는 다양한 사업부나 사업이 서로 가치 있는 기술이나 자원을 공유하여 시너지 효과를 낼 수 있는 방법을 찾음으로써 제품에 가치를 더할 수 있다. **시너지(synergy)**는 두 개의 사업부가 협력하여 만든 총가치가, 두 사업이 독립적으로 따로 운영될 때 각각 창출되는 가치의 합보다 클 때 얻어진다. 예를 들어 다각화된 기업의 두 개 이상의 사업부가 동일한 제조 시설, 유통 경로, 광고 캠페인을 활용할 수 있다고 가정해보자. 이는 기능 활동의 공유를 의미한다. 각 사업부는 자체적으로 기능 활동을 수행하는 경우보다 공유하는 기능 활동에 더 적은 자원을 투입하게 된다. 이와 같이 관련 다각화는 사업부들이 기능 활동을 수행하는 비용을 공유할 때 비용 절감의 주요 원천이 될 수 있다. 마찬가지로, 한 사업의 R&D 역량이 다른 부문의 제품을 향상시키고 차별화 수준을 높일 수 있다면, 이 시너지 효과로 인해 경쟁자 대비 경쟁우위를 확보할 수 있으므로 기업 전체가 다각화의 혜택을 누릴 수 있다.

P&G의 일회용 기저귀와 키친타월 사업이 서로 협력한 방식은 시너지 효과를 성공적으로 창출한 좋은 예이다. 이 사업부들은 종이와 포장 등의 투입물 조달 비용을 분담하고, 공동 영업 인력을 통해 두 제품을 함께 소매업체에 판매하며, 동일한 물류시스템을 활용해 출하하고 있다. 이러한 자원공유를 통해 두 사업부 모두 비용을 절감할 수 있고, 결과적으로 경쟁자들보다 더 낮은 가격을 부과할 수 있어 더 많은 고객들을 확보할 수 있다. 또한 두 사업부는 제품의 차별화 수준을 높이기 위해 흡수성을 높이는 방법을 공동으로 찾는 등 신제품 출시와 기존 제품 개선에 드는 연구개발비를 공유한다. 이러한 시너지 창출은 3M에게도 기업 전략의 핵심이다. 3M은 처음부터 관련 다각화를 추구하여, 연구개발 역량을 활용해 새로운 사업을 창출해왔다. 오늘날 이 회사는 기술과 마케팅 등의 자원을 공유하는 다섯 개의 사업 부문을 가지고 있다. 5개 부문은 산업용 제품 부문, 소비자 제품 부문, 안전 및 광학 부문, 의료 부문, 전자 및 에너지 부문이다. 이 회사는 연간 매출의 5.8%를 연구개발에 쓰고 있는데, 이를 통해 매년 3천 건 이상의 새로운 특허를 만들어내고 차별화된 제품을 생산하여 소비자와 기업고객에 제공하고 있다.

포스트잇이 없었을 때는 어떻게 살았을까? 3M은 고객의 문제 해결에 철저히 집중함으로써 잘 팔리는 신제품들을 계속 만들어낼 수 있었다. ©Kuznetsov Alexey/Shutterstock.com RF

3M은 어떻게 관련 다각화를 수행하고 있는가? 첫째, 회사는 혁신과 위험 감수라는 강한 전통을 가진 연구기반 기업이다. 위험 감수를 장려하고 실패에 대한 불이익이 없으며, 이를 신제품과 신사업 창출에 있어서 자연스러운 부분으로 간주한다. 둘째, 3M의 경영진은 끊임없이 회사의 고객과 그들이 직면하는 문제에 초점을 맞추고 있다. 3M의 많은 제품들은 고객들의 문제 해결을 돕는 것에서 시작되었다. 셋째, 경영자들은 회사가 빠른 속도로 새로운 제품과 사업을 창출하도록 요구하는 도전적인 목표(stretch goal)를 세운다. 넷째, 직원들은 자신의 아이디어를 발전시키기 위해 상당한 자율권을 부여받는다. 직원들은 근무시간의 15%를 경영진의 승인 없이 자신이 선택한 프로젝트에 투입할 수 있다. 주변에서 흔히 볼 수 있는 포스트잇(Post-it)을 비롯해 많은 제품들이 이러한 자율성 때문에 생겨났다. 다섯째, 각 제품은 사업부에 소속되고 사업부는 이윤창출을 담당하지만, 기술은 각 사업부가 아니라 회사 전체에 귀속된다. 따라서 한 사업부에서 개발된 기술을 다른 사업부들이 자유롭게 활용할 수 있다. 마지막으로, 3M은 다양한 사업부의 연구원들이 함께 모여 연구 결과를 공유하는 회사 전체 수준의 미팅을 자주 개최한다.

요약하면, 관련 다각화를 성공적으로 추진하기 위해 경영자들은 기존 기술과 자원을 활용하여 시너지를 창출하고, 새로운 제품과 사업에 가치를 더하며, 새로운 사업뿐 아니라 회사 전체의 경쟁력을 향상시킬 수 있는 신사업을 모색한다. 한편 경영자들은 관련 다각화를 통해 기존 사업의 성과를 향상시킬 기술과 자원을 획득할 수 있다고 판단하여 새로운 산업에서의 기업 인수를 추진할 수도 있다. 만약 이러한 노력이 성공한다면, 신사업에서 기존사업으로의 기술 이전을 통해 사업부간 시너지를 창출할 수 있기 때문에, 비용을 낮추거나 제품을 더 잘 차별화하는 데 도움이 된다.

비관련 다각화 현재의 사업이나 산업과 관련성이 낮은 새로운 산업에서 사업부를 설립하거나 회사를 인수하는 것

비관련 다각화 경영자들은 현재의 사업이나 산업과 관련성이 낮은 새로운 산업에서 사업부를 설립하거나 회사를 인수할 수 있는데, 이를 **비관련 다각화(unrelated diversification)**라고 한다. 비관련 다각화를 추구하는 주요 이유 중 하나는 경영자들이 부실하게 관리되어 실적이 저조한 회사를 인수한 후, 자사가 보유한 경영 능력(management skill)을 그 회사로 이전하여 사업을 발전시키고 실적을 향상시킴으로써 가치를 창출할 수 있기 때문이다.

또한 경영자들은 사업 포트폴리오 관리 전략(portfolio strategy)으로 비관련 다각화를 추구하기도 한다. 다양한 산업의 사업들로 포트폴리오를 구성함으로써, 기업들은 개인투자자와

마찬가지로 재무적 수익을 높이거나 위험을 분산시킬 수 있다. 예를 들어 경영자들은 BCG 매트릭스에서 자금젖소(cash cow)에 해당하는 사업에서 스타(star) 사업부로 자금을 이전하고, 사업부 간에 적절히 자금을 배분함으로써 가치를 창출할 수 있다. 포트폴리오 관리 전략은 1980년대 비관련 다각화 추구의 정당성을 설명하는 주요 논리로 사용되었지만, 1990년대 들어서는 그 효과가 의심받으면서 점점 더 많은 비난을 받게 되었다. 그 이유는 경영자들이 조직의 범위를 확장하여 점점 더 많은 산업에 뛰어듦에 따라, 그들이 조직의 다양한 사업에 대해 잘 아는 게 어려워지기 때문이다. 경영자들이 각 사업 부문의 전략과 성과를 적절하게 평가하는 데 필요한 모든 정보를 처리할 여력이 없기 때문에, 전체 회사의 성과가 떨어질 수밖에 없다.

따라서 비관련 다각화가 잠재적으로 기업에 추가적인 가치를 제공할 수 있지만, 많은 연구 결과에 따르면 과도한 비관련 다각화는 경영자들이 조직의 핵심 사업에 대한 통제력을 잃게 할 수 있다. 결과적으로 비관련 다각화는 가치를 창출하기보다 오히려 감소시킬 수 있는 것이다. 이 때문에 지난 10여 년간 기업들이 관련성 낮은 사업들을 매각하는 경향이 크게 증가해 왔다. 이와 같은 매각은 때로는 관련성이 높은 사업들에서도 일어났다. 노바티스(Novartis), 네슬레, 텍스트론(Textron)과 같은 회사의 경영자들은 수많은 사업을 매각함으로써 남아있는 사업의 성과를 높이는데 집중하였다. 즉, 소수의 산업에 집중하는 전략으로 돌아간 것이다. 허니웰 인터네셔널(Honeywell International)은 항공우주산업에 집중하기 위해, 기술개발과 엔지니어링 부문을 엔지니어링 및 건설 산업 기업집단인 KBR에 2016년 매각했다.

글로벌 확장 전략

기업 수준 경영자들은 단일 사업 집중, 수직적 통합, 사업다각화 전략을 통해 사업영역을 결정할 뿐 아니라, 글로벌 수준에서 경쟁하는 적절한 방법에 대해서도 계획해야 한다. 자사의 제품을 해외에 판매하고 둘 이상의 국가 시장에서 경쟁해야 하는 모든 조직의 경영자들이 직면하는 기본적인 질문은, 자사 제품과 마케팅 캠페인을 서로 다른 국가의 여건에 어느 정도까지 맞춤화해야 하는가이다.

경영자들이 경쟁하는 서로 다른 국가 시장에서 표준화된 동질적인 제품을 판매하고 동일한 마케팅 방식을 사용하기로 결정하면, 이는 **글로벌 전략(global strategy)**을 채택한 것이다. 이러한 기업들은 국가별로 상이한 고객의 구체적인 니즈에 따른 맞춤화를 거의 하지 않는다. 반면 경영자들이 특정 국가의 여건에 따라 제품과 마케팅 활동을 맞춤화하기로 결정하면, 이는 **다국적 전략(multidomestic strategy)**을 채택한 것이다. 일본의 파나소닉은 전통적으로 사업을 수행하는 모든 국가에서 동일한 TV, 캠코더, DVD 및 MP3 플레이어를 판매하고 동일한 마케팅 방식을 사용하는 글로벌 전략을 추구해 왔다. 반대로 유럽의 식품 및 가정용품 기

글로벌 전략 서로 다른 국가 시장에서 표준화된 동질적인 제품을 판매하고 동일한 마케팅 방식을 사용하는 것

다국적 전략 특정 국가의 여건에 따라 제품과 마케팅 활동을 맞춤화하는 것

업 유니레버(Unilever)는 다국적 전략을 추구해 왔다. 예를 들어 독일 고객들에게 어필하기 위해, 유니레버의 독일 사업부는 북미 사업부와는 다른 종류의 식품들을 판매하고 다른 마케팅 방식을 사용하고 있다.

글로벌 전략과 다국적 전략은 모두 장단점이 있다. 글로벌 전략의 주요 이점은 국가 상황에 따라 제품 및 마케팅 접근방식을 맞춤화하지 않기 때문에 비용이 절감된다는 것이다. 예를 들어 롤렉스의 시계, 폴로와 타미힐피거의 의류, 샤넬과 아르마니의 의류와 액세서리 및 향수, 마이크로소프트의 태블릿 PC, 중국산 플라스틱 장난감, 미국산 쌀과 밀 등은 모두 언어를 바꾸기만 하면 다양한 나라에서 동일한 마케팅 방식으로 판매될 수 있는 제품들이다. 따라서 기업은 막대한 비용을 절약할 수 있다. 반면 글로벌 전략의 가장 큰 단점은 국가 간 차이를 간과함으로써, 현지 고객의 취향에 맞게 제품을 차별화하는 현지 기업과의 경쟁에서 뒤처질 수 있다는 것이다.

세계적인 식품업체 켈로그와 네슬레는 연간 1천 억 달러가 넘는 인도 가공식품 시장에 진출하면서 이와 같은 상황에 직면했다. 이 기업들은 인도 소비자의 입맛에 제품을 맞춤화하는 방법을 찾지 못해 처음에는 큰 손실을 입었다. 예를 들어 켈로그가 인도에서 시리얼을 처음 출시했을 때, 인도에서는 대부분의 우유가 살균과정을 거치지 않기 때문에 인도인들이 주로 아침을 익혀서 먹는다는 것을 이해하지 못했다. 오늘날에는 살균처리 되거나 캔에 담긴 우유가 보편화됨에 따라, 켈로그는 바스마티 쌀을 원료로 하거나 망고 향이 첨가된 이국적인 시리얼을 인도 고객들에게 판매하고 있다. 한편 초기에 네슬레의 매기(Maggi) 누들은 인도에서 성공하지 못했다. 하지만 마살라 맛이나 카레 맛을 선보임으로써, 오늘날 네슬레의 누들은 인도 식단에서 인기 있는 음식이 되었다.

다국적 전략의 장단점은 글로벌 전략과 정반대이다. 다국적 전략의 주요 이점은 지역 여건에 따라 제품과 마케팅 접근방식을 맞춤화함으로써, 시장점유율을 높이거나 더 높은 가격을 부과할 수 있다는 것이다. 하지만 가장 큰 단점은 맞춤화가 생산원가를 높이는 것이다. 특히 다른 다국적 기업이 글로벌 전략을 추구할 때, 다국적 전략을 추구하는 기업의 제품은 상대적으로 경쟁자보다 가격이 높기 때문에 경쟁에서 불리한 상황에 직면한다. 이 두 전략 간에는 명확한 상충관계가 존재하는 것이다.

잘 알려진 면도기 회사이자 P&G의 계열사인 질레트의 경영자들은 두 가지 전략의 장점을 결합한 전략을 추구했다. P&G와 마찬가지로 질레트의 경영자들은 핵심 제품인 면도기를 가능한 한 많은 나라에서 판매하여 얻을 수 있는 혜택을 일찌감치 인식하였고, 따라서 적극적으로 글로벌 확장을 추구해왔다. 질레트가 추진해온 전략은 오랫동안 변함없었다. 면도기 시장이 성장하고 있는 새로운 국가를 찾아 현지 면도기 업체와 전략적 제휴를 맺고 그 회사의 대주주가 된 후, 대규모 마케팅 캠페인에 투자하고 현대식 공장을 건설하여 현지 시장을 겨냥한 면도기와 다른 여러 제품을 생산하였다. 예를 들어 질레트는 판매량을 늘릴 수 있는 획기적 기회로 보고 소련 해체 후 러시아 시장에 진출했다. 스푸트니크(Sputnik) 브랜드로 면도기를 생산하던 레니네츠(Leninets)라는 현지 기업과 조인트 벤처를 만들고, 이 합작회사를 통해 질레트의 면도기를 수입하였다. 질레트는 판매가 급성장하자 시장에 더 많은 제품을 공급하기로 결정하고 상트페테르부르크에 공장을 신설했다.

질레트는 인건비를 포함한 비용이 낮은 국가에 공장을 설립한 후, 세계 곳곳의 국가에 제품을 보급하고 마케팅 활동을 전개하는 글로벌 전략을 추구했다. 그러나 질레트의 연구개발과 제품설계 기능은 모두 미국에 위치해있다. 새로운 종류의 면도기가 개발되면, 질레트는 해외 현지 고객이 이 신제품으로 교체할지에 대해 면밀히 검토한 후 비로소 해외 공장에서 생산을 시작한다. 따라서 질레트의 최신 면도기는 미국보다 몇 년 늦게 해외에서 판매를 시작할 수 있다. 해외 현지 국가의 니즈에 따라 제품을 맞춤화한다는 측면에서 다국적 전략을 추구하고 있는 것이다.

질레트는 이러한 전략을 추구함으로써 낮은 비용을 달성하면서도, 여전히 각 국가 또는 지역의 니즈에 맞게 제품군을 차별화하고 맞춤화하여 제공하고 있다. 모회사인 P&G도 비슷한 전략을 추구하는데, P&G는 질레트를 인수하여 세계 최대 소비재 기업이 되고자 했다. 글로벌 차원에서 관련 다각화를 추구함으로써 실현될 수 있는 가치를 노린 것이다. 예를 들어 P&G의 기업 수준 경영자들은 다양한 국가와 지역에 걸쳐 벌어지는 글로벌 제조, 유통, 판매 활동을 통합함으로써 막대한 글로벌 시너지를 창출할 수 있을 것으로 판단했다. 이러한 시너지는 수십억 달러의 비용 절감 효과가 있었다. 동시에, 서로 다른 국가 고객들의 니즈에 대한 두 기업의 지식을 통합함으로써, 결합된 회사는 전 세계에 걸쳐 보다 높은 수준의 차별화와 제품 포지셔닝을 할 수 있었다. P&G의 전략은 성공적으로 평가받는데, 포춘지는 최근 이 회사를 2017년 세계에서 가장 존경받는 기업으로 선정했다.

글로벌 확장 방식 경쟁이 치열한 글로벌 환경은 조직과 경영자 모두에게 기회이자 위협이 될 수 있다. 세계적으로 확장하는 조직은 새로운 시장을 열고, 더 많은 고객에 다가가며, 새로운 원료 공급원과 저렴한 투입물 공급자에 접근할 수 있는 기회를 얻을 수 있다. 반면 전 세계적으로 확장하는 조직들이 마주하는 위협은 이들이 진출하는 해외 현지에서 새로운 경쟁자들과 맞닥뜨릴 가능성이 높고, 새로운 정치, 경제, 문화적 환경에 적응해야 한다는 것이다.

해외 사업장을 설립하기 전에 아마존, GE, P&G, 보잉 등의 경영자들은 특정 국가의 환경을 철저히 분석함으로써, 가장 적절한 확장 방식과 환경에 대한 대응 방식을 모색하게 된다. 네 가지 기본적인 글로벌 시장 진입방식(entry mode)으로 수출, 라이선싱 및 프랜차이징, 전략적 제휴, 완전소유 해외자회사 설립을 들 수 있다. 지금부터 조직과 경영자들이 해외 활동에 투입하는 노력과 투자 수준이 낮고, 이에 따라 위험수준도 가장 낮은 진입방식부터 점차 수준이 높아지는 순으로 네 가지 진입방식에 대해 간략히 살펴보자(그림 6.7 참조).

그림 6.7

국제적 확장의 4가지 방법

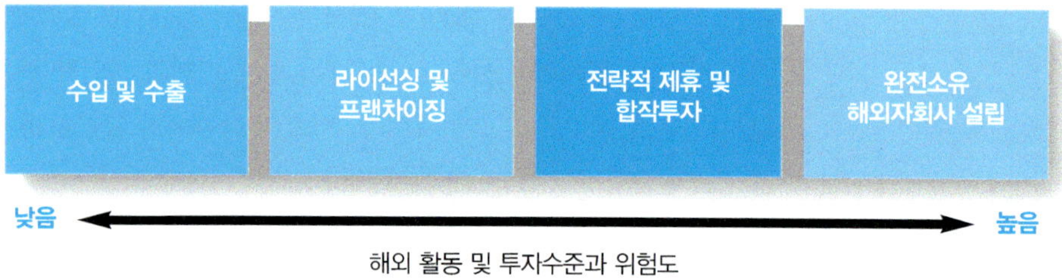

수출 국내에서 제품을 생산하여 해외에 판매하는 것

수입 및 수출 가장 덜 복잡한 글로벌 운영 전략은 수출과 수입이다. **수출(exporting)** 방식을 선택한 기업은 국내에서 제품을 생산하여 해외에 판매한다. 이 때 자신이 해외에서 직접 판매하거나 해외의 현지 조직에게 판매와 보급을 위탁할 수 있다. 수출은 글로벌화에 따른 위험이 거의 없는데, 기업이 해외 제조 시설을 구축하는데 투자할 필요가 없기 때문이다. 현지 기업에게 판매와 유통을 위탁하면 해외 활동에 필요한 투자를 더욱 줄일 수 있다.

수입 해외에서 생산된 제품을 본국에서 판매하는 것

수입(importing) 방식을 선택한 기업은 해외에서 생산된 제품(직접 생산하거나 다른 기업에서 구입한 제품)을 본국에서 판매한다. 예를 들어 Pier 1 Imports와 Marshalls와 같은 유통업체에서 판매하는 대부분의 제품들은 아일랜드 보석, 프랑스 와인, 이탈리아 가구, 인도 비단과 같이 해외에서 생산된 것이다. 인터넷은 기업들이 해외의 잠재적 구매자들에게 자신의 제품을 훨씬 더 쉽게 선보일 수 있도록 하였다. 상세한 제품 사양과 특징들은 온라인에서 언제나 쉽게 확인할 수 있고, 이러한 정보를 바탕으로 구매자들은 잠재적 판매자와 손쉽게 커뮤니케이션 할 수 있다.

라이선싱 수수료에 대한 대가로 현지 기업이 제품을 생산하고 배급하는 것을 허락하는 것

라이선싱 및 프랜차이징 **라이선싱(licensing)**에서 라이선스 제공자(licenser)는 해외의 라이선스 사용자(licensee)에게 상호 협상에 의해 결정된 수수료(로열티)를 받고, 한 개 또는 여러 제품을 해당 국가 또는 지역에서 제조하고 배급할 수 있는 권리를 부여한다. 예를 들어 화학 회사인 듀폰(Dupont)은 인도의 현지 기업에게 나일론이나 테플론의 생산을 허가할 수 있다. 라이선싱의 장점은 라이선스 제공자가 해외 활동에 따른 비용을 부담할 필요가 없다는 것이다. 이 비용은 라이선스 사용자가 부담하게 된다. 반면 이 진입방식의 위험은 라이선스 제공자가 해외 파트너에게 기술적 노하우에 대한 접근을 허락해야하기 때문에 기술적인 기밀에 대한 통제력을 상실할 수 있다는 것이다.

프랜차이징 일시불의 가맹비와 이후의 수익 배분에 대한 대가로 현지 기업이 브랜드와 운영 노하우를 사용하도록 허락하는 것

라이선싱은 주로 제조업에서 활용되는 반면, 프랜차이징은 주로 서비스업에서 쓰인다. **프랜차이징(franchising)**에서 프랜차이즈 제공자(franchiser)는 해외의 프랜차이즈 가맹자(franchisee)에게 일시불의 가맹비와 이후의 수익 배분에 대한 대가로, 자사의 브랜드와 운영 노하우를 사용할 권리를 부여한다. 예를 들어 힐튼호텔은 프랜차이징을 통해 칠레에 있는 현지 기업에게 힐튼이라는 브랜드로 호텔을 운영할 수 있는 권리를 부여할 수 있다. 프랜차이징의 이점은 프랜차이즈 제공자가 해외 확장에 따른 비용을 부담할 필요가 없고, 해외 사업장

설립과 관련된 많은 문제를 피할 수 있다는 것이다. 단점은 프랜차이즈 제공자가 프랜차이즈 운영 방식을 철저히 통제하지 못할 수 있으며, 이러한 경우 제품 품질이 떨어질 수 있다는 것이다. 따라서 힐튼, 맥도날드와 같은 기업들은 자칫하면 자사가 오랫동안 쌓아온 명성을 잃을 수도 있다. 한국에서 맥도날드 햄버거를 사는 미국 고객들은 본국과 동일한 맛을 기대한다. 만약 그렇지 않다면, 맥도날드의 명성은 시간이 지남에 따라 약화될 것이다.

전략적 제휴 두 개 이상의 기업이 자원과 노하우, 보상과 위험을 공유하는 계약

전략적 제휴와 합작투자 수출, 라이선싱, 프랜차이징과 관련된 통제력 상실 문제를 극복하는 한 방법은 전략적 제휴 방식을 활용해 전 세계로 확장하는 것이다. **전략적 제휴(strategic alliance)**에서 기업은 자신과 해외 파트너 기업의 자원과 노하우를 서로 공유하며, 해외에서 새로운 사업을 진행할 때의 보상이나 위험 또한 공유한다. 예를 들어 미국 기업은 자원공유를 통해 해외 파트너의 고급 기술과 현지 고객의 니즈에 대한 전문지식을 활용함으로써 신사업과 관련된 위험을 줄일 수 있다. 동시에 제휴 계약을 통해 미국 회사는 라이선싱이나 프랜차이징보다 더 높은 수준의 해외 운영에 대한 통제권을 가질 수 있다.

합작투자 새로운 회사를 공동으로 설립하고 소유권을 공유하는, 두 개 이상 기업 간 전략적 제휴

전략적 제휴는 두 개 이상의 기업 간 자원 교환에 대한 서면 계약 형태를 취할 수도 있고, 새로운 조직을 만드는 결과를 초래할 수도 있다. **합작투자(joint venture)**는 신규 사업을 함께 설립하고 소유권을 공동으로 가지기로 합의한 두 개 이상 기업 간의 전략적 제휴다. 조직의 해외 활동에 대한 관여 또는 투자 수준은 앞서 살펴본 진입방식에 비해 증가하게 된다. 왜냐하면 보통 본국 밖에서 제품이나 서비스를 생산하기 위한 해외 생산 시설을 만들기 위해 자본 투자가 필요하기 때문이다. 하지만 그 위험은 해외의 파트너와 공유할 수 있다. 인터넷과 글로벌 화상회의는 글로벌 파트너들이 협업하는데 필요한 커뮤니케이션과 조정활동의 질을 향상시킨다. 예를 들어 하겐다즈, 요플레 등을 만드는 종합 식품회사인 제너럴 밀스(General Mills)는 두 개의 글로벌 합작 사업에 참여한다. CPW(Cereal Partners Worldwide)는 130여개 국가에서 아침용 시리얼을 판매하는, 제너럴 밀스와 네슬레의 50 대 50 합작회사이다. CPW는 북미에서 두 번째로 큰 시리얼 제조업체인 제너럴 밀스의 전문성과 네슬레의 강력한 전 세계적 유통망을 결합한 것이다. 제너럴 밀스가 참여하는 또 다른 합작회사는 하겐다즈 제팬(Häagen-Dazs Japan)이다. 이 합작회사는 일본에서 아이스크림 사업을 운영하며, 소매점과 자체 매장 네트워크를 통해 소비자들에게 프리미엄 아이스크림을 판매하고 있다. 2016년 이 두 합작회사는 제너럴밀스에게 무려 10억 달러의 매출을 선사했다. 합작회사의 또 다른 사례는 미국의 카길(Cargill)과 브라질의 코페르수카르(Copersucar)라는 두 개의 회사가 설립한 것으로, 다음의 'Managing Globally'에서 살펴보자.

Managing Globally

합작투자는 달콤한 거래였다

2014년 두 개의 세계적 기업이 합작회사를 설립하여 세계 시장에서 가장 큰 설탕 거래자가 되었다. 각 회사는 세계 설탕 시장의 효율성을 높이는 서로 다른 강점을 이 합작회사에 가지고 참여했다.

미국 미네소타에 본사를 둔 카길은 대규모 글로벌 고객망과 함께 거래 및 물류 전문지식을 이 벤처 기업에 제공한다. 카길은 1865년 곡물 저장 사업으로 시작하여, 농산물을 거래·구매·유통하고 동물 사료와 식품 재료를 생산하는 다국적 기업으로 성장했다. 이 회사는 '안전하고 책임감 있으며 지속가능한 방식으로 세계에 식량을 공급'하는 것을 목적으로 하고, 매출액 면에서 미국 최대의 비상장 기업이다.

브라질의 코페르수카르는 설탕과 에탄올을 생산하는 협동조합으로, 세계 설탕 수출의 10%를 차지하는 생산능력을 합작회사에 제공했다. 코페르수카르는 2008년에 설립되어 현재 브라질 최대의 설탕 무역 및 수출 기업이다. 코페르수카르의 목표는 '설탕과 에탄올 사업에서 수직적 통합을 통해 가치를 창출'하는 것이다.

알비언(Alvean)이라는 독립 법인으로 운영되는 합작회사는 스위스 제네바에 본사를 두고 있으며, 델리, 홍콩, 마이애미, 상파울루, 모스크바, 상하이에 지사를 두고 있다. 주요 자산의 소유권은 독립 법인으로 이전되지 않고 각 회사가 그대로 가지고 있다. 그러나 이 합작회사는 두 기업 자산의 일부를 활용하여 사업을 한다. 따라서 두 회사는 합작회사와 관련 없는 자산도 소유하고 있다.

설탕과 에탄올을 생산하는 코페르수카르는 영국에서 열리는 유명한 F1 경주에서 경주용 자동차를 후원한다. 미국의 카길과 합작투자를 통해 세계 설탕 거래 시장에서 주역이 되려 하고 있다. ©Dan74/Shutterstock.com

이 두 회사가 합작투자를 하게 된 동기는 무엇인가? 두 회사 모두 최근 몇 년 동안 좌절을 겪었는데, 카길은 한때 설탕 거래의 선두주자였지만, 2011년에는 10년 만에 최악의 손실을 입었다. 코페르수카르와의 합작으로 카길은 세계 설탕 거래 시장에서 지배적 지위를 되찾을 수 있게 되었다.

코페르수카르는 설탕 가격의 장기간 하락으로 인한 손실에 더해 2013년 10월 산토스 항만 터미널 창고 화재로 한층 더 난항을 겪었다. 이 화재로 브라질 항구에서 설탕 선적량이 40%나 감소했다. 합작회사 설립으로 코페르수카르는 물류와 거래가 아닌 설탕의 생산에 다시 집중할 수 있을 것이다. 카길과 코페르수카르는 함께 다른 주요 설탕 거래업자들과 경쟁할 수 있었다. 2015~2016년 이 합작회사는 1,150만 톤의 설탕을 거래했는데, 이는 전 세계 시장의 거의 30%에 가까운 물량이다. 두 회사는 글로벌 시장에서의 전문성 외에도, 자신들이 사업을 운영하는 지역사회에 대하여 윤리적인 사업 표준을 준수한다는 가치도 공유하고 있다.

완전소유 해외 자회사 현지 기업의 직접적인 개입 없이 스스로 설립한 생산설비

완전소유 해외 자회사 경영자들이 **완전소유 해외 자회사(wholly owned foreign subsidiary)**의 진입방식을 선택하면, 현지 기업의 직접적인 개입 없이 스스로 생산설비를 설립하는데 투자하게 된다. 예를 들어 많은 일본 자동차 부품 기업들은 미국 내에 자회사를 설립하여 도요타나 혼다와 같은 일본 자동차 기업의 미국 법인에 고급 자동차 부품을 공급한다.

해외 기업의 직접적인 개입 없이 단독으로 운영되므로, 조직은 해외 활동으로 인한 모든 보상을 독차지할 수 있으나, 위험 또한 혼자 부담해야 한다. 이러한 글로벌 확장은 높은 수준의 해외 투자가 필요하고 훨씬 많은 환경으로부터의 위협에 경영자들을 노출시키기 때문에 매우 값비싼 방식이다. 그러나 동시에 상당한 이점 또한 제공한다. 현지 기업과 나눌 필요가 없기 때문에 잠재적으로 얻을 수 있는 수익이 크다. 또한 경영자가 해외 자회사 운영의 모든 측면을 완전히 통제하기 때문에 위험의 정도가 낮아진다. 더욱이 이런 형태의 투자는 경영자들이 그들의 기술과 노하우를 현지 기업으로부터 보호할 수 있게 해준다. 자원이 풍부한 듀폰, GM, P&G와 같은 대기업들은 완전소유 자회사 설립 방식을 광범위하게 활용한다.

글로벌 기업들은 지금까지 살펴본 다양한 기업 전략을 동시에 사용하여 최고의 가치를 창출하고 경쟁력을 강화할 수 있다. 우리는 앞서 P&G가 글로벌 전략과 다국적 전략을 혼합한 전략을 추구하면서 글로벌 수준에서 어떻게 관련 다각화를 추구하는지 살펴보았다. P&G는 수직적 통합 또한 적극적으로 활용한다. P&G는 자사 제품에 사용되는 많은 특수 화학물질을 만드는 공장을 직접 운영하고 있다. 또한 자사 제품을 담는 유리 및 플라스틱 병과 용기를 직접 만들고, 제품 라벨을 직접 인쇄하며, 자사의 트럭들을 통해 배송 또한 스스로 한다. P&G는 매우 다각화되어 있지만 브랜드 관리로 유명하기 때문에, 주력 제품 라인 각각에 대한 초점을 잃지 않고 있다. 회사의 자원을 브랜드별로 집중적으로 배분하여, 사실상 각 브랜드가 별도의 기업처럼 관리되고 있다. 그래서 P&G는 기업 수준 전략과 사업 수준 전략을 통해 할 수 있는 모든 면에서 가치를 더하려고 노력하고 있다.

사업 수준에서 P&G는 차별화를 적극적으로 추구하고 프리미엄 가격을 책정한다. 그러나 동시에 비용을 낮추기 위해 노력하며, 차별화와 저원가를 달성하기 위해 앞서 살펴본 것처럼 다양한 기업 수준 전략을 추구한다.

계획과 전략 실행

학습목표 6-4

조직의 미션과 목표 달성을 위한 전략의 실행에 경영자가 수행하는 핵심적인 역할 설명하시오.

경영자들은 조직의 미션과 목표를 달성하기 위해 적절한 사업 및 기업 전략을 수립한 후, 이들을 실행하는 과정에서 여러 도전에 직면한다. 전략 실행은 다음과 같은 5단계를 거친다.

1. 전략 실행에 대한 책임을 적합한 개인 또는 그룹에 분배한다.
2. 전략 실행 방법을 구체화하는 세부 실행 계획(action plan)을 작성한다.
3. 실행 계획 달성과 연계된 정확하고 측정 가능한 목표를 포함하는 일정계획(timetable)을 수립한다.
4. 책임 있는 개인 또는 그룹에 적절한 자원을 할당한다.
5. 기업, 사업부, 기능 수준의 목표를 달성하는 데 책임이 있는 특정 개인 또는 그룹을 유지한다.

계획의 과정은 효과적인 전략을 수립하는 것뿐 아니라, 이러한 전략이 실행되도록 하는 계획도 포함해야 한다. 일반적으로 새로운 전략을 실행하기 위한 계획에는 새로운 기능 전략의 개발, 조직구조의 재설계, 새로운 통제시스템의 개발이 포함되고, 경우에 따라서는 조직 문화를 바꾸기 위한 새로운 프로그램 도입이 필요할 수도 있다. 이들에 대해서는 다음의 세 개 장에서 다룬다.

요약 및 리뷰

계획 계획은 (1) 조직의 미션 및 목표 설정, (2) 전략 수립, (3) 전략 실행의 3단계 과정이다. 경영자는 계획을 통해 조직의 적절한 목표와 행동을 파악하고 선택하며, 목표를 달성하고 계획을 실행하는데 필요한 자원의 할당 방법을 결정한다. 좋은 계획은 조직의 목표에 대한 몰입을 촉진하고, 조직에 방향성과 목적의식을 부여하며, 조직의 여러 기능과 부서를 조정하고, 특정한 목표에 대해 책임지도록 하여 경영자들을 통제한다. 대규모 조직에서는 기업, 사업 또는 사업부, 기능 또는 부서 등 세 가지 수준에서 계획을 수립한다. 장기계획은 5년 이상, 중기계획은 1년에서 5년 사이, 단기계획은 1년 이하의 지속기간을 가진 계획이다. [학습목표 6-1]

조직의 미션과 목표, 전략 수립 조직의 미션을 결정하려면 경영자는 조직의 사업을 정의하고 주요 목표를 수립해야 한다. 전략 수립은 경영자가 SWOT 분석을 수행한 다음, 기업, 사업, 기능 수준에서 적절한 전략을 선택하는 것이다. 사업 수준에서 경영자들은 전체 시장 또는 특정 세분시장에서 성공적인 저원가 또는 차별화 전략을 개발해야 한다. 기능 수준에서 부서의 관리자는 조직이 차별화를 통해 가치를 부가하거나 가치창출 비용을 절감할 수 있는 전략을 개발해야 한다. 기업 수준에서 조직은 단일 산업 집중, 수직적 통합, 관련 및 비관련 다각화, 글로벌 확장 등의 전략을 통해 고객에게 제공되는 제품 및 서비스의 가치를 높여 경쟁력을 강화한다. [학습목표 6-1, 6-2, 6-3]

전략 실행 전략 실행을 위해서는 경영자가 적절한 개인 또는 그룹에 책임을 할당해야한다. 전략 실행의 방법을 명시하는 상세 실행 계획을 작성하고, 실행 계획의 달성과 관련된 정확하고 측정 가능한 목표를 포함하는 일정계획을 수립하며, 자원을 적절히 할당해야 한다. 그리고 목표를 달성할 때까지 책임있는 개인이나 집단을 유지해야 한다. [학습목표 6-4]

Management *in Action*

Topics for Discussion and Action

토론

1. 계획의 세 단계를 기술하고 이들이 어떻게 관련되어 있는지 설명해보시오. [학습목표 6-1]
2. 기업, 사업, 기능 수준 전략 간 관계는 무엇이며, 어떻게 조직에 가치를 창출하는가? [학습목표 6-2, 6-3]
3. 한 산업을 선정하여 네 가지 주요 사업 수준 전략(저원가, 차별화, 집중화된 저원가, 집중화된 차별화)을 추구하는 기업 한 개씩을 찾아보시오. [학습목표 6-1, 6-2]
4. 수직적 통합과 관련 다각화의 차이점은 무엇인가? [학습목표 6-3]
5. 경영자가 전략 실행에 사용할 수 있는 5단계 프로세스를 설명하시오. [학습목표 6-4]

활동

6. 경영자에게 자신이 주로 사용하는 계획 방식에 대해 직접 물어보시오. 이러한 방식의 목적은 무엇이고, 장단점은 무엇인가? [학습목표 6-1]
7. 경영자에게 자신의 조직이 추구하는 기업 및 사업 수준 전략을 설명해달라고 요청하시오. [학습목표 6-2, 6-3]

Building Management Skills

기업 전략의 분석 방법 [학습목표 6-2, 6-3]

최근 매스컴에 자주 등장하고, 사업보고서를 온라인으로 제공하는 한 기업을 선정한다. 그리고 언론 보도와 사업보고서를 바탕으로 다음의 질문에 답해보시오.

1. 기업이 경쟁하는 주요 산업은 무엇인가?
2. 해당 산업에서 기업은 어떤 사업 수준 전략을 추구하고 있는 것으로 보이는가? 그 이유는 무엇인가?
3. 기업이 추구하는 기업 수준 전략은 무엇인가? 그 이유는?
4. 최근 전략에 큰 변화가 있었는가? 그 이유는?

Managing Ethically [학습목표 6-1, 6-4]

몇 년 전, IBM은 아르헨티나 사업부의 세 임원을 해고했다. 이들은 아르헨티나 최대 국영 은행 중 한 곳에 컴퓨터를 공급하고 서비스를 제공하는 2억 5천만 달러 계약을 채결하는데 관여한 경영자들이다. 세 명의 임원은 계약금 중 1400만 달러를 CCR이라는 제3의 기업에 지불했다. 그리고 CCR은 이 중 약 600만 달러를 유령회사들에 지불했다. 이 600만 달러는 IBM과의 계약 채결을 주도한 은행 임원들에게 뇌물로 보내졌다.

아르헨티나 법률에 따르면 이러한 뇌물은 불법이 아니다. 또한 해고된 경영자들은 새로운 사업 계약을 따내기 위해서 모든 회사가 뇌물을 주며, 다른 회사가 하는 이상으로 특별히 부정한 일도 하지 않았다고 주장한다.

질문

1. 아르헨티나의 뇌물 수수 비즈니스 관행이 윤리적인지 비윤리적인지를 판단하시오.
2. 다른 모든 회사가 그렇게 한다면, IBM은 해외 사업부가 뇌물을 제공하는 것을 허용해야 하는가?
3. 특정 국가에서 뇌물이 일반적인 것이면, 그 관행은 해당 국가의 경제와 문화에 어떤 영향을 미치게 될까?

Small Group Breakout Exercise [학습목표 6-1, 6-2]

저원가인가 차별화인가?

3~4명으로 팀을 구성하고 과제를 발표할 팀장을 임명한 다음 시나리오에 따라 토론하시오.

당신의 팀은 전국적인 의류 체인의 주요 경영자들로 구성되었고, 조직의 경쟁우위를 회복할 수 있는 방법을 찾아야 한다. 최근 당신의 조직은 두 원인으로 인해 치열한 경쟁을 경험하고 있다. 첫째, 월마트나 타겟(Target)과 같은 할인점들은 저비용의 해외 제조업체로부터 옷을 구입하기 때문에 낮은 가격을 제시하고 있다. 하지만 당신의 기업은 고품질 국내 공급 업체에서 대부분을 구매하고 있다. 이들 할인점은 당신 회사의 고객 중 낮은 가격대를 선호하는 사람들을 빼앗아가고 있다. 둘째, 소규모 온라인 소매업체들은 최신 유행의 고가 디자이너 의류를 제공하여 높은 가격대의 고객들을 끌어들이고 있다. 당신의 회사는 어중간한 상태에 빠져있어서 어떻게 해야 할지 결정해야 한다. 해외에서 의류를 구매하여 가격을 낮춤으로써 저원가 전략을 추구해야 할까? 고가시장에 더욱 집중하여 차별화 전략을 추구해야 할까? 아니면 두 전략 모두를 동시에 추구해야 할까?

1. SWOT 분석을 이용하여 각 대안의 장단점을 분석하시오.
2. 지역에 있는 다양한 오프라인 의류 소매점들과 당신이 온라인에서 정기적으로 쇼핑하는 사이트를 생각해 보시오. 경쟁하는 방법에 대해 그들이 내린 선택을 분석해 보시오.

Be the Manager [학습목표 6-1, 6-2]

당신의 도시에서 현재 시장의 대부분을 차지하고 있는 주요 슈퍼마켓 체인과 경쟁하기 위해, 투자자들이 새로운 고급 슈퍼마켓을 여는 것을 고려하고 있다. 이들은 어떤 고급 슈퍼마켓을 열어야 하는지 결정하기 위해 당신을 불렀다. 기존 슈퍼마켓 체인 대비 경쟁우위를 확보하는 방법은 무엇인가?

질문

1. 당신의 도시에 있는 슈퍼마켓 체인을 나열하고 그들의 강점과 약점을 분석하시오.
2. 이 슈퍼마켓들은 현재 어떤 사업 수준 전략을 추구하고 있는가?
3. 이러한 경쟁 상황에서 어떤 슈퍼마켓을 만드는 게 가장 적절할까? 어떤 종류의 사업 수준 전략을 추구해야 하는가?

Bloomberg Case in the News [학습목표 6-1, 6-2, 6-3, 6-4]

스테이플스는 더 이상 여러분을 위한 대형 소매점이 되고 싶어 하지 않는다

저자: Matt Townsend

20대 젊은이들이 편안한 자리에 앉아 고급 커피를 마시고 있다. 최신 음악이 흘러나오고 있다. 멋진 예술 작품과 조명이 있고, 인공 퍼팅장까지 한쪽에 마련되어 있다. 가끔은 밤에 맥주와 와인을 곁들인 해피아워(happy hour)가 개최되기도 한다.

W호텔? 구글 같은 스타트업?

아니다. 이곳은 스테이플스(Staples) 사무용품 매장이다. 오랫동안 무미건조한 회사원들과 자녀들의 학용품을 사러온 부모들이 애용하는 쇼핑 장소였다. 스테이플스는 보스턴 브라이튼 인근에 위치한 30년 된 회사 최초의 매장 일부를 밀레니얼 세대가 노트북 컴퓨터를 들고 와서 바로 일할 수 있는 공유 사무실로 개조했다.

스테이플스가 가장 오래된 매장을 재설계한 것은 대형 유통업체가 인터넷 시대에 걸맞은 비즈니스를 통해 성장을 추구하고자 하는 노력을 상징적으로 보여준다. 이를 위해 스테이플스는 여전히 무시되고 있는 세분시장을 공략하려 하고 있다. 바로 실리콘 벨리 등에서 독립적으로 활동하는 계약업자나 창업자들을 포함하여 공유 작업 공간을 애용하는 소기업 사장들이다.

Bain & Co의 컨설턴트 출신의 새로운 CEO 쉬라 굿맨(Shira Goodman)은 스테이플스를, 그녀가 중소기업에게 필수적인 파트너라고 표현하는 일종의 컨설턴트로 변신시키고자 한다. 굿맨은 2020년 회사의 온라인 주문 매출을 현재 60%에서 80%를 넘기는 목표를, 전직 컨설턴트답게 파워포인트로 설명하는 것을 좋아한다. 그리고 스테이플스의 전략을 한 페이지로 설명한다면 바로 이것이라고 말한다. 만약 길거리에 나가서 아무나에게 스테이플스에 대해 물어보면 대부분의 사람들이 '대형 사무용품 소매점'이라고 대답할 것이다. 하지만 그녀는 이와 같은 인식이 스테이플스의 현재와 거리가 있고, 원하는 미래의 모습과는 더욱 거리가 멀다고 말한다.

굿맨은 회사를 성공적으로 운영하는데 필요한 모든 것에 대해 1:1 컨설팅을 제공함으로써, 미국 중소기업들(보통 종업원 수 200인 미만)에게 제품과 서비스를 제공하는 연간 800억 달러 규모의 시장을 지배하고자 한다. 현재 이 세분시장에서 5%인 시장점유율을 획기적으로 높이는데 집중하기 위해, 스테이플스는 해외 사업을 매각하고 수익성이 낮은 미국 매장들을 폐쇄하고 있다. 지난 3월 발표에 따르면, 스테이플스는 지난 3년간 300여 개를 폐점한 데 이어, 남은 1,500여개 매장 중 70개를 추가적으로 폐점할 계획이다.

사무용품 산업이 침체되기는 했지만, 스테이플스는 지난해 매출액 180억 달러로 여전히 이 산업에서 리더 자리를 차지하고 있다. 그리고 스테이플스는 쇠퇴하는 산업의 리더가 보이는 전형적인 행동 패턴을 그대로 따라왔다. 2015년 2월, 스테이플스가 자신보다 규모가 작은 경쟁자인 오피스 디포(Office Depot) 인수전에 뛰어든 것이다. 오피스 디포는 이미 또 다른 경쟁자인 오피스 맥스(OfficeMax)를 인수한 기업이다. 그러나 미국의 연방거래위원회(Federal Trade Commission)는 스테이플스의 인수가 반경쟁적인 것으로 판단하여 인수를 허가하지 않았다.

거래가 무산된 지 3주 만에 경영진 개편이 있었고, 굿맨은 이때 CEO로 임명되었다. 그녀는 인수 무산이 오히려 잘 된 것으로 판단했다. 인수가 무산됨으로써 스테이플스가 스스로의 미래에 더욱 집중하고, 빠르게 변화할 수 있을 것으로 생각했기 때문이다.

그러나 지금까지 월스트리트는 변화의 성공에 확신하지 못하고 있다. 주가는 2007년 최고가 대비 1/3에 불과한 8.5달러에 거래되고 있고, 스테이플스 담당 애널리스트 14명 중 1명만이 이 주식을 추천하고 있다. 이와 같은 회의적인 시각의 가장 큰 이유는 오피스 디포나 아마존 같은 경쟁자들도 스테이플스와 마찬가지로 소기업 시장에서 매출을 높이기 위해 노력하고 있기 때문이다.

어떻게 보면 스테이플스의 이와 같은 접근방식은 2015년 별세한 창업자 토머스 스템버그(Tomas Stemberg) 시절까지 거슬러 올라간다. 그는 사업을 하는 사람들이 매장에 들러, 예를 들어 20kg이 넘는 종이 몇 박스를 구매하여 직접 가져가는 것은 비현실적이라고 생각했다. 그래서 1993년부터 배송 네트워크를 구축하기 시작했는데, 나중에 전자상거래가 활성화되자 스테이플스의 중요한 강점이 되었다.

오늘날, 배송 담당 임원인 닐 링겔(Neil Ringel)은 회사의 미래를 생각할 때, 이 회사에서 재키(Jackie)라고 부르는 가상의 여성을 떠올린다. 재키라는 이름은 미국에서 만능의 팔방미인을 뜻하는 단어 'jack-of-all-trades'에서 따왔다. 소기업의 사무실에서 근무하는 관리자 재키는 잉크 구매부터 막힌 변기 해결까지 모든 일을 다 한다. 링겔은 다양한 제품과 멤버십 서비스를 통해 재키가 맡은 일을 편하게 할 수 있도록 도와줌으로써 스테이플스의 고객으로 유치하고 싶어 한다. 이러한 서비스에는 음성, 사진, 메시지, 페이스북 메신저를 통해 주문이 가능한 모바일 앱이 포함된다. 이 앱을 이용하면 스테이플스 뿐 아니라 제휴사인 FTD(꽃)나 Drizly(주류) 등에서 구매 시 할인을 받을 수 있다.

스테이플스는 재키가 맡고 있는 또 다른 영역인 화장실과 휴게실에 필요한 비누나 커피 같은 관련 용품으로 공격적인 확장을 추진했다. 이제 이러한 아이템의 판매는 전체 매출의 12%에 이르러서, 종이와 같은 여러 전통적인 효자상품의 매출을 추월했다. 11월에는 이 시장에 대한 투자를 늘리기 위해 플로리다에 위치한 매출 1억 달러의 회사인 Capital Office Product를 인수했다. 그리고 소기업이 필요할 때 손잡을 수 있도록, 1,000명을 신규 고용하여 영업사원의 수를 25% 증가시킬 계획이다.

스테이플스는 전국적인 마케팅 캠페인을 준비하고 있다. 이 캠페인은 최근 업무 방식이 변해 이제는 가정에서, 공원에서, 학교에서 아이들을 픽업하기 위해 기다릴 때 등 다양한 환경에서 유동적으로 일하게 된 것에 대하여, 누구보다 잘 이해하고 이에 필요한 서비스를 가장 잘 제공할 수 있는 회사가 스테이플스라는 메시지를 담을 것이다. 굿맨은 "사람들이 비즈니스를 위한 최적의 파트너라는 것을 인식하도록, 우리의 브랜드를 변화시켜야 한다"고 말한다.

이러한 노력의 일환이 워크바(Workbar)와의 협력이다. 워크바는 보스턴에서 2009년 설립된 공유 사무실 운영 회사이다. 최근 공유 사무실은 자영업이나 일인회사의 증가와 함께 인기가 치솟고 있다. 스테이플스 내 워크바 이용권은 월간 130달러이며, 세 개 중 1호점이 오픈한 9월 이후 가입자는 200명을 넘어섰다. 브라이튼의 공유 사무실도 그 중 하나이다.

스테이플스의 부사장 브라이언 커프랜드(Brian Coupland)에 따르면, 두 회사가 이윤을 공유함에도 불구하고 스테이플스가 얻는 이익은 매우 크다. 워크바는 스테이플스가 그토록 원하는 창업자들과 밀레니얼 세대를 끌어 모으고 있어서, 미래 소기업 고객의 파이프라인이 되어줄 것이기 때문이다.

커프랜드의 눈은 고객을 향하고 있다. 하루의 일과를 여기서 보내는 한 고객(28세, 기술 컨설턴트)은 브라이튼 매장 내 워크바의 멋진 커피머신과 함께 예술적이고 쿨한 분위기를 칭찬했다. 이 고객은 "그 동안 스테이플스는 그리 두드러진 것이 없었다. 하지만 이건 다르다"라고 말했다.

토론 주제

1. 스테이플스 경영진은 회사의 사업 다각화를 위해 어떤 계획 단계를 밟았는가?
2. 사무실 공유 회사와의 제휴가 확고한 사업 계획에 따른 것인가? 그렇다면 왜인가? 혹은 왜 그렇지 않은가?
3. 스테이플스가 중소기업 고객에 자원을 집중하는 것의 장단점을 생각해보시오.

Matt Townsend, "Staples Doesn't Want to Be Your Superstore," *Bloomberg Businessweek*, April 3–April 9, 2017, pp. 24–25. Used with permission.

제 4 부

7 조직구조 설계

학습목표

이 장을 학습한 후, 다음 내용에 답할 수 있어야 한다.

학습목표 7-1 관리자가 조직구조를 선택하는데 영향을 미치는 요인들을 확인할 수 있다.

학습목표 7-2 관리자들이 종업원들을 동기부여시키고 만족시키기 위하여 과업들을 어떻게 그룹화하여 직무로 변환하는 지를 설명할 수 있다.

학습목표 7-3 관리자들이 설계할 수 있는 조직구조의 형태를 묘사할 수 있고 왜 다른 구조가 아니라 그 구조를 선택하는지 이유를 설명할 수 있다.

학습목표 7-4 관리자들이 왜 권한의 계층화와 통합 메커니즘을 사용하여 직무들, 기능들, 그리고 부서들을 조정해야만 하는지를 설명할 수 있다.

학습목표 7-5 어떻게 정보 기술(IT)이 관리자들을 도와 전략적 제휴와 네트워크 구조를 구축하여 조직의 효율과 효과를 증대시키는 지를 설명할 수 있다.

맥도널드와 같이 전세계적으로 거대한 기업의 조직문화와 조직구조를 변화하는 것은 절대 쉽지 않다. 하지만 스티브 이스터브룩(Steve Easterbrook)은 변화를 절대 포기하지 않았다. 기업의 헤드쿼터를 이전하는 것에서부터 시카고에 위치한 일부 상점의 경우 디지털 무인판매기를 설치하는 것에까지 이스터브룩은 패스트푸트 체인점의 변혁을 위한 미션을 수행하고 있다. ©Stuart Ramson/AP Images for McDonald's

MANAGEMENT SNAPSHOT

맥도널드가 고향으로 돌아가다

지난 45년동안, 맥도널드의 헤드쿼터는 일리노이 주, 시카고 서부 외각의 아름다운 나무와 산책로가 있는 오크 브룩의 150 에이커 캠퍼스에 위치하고 있었다. 1950년대 중반까지 거슬러 올라가면 맥도널드는 시카고에 사무소를 설치하고 운영하였지만, 1972년 오크 브룩으로 이전을 결정하여 고객들에 보다 가까이 위치하게 되었고 많은 직원들이 기존 도시를 떠나 그들의 가족들과 함께 도시 외곽에서 살면서 맥도널드에서 일하는 사람이 많았다.

2018년에 맥도널드는 도시 근거지로 돌아가려고 계획중이다. 맥도널드의 헤드쿼터(그리고 잘 알려진 햄버거 대학교)는 시카고 인접 지역인 웨스트 룹으로 이전하게 되며, 이 장소는 예전에 방송인 오프라 윈프리가 하포 스튜디오를 운영하던 지역으로 구글과 글래스도어의 도시 사무실과의 거리가 그리 멀지 않다. 맥도널드가 이 도시로 이전하는 결정은 매우 놀랍게도 2015년부터 맥도널드 회장과 최고경영자를 맡고 있는 스티브 이스터브룩에 의해 이루어졌다.

이스터브룩은 패스트푸드 업계의 거대 문화와 관료적인 사고를 변화하기 위한 극단적인 조치를 취했지만 변화는 쉽지 않았다. 도시로 이전하는 것은 이스터브룩 전략의 일부일뿐이다. 놀랍게도 맥도널드의 고위 임원 중 몇 명이 은퇴를 발표했으며, 이스터브룩은 미국 부문장으로는 상대적으로 신참인 사람을 회장으로 승진시켰는데 이것은 맥도널드의 기존 활동과 반하는 조치였다. 2015년 크래프트 푸드(Kraft Foods)에서 전략 및 사업 개발 담당 책임자로 활동하다가 맥도널드에 합류한 크리스 켐프진스키(Chris Kempczinski)는 최근 미국 맥도널드의 회장으로 부임해 새로운 업무를 시작하였다.

또한 오크 브룩 본사에서 근무하는 400명 이상의 장기 직원들에게는 2016년에 봉급 및 근속년수에 상응하는 퇴직금을 자발적으로 지급하는 바이아웃을 제공했다. 이 바이아웃은 기업의 현대화 및 운영 합리화, 신규 고객 유치를 위해 기업 구조를 재구성하고 단순화함으로써 일반 및 관리 비용을 5억 달러 이상 절감하려는 계획의 일부다.

지난 몇 년 동안 전세계 패스트푸드 산업환경은 밀레니얼 세대를 비롯한 많은 소비자들이 모바일 장치를 통해 주문할 수 있고 더욱 신선한 재료를 제공하고 소비자 기호에 맞춤화할 수 있는 체인으로 이동하였다. 이에 따라 맥도널드는 많은 어려움을 겪었다. 현재 미국에는 7천 4백만이 넘는 밀레니얼 세대가 있으며, 이 세대는 최근 베이비 붐 세대를 넘어서서 지금은 미국에서 가장 큰 세대가 되었다. 이스터브룩과 경영진은 이러한 소비자 집단을 무시할 수 없다는 것을 알고 있다.

맥도널드가 새로운 고객을 유치하기 위해 취한 조치 중의 일부는 치킨 맥너겟(Chicken McNuggets)에서 인공 방부제를 제거하고 샌드위치 롤빵에서 높은 과당을 함유하고 있는 옥수수 시럽을 제거하는 것도 포함된다. 뿐만 아니라 맥도널드는 시카고를 비롯한 5대 주요 지역에 2019년부터 테이블 서비스와 디지털 셀프주문 무인판매기를 설치할 예정이다. 이러한 계획은 이 지역 14,000개가 넘는 레스토랑을 리모델링해야 한다는 것을 의미한다.

밀레니얼 세대 고객들은 시카고의 골든 아치(Golden Arches)와 맥도널드 본사가 새롭게 단장한 모습을 보고 싶을 것이다. 이스터브룩도 잘 알고 있듯이, 맥도널드는 도시 외곽의 아늑한 환경과 50년 이상의 자부할만한 유산을 가지고 있지만, 이제는 조직문화 변화를 이끌어 내고 사람들에게 새로운 시각을 가져올 시간이 되었다. 그는 도심에 맥도널드가 위치함에 따라 고객, 경쟁 및 사회에서 일어나는 변화 추세에 회사가 더욱 가까이 다가가도록 도울 것이라고 기대하고 있다. 그는 "세계에서 가장 활기찬 도시의 심장부에 있을 수 있는데 왜 사람들이 세계에서 가장 활기찬 도시의 가장자리에 머물고 싶겠습니까?"라고 반문한다.

개요

앞의 맥도널드 사례에서 제안하듯이, 조직구조와 문화는 종업원들이 어떻게 일하는 지와 관련하여 강력한 영향을 미치게 된다. 특정 조직구조가 설계되는 방식은 종업원의 행동과 그 조직이 얼마나 잘 기능하는 지에도 영향을 미친다. 빠르게 변화하는 글로벌 환경 안에서 조직내 모든 수준의 관리자들은 효율과 효과를 높이기 위해 사람과 자원을 조직화할 수 있는 최선의 방법을 반드시 확인해야 한다.

조직구조 조직 구성원들이 서로 협력해서 조직의 목표를 달성할 수 있게 조정하고 동기부여시키는 과업과 보고 관계의 공식적인 시스템

이 장의 마지막이 끝나면, 조직구조의 주요 유형들 뿐만 아니라 관리자들이 그러한 구조를 어떻게 설계하는 지를 결정하는 중요한 요인들에 대해 잘 알게 될 것이다. 그 다음 8장에서는 특정 조직의 통제 시스템과 관련된 이슈들을 검토하게 될 것이다.

조직구조의 설계

조직화(*organizing*)는 조직의 목표를 효과적이고 효율적으로 달성하기 위해 관리자들이 종업원들에게 허용한 작업 관계들의 구조를 확립하는 과정이다. **조직구조**는 종업원들이 자원을 사용하여 조직의 목표를 어떻게 달성하려고 하는지를 결정하는 공식적인 과업 시스템과 직무보고 관계들이다. **조직설계**는 기업이 가장 효율적이고 효과적인 방법으로 운영되기 위해 관리자가 어떤 구체적인 유형의 조직구조와 문화를 창조하는 과정으로 볼 수 있다.

학습목표 7-1

관리자가 조직구조를 선택하는데 영향을 미치는 요인들을 확인할 수 있다.

조직설계 관리자들이 구체적인 조직화 방식들을 선택하여 특정 형태의 조직구조로 나타나게 하는 과정을 의미함

상황적합이론(*contingency theory*)에 따르면, 관리자들은 기업에 가장 많은 영향을 미치고 불확실성을 가장 많이 유발하는 요인들에 조직구조를 적합시키는 설계를 한다. 따라서 특정 조직을 설계하기 위한 가장 최고의 유일한 대안은 없다. 조직설계는 각 조직의 구체적인 상황을 반영하기 때문에 연구자들은 몇 가지 안정적인 상황에서는 기계적 구조가 가장 적합한 반면 다른 유연한 상황에서는 유기적 구조가 가장 효과적일 수 있다고 주장한다. 즉, (1) 조직의 환경 특성, (2) 조직이 추구하는 전략 유형, (3) 조직이 사용하는 기술(특히 정보기술), 그리고 (4) 조직의 인적자원 특성들은 관리자들이 조직구조 유형 및 조직화 방법을 결정하는데 있어 고려해야 하는 네 가지 중요한 요인들이다(그림 7.1 참고).

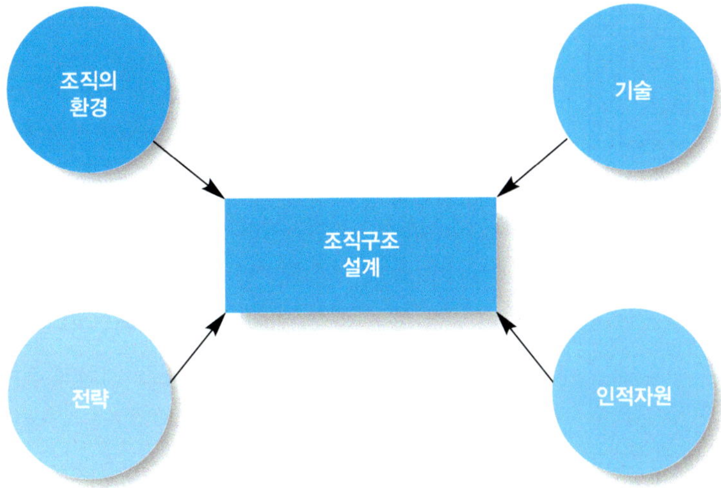

그림 7.1
조직구조에 영향을 미치는 요인들

조직의 환경

일반적으로 외부 환경이 빠르게 변화할수록 그 내부의 불확실성이 더욱 커지게 되며, 희소한 자원에 접근하기 위해 관리자들이 직면하게 되는 문제들도 더욱 커지게 된다. 이 상황에서, 의사소통과 의사결정 속도를 높이기 위해서, 그리고 자원을 보다 쉽게 확보하기 위하여, 관리자들은 일반적으로 선택들을 조직화하게 되고, 그 결과 보다 유연한 구조와 기업가적인 문화를 형성하게 된다. 관리자들은 권한을 이양하게 되고, 하위 수준의 종업원들을 임파워링하여 중요한 의사결정을 내리게 되며, 변화와 혁신을 강조하는 가치와 규범을 격려하게 된다. 이것은 보다 유기적 형태의 조직화 방법이다.

반대로, 만일 외부 환경이 안정적이라면, 자원들의 이용가능성이 높을 것이며, 불확실성은 낮을 것이며, 자원을 확보하기 위하여 사람들과 기능간에 낮은 조정과 의사소통이 요구될 것이다. 관리자들은 보다 안정적이고 공식화할 수 있는 조직구조를 선택하여 조직화할 것이고 사람들이 팀원으로 활동하고 복종할 수 있는 가치와 규범을 확립하게 될 것이다. 이 상황에서 관리자들은 명확하게 정의된 권한의 계층화에 따른 결정을 선호하게 될 것이고 세분화된 규정과 표준화된 운영절차(SOPs), 그리고 종업원들의 활동들을 인도하고 지배하는 제한된 규범을 사용하게 될 것이다. 이것은 보다 기계적 형태의 조직화 방법이다.

우리가 4장에서 토의한 바와 같이, 오늘날 글로벌 시장에서의 변화는 빠르고 본국과 해외 모두에서 경쟁이 증가하고 있어 관리자들이 고객을 유인하고 조직의 효율과 효과를 증대시켜야 하는 압력 또한 증대되고 있다. 결과적으로, 조직을 구조화하는 방법을 연구하는 사람들의 관심이 점차 증가하고 있으며, 임파워먼트와 자율관리 팀을 통하여 사람들과 부서들이 유연성을 높일 수 있는 가능성이 커졌다.

전략

일단 관리자들이 전략을 결정하면, 그 전략을 실행하기 위한 올바른 수단을 선택해야 한다는 점을 6장에서 제시하였다. 전략은 자신과 적합한 조직구조들과 문화들이 요구된다. 예를 들면, 차별화 전략은 고객이 조직의 제품과 서비스에 대한 가치를 높이는 것을 목표로 하기 때문에 일반적으로 그 기업이 혁신에 가치를 부여하는 문화에 부합하는 유연한 구조를 가지는 경우에 가장 성공적일 수 있다. 유연성은 차별화 전략을 촉진하고 기능들과 부서들간에 광범위한 협력 활동을 필요로 하는데 그 이유는 관리자들이 새롭거나 혹은 혁신적인 제품을 빠르게 개발할 수 있기 때문이다. 반대로, 저원가 전략의 경우 모든 기능에서 비용을 낮추는 것을 목표로 하기 때문에 일반적으로 보수적인 규범을 가진 공식적인 구조에 보다 부합할 수 있다. 그 이유는 보수적인 규범이 관리자들로 하여금 다양한 부서들의 활동들을 보다 잘 통제할 수 있게 하기 때문이다.

추가적으로, 관리자들이 기업 차원에서 수직적 통합이나 다각화를 통해 조직 활동의 범위를 확대하기로 결정할 때 서로 다른 사업부들간에 충분하게 협조할 수 있는 유연한 구조를 설계해야 한다. 6장에서 논의한 바와 같이, 많은 기업들의 경영자들이 급변하는 산업에서 빠르게 성장할 수 있는 경쟁우위를 창출할 수 없었기 때문에 기업을 산업에서 철수하고 있다. 보다 유연한 구조로 이동함으로써 관리자는 서로 다른 비즈니스를 보다 효과적으로 통제할 수 있다. 마지막으로, 국제적으로 확장하고 여러 나라에서 운영하기 위해 관리자들은 글로벌 수준에서 조직을 유연하게 운영할 수 있는 조직구조를 창조하게 된다. 나중에 논의하겠지만, 관리자는 부서 또는 부서를 여러 가지 방법으로 그룹화하여 효과적으로 국제화 전략을 추진할 수 있다.

기술

기술은 제품과 서비스를 설계하고 생산하고 유통하는데 사용되는 기술, 지식, 기계, 컴퓨터의 조합이다. 일반적으로, 조직에서 사용하는 기술이 복잡하면 복잡할수록 그것을 조정하거나 통제하기 어려운데 그 이유는 예상하지 못한 사건들이 나타날 수 있기 때문이다. 따라서 기술이 복잡할수록 경영자가 예기치 못한 상황에 대응할 수 있는 능력을 향상시키고 그들이 직면한 문제에 대한 새로운 해결책을 찾기 위해 자유와 열정을 갖도록 유연한 구조와 진보적인 문화가 필요하다. 반대로, 기술이 일상적일수록 작업이 간단하고 제품과 서비스를 생산하는데 필요한 단계가 사전에 정해졌기 때문에 공식적인 구조가 더 적절하다.

"무엇이 기술을 일상적으로 혹은 복잡하게 만드는 요인일까?" 이 문제를 연구한 학자인 찰스 퍼로우(Charles Perrow)는 과업다양성과 분석가능성이 기술이 복잡하거나 비일상적인 지를 결정하는 두 가지 요소라고 주장했다. **과업다양성**은 작업을 수행함에 있어서 사람이나 기능이 마주치게 되는 새로운 또는 예기치 않은 문제 또는 상황의 수이다. **과업의 분석가능성**은 사람들이 직면한 문제를 해결하기 위해 이미 알려진 해결방안들을 사람이나 기능에 사용할 수 있는 정도이다. 비일상적인 혹은 복잡한 기술은 높은 과업다양성과 낮은 분석가능성으로 특징 지어진다. 이는 여러 가지 다양한 문제가 발생함을 의미하며 이러한 문제를 해결하려면 이미 잘 알려지지 않은 중요한 의사결정이 필요하다. 반면 일상적인 기술은 낮은 과업다양성과 높은 분석가능성이라는 특징을 가지고 있다. 이것은 문제가 많이 발생하지 않으며 이미 잘 알려진 의사결정을 통해 쉽게 해결될 수 있다는 것을 의미한다.

비일상적인 기술의 예는 새로운 제품을 개발하거나 신약을 개발하는 R&D 연구소의 과학자 작업에서 발견되며 조직의 최고경영진이 기업의 미래 전략을 기획하는 경우에 관찰될 수 있다. 일상적인 기술의 예로는 관리자가 작업을 효율적으로 수행하는 데 필요한 잘 알려진 해결방안을 확인한 작업자가 동일한 작업을 반복적으로 수행하는 대량생산 또는 조립작업이 해당된다. 마찬가지로 패스트푸드 레스토랑과 같은 서비스 조직에서 패스트푸드를 만들고 제공하는 작업은 일상적인 경우에 해당한다.

인적자원

조직의 구조와 문화 선택에 영향을 미치는 마지막 중요한 요소는 종업원으로 고용한 인적자원의 특성이다. 일반적으로 숙련된 인력일수록, 함께 일하는 직원이 그룹이나 팀일수록, 조직이 유연하고 분권화된 구조를 사용할 가능성이 크고 직원의 자율성과 자기통제를 촉진하는 가치와 규범을 가지고 있는 전문화된 문화를 사용할 가능성이 커진다. 고도로 숙련된 직원 또는 교육의 일환으로 강력한 직업적 가치와 행동 규범을 내면화한 직원은 일반적으로 더 큰 자유와 자율성을 원하며 밀접한 감독을 싫어한다.

분권화된 권한과 종업원들에게 임파워링 부여가 특징인 유연한 구조는 고도로 숙련된 사람들의 요구에 매우 적합하다. 유사하게, 사람들이 팀으로 일할 때 자유롭게 상호작용하고 자신의 업무 상호 작용을 안내하기 위한 규범을 개발할 수 있어야 하는데 이는 유연한 조직구조에서도 가능하다. 따라서 조직구조와 문화를 설계할 때 관리자는 종업원들의 요구와 종업원들이 수행하는 일련의 작업과 복잡성에 주의를 기울여야 한다.

요약하면, 조직의 외부 환경, 전략, 기술 및 인적자원은 관리자가 최상의 구조와 문화를 설계하기 위해 고려해야 할 요소이다. 조직 환경의 불확실성 수준이 높을수록, 전략 및 기술이 복잡해지고 인력의 노동력이 양질화되고 숙련된 직원일수록, 관리자들이 직원들이 문제를 혁신적으로 해결하고 고객 니즈에 신속하게 반응하기 위해 유연한 구조와 문화를 설계하게 된다. 조직의 환경이 안정되고 복잡성이 적어지고 전략이나 기술이 더 잘 이해되고 숙련된 인력이 적을수록, 관리자들은 조직의 구조를 공식적이고 통제 가능하도록 설계해야 하며, 문화는 특정 상황에서 종업원들이 어떻게 행동해야 하는지에 대한 가치와 규범을 담을 수 있도록 처방되어야 한다.

이 장의 뒷부분에서 관리자가 다양한 종류의 조직문화를 만들 수 있는 방법에 대해 논의한다. 먼저, 관리자가 융통성 있고 공식적인 조직 구조를 설계하는 방법에 대해 논의한다. 조직의 구조가 작동하는 방식은 관리자가 선택하는 3가지 문제에 따라 달라진다.

- 작업을 개별 작업으로 그룹화하는 방법. 어떻게 과업들을 그룹화해서 개인 직무로 만들 것인가?
- 작업을 기능 및 부서로 그룹화하는 방법. 어떻게 직무들을 그룹화하여 기능과 부서를 만들 것인가?
- 권한을 할당하고 기능과 부서를 조정하거나 통합하는 방법. 어떻게 권한을 배분하고 기능과 부서를 조정하고 통합하게 할 것인가?

직무설계: 과업들을 직무로 분류하기

학습목표 7-2

관리자 집단이 종업원들을 동기부여시키고 만족시키기 위하여 과업들을 어떻게 직무로 변환하는 지를 설명할 수 있다.

직무설계 관리자가 어떻게 과업들을 구체적인 직무로 나눌 것인가를 결정하는 과정

조직설계의 첫번째 단계는 **직무설계**로, 이것은 고객들에게 제품과 서비스가 제공되기 위하여 관리자가 구체적인 직무들과 과업들을 어떻게 나눌 것인가를 결정하는 과정을 의미한다. 예를 들면, 고객들에게 저렴한 식품을 빠르게 제공하기 위하여 맥도널드의 관리자들은 각 맥도널드 매장에서 과업들을 나눌 수 있는 최선의 방법을 결정해 왔다. 맥도널드 매니저들은 다양한 직무 배열을 실험한 후 요리사와 음식 제공 간의 기본적인 노동 분업을 결정했다. 관리자들은 실제 음식을 요리하는 것과 관련된 모든 과업들을 요리사의 직무에 할당했다(팻 프라이어에 기름 넣기, 냉동 감자 튀김 패키지 열기, 그릴에 소고기 버거 넣기, 샐러드 만들기 등). 그들은 고객에게 음식을 제공하는 데 관련된 모든 업무를 할당했다(고객에게 인사하고, 주문을 받고, 감자 튀김과 햄버거를 가방에 넣고, 소금, 후추, 냅킨을 추가하고 돈을 챙기는 일 등). 또한 드라이브 스루(drive-through) 고객을 다루는 직무, 레스토랑을 깨끗하게 유지하는 직무, 직원을 감독하고 예기치 못한 상황에 대처하는 직무 등 다른 직무들도 창출했다. 직무설계 프로세스의 결과는 종업원들 간의 **노동 분업**으로, 맥도널드의 관리자가 경험을 통해 발견한 가장 효율적인 방법이었다.

직원들간에 적절한 노동 분업을 수립하는 것이 조직 프로세스의 중요한 부분이며 효율성을 높이는 데에도 필수적이다. 맥도널드 매장에서 요리사 및 식품 제공과 관련된 과업들이 여러 직무들로 분리되었는데, 그 이유는 맥도널드가 제공하는 음식이 이러한 방식을 통해 제공되는 것이 가장 효율적이라는 사실을 관리자들이 발견했기 때문이다. 각 종업원이 더 적은 수의 과업을 수행할 때(각 과업이 보다 전문화되도록), 직원은 각 직무를 구성하는 과업들을 보다 효율적으로 수행할 수 있기 때문에 생산성이 높아진다. 그러나 써브웨이(Subway) 샌드위치 매장 관리자는 맥도널드와 다른 종류의 직무 설계를 선택했다.

써브웨이에서는 샌드위치를 만들고, 샌드위치를 싸고, 고객에게 주고, 돈을 받는 사람들

사이에 노동 분업이 없다. 요리사와 음식 제공자의 역할은 하나로 결합된다. 써브웨이는 주문할 준비가 되어있는 잠수함 모형의 샌드위치로 제한하여 메뉴를 제공하기 때문에 맥도널드 방식이 아닌 써브웨이 만의 효율적으로 과업들 및 직무들을 나누어 볼 수 있다. 써브웨이의 생산 시스템은 맥도널드보다 훨씬 간단하다. 맥도널드의 메뉴가 훨씬 다양하고 요리사가 다양한 종류의 음식을 만들어야하기 때문이다.

모든 조직의 관리자는 수행할 과업들의 범위를 분석한 다음 조직이 고객에게 원하는 제품과 서비스를 제공할 수 있는 최상의 직무들을 창조해야 한다. 그러나 과업들을 개별 직무로 할당하는 방법을 결정할 때 관리자는 **직무 단순화**, 즉 각 작업자가 수행하는 과업들의 수를 줄이는 프로세스가 너무 과도하지 않도록 주의해야 한다. 지나친 직무 단순화로 인해 단순화된 과업이 지루하고 단조롭고, 동기부여되지 않고 불행해지고, 결과적으로 낮은 수준에서 수행되는 경우 효율성을 높이기보다는 효율성을 떨어뜨릴 수 있다.

직무 단순화 각 작업자가 수행하는 과업들의 수를 줄이는 프로세스

직무확대와 직무충실화

근로자들이 높은 수준의 성과를 달성하고 그들의 작업에 보다 만족하기 위하여 노동분업화와 개인의 과업을 설계하려는 시도가 나타나는데, 다양한 연구자들은 직무 단순화가 집단 과업들을 직무로 단순화시키는 것 이상의 직무 확대와 직무 충실화를 제안해왔다.

직무 확대는 주어진 직무에서 노동 분업을 변화시킴으로써 한 사람이 수행해야 하는 과업들의 숫자를 증가시키는 방법이다. 예를 들어, 써브웨이 음식 제공자는 음식을 제공할 뿐만 아니라 음식을 만들기 때문에 맥도널드 음식 제공자들보다 직무가 더 크다고 할 수 있다. 직무 확대의 배경은 근로자가 수행하는 과업의 범위를 늘리게 되면 지루함과 피로를 줄이고 수행 동기를 높여주어 제공되는 제품과 서비스의 양과 질을 높일 수 있다는 것이다. 즉 작업자가 수행하는 과업들의 범위는 지루함과 피로를 줄여주고 더 높은 수준의 성과를 위한 동기를 부여할 수 있으며 제품과 서비스의 양과 질을 증가시킨다. "Management Insight"에 제시된 사례는 지역 패스트푸드 체인이 고객만족을 위해 어떻게 정확한 주문을 신속하게 받도록 관리자와 직원을 몰입시켰는 지를 설명한다.

직무 확대 노동 분업을 변경하여 주어진 직무 내에서 다른 과업 수를 늘림

직무 충실화는 노동자가 과업에 대해 가진 책임의 정도를 증가시키고 있으며, 예를 들어, (1) 새로운 직무를 수행할 수 있는 더 나은 방법을 찾기 위해 실험할 수 있는 권한을 근로자들에게 부여하고, (2) 새로운 기술을 개발하도록 장려하며, (3) 근로자로 하여금 업무 수행 방법을 결정하고 예기치 않은 상황에 대처하는 방법을 결정할 책임을 부여하는 것, (4) 근로자가 자신의 성과를 모니터링하고 측정할 수 있도록 허용하는 것이다. 직무충실화의 배경에는 근로자들의 증가된 책임이 직무에 대한 참여를 증가시켜 그들이 만드는 상품의 질이나 그들이 제공하는 서비스에 대한 관심을 증가시키게 한다는 것이다.

직무 충실화 작업자가 직무에 대해 갖는 책임의 정도를 높이기

Pier 1은 기능별로 운영을 조직하므로 직원들이 서로 쉽게 배우고 고객에게 제공하는 서비스를 향상시킬 수 있다. ©J E Cooke/Shutterstock.com

마지막으로 관리자는 경쟁 환경을 검사 및 모니터링하고 변화하는 방식에 대한 정보를 얻는 데 필요한 일련의 기능들을 만들 수 있기 때문에 기능식 구조를 높이 평가한다. 적절한 기능을 갖추면 관리자는 변화하는 상황에 대응할 수 있는 전략을 수립할 수 있다. 마케팅 그룹의 직원은 Pier 1이 고객을 보다 효과적으로 타겟팅할 수 있도록 새로운 마케팅 개발을 모니터링하는 데 전문성을 부여할 수 있다. 머천다이징에 종사하는 직원은 국내외의 가정용 가구 공급자를 모두 모니터링하여 고객에게 가장 호소 할만한 상품을 찾을 수 있다.

조직이 성장함에 따라, 특히 과업 환경과 전략이 변화함에 따라 여러 종류의 고객을 대상으로 광범위한 상품 및 서비스를 생산하기 시작하기 때문에 몇 가지 문제로 인해 기능식 구조의 효율과 효과가 떨어질 수 있다. 첫째, 서로 다른 기능을 담당하는 관리자는 서로 다른 종류의 제품에 대한 책임이 있을 때, 특히 조직이 국내외로 성장함에 따라 의사소통 및 조정이 더욱 어려워 질 수 있다. 둘째, 기능 관리자는 자신의 특정 부서를 감독하고 부서 목표를 달성하는 데 너무 몰두할 수 있어 조직의 목표를 잊게 되는 경우가 있다. 그렇게 되면 관리자는 비교적 좁은 부서별 관점에서만 직면하는 이슈들과 문제점들을 보게 되므로 조직의 효율이 떨어진다. 이 두 가지 문제는 기능식 구조의 효율과 효과를 떨어뜨릴 수 있다.

부문별 구조: 제품, 지역 및 시장

부문별 구조 분리된 사업 단위로 구성된 하나의 조직 구조로, 사업 단위 내에는 구체적인 고객을 위한 구체적인 제품을 생산하기 위하여 기능들이 결합된다.

성장과 다변화와 관련된 문제가 시간이 지남에 따라 증가함에 따라, 관리자는 기능적 구조와 관련된 문제점들을 극복하기 위해 조직의 활동들을 조직하는 새로운 방법을 모색해야 한다. 거대 조직의 대부분 관리자는 **부문별**(사업부) **구조**를 선택하고 특정 종류의 고객을 위해 특정 종류의 제품을 생산하는 일련의 비즈니스 단위들을 만든다. 여기서 각 부문은 제품을 생산하기 위해 함께 작동하는 기능 또는 부서들의 모음이다. 부문별 구조로 변경하는 목적은 조직 내에서 작고 보다 관리하기 쉬운 단위들을 조직 내부에 만드는 것이다. 부문별 구조에는 세 가지 형태가 있다(그림 7.3 참조). 관리자들은 그들이 제공하는 재화 또는 서비스 유형에 따라 부문을 조직화할 때, 제품 구조를 채택한다. 관리자가 그들이 운영하는 국가 또는 세계의 영역에 따라 부서를 조직화할 때 지리적 구조를 채택한다. 관리자가 자신이 중점을 두는 고객 유형에 따라 부서를 구성 할 때 시장 구조를 채택한다.

그림 7.3
제품, 시장과 지리적 구조

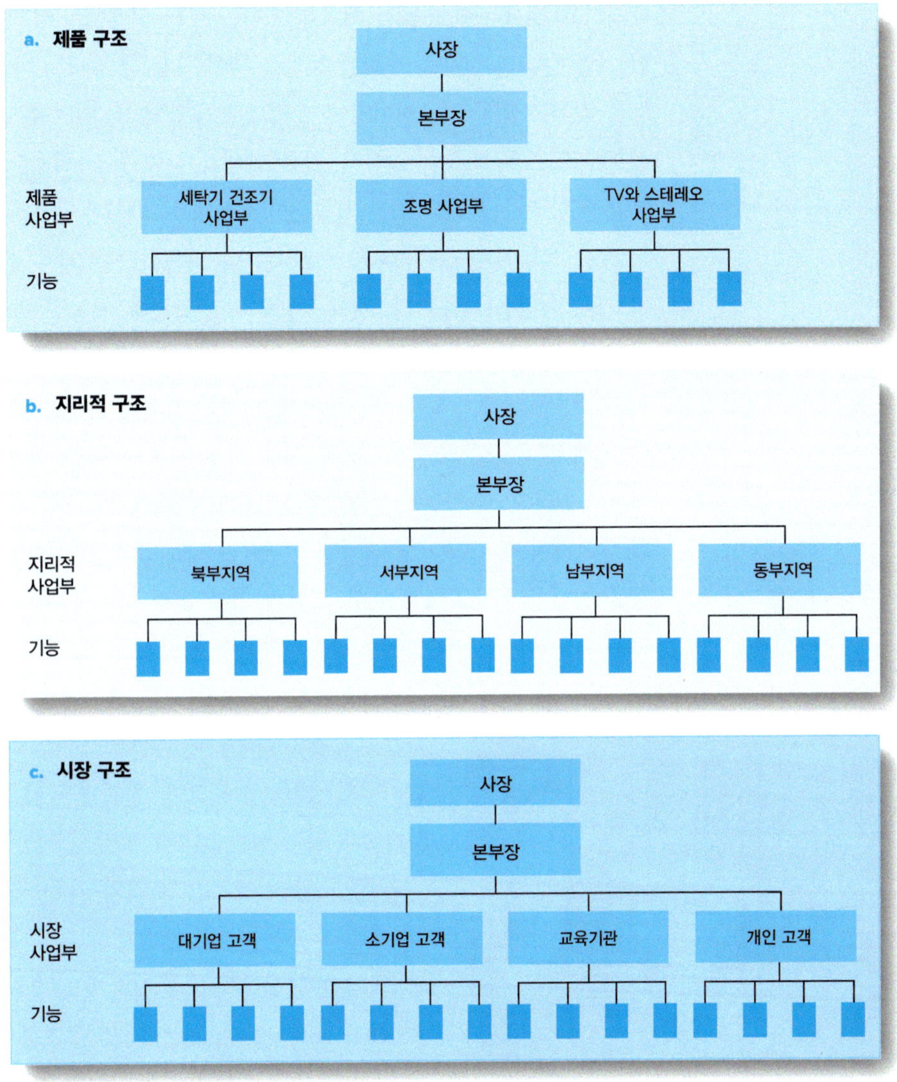

제품 구조 Pier 1 매니저가 자동차, 패스트푸드 및 건강 보험(가정용 가구 포함)의 생산 및 판매로 다각화하기로 결정한다면 기존의 기능 관리자들을 사용하여 모든 네가지 제품의 생산을 감독하려는 경우 문제가 발생할 것이다. 4종류의 제품. 관리자는 이러한 4가지 제품을 감독하는데 필요한 기술이나 능력을 가지고 있지 못하다. 예를 들어 개별 마케팅 매니저는 자동차, 패스트푸드, 건강 보험 및 가정용 가구를 동시에 효과적으로 판매할 수 없다. 기능 활동들을 성공적으로 수행하려면 관리자는 특정 시장이나 산업 분야에서 경험을 쌓아야 한다. 결과적으로, 새로운 산업으로 다각화하거나 제품 범위를 확장하기로 결정한다면, 관리자들은 생산운영을 조직화할 수 있는 제품 구조를 일반적으로 설계한다(그림 7.3의 a 참조).

제품 구조 각 제품 라인 혹은 사업부가 독자적으로 보유한(self-contained) 사업부에 의해 관리되는(handled) 하나의 조직구조이다.

관리자는 **제품 구조**를 사용하여 각기 다른 제품 라인 또는 비즈니스를 자체 독립 부서에 배치하고 부서 관리자들이 해당 비즈니스 또는 업계에서 효과적으로 경쟁할 수 있도록 적절한 기업 수준의 전략을 수립할 책임을 부여한다. 각 부서는 마케팅, R&D, 금융 등의 모든 기능을 갖추고 있어 효율적이고 효과적으로 제품이나 서비스를 생산하거나 제공해야 하기 때문에 독자적으로 필요한 기능을 갖추고 있다. 기능별 관리자는 부문별 관리자에게 보고하고 부문별 관리자는 최고 또는 기업 경영자에게 보고한다.

특정 제품에 중점을 둔 부서로 기능을 그룹화하는 것은 조직의 모든 수준의 관리자에게 몇 가지 이점을 제공한다. 첫째, 제품 구조를 통해 기능별 관리자는 한 제품 영역에만 전문화할 수 있으므로 자신의 전문 분야를 구축하고 이 특정 영역에서 기술을 세부적으로 조정할 수 있다. 둘째, 각 부서의 관리자는 해당 업계의 전문가가 될 수 있다. 이 전문 지식을 통해 고객의 요구를 충족시키면서 제품 차별화 또는 비용 절감을 위한 기업 수준 전략을 선택하고 개발할 수 있다. 셋째, 제품 구조를 통해 기업 관리자는 각 부서의 일상 업무를 직접 감독해야 하는 필요성을 없앨 수 있다. 이를 통해 기업 경영자는 조직의 미래 성장과 가치 창출 능력을 극대화하기 위한 최상의 기업 수준 전략을 수립할 수 있다. 기업 관리자는, 예를 들어 조직 전반에 걸친 시각을 가질 수 있기 때문에, 기업이 다각화되는 방법이나 국제적으로 확장하는 방법에 대한 실수를 할 가능성이 가장 적다. 기업 관리자는 부문별 관리자가 얼마나 업무를 수행하고 있는지에 대한 평가를 잘 수행할 가능성이 크며, 필요에 따라 개입해서 수정 조치를 취할 수 있다.

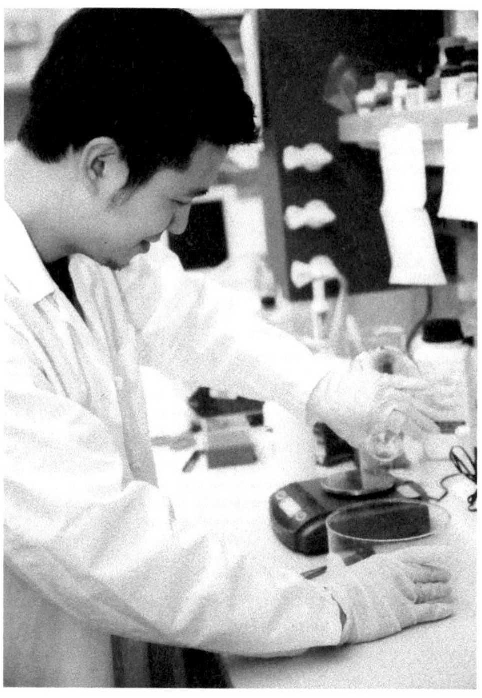

Glaxo와 SmithKline이 합병했을 때, 관리자들은 수천 개나 되는 연구개발 과학자들의 활동들을 질병 클러스터(clusters of diseases)에 초점을 맞춘 제품 부문으로 조직화함으로써 조정 문제를 해결했다. ©Kim Steele/Photodisc/Getty Images RF

부문별 관리 계층은 조직의 자원 활용을 향상시킬 수 있다. 더구나 제품 구조는 부문 관리자를 고객 가까이에 두게 하여 변화하는 작업 환경에 신속하고 적절하게 대응할 수 있게 한다. 제약 회사인 GSK(GlaxoSmithKline)는 제품 구조를 성공적으로 도입하여 그 업무들을 보다 잘 조직화하여 성공하였다. 제약 회사는 새로운 종류의 처방약을 혁신적으로 개발하여 성능을 향상시킬 필요성을 항상 가지고 있다. 지난 10년 동안 이들 기업들 중의 상당수는 연구생산성을 높이기 위해 합병했으며, 그 중 하나인 GlaxoSmithKline은 Glaxo Wellcome과 SmithKline Beecham의 합병으로 창설되었다. 합병 전, 양사에서는 과학자들이 발명할 수 있었던 새로운 처방약의 수가 급격히 감소했다. 신설된 기업의 최고경영자는 유망한 신약을 신속하게 개발할 수 있도록 이전 두 회사에 있던 연구원들과 과학자들의 재능을 어떻게 최대한 활용하고 결합할 지와 관련된 문제에 직면했다.

최고경영자들은 기업이 합병 후에 수백 가지의 종류의 약물 연구 프로그램을 진행하고 있는 수천 명의 연구 과학자들의 활동을 조정하는 것과 관련된 문제가 상당하다는 것을 깨달았다. 연구진은 큰 규모의 문제를 이해하기 위해 연구원들을 8개의 소규모 제품 부문으로 그룹화하여 심장 질환이나 바이러스 감염과 같은 특정 집단의 클러스터에 집중할 수 있도록 결정했다. 각 제품 부서의 구성원은 그들이 개발할 수 있는 새로운 처방약의 수와 신약을 시장에 출시하는 속도에 따라 보상을 받을 것이라고 전해 들었다. GSK의 신제품 구조는 잘 돌아 갔고, 재구성 후에 연구 생산성은 두 배가 되었고, 신약의 기록적인 숫자는 임상 시험으로 옮겨 갔다. 몇 년 전, GSK는 Novartis의 글로벌 백신 사업(인플루엔자 백신 제외)을 인수하고 종양학 사업을 Novartis에 매각한 다음 스위스 제약 회사와 새로운 소비자 건강 관련 조인트 벤처를 설립했다. GSK는 구조조정을 제약, 백신 및 소비자 건강 관리 부문 전반에서 다양한 비즈니스들간의 균형을 유지하는 방법으로 이해하고 있다.

지리적 구조 조직이 국내외에서 급속하게 확장될 경우 기능식 구조는 특별한 문제를 야기할 수 있다. 왜냐하면 한 곳의 중앙 관리자가 국가나 지역의 각 지역에서 발생할 수 있는 다양한 문제와 쟁점을 다루는 것이 점차 어려워 질 수 있기 때문이다. 이러한 경우 지리적 위치에 따라 구분된 **지리적 구조**가 종종 선택될 수 있다(그림 7.3의 b 참조). FedEx의 CEO인 프레드 스미스(Fred Smith)는 다음 날 우편 서비스를 제공한다는 회사의 사명을 달성하기 위해 지리적 구조를 선택하고 각 지역별로 하나의 부문을 만들어 운영을 분리하였다. Macy's, Neiman Marcus 및 Brooks Brothers와 같은 대형 소매점에서도 지역 구조를 사용한다. 소매 고객의 요구가 지역마다 다르므로(예: 캘리포니아의 단락과 중서부의 파커 등) 지역 구조는 소매점 관리자가 지역 고객의 요구를 가장 잘 충족하는 제품의 범위를 선택하는 경우 유연성을 제공해 수 있다.

지리적 구조 한 국가의 각 지역이나 전세계 특정 영역이 독립적으로 보유한 부문에 의해 서비스되는 조직 구조

그림 7.4의 a와 같이 글로벌 지리적 구조를 채택할 때 관리자는 조직이 운영되는 세계 각 지역마다 서로 다른 부문을 배치한다. 다국적 전략을 추구할 때 고객의 요구가 국가나 세계 지역에 따라 다양하기 때문에 관리자가 이 구조를 채택할 가능성이 가장 높다. 예를 들어 미국 고객에게 어필하는 제품이 유럽, 태평양 연안 또는 남미에서 판매되지 않는 경우 관리자는 해당 지역의 고객의 요구를 충족하도록 제품을 맞춤화 해야하며, 글로벌 부문이 있는 글로벌 지역 구조가 이를 가능하게 할 수 있다.

반대로, 해외 고객이 동일한 종류의 제품이나 약간의 변형이 있는 제품을 기꺼이 구입하는 경우 관리자는 글로벌 전략을 추구할 가능성이 더 크다. 이 경우 그들은 글로벌 제품 구조를 사용하는 경향이 있다. 글로벌 제품 구조에서 국가 및 지역 관리자가 아닌 각 제품 부문은 제품 제조 위치와 전 세계 국가에서 제품을 판매하는 방법을 결정해야 한다(그림 7.4의 b 참조). 제품 사업부 관리자는 자체 글로벌 가치 사슬을 관리하고 해외 자회사를 설립하여 해외 고객에게 제품을 배포 및 판매할 위치를 결정한다.

그림 7.4
글로벌 지리적 및 글로벌 제품 구조

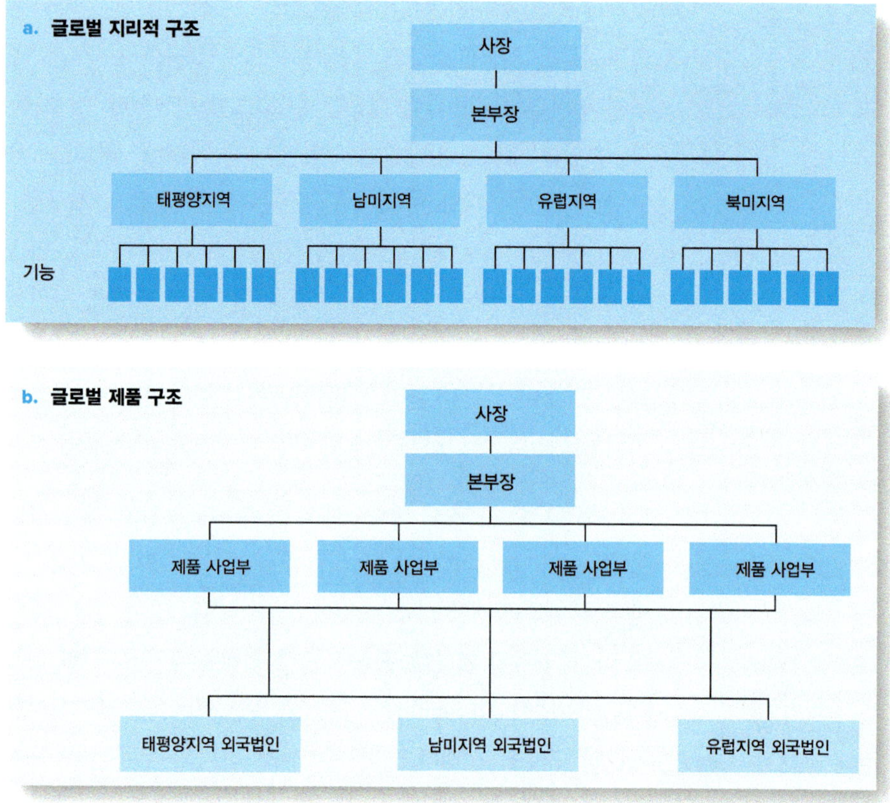

시장 구조 때로 관리자가 직면하는 긴박한 문제는 각 고객의 고유한 요구에 맞게 제품을 맞춤화하기 위해 제품을 구매하는 고객의 유형에 따라 기능을 그룹화하는 것이다. 예를 들어 PC 제조업체는 대규모 사업(메인 프레임 컴퓨터에 연결된 컴퓨터 네트워크 요구), 소규모 기업(몇 대의 PC를 연결해야 할 수도 있음), 학교 및 대학의 교육 사용자 (학생을 위해 수천 개의 독립 PC가 필요할 수 있음) 및 개인 사용자(최신 멀티미디어 게임을 즐길 수 있는 고품질 멀티미디어 PC를 원할 수도 있음)와 같은 다양한 유형의 소비자들을 보유하고 있다.

시장 구조 각 유형의 고객이 독립적으로 구성된 부서에 의해 서비스를 받게 되는 조직 구조(고객 구조라고도 함)

다양한 고객의 요구를 충족시키기 위해 회사는 서비스를 제공하는 특정 고객 유형에 따라 부서를 분류하는 **시장 구조**를 채택할 수 있다(그림 7.3의 c 참조). 시장 구조를 통해 관리자는 고객의 요구에 신속하게 대응할 수 있으며 변화하는 고객의 요구에 유연하게 대처할 수 있다.

조직 및 관리자는 작업이 계획에 따라 작동하는지 확인하기 위해 계층 구조 및 문화를 지속적으로 평가해야 한다. 다음 "Management Insight"에서 제시한 내용은 특정 조직이 전반적인 성공을 향상시키기 위한 노력으로 문화를 바꿀 때 발생할 수 있는 하나의 예를 제공한다.

Management insight

팀 문화가 Cubs 성공의 핵심이다

월드시리즈 우승하기 위해 컵스(Cubs)가 기다린 108년은 아주 오랜 시간이었으며, 시카고 컵스 팬 수백만 명에게 물어보더라도 컵스의 성공에 결정적인 것은 바로 팀 문화였다. 팀을 먼저 생각하는 조직 덕분에 2016년 월드 시리즈 우승을 하게 되면서 시카고의 "사랑스러운 패자"는 더 이상 존재하지 않게 되었다. 이 접근법은 2009년 Cubs를 인수한 Ricketts 가문과 챔피언십 저주를 깨기 위해 가문에서 지원한 관리 팀에 의해서 만들어졌다.

Theo Epstein은 보스턴에서의 성공으로 인해 2011년 말 새내기 회장으로 취임하여 Red Sox를 재편성 한 후 2004년과 2007년 월드 시리즈를 우승으로 이끌었다. 팀이 마지막으로 탐낼 야구 타이틀을 획득 한 지 86년이 넘었다. Epstein이 Cubs 최고 수장이 되었을 때, 그는 컵스를 월드시리즈의 승자로 만들기 위한 핵심 요소들을 모으는 데 시간이 걸릴 수 있다고 경고하면서 팬들에게 인내심을 요청했다. 팬들은 챔피언의 영광을 누리기 위해 5년을 기다려야 했지만 참아냈다.

2016년 월드시리즈 챔피언십 트로피를 거머쥔 Epstein은 성공적인 팀 접근에 필요한 하나 혹은 두 가지 요인을 알고 있다. ©David J. Phillip/AP Photo

컵스를 인수한 직후, 엡스타인(Epstein)은 팀 재구성의 일환으로, 조직의 모든 관리자, 코치, 스카우트, 강사, 트레이너 및 야구 운영 담당자와 회의를 소집했다. 이 4일간의 정상 회의에서는 타격, 투구, 수비와 달리기, 그리고 캐릭터—야구 회의의 특이한 주제에 중점을 둔다. Epstein은 플레이어의 성격에 대한 자신의 추론 방식을 설명했다. "우리가 원하는 유형의 사람이 누구인지, 선수들에 대한 우리의 기대가 무엇인지, 어떻게 우리는 그들이 행동하기를 원하는지"에 대한 내용이다. 정상 회의 결과로 Epstein은 조직의 교리와 경영 철학을 정의한 250페이지 이상의 나선형-책자를 작성했다. Epstein은 *The Cubs Way*라는 책 제목을 붙였다. 이 책은 월드시리즈에서 우승하는 조직의 문화와 사명을 위한 기초가 될 수 있는 "살아 있고 숨쉬는 문서"가 되었다.

젊고 재능있는 선수를 초청하는 것 외에도 Epstein은 젊은 팀을 구성하고 서로를 돌보는 가족이 될 수 있는 관리자가 필요하다는 것을 알고 있었다. 하지만 이것은 쉬운 일이 아니었다. 그는 숙련된 선수이자 존경받는 벤치 코치 Joe Maddon을 데려왔다. 2008년 Tampa Bay Rays를 월드시리즈에 데려온 Maddon은 Epstein을 포함한 많은 야구 경영진의 관심을 끌었다. 2015년까지 Maddon은 Cubs의 관리자가되기 위해 서명했으며 조직문화의 변화는 계속되었다. Maddon의 기발하지만 낮은 자세의 관리스타일은 그의 젊은 Cubs 팀을 느슨하면서도 집중력을 가지도록 만들었고 결국 모든 팀을 이겨버리도록 만들었다.

월드 시리즈 우승없이 1세기 이상을 보낸 시카고 컵스는 새로운 우승 전통을 향해 가고 있다. 조직의 문화를 변화시키고 팀 접근 방식의 중요성을 중시하는 분위기를 포용하는 팀 경영진의 공로를 인정할 필요가 있다.

매트릭스와 제품 팀 설계

제품, 지리적 또는 시장 부문 구조를 도입하면, 관리자는 그들이 직면한 특정 상황에 보다 신속하고 유연하게 대응할 수 있다. 그러나 정보 기술이나 고객 요구가 급격하게 변화하고 환경이 불확실 할 때, 부문별 구조는 관리자가 환경에 신속하게 대응할 수 있는 충분한 유연성을 부여하지 못할 수 있다. 이러한 조건에서 조직을 효과적으로 운영하려면 관리자가 사용할 수 있는 가장 유연한 조직 구조(**매트릭스 구조** 또는 **제품 팀 구조**)를 설계해야 한다(그림 7.5 참조).

매트릭스 구조 조직의 구조 기능과 제품별로 사람과 자원을 동시에 그룹화하는 구조

매트릭스 구조 **매트릭스 구조**에서 관리자는 사람과 자원을 기능별 및 제품별로 두 가지 방식으로 동시에 그룹화한다. 종업원들은 **기능별**로 그룹화되어 서로 학습하고 숙련되고 생산적으로 변모할 수 있다. 또한 종업원들은 서로 다른 기능을 가진 구성원이 함께 협력하여 특정 제품을 개발하는 **제품 팀**으로 그룹화된다. 그 결과 매트릭스 구조가 매우 유연해지는 제품 팀과 기능 간에 복잡한 보고 관계 네트워크가 형성된다(그림 7.5의 a 참조). 제품 팀의 각 담당자는 (1) 개인을 팀에 할당하고 기능적 관점에서 성과를 평가하는 기능적 상사(BOSS), (2) 팀 안에서 성과를 평가하는 제품 팀 상사로 구성되어 있다. 따라서 팀 구성원은 **2명의 상사**(*two-boss*)**를 보유한 종업원**으로 알려져 있다. 제품 팀에 배정된 기능 종업원들은 팀이 필요로 하는 구체적인 기술들이 시간이 지남에 따라 변화되면서 적응하도록 요구된다.

예를 들어, 제품 개발 프로세스 초기에 엔지니어와 R&D 전문가는 신제품 개발을 위해 기술이 필요하기 때문에 제품 팀에 배정된다. 임시 설계가 수립되면 마케팅 전문가가 팀에 배정되어 고객이 신제품에 어떻게 대응할 것인지를 측정한다. 제품을 생산하는 가장 효율적인 방법을 찾을 때가 되면 생산 인력이 추가된다. 특정 업무가 완료되면 새로운 팀으로 재배치된다. 이러한 방식으로 매트릭스 구조가 인적 자원을 최대한 활용한다.

매트릭스 구조를 유연하게 유지하기 위해 제품 팀에 권한이 부여되고 팀 구성원이 제품 개발과 관련된 중요한 결정을 내리는 책임을 가지게 된다. 제품 팀 관리자는 재무적 자원을 제어하고 프로젝트를 정시에 진행하려고 하는 촉진자 역할을 수행한다. 예산 범위 내에서 기능 관리자는 제품의 차별화된 매력을 극대화할 수 있는 최선의 제품인지 확인하려고 노력한다.

신제품 개발이 매월 또는 매년 이루어지는 환경에서 활동하는 첨단 기술 기업은 수년 동

그림 7.5

매트릭스와 제품 팀 구조

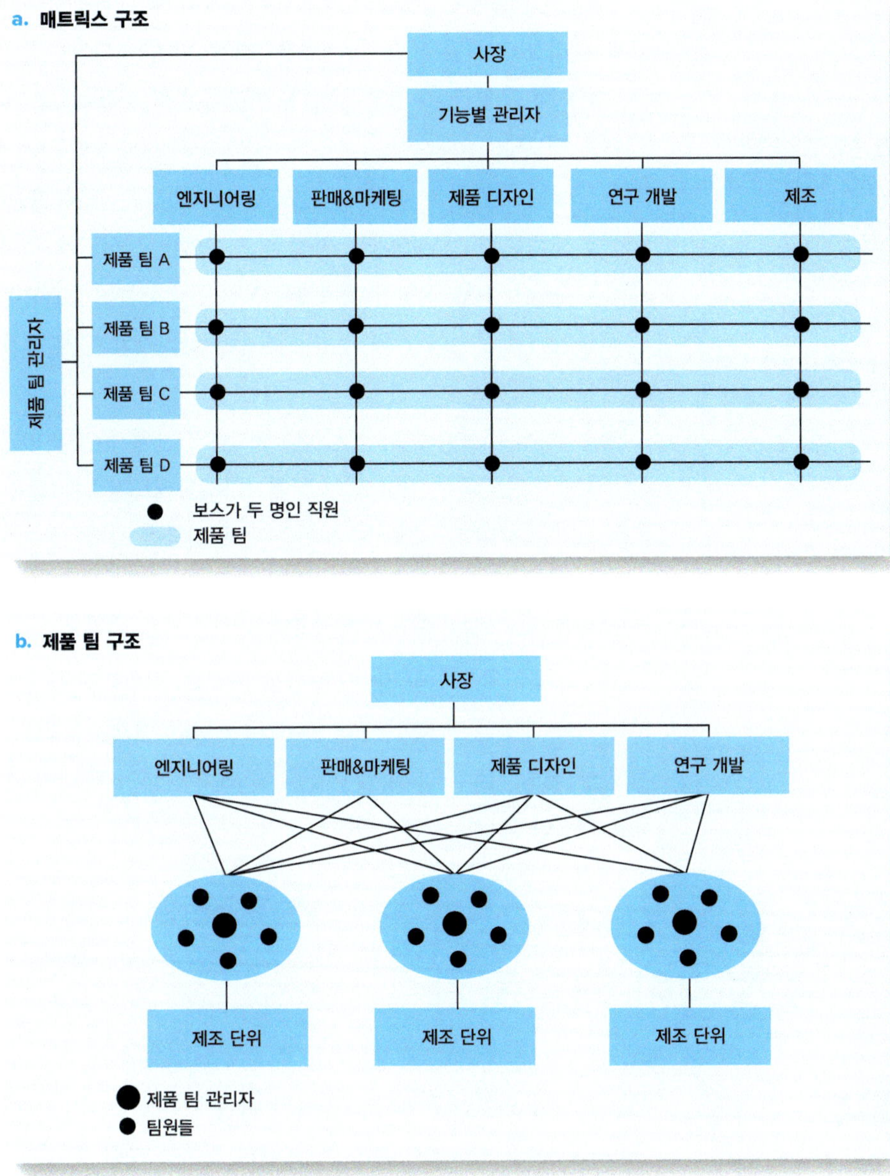

안 매트릭스 구조를 성공적으로 사용했으며 신속하게 혁신을 수행해야 하는 필요성은 조직의 생존에 필수적이다. 매트릭스 구조가 제공하는 유연성 덕분에 관리자는 점점 더 복잡해지고 변화하는 환경에 적응할 수 있다.

제품 팀 구조 매트릭스 구조의 중심에 있는 이중보고 관계는 관리자와 종업원이 항상 처리하기가 어려웠다. 기능 보스와 제품 보스는 어느 보스가 먼저 만족되어야 하는지 모르는 팀원들에게 종종 상반된 요구를 한다. 또한 기능 팀과 제품 팀의 보스는 누가 팀 구성원을 담당하고 누가 얼마나 오랫동안 경쟁하는지에 대해 갈등을 겪을 수 있다. 이러한 문제를 피하기 위해 관리자는 사람과 자원을 조직화하는 방법을 고안하여 조직의 유연성을 유지하면서도 구조를 쉽게 운영할 수 있도록 했다. 이것이 바로 제품 팀 구조다.

제품 팀 구조 종업원들이 교차 기능팀에 영구적으로 할당되어 제품 팀 관리자 또는 직속 부하직원에게만 보고되는 조직 구조

교차 기능 팀 조직의 과업을 수행하기 위해 여러 부서에서 모인 관리자 그룹

제품 팀 구조는 매트릭스 구조와 두 가지 측면에서 다르다. (1) 이중보고 관계와 두명의 보스에 할당된 종업원을 배제한다. (2) 기능 직원들은 **교차 기능 팀**에 영구적으로 배정되고 이 팀에서 새로운 또는 재설계된 제품을 시장에 출시하도록 임파워된다. 교차 기능 팀은 조직 작업을 수행하기 위해 여러 부서에서 모인 관리자들의 집단이다. 관리자들이 교차 기능 팀으로 그룹화되면 부서들 간의 인위적 경계가 사라지고 부서 목표에 대한 좁은 초점이 조직 목표 달성을 위한 공동의 관심으로 대체된다.

예를 들어, 매트리스 회사인 실리(Sealy)의 판매가 안좋아지면 조직의 계층 구조 외부에서 작업할 수 있는 교차 기능 팀이 모여 새로운 매트리스를 신속하게 설계했다. 모두가 목표에 초점을 맞춘 상태에서 팀원들은 이전 판매 기록을 갈아치우는 새로운 매트리스를 만들었다.

교차 기능 팀 구성원은 제품 팀 관리자 또는 직속 부하 직원 중 한 사람에게만 보고한다. 기능 책임자는 제품 팀 구성원과 비공식적인 자문 관계를 유지한다. 기능적 관리자의 역할은 팀 구성원들에게 조언하고 팀원들간에 지식을 공유하고 각 팀의 성과를 향상시킬 수 있는 새로운 기술 개발을 제공하는 것이다(그림 7.5의 b 참조). 점차적으로 조직은 권한이 부여 된 교차 기능 팀을 조직 구조의 필수 구성 요소로 만들어 빠르게 변화하는 조직 환경에서 경쟁 우위를 확보할 수 있도록 지원한다.

기능들과 부서들간의 조정권한 배분하기

학습목표 7-4

관리자들이 왜 위계 권한과 통합 메커니즘을 사용하여 직무들, 기능들, 그리고 부서들을 조정해야만 하는지를 설명할 수 있다.

회사가 활동을 그룹화하기 위해 사용하는 구조가 복잡할수록 서로 다른 기능과 부서를 연결하고 조정하는 문제가 커진다. 조정은 각 기능 또는 부서가 다른 그룹에 대해 서로 다른 방향을 개발하여 상호 작용하는 방식에 영향을 주기 때문에 문제가 된다. 각 기능 또는 부서는 회사가 직면한 문제를 그들만의 관점에서 볼 수 있다. 예를 들어 회사가 직면하고 있는 주요 목표 또는 문제점에 대해 서로 다른 견해를 가질 수 있다.

기능적 수준에서 제조 기능은 일반적으로 단기적인 관점을 가지고 있다. 주요 목표는 비용을 통제하고 제품을 공장 출입문 밖으로 제 시간에 출고하는 것이다. 반대로 제품개발 기능은 신제품 개발이 상대적으로 느리고, 높은 제품의 품질이 저비용보다 중요하기 때문에 장기적인 관점을 가지고 있다고 볼 수 있다. 이러한 관점의 차이는 제조 및 제품 개발 관리자가 회사 목표를 달성하기 위해 협력하고 활동을 조정하는 것을 꺼리게 할 수 있다. 부서 수준에서 제품 구조가 있는 회사에서 직원은 회사 전체의 수익성보다 부서의 제품을 성공시키는 데 더 많은 관심을 가질 수 있다. 그들은 다른 부문과 정보 또는 지식을 협력하고 공유할 필요성을 거부하거나 혹은 단순히 보지 못할 수도 있다.

기능 및 부서의 수를 늘리면 서로 다른 기능 및 부서의 활동을 연결하고 조정하는 문제가 더욱 복잡하고 어려워진다. 우리는 관리자들이 기능과 부서를 조정하여 효과적으로 함께 일할 수 있는 권한의 계층 구조를 설계하는 방법을 우선 검토한다. 그런 다음 통합에 중점을 두고 관리자가 기능 및 부서를 조정하는 데 사용할 수 있는 다양한 통합 메커니즘에 초점을 맞추고자 한다.

권한을 할당하기

권한 자신의 행동에 책임을 묻고 조직 자원의 사용에 관한 결정을 내릴 수 있는 권력

권한의 계층 각 관리자의 상대적인 권한을 지정하는 조직의 명령 계통

통제의 폭 관리자에게 직접 보고하는 부하 직원 수

조직이 성장하면서 다양한 상품과 서비스를 생산함에 따라 기능 및 부서의 규모와 수는 증가한다. 사람, 기능 및 부서의 활동을 조정하고 효율적으로 함께 작업할 수 있게 하려면 관리자는 명확한 권한 계층 구조를 개발해야 한다. **권한**은 한 조직에서 그들이 가진 직위에 따라 조직목표를 달성하기 위하여 자원을 사용하고 관리자에게 의사결정을 내리게 하는 부여된 권력이다. **권한의 위계**는 조직에서의 **명령 계통**이다. 즉, 각 조직의 상위에 있는 최고경영자부터, 중간관리자와 일선 관리자로 구분되며, 실제로 제품을 생산하거나 서비스를 제공하는 비관리자인 직원까지 확장된다. 모든 관리자는 위계의 모든 수준에서 하나 이상의 부하를 감독한다. **통제의 폭**은 관리자에게 직접 보고하는 부하 직원 수를 의미한다.

그림 7.6은 2017년 3월 맥도널드 권한의 위계를 간략히 보여준다. 이 장에서 설명한 것처럼 패스트푸드 업계의 거물인 Easter Brook 회장은 회사의 조직구조를 수정하기 위해 대담한 조치를 취했다. 비즈니스를 활성화하고 조직의 기업 문화를 변화시키기 위한 노력으로 2015년 3월 이후 최고경영자가 된 Easter Brook 은 회사의 전반적인 성과에 대한 궁극적인 책임을 맡고있는 관리자이며 McDonald의 이해 관계자에게 이익을 주기 위해 조직 자원을 사용하는 방법을 결정할 권한을 가지고 있다. McDonald의 4개 부서는 지리적 접근 방식보다는 비슷한 요구, 도전 및 성장 기회를 가진 시장에 중점을 둔다. 또한 최고 경영진 계층에는 Robert Gibbs, 수석 부사장 겸 CCO (chief communication officer)가 있다. 다른 관리자와 달리 Gibbs는 사람이나 자원에 대한 공식적인 권한을 가진 직계 또는 사령부에 속한 **일선**

그림 7.6 맥도널드사의 권한의 위계와 통제의 폭

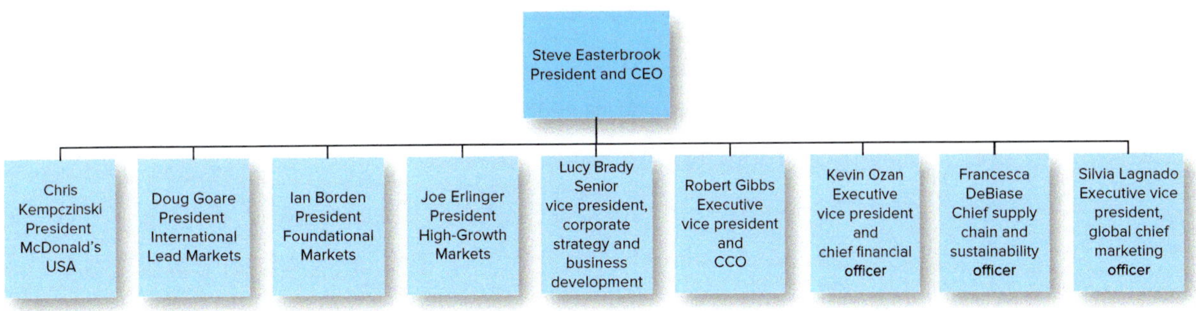

라인 관리자 사람들과 자원에 대한 공식적인 권한을 가진 직계 혹은 명령계통에 있는 사람

스탭 관리자 재무 혹은 마케팅과 같은 전문 기능을 관리하는 책임을 가진 사람

관리자가 아니다. 오히려 Gibbs는 맥도널드의 전문 기능 중 하나인 커뮤니케이션 책임자이며 직접 Easter Brook에 보고하는 **스탭 매니저**다.

위계의 각 수준에 있는 관리자는 조직의 자원을 사용하는 방법을 결정할 권한을 해당 수준의 관리자에게 부여한다. 이 권한을 수락하게 되면, 하위 관리자는 해당 결정을 얼마나 잘 수행했는 지에 대한 책임을 진다. 올바른 의사결정을 내린 관리자는 승진하게 되는데, 조직은 명령의 사슬 내에서 승진에 대한 기대와 증가된 책임을 부여함으로써 관리자들을 동기부여시킨다.

맥도널드 미국의 명령계통에도 수준이 있어 Kempczinski 아래에는 동북부, 남부, 중부 및 서부 지사장, 지역 관리자 및 감독자들이 있다. 회사 소유의 맥도널드 레스토랑에서도 위계가 분명한다. 맨 위에는 점포 관리자가 있다. 낮은 레벨에서는 첫 번째 조수, 교대 관리자 및 일선 직원이 있다. 맥도널드의 경영자는 이러한 권한의 위계가 합리적인 가격으로 패스트푸드를 제공하는 비즈니스 수준의 전략을 추구하는 데 가장 유리하다고 판단했다.

키가 큰 조직 (Tall Organization) 회사 규모에 비해 높은 수준의 권한을 가짐

평편한 조직 (Flat Organization) 회사 규모에 비해 낮은 수준의 권한을 가짐

키가 큰 조직 및 평편한 조직 조직의 규모가 커지면 (일반적으로 관리자 및 직원 수로 측정) 권한의 계층이 일반적으로 높아진다. **키가 큰** 조직은 회사 규모에 비해 높은 수준의 권한을 가지고 있다. **편평한** 조직은 회사 규모에 비해 상대적으로 낮은 수준의 권한을 가지게 된다(그림 7.7 참조). 조직의 계층 수가 많아짐에 따라 구조가 덜 유연하게 되어 조직을 둘러싼 환경 변화에 대한 관리자의 대응이 느려지는 문제가 발생할 수 있다.

조직에서 계층에 여러 수준이 있는 경우 의사소통에 문제가 발생할 수 있다. 상위 수준 관리자의 결정과 명령이 계층 아래의 관리자들에게 도달하려면 시간이 오래 걸릴 수 있으며 최고 관리자는 자신의 의사결정이 얼마나 효과적이었는 지를 파악하는 데도 오랜 시간이 걸릴 수 있다. 관리자는 연락을 취하지 않고 하위 관리자가 주문을 따르고 있는지 확인하고 서면 확인을 요청할 수 있다. 중간 관리자는 자신의 행동에 대해 엄격한 책임을 질 것이라는 것을 알고, 의사결정을 하는 과정에 옳은 결정을 내릴 수 있는 기회를 향상시킬 수 있도록 많은 시간을 할애할 수 있다. 그들은 심지어 최고경영자가 어떤 조치를 취할 지를 결정함으로써 책임을 회피하려고 시도할 수도 있다.

발생할 수 있는 또 다른 의사소통 문제는 명령 및 메시지의 왜곡이 조직계층 위아래로 전송되므로 여러 수준의 관리자가 상황을 다르게 해석하게 된다는 점이다. 서로 다른 관리자가 자신의 좁고 기능적인 관점에서 메시지를 해석하기 때문에 명령과 메시지의 왜곡이 우연히 발생할 수 있다. 또는 위계가 낮은 관리자가 자신의 개인적 이익을 증가시키는 방식으로 정보를 해석하기로 한다면 왜곡은 의도적일 수 있다.

키가 큰 계층 구조의 또 다른 문제점은 일반적으로 조직이 많은 관리자를 고용하게 되는데 관리자를 고용하는 비용이 비싸다는 것이다. 관리 급여, 혜택, 사무실 및 비서의 사용은 조직에 막대한 비용을 유발한다. IBM과 GM과 같은 대기업은 관리자들에게 연간 수백만 달

그림 7.7
키가 큰 조직 및 평편한 조직

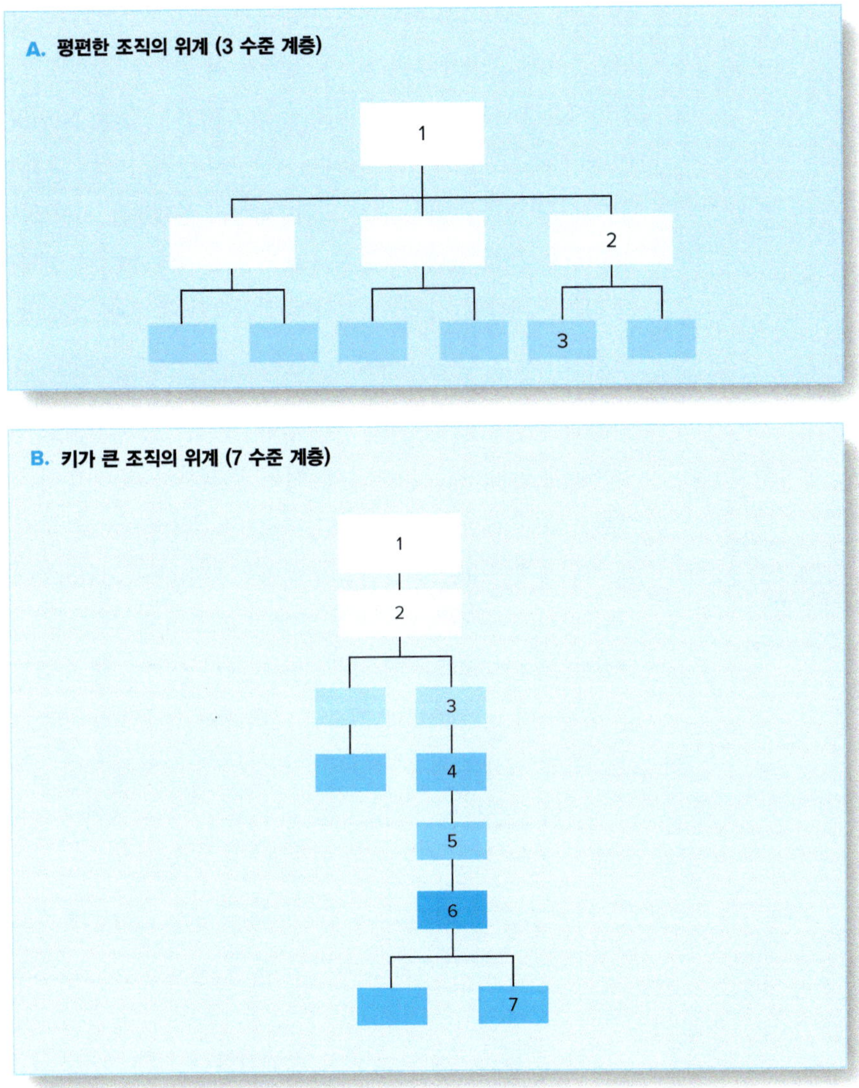

러를 지불한다. 최근 경기 침체기에는 기업이 비용을 줄이기 위해 인력을 구조조정하고 다운사이징함에 따라 수십만 명의 관리자가 해고되었다. 그러나 2016년에는 미국 경제에서 강한 경제적 반등이 일어남에 따라 근로자와 관리자들은 강한 고용 이득을 경험하고 있다.

최소한의 지휘 계통 조직이 너무 비대해지고 너무 많은 관리자를 고용할 때 발생하는 문제를 예방하기 위해 최고경영자는 적절한 중간 및 일선 관리자를 사용하고 있는지 확인하고 관리자 수를 줄이기 위해 조직 구조를 재설계 할 수 있는지 여부를 확인해야 한다. 최고경영자는 항상 조직의 자원을 효율적이고 효과적으로 사용하는데 필요한 최소 수준의 권한을 가진 위계를 만들어야 한다고 명시함으로써 기본 조직화 원칙을 잘 따를 수 있다.

효과적인 관리자는 위계를 지속적으로 실사하여 계층 수를 줄일 수 있는지 확인한다. 예를 들어, 한 수준을 제거함으로써 바로 위 수준의 관리자에게 책임을 부여하고 바로 아래 종업원들에게 권한을 부여할 수 있는지 확인한다. 직원에게 권한을 부여하기 위해 노력한 한 관리자는 YUM의 전 집행 위원장 겸 CEO인 David Novak이다. 회사의 Taco Bell, KFC 및 Pizza Hut 브랜드가 무엇을 해야 하는 지를 지시하는 대신 Novak은 본사를 전 세계 운영 지원 센터로 전환시켰다. 그는 또한 "당신과 함께하는 사람들: 큰 일을 수행할 수 있는 유일한 방법"이라는 책을 썼다. 바로 Novak이 직원들의 동기와 인식을 높이기 위해 개발한 리더십 프로그램을 개괄한 것으로, 회사의 전반적인 목표와 업무 및 성과를 일치시키기 위해 개발한 내용이다.

분권화된 권한 하위 수준의 관리자와 관리자가 아닌 직원에게 조직의 자원을 사용하는 방법에 대한 중요한 결정을 내릴 수 있는 권한을 부여하는 것을 의미함

권한의 집권화와 분권화 관리자가 조직 계층을 편평하게 유지할 수 있는 또 다른 방법은 **권한을 분산**시키는 것이다. 즉, 하위 관리자와 비 관리자 직원에게 조직의 자원 사용방법에 대한 중요한 결정을 내릴 수 있는 권한을 부여하는 것이다. 상위 수준의 관리자가 하위 수준의 직원에게 중요한 의사결정의 책임을 부여하고 예외적으로만 관리하는 경우에는 앞에서 언급한 느리고 왜곡된 의사소통 문제는 최소화될 수 있다. 또한 관리자가 의사결정을 내리는 역할보다 다른 직원이 최선의 결정을 내릴 수 있도록 도와줄 수 있는 코치 및 촉진자의 역할을 수행하면 되기 때문에 필요한 관리자의 수가 적다. 추가적으로, 조직 내 의사 결정권이 낮고 고객과 가까운 경우 직원은 고객의 요구 사항을 보다 잘 인식하고 대응할 수 있다.

권한의 분권화는 조직의 규모가 커져서 키 큰 조직이 되더라도 조직이 유연한 방식으로 행동할 수 있게 해준다. 이것이 관리자들이 직원의 역량 강화, 자율적 관리 작업 팀 형성, 부서간 팀 구성, 제품 팀 구조로의 이동에 관심을 갖는 이유라고 볼 수 있다. 이러한 디자인 혁신들은 조직의 아키텍처를 복잡한 작업 및 일반 환경, 복잡한 기술 및 복잡한 전략에 유연하게 대응할 수 있도록 도와준다.

점점 더 많은 조직이 권한을 분권화하기 위한 조치들을 취하고 있지만, 너무 많은 분권화는 몇 가지 단점을 가지고 있다. 부서, 기능 또는 팀에게 의사결정 권한이 너무 많이 주어지게 되면 조직 목표를 희생시키면서 자신의 목표를 추구하기 시작할 수 있다. 예를 들어 공학설계 또는 R&D의 관리자는 최상의 제품을 만드는데 너무 많은 노력을 기울일 수 있다. 제품이 최고라고 하더라도 너무 비싸서 사람들을 기꺼이 구입할 수 없다는 점을 깨닫지 못한다. 또한 너무 많은 분권화는 기능이나 부서간 의사소통 부족을 유발할 수 있다. 이것은 기능과 부서가 협력하더라도 시너지 효과가 나타나지 않기 때문에 조직의 성과 달성에 어려움을 겪게 된다.

최고경영자는 조직이 직면하는 네 가지 주요 조건들을 가장 잘 충족시키는 권한 집권화와 분권화 사이에 균형을 찾아야 한다(그림 7.1 참조). 관리자가 안정된 환경에 있고 잘 알려진 기술을 사용하며 안정적인 종류의 제품(곡물, 통조림 스프 또는 서적 등)을 생산하는 경우 권한을 분권화할 필요가 없으며 맨 위의 관리자는 조직 의사결정의 많은 부분을 통제하면 된다.

그러나 불확실하고 변화하는 환경에서 최첨단 제품을 생산하는 하이테크 기업의 최고경영자는 종종 직원들에게 권한을 이양하고 팀이 중요한 전략적 결정을 내릴 수 있도록 해야 조직이 변화에 적응할 수 있다. 처한 환경이 무엇이든 집권화와 분권화 사이의 균형을 제어하지 못하는 기업은 성과 달성에 어려움을 느끼게 된다. 다음의 "Managers as a person" 내용은 Microsoft CEO Satya Nadella가 회사의 비즈니스 포커스를 전환하기 위해 집권환된 혹은 분권화된 권한을 사용했던 방법을 설명한다.

Manager as a Person

Microsoft CEO는 변화를 두려워하지 않는다

2014년 Microsoft사는 거의 40년 만에 3번째 경영자를 고용했다. 경영자로서의 짧은 임기에도 불구하고 Satya Nadella는 오늘날의 급변하는 IT 업계에서 Microsoft의 전반적인 비즈니스 초점을 바꾸는 데 큰 진보를 이루었다.

이전에 Microsoft의 클라우드 및 엔터프라이즈 그룹의 전무였던 Nadella는 집권화된 권한과 분권화된 권한 사이의 미세한 경계를 이해한다. 그는 CEO로서의 첫 번째 인터뷰에서 팀의 효율성이 리더십의 최우선 과제라고 말했으며, 집권화에 중점을 둘 것을 제안하였다. 그러나 그는 Microsoft의 모든 사람들이 분권화에 초점을 두면서 혁신주의자가 될 필요성을 논의했다. Nadella는 팀이 진정한 방법으로 리더십에 참여하고 모든 사람들이 팀의 일원으로 그 에너지를 느낄 수 있기를 바란다. Nadella는 이전에 팀원 모두와 함께 작업했기 때문에 수행 능력에 자신이 있다고 말한다. 경영자에 따르면, 팀의 리더십은 해야 할 일을 명확히 하고, 조직이 이러한 목표를 달성하기 위해 정렬되어 있는지 확인하고, 집중해서 작업을 수행하는 것이다.

Microsoft CEO인 Nadella는 모든 수준에서 혁신과 변화를 장려한다. 직원들이 회사 문화를 전 세계적으로 지속가능한 성장을 이룰 수 있는 문화로 전환하는 데 도움을 주어야 한다고 믿고 있다. ©Dpa picture alliance/Alamy Stock Photo

Nadella는 Microsoft 내부의 경계가 사라지고 회사의 초점이 변화하고 있다고 믿는다. 이는 좋은 일이다. 그는 직원들이 혁신 아젠다를 보유하고 지속적인 성장을 도모하기 위해 기업 문화를 전환하는데 도움이 되는 조직을 만들고 싶어했다.

Microsoft 경영자는 Microsoft의 문화 및 경영 초점을 흔들면서 시간을 낭비했다. 그는 Nokia의 전화 사업부 인수에 대한 초기 결정으로 2만 5천여명의 일자리를 제거했으며, 70억 달러 상당의 돈

과적으로 해결하기 위해 관리자는 교차 기능 팀과 같은 통합 메커니즘을 점점 더 많이 사용하고 있다. 교차 기능 팀의 예로는 신제품의 선택, 디자인, 제조 및 마케팅을 담당하는 신제품 개발위원회가 있다. 이러한 활동은 신제품이 성공적으로 도입되고 기능간 팀과 같은 복잡한 통합 메커니즘을 사용하면 기능간에 상당한 통합을 필요로 한다. 앞에서 설명한 것처럼, 제품 팀 구조에서는 사람들과 자원을 제품 간 상호 작용 팀으로 그룹화하여 제품 출시를 가속화한다. 이 팀은 개발 및 제품 제작의 모든 측면에 대해 장기적인 책임을 진다.

통합 역할 통합 역할은 기능 또는 부서 간의 조정 및 통합을 향상시켜 시너지 효과를 통해 성과를 얻을 수 있는 유일한 기능이다. 일반적으로 통합 역할을 수행하는 관리자는 기능이나 부서의 자원을 사용하여 새로운 시너지 효과를 얻는 방법을 구상할 수 있는 숙련된 고위 관리자다. 펩시(PepsiCo)에서는 스낵 사업부의 부사장인 Amy Chen이 여러 회사 부서와 협조하여 저소득 가정 어린이에게 식사를 제공한다. 결과적으로 좋은 음식인 Food for Good은 이제 저소득층 가정에 일년 내내 건강에 좋은 식사를 제공한다. 2016년에 Food for Good은 도움이 필요한 어린이에게 약 3백만 건의 식사를 제공했다. 조직이 복잡해질수록, 부서의 수가 많을수록 통합 역할이 중요하다.

요약하자면, 조직이 성장함에 따라 업무 환경과 일반 환경의 변화에 대응할 수 있게 하려면 관리자는 복잡한 통합 메커니즘을 사용하여 기능과 부서 간 조정을 강화해야 한다. 관리자는 자신의 구조를 구성하는 가장 좋은 방법을 결정해야 한다. 즉, 조직의 자원을 최대한 활용할 수 있는 구조를 선택해야 한다.

전략적 제휴, B2B 네트워크 구조와 IT

학습목표 7-5

어떻게 정보기술(IT)이 관리자들을 도와 전략적 제휴와 네트워크 구조를 구축하여 조직의 효율과 효과를 증대시키는 지를 설명할 수 있다.

전략적 제휴 두 개 이상의 회사가 제품을 생산하고 판매하기 위해 자원을 교환하거나 공유하도록 하는 공식 계약

세계화의 증가와 새로운 정보기술(IT)의 사용은 미국과 다른 기업들에서 빈번하게 사용하던 조직 아키텍처에서 두 가지 혁신인 **전략적 제휴**와 B2B (business-to-business) 네트워크 구조를 파생시켰다. 6장에서 언급했듯이, 전략적 제휴는 두 개 이상의 회사가 제품을 생산하고 판매하기 위해 자원을 교환하거나 공유하도록하는 공식 계약이다. 전략적 제휴는 일반적으로 기업들이 비슷한 이익을 공유하고 서로 협력함으로써 이익을 얻을 수 있기 때문에 형성된다. 예를 들어, The Coca-Cola Company는 2014년에 InterContinental Hotels Group (IHG)과 전략적 제휴를 체결했다. 동맹의 일환으로 IHG는 3,200개 이상의 호텔에서 엄선된 콜라 제품을 제공할 것이다. 두 회사 모두 잘 알려진 브랜드이며 조지아 주 애틀랜타에 본사를 두고 있다.

글로벌 인트라넷, 화상 회의 및 클라우드 컴퓨팅을 사용하는 IT의 복잡성이 증대됨에 따라 관리자들이 전략적 제휴를 훨씬 쉽게 관리할 수 있게 되었으며, 관리자가 전 세계에서 활동하고 있는 다른 기업들과 정보를 공유하고 서로 협력하도록 권장하고 있다. 이러한 기술 사용의 증가는 전략적 제휴가 기업을 위한 IT 기반 네트워크 구조로의 성장하게 한 주요 원인

B2B 네트워크 구조 조직이 공급 업체, 제조업체 및 유통 업체와 함께 제품을 생산 및 판매하기 위해 만든 일련의 전략적 제휴

이 되었다. **B2B 네트워크 구조**는 한 개 또는 여러 개의 조직이 제품을 생산하고 판매하기 위해 공급 업체, 제조업체 및 유통 업체와 함께 만드는 공식적인 일련의 글로벌 전략적 제휴다. 네트워크 구조를 통해 조직은 글로벌 가치 사슬을 관리하고 복잡한 조직 구조를 운영하는 높은 비용(많은 관리자 채용 비용)을 들이지 않고도 제품의 품질을 높이면서 비용을 절감할 수 있는 새로운 방법을 찾을 수 있다. 6장에서 논의된 바와 같이, 점점 더 많은 기업들이 글로벌 네트워크 구조에 의존하여 해외 자원에 낮은 비용으로 접근할 수 있다.

나이키는 세계에서 가장 크고 수익성이 높은 운동화 제조업체다. 나이키 성공의 열쇠는 나이키의 설립자 겸 CEO인 필립 나이트(Phillip Knight)가 회사에서 신발을 생산하고 판매할 수 있도록 만든 네트워크 구조다. 6장에서 언급했듯이 오늘날 가장 성공적인 기업들은 저비용 전략과 차별화 전략을 동시에 추구하려고 노력하고 있다. Knight는 나이키에서 이 작업을 수행하기 위해 일찍이 회사와 같은 일부 기능에 집중하여 제조와 같은 다른 업무를 다른 조직에 맡길 수 있는 조직 아키텍처가 필요하다고 결정했다.

나이키의 오레곤 본사에서 가장 큰 기능은 나이키가 성공적으로 도입한 에어 펌프 및 에어 조던과 같은 스포츠 신발 디자인의 혁신을 개척한 재능있는 설계자로 구성된 디자인 기능이다. 디자이너는 CAD(Computer-Aided Design)를 사용하여 나이키 신발을 디자인하고 제조 지침을 포함한 모든 신제품 정보를 전자 방식으로 저장한다. 설계자가 작업을 완료하면 Nike가 전략적 제휴를 맺고있는 공급 업체 및 제조업체 네트워크에 전자 제품의 모든 청사진을 전송한다. 새로운 단독 설계를 위한 지침은 대만의 공급자에게 보낼 수 있다. 말레이시아의 공급자에게는 가죽 윗면을 위한 지침이 주어진다. 공급자는 신발 부품을 생산하여 최종 조립을 위해 나이키와 다른 전략적 제휴 관계를 맺고있는 중국의 제조업체에 보내야 한다. 중국에서 신발은 전세계 유통 업체에 배송된다. 최근 나이키는 42개국 700개 공장의 제조 네트워크를 통해 약 9억 쌍의 신발을 이동시켰다.

이 네트워크 구조는 나이키에게 두 가지 중요한 이점을 제공한다. 첫째, 나이키는 운동화 패션의 변화에 매우 신속하게 대응할 수 있다. 글로벌 IT 시스템을 사용하여 Nike는 각 공급 업체에게 하룻밤 사이에 제공되는 지침을 그대로 바꿀 수 있으므로 몇 주 내에 외국 제조업체는 새로운 종류의 신발을 생산한다. 나이키 표준을 충족시키지 못하는 제휴 파트너는 일반 B2B 마켓 플레이스를 통해 새로운 파트너로 교체된다.

둘째로, 나이키의 비용은 다른 나라의 임금이 미국의 임금의 일부에 불과하기 때문에 매우 낮다. 이 차이는 나이키에게 저렴한 비용으로 제공된다. 또한 나이키는 외국 제조업체를 **아웃소싱**하고 사용하여 해외에서 모든 신발을 생산할 수 있게 되어 Knight는 미국의 조직구조를 편평하고 유연하게 유지할 수 있다. 나이키는 비교적 저렴한 기능 구조를 사용하여 활동을 조직할 수 있다. 글로벌 브랜드를 확장하려는 노력의 일환으로 Nike는 최근 Apollo Global Management와의 전략적 파트너십을 발표했다. Nike는 미주 지역의 의류 제조 공급

아웃소싱(Outsource) 외부 공급 업체 및 제조업체를 사용하여 제품 및 서비스를 생산하는 방법

망에 참여할 수 있다.

기업들이 비용을 절감하고 조직의 유연성을 높이기 위해 제공되는 많은 기회를 인식함에 따라 네트워크 구조의 사용이 급속히 증가하고 있다. 공급망 투자액은 향후 몇 년 동안 증가할 것으로 예상된다. 2017년 공급망 관리에 대한 글로벌 지출이 140억 달러를 넘을 것으로 추산했다. 비용절감의 노력으로 특정 산업(예: 자동차 제조사들)의 대부분 또는 모든 회사가 동일한 플랫폼을 사용하는 B2B 마켓 플레이스가 개발되어 업계 규약 및 표준을 수립하였다. 그런 다음 이들 회사는 필요한 투입물의 양과 사양을 공동으로 열거하고 전 세계 수천 개의 공급 업체로부터 입찰을 요청한다. 공급 업체도 동일한 소프트웨어 플랫폼을 사용하므로 구매자와 판매자간에 전자 입찰, 경매 및 거래가 전 세계적으로 가능하다. 대규모의 표준화 된 기업간 거래는 업계의 비용 절감에도 도움이 될 수 있을 것이다.

경계없는 조직 구성원들이 컴퓨터, 전자 메일, 컴퓨터 지원 설계 시스템, 화상 회의 및 클라우드 기반 소프트웨어로 연결되어 있어 면대면으로 만나는 경우는 거의 없는 조직

관리자가 복잡한 조직구조를 만들기보다는 고객이 원하는 제품과 서비스를 생산 또는 제공할 수 있는 네트워크 구조를 개발함으로써 많은 연구자와 컨설턴트가 **경계없는 조직**이라는 아이디어를 널리 알리게 되었다. 이러한 유형의 조직은 컴퓨터, 모바일 및 가상 기술, 컴퓨터 지원 설계 시스템, 화상 회의 및 클라우드 컴퓨팅과 같은 기술로 연결된 사람들로 구성되어 있다. 이들은 대면하는 경우가 거의 없다. 사람들은 매트릭스 구조처럼 서비스가 필요할 때 활용되지만 조직의 공식 구성원은 아니다. 그들은 조직과 계약을 맺고 계약상의 의무를 이행하고 다음 프로젝트로 나아갈 수 있는 기능 전문가다.

지식경영시스템 종업원들의 지식을 체계화하고 전문 지식의 공유와 통합을 용이하게 만드는 기업에 특화된 가상 정보 시스템

Accenture, IBM, McKinsey & Co.와 같은 대형 컨설팅 회사는 이러한 방식으로 글로벌 컨설턴트를 활용한다. 컨설턴트는 노트북을 통해 조직의 **지식 관리 시스템**(직원의 지식을 체계화하고 실시간으로 상호 연결된 기술)을 통해 기능과 부서 내에서 전문 지식을 공유하고 통합하는 회사 별 가상 정보 시스템에 연결된다.

요약 및 리뷰

조직구조를 설계하기 조직구조를 결정하는 네 가지 주요 요소들은 외부 환경, 전략, 기술 및 인적 자원으로, 일반적으로 이러한 요소와 관련된 불확실성 수준이 높을수록 공식적이고 엄격한 구조 보다는 유연하고 적응하기 쉬운 구조가 더 적절하다. [학습목표 7-1]

과업들을 직무들로 그룹화하기 직무설계는 관리자가 과업들을 직무들로 그룹화하는 프로세스다. 보다 흥미로운 직무들을 창조하고 근로자들이 유연하게 행동하게 하려면 관리자들은 직무를 확대하고 충실화할 수 있다. 직무특성 모델은 관리자들이 특정 직무가 동기부여되거나 만족스러운 지를 측정하는 데 사용할 수 있는 도구가 될 수 있다. [학습목표 7-2]

직무들을 기능들과 부서들로 그룹화하기 관리자는 다양한 종류의 조직구조 중에서 특정 구조를 선택하여 조직의 자원을 최대한 활용할 수 있다. 관리자는 직면한 구체적인 조직

화 문제에 따라 기능적, 제품, 지리적, 시장, 매트릭스, 제품 팀 및 하이브리드 구조 중에서 선택할 수 있다. [학습목표 7-3]

기능들과 부서들을 조정 관리자가 어떤 구조를 선택하든지 조직의 권한을 분배하는 방법, 그리고 권한 계층의 수준을 최소로 유지하기 위해 중앙 집중화와 분산화 사이에 어떤 균형을 취해야하는지를 결정해야 한다. 조직이 성장함에 따라 관리자는 기능과 부서 간의 통합과 조정 또한 강화해야 한다. 직접 접촉, 연락 역할, 태스크포스, 부서 간 기능 팀, 통합 역할 및 매트릭스 구조 등 6가지 통합 메커니즘이 이를 촉진시키기 위해 이용 가능하다. [학습목표 7-3, 7-4]

전략적 제휴, B2B 네트워크 구조와 IT 조직이 성장함에 따라 발생하는 많은 의사소통 및 조정 문제를 피하기 위해 관리자는 IT를 사용하여 새로운 조직 방식을 개발한다. 전략적 제휴에서 관리자는 기능적 활동을 수행하기 위해 다른 조직과 계약을 맺게 된다. 관리자가 일련의 계약을 체결하면 네트워크 구조가 생성된다. 가장 일반적으로 공유되는 IT 형식을 기반으로 하는 네트워크 구조가 한 회사를 중심으로 형성 될 수도 있고 여러 회사가 함께 참여하여 산업의 B2B 네트워크를 구축할 수도 있다. 점차적으로 기술은 부서들 간에 그리고 다른 조직과의 교차 기능적 의사소통을 촉진한다. 이와 같이 경계가 없는 가상 조직의 개념은 더 이상 새롭지 않게 되었으며 직원과 다른 사람들이 전자적으로 연결되어 면대면 작업 환경에서 서로 마주 치지 않을 수 있다. [학습목표 7-5]

Management *in Action*

Topics for Discussion and Action

토의

1. 다음 조직의 경우 유연하거나 혹은 공식적인 구조 중에서 무엇이 적합한가? 추론해 보시오: (a) 대규모 백화점, (b) 4대(Big Four) 회계법인, (c) 생명공학 회사 [학습목표 7-1, 7-2]
2. 직무특성 모델을 지침으로 사용하여 관리자가 부하 직원의 직무를 충실화하거나 확대하는 방법에 대해 논의하시오. [학습목표 7-2]
3. 영업 사원이나 행정 보조원을 동기부여시키기 위해 업무가 어떻게 더 확대되거나 강화될 수 있을까? [학습목표 7-2, 7-3]
4. 관리자는 언제, 어떤 조건에서 기능에서 (a) 제품, (b) 지역 또는 (c) 시장 구조로 변경할 수 있는가? [학습목표 71, 7-3]
5. 매트릭스 구조와 제품 팀 구조는 어떻게 다르며, 왜 제품 팀 구조가 더 널리 사용되는가? [학습목표 7-1, 7-3, 7-4]
6. 고성능, 저비용 무선 기술이 계속 발전함에 따라 많은 관리자들이 집에서 일할 수도 있기 때문에 사무실로 출근할 필요성이 낮아지고 있다. 이러한 업무의 장단점은 무엇인가? [학습목표 7-5]

실행

7. 관리자를 찾아 인터뷰하고 자신의 조직이 직원과 자원을 조정하는 데 사용하는 조직 구조의 종류를 식별하시오. 조직은 왜 그 구조를 사용하는가? 혹시 다른 구조가 더 적절하다고 생각하는가? 그렇다면 그 구조는 무엇인가? [학습목표 7-1, 7-3, 7-4]
8. 동일한 관리자도 좋고 다른 관리자도 좋은데 이들과 함께 조직의 권한 분배에 대해 논의하시오. 관리자가 분권화된 권한과 직원들에게 권한을 부여하는 것이 적절하다고 생각하는가? [학습목표 7-1, 7-3]
9. B2B 네트워크의 장단점은 무엇인가? [학습목표 7-5]

Building Management Skills

Understanding Organizing [학습목표 7-1, 7-2, 7-3]

상점, 식당, 사무실, 교회 또는 학교와 같이 친숙한 조직, 아마도 일했던 조직을 생각해보라. 그 이후 다음 질문에 답하시오.

1. 조직 구성 방법을 설명하는 데 어떤 상황적 조건이 가장 중요한가? 그것이 최선의 방법으로 조직되었다고 생각하는가?
2. 직무특성 모델을 사용하여 한 조직의 전형적인 직원의 직무가 얼마나 동기를 부여한다고 생각하는가?
3. 전형적인 직무가 확대되거나 강화될 수 있는 방법을 생각해 보시오.
4. 조직은 어떤 종류의 조직 구조를 사용하는가? 그것이 체인의 일부라면, 전체 조직은 어떤 종류의 구조를 사용하는가? 이 장에서 논의된 다른 어떤 구조들이 조직을 보다 효과적으로 운영할 수 있게 하는가? 예를 들어, 제품 팀 구조로 이동하면 효율성이나 효율성이 향상되는가? 그 이유는 무엇인가?
5. 조직의 계층 구조에는 몇 개의 레벨이 있는가? 권한이 중앙에 집중되어 있는가, 아니면 분산되어 있는가? 최고 관리자와 중간 또는 첫 번째 관리자의 통제 범위를 설명하시오.
6. 조직 및 활동에 권한 분배가 적절한가? 권한을 분산시키고 직원에게 권한을 부여하여 계층 구조를 평편하게 할 수 있는가?
7. 조직에서 사용되는 주요 통합 메커니즘은 무엇인가? 개인과 기능간에 충분한 조정이 제공되는가? 그것들은 어떻게 향상될 수 있는가?
8. 조직이 구조화되는 방식을 분석했을때 관리자에게 조직운영 방식을 개선하는데 도움이 되는 조언은 무엇일까?

Managing Ethically [학습목표 7-1, 7-3]

조직이 많은 중간 관리자를 축소하고 해고한다고 가정하자. 해고할 사람을 결정할 책임이 있는 일부 최고 관리자는 어려운 직원이지만 최고의 성과를 내는 직원보다는 자신이 좋아하는 부하 직원을 유지하기로 결정한다. 그들은 심지어 성과가 높더라도 가장 고임금을 받는 부하 직원을 해고하기로 결정할 수도 있다. 계층 구조의 설계와 관련된 윤리적 문제를 생각하고 다음 문제를 논의하시오.

질문

1. 관리자는 계층을 재설계 할 때 어떤 직원을 해고할 것인지 결정하기 위해 어떤 윤리적 규칙 (3장 참조)을 사용해야 하는가?
2. 어떤 사람들은 조직의 주주로서 많은 직원을 위해 일한 직원이 있다고 주장한다. 이 직위의 윤리에 대해 어떻게 생각하는가? 직원이 회사의 과거 성공에 크게 기여한 경우 자신의 직무를 "소유"한다고 주장할 수 있는가? 이 상황에서 사회적으로 책임 있는 조직은 어떻게 행동하는가?

Small Group Breakout Exercise [학습목표 7-1, 7-3]

Bob's Appliances

3~4명으로 팀을 구성하고 과제를 발표할 팀장을 임명한 다음 시나리오에 따라 토론하시오.

Bob의 가전 제품은 식기 세척기, 레인지 및 냉장고와 같은 가전 제품을 판매하고 서비스한다. 수년에 걸쳐, 이 회사는 고객 서비스의 질에 대해 좋은 평판을 얻었으며, 많은 지역 업체들이 매장을 애용하고 있다. 최근 Best Buy, Walmart 및 Costco를 포함한 다른 국가의 소매 업체는 판매용 제품을 제공하기 시작했다. 그러나 더 많은 고객을 유치하기 위해 이 매장은 TV, 컴퓨터 및 디지털 장치와 같은 완벽한 가전 제품을 취급한다. Bob's Appliances의 소유자인 밥 레인지(Bob Lange)는 사업을 계속하려면 제품 범위를 넓히고 체인을 통해 직접 완성해야 한다고 결정했다.

레인지는 2만 평방 피트 규모의 매장과 서비스 센터를 짓기로 했으며, 이제는 새로운 가전 제품을 판매하고 서비스하기 위해 신입 사원을 고용하고 있다. 회사의 규모가 크기 때문에 레인지는 직원을 조직화하는 가장 좋은 방법이 무엇인지 확실치 않다. 현재는 기능적 구조를 사용하고 있다. 구매 및 회계, 수리, 소비자 전자 제품의 판매 및 서비스가 제품 구조(그림 참조)로 이동해 두 가지 비즈니스 라인 각각에 대해 별도의 기능 구조를 생성해야 하는지 궁금해하고 있다.

질문

1. 당신은 이 중요한 선택을 할 때 Bob에게 조언을 구하기 위해 지역 컨설턴트로 구성된 팀을 구성했다. 어떤 구조를 추천하는가?

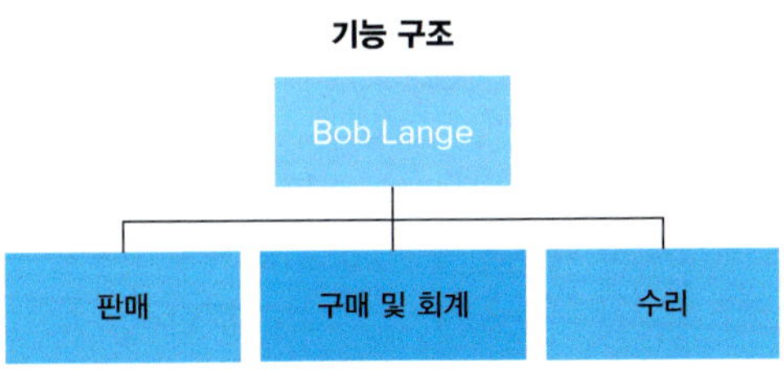

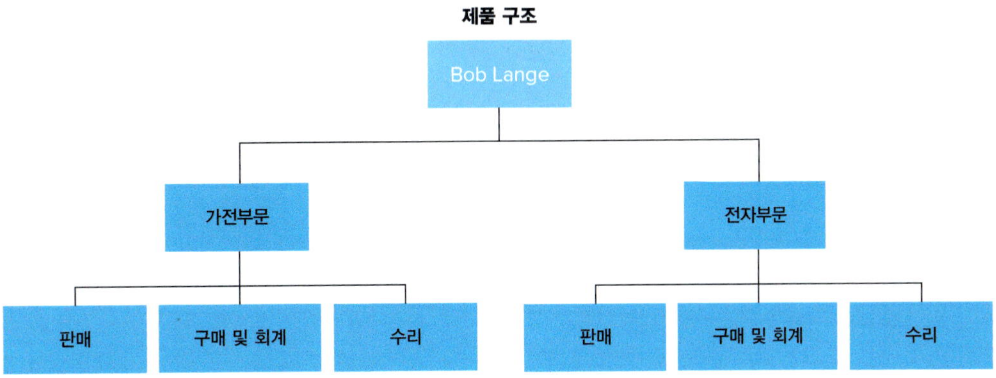

Be the Manager [학습목표 7-1, 7-3, 7-4]

웹 사이트 디자인 속도 향상

당신은 새로운 애니메이션 웹 사이트 디자인이 많은 관심과 많은 고객을 끌어 들이고있는 웹 사이트 디자인, 제작 및 호스팅 회사에 고용되었다. 현재 직원들은 하드웨어, 소프트웨어 디자인, 그래픽 아트, 웹 사이트 호스팅, 마케팅 및 인적 자원과 같은 다양한 기능으로 조직되어 있다. 각 기능은 초기 고객 요청에서부터 최종 온라인 웹 사이트 호스팅에 이르기까지 새로운 프로젝트에서 작동하도록 전환된다.

회사에서 겪고있는 문제는 일반적으로 초기 아이디어 단계에서 웹 사이트가 가동되는 시점까지 1년이 소요된다는 것이다. 회사는 시장 틈새를 보호하고 확장하기 위해 이 시간을 반으로 단축하려고 한다. 다른 관리자와 대화 할 때 현재의 기능 구조가 문제의 근원이라고 믿는다는 사실을 알게 되었다. 이 구조는 직원이 고객의 요구를 충족시킬 수 있을 만큼 빨리 웹 사이트를 개발할 수 있도록 허용하지 않는다. 그들은 당신이 더 나은 구조를 설계하기를 원하고 있다.

질문

1. 현재의 기능 구조가 어떻게 작동하여 웹 사이트 개발 속도를 향상시킬 수 있는지에 대해 토론하시오.
2. 웹 사이트 개발 시간을 줄이기 위해 (a) 다중 지역, (b) 매트릭스 또는 (c) 제품 팀 구조로 이동하는 장단점에 대해 토론하시오.
3. 이 구조들 중 어느 것이 가장 적절하다고 생각하는가? 그 이유는 무엇인가?

Bloomberg Businessweek Case in the News [학습목표 7-1, 7-2, 7-3, 7-4, 7-5]

인스타일: 소셜 미디어 인증을 받은 뷰티 브랜드

저자: StephanieWong

반세기 전, 유명한 화장품 회사인 레브론(Revlon)의 설립자인 Charles Revson은 "우리는 희망을 팔고있다"고 화장품 회사의 진정한 가치를 묘사했다. 오늘날에는 크고 역사가 오래된 뷰티하우스들이 소셜 미디어 기반의 소규모 메이크업 회사를 보고 있는 것에 대해서도 같은 말을 할 수 있다. 온라인의 좋아요, 팔로워, 인플루언서의 리뷰를 바탕으로 메이크업 및 스킨케어 제품의 구매결정을 하는 수백만 명의 밀레니얼 세대가 열광할 것이라는 전망은 작고 힙한 브랜드에 각축을 불러일으켰다. 작년에 뷰티 및 퍼스널 케어 업계에서의 52건의 인수는 10년 만에 가장 많았으며, 가장 인기있는 대상 중 일부는 소셜 미디어에서 팬층이 두터운 개인 브랜드였다(Financo LLC 투자 은행).

2012년 IT 코스메틱이라는 작은 라인의 소수 지분을 매입한 TSG Consumer Partners LLC의 콜린 웰치(Colin Welch)는 "올해 경기 침체가 있다면 매수 후보 수요가 공급을 앞지르기 때문"이라고 말했다. 이 회사는 TSG가 로레알 SA에 12억 달러에 매각하는 것을 조율했던 지난해 1억8200만 달러의 매출을 달성했다. 웰치는 "많은 자본이 투자하기 위해 투자처를 물색하고 있습니다."라고 말했다.

Financo의 전무 이사인 Vennette Ho는 "대형 화장품 회사들은 연간 매출 1억 달러 미만으로 인수될 때마다 방향을 선회하곤 했습니다."라고 전했다. 디지털에 갑자기 불이 붙으면 수익이 빠르게 상승할 수 있기 때문에 지금은 사실상 바닥이 없다. McKinsey & Co.에 따르면 밀레니얼 세대와 십대는 무엇을 살 것인가에 대한 소셜 미디어 팁을 잘 수용하고 있기 때문에 입소문이 구매 결정의 50%를 뒷받침하는 주요 요인이라고 한다.

요즘 소비자들은 혁신을 통해 더 작은 브랜드에 끌리고있다. 그들은 또한 "진정성"이라고 불리는 것을 원하는데, 이것은 대략 개인적인 접촉을 적용하는 포토 제닉한 설립자의 흥미로운 뒷 이야기로 해석된다. 후다 뷰티(Huda Beauty)에서는 두바이에 사는 이라크계 미국인 창업자 후다 케이탄(Huda Katan)이 최신 제품 사용법을 보여주는 동영상 튜토리얼에 출연한다. 그녀는 또한 블로그에서 고객의 질문에 답변을 하고 "Hey honey"로 응답을 시작한다. 그녀의 인스타그램 팔로워는 1,800만 명을 넘는다.

1997년에 설립된 Anastasia Beverly Hills의 연예인 살롱 제국인 아나스타샤 소아레(Anastasia Soare)의 클라우디아 소아레(Claudia Soare)는 "진정성이 이를 가능하게 합니다"라고 말한다. 로스앤젤레스의 작은 셋방에서 시작하여 현재 Anastasia Beverly Hills는 현재 전국 80개 노드스트롬 매장에서 브로우 스튜디오(Brow Studios)를 운영하고 있다. 킴 카다시안을 포함한 많은 A-listers들이 좋아하는 Anastasia Beverly Hills는 2016년 미국 온라인 매출이 업계 선두의 150% 증가를 기록했다.

트윗 및 리트윗, 유튜브(YouTube) 조회수 등을 추적하여 가치를 파악하고 가장 멋진 것을 결정하는 인터넷 브랜딩 회사인 Tribe Dynamics에 따르면, 이 부문 소셜 미디어의 가치 중 1위다. 다른 측정값은 인스타그램 팔로워 수인데, 아나스타샤의 팔로워는 1,300만 명이 넘는다.

이러한 성과로 인해 사모펀드 산업 그룹인 기업성장 협회(Association for Corporate Growth)의 마틴 오크너(Martin Okner) 이사에 따르면, 많은 인수 합병 전문가들의 위시리스트에 회사를 추가시켰다고 한다. 그러나 아나스타샤는 기업 인수 요구를 정기적으로 거절하고 있으며 회사 운영을 그만둘 계획이 없다고 말하고 있다. 그녀는 "우리는 아무에게도 대답할 필요가 없습니다."라고 말한다. 인수합병에 대해 싫어하는 이유 중 하나는 다음과 같다. 딸 클라우디아는 이렇게 말한다. "금융 후원자를 소개하는 순간 우리는 결코 같은 종류의 느낌을 전달할 수 없습니다. 원래 브랜드는 희석될 것입니다. 이것은 불가피합니다."

그러나 사모펀드 회사들과 대규모 뷰티 업체들은 별볼일 없는 사람을 잡기 위해 노력하지는 않을 것이다. 작년에 스킨케어 및 화장품 회사인 Paula's Choice의 지분을 매각한 Bertram Capital Management LLC의 파트너인 라이언 크레이그(Ryan Craig)는 "미용 회사는 포트폴리오 브랜드가 낡고 진부화됨에 따라 극도로 인수되기 쉬울 것입니다."라고 말한다. 보스톤에 본사를 둔 사모 투자 회사인 TA 어소시에이츠 매니지먼트 LP(TA Associates Management LP)는 "작지만 민첩한 브랜드가 젊은 소비자를 끌어들일 수 있는 기회가 있다는 것을 보여주었습니다." 한 가지 예로 아시아 최대의 화장품 회사 시세이도(Shiseido Co.)는 지난 1월 개인의 피부톤을 스캔하는 스마트폰 앱을 개발해 맞춤형 메이크업 파운데이션을 만들어내는 10명의 팀으로 구성된 매치코(MatchCo)를 인수했다.

심지어 에스티 로더(Estee Lauder)도 구매 열풍에 동참했다. 작년에는 40대 이하 여성들에게 인기가 많았던 Too Faced Cosmetics에 대한 15억 달러 규모의 최대 인수 계약을 맺었다. 인스타그램과 페이스북에서 활발하게 활동하고 있으며, 젊은 여성들을 반짝이는 하이라이트로 유혹하고 호소하는 것으로 유명한 Becca Cosmetics의 가치는 2억 달러가 넘는 것으로 추산되고 있다. 사모 투자 회사인 General Atlantic LLC의 전무 이사인 Andrew Crawford는 Too Faced의 대주주를 1년 전에 에스티 로더에게 넘겨주기 전에 다음과 같이 설명했다. "성공은 많은 관심을 불러옵니다."

토론 질문

1. 대기업에서 소규모 기업을 인수하면서 효과적인 조직 구조를 설계할 때 어떤 장애가 발생할 수 있는가?
2. 소규모 화장품 회사의 관리자인 경우 회사를 인수한 후에 직원이 계속해서 직업 확대 및 직업 강화를 경험하도록 하는 전략은 무엇인가?
3. 이 경우 새로 인수한 회사 중 한 회사의 조직 구조를 재설계해야 하는 경우 기능 구조 또는 부문 구조를 사용하겠는가? 당신의 추론을 설명하시오.
4. 이 사례에서 인수한 화장품 비즈니스에 대한 강력한 소셜 미디어의 존재는 여러 부분들이 결합된 조직들의 관리자들에게 전략적 제휴를 장려하게 하는가? 그 이유는 무엇인가?

Stephanie Wong, "In Style: Beauty Brands with Social Media Cred," *Bloomberg Businessweek*, March 27-April 2, 2017, pp. 18-20. Used with permission.

8 조직 통제와 조직 변화

학습목표

이 장을 학습한 후, 다음 내용에 답할 수 있어야 한다.

학습목표 8-1 조직통제의 개념을 정의하고 조직에 대한 통제가 어떻게 조직의 유효성을 증대시키는 지를 설명할 수 있다.

학습목표 8-2 통제 프로세스의 네 단계를 기술하고 각 단계가 시간이 지남에 따라 작동하는 방식을 설명할 수 있다.

학습목표 8-3 결과 통제의 주요 유형들을 확인하고, 종업원들을 동기부여하고 조정하는 방법들의 장점과 단점에 대해 논의할 수 있다.

학습목표 8-4 행동 통제의 주요 유형들을 확인하고 종업원들을 관리하고 동기부여시킬 수 있는 방법들의 장점과 단점에 대해 논의할 수 있다.

학습목표 8-5 조직문화 또는 클랜 통제가 어떻게 효과적인 조직 아키텍처를 창조하는지를 설명할 수 있다.

학습목표 8-6 조직통제와 변화간의 관련성에 대해 논의하고 변화를 관리하는 것이 왜 중요한 관리자의 과업인지를 설명할 수 있다.

닐 블루멘탈(Neil Blumenthal)과 데이브 길보아(Dave Gilboa)가 바로 기존의 안경 산업을 성공적으로 붕괴시키고 독특한 조직문화를 창출한 온라인 소매업체 와비파커의 비전가들이다. ©foundr.com

MANAGEMENT SNAPSHOT

와비파커(Warby Parker)는 종업원들의 투입을 장려한다

조직에 대한 통제가 직원들의 성과에 얼마나 많은 영향을 미치는가?

만일 이러한 질문을 와비파커를 설립한 네 명의 창업가들에게 묻는다면, 이들이 조직통제로 인해 회사 운영에 대해 눈을 뜨게 되었다는 점을 알게 될 것이다. 2008년 닐 블루멘탈, 데이브 길보아, 앤디 헌트, 제프 레이더는 와튼 스쿨의 MBA 학생들이었다. 이들은 수업 시간에 안경이 왜 그렇게 비싼 지에 대한 이유와 왜 안경이 온라인에서 판매되지 않는지에 대해 대화를 나누었다. 사실 그날 한밤중에, 블루멘탈은 그의 세 친구들에게 전자 메일을 보내 온라인 안경 회사를 설립할 것을 제안했다.

안경 업계를 연구하는 동안, 이들 창업가들은 몇몇 대기업이 전체 산업을 통제한다는 사실을 발견했고 이러한 시장 구조가 시장에서의 안경 가격을 인위적으로 높게 유지하게 만들어 선택권이 거의 없는 소비자들로부터 엄청난 이익을 얻고 있다는 점을 알게 되었다. 와비파커는 자체 브랜드를 가지고 프레임을 자체 브랜드로 설계하고 공급 업체와 긴밀히 협력하여 고객과 직접 거래함으로써 중개인을 피하고 프레임을 포함한 프레임 당 95달러부터 시작하는 고품질의 세련된 처방 안경을 고객들에게 제공할 수 있었다. 비록 안경이 패션 액세서리가 된 지 오래되었지만 일부 소비자는 인터넷을 통해 안경을 구매하는 것을 주저할 수 있는데 와비파커는 이러한 문제를 해결했다. 즉, 와비파커는 잠재 고객들이 원하는 안경의 크기와 스타일에 맞게 5개의 안경테를 선택하여 착용할 수 있도록 유도했으며, 집으로 배송하고 반환되는 배송도 무료로 하는 혁신적인 비즈니스 모델을 제안하였다.

2010년에 와비파커는 온라인으로 안경을 판매하기 시작했으며 GQ 잡지에 광고가 실렸고 잡지의 편집자는 와비파커를 "안경 분야의 넷플릭스(Netflix of eyewear)"라고 소개했다. 잡지가 출판된 지 48시간 만에 웹 사이트에 고객들의 주문이 넘쳤다. 많은 사람들이 안경을 주문하기 위해 웹 사이트에 몰려들었고 이 사이트에 "매진" 기능이 없었기 때문에 고객들은 재고가 소진된 지 모르고 계속 주문하게 되었다. 와비파커가 준비한, 저렴하지만 세련된 안경을 구매하기 위해 2만 명이 넘는 사람들이 대기자 명단에 이름을 올렸다.

창업가들은 처음에 아파트에서 사업을 운영하였지만, 블루멘탈은 와비파커가 안경 배송을 약속하고 상품 부족에 대해 사과하는 것이 회사의 성공적인 문화를 창출하는 첫 걸음이라는 점을 믿었고 이 부분이 많은 사업체들이 부러워하는 부분이다. 블루멘탈은 그 순간이 정말 당황스러웠지만, "개인 고객들에게 일일이 이메일을 보내 사과한 것이 회사가 최상의 고객 서비스를 제공하고 운영하는 방법을 설명하는 좋은 기회였다."고 회상했다.

처음부터 와비파커는 조직문화를 사업의 선두에 두었다. 회사 내부에 "문화 팀"을 두어서 회사 소풍 및 테마가 있는 오찬을 계획하게 했으며, 이 팀은 종업원 선발 과정에 참여하여 잠재적인 직원들을 선별하고, 입사한 이후 첫날부터 와비파커의 문화가 분명히 나타날 수 있게 하였다. 또한 회사 사람들끼리 응집력을 높일 수 있도록 매주 "런치 룰렛" 게임을 실시하고 있다. 멀리 떨어진 사람들이 서로를 알 수 있도록 무작위로 선택된 4명의 직원이 점심 식사를 함께 하기도 한다.

와비파커는 인터넷을 통해 안경을 선택하는 것에 대한 확신이 없는 고객을 위해 블루멘탈의 아파트에서 창업하였지만 현재는 500명 이상의 직원들과 약 50개 이상의 스토어를 보유한 회사로 급격하게 성장했다. 이러한 빠른 확장의 일환으로, 와비파커의 경영진은 종업원들이 민첩해야 하며, 통보 받는 즉시 행동할 필요가 있다는 점을 알고 있다. 민첩성의 필요성을 강조하기 위해 와비파커의 모든 직원은 고객 체험 팀에 대한 1주일간의 교육을 실시하고 있다.

와비파커는 최근 소매점에서 고객을 기다리거나 웹 사이트를 통해 질문에 응답해야 하는 경우를 대비하여 직원이 비즈니스를 관리할 수 있도록 도와주는 사내 프로세스를 만들었다. Warbles라고 불리는 새로운 시스템은 회사의 전체 직원들이 컴퓨터 프로그래밍 그룹이 수행할 수 있는 프로젝트를 추천하도록 권장한다. 그 다음에 관리자는 회사의 전반적인 활동에 가장 가치가 있는 시간에 포인트를 할당하여 잠재적인 프로젝트에 투표하게 한다. 또한 매주 모든 직원이 창의력과 동기를 유지할 수 있는 방법을 제공하는 "혁신 아이디어"를 각 직원에게 제출하도록 요구하고 있으며, 관리자들은 직원들에게 업무 프로세스에 대한 통제력을 부여함으로써 최고의 아이디어가 관리자와 고위 임원이 아닌 일선에 있는 사람들로부터 나왔다는 것을 인식하게 한다.

혁신적인 비즈니스 모델로 안경 산업의 기존 질서를 파괴하고 직원들의 의견을 적극 받아들여 기업을 운영하고 있는 와비파커는 끊임없이 변화하는 비즈니스 환경에서 안정적으로 활동하면서 강력한 조직문화를 통해 산업을 선도하겠다는 지속적인 비전을 가지고 있다.

개요

와비파커(Warby Parker)의 경험에 비추어 볼 때, 관리자가 직원의 행동을 통제하는 방식은 직원들의 성과에 중요한 영향을 미친다. 관리자가 직원의 행동을 조정하고 성과에 영향을 미치는 방법을 선택하는 것은 조직이 통제 방식을 사용하는 것으로 볼 수 있다. 통제는 효율적이고 효과적으로 조직의 변화를 일으키고 관리하는 데 필요한 필수적인 요소이다.

7장에서 논의한 바와 같이, 관리자가 직면한 첫 번째 과제는 조직 구성원이 자원을 가장 효율적이고 효과적으로 사용할 수 있도록 과업 및 직무와 관련된 보고 구조를 확립하는 것이다. 그러나 구조만으로는 사람들이 조직의 목표를 달성할 수 있도록 동기부여되거나 인센티브를 제공하지는 못한다. 조직통제의 목적은 관리자들이 부하 직원들이 조직의 목표를 달성할 수 있도록 지시하고 동기부여될 수 있도록 일련의 수단을 제공하는 것이고 관리자들에게 조직 구성원들이 얼마나 일을 잘 수행하고 있는지에 대한 구체적인 피드백을 제공하는 것이다.

조직 구조는 조직에 골격을 제공하고 통제 및 문화는 관리자가 그 활동을 규제하고 통제할 수 있게 하는 근육, 힘줄, 신경 및 감각을 제공한다. 조직화와 통제의 경영 기능은 분리될 수 없으며, 효과적인 경영자는 구성원들이 조화로운 방식으로 함께 일하도록 하는 방법을 알아야 한다. 이 장에서는 조직 통제의 성격을 자세히 살펴보고 제어 프로세스의 단계를 설명한다.

먼저 우리는 관리자가 조직 구성원을 통제하고 영향을 줄 수 있는 세 가지 유형의 통제(결과 통제, 행동 통제 및 조직의 문화의 가치와 규범을 통해 작동하는 클랜 통제)에 대해 논의할 것이다. 다음으로, 조직 변화와 관련된 중요한 이슈에 대해 논의할 것이다. 다만 변화는 관리자가 사람과 그룹의 행동 방식을 변경할 수 있는 통제시스템을 설치해 둔 경우에만 가능할 수 있다. 이 장이 끝나고 나면, 관리자가 사용할 수 있는 다양한 통제시스템을 이해하고 적절한 통제시스템을 개발하는 것이 왜 조직 및 구성원들의 성과를 높이는 데 중요한지 이해하게 될 것이다.

조직 통제는 무엇인가?

학습목표 8-1

조직 통제를 정의하고 조직통제가 어떻게 조직 유효성을 증대시키는 지를 설명하시오.

1장에서 언급했듯이, **통제**는 관리자가 조직과 구성원이 조직 목표를 달성하는 데 필요한 활동을 얼마나 효율적이고 효과적으로 수행하는지 모니터링하고 규제하는 프로세스이다. 이전 장에서 논의했듯이, 계획 및 구성하는 경우에 관리자는 조직의 자원을 가장 효과적으로 사용하여 고객을 위한 가치를 창출할 수 있는 조직 전략 및 구조를 개발한다. 통제를 수행하는 경우, 관리자는 조직의 전략과 구조가 처음에 의도한 대로 작동하는지, 어떻게 개선될 수 있는지, 작동하지 않는 경우에는 어떻게 변경될 수 있는지를 모니터링하고 평가할 수 있다. 그러나 통제는 단지 어떤 사건이 발생한 후에 사건들에 반응하는 것을 의미하지는 않는다. 오히려 조직이 지속적으로 유지될 수 있도록 발생할 수 있는 사건들을 예상한 다음, 확인된 모든 기회 또는 위협에 대응하도록 조직을 변경하는 것을 의미한다. 통제는 조직이 직면한 중요한 문제들에 직원들이 초점을 맞추게 하여, 이들을 지속적으로 동기부여시키고 함께 협력하게 함으로써 조직이 지속적으로 성과를 향상시킬 수 있도록 변화시키는 것과도 관련이 있다.

조직 통제의 중요성

조직 통제의 중요성을 이해하기 위해서는 관리자가 뛰어난 효율성, 품질, 고객에 대한 반응과 혁신이라는 네 가지 경쟁 우위의 기본 요소를 확보하는데 조직 통제가 어떻게 도움이 되는지 고려해야 한다.

관리자가 자원을 얼마나 효율적으로 사용하고 있는지를 확인하기 위해서 관리자는 포드(Ford) 또는 도요타(Toyota) 차량 한 대를 산출하는 데 사용되는 투입 단위들(원자재, 인적 자원 등)의 수를 정확하게 측정할 수 있어야 한다. 관리자는 또한 공장에서 생산되는 산출물(상품 및 서비스)의 단위 수를 측정할 수 있어야 한다. 통제시스템에는 관리자가 조직의 상품 및 서비스를 얼마나 효율적으로 생산하는지를 평가할 수 있는지에 대한 측정치 또는 척도가 담겨 있다. 만일 관리자가 조직에서 제품 및 서비스를 생산하는 방법을 변경하여 보다 효율적인 생산 방법을 찾으려 실험한다면, 관리자들은 이러한 측정치들을 이용하여 변화가 얼마나 성공적인지 여부를 알 수 있다. 만일 통제시스템이 없다면 관리자는 조직이 얼마나 성과를

고객관리 직원의 응대가 빠르고 일관성이 있고 노하우를 강화하고 보상하는 회사와 그렇지 않은 회사 중에서 누구로부터 새차를 구매하겠는가? Toyota는 소비자가 전자를 선택할 것이라고 강조한다.

내는지, 조직의 성과가 어떻게 향상될 수 있는지 잘 모르게 되는데, 이러한 정보들은 경쟁이 치열한 오늘날의 환경에서 점점 더 중요해지고 있다.

오늘날 조직간 경쟁의 대부분은 상품 및 서비스의 질을 높이는 데 중점을 두고 있다. 예를 들어, 자동차 산업에서 각 가격대의 자동차는 기능, 디자인 및 내구성 측면에서 경쟁하고 있다. 따라서 고객이 포드 포커스, 도요타 캠리 또는 혼다 어코드를 구매할지 여부는 각 제품의 품질에 따라 크게 좌우된다. 조직 통제는 제품 품질에 대한 관리자의 피드백을 제공하기 때문에 상품 및 서비스 품질을 결정하는 데 중요하다. 만일 자동차 제조업체의 관리자가 고객 불만 건수 및 수리를 위해 반환된 신차 수를 지속적으로 측정하거나 혹은 만일 학교 교장이 얼마나 많은 학생들이 학교를 그만 두었는지 또는 전국적으로 시행되는 시험의 성취 점수가 시간에 따라 어떻게 변하는지를 측정하는 경우, 비록 교육을 받은 학생이나 고장 나지 않는 자동차 일지라도, 그들이 만들고 있는 제품의 품질에 대한 좋은 지표를 가지고 있다고 볼 수 있다. 효과적인 관리자는 통제시스템을 구축하여 제품과 서비스를 지속적으로 모니터링하고 품질을 지속적으로 향상시키고 있는데 품질은 그들에게 경쟁우위를 제공할 수 있는 변화와 관련된 하나의 접근법이다.

관리자는 고객-응대 직원이 업무를 얼마나 잘 수행하는지 평가할 수 있는 통제시스템을 개발하여 고객들에게 보다 신속하게 대응할 수 있도록 도와준다. 직원 행동을 모니터링하게 되면 관리자가 기술 훈련을 통해 직원을 도울 수 있는 영역을 공개하거나 새로운 절차를 통해 직원이 자신의 업무를 보다 잘 수행할 수 있는 영역을 공개함으로써 직원의 성과 수준을 향상시킬 수 있는 방법을 찾을 수 있다. 또한 직원들이 자신의 행동을 모니터링하고 있다는 사실을 알게 되면 고객에게 행동하는 방식에도 도움이 되고 일관성 있는 인센티브를 제공받게 된다. 예를 들어, 도요타는 고객 서비스를 개선하기 위해 특정 도요타 딜러의 경험에 대해 정기적으로 고객의 의견을 조사한다. 딜러가 고객 불만을 너무 많이 받게 되면 도요타 관리자는 문제의 원인을 밝히고 해결책을 제안하기 위해 딜러를 조사하게 된다. 필요한 경우 대리점이 고객 서비스 품질을 향상시킬 수 있도록 해당 딜러가 받는 차량 수를 줄이는 방법을 사용할 수도 있다.

마지막으로, 통제는 조직의 혁신 수준을 높일 수 있다. 성공적인 혁신은 관리자가 직원들이 창의적일 수 있도록 직원들에게 권한을 분산하여 실험이 자유롭게 이루어질 수 있고 업무 활동을 통제할 수 있는 조직의 환경을 조성한 경우에 발생한다. 위험을 감수하도록 권장하는 적절한 통제시스템을 결정하는 것은 중요한 과제이다. 이러한 점에서 조직 문화가 중요하다.

예를 들어, 최고 경영자는 도요타의 각 작업 팀이 팀의 비용을 줄이거나 품질을 향상시키는 방법을 검토하여 각 팀의 성과를 모니터링하고 성과와 관련된 보너스 시스템을 사용하여 각 팀에 보상을 제공하는 방식을 통하여 높은 성과를 내도록 권장하고 있다. 이 경우 팀의 관리자는 각 팀원의 개인 성과를 평가하고 가장 혁신적인 직원이 뛰어난 성과를 기반으로 프로모션 및 보상을 받게 한다. 그러나 때로는 이메일 사용을 비롯한 조직 통제시스템이 어려움, 좌절감, 생산성 저하로 이어질 수 있다. 수반되는 "Management Insight"에 제시한 바와 같이, 정보 과부하를 제어하는 데 도움이 되는 이메일 정책을 구현하게 되면 직원들의 생산성과 사기를 도울 수 있다.

Management insight

이메일을 통제 하에 두기

전자 메일은 현대 직장에서 해결해야 할 도전이라는 측면에서 가장 먼저 고려해 볼 수 있는 이슈이다. 이 의사소통을 과도하게 사용하게 되면 직원의 효율성을 계속 저해하는 문제를 발생시킨다. 연구에 따르면, 평균적으로 근로자는 이메일로 주당 13시간 이상을 보내고 그 시간은 사무실에서 보낸 시간에만 국한되지 않는다. 24시간 연중 무휴로 동시에 여러 장치에 연결되어 있기 때문에 관리자가 어떻게 전자 메일을 처리하는 방식을 제어 할 수 있는지에 대해서 직원들로 하여금 업무의 질을 유지하면서도 업무로부터 고통을 받지 않도록 일과 삶의 균형을 유지할 수 있도록 하는지 필라델피아에 기반을 둔 Vynamic은 해답을 제시하고 있다: Zamil 정책.

기업이 이메일 절차와 같은 통제들을 실행함으로써 직원들의 생산성과 사기를 향상시키는 데에 도움을 줄 수 있다.

Vynamic은 강력한 조직 문화에 자부심을 가진 컨설팅 회사이다. 몇 년 전, 직원들은 계속해서 이메일 연락이 끊이지 않는 것에 대해 불평하기 시작했다. 창업자이자 최고경영자인 Dan Calista는 디지털 세상에서 많은 전문가들이 공통적으로 경험하는 시나리오를 설명한다. 만일 직원은 잠자기 전에 이메일을 확인한다면, 예측할 수 있듯이, 편하게 쉬는 대신 이메일에 대하여 생각하게 된다. 따라서 Zamil 정책이 탄생했다. 관리자를 포함한 Vynamic 직원들에게 주중에는 오후 10시부터 오전 6시까지, 토요일과 일요일에는 하루 종일 이메일을 보내지 않도록 요청하고 있다.

주말에 아무도 그들을 괴롭히지 않을 때 일부 직원들이 몇 시간을 관련 이메일을 검토하고 고객이나 동료들과 대화하는 것을 좋아하게 된다는 점을 회사는 인정했다. 어떤 사람들에게는 이런 유형의 일처리 습관을 통해 혜택을 보지만, 이메일 초안만 저장하고 월요일 아침에 보내는 것이 좋다고 Calista는 추천한다. 그는 "다른 사람이 당신의 주말 시간에 합류하는 것이 왜 그렇게 중요할까요?"라고 반문한다.

심야와 주말 이메일에 대한 Vynamic의 금지에도 불구하고, 직원들은 업무 처리를 위해 필요에 따라 고객 및 동료들과 소통해야 한다. Calista는 이메일을 차단하고 직장으로부터 정신적인 연결을 해제하는 것이 직원들을 해방할 뿐만 아니라 직원이 숙면을 취할 수 있어 직원들의 생산성을 향상시킬 수 있다고 말한다. Vynamic 직원들은 Zamil 정책이 중요한 회사 이익이라는 것을 알고 있다. 지난 5년 동안 컨설턴트 중 회사를 떠난 인원은 10% 미만이었다.

모든 회사가 Vynamic에서 시작한 것과 같은 조직 통제를 구현할 도구를 가지고 있지도 않고 시간이 충분한 것도 아니다. 그러나 관리자와 직원들 모두 전자 이메일 문제를 관리하는 방법을 알고 있다. 다음의 조언은 조직의 모든 수준에 있는 전문가들에게 유용할 수 있다.

- 받은 편지함에서 받은 모든 메시지에 주의를 기울이지 않도록 알림을 끄시오.
- 하루에 세 번 이상 전자 메일을 확인하지 말고 근무 시간 중에서 특정 시간을 선택하여 메시지를 확인하시오.
- 3시간 이내에 동료의 정보가 필요하면 전자 메일 이외의 다른 통신 방법을 사용하시오. 예를 들어, 전화를 받고 정보를 요청하는 방법도 있다. 이렇게 되면 동료는 이메일 알림을 한 번 더 두려워하지 않고도 다른 작업을 할 수 있다.
- 간단하고 긴급한 메시지에 응답하시고 응답이 필요 없는 메시지 파일을 만들고 응답을 보내기 전에 더 많은 생각과 후속 조치가 필요한 메시지를 구분해 표시해 두시오.
- 하루가 끝나면 이메일 휴지통을 비우시오. 때로는 실수로 휴지통으로 처리한 이메일을 검색해야 할 수도 있으므로 마지막 날에 작업을 끝내시오.

통제시스템과 IT

통제시스템 관리자에게 조직의 전략과 구조가 얼마나 잘 작동하는지에 대한 정보를 제공하는 공식적인 목표 설정, 모니터링, 평가 및 피드백 시스템

통제시스템은 공동 목표 설정, 모니터링, 평가 및 피드백으로 구성된 시스템으로 관리자들에게 조직의 전략과 구조가 효율적이고 효과적으로 작동하는지 여부에 대한 정보를 제공한다. 효과적인 통제시스템은 무엇인가 잘못되었을 때 관리자에게 알리고 기회와 위협에 대처할 수 있는 시간을 준다. 효과적인 통제시스템은 세 가지 특성을 가지고 있다. 즉, 관리자가 예상치

못한 사건에 필요한 만큼 응답할 수 있도록 유연성을 제공하고 조직 성과에 대한 정확한 정보를 제공한다. 오래된 정보를 바탕으로 의사결정을 내리게 되면 실패가 따를 수 있기 때문에 회사는 관리자에게 정보를 적시에 제공할 필요가 있다. 새로운 형태의 IT는 통제시스템을 혁신적으로 변화시켜 조직의 위아래로, 그리고 기능과 부서간에 정확하고 시기적절한 정보의 흐름을 용이하게 만들었다.

오늘날 조직의 모든 수준에 있는 직원들은 회사의 정보시스템 또는 네트워크에 정보를 정기적으로 제공함으로써 조직의 다른 부분에서 의사결정에 영향을 미치는 일련의 활동을 시작한다. 소매점 직원은 구매한 스포츠웨어의 상품 태그를 스캔하여 상품 관리자에게 어떤 항목을 재정리해야 하는지 또는 영업 사원이 현장에서 모바일 장치를 사용하여 변화하는 고객의 요구 사항이나 필요에 대해 마케팅 부서에 알릴 수 있다.

피드포워드 통제 관리자가 문제가 발생하기 전에 이를 예상 할 수 있게 해주는 통제 기능

투입물을 완제품과 서비스로 전환하는 과정에서 각 단계의 성과를 측정하기 위해 통제 및 정보시스템이 개발된다(그림 8.1 참조). 입력 단계에서 관리자는 **피드포워드 통제(Feed-forward control)**를 사용하여 문제가 발생하기 전에 예측하여 문제가 변환 프로세스 중에 나중에 발생하지 않도록 한다. 예를 들어, 사전에 엄격한 제품 사양(성과 목표의 한 형태)을 요구함으로써 조직은 공급 업체로부터 받은 투입물의 품질을 통제할 수 있기 때문에 전환 과정에서 발생할 수 있는 문제를 피할 수 있다. 또한 기술을 사용하여 공급 업체와 계속 연락하고 진행 상황을 모니터링 할 수 있다. 마찬가지로, 구직 신청자를 선별하고, 이력서를 전자적으로 보고하고, 여러 인터뷰를 통해 가장 숙련된 사람들을 선택함으로써, 관리자는 필요한 기술이나 경험이 부족한 사람들을 고용할 가능성을 효과적으로 줄일 수 있다. 일반적으로 관리 정보시스템의 개발은 관리자에게 나중에 조직에 영향을 줄 수 있는 작업 및 일반 환경의 변경 사항에 대한 정보를 적시에 제공하는 피드포워드 통제를 촉진한다. 효과적인 관리자는 항상 문제를 예측하기 위해 외부 환경의 추세와 변화를 모니터링한다. (우리는 13장에서 경영정보시스템에 대해 자세히 논의할 것이다.)

그림 8.1
통제의 세가지 유형

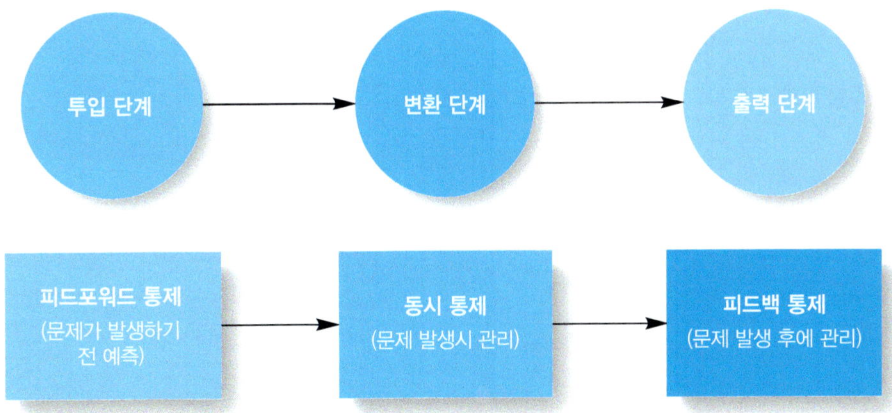

동시 통제 관리자가 입력이 출력으로 얼마나 효율적으로 변환되는지 즉각적인 피드백을 제공하여 관리자가 문제가 발생할 때 이를 바로 잡을 수 있도록 하는 통제를 의미

변환 단계에서, **동시 통제(concurrent control)**는 관리자가 입력이 출력으로 얼마나 효율적으로 변환되는지 즉각적인 피드백을 제공하므로 관리자는 문제가 발생할 때 이를 수정할 수 있다. IT를 통한 동시 통제는 관리자에게 문제의 원인이 무엇이든 즉, 결함이 있는 투입 단위이든, 아니면 정렬이 잘못된 기계 혹은 작업을 효율적으로 수행하는 데 필요한 기술이 부족한 작업자이든 상관없이 신속하게 대응할 것을 경고한다. 동시 통제는 품질을 향상시키는 프로그램의 핵심이며, 생산자가 생산 과정의 모든 단계에서 제공하는 제품이나 서비스 품질을 지속적으로 모니터링하고 문제를 발견하자마자 관리자에게 보고할 것으로 기대된다. 예를 들어, 도요타 생산 시스템의 강점 중의 하나는 개별 근로자가 품질 문제를 발견할 때마다 조립 라인을 멈추기 위해 버튼을 누를 수 있는 권한을 가지고 있다는 것이다. 모든 문제가 해결되면 결과가 훨씬 더 안정적으로 완성된다.

피드백 통제 관리자에게 상품 및 서비스에 대한 고객의 반응에 대한 정보를 제공하여 필요한 경우 수정 작업을 수행할 수 있는 통제를 의미

출력 단계에서 관리자는 **피드백 통제(feedback control)**를 사용하여 고객의 제품 및 서비스 반응에 대한 정보를 제공하므로 필요한 경우 수정 조치를 취할 수 있다. 예를 들어, 고객의 반환 횟수를 모니터링 하는 피드백 통제시스템은 결함이 있는 제품이 생산될 때 관리자에게 알리고 다른 제품의 상대적 판매 증가 또는 감소를 측정하는 경영정보시스템(MIS)을 통해 고객 취향의 변화에 대해 관리자에게 경고하여 특정 제품의 생산을 늘리거나 줄일 수 있다.

통제 프로세스

학습목표 8-2

통제 프로세스의 네 단계를 기술하고 시간 경과에 따른 작동 방식을 설명

통제 프로세스는 입력, 변환, 혹은 산출 단계에 있는지에 따라 성과 표준 설정, 성과 측정, 비교 및 평가의 4단계로 나눌 수 있다(그림 8.2 참조).

- Step 1: 성과 기준들, 목표들, 혹은 성과가 평가되는 타겟을 정하시오.

1단계에서 통제 프로세스 관리자는 나중에 전체 조직 또는 부서의 성과(예: 부서, 기능 또는 개인)를 평가하기 위해 사용할 성능, 목표 또는 목표의 표준을 결정한다. 관리자가 선택한

그림 8.2
네 단계 조직 통제 프로세스

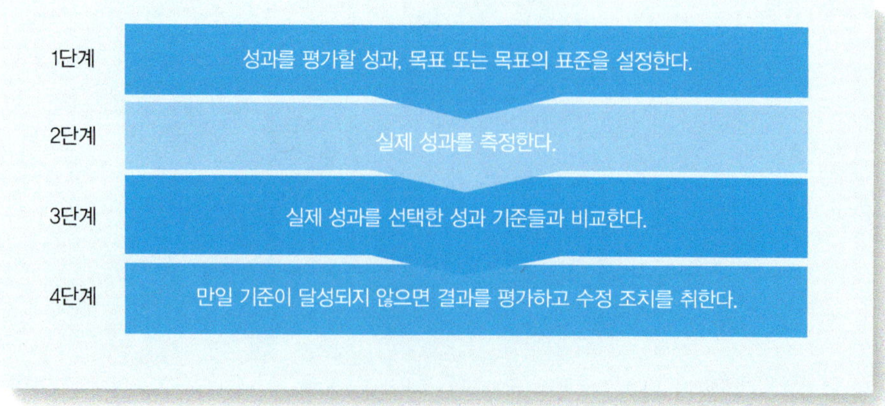

성과 기준은 효율성, 품질, 고객에 대한 반응 및 혁신을 측정한다. 예를 들어, 관리자가 저비용 전략을 추구하기로 결정하면 조직의 모든 수준에서 효율성을 측정해야 한다.

기업 차원에서 효율을 측정하는 성과 표준은 운영 비용, 즉 모든 종업원 관련 비용을 포함하여 제품과 서비스 생산과 관련된 실제 비용이다. 최고경영자는 효율성을 높이기 위해 향후 3년간 운영 비용을 10% 줄이는 목표를 세울 수 있다. 그런 다음 기업의 관리자는 부서 관리자가 각 부서 내에서 운영 비용을 절감할 수 있는 능력을 평가할 수 있으며 부서 관리자는 기능 관리자에게 비용절감 목표를 설정할 수 있다. 따라서 한 수준에서 선정된 성과 기준은 다른 수준의 성과 기준에 영향을 미치고 궁극적으로 개별 관리자의 성과는 비용절감 능력 측면에서 평가된다.

조직의 관리자가 효율성, 품질 등을 평가하는 데 사용하는 표준 또는 성능 지표의 수는 수천 또는 수십만에 달할 수 있다. 각 수준의 관리자는 자신이 책임을 지고 있는 부분이 얼마나 잘 수행되고 있는지 평가할 수 있는 기준을 선정해야 한다. 관리자는 경쟁우위의 네 가지 기본 요소를 모두 갖추고 그들이 얼마나 잘 수행하고 있는지 평가할 수 있는 성과 기준을 신중하게 선택해야 한다. 만일 관리자가 효율성과 같은 단 하나의 표준에만 초점을 맞추고 다른 고객을 무시하면(고객이 실제로 원하는 것을 결정하고 이를 만족시키기 위해 새로운 제품 라인을 혁신하는 것과 같은) 관리자가 기업의 성과에 해를 끼칠 수도 있다.

- Step 2: 실제 성과 측정

일단 관리자가 성과를 평가하는 데 사용할 기준 또는 대상을 결정하면 통제 프로세스의 다음 단계는 실제 성과를 측정하는 것이다. 실제로 관리자는 두 가지 (1) 구성원의 행동으로 인한 실제 **결과물**과 (2) **행위들**(이 장에서 사용된 **산출 통제** 및 **행동 통제**라는 용어)을 측정하거나 평가할 수 있다.

때로는 관리자들이 산출과 행동 모두를 쉽게 측정 할 수 있다. 예를 들어, 직원이 일상적인 작업을 수행하고 있기 때문에 패스트푸드 식당에서는 결과를 측정하고 행동을 평가하는 것이 상대적으로 쉽다. Home Depot의 관리자는 산출 통제를 사용하여 재고가 매장에서 얼마나 소진되는지를 측정한다. 마찬가지로 패스트푸드 레스토랑의 관리자는 직원 수, 서빙에 걸리는 시간 및 각 고객이 소비하는 돈을 계산하여 결과를 쉽게 측정할 수 있다. 관리자는 각 직원의 행동을 쉽게 관찰하고 발생할 수 있는 문제를 신속하게 해결할 수 있다.

조직과 구성원이 본질적으로 측정하기 어려운 복잡한 일상적이지 않은 활동을 수행할 때 관리자가 산출물이나 행동을 측정하는 것이 더 어려워진다. 예를 들어, Intel, Apple, Microsoft 또는 Google의 연구개발부서의 관리자는 성과를 측정하거나 개별 구성원의 성과를 평가하는 것이 어렵다. 그 이유는 엔지니어들과 과학자들이 신제품을 개발할 때 수익성이 있다는 것을 밝히려면 많은 기간이 필요하기 때문이다. 또한 관리자가 엔지니어 또는 과학자들의 행동을 보고 얼마나 창의적인지 측정하는 것도 불가능하다.

일반적으로 일상적이지 않은 복잡한 활동이 많을수록 관리자가 결과물이나 행동을 측정하는 것이 더 어려워진다. 하지만 산출물은 일반적으로 행동보다 측정하기가 쉽다. 왜냐하면 보다 실체적이고 객관적이기 때문이다. 따라서 관리자가 사용하는 첫 번째 종류의 성과 측정은 산출물을 측정하는 것이다. 그 다음에 관리자는 모든 수준의 직원이 조직의 목표를 향해 노력하고 있는지 판단하기 위해 행동을 평가할 수 있는 성능 측정 또는 표준을 개발한다. 간단한 행동 측정에는 (1) 직원이 정시에 근무하는지 여부, (2) 직원이 고객에 대한 인사말 및 제공 규칙을 일관되게 따르는지 여부가 있다. 다양한 유형의 산출물 및 행동 통제와 기업, 부서, 기능 및 개인과 같은 다양한 조직 수준에서 이들이 어떻게 사용되는지는 나중에 자세히 설명하고자 한다.

- Step 3: 실제 성과를 주어진 성과 기준들과 비교하라.

3단계에서 관리자는 1단계에서 선택한 성과 표준을 벗어났는지 여부를 평가한다. 성과가 예상보다 높으면 관리자가 성과 표준을 너무 낮게 설정했기 때문에 나타난 결과일 수도 있고 다음 기간에 그들의 부하들에게 도전하도록 이 수치를 높일 수도 있다. 성공적인 기업의 관리자는 성과 표준을 지속적으로 높여 관리자와 근로자가 비용을 줄이거나 품질을 향상시킬 수 있는 새로운 방법을 찾을 수 있도록 부하직원들을 동기부여함으로써 제조 환경에서 성과를 향상시키는 것은 잘 알려져 있다.

그러나 성과가 너무 낮고 기준에 도달하지 못하거나 직원이 달성할 수 없을 정도로 기준이 높게 설정되면 관리자는 시정조치를 취할지 여부를 결정해야 한다. 높은 노동 비용과 같이 성과 저하의 원인을 파악할 수 있는 경우에는 잘못된 부분을 시정하기 어렵지 않다. 비용을 줄이기 위해 관리자는 저렴한 해외 공급업체를 검색하거나 기술에 더 투자하거나 부서 간 기능 팀을 구현할 수 있다. 그러나 빈번한 성과 저하의 원인을 식별하기는 더 어렵다. 새로운 글로벌 경쟁자의 출현, 경기 침체 또는 금리 인상과 같은 환경의 변화가 문제의 원천이 될 수 있다. 조직 내에서 R&D 기능은 신제품을 개발할 때 발생할 수 있는 문제 또는 예기치 않은 연구를 수행하는 데 드는 추가 비용이 과소 평가되었을 수 있다. 관리자가 어떤 형태의 시정 조치를 취하려 한다면 4단계를 필요로 한다.

- Step 4: 결과를 평가하고 기준이 달성되지 않았다면 결과를 평가하고 수정 조치를 취하라(즉, 변경하라).

통제 프로세스의 마지막 단계는 결과를 평가하고 적절하게 변경하는 것이다. 성과 기준의 충족 여부와 관계없이 관리자는 이 단계에서 많은 것을 배울 수 있다. 관리자가 수행 수준을 수용할 수 없다고 판단하면 문제를 해결하기 위해 업무 활동을 수행하는 방법을 변경해야 한다. 작업 기준이 너무 높았기 때문에 성과 달성에 문제가 발생하는 경우가 있다. 예를 들어 영업 목표가 너무 낙관적이고 성취 불가능한 경우에는 보다 현실적인 기준을 채택하면 실제 성능과 원하는 성능 사이의 차이를 줄일 수 있다.

그러나 관리자가 문제의 원인이 무엇인지 확인했다면 성과를 높이기 위해서는 자원 사용 또는 공유 방식을 변경해야 한다. 아마도 최신 기술이 사용되지 않을 수도 있고 높은 수준의 수행에 필요한 고급 훈련이 부족할 수 있다. 아마도 조직은 저비용 구조를 가진 경쟁자와 경쟁하기 위해 해외에서 원재료를 구매하거나 제품을 조립해야 할 수도 있고 효율성을 높이기 위해 업무 프로세스를 재구성해야 할 수도 있다.

통제시스템의 가장 간단한 예는 가정의 온도 조절기이다. 온도 조절기를 설정함으로써 실제 온도를 비교할 수 있는 성능 기준을 설정한다. 온도 조절기에는 실제 온도를 원하는 온도와 비교하여 측정하는 감지 또는 모니터링 장치가 있다. 그들 사이에 차이가 있을 때마다 공조 장치가 활성화되어 온도를 다시 표준으로 되돌리게 된다. 즉, 시정 조치가 시작된다. 이것은 간단한 통제시스템이다: 그것은 완전히 자동적이며, 목표(온도)는 측정하기 쉽다.

높은 불확실성이 있는 조직 환경에서는 관리자가 미래에 일어날 일을 거의 알지 못하기 때문에 목표를 설정하고 측정 시스템을 설계하는 것이 훨씬 더 어렵다. 따라서 관리자가 문제에 신속하게 대처할 수 있도록 통제시스템을 설계하여 위협을 받기 전에 처리할 수 있어야 한다. 또 다른 문제점은 관리자가 조직의 성과를 사전에 결정된 표준으로 끌어올리는 것에 관심이 없을 수 있다는 것이다: 그들은 표준을 높여 모든 수준의 직원들이 성과를 올릴 수 있는 새로운 방법을 찾을 수 있기를 희망한다. 2015년 미국 법무부는 124명의 사망자를 낸 점화 스위치 결함으로 GM에 9억 3500만 달러의 벌금을 부과했다. 또한 GM은 민사소송을 해결하기 위해 5억 7500만 달러 이상을 지불했으며 결함이 있는 스위치가 포함된 수백만 대의 자동차를 수리하기 위한 추가 자금을 조달해야만 했다. 그 전까지 GM 직원들이 10년 동안 결함을 감추기 위해 지출한 금융 비용은 23억 달러를 초과했다.

다음 장에서는 관리자가 직원을 조정하고 동기부여하여 우수한 효율, 품질, 혁신 및 고객에 대한 반응을 이끌어내는 세가지 통제 방식을 고려할 것이다: 산출 통제, 행동 통제 및 클랜 통제(그림 8.3 참조). 조직 구조가 무엇이든 관리자들은 조직 활동을 형성, 규제 및 통제하기 위해 이 세 가지를 모두 사용한다.

그림 8.3
세가지 조직 통제시스템

통제의 유형	통제 매커니즘
산출 통제	성과의 재무적 측정 조직의 목표들 운영 예산
행위 통제	직접적 감독 목표에 의한 관리(MBO) 규칙과 표준화된 운영 절차(SOPs)
조직 문화/클랜 통제	가치 규범 사회화

산출 통제

학습목표 8-3

주요 산출 통제를 확인하고, 직원의 조정 및 동기 부여 수단으로의 장단점을 논의하시오.

모든 관리자는 조직의 산출 통제시스템을 개발한다. 첫째, 고객은 효율, 품질, 혁신 및 고객 응대 정도를 가장 잘 측정 할 수 있는 목표 또는 산출 성과 기준 혹은 목표를 선택한다. 그런 다음 조직의 부서, 기능 및 개인 직원 수준에서 성과 목표 및 기준이 달성되고 있는지를 측정한다. 관리자가 산출물 또는 성과를 평가하는 데 사용하는 세 가지 기본 메커니즘은 재무 측정, 조직 목표 및 운영 예산이다.

성과의 재무적 측정치

최고 경영자는 전반적인 조직 성과에 가장 관심을 갖고 이를 평가하기 위해 다양한 재무 측정치를 사용한다. 가장 일반적인 것은 이익 비율, 유동성 비율, 레버리지 비율 및 활동 비율이다. 이것들은 여기서 논의되고 표 8.1에 요약되어 있다.

- **이익 비율**은 관리자가 조직의 자원을 사용하여 이익을 창출하는 방법을 측정한다. 세금 전의 조직의 순이익을 자산 총액으로 나눈 투자수익률(ROI)은 한 조직의 관리자가 다른 조직의 성과와 성능을 비교할 수 있게 해주기 때문에 가장 일반적으로 사용되는 재무성과 측정 방법이다. 투자수익률을 통해 관리자는 조직의 경쟁우위를 평가할 수 있다. 영업 이익은 판매 수익을 기준으로 회사의 영업 이익(제품을 제조하고 사업을 운영하는데 드는 모든 비용을 차감한 금액)을 나누어 계산한다. 이 측정치는 조직이 자원을 얼마나 효율적으로 사용하고 있는지를 관리자에게 알려준다. 예를 들어, 비용 절감을 위한 모든 성공적인 시도는 영업 이익의 증가에 반영된다. 또한 영업이익률은 1년 실적을 다른 것으로 비교하는 수단이다. 예를 들어, 관리자가 영업이익률이 1년간 5% 향상되었다고 판단하면 조직의 경쟁우위를 확보하고 있음을 알 수 있다.
- **유동성 비율**은 관리자가 단기 부채를 상환하기 위해 조직의 자원을 얼마나 잘 관리했는지를 측정한다. **유동 비율**(유동 자산을 유동 부채로 나눈 값)은 관리자에게 단기 채권자의 청구를 충족 할 수 있는 자원이 있는지 여부를 알려준다. 당좌 비율은 재고자산을 판매하지 않고 이러한 청구에 대해 지불할 수 있는지 여부를 보여준다.
- **부채 비율**과 **시간 보상 비율**과 같은 **레버리지 비율**은 관리자가 진행 중인 작업에 자금을 제공하기 위해 부채(차입) 또는 자본(신주 발행) 정도를 측정한다. 지분보다 부채를 많이 사용하는 조직은 레버리지가 높다. 급여가 자신의 신용카드 대금을 갚기에 부족한 경우와 같이 순 수입이나 이익이 부채 따른 이자를 커버하지 못하면 부채 사용은 위험할 수 있다.
- **활동성 비율**은 관리자가 조직의 자산으로부터 부가가치를 창출하는 방법을 보여준다. **재고자산 회전율**은 관리자가 재고자산을 얼마나 효율적으로 전환하여 초과 재고를 남기지 않는지를 측정한다. **미결제 판매 일**은 관리자가 비용을 지불하기 위해 고객으로부터 수익을 얼마나 효율적으로 거둬들이는지를 보여준다.

표 8.1 재무 성과의 네 가지 측정들

이익 비율(Profit Ratios)		
투자수익률(ROI)	= $\frac{\text{세금 차감전 순이익}}{\text{총 자산}}$	관리자가 조직 자원을 사용하여 얼마나 잘 이익을 창출하는지를 측정하는 비율
영업 마진	= $\frac{\text{총 영업이익}}{\text{판매 수익}}$	회사가 판매에 대해 얼마나 많은 이윤을 얻었는지를 측정하는 비율. 이 비율이 높을수록 회사는 제품을 생산하고 판매하기 위해 자원을 더 잘 사용한다고 볼 수 있다.
유동성 비율(Liquidity Ratios)		
유동 비율	= $\frac{\text{유동 자산}}{\text{유동 부채}}$	관리자는 단기 채권자의 요구를 충족시킬 수 있는 현금화 가능한 자원을 얼마나 가지고 있는가?
당좌 비율	= $\frac{\text{(유동 자산 − 재고 자산)}}{\text{유동 부채}}$	관리자가 재고를 판매하지 않고 단기 채권자의 클레임을 상환할 수 있는가?
레버리지 비율(Leverage Ratios)		
(자산 대) 부채 비율	= $\frac{\text{총 부채}}{\text{총 자산}}$	관리자는 투자 자금을 조달하기 위해 빌린 자금을 어느 정도까지 사용했는가?
시간 보상 비율	= $\frac{\text{이자 및 세금 전 이익}}{\text{총 이자 비용}}$	관리자가 이자 비용을 충당하기 전에 이익이 얼마나 떨어질 수 있는지 측정한다. 이 비율이 1 미만으로 떨어지면 기술적으로 문제가 없다.
활동성 비율(Activity Ratios)		
시간 보상 비율	= $\frac{\text{판매된 제품 비용}}{\text{재고 자산}}$	과잉 재고가 누적되지 않도록 관리자가 재고를 얼마나 효율적으로 전환하고 있는지 측정한다.
미결제 판매 일	= $\frac{\text{현재 매출 미수금}}{\text{기간별 판매를 기간별 일수로 나눈 값}}$	관리자가 비용을 지불하기 위해 고객으로부터 수익을 얼마나 효율적으로 수집하고 있는지 측정한다.

성과에 대한 재무적 측정치가 가지고 있는 객관성 때문에 많은 관리자들이 조직의 효율과 효과를 평가하기 위해 재무적 측정치를 사용하고 있다. 조직이 투자수익률(ROI), 수익 또는 주가 목표와 같은 성과 기준을 충족시키지 못하면 수정 조치를 취해야 함을 관리자는 알고있다. 따라서 재무 통제는 관리자에게 기업의 재편이 필요할 때, 부서를 해체하고 사업을 종료할 때 또는 기업 차원의 전략을 재고해야 할 때를 알려준다. 취업 지원자는 계량적인 기술 외에도 문제해결 능력과 함께 현재 직장에서 팀원이 될 수 있는 능력도 필요하다. 이는 "Management Insight" 기능에 설명되어 있다. 재무 정보는 중요한 산출 통제이지만 재무 정보만으로 관리자에게 경쟁우위의 네 가지 기본 요소로 알아야 할 모든 것을 표시하지는 않는다. 재무 결과는 관리자의 선택에 따른 결과를 알려준다. 하지만 이 지표들은 미래에 경쟁우위를 구축할 수 있는 새로운 기회를 모색하는 방법을 관리자들에게 알려주지는 않는다. 미래 지향적 접근 방식을 장려하기 위해 최고경영자는 중간 및 1차 관리자들이 효율, 품질, 혁신 및 고객에 잘 반응할 수 있도록 조직 목표를 수립해야 한다.

Managing Ethically [학습목표 8-4, 8-5]

일부 관리자와 조직은 직원의 행동을 모니터링하기 위해 많은 시간을 투자하고 직원의 행동과 성과에 대한 광범위한 기록을 유지한다. 일부 조직은 또한 직원이 특정 방식으로 행동하게 하는 규범과 가치를 가지고 있는 것 같다.

질문

1. 혼자 또는 집단으로 조직의 직원 모니터링 및 정보 수집의 윤리적 영향에 대해 생각하십시오. 수집하는데 있어 윤리적이거나 비윤리적인 정보는 무엇인가? 왜 관리자와 조직은 그 정보를 수집하려는 부하 직원에게 정보를 제공해야 하는가?
2. 마찬가지로 특정 조직의 문화는 구성원이 비윤리적인 방식으로 행동하게 하는 규범과 가치를 개발하는 것으로 보인다. 고성과를 장려하는 강력한 규범은 언제 그리고 왜 사람들이 비윤리적으로 행동할 수 있는 기준이 되는가? 조직은 어떻게 가치와 규범이 "너무 강해지지" 않게 할 수 있을까?

Small Group Breakout Exercise [학습목표 8-3, 8-4, 8-5]

영업 인력을 가장 잘 관리하는 방법은 무엇일까?

3~4명으로 팀을 구성하고 과제를 발표할 팀장을 임명한 다음 시나리오에 따라 토론하시오.

당신은 전국의 공급 센터 구축에 고품질의 창문과 문을 공급하는 조직의 지역 영업 관리자이다. 지난 3년 동안 매출 성장률이 감소했다. 영업 사원이 업무를 보다 쉽게하기 위해 주로 대규모 고객 계정을 처리하고 소규모 계정을 무시한다는 증거가 증가하고 있다. 또한 영업 사원은 고객 질문 및 불만 사항을 신속하게 처리하지 않으므로 이러한 부주의로 인해 애프터서비스가 중단되었다. 이러한 문제에 대해 이야기했으며, 판매량과 고객 서비스 품질을 모두 높이기 위한 통제시스템을 설계하기 위해 회의 중이다.

1. 영업 사원이 이러한 목표를 달성하도록 동기를 부여 할 수 있는 통제시스템을 설계하시오.
2. 이 디자인에서 (a) 산출 통제, (b) 행동 통제 및 (c) 조직 문화에 대해 어떤 상대적인 중요성이 있는가?

Be the Manager [학습목표 8-1, 8-6]

회사의 CEO로부터 웹 디자인 및 웹 호스팅 전문가 및 프로그래머 팀의 성능을 개선 시킬 수 있는 방법을 찾도록 요청했다. 각 팀은 웹 사이트 제작의 다른 측면에서 작업하며 자체 성능의 품질을 담당하지만 다른 팀의 성능에 따라 그들의 성능도 달라진다. 당신의 임무는 각 팀의 성과를 개별적으로 높이고 팀간 협력을 촉진하는 데 도움이 되는 통제시스템을 만드는 것이다. 이것은 자동차의 다른 부분이 서로 맞아야 하는 것처럼 다양한 프로젝트가 연결되어 서로 영향을 미치기 때문에 필요하다. 웹 사이트 제작 시장에서의 경쟁이 치열하기 때문에 각 웹 사이트는 가능한 한 빨리 운영되고 실행되어야 하며 웹 사이트 소프트웨어 기술의 모든 최신 기술을 통합해야 한다.

질문

1. 팀 내 및 팀간에 긍정적인 상호 작용을 가장 잘 수행할 수 있는 산출 통제의 종류는 무엇인가?
2. 팀 내 및 팀간에 긍정적인 상호작용을 가장 잘 수행할 수 있는 행동 통제 유형은 무엇인가?
3. 팀 성과를 높이기 위해 관리자가 문화를 개발하도록 어떻게 도울 것인가?

Bloomberg Case in the News [학습목표 8-1, 8-2, 8-3, 8-4, 8-5]

CEO를 위한 스타벅스 사업의 판매 우선 순위 재작성

저자: Leslie Patton

이번 달에 취직한 스타벅스 신임 대표는 허니문 기간이 길지 않았다. 금요일 분기 별 매출이 분석가의 추정치를 놓친 후 주가는 3.8%나 하락했다.

시애틀에 본사를 둔 회사는 지난 분기 같은 매장 판매(핵심 벤치 마크)가 3% 증가했다고 밝혔다. Consensus Metrix의 여론 조사결과 3.6% 증가할 것으로 예상했다. 회사는 또한 올해의 수입 예측치를 낮추었다.

이 결과는 케빈 존슨(Kevin Johnson) 최고 영업 책임자에게 맡겨 판매를 재개할 계획을 갖고있는 투자자들, 특히 더 저렴한 라이벌이 회사의 시장점유율을 목표로 하는 투자자들을 안심시키게 한다. McDonald's Corp.는 올해 $1 및 $2 음료 스페셜을 광고하고 있으며 Dunkin' Donuts 로열티 프로그램은 더 많은 전환자를 끌어들이고 있다.

블룸버그 인텔리전스(Bloomberg Intelligence)의 애널리스트인 제니퍼 바르타수스(Jennifer Bartashus)는 "미국의 판매 성장 둔화가 새로운 표준이 될 것으로 보인다. "많은 경쟁이 있다." 고 언급했다.

스타벅스는 매우 유명한 모바일 주문 기술로 인해 어려움을 겪었다. 더 많은 고객이 플랫폼을 수용함에 따라 카페 내에서 교통 체증이 발생했다. 스타벅스는 올해 초에 이 문제가 실적에 악영향을 미칠 것이라고 경고했다.

Bartashus는 "1분기 만에 모바일 관련 트래픽 문제를 해결할 수 없었던 것은 놀라운 일이 아닙니다. "그러한 유형의 운영 분석 및 변경에는 시간이 걸립니다."

스타벅스는 뉴욕 거래소에서 58.99달러로 3개월 만에 가장 큰 주가 하락을 보였다. 목요일 마감일까지 올해 주가는 Standard & Poor's 500지수보다 6.7% 증가한 10%를 기록했다.

2분기 회계연도 4월 2일로 마감된 55억 달러의 수익을 기록했다. 이는 분석가들이 예측한 54억 2천만 달러에 미치지 못했다. 일부 품목을 제외하고 이익은 주당 45센트였다. 분석가의 추정치와 일치했다.

Asia Sales

스타벅스는 미래의 핵심으로 여겨지는 중국 아시아 태평양 지역을 포함한 모든 주요 지역에서 분석가의 예측을 벗어났다. 전 세계 동일 매장 판매량은 4.7%에 비해 지난 분기 3% 증가했다.

미주 지역에서 또한 3% 증가하여 3.5% 전망을 벗어났다. 유럽, 중동 및 아프리카에서는 판매가 1% 감소했다. 분석가는 0.2% 증가를 기대하고 있었다.

Earnings Forecast

분석가들과의 전화 회의에서 스타벅스는 한 자리 수의 연간 비교 판매 목표를 달성 할 수 있다고 말했다. 회사는 4월부터 성장이 가속화되고 있다고 말했다. 그러나 일부 항목을 제외하고 올해 수입은 $2.08에서 $2.12로 이전 예측에서 $2.14로 떨어질 것이다. 수익은 8%에서 10%로 증가할 것이다.

스타벅스는 또한 티바나 몰 기반 매장의 일부 판매가 감소하고 있다고 밝혔다. 일부 지역에서는 전략적 옵션을 추구하고 있다.

오랜 기술 경영자인 Johnson은 스타벅스를 다음 세대로 이어가는 책임을 맡은 하워드 슐츠(Howard Schultz)에게 CEO 직무를 맡겼다.

63세의 슐츠가 회장직을 유지하면서 비즈니스에 연속성을 제공하였지만, 리더십 변화는 투자자들을 불안하게 만들었다. 작년에 Johnson의 약속이 처음 발표되었을 때 뉴스는 주식을 등락하게 만들었다.

국내적으로 스타벅스는 점심 메뉴 선택을 개선하려고 노력해 왔다. 이달 초 이 체인은 시카고의 약 100곳에서 Mercato라고 불리는 새로운 샌드위치 및 샐러드 라인을 제공하기 시작했다. 테이크 아웃 음식은 매일 주방 밖에서 신선하게 만들어진다.

스타벅스는 새로운 점심 품목을 출시할 계획을 가속화하고 있다고 목요일에 밝혔다.

그러나 모바일 주문으로 인해 노력이 지속되기 어려웠다. 스캇 메이(Scott Maw) 최고 재무 책임자는 인터뷰에서 과자류를 주문하는데 성공하지 못해서 픽업 카운터에서 혼잡을 유발한다고 말했다.

"조금 더 나아졌지만 여전히 개선 중입니다."라고 그는 말했다. "주문을 능률화하기 위해 회사는 직원을 재교육하고 터치 스크린 태블릿을 추가하고 있습니다. 또한 주문 속도를 높이기 위해 가장 바쁜 지역에 직원을 추가한다는 아이디어도 테스트 중입니다."라고 그는 말했다.

토론을 위한 질문

1. 모바일 주문 앱을 도입 할 때 스타벅스의 통제시스템이 실패했다고 보여지는가? 그 이유는 무엇인가?
2. 스타벅스의 Mercato 비즈니스와 관련된 조직 통제 프로세스를 설명하시오.
3. 모바일 주문 앱이 일상적인 비즈니스 및 전체 상점 성과 측면에서 점포 관리자와 직원에게 어려운 이유를 설명하시오.
4. 하워드 슐츠가 CEO 직무를 인수 한 후, 새로운 스타벅스 CEO가 조직 문화 측면에서 어떤 어려움에 직면하게 되었다고 생각합니까?

Leslie Patton, "Reigniting Starbucks' Sales First Order of Business for CEO," *Bloomberg Markets*, April 27, 2017. Used with permission.

제 5 부

9 동기부여

학습목표

이 장을 학습한 후, 다음 내용에 답할 수 있어야 한다.

학습목표 9-1 동기부여가 무엇이며 왜 관리자들이 동기부여에 관심을 기울여야 하는지 설명할 수 있다.

학습목표 9-2 기대이론, 공정성 이론의 관점에서 관리자들이 구성원들을 강하게 동기부여 하기 위해 무엇을 해야 하는지를 설명할 수 있다.

학습목표 9-3 목표와 욕구가 어떻게 사람들을 동기부여 시키는지 그리고 어떤 목표가 높은 성과 결과로 나타나는지를 설명할 수 있다.

학습목표 9-4 관리자들이 작동적 조건화 이론과 사회적 학습이론을 통해 배울 수 있는 동기부여의 교훈을 파악할 수 있다.

학습목표 9-5 왜 그리고 어떻게 관리자들이 임금을 강한 동기부여 도구로 활용하는지를 설명할 수 있다.

거의 모든 신입직원이 참여하는 엔터프라이즈 관리 교육 프로그램을 통해 새로 채용된 사람들은 훌륭한 고객 서비스 제공방법을 포함한 회사 비즈니스의 모든 측면을 배우게 된다. 이러한 전략은 엔터프라이즈가 구성원들을 강하게 동기부여하는데 도움을 준다. ©Carlos Osorio/AP Images

MANAGEMENT SNAPSHOT

엔터프라이즈에서 강한 동기부여

관리자들은 어떻게 구성원들이 우수한 고객서비스를 제공하기 위한 동기부여를 장려하고 유지할 수 있는가?

엔터프라이즈 렌터카(Enter Enterprise Rent-A-Car)는 1957년 미주리주(Missouri) 세인트루이스(St. Louis)에서 잭 테일러에 의해 설립된 작은 자동차 임대 업체였다. 오늘날 엔터프라이즈 지주회사(holdings)는 엔터프라이즈 렌터카를 소유, 운영하고 있으며 내셔널 카렌탈, 알라모 렌트 A카를 포함하여 209억 달러 이상의 매출과 9만 7천 명의 구성원을 보유한 세계 최대의 자동차 렌터카 회사이다. 미국에서 대졸 신입사원을 가장 많이 채용하는 엔터프라이즈는 매년 8,000명 이상의 대졸자를 채용한다. 초봉은 낮은 편이며 일은 힘들 수 있지만, 블룸버그 비즈니스 위크지(Businessweek magazine)에 의하면 대졸 신입사원들이 경력을 시작하는 기업체들 중 상위 50위권 안에 들었다.

가족기업인 엔터프라이즈 지주회사는 전체 회사 역사에서 보면 현재 은퇴한 창업자 잭 테일러, 1991년부터 2013년까지 CEO로 재직하며 회장직을 맡았던 그의 아들 앤드류 테일러, 그리고 가족이 아닌 최초의 CEO 파멜라 니콜슨 등 3명의 CEO만이 있었다. 전 직장 경력을 엔터프라이즈와 함께 해 온 니콜슨은 대학을 졸업한 이후 경영연수생(management trainee)으로 입사했다. 엔터프라이즈의 승진정책은 성과가 좋은 구성원들이 회사에서 더 높은 직급으로 승진할 수 있는 기회를 보장한다.

엔터프라이즈 성공의 열쇠 중 하나는 구성원들에게 우수한 고객 서비스를 제공하도록 동기를 부여하는 방법에 있다. 실제로 모든 신입직원은 엔터프라이즈 관리 교육 프로그램에 참여한다. 프로그램의 일환으로 신입직원들은 회사 비즈니스의 모든 측면과 우수한 고객 서비스를 제공하는 방법을 배운다. 경영연수생들은 우선 기업문화를 중심으로 4일간의 교육을 받는다. 그런 다음 8개월에서 12개월 정도 각 지사에 배정되는데, 이곳에서 그들은 바디샵과의 세차에 대한 협상에 이르기까지 사업의 모든 측면을 배운다. 이러한 교육을 통해 신입직원들은 엔터프라이즈에서 고품질 고객 서비스가 얼마나 중요한지, 그리고 그들이 개인적으로 어떻게 훌륭한 서비스를 제공할 수 있는지 배움으로써 그들의 신뢰도를 높인다.

교육 프로그램에서 뛰어난 결과를 만든 사람들은 약 1년 후에 모두 경영 보조(management assistant)로 승진한다. 높은 성과를 낸 경영보조는 구성원 멘토링과 감독을 책임지는 지점장 보조(assistant branch manager)로 승진한다. 또한 높은 성과의 지점장 보조는 지점 구성원관리, 고객서비스 제공, 렌터카 연합 및 재무실적 등을 담당하는 지점장으로 승진할 수 있다. 5년 정도의 경력을 가진 지점장들은 종종 본사에서 관리직을 맡거나 지역 책임자를 맡아 지역의 모든 지점을 감독한다. 모든 신입직원을 대상으로 한 우수한 고객 서비스의 제공을 포함한 모든 비즈니스 측면에 대한 교육은 신입사직들에게 책임과 임파워먼트의 수준을 향상시키는 가치 있는 경험의 제공 및 높은 성과를 창출하면 회사에서 승진할 기회를 가질 수 있도록 하여 강하게 동기부여된 구성원들을 개발할 수 있었다. 패트릭 패럴(Patrick Farrell) 기업 커뮤니케이션 부사장은 "우리 회사의 독특한 점은 모든 사람들이 같은 시스템을 통해, CEO부터 구성원들까지…100%의 운영 인력이 경영연수생으로 시작했다는 것이다."라고 지적하였다.

엔터프라이즈에서는 교육과 승진 기회를 통해 높은 성과와 우수한 고객 서비스 제공에 대한 동기를 부여할 뿐만 아니라 동기부여를 위해서 재무적 인센티브를 활용한다. 본질적으로 각 지점은 이익센터로 간주되며, 지점들을 감독하는 관리자와 지점장은 거의 마치 지점이 자신의 소기업이나 체인점인 것처럼 지점의 수익성에 대한 자율성과 책임을 갖는다. 부지점장들의 월 급여는 지점의 수익성에 따라 달라지는 인센티브 보상을 받는다. 지역 관리자와 같은 상위 직급의 관리자들은 그들이 감독하는 지역의 수익성과 연계된 급여를 받는다. 모든 관리자들은 그들의 급여가 자신이 책임지고 있는 엔터프라이즈 부분의 수익성과 연계되어 있다는 것을 알고 있다. 그리고 그들은 자동차를 사고 파는 것에서부터 새로운 지점을 여는 것까지 다양한 결정을 내릴 수 있는 자율권을 가지고 있다.

엔터프라이즈에서 고품질의 고객 서비스 제공은 핵심 요소이다. 대표적 서비스로는 가정이나 직장에서 차를 빌리려는 고객을 태워(pick up) 지점으로 오는 것과 렌터카를 반납하면 고객이 원하는 곳에 내려주는(dropping) 것이 오랜 관행이다. 엔터프라이즈는 고품질 고객 서비스 제공을 지점이 얼마나 잘 하고 있는지 지속적으로 살펴보기 위해 엔터프라이즈 서비스 품질지수(ESQi)를 개발했다. ESQi는 엔터프라이즈에서 자동차를 렌트한 경험 고객 15명 중 1명에게 걸려오는 전화를 기반으로 한다. 고객들은 기본적으로 그들이 렌트 경험에 얼마나 만족했는지 그리고 다시 엔터프라이즈로부터 차를 렌트할 것인지 질문을 받는다. 만족도 점수를 바탕으로 회사의 각 부서와 지점장은 회사 전체 평균에 비해 자신의 지점이 얼마나 잘 하고 있는지 알 수 있으며, 필요할 때 그들이 제공하는 서비스의 질을 개선하기 위한 조치를 취할 수 있다.

엔터프라이즈가 구성원들을 동기부여하는 또 다른 방법은 자선 활동과 자연 환경을 보호하기 위한 주도적 활동을 통해서이다. 예를 들어, 엔터프라이즈 재단은 산림 재생을 돕기 위해 50년 동안 5천만 그루의 나무를 공공 숲에 심기로 약속했다. 전체적으로, 엔터프라이즈가 구성원들을 동기부여하고 고객을 만족시키는 여러 가지 방법은 지속적인 성공 스토리를 만드는데 기여했다.

개요

최상의 전략과 적절한 조직구조를 갖추었더라도, 조직은 구성원들이 높은 수준의 성과창출을 위해 동기부여 되어야만 효과적일 것이다. 'Management Snapshot'에서 볼 수 있듯이 앤드류 테일러와 파멜라 니콜슨은 이를 분명히 깨닫고 있다. 이러한 중요 관리활동을 선도하는(leading) 한 가지 이유는 조직 구성원들이 높은 성과를 내고 조직의 목표를 달성할 수 있도록 동기부여 되기 때문이다. 관리자들이 효과적일 때, 선도 과정의 결과는 높은 수준으로 동기 부여된 인력들이다. 크고 작은 조직의 관리자들에게 중요한 과제는 구성원들이 높은 수준의 성과를 거두도록 격려하는 것이다.

이 장에서는 동기부여가 무엇이며, 어디에서 비롯되며, 조직이 효과적이고 목표를 달성하기 위해 관리자들이 높은 수준의 동기부여를 해야 하는 이유를 설명한다. 우리는 동기부여에 대한 주요이론들인 기대 이론, 욕구 이론, 공정성 이론, 목표 설정 이론, 그리고 학습 이론을 검토한다. 각각의 이론들은 관리자들에게 구성원들을 동기 부여하는 방법에 대한 중요한 통찰력을 준다. 또한 각각 동기의 다른 측면에 초점을 맞추었다는 점에서 보완적이다. 모든 이론을 함께 고려하는 것은 관리자들이 조직 전체에 걸쳐 높은 수준의 동기부여를 장려하는

데 수반되는 많은 이슈들과 문제점들을 충분히 이해하는데 도움이 된다. 마지막으로, 우리는 임금을 동기부여 도구로서 활용할 것을 고려한다. 이 장의 끝부분에서 여러분은 높은 수준으로 동기부여된 구성원들을 만들기 위해서 무엇이 필요한지 이해할 것이다.

동기부여의 본질

학습목표 9-1

동기부여가 무엇이며 왜 관리자들이 동기부여에 관심을 기울여야 하는지 설명할 수 있다.

동기부여(Motivation) 조직 내에서 사람의 행동에 대한 방향성, 노력 수준, 그리고 지속 수준을 결정하는 심리적인 힘

동기부여는 조직에서 사람의 행동에 대한 방향성(direction), 노력(effort), 그리고 지속(persistence) 수준을 결정하는 심리적 힘(force)이라고 정의할 수 있다. 행동에 대한 방향성(*direction*)은 사람이 관여할 수 있는 여러 가지 가능한 행동을 말한다. 예를 들면, 엔터프라이즈 구성원들은 고품질의 고객 서비스 제공을 위해 차를 대여하는 고객을 지점으로 태워주거나 원하는 위치에 내려줘야 한다는 것을 알고 있다. 노력(*effort*)이란 사람들이 얼마나 열심히 일하는가를 말한다. 엔터프라이즈 구성원들은 우수한 고객 서비스를 제공하기 위해 높은 수준의 노력을 기울인다. 지속(*persistence*)은 장애물에 직면했을 때 사람들이 포기하지 않고 계속 지속할 수 있는지의 여부를 말한다. 엔터프라이즈 지점장들은 높은 수준의 고객 서비스를 유지하면서 지점의 수익성을 향상시키기 위해 끈질기게 노력한다.

동기부여는 사람들이 조직에서 행동하는 이유(*why*)를 설명해주기 때문에 관리의 중심이다. 즉, 엔터프라이즈 구성원들이 뛰어난 고객 서비스를 제공하는 이유를 설명할 수 있다. 동기부여는 식당종업원이 왜 공손하거나 무례한지를 설명하고, 왜 유치원 교사가 아이들에게 학습을 즐기게 하려는지, 아니면 그냥 동작을 하는지도 설명한다. 또한 일부 관리자들은 진정으로 조직의 이익을 최우선으로 하는 반면, 다른 관리자들은 자신의 임금을 높이는 것에만 더 관심을 갖는지, 일반적으로 어떤 구성원들은 다른 사람들보다 두 배나 더 많은 노력을 하는지에 대한 이유도 설명한다.

내재적(intrinsically)으로 동기부여된 행동 자신을 위해 수행된 행동

동기부여는 내재적(*intrinsic*) 또는 외재적(*extrinsic*) 원천(source)로부터 나온다. **내재적으로 동기가 부여된 행동**은 자기 자신을 위해 수행되는 행동이다. 동기부여의 원천은 실제로 그 행동을 수행하는 것이며, 동기부여는 그 일을 하는 데서 비롯된다. 많은 관리자들은 내재적으로 동기부여 받고 있다. 이들은 조직이 목표를 달성하고 경쟁 우위를 확보하도록 돕는 것에서 성취감을 얻는다. 흥미롭고 도전적인 직업은 지루하거나 사람의 기술과 능력을 사용하지 않는 직업에 비해 내재적인 동기부여로 이어질 가능성이 높다. 아이들을 가르치는 것을 정말 좋아하는 초등학교 교사, 프로그래밍 문제 해결을 좋아하는 컴퓨터 프로그래머, 그리고 창의적인 사진을 찍는 것을 즐기는 사진작가는 모두 내재적으로 동기부여 되어 있다. 이러한 사람들에게 동기부여는 그들의 직무를 수행하는 것, 즉, 아이들을 가르치고, 컴퓨터 프로그램에서 버그를 찾고, 사진을 찍는 데서 온다.

외재적(extrinsically)으로 동기부여된 행동 물질적 또는 사회적 보상을 얻거나 처벌을 피하기 위해 수행되는 행동

외재적으로 동기가 부여된 행동은 물질적 또는 사회적 보상을 얻거나 처벌을 피하기 위해 수행되는 행동이다. 동기의 원천은 행동 그 자체가 아니라 행동의 결과물이다. 판매한 자동차

어디서 친사회적 동기를 찾을 가능성이 더 높은가? 여기 교실에서 선생님이 학생을 데리고 까다로운 수학 문제를 헤쳐나가고 있다. 회사가 이러한 유형의 동기를 발전시키는 것은 좀 더 까다롭다!

개수에 따라 더 많은 임금을 받는 것으로 동기부여 되는 자동차 판매원, 직업에 맞게 높은 수입과 지위로 동기부여 되는 변호사, 안정적으로 임금을 받을 수 있는 기회에 동기부여 되는 공장 직원들은 모두 외재적으로 동기부여가 된다. 그들의 동기부여는 업무행위의 결과로서 그들이 받는 결과에서 나온다.

사람들은 내재적으로 동기부여 될 수도 있고, 외재적으로 동기부여 될 수도 있으며 둘 모두로부터 동기부여 될 수도 있다. 대기업 경영에서 성취감을 이끌어 내고 연말 목표 달성에 힘쓰는 최고경영자는 내재적, 외재적 모두로부터 동기부여가 된다. 마찬가지로 환자를 돕고 돌보는 것을 즐기고, 좋은 혜택을 받는 안전한 직업을 갖는 간호사는 내재적, 외재적으로 동기부여 된다. 엔터프라이즈에서 구성원들은 승진 기회와 급여가 지점이나 조직 단위의 성과와 연계되어 있는 측면에서 외재적으로 동기부여 될 뿐만 아니라 고객을 대하고 새로운 것을 배우는 데서 만족감을 얻는 측면의 내재적으로도 동기부여가 된다. 구성원들이 내재적으로 동기부여 되었는지, 외재적으로 동기부여 되었는지 또는 둘 다 모두로부터 동기부여 되었는지는 다양한 요인에 따라 달라진다. 이들 요인으로는 (1) 구성원들의 개인적 특성(성격, 능력, 가치관, 태도, 필요성 등), (2) 직무의 본질(직무특성모델의 5가지 핵심직무특성에 해당되는지) (3) 조직의 본질(구조, 문화, 통제시스템, 인적자원관리 시스템 및 임금과 같은 보상이 구성원들에게 분배되는 방법 등)이 있다.

친사회적으로(prosocially) 동기부여된 행동 다른 사람의 이익과 도움을 주기 위해 수행되는 행동

내재적으로 또는 외재적으로 동기부여 되는 것 외에도, 어떤 사람들은 그들의 일에 대해 친사회적으로 동기부여 된다. **친사회적으로 동기부여된 행동**은 다른 사람에게 이익을 주거나 또는 도움을 주기 위해 수행된 행동이다. 행동은 외재적 그리고/또는 내재적으로 동기부여 되는 것 외에도 친사회적으로 동기부여 될 수 있다. 어린 아이들을 가르치는 과정(높은 내재적 동기)을 즐길 뿐만 아니라, 아이들에게 가능한 최고의 학습경험을 주고, 학습장애가 있는 아이들이 이를 극복할 수 있도록 돕고자 하는 욕구가 강한 초등학교 교사, 그리고 아동 발달과 교육방법에 대한 최신 연구를 따라가는 교사의 가르침 효과를 지속적으로 향상시키기 위한 노력의 방법들은 높은 내재적 동기와 더불어 높은 친사회적 동기를 가지고 있다. 장기이식을 전문으로 하고 복잡한 수술을 하는 도전을 즐기고, 성공적인 장기이식을 통해 환자들이 건강을 되찾고 수명을 연장할 수 있도록 돕고자 하는 욕구가 강하며, 관련되어 비교적 높은 수입에 의해 동기부여 되는 의사의 경우 높은 내재적, 친사회적, 외재적 동기를 가지고 있다. 최근의 예비 조사에 따르면 구성원들이 친사회적 동기가 높을 때, 내재적 동기부여가 특히 직

무수행에 도움이 될 수 있다고 한다.

사람들이 내재적으로, 외재적으로, 또는 친사회적으로 동기부여 되든 관계없이, 그들은 특정 **결과(outcome)**를 얻기 위해 조직에서 일하도록 동기부여 된다. 결과는 사람들이 어떤 직무나 조직으로부터 얻는 것을 말한다. 자율성, 책임감, 성취감, 흥미롭거나 재미있는 일을 하는 즐거움과 같은 결과는 내재적으로 동기부여 된 행동의 결과이다. 다른 사람의 삶이나 웰빙(well-being)을 향상시키고 다른 사람을 돕는 선행과 같은 결과는 친사회적으로 동기부여 된 행동의 결과이다. 한편 임금, 고용 보장, 복리 후생 및 휴가 시간과 같은 결과는 외재적인 동기부여 행동의 결과이다.

결과물(outcome) 사람이 직무 또는 조직으로부터 얻는 것

조직은 중요한 투입물들을 얻기 위해 사람들을 채용한다. **투입물**이란 시간, 노력, 교육, 경험, 기술, 지식, 그리고 실제적인 업무 행동과 같이 사람이 직무나 조직에 기여하는 모든 것을 말한다. 이와 같은 투입물은 조직이 목표를 달성하기 위해 필요한 것이다. 관리자는 조직목표 달성에 도움이 되는 구성원의 행동, 노력 및 지속성이라는 투입물 증가를 위한 동기부여를 위해 노력한다. 관리자들은 어떻게 이 일을 하는가? 그들은 구성원들이 조직에 큰 기여를 할 때 원하는 결과를 얻도록 보장한다. 관리자는 결과물을 사용하여 조직에 대한 투입물에 공헌하도록 구성원들의 동기를 부여한다. 구성원들이 투입물 기여와 업무수행을 잘할 때, 그들에게 결과를 제공해주는 것은 구성원들이 조직에 좋은 일을 할 때 이익을 받기 때문에 조직 전체의 목표와 구성원들의 이익을 일치시킨다.

투입물(input) 사람이 직무 또는 조직에 공헌하는 것

구성원들과 조직 목표 사이의 이러한 정렬은 그림 9.1에 나타난 동기방정식으로 설명할 수 있다. 관리자들은 구성원들이 조직에 중요한 투입물을 제공하도록 동기를 부여하고, 이러한 투입물을 잘 사용하거나 높은 성과에 초점을 맞추고, 높은 성과가 구성원들이 원하는 결과로

그림 9.1
동기방정식

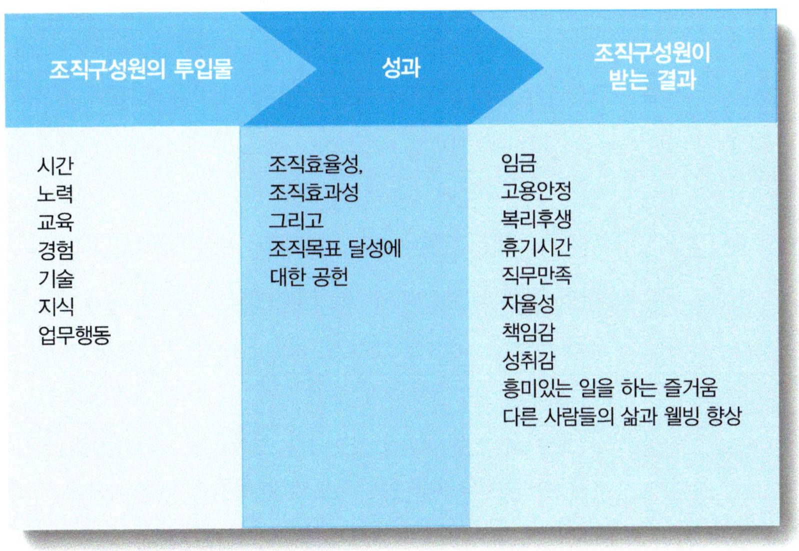

이어지도록 하는 것을 목표로 한다.

이 장에서 논의된 각각의 동기 이론은 이 방정식의 하나 이상의 측면에 초점을 맞춘다. 각 이론은 높은 수준으로 동기 부여된 구성원들을 위해 관리자들이 다루어야 하는 여러 일련의 문제에 초점을 맞추고 있다. 또한 이 이론들은 관리자들이 높은 수준의 동기를 촉진하기 위해 따라야 할 포괄적인 일련의 지침을 제공한다. 'Management Snapshot'의 앤드루 테일러, 파멜라 니콜슨과 같은 효과적인 관리자들은 지침을 많이 따르는 경향이 있는 반면, 비효율적인 관리자들은 지침을 따르지 못하고 구성원들을 동기 부여하는 데 어려움을 겪는 것으로 보인다.

기대이론

학습목표 9-2

기대이론, 공정성 이론의 관점에서 관리자들이 구성원들을 강하게 동기부여 하기 위해 무엇을 해야 하는지를 설명할 수 있다.

1960년대에 빅터 H. 브룸(Victor H. Vroom)에 의해 제안된 **기대이론**은 높은 수준의 노력이 높은 성과로, 높은 성과가 원하는 결과의 달성을 이끈다고 구성원들이 믿을 때 높게 동기부여 된다고 설명하고 있다. 기대 이론은 가장 인기 있는 작업 동기 이론 중 하나이다. 왜냐하면 동기 방정식의 세 가지 부분, 즉 투입물, 성과, 결과에 초점을 맞추고 있기 때문이다. 기대이론은 사람의 동기를 결정하는 세 가지 주요 요소가 있다고 보는데 기대감(*expectancy*), 수단성(*instrumentality*), 유인가(*valence*)이다(그림 9.2 참조).

기대이론 높은 수준의 노력이 높은 성과로 이어지고, 높은 성과가 원하는 결과의 달성으로 이어진다고 구성원들이 믿을 때 동기가 높아진다는 동기부여 이론

기대 기대이론에서 노력이 일정 수준의 성과를 가져오는 정도에 대한 주관적 인식

기대

기대란 노력(투입)이 어느 정도의 성과를 가져오는가에 대한 사람들의 인식이다. 사람의 기대 수준에 따라 높은 수준의 노력이 높은 성과결과로 나타난다. 사람들은 그들의 노력이 높은 성과로 결실을 맺을 것이라고 생각할 때 업무수행에 많은 노력을 하고자 동기부여 된다. 즉, 그들이 높은 기대를 갖고 있다는 말이다. 아무리 노력해도 D학점을 받을 것으로 생각하면 시험을 위해 공부하려는 동기부여가 얼마나 될까를 생각해 보라. 아무리 열심히 일해도 인기 없는 제품의 판매를 늘릴 방법이 없다고 생각하는 마케팅 매니저가 얼마나 동기부여 되는지도 생각해 보라. 이런 경우 기대가 낮기 때문에 전체적인 동기 또한 낮다.

조직의 구성원들은 자신이 하는 것이 높은 성과로 이어진다고 생각할 때 높은 수준의 노력을 기울이도록 동기부여 된다. 즉, 사람들의 높은 동기부여를 위해서는 기대가 높아야 한다는 것이다. 그러므로 동기부여에 영향을 미치려 할 때 관리자들은 구성원들이 열심히 노력하면 실제로 성공할 수 있다고 믿도록 할 필요가 있다. 관리자들이 기대를 높일 수 있는 한 가지 방법은 구성원 능력에 대해 자신감을 표현하는 것이다. 예를 들어 컨테이너 스토어의 관리자들은 구성원들에게 높은 수준의 자신감을 표현한다. 컨테이너 스토어 공동창업자인 개럿 분(Garett Boone)은 "우리가 채용하는 모든 사람은 리더로 채용한다. 우리 스토어에 있는 사람이라면 누구나 일반적으로 경영자의 행동이라고 생각할 수 있는 행동을 한다."

구성원에 대한 자신감을 표현하는 것 외에도, 관리자들이 구성원들의 기대수준과 동기를 높이는 다른 방법은 교육훈련을 제공하는 것이다. 사람들은 높은 성과에 필요한 전문지식을 가지고 경험을 쌓을 때 자율성과 책임성을 높여서 그들이 하고자 하는 것을 자유롭게 할 수 있다. 예를 들어, 전자제품, 컴퓨터, 음악과 영화, 각종 기기 등을 취급하는 상점인 베스트 바이(Best Buy)는 현장 회의와 온라인을 통해 광범위한 교육을 제공함으로써 영업직원의 기대를 높인다. 각 부서의 전자 학습 단말기는 영업직원들이 어떻게 서로 다른 시스템이 작동하고 통합 패키지로 판매될 수 있는지 알 수 있을 뿐만 아니라 기술과 제품의 최신 발전을 따라갈 수 있게 해준다. 또한 영업직원들은 고객의 요구를 결정하는 방법에 대한 광범위한 교육을 받는다. 엔터프라이즈에서, "Management Snapshot"에서 설명된 바와 같이, 관리 훈련 프로그램은 신입직원들에게 높은 기대 수준을 개발할 수 있도록 돕고, 이러한 높은 기대 수준은 숙련된 구성원에게 더 많은 책임과 자율성을 부여하여 그들의 지점이 수익성이 높고 우수한 고객 서비스를 제공하도록 한다.

수단성

기대는 노력과 성과의 관계에 대한 사람의 인식을 포착한다. 기대이론의 두 번째 주요 개념인 **수단성**은 특정 수준의 성과가 결과의 달성을 가져오는 정도에 대한 개인의 인식이다(그림 9.2 참조). 기대 이론에 따르면, 구성원들은 높은 성과가 임금, 직업 안정, 흥미로운 직무 과제, 보너스 또는 성취감 같은 결과를 가져오거나 달성하는 데 도움이 된다고 생각하는 경우에만 높은 수준에서 성과를 만들도록 동기부여 된다. 즉, 동기부여가 높으려면 수단성이 높아야 한다. 사람들은 그들의 높은 성과 때문에 결과를 얻을 것이라는 것을 인식해야 한다.

수단성 기대 이론에서, 성과가 결과의 달성을 가져오는 정도에 대한 인식

그림 9.2
기대, 수단성 유인가

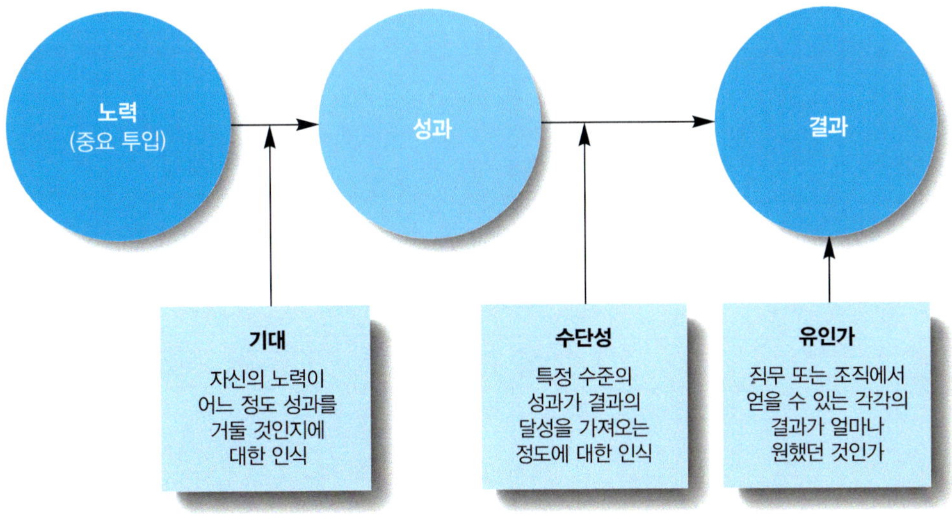

관리자는 성과를 바람직한 결과와 연계할 때 높은 수준의 수단성을 촉진한다. 또한 관리자들은 이러한 연계를 구성원들에게 명확하게 전달해야 한다. 조직 내에서 가능한 결과를 성과에 근거하여 구성원들에 분배한다는 것을 확실히 함으로써, 관리자들은 높은 수단성과 동기를 촉진하게 된다. 결과가 성과와 연계될 때, 높은 성과자들은 낮은 성과자들에 비해 보다 더 많은 결과를 받는다. "Management Snapshot"에서 관리자는 승진 기회와 급여를 성과에 연계하여 엔터프라이즈 구성원들의 수단성과 동기부여 수준을 높인다.

유인가

유인가(유의성)
기대이론에서, 직무 또는 조직에서 얻을 수 있는 각각의 결과가 얼마나 원했던 것(desirable)인가

조직의 모든 구성원들이 높은 기대와 수단성을 가져야 하지만, 기대이론에서는 사람들이 결과에 대한 선호도가 다르다는 것을 인정한다. 많은 사람들에게 임금은 업무의 가장 중요한 결과물이다. 그러나 어떤 사람들에게는 성취감이나 자신의 일을 즐기는 것이 임금보다 더 중요하다. **유인가(유의성)**라는 용어는 직무 또는 조직에서 얻을 수 있는 각각의 결과가 얼마나 원했던 것인가를 의미한다. 구성원들에게 동기를 부여하기 위해서 관리자는 어떤 결과가 높은 유인가를 가지고 있는지 확인할 필요가 있다. 그리고 높은 수준의 성과에 따라 원하는/원했던 결과가 구성원들에게 제공되는지 살펴봐야 한다. "Management Snapshot"에서 보면, 임금 뿐만 아니라 자율성, 책임성, 승진 기회도 많은 구성원들에게 매우 가치 있는 결과인 것으로 보인다.

구성원들에게 매우 뛰어난 결과를 제공하는 것은 높은 수준의 동기부여를 기대할 수 있으며 "관리 통찰력"에서 알 수 있듯이, 잠재적으로 이직률을 줄일 수 있다.

모두 함께 가져오기

기대 이론에 따르면, 높은 동기 부여는 높은 기대 수준, 수단성, 그리고 유인가로 비롯된다

그림 9.3
기대이론

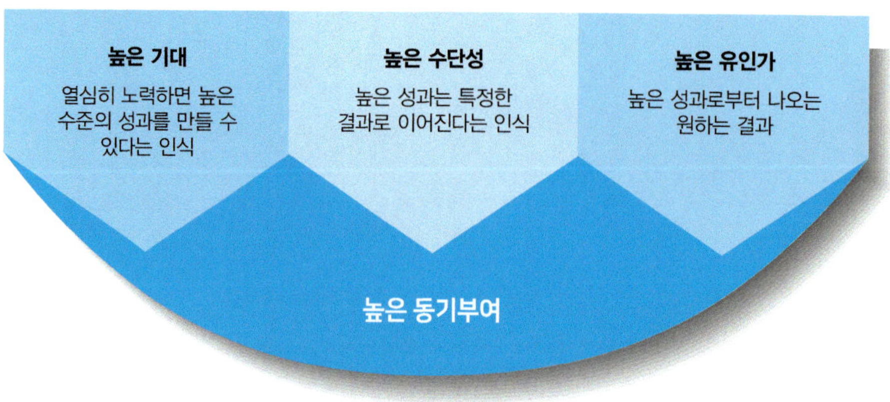

(그림 9.3 참조). 이들 요인 중 어느 하나가 낮으면 동기부여는 낮을 가능성이 높다. 아무리 원하는 결과가 성과와 밀접하게 연관되어 있다고 해도 어떤 사람이 높은 수준에서 성과를 만들어내는 것이 사실상 불가능하다고 생각한다면, 높은 수준에서 성과창출 동기는 낮을 것이다. 마찬가지로, 어떤 사람이 결과가 높은 성과와 연계되어 있다고 생각하지 않거나, 높은 성과와 연계된 결과를 원하지 않는다면, 높은 수준에서 성과를 만드려는 동기는 낮을 것이다. 효과적인 경영자들은 높은 기대, 수단성, 그리고 유인가의 중요성을 깨닫고 그들의 구성원들이 높은 수준으로 동기부여 되도록 구체적인 조치를 취해야 한다.

욕구이론

욕구는 생존과 웰빙을 위한 요건이나 필요성이다. 욕구 이론의 기본적인 전제는 사람들이 욕구를 충족시킬 결과를 얻기 위해 동기부여 된다는 것이다. **욕구이론**은 사람들이 높은 수준에서 성과가 나오도록 동기 부여된 결과물을 심층적으로 탐구함으로써 기대이론을 보완한다. 욕구이론은 한 사람이 직무수행에 가치있는 투입물로 기여하고 높은 수준의 성과가 나오도록 동기부여하려면, 관리자는 그 사람의 욕구를 충족시키는데 도움이 되는 결과물로 보상받도록 해야 하며 이를 통해 사람은 높은 수준에서 성과를 만들어내고 조직목표를 달성하는데 기여한다는 것이다.

학습목표 9-3

목표와 욕구가 어떻게 사람들을 동기부여 하는지 그리고 어떤 목표가 높은 성과의 결과로 나타나는지를 설명할 수 있다.

욕구 생존과 웰빙을 위한 요구 또는 필요성

욕구이론 사람들이 직무에서 만족시켜야하는 것이 무엇인지에 초점을 맞추고 그 결과를 충족시키는 동기부여 이론

여기에서 우리는 아브라함 매슬로우의 욕구단계(Hierarchy of Needs) 이론, 프레데릭 허즈버그의 동기-위생(motivator-hygiene) 요인 이론, 그리고 데이비드 매클랜드의 성취, 친교 그리고 권력(achievement, affiliation, and power) 욕구이론을 설명한다. 이 이론들은 사람들이 직무에서 만족하기 위해 노력하는 욕구를 설명한다. 이를 통해 관리자는 어떤 결과가 조직의 구성원에게 높은 수준의 성과를 내고 목표를 달성 할 수 있도록 도움을 줄 수 있는지에 대한 통찰력을 제공한다.

매슬로우의 욕구단계이론

매슬로우의 욕구단계이론 매슬로우에 의하면, 행동을 유발하는 동기부여는 5가지 기본적인 욕구의 단계에 따라 이루어지는데 충족되지 않는 최저 수준의 욕구가 가장 크게 동기부여가 되며 한 번에 단 하나의 단계에서의 욕구만이 동기부여가 된다고 제시하였다.

심리학자 아브라함 매슬로우(Abraham Maslow)는 모든 사람이 다섯 가지 기본적인 욕구를 추구한다고 제안했다(표 9.1 참조). 5가지 욕구는 생리적 욕구, 안전의 욕구, 소속의 욕구, 존중의 욕구 그리고 자기실현 욕구이다. 매슬로우는 각 욕구들이 가장 기본적 또는 강제적인 욕구(생리적, 안전의 욕구)를 바탕으로, **계층 구조**를 구성한다고 보았다. 매슬로우는 가장 낮은 수준의 욕구는 존중의 욕구와 같은 더 높은 단계의 욕구를 충족시키기 위해서 미리 그 이전에 충족되어야 한다고 주장했다. 일단 욕구가 충족되면, 충족된 단계의 욕구는 더 이상 동기부여의 원천으로서 작동하지는 않는다고 보았다. 계층에서 충족되지 않는 최저 수준의 욕구는 행동이 이루어지도록 동기부여 된다. 즉, 특정 단계의 욕구 수준이 충족될 경우 다음 수준의 계층단계 충족을 위해 동기가 부여된다.

이 이론은 많은 사람들에게 동기부여의 중요한 원천이 될 가능성이 있는 욕구를 확인할

표 9.1 매슬로우의 욕구단계이론

	욕구	설명	관리자가 욕구를 충족하도록 도우는 방법의 예시
높은 수준의 욕구	**자기실현 욕구**	인간으로서 자신의 모든 잠재력을 실현할 욕구	사람들에게 자신의 기술과 능력을 최대한 활용할 수 있는 기회 줌
	존중의 욕구	자신과 자신의 능력에 대해 좋은 감정을 느끼고, 다른 사람들에게 존중을 받고, 인정과 감사를 받는 욕구	승진과 성과 인정
	소속의 욕구	사회적 상호작용, 우정, 애정, 사랑에 대한 욕구	좋은 대인관계를 촉진하고 회사 야유회이나 명절 행사와 같은 사회적 기능을 조직화
	안전의 욕구	안정, 안정성과 안전한 환경에 대한 욕구	고용 보장, 적절한 의료 혜택 및 안전한 근무 조건 제공
낮은 수준의 욕구 (가장 기본적 토대)	**생리적 욕구**	사람이 생존하기 위해서 반드시 충족되어야 하는 음식물, 물, 피난처 같은 것에 대한 기본적인 필요 욕구	음식과 옷을 살 수 있고, 적절한 거주공간을 가질 수 있는 수준의 급여 제공

가장 낮은 단계의 욕구가 불만족스러운 경우 이를 채우려는 행동이 동기부여 된다. 만약 이 욕구가 충족되면 사람들은 다음 단계의 욕구를 충족시키려고 노력한다.

수 있도록 하지만 여러 연구결과들은 욕구가 계층이 있다는 주장 그리고 하나의 단계에서만 욕구가 동기부여 된다는 매슬로우의 주장을 뒷받침하지 못하고 있다. 그럼에도 불구하고 중요한 결론을 매슬로우의 이론에서 도출될 수 있다. 즉, 사람들은 직장에서 본인이 원하는 요구를 충족시키려고 노력한다. 동기부여된 인력을 확보하기 위해 관리자는 구성원들이 조직 내에서 어떤 요구를 충족시키려 하는지를 확인하고, 개개인이 만족하는 결과를 얻을 수 있도록 해야 한다. 이를 통해 관리자는 조직 전체의 이익과 개별 구성원들의 이익을 일치시킨다. 조직에게 좋은 일(즉, 높은 수준의 성과창출)을 함으로써 구성원들은 자신의 욕구를 만족시킬 수 있는 결과를 얻게 된다.

점점 더 세계화되는 경제상황에서 관리자들은 일을 통해 그들이 충족하고자 하는 욕구가 다른 국가의 사람들과 다를 수 있다는 것을 깨달아야 한다. 예를 들어 그리스와 일본 사람들은 특히 안전 욕구에 동기부여 되는 반면에 스웨덴, 노르웨이, 덴마크 사람들은 소속 욕구에 동기부여 된다는 연구도 있다. 생활수준이 낮은 국가들에서 생리적, 안전의 욕구가 행동의 주요 동기가 될 가능성이 높다. 국가가 부유해지고 국민들의 생활수준이 높아짐에 따라 개인의 성장과 성취(존중과 자아실현 등)와 관련된 욕구가 행동의 중요한 동기가 된다.

이유 없이 노트북을 주먹으로 내리치지는 않는다. 분명히, 독창적인 스프레드 시트를 구체화하고 침착하게 보도된 보도자료를 보내면 만족스러운 자기실현 욕구를 충족시킬 수 있다.

허즈버그의 동기-위생 요인 이론

매슬로우와 다른 접근을 한 프레데릭 허즈버그(Frederick Herzberg)는 (1) 높은 수준의 동기부여와 직무만족으로 이어질 수 있는 결과와 (2) 사람들이 불만족스러워하지 않도록 할 수 있는 결과라는 두 가지 요인에 초점을 맞췄다. **허즈버그의 동기-위생 요인 이론**에 따르면, 사람들은 동기요인과 위생요인이라는 두 가지 욕구 또는 요구조건을 가지고 있다. **동기요인**은 직무의 본질 자체, 그리고 얼마나 도전적인지와 관련이 있다. 흥미로운 일, 자율성, 책임감, 직장에서 성장하고 발전하는 능력 그리고 완수했다는 인식, 성취감과 같은 결과들은 동기요인을 만족시키는데 도움이 된다. 허즈버그는 높은 수준으로 동기부여 되고 만족하는 인력을 위해서 관리자들이 구성원들의 동기요인을 충족시키기 위한 조치들을 명확히 해야 한다고 제안했다.

허즈버그의 동기-위생요인 이론 욕구이론으로서 동기요인(업무 자체의 본질과 관련)과 위생요인(업무 수행되는 물리적, 심리적 맥락과 관련)을 구분하고, 동기요인을 동기부여와 높은 직무만족도를 위해 충족시켜야 한다고 제시

위생요인은 업무를 수행하는 물리적, 심리적 맥락과 관련이 있다. 위생요인은 쾌적하고 편안한 근무 조건, 급여, 직업 안정, 동료와의 좋은 관계, 효과적인 감독 등의 결과에 의해 만족하게 된다. 허즈버그에 따르면 위생요인이 충족되지 못할 때는 구성원들은 불만족스러워하고, 위생요인이 충족되었을 때는 구성원들이 불만족스러워하지 않는다고 한다. 그러나 위생요인을 만족시키는 것은 높은 수준의 동기 부여나 심지어 높은 수준의 직무만족으로 이어지지 않는다. 동기부여와 직무만족도가 높으려면 동기요인이 충족되어야 한다. 많은 연구들이 허즈버그의 주장을 검증하였는데 대체로 지지하지 못하였다. 그럼에도 불구하고 허즈버그의 주장은 적어도 두 가지 측면에서 동기부여에 대한 이해도를 높일 수 있었다. 첫째, 허즈버그는 이 장의 앞부분에서 다룬 내재적 동기(동기요인과 관련)와 외재적 동기(위생요인과 관련)를 구분하는데 있어서 연구자들과 관리자의 주의를 집중시키는 데 도움을 주었다. 둘째로, 허즈버그의 이론은 연구자들로 하여금 직무가 내재적으로 동기부여가 되도록 설계되거나 재설계 될 수 있는 방법을 연구하도록 자극하였다.

맥클리랜드의 성취, 친교, 그리고 권력 욕구

성취욕구 개인이 도전 과제를 잘 수행하고 탁월성에 대한 개인적인 기준을 충족시키려는 강한 욕구를 가지고 있는 정도이다.

심리학자인 데이비드 맥클리랜드(David McClelland)는 성취, 친교와 권력 욕구에 대해 광범위하게 연구했다. **성취욕구**는 도전적 과제를 잘 수행하고, 탁월성에 대한 개인적인 기준을 충족시키고자 하는 강한 욕구를 가지고 있는 정도이다. 성취욕구가 높은 사람들은 스스로 명

동 수행을 관찰함으로써 동기부여 되는지(대리학습, *vicarious learning*) (2) 어떻게 사람들이 자신의 행동을 스스로 제어함으로써 동기부여 되는지(자기 강화, *self-reinforcement*) (3) 어떻게 행동을 성공적으로 수행하는 능력에 대한 사람들의 믿음이 동기부여에 영향력을 미치는지(자기효능감, *self-efficacy*)를 통해 작동적 조건화 이론의 공헌을 확장하여 관리자들의 동기부여에 대한 이해도를 높인다.

대리학습 학습자가 다른 사람의 행동 수행을 보고 강화됨으로써 행동을 수행하도록 동기부여 될 때 발생하는 학습; 관찰학습이라고도 한다.

대리학습 흔히 관찰학습이라고 불리는 **대리학습**은 사람(학습자)이 다른 사람(모델)의 행동 수행을 보고 긍정적으로 강화됨으로써 행동을 수행하도록 동기부여 될 때 발생한다. 대리학습은 사람들이 다른 사람들을 관찰함으로써 기능적인 행동을 하는 것을 배우는 것으로 동기부여의 강력한 원천이다. 영업직원들은 고객들을 돕는 방법을 배우고, 의대생들은 환자들을 치료하는 법을 배우고, 법률 사무원들은 법을 배우고, 관리자가 아닌 사람들은 관리자가 되는 법을 배우는데 조직의 경험 있는 구성원을 관찰함으로써 이러한 행동을 적절하게 수행하고 강화된다. 일반적으로 사람들은 매우 유능하고, (어느 정도까지는) 행동의 전문가이며, 높은 지위가 있고, 매력적인 강화요인을 받고, 친근하거나 접근하기 쉬운 모델들의 행동을 모방하기 위해 동기부여 되기 쉽다.

대리학습을 촉진하기 위해 관리자는 학습자가 다음 조건을 충족하도록 노력해야 한다.

- 학습자는 행동을 수행하는 모델을 관찰한다.
- 학습자는 모델의 행동을 정확하게 인식한다.
- 학습자는 행동을 기억한다.
- 학습자는 행동을 수행하는 데 필요한 기술과 능력을 가지고 있다.
- 학습자는 모델이 행동에 대해 긍정적으로 강화되는 것을 보거나 알고 있다.

자기 강화요인 좋은 성과를 위해 자신이 스스로에게 주는 원하는 또는 매력적인 결과 또는 보상

자기 강화 관리자들은 조직에서 강화의 제공자이지만 때때로 사람들은 자기 강화를 통해 스스로에게 동기를 부여한다. 사람들은 스스로 목표를 세운 다음 목표를 달성했을 때 스스로를 강화함으로써 자신의 행동을 통제할 수 있다. **자기 강화요소**는 사람들이 성취감을 느끼거나, 영화를 보러 가거나, 외식을 하거나, 골프를 치기 위해 시간을 내는 것과 같은 좋은 성과를 위해 자신에게 줄 수 있는 원하는 또는 매력적인 결과나 보상이다. 조직의 구성원들이 자기 강화를 통해 자신의 행동을 통제할 때, 관리자들은 결과의 관리를 통해 부하들의 행동을 동기부여하고 통제하는데 많은 시간을 보낼 필요가 없다. 사실 이런 자제력을 흔히 **자기관리 행동**(*self-management of behavior*)이라고 한다.

구성원들이 고도로 숙련되고 새로운 상품과 서비스 창조에 책임감을 가질 때 관리자들은 일반적으로 구글(Google)의 경우와 같이 자기 통제와 자기관리 행동에 의존한다. 구글의 구성원들은 새로운 프로젝트를 수행할 때 실험, 위험 감수 때로는 실패해도 된다는 유연성과 자율성을 부여받는다. 그들은 실패를 통해 배우고, 배운 것을 후속 프로젝트에 적용하도록 권장된다. 구글의 기술자들은 일주일에 하루를 자체 프로젝트를 진행하는데 구글뉴스와 같은 신제품이 이 프로젝트에서 나온 경우가 많다.

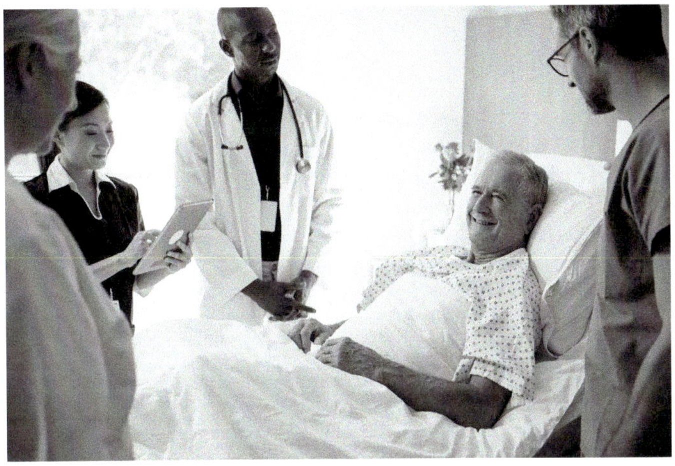
어떻게 환자를 다룰 것인가? 의대생들이 레지던트를 할 때 의사로부터 대리학습을 하게 된다.

자기효능감 **자기효능감(self-efficacy)**은 개인이 어떤 행동을 성공적으로 수행하는 능력에 대한 자신의 믿음이다. 비록 높은 성과를 달성했을 때 매력적인 결과나 강화요인이 주어진다고 하더라도 그 성과수준이 달성하기 불가능할 정도로 높다면 사람들이 동기부여되지 않을 것이다. 마찬가지로, 사람들이 자신의 행동을 통제할 때, 그들은 목표에 도달할 수 있다고 생각하는 경우에만 뛰어난 성과로 이어질 어려운 목표를 스스로 정할 가능성이 높다. 그러므로 자기효능감은 관리자가 강화될때 그리고 구성원들 스스로 강화를 제공할 때 모두 동기부여에 영향을 미친다. 자기효능감이 클수록 동기부여와 성과는 커진다. "Management Snapshot"에서와 같이, 엔터프라이즈 관리자는 구성원들에게 교육을 제공하고, 회사에서 경험을 쌓을 때 자율성과 책임감을 높이며, 단위 관리능력에 대한 자신감을 표현함으로써 구성원들의 자기효능감을 높인다. 이러한 언어적 설득은 물론, 자신의 과거의 성과와 성취, 타인의 성취는 한 사람의 자기효능감을 결정하는 역할을 한다.

자기효능감 어떤 행동을 성공적으로 수행하는 능력에 대한 사람의 믿음

임금과 동기부여

학습목표 9-5

왜 그리고 어떻게 관리자들이 임금을 강한 동기부여 도구로 활용하는지를 설명할 수 있다.

12장에서 관리자들이 조직 전체의 임금 수준과 구조를 어떻게 확립하는지에 대해서 설명한다. 여기서는 일단 임금 수준과 구조가 갖추어지면, 관리자들은 어떻게 임금을 사용하여 구성원들이 높은 수준에서 업무를 하도록 하고, 업무 목표 달성을 위한 동기를 부여할 수 있는 지에 초점을 두고 있다. 임금은 신입직원, 일선 및 중간 관리자, CEO 등 최고경영자의 동기부여에 사용된다. 임금은 사람들이 조직의 목표를 달성하는 데 도움이 되는 행동을 하도록 동기를 부여할 수 있고, 조직에 합류하고 남아 있도록 동기를 부여할 수도 있다.

이 장에 기술된 각각의 이론은 임금의 중요성을 시사하고 있다. 또한 임금은 성과에 기초해야 한다고 제안한다.

- **기대 이론**: 동기부여를 높이기 위해서는 임금과 같은 결과와 성과와의 연관성인 수단성이 높은 수준이어야 한다. 게다가 임금은 많은 사람들에게 높은 유인가를 지닌 결과이다.
- **욕구 필요**: 사람들은 높은 수준의 수행을 통해서 그들의 욕구를 충족시킬 수 있어야 한다. 임금은 여러 종류의 욕구를 충족시키는 데 사용될 수 있다.
- **공정성이론**: 임금과 같은 결과는 투입(성과 수준 포함)에 비례하여 분배되어야 한다.
- **목표설정이론**: 임금과 같은 결과는 목표 달성과 연계되어야 한다.
- **학습이론**: 임금과 같은 결과의 분배는 조직적이고 기능적인 행동의 수행에 따라 달라져야 한다.

성과급제 성과에 근거해 임금을 지급하는 보상 계획

이러한 이론들이 시사하는 바와 같이, 높은 동기부여를 촉진하기 위해서는 관리자들은 구성원들의 높은 성과수준이 낮은 성과수준보다 더 많은 임금을 받도록 임금의 분배를 성과수준에 근거해야 한다. 성과에 기초하는 보상계획을 **성과급제**라고 한다.

조직이 구성원들을 해고하고 일자리 유지를 위해 임금과 복리후생을 줄일 수 밖에 없어도, 해야 할 책임들은 증가하는 어려운 경제 시대에 관리자들은 성과급을 사용할 수 있는 범위가 제한된다. 그럼에도 불구하고, 이런 때, 관리자들은 여전히 최고의 성과자들을 인정하는 노력을 한다. 미국 아이오와주(Iowa) 세다 래피즈(Cedar Rapids)지역의 항공우주 전자회사인 록웰 콜린스(Rockwell Collins) 상용 시스템 엔지니어링 부서에서 170명의 엔지니어 관리자인 제니 밀러(Jenny Miller)는 어려운 경제 시대에 성과급을 받는 최고 성과자들을 제대로 인정할 수 없는 사례를 경험하였다. 록웰 콜린스는 8%의 인력을 해고했고, 밀러가 관리하는 엔지니어들의 업무량은 약 15% 증가했다. 엔지니어들은 추가 임금을 받지 않고 더 오랜 시간 일하고 있었다. 임금 동결도 있었기 때문에 그들은 임금이 삭감되지 않았다는 것을 알았다. 고객을 위한 비행갑판 소프트웨어 마감일이 다가옴에 따라, 그녀는 추수감사절 연휴 동안 일하기 위해 몇몇 엔지니어들이 필요했고 그래서 자원자 모집을 위해 이메일을 보냈다. 약 20명의 구성원들이 자원자로 참여했다. 자원자의 기여를 인정하기 위해 밀러는 그들에게 각각 100달러의 기프트 카드(gift card)를 주었다.

100달러짜리 기프트 카드는 이미 추수감사절 연휴 동안 추가 임금이나 휴가 없이 일하기 위해 오랜 시간 일하고 있는 구성원들에게는 별 것 아닌 것처럼 보일 수 있다. 그러나 록웰 콜린스의 스티브 니우즈마(Steve Nieuwsma) 부사장은 최소한의 기프트카드가 경영자들이 구성원들의 노력을 인정하고 감사하고, 따라서 감사하는 마음의 표시라고 말한다. 당시 구성원들에게 임금 인상을 할 수 없었던 니우즈마는 25달러에서 500달러 사이의 금액으로 최고 성과자의 공헌을 인정할 수 있는 기프트 카드를 주었다.

일단 관리자들이 성과급을 사용하기로 결정하면, 그들은 두 가지 중요한 선택에 직면하게 된다. 즉, 개인, 집단 또는 조직성과에 기반할 것인가와 임금 인상이나 보너스를 사용할 것인가이다.

개인, 집단, 조직성과에 기반한 성과급

관리자는 성과급을 개인, 집단 또는 조직성과에 기초할 수 있다. 개인성과(판매직원이 판매하는 상품의 매출액, 공장 직원이 조립하는 확성기 수, 변호사의 청구 가능 시간 등)가 정확하게 결정되었을 때, 개인성과에 기초한 임금은 가장 높은 수준으로 개인을 동기부여 할 것이다. 구성원들이 밀접하게 협력하여 개인성과를 정확하게 결정할 수 없는 경우(단일 소프트웨어 패키지를 개발하는 컴퓨터 프로그래머 팀처럼), 임금은 개인성과에 기초할 수 없으며, 집단 또는 조직 기반으로 사용해야 한다. 조직목표 달성이 구성원들의 긴밀한 상호작용과 협력에 달려 있는 경우(맞춤형 주택을 짓는 소규모 건설회사에서처럼), 개인 기반 성과급보다 집단 또는 조직 기반 성과급이 더 적합할 수 있다.

개인 기반 임금 계획의 요소들을 집단 또는 조직 기반 임금 계획과 결합하여 구성원들이 높은 성과를 거두도록 동기부여하고, 동시에 모든 구성원이 함께 일하고, 서로 협력하며, 필요에 따라 서로 돕도록 동기부여 할 수 있다. 매우 성공적인 회사이자 용접 기계 제조업체인 링컨 일렉트릭(Lincoln Electric)은 개인과 조직 기반을 혼합한 임금 계획을 사용한다. 임금은 개인의 성과에 기초한다. 또 매년 보너스 규모는 조직 실적에 따라 달라진다. 보너스는 조직에 대한 기여, 참석, 협력 수준 및 기타 성과 지표에 근거하여 분배된다. 링컨 일렉트릭의 구성원들은 회사 전체가 좋은 실적을 올릴 때 모든 사람들이 더 많은 보너스를 받게 됨으로써 이득을 보기 때문에 서로 협력하고 돕도록 동기부여 된다. 또한 구성원들은 그들의 공헌이 전체 보너스 수준에서 자신들의 몫을 결정하기 때문에 조직을 위한 투입에 좀 더 공헌하도록 동기부여 된다.

임금 인상 또는 보너스?

관리자들은 임금 인상이나 보너스 형태로 정기적 임금 지급 외에 성과급을 분배할 수 있다. 임금 인상과 보너스의 액수가 동일할 수 있지만, 보너스는 최소한 세 가지 이유로 더 많은 동기부여의 영향력이 있다. 첫째, 임금 수준은 일반적으로 성과급, 생계비 증가 등에 기초하고 있는데, 이는 임금의 절대 수준으로 주로 현재의 성과와 무관한 요인에 기초한다는 것을 의미한다. 예를 들어, 5%의 성과급 증가는 자신의 총 임금에 비해 상대적으로 작게 보일 수 있다. 둘째, 현재의 임금 인상은 생계비 증가나 전반적인 시장 조정과 같은 성과 외에 다른 요인에 의해 영향을 받을 수 있다. 셋째, 조직이 임금을 삭감하는 경우는 드물기 때문에 임금 수준은 성과급에 비해 차이가 덜 나는 경향이 있다. 보너스는 관리자들에게 결과의 분배에 더 많은 유연성을 준다. 만약 조직이 잘 되어가고 있다면, 구성원들의 기여에 대해 보상하기 위한 보너스가 상대적으로 더 나을 수 있다. 하지만 임금 인상과 달리 조직의 실적이 부진할 때는 보너스 수준을 낮출 수 있다. 전반적으로 보너스 제도는 성과에 따라 직접적이고 배타적으로 지급될 수 있기 때문에 임금 인상보다 동기부여 효과가 더 크다.

동기부여 이론에서 얻은 교훈과 일관되게, 보너스는 성과에 직접 연계될 수 있으며 매사추세츠주(Massachusetts) 캠브리지(Cambridge) 지역의 환경 컨설팅 회사인 그라디언트(Gradient Corporation)와 같이 연도별로 그리고 구성원마다 서로 다르다. 보너스를 성공적으로 사용하는 또 다른 회사는 누코르(Nucor Corporation)이다. 누코르의 구성원들은 다른 철강회사의 구성원들보다 훨씬 더 생산적이다. 아마도 기본급의 130%-150%를 성과와 품질에 연계된 보너스를 받을 수 있기 때문일 것이다. 2007-2009년 경기 침체 동안 누코르는 다른 여러 회사들과 마찬가지로 고군분투했고 구성원들에 대한 보너스는 상당히 떨어졌다. 그러나 누코르의 관리자는 비용을 절감하고 구성원들을 유지보수 활동 및 안전 매뉴얼을 담당하도록 하며 외주 업체가 수행하던 작업(예: 특수 부품 생산 및 잔디깎기 작업)을 수행하도록 함으로써 직원 해고를 피하였다.

종업원주식옵션 특정기간 또는 특정조건 하에서 특정가격으로 기업주식을 매입할 수 있는 권리를 부여하는 금융상품

임금 인상과 보너스를 받는 것 외에도, 최고경영자와 경영진에게 때때로 **종업원주식옵션(Employee stock option)**이 주어진다. 종업원주식옵션은 보유자가 일정 기간 또는 특정 상황에서 특정 가격으로 기업의 주식을 매입할 수 있는 권리를 부여하는 금융상품이다. 예를 들어, 임금 외에도 주식선택권은 고위직 관리자들을 끌어들이기 위해 사용된다. 행사가격은 보유자가 주식을 매입할 수 있는 주식가격이며, 수령조건은 보유자가 실제로 행사가격으로 주식을 매입할 수 있는 시기를 명시한다. 옵션의 행사가격은 일반적으로 부여일의 주식 시장가격과 동일하게 설정되며, 수령조건은 관리자가 옵션을 행사할 수 있기 전에 12개월 동안 조직에서 일해야 하거나 일부 성과목표를 충족해야 한다고 명시할 수 있다. 첨단 기술 회사들과 신생 기업(start-ups)들에서는 주식옵션이 조직의 여러 직급의 구성원들에게 비슷한 방식으로 사용된다.

동기부여 관점에서 보면 주식옵션은 과거의 개인실적을 보상하기 위해 많이 이용되는 것이 아니라 회사 전체의 이익을 위해 미래에 일하도록 동기부여하기 위해 사용된다. 이는 현재 주가에 발행된 주식옵션이 미래에 가치가 있으려면 이후에 기업이 잘 하고 주가가 높이 평가되어야 하기 때문이다. 따라서 구성원들에게 주식옵션을 주는 것은 그들이 시간이 지남에 따라 조직의 실적을 향상시키는데 도움을 줄 수 있도록 격려하는 것이다. 한편 첨단기술 신생기업과 온라인 기업에서 주식옵션은 종종 대기업과 같은 유망한 직장을 그만두고 창업을 하도록 동기부여해 왔다. 1990년대 후반과 2000년대 초, 많은 닷컴 회사들은 회사가 사업을 중단하거나 저조할 실적을 보여 주식옵션이 가치가 없을 뿐만 아니라 구성원들은 실직 상태라는 것을 보여주었다. 불행하게도 주식옵션은 비윤리적인 행동도 초래했다. 예를 들어, 개인들은 주식옵션의 가치를 높이기 위해 회사 주식의 가치를 인위적으로 부풀리려고 한다.

성과급제 사례

관리자는 구성원들이 수행하는 업무와 기타 고려사항에 따라 여러 가지 성과급 계획 중에서 하나를 선택할 수 있다. 관리자들은 개인별 성과급인 **생산량에 따른 지급**(*piece-rate pay*)을 통해 텔레비전, 컴퓨터 부품, 용접된 자동차 부품 등 각 구성원별로 생산한 숫자에 근거하여 지급한다. 링컨 일렉트릭(Lincoln Electric)의 관리자들은 개인들의 임금 수준을 결정하기 위해 생산량에 따른 성과급을 사용한다. 정보기술의 발전은 다양한 산업에서 생산량에 따른 지급체계를 단순화시켰다.

개인별 성과급 중 하나인 **커미션**(*commission pay*)을 사용하여 관리자들은 매출의 일정 비율을 기준으로 성과급을 산정한다. 부동산 회사 리맥스인터내셔널(RE/MAX International Inc.)의 관리자들은 매출액의 일정 비율을 대리인의 커미션 성과급으로 사용하다. 네이만 마커스(Neiman Marcus) 같은 일부 백화점들은 영업사원들을 위해 커미션 성과급을 사용한다.

조직 기반 성과급의 예로는 **스캔론 플랜**(*Scanlon Plan*)과 **이익배분제**(*profit sharing*)를 들 수 있다. 스캔론 플랜(1920년대 철강 및 주석 공장의 노동조합 위원장 Joseph Scanlon에 의해 개발됨)은 지출을 절감하거나 비용을 절감하는 데 초점을 맞추고 있다. 조직의 구성원들은 특정 기간 동안 달성한 비용 절감의 비율이 구성원들에게 분배되기 때문에 비용 절감 전략을 제안하고 실행하고자 한다. 이익분배제의 경우 구성원들은 조직 이익의 몫을 받는다. 관리자들은 특정한 종류의 성과급에 관계없이 항상 임금을 조직목표 달성에 기여하는 행동과 연결시키기 위해 노력해야 한다.

일본 대기업에 있는 관리자들은 연공서열 기준 보상을 선호하였으므로 오랫동안 성과급을 회피해 왔다. 그러나, 점점 더 많은 일본 기업들이 동기부여의 이점 때문에 성과급을 채택하고 있다. 이런 기업들 중에는 사이트 디자인(SiteDesign), 토키오 해상 화재 보험(Tokio Marine and Fire Insurance), 무역업에서 히쇼 이와이(Hissho Iwai)가 있다.

요약 및 리뷰

동기부여의 본질 동기부여는 사람 내부의 심리적 힘으로 조직에서 사람의 행동방향, 노력 수준과 지속성 수준을 포함한다. 관리자들은 사람들이 자신의 투입을 조직에 기여하도록 동기부여하고, 이러한 투입을 높은 성과의 방향으로 집중시키며, 사람들이 높은 성과를 이루었을 때 그들이 원하는 결과를 받도록 하기 위해 노력한다. [학습목표 9-1]

기대 이론 기대이론에 따르면, 관리자는 조직에서 높은 수준의 동기부여를 촉진하기 위해 높은 기대(사람들은 만약 자신이 노력하면 높은 수준에서 성과를 낼 수 있다고 생각), 높은 수단성(사람들은 높은 성과를 달성하게 되면 특정한 결과를 얻을 것이라고 생각), 그리고 높은 유인가(사람들의 원하는 결과)를 명확히 한다. [학습목표 9-2]

욕구이론 욕구이론은 구성원들에게 동기를 부여하기 위해, 관리자들은 사람들이 조직에서 만족하려는 욕구가 무엇인지 확인하고, 높은 수준에서 조직효과성에 기여할 때 이러한 욕구를 만족시키는 결과를 받을 수 있도록 해야 한다. [학습목표 9-3]

공정성이론 공정성이론에 따르면 관리자들은 사람들이 조직에서 공정하다고 인식하거나 또는 자신의 투입에 비례하여 결과가 분배된다는 것을 인식하게 함으로써 높은 수준의 동기부여를 촉진할 수 있다. 공정성은 자신의 결과-투입 비율이 준거대상의 결과-투입 비율과 같다는 것을 인식할 때 나타난다. 불공정성은 사람들이 공정성을 회복하도록 동기부여 한다. 공정성 이론은 분배적 공정성 이론으로 분배적, 절차적, 대인관계, 정보적 공정성이 모두 높은 것이 가장 유리하다. [학습목표 9-2]

목표설정이론 목표설정이론은 관리자들이 사람들을 구체적이고 어려운 목표를 달성하기 위해 노력하도록 함으로써 높은 동기부여와 성과를 촉진할 수 있다는 것을 제시하고 있다. 사람들이 목표를 받아들이고, 몰입하며, 그들이 어떻게 하고 있는지에 대한 피드백을 받는 것은 중요하다. [학습목표 9-3]

학습이론 작동적 조건화 이론은 관리자들이 긍정적 강화나 부정적 강화(긍정적인 강화가 선호되는 전략)를 사용함으로써 사람들이 높은 성과를 낼 수 있도록 동기부여할 수 있다는 것을 제시하고 있다. 관리자들은 사람들에게 소거나 처벌을 통해 역기능적 행동을 하지 않도록 동기부여 할 수 있다. 사회적 학습이론은 다른 사람들이 어떻게 행동하고 보상을 받는지를 관찰하고, 자기 강화 그리고 높은 수준의 자기효능감을 통해 동기부여 된다는 것을 제시하고 있다. [학습목표 9-4]

임금과 동기부여 이 장에서 설명된 각각의 동기이론은 임금의 중요성을 설명하고 있으며 임금은 성과에 기초해야 한다고 제시하고 있다. 성과급은 개인, 집단 또는 조직에 기반 할 수 있으며 임금 인상이나 보너스를 사용할 수 있다. [학습목표 9-5]

Management *in Action*

Topics for Discussion and Action

토의

1. 비슷한 능력을 가진 두 사람이 높은 수준에서 수행될 수 있는 기대가 매우 다를 수 있는 이유를 토론한다. [학습목표 9-2]
2. 관리자가 성과에 따라 결과를 분배 할 때에도 왜 어떤 사람들은 성과가 낮은지 설명한다. [학습목표 9-2]
3. 교수들이 학생들에게 동기를 부여하기 위해 어떻게 공정성을 촉진하는지 분석한다. [학습목표 9-2]
4. 목표가 어려운지를 결정하기 위해 관리자가 사용할 수 있는 세 가지 기술이나 절차를 기술한다. [학습목표 9-3]
5. 관리자가 항상 부정적 강화 대신 긍정적 강화를 사용해야 하는 이유를 논의한다. [학습목표 9-4]

실행

6. 같은 종류의 직업을 가진 세 사람(예: 판매직원, 남자 웨이터/여자 웨이터, 또는 교사)을 인터뷰하고, 각자가 직장에서 어떤 종류의 욕구를 충족시켜야 하는지 결정한다. [학습목표 9-3]
7. 당신이 속한 커뮤니티에 있는 관리자를 인터뷰하여 관리자가 대리 학습을 활용하여 부하들의 높은 동기를 촉진하는 정도를 결정한다. [학습목표 9-3]

Building Management Skills

동기부여 진단 [학습목표 9-1, 9-2, 9-3, 9-4]

졸업 후에 당신이 얻고 싶은 이상적인 직업을 생각해 보라. 일, 보고하고 싶은 관리자, 그리고 당신이 일하고 있는 조직의 종류를 설명하라. 그런 다음 다음의 질문에 답을 하라.

1. 일에 대한 당신의 기대와 수단성 수준은 어떻게 되는가? 어떤 결과가 당신에게 높은 유인가를 가지는가? 당신의 관리자가 당신의 기대, 수단성, 그리고 유인가에 영향을 미치기 위해 어떤 조치를 취할 것인가?
2. 일의 준거대상은 누구인가? 당신이 공정하게 대우받고 있다고 느끼도록 당신의 관리자는 어떤 조치를 취하겠는가? 만약 당신이 직장에서 1년을 보낸 후, 과소보상 불공정성을 경험한다면 어떻게 할 것인가?
3. 당신은 이 일에서 어떤 목표를 달성하기 위해 노력하겠는가? 그 이유는 무엇인가? 당신의 목표를 결정하는데 있어서 당신의 관리자는 어떤 역할을 할 것인가?
4. 일을 만족시키기 위해 어떤 노력이 필요한가? 왜 그런가? 당신의 관리자는 당신의 이러한 요구를 충족시키는데 어떤 역할을 할 것인가?
5. 당신의 관리자는 일에서 어떤 행동을 긍정적으로 강화할 것인가? 그 이유는 무엇인가? 당신의 관리자는 어떤 긍정적인 강화요인들을 사용하겠는가?
6. 일에 있어서 대리 학습이 있는가? 왜 그런가? 또는 왜 그렇지 않은가?
7. 이 일이 자기통제에 의해 어느 정도까지 동기부여를 받겠는가? 그 이유는 무엇인가?
8. 일에 대한 자기효능감은 어느 정도인가? 왜 자기효능감이 이 정도 수준인가? 당신의 관리자는 당신의 자기효능감을 높이기 위한 조치를 취해야 하는가? 만약 그렇지 않다면, 왜 아닌가? 만약 그렇다면 조치들은 무엇인가?

Managing Ethically [학습목표 9-5]

때로는 임금이 성과에 따라 결정되기 때문에 구성원들에게 스트레스를 준다. 판매목표를 달성하지 못하면 주택 담보 대출 또는 집세를 낼 수 없다는 사실을 알고 있는 판매직원을 상상해 보라.

질문

1. 개인적 또는 집단적이든 임금을 성과와 밀접하게 연계시키는 윤리적 의미를 생각해 보자.
2. 조건부 임금을 받아야 하는 상황 하에서 가장 스트레스를 받을 수 있는데 관리자들은 부하들이 효과적으로 업무를 수행하도록 돕고 과도한 스트레스를 경험하지 않도록 하기 위해 어떤 조치를 취할 수 있는가?

Small Group Breakout Exercise [학습목표 9-1, 9-2, 9-3, 9-4, 9-5]

동기부여 증가

3~4명으로 팀을 구성하고 과제를 발표할 팀장을 임명한 다음 시나리오에 따라 토론하시오.

당신과 당신의 파트너들은 어느 지역에서 15개의 세탁소를 운영하고 있다. 여러분 모두는 최근에 표면화된 고객 서비스 문제에 대해 걱정하고 있다. 여러분 중 누구라도 하루 또는 일부의 시간을 특정 세탁소에서 보내면 얼룩을 제거하는 구성원들은 옷에서 모든 얼룩을 제거 하고, 다림질을 하는 구성원들은 실크 블라우스 같은 어려운 옷들을 잘 다리는 것과 같이 훌륭한 고객 서비스를 제공하는 것처럼 보인다. 하지만 방문 기간 중 고객들은 여러분에게 얼룩이 제거되지 않고, 이전의 일부 옷에서 다림질이 잘 되지 않았다고 불평한다. 실제로, 몇몇 고객들은 옷을 다시 맡기기 위해 가져 왔다. 또한 고객들은 이전 세탁소를 방문했을 때 너무 오랜 기간 동안 서비스를 기다렸다고 말하였다. 당신과 당신의 파트너들은 이 문제를 해결하기 위해 오늘 만날 것이다.

1. 당신의 세탁소에서 동기부여 문제가 있다고 믿는 정도에 대해 토론하라.
2. 본 장에서 배운 내용을 고려하여, 구성원들이 세탁소 주인의 감시를 받지 않을 때에도 고객에게 신속한 서비스를 제공할 수 있도록 높은 동기부여 계획을 설계하라.
3. 주인의 감시를 받지 않을 때에도 얼룩을 제거하는 구성원이 얼룩을 최대한 많이 제거하도록 높은 동기부여 계획을 설계하라.
4. 다림질 하는 구성원에게 아무리 어려운 일이 있어도 최고로 잘 다리도록 동기를 높일 수 있는 계획을 설계하라.

Be the Manager [학습목표 9-1, 9-2, 9-3, 9-4, 9-5]

당신은 대형 식품회사에서 다양한 과자 제품에 대해 마케팅 분석을 하는 팀을 관리한다. 팀원들은 최근에 경영학 또는 인문학 학사 학위를 받았고, 1년에서 3년 정도 업무경력이 있다. 팀원들이 해야 할 업무는 경쟁자를 포함한 각 제품의 시장 분석, 현재 마케팅 주도 추적, 향후 마케팅 캠페인 계획 등이 포함된다. 또한 그들은 제품에 대한 분기별 판매 및 비용에 관한 보고서와 다음 3분기 까지 예상되는 예산 보고서도 준비해야 한다. 이러한 보고서를 준비하기 위해서는 제품에 할당된 재무 및 회계 분석가로부터 자료를 수집해야 한다.

팀원들이 처음 일을 시작했을 때, 당신은 각 팀원들에게 무엇을 해야 하는지, 어떻게 해야 하는지 설명하고 적시에 보고서를 만들어야 한다는 것을 강조했다. 보고서를 준비하는 것은 지루할 수 있지만, 팀원들이 미리 계획하고 충분한 시간을 할당한다면, 당신은 그 일이 꽤 간단하고 쉽게 달성된다고 생각한다. 보고서 제출 시간이 다가오면, 당신은 이메일을 통해 팀원들에게 보고서 제출을 상기시키고 팀 회의에서 정확하고 시기적절한 보고서의 필요성을 강조한다.

당신은 팀원들의 여러 업무 중 보고서 작성 보다 더 간단한 것은 없다고 믿는다. 그러나 매 분기 말에 대부분의 팀원들은 하루나 이틀 늦게 보고서를 제출하고, 더 나쁜 것은, 당신 자신의 상사(보고서가 최종적으로 주어지는 사람)가 종종 정보가 누락되고 때로는 보고서가 오류가 있다고 하는 것이다. 일단 당신은 이 문제로 당신의 상사를 실망시키지 않기 위해 일을 빨리 해결하는 것이 좋다고 결정했다. 당신은 팀원들을 만나서 문제를 설명하고, 하루나 이틀 일찍 보고서를 제출하라고 말했으며 팀원들에게 스스로 자신의 행동을 가다듬을 필요가 있다고 강조하였다. 불행하게도, 상황은 많이 나아지지 않았고 당신은 보고서를 작성하는데 점점 더 많은 시간을 보내고 있다. 당신은 어떻게 할 것인가?

Bloomberg Case in the News [학습목표 9-1, 9-2, 9-3, 9-4]

훈련 일

저자: 캐롤 히모위츠(Carol Hymowitz)

루이스빌(Louisville)지역 자동차 정비사인 제임스 마이클 로그손(James Michael Logsdon)은 2015년 회사가 문을 닫았을 때 40년 동안 교육시설에 가지는 않았지만 뭔가 새로운 것을 배우고 싶어했다. 그는 학생들에게 교육과 훈련 과정을 제공하고 미래의 고용주와 연결하는 지역 직업-서비스 단체인 켄터키아나웍스(KentuckianaWorks)에서 공장 근로자들을 위한 무료 프로그램에 등록했다. 5주 동안 그는 공인생산기술자(CPT: certified production technician) 교육을 받았고 몇 주 후에 스웨덴의 도구 및 장비 제조업체인 아틀라스 콥코 AB(Atlas Copco AB)에 취업하였다. 자동차업체와 장비 제조업체에서 사용하는 도구를 수리하는 로그손(59)씨는 "면접이 길었지만, 수강했던 과정에 대해 이야기하고 성적표를 보여 주고 나서야 비로소 그들이 나를 원하는 것을 알게 됐다"고 말했다.

도널드 트럼프는 해외에서 미국으로 일자리를 다시 가져오겠다고 약속하지만 많은 공장 근로자들은 세계화보다는 기술 부족으로 더 큰 상처를 받고 있다. 숙련되지 않은 조립 라인들은 컴퓨터, 정보 기술 또는 기타 기술적 지식을 필요로 하는 이른바 고급 제조업으로 대체되었다. 디트로이트(Detroit), 루이스빌, 그랜드 래피즈(Grand Rapids), 미시건(Michigan), 그리고 다른 제조업 중심 지역에서, 많은 경영자들은 그러한 기술을 가진 근로자들을 찾을 수 없다.

"제조업은 여기에 있고 수가 늘어나는데, 고등학교 졸업 후 공장에 그냥 나타나서는 더 이상 채용되지 않습니다. 특화된 훈련과 인증이 필요합니다"라고 제조업, 의료 및 기타 중산층 직업에 대한 교육을 지원하기 위해 2억 5천만 달러를 켄터키아나웍스에 제공한 JP모건체이스(JP Morgan Chase & Co.)의 인사담당 책임자인 챈시 렌논(Chauncy Lennon)은 말하였다. 켄터키아나웍스의 다른 자금 제공자들로는 루이스빌 재개발 당국(Louisville Redevelopment Authority), 미국 노동력 문제해결 기금(NFWS: National Fund for Workforce Solutions), 그리고 몇몇 재단들이 있다.

워싱턴(Washington)에 본사를 둔 싱크탱크인 제조업 연구원(Manufacturing Institute)과 딜로이트 LLC(Deloitte LLC)의 2015년 연구에 따르면 베이비붐 세대가 은퇴하고 경제성장이 취업기회를 촉진함에 따라 향후 10년간 340만 개의 제조업 일자리가 창출될 것으로 예상하였다. 그러나 기술 격차로 인해 200만 개의 일자리는 채워지지 않을 수 있다. 기초수학과 문제해결뿐 아니라 컴퓨팅과 기술력이 가장 부족한 것으로 조사됐다. 조사 대상 미국 임원 450명 중 80% 이상이 기술 격차가 고객 수요에 부합하는 능력에 영향을 미칠 것이라고 답했고, 78%는 신기술 사용과 생산성 향상을 더 어렵게 할 것이라고 답했다.

32개 직업 훈련프로그램을 운영하는 비영리단체인 미국 노동력 문제해결 기금의 프레드 데드릭(Fred Dedrick) 회장은 "1분당 300개의 허쉬 초콜릿 키스를 포장하고 있다면 로봇의 사용법을 알아야 하고 작은 의료기기 부품을 만들고 있다면 메카트로닉스를 이해해야 한다"고 말했다. 전국에 걸쳐 그는 "일부 대기업은 폐업하고 폐허를 남겼지만 제조업에 기회가 없다는 말은 부정확하다"고 말한다.

훈련 커리큘럼이 경영자들의 요구를 충족시키도록, 연간 약 70만 달러의 예산을 가지고 있는 켄터키아나웍스는 5주 CPT 과정과 기본 2주 버전이라는 두 가지 훈련 프로그램 설계를 위해 카디날 알루미늄(Cardinal Aluminum), 포드 자동차(Ford Motor), 켈로그(Kellogg)를 포함한 국내 제조업체를 합류시켰다. 두 프로그램 모두 집중적이며 훈련 받은 사람들은 18-60세이다. 한 가지 일을 끝까지 하는 사람은 56%에 불과하지만, 대개 일을 하는 사람은 빨리 일자리를 구한다. 훈련 개시일인 2014년 이후 협력업체에 채용된 졸업생은 973명으로 시간당 평균 13달러 안팎의 임금을 받고 있다. 켄터키아나웍스의 신디 리드(Cindy Read)는 "대부분은 초급 생산직이지만, 훈련을 하고, 자격을 얻고 그런 다음 기꺼이 배우고자 한다면 빨리 승진할 수 있습니다."

상업용 지붕 제품과 난방, 환기, 냉방 장치를 만드는 350명의 구성원을 둔 금속 제조업체 KCC 코스(KCC Cos)의 경우도 그렇다. 이 회사는 지난 1년 동안 10명의 켄터키아나웍스 졸업생들을 고용했다. "그들이 받은 기본적인 훈련은 그들을 다른 신입사원 후보들과 차별화시키고, 그들이 채용되면 우리는 그들의 지식을 넓힐 수 있습니다."라고 KCC의 채용 담당자인 마이클 코프(Michael Kopp)는 말한다. 그는 매 코스의 최소 한 세션에 참석해 연습생들을 만나 회사에 대해 이야기를 나눈다. 코프는 강사들과도 연락을 취하고 있다. 그는 "우리가 고용한 모든 사람들이 일을 잘 해낸 것은 아니지만, 이 훈련생들을 고용한 우리의 유지 성공률은 다른 기업들보다 높다"고 말한다.

아틀라스 콥코에서 일하는 전직 자동차 정비사 로그손은, 작은 가족이 운영하는 자동차 정비소에서 일자리를 잃은 후 훈련을 시작했을 때 컴퓨터에 문외한이었다. 커리큘럼은 온라인으로 되어 있는데 그는 컴퓨터로 일을 한 적이 없었는데 윈도우와 엑셀을 빨리 배워야 했다. 수업은 오전 8시부터 오후 5시까지 진행되었고, 매주 금요일마다 시험이 있었다. "나는 CPT 자격기준 보다 더 많은 점수를 받았다. 나는 자신감을 얻었고, 멘토링 했으며, 이력서를 쓰는 것을 도왔다"고 그는 말한다. 처음에 로그손의 이력서를 온라인에서 발견한 아틀라스 콥코는 그가 정비사로 일할 때 받는 임금보다 30% 적은 시간당 17달러 50센트의 임시직 수리 업무를 제시했다. 그럼에도 그는 "우리 자신의 문제를 해결하라"고 말하는 성장하는 회사에서 일할 기회에 뛰어들었다.

11월에, 로그손은 복리후생과 더불어 정규직 일자리를 제공받았다. 그는 할 수 있는 한 계속 일할 계획이다. 그는 "오전 5시부터 이곳에서 10시간씩 시간을 보냈다"면서 "직장에서 이보다 행복한 적은 없었다"고 말한다.

토론을 위한 질문

1. 켄터키아나웍스의 훈련은 구성원들의 내재적 동기 부여, 외재적 동기 부여 또는 둘 다에 기여할 수 있다고 생각하는가? 그 이유는?
2. 기대 이론의 관점에서 볼 때, 이 훈련은 어떻게 구성원들의 동기부여 수준을 높일 수 있나?
3. 이 훈련이 구성원들의 욕구를 만족시키는 데 어떤 도움이 되는가?
4. 이러한 훈련이 어떻게 사회적 학습 이론의 관점에서 동기부여를 촉진할 수 있는가?

10 리더와 리더십

학습목표

이 장을 학습한 후, 다음 내용에 답할 수 있어야 한다.

학습목표 10-1 리더가 효과적일 때 그리고 비효과적일 때 리더십은 무엇인지, 그리고 관리자가 효과적인 리더가 될 수 있는 권력의 원천을 설명할 수 있다.

학습목표 10-2 리더십과 가장 강력한 관계를 보여주는 특성, 관련된 리더 행동, 그리고 리더십의 특성과 행동 모델의 한계를 확인할 수 있다.

학습목표 10-3 어떻게 상황적 리더십 모델이 조직 내 효과적인 리더십과 관리에 대한 이해를 높일 수 있는지 설명할 수 있다.

학습목표 10-4 변혁적 리더십이 무엇인지 그리고 관리자가 이를 어떻게 관여할 수 있는지 설명할 수 있다.

학습목표 10-5 성별과 리더십의 관계를 확인하고 감정지능이 리더십 효과에 어떻게 기여할 수 있는지를 설명할 수 있다.

세일즈포스(Salesforce)의 공동창업자이자 CEO인 마크 베니오프(Marc Benioff)는 구성원들이 최선을 다하도록 하는 동시에 회사가 클라우드 컴퓨팅 혁신의 선두에 서도록 하는 효과적인 리더이다. ©lev radin/Shutterstock.com

MANAGEMENT SNAPSHOT

세일즈포스에서 혁신을 이끄는 베니오프

관리자는 어떻게 효과적으로 혁신적 조직을 이끌 수 있는가?

어느 면으로 보나, 세일즈포스의 이사회 의장이자 최고경영자인 마크 베니오프는 혁신적인 조직을 만들어내고 있다. 사실, 베니오프는 급성장하는 클라우드 컴퓨팅 분야의 선구자(visionary leader) 중 한 명이다. 클라우드 컴퓨팅은 인터넷을 통해 소프트웨어, 서비스, 데이터 관리 및 저장공간을 제공한다. 세일즈포스는 1999년 베니오프가 주문형(on demand) 소프트웨어 및 정보 관리 시스템에 대한 비전을 가지고 설립하였으며, 가입한 회사에 클라우드 컴퓨팅을 통한 고객관계관리 소프트웨어와 애플리케이션을 제공한다. 세일즈포스는 클라우드 컴퓨팅을 통해 기업에게 자사의 매출액, 고객과의 관계, 회계, 자료관리 및 저장, 그리고 회사 내의 의사소통을 효과적으로 관리할 수 있는 도구를 제공한다. 세일즈포스(Salesforce)는 델(Dell), 시스코(Cisco), 구글(Google), NBC 유니버설(NBC Universal), 뱅크 오브 아메리카(Bank of America), 일본정부에 이르는 10만 명 이상의 가입자를 보유하고 있다. 세일즈포스는 가입자가 의사소통과 비즈니스 활동을 관리하기 위해 소프트웨어를 구입, 설치, 업그레이드, 유지 관리해야 하는 대신 클라우드 컴퓨팅이 적용된 인터넷을 통해 소프트웨어, 의사소통 도구, 자료 관리 및 저장공간에 접근(access) 할 수 있도록 한다. 세일즈 포스의 성장 궤적은 주목할 만하다. 세일즈포스의 2017년도 매출은 83억 9천만 달러로 2016년에 비해 26%나 증가했다.

전 세계적으로 10,000명 이상의 직원과 100,000명 이상의 고객을 보유한 세일즈포스는 모바일, 소셜 및 클라우드 기술을 사용하여 고객에게 더욱 잘 서비스하는 사회적 기업 지향의 선두 기업이다. 세일즈포스는 가입자(또는 고객)에게 다양한 종류의 소셜 네트워크에 접근할 수 있도록 하여 구성원들 간에 내부적으로, 그리고 고객과 외부적으로 정보, 의사소통 및 조정을 촉진한다. 예를 들어, 세일즈포스 챗터(Chatter)는 회사 구성원들이 내부적으로 사용하기 위해 페이스북과 유사한 소셜 네트워킹 애플리케이션(또는 앱)이다. 컴퓨터와 모바일 기기, 뉴스 피드 및 그룹에서, 모든 구성원들은 앱을 통해 서로 의사소통하고, 보고서를 작성하고, 협력하며, 새로운 아이디어에 대한 피드백을 얻고, 실시간으로 데이터 분석을 수행할 수 있다. 세일즈포스 내에서 일부 집단은 다양한 기능 및 계층의 구성원들을 모아 자신의 업무 경험에 대한 생각과 아이디어를 공유한다.

임파워먼트를 신봉하는 베니오프는 영업부서 내부에서 챗터를 사용하여 구성원들에게 권한을 부여하고, 모든 구성원들에게 회사의 다른 부분에서 무슨 일이 일어나고 있는지 알려준다. 매일 세일즈포스의 구성원들은 그들의 신원을 공개한 채로 챗터에 등록한다. 따라서, 게시물은 통제하지 못하는 반면, 실시간 통신을 위한 이 공개 포럼은 확실히 협력과 혁신을 촉진한다. 세일즈포스가 챗터를 개발하고 채택한 후, 관리자들은 내부 이메일이 약 30% 더 적게 전송되고 있다는 것을 발견했다. 챗터는 구성원과 경영자 모두에게 회사에서 일어나는 일에 대해 더 많은 정보를 주고 새로운 아이디어를 창출하는 데 도움을 주는 것 같다. 베니오프는 챗터가 리더로서 자신을 도왔다고 지적했다. 표현대로라면 "최근 3년간보다 챗터 사용을 통해 몇 달 만에 회사에 대해 더 많이 알게 됐다"고 했다. 챗터는 대부분의 세일즈포스 고객들에 의해 추가 요금 없이 사용된다.

베니오프는 소프트웨어 분야에서 35년 이상의 지식과 경험을 가지고 있다. 에너지와 자신감이 높은 그는 리더로서의 개인적 접촉이 요구될 때 이를 인정한다. 그 좋은 예로, 그가 어떻게 인적자원 응용 프로그램을 개발하는 캐나다 스타트업인 라이플(Rypple)을 인수하여 관리했는지 생각해 보자. 라이플은 뉴욕(New York City)에서 베니오프와 같은 컨퍼런스에서 연설하던 다니엘 디보우(Daniel Debow)와 데이비드 스타인(David Stein)에 의해 설립되었다. 베니오프는 이미 이 커플과 라이플 인수 가능성에 대해 여러 차례 논의했지만, 회의 전날 밤 베니오프는 디보우와 스타인을 맨해튼(Manhattan)에 있는 자신이 가장 좋아하는 이탈리아 레스토랑 중 한 곳으로 데려갔다. 회의 일정이 끝난 다음 날 베니 오프는 2번가 델리에서 디보우(스타인이 잡기 위해 비행편을 이용했다)를 데리고 갔다. 두 사람은 사업에 대해 이야기하기보다는 그냥 가벼운 대화를 나눴을 뿐이다. 자신이 설립한 회사를 인수할 회사의 최고경영자와 좋은 관계를 맺는 것은 분명히 디보우와 스타인에게 큰 의미가 있었다. 비록 그들이 세일즈포스의 경쟁자들 중 한 명으로부터 더 나은 제안을 받았음에도 불구하고, 그들은 세일즈포스가 라이플 인수를 위해 제안한 6천만 달러에 응하기로 결정했다. 디보우의 표현대로, "거래 조건뿐만 아니라 기업 문화까지… 우리는 다른 최고경영자를 거의 만나지 못했다. 우리들은 그들 가족의 일부가 될 수 있었다."

베니오프와 세일즈포스의 다른 관리자들은 구성원들을 동기부여 하기 위해 많은 노력을 한다. 그리고 그들은 잘 된 일에 대해 감사와 보상제공을 신뢰한다. 예를 들어, 판매 할당량을 달성한 모든 판매직원들은 하와이 마우이로 2박 3일의 여행으로 보상을 받는다. 거의 65%의 판매직원들이 할당량을 충족하고 여행 보상을 받는다. 베니오프의 표현대로 "대부분의 기업들은 매출담당자의 상위 10%에서 20%만 포상하지만, 그 전략은 높은 수익을 거두지 못한다. 상위권 구성원들에 대한 사기는 하늘을 찌를 듯이 높지만, 인정받지 못하는 사람들의 80%에서 90%는 잔인할 정도로 낮다."

중요한 것은, 베니오프도 지역사회에 환원하고 자원봉사를 하는 것에 대해 관심을 기울이고 있다는 것이다. 세일즈포스는 구글과 같은 다른 회사들에서 실시하고 있는 "1/1" 제도를 시작했는데, 기본적으로 세일즈포스는 구성원들의 유급 근무일의 1%를 자원봉사 활동(일인당 연간 6일)을 하며 소규모 비영리단체에 기부한다. 게다가, 세일즈포스가 기업공개 후 상장회사가 되었을 때 세일즈포스 재단에 주식의 1%를 적립했다. 이 재단은 구성원들이 자원봉사에 관심이 있는 분야들인 빈곤, 교육, 청년, 혁신, 그리고 다른 분야들을 중심으로 한 프로그램과 주도하는 사람에게 보조금을 주는 것에 초점을 맞추고 있다. 또한 재단은 대규모 비영리 단체와 고등 교육 기관들의 세일즈포스 가입비를 80% 할인된 가격으로 판매함으로써 그들의 의사소통 노력을 향상시키는 데 도움을 주고, 재단은 가입자들을 유지한다. 흥미롭게도, 구성원들이 프로젝트에 자원할 때, 그들은 가치 있는 일을 함으로써 성취감을 가질 뿐만 아니라, 동료들과의 동료애와 협동심을 증가시킨다. 전반적으로, 베니오프는 효과적으로 세일즈포스를 이끄는 동시에 그의 회사와 구성원들이 그들이 운영하는 지역사회에 환원하도록 보장하고 있다.

개요

학습목표 10-1

리더가 효과적일 때 그리고 비효과적일 때 리더십이 무엇인지, 그리고 관리자가 효과적인 리더가 될 수 있는 권력의 원천을 설명할 수 있다.

마크 베니오프는 효과적인 리더십의 많은 측면을 보여준다. 제1장에서 우리는 관리자의 4대 주요 업무 중 하나가 리딩/주도(leading)라고 설명했다. 그러므로, 리더십이 효과적인 관리의 핵심 요소라는 것은 놀랄 일이 아니다. 리더가 효과적일 때 부하나 추종자들은 높게 동기부여 되고 몰입되며 높은 성과를 낸다. 리더들이 비효과적일 때, 그들의 부하들은 그들의 능력에 부응하지 못하고, 동기부여 되지 못하며 불만족스러울 가능성이 있다. 마크 베니오프는 조직의 최고 위치의 리더이지만 리더십은 최고경영층, 중간관리층, 일선관리층 등 모든 조직수준에서 관리적 성공의 중요한 요소다. 또한 리더십은 큰 조직, 작은 조직 모두에서 관리적 성공의 핵심 요소다.

이 장에서 우리는 리더십이 무엇인지 설명하고 효과적인 리더가 되는 데 기여하는 요소들을 조명하는 주요 리더십 모델을 검토한다. 우리는 리더가 어떤 사람이고 무엇을 하는지에 초점을 맞춘 특성 및 행동 모델과 상황 모델을 살펴본다. 피들러의 상황 모델, 경로-목표 이론, 리더 대체 모델 각각에서 리더를 둘러싼 복잡성과 상황요인의 역할을 고려한다. 또한 우리는 관리자들이 그들의 조직에 극적으로 영향을 미치는 변혁적 리더십을 어떻게 활용할 수 있는지에 대해서도 설명한다. 이 장의 끝에서, 당신은 효과적인 리더가 되기 위해 직면하는 여러 요소와 문제에 대해 이해하게 될 것이다.

리더십의 본질

리더십이란 다른 사람에게 영향력을 행사하고, 그들의 활동들에 영감을 불어넣고, 동기부여하고, 지시함으로써 집단이나 조직의 목표를 달성하는 과정을 말한다. 그런 영향력을 행사하는 사람이 **리더**다. 리더가 효과적일 때, 리더가 다른 사람들에게 행사하는 영향력은 집단이나 조직의 성과 목표 달성을 돕는다. 리더가 비효과적일 때, 리더의 영향력은 목표 달성에 기여하지 않으며 종종 목표 달성을 저해한다. "Management Snapshot"에서 명확하게 제시한 바와 같이 마크 베니오프는 세일즈포스의 구성원들이 세일즈포스의 목표를 달성하도록 그들에게 영감을 불어넣고 동기를 부여하기 위한 여러 조치들을 취하고 있다.

리더십 다른 사람들에게 영향력을 행사하고, 그들의 활동들에 영감을 불어넣고, 동기부여하고, 지시함으로써 집단이나 조직의 목표를 달성하는 과정

리더 다른 사람들에게 영향력을 행사하여 집단이나 조직 목표를 달성하는 데 도움을 줄 수 있는 개인

효과적인 리더십은 성과 목표 달성을 촉진하는 것 외에도, 경쟁우위 확보, 윤리적 행동 촉진, 다양한 인력에 대한 공평하고, 공정한 관리를 포함하여 이 책에서 논의된 모든 도전과제를 충족시킬 수 있는 조직의 능력을 증가시킨다. 이러한 목표를 달성하기 위해 구성원들에게 영향력을 행사하는 리더들은 조직의 성공 가능성을 높인다.

리더십의 본질을 고려하여, 우리는 먼저 리더십 스타일과 어떻게 그것이 관리적 과제에 영향력을 미치는지 그리고 리더십 스타일에 대한 문화의 영향력을 살펴본다. 그런 다음 우리는 다양한 원천으로부터 나올 수 있는 리더십, **권력**의 핵심에 초점을 맞춘다. 마지막으로, 우리는 임파워먼트의 현대적 역동성과 그것이 효과적인 리더십과 어떻게 관련되는지를 고려한다.

개인적 리더십 스타일과 관리적 과제

관리자의 **개인적 리더십 스타일**—즉, 관리자가 다른 사람들에게 영향을 미치도록 선택하는 구체적인 방법—은 관리자가 계획, 조직화 및 통제에 접근하는 방법(다른 주요 관리 과업)을 형성한다. "Management Snapshot"에서 마크 베니오프의 개인적 리더십 스타일을 고려해 보면 그는 구성원들에게 권한을 주고, 고객을 위해 최선을 다하는 것을 강조하고, 잘 된 일에 대해 칭찬하고 보상하며, 개인적인 접촉이 필요할 때를 인식하고, 지역 사회에 환원하는 것에 관심을 기울인다.

모든 관리 계층과 모든 종류의 조직에서의 관리자들은 그들의 개인적인 리더십 스타일

을 가지고 있는데, 이것은 그들이 어떻게 부하를 이끌고 있는지 뿐만 아니라 그들이 다른 관리 업무를 어떻게 수행하는 지를 결정한다. 예를 들어, 미국 북동부의 세탁소 매장의 주인이자 매니저인 마이클 크라우스(Michael Kraus)는 리더십에 대한 실질적인 접근법을 취하고 있다. 그는 자신의 매장에 있는 15명의 구성원들에 대한 근무 일정과 업무 할당을 결정(조직화 과업) 할 수 있는 유일한 권한을 가지고 있으며, 스스로 모든 중요한 결정을 내리며(계획 과업) 구성원들의 성과를 면밀히 감시하고 임금 인상(통제 업무)을 통해 최고로 높은 성과를 창출한 사람에게 보상을 해준다. 크라우스의 개인적 리더십 스타일은 매장에서 효과적이다. 그의 구성원들은 대체로 동기부여 되었고, 실적이 뛰어나며, 만족스러워할 뿐만 아니라 매장 수익성은 높다.

효과적인 개인적 리더십 스타일을 개발하는 것은 조직의 모든 계층의 관리자들에게 도전이다. 이러한 도전은, 예를 들어 경기 침체나 고객 수요의 감소로 인해, 어려운 시기에 악화된다. 2000년대 후반의 경기침체는 많은 관리자들에게 이러한 도전을 제공했다.

리딩/주도가 관리의 4대 주요 과업 중 하나이지만, 관리자와 리더는 구별이 되는 경우가 많다. 관리자들은 원활한 기능을 수행할 수 있도록 목표 달성에 책임이 있는 절차와 프로세스를 수립하고 실행하는 구성원으로 간주된다. 반면에 리더들은 미래를 내다보고 조직을 위한 과정을 도표로 작성하며 신뢰와 상호 존중을 바탕으로 구성원들과의 관계를 유인, 유지, 동기부여, 영감을 부여하고 발전시킨다. 리더는 의미와 목적을 제공하고, 안정보다는 혁신을 추구하며, 구성원들이 조직의 비전을 달성하기 위해 함께 노력할 것을 자극한다.

개인적 리더십 스타일의 일부로서, 일부 리더들은 다른 사람들에게 봉사(serve)하려는 노력을 한다. AT&T에서 경영연구소 소장을 역임하고 1964년 은퇴한 로버트 그린리프(Robert Greenleaf)는 이런 리더들을 묘사하기 위해 글쓰기, 말하기, 컨설팅에 초점을 맞춘 제2의 삶을 시작하였다. **서번트 리더(servant leader)**는 무엇보다도 다른 사람들의 이익을 위해 봉사하는 일에 대한 욕구가 강하다. 서번트 리더들은 추종자들과 권력을 공유하고 추종자들의 가장 중요한 욕구가 충족되는지, 개인으로서 발전할 수 있는지, 복지(well-being)가 향상되는지, 그리고 사회에서 가장 부유하지 않은 사람들에게 관심을 기울이려고 노력한다. 그린리프는 그린리프 서번트 리더십 센터(Greenleaf Center for Servant Leadership: 이전에는 응용윤리 센터라 불림)라는 비영리 조직을 설립하여 타인에 대한 봉사, 권력 공유, 조직과 여러 이해당사자들 사이의 공동체 의식에 초점을 맞춘 리더와 리더십을 육성하였다. 일부 기업가들은 "윤리 행동"에서 설명한 대로 서번트 리더십을 개인적 리더십으로 통합하기 위해 노력한다.

서번트 리더 다른 사람을 위해 봉사하고 일하려는 욕구가 강한 리더

Ethics in Action

징거맨(Zingerman)에서 서번트 리더십

아리 와인즈위그(Ari Weinzweig)와 폴 사기나우(Paul Saginaw)는 1982년 미시간주(Michigan) 앤아버(Ann Arbor)에 징거맨이라는 상호의 델리카트슨(Delicatessen: 미리 조리된 고기, 치즈, 샐러드, 소시지 등을 파는 가게)을 설립했다. 음식 애호가인 와인즈위그와 사기나우는 전 세계의 전통적이고 이국적인 음식을 찾을 수 있으며, 맛있는 샌드위치를 만들어 주문하고, 올리브, 오일, 식초부터 치즈, 훈제 생선, 살라미까지 다양한 음식들을 선택할 수 있는 기쁨을 주었다. 사업이 성장함에 따라, 그리고 뛰어난 고객 서비스로 친밀한 분위기를 유지하기 위해, 와인즈위그와 사기나우는 델리(deli)에서 징거맨 사업 커뮤니티(Zingerman's Community of Business)라고 불리는 관련 사업의 공동체로 확장하였다. 기존 델리 외에도 징거맨 사업 커뮤니티에는 우편주문, 제과점, 급식, 크림 사업, 식당, 도매 커피 사업, 그리고 훈련 사업 등이 있으며 연간 약 4,500만 달러의 매출을 올리고 있다. 처음부터, 와인즈위그와 사기나우는 훌륭한 고객 서비스, 훌륭한 음식, 그리고 사람들과 지역 사회에 대한 몰입에 헌신했다.

사람들과 사회에 대한 몰입의 일환으로, 와인즈위그와 사기나우는 그들의 개인적인 리더

폴 사기나우(왼쪽)과 아리 와인즈위그는 징거맨에서 그들의 개인적인 리더십 스타일에 서번트 리더십을 통합했다. Courtesy of Zingerman's Community of Businesses

십 스타일에 서번트 리더십을 통합했다. 사업이 성장하고 번창함에 따라, 그들은 성공의 증가는 다른 사람들에게 봉사해야 한다는 더 큰 책임을 의미한다는 것을 깨달았다. 그들은 고객을 대하는 것처럼 구성원들을 대하기 위해 노력하고, 구성원들에게 성장과 발전을 위한 기회를 주었다. 그들은 또한 자신의 욕구나 원하는 것이 회사에 가장 좋은 것과 다를 때, 회사를 위해 가장 좋은 것을 해야 한다는 것도 깨달았다.

오늘날까지, 공동 창업자들은 구성원들에게 그들이 어떻게 구성원들을 도울 수 있고 무엇을 할 수 있는지 알려달라고 독려한다. 그리고 상호존중과 신뢰의 문화를 감안할 때, 구성원들은 그들의 리더들이 어떻게 자신들에게 봉사할 수 있는지에 대해 많은 다양한 방법으로 의사소통하는 것을 주저하지 않는다. 예를 들어, 와인즈위그가 징거맨의 로드하우스 레스토랑을 방문하였는데 때 마침 구성원들이 매우 바쁜 경우에, 구성원들은 와인즈위그에게 손님들을 대하거나 테이블을 치우는 것을 도와달라고 요청할 수도 있다. 그가 지적했듯이, "사람들은 항상 나에게 과제를 준다. 가끔 내가 노트 작성자야. 가끔은 내가 청소부일 때도 있고… 사람들이 엎지른 것을 무릎 꿇고 닦는 일도 있어."

와인즈위그와 사기나우는 지역 사회에 봉사하는 것에 대한 강한 의지를 가지고 있다. 징거맨은 굶주림을 없애고 가난한 사람들에게 음식을 나눠주기 위해 비영리 단체인 Food Gatherers를 설립했다. Food Gatherers는 현재 5천명 이상의 자원봉사자와 24명의 직원이 있으며 워시프노(Washtenaw) 지역 음식 은행(Washtenaw County Food Bank)을 책임지고 있는 독립적인 비영리 단체가 되었다. 징거맨 창립 20주년을 맞이하여 앤아버(Ann Arbor) 지역 13개 비영리단체는 "전체 지역사회를 먹여 살리고, 보호하며, 교육하고, 고양시키고, 영감을 부여해줘서 고맙다"라고 새긴 헌정판을 징거맨 델리카트슨 옆에 건립하였다. 와인즈위그와 사기나우의 리더십은 다른 사람들에게 봉사하는 것이다.

문화 간 상이한 리더십 스타일

리더십 스타일은 개인뿐 아니라 국가나 문화에 따라서 매우 다양하다는 증거도 있다. 일부 연구는 유럽의 관리자들이 일본과 미국 관리자들보다 더 인간주의적이거나 사람지향적인 경향이 있다고 제시하고 있다. 일본의 집단주의 문화는 개인보다는 집단에 중점을 두므로 개인의 성격, 욕구, 원하는 것의 중요성은 최소화된다. 미국의 조직들은 매우 이익지향적인 경향이 있고, 따라서 개인들의 필요와 욕구의 중요성을 과소평가하는 경향이 있다. 유럽의 많은 국가들은 일본보다는 개인주의적 관점을 가지고 있고 미국보다는 인간주의적인 관점을 가지고 있으며, 이것은 일부 유럽 관리자들이 일본이나 미국 관리자들보다 더 사람지향적이 되는 결과로 나타나고 있다. 예를 들어 유럽 경영자들은 구성원을 해고하는 것을 꺼리는 경향이 있으며, 해고가 절대적으로 필요할 때는 가능한 한 고통이 없도록 세심한 조치를 취한다.

또 다른 문화적 차이는 시간 개념(time horizon)에서 발생한다. 어느 한 나라의 관리자들은 종종 그들의 시간 개념을 달리하지만, 국가적인 차이도 있다. 예를 들어, 미국 조직들은 단기적인 이익지향성을 갖는 경향이 있다. 따라서, 미국 관리자들의 개인적 리더십 스타일은 단기적인 성과를 강조한다. 일본 조직들은 장기적 성장 지향성을 갖는 경향이 있어 일본 관리자들의 개인적 리더십 스타일은 장기적 성과를 강조한다. 유럽 회흐스트(Hoechst)의 인사담당자인 저투스 미셰(Justus Mische)는 유럽, 적어도 유럽의 거대 기업들은 일본의 장기적과 미국의 단기적 중간사이에 철학을 갖고 있다고 제안했다. 이러한 것과 다른 국제적 측면들에 대한 리더십 연구는 계속되고 있다. 연구가 계속됨에 따라, 관리자들의 개인적 리더십 스타일에서 더 많은 문화적 차이가 발견될 수 있다.

권력: 리더십의 핵심

사람의 리더십 스타일이 어떻든 간에, 효과적인 리더십의 핵심 요소는 리더가 다른 사람들의 행동에 영향을 미치고 특정한 방식으로 행동하도록 해야 하는 **권력**에서 발견된다. 권력의 종류는 합법적, 보상적, 강압적, 전문적, 준거적 권력(그림 10.1 참조) 등 여러 가지가 있다. 효과적인 리더는 각 유형별로 충분한 수준을 갖추고, 자신의 권력을 유의한 방법으로 사용하도록 하는 조치를 취한다.

합법적 권력 조직의 위계에 의해 직위상 관리자가 가지는 권한

합법적 권력 **합법적 권력**은 조직의 위계에 의해 직위상 관리자가 가지는 권한이다. 개인적 리더십 스타일은 관리자가 합법적 권력을 행사하는 방법에 영향을 미친다. 카드 회사의 일선 관리자로 15명의 아티스트와 디자이너로 구성된 부서/팀을 이끌고 있는 캐롤 로레이(Carol

그림 10.1
관리적 권력의 원천

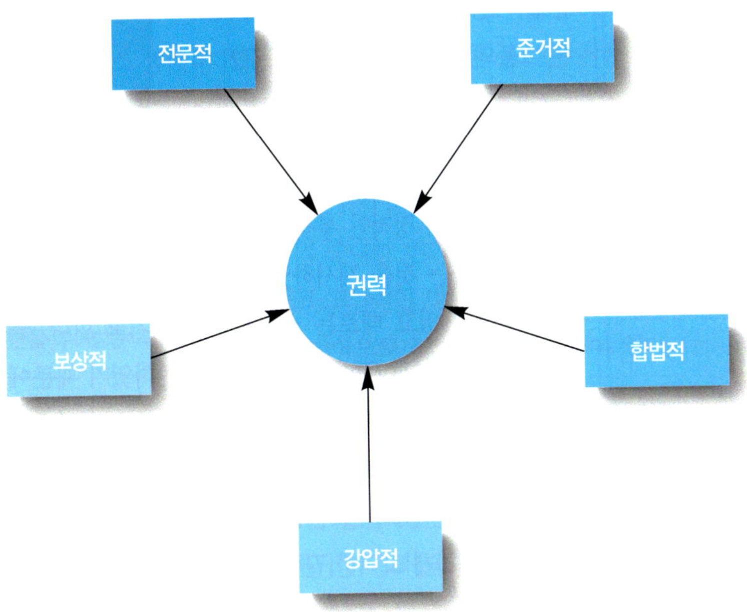

위와 약간의 교사 경험이 필요하다. VIPKid는 대부분의 강사들이 현재 또는 이전 교사들 출신이다.

미네소타(Minnesota) 지역의 41세 크리스티 켈리스(Kristie Kellis)는 몇 달 전에 VIPKid에서 강의를 시작했다. 그녀는 현재 일주일에 40시간에서 45시간을 일하는데, 보통 새벽 3시부터 8시까지 일하며, 게다가 주말에도 지방대학에서 일일교사를 하고 있다. 그녀는 일주일에 적어도 20시간 일하는 데 한 시간당 21달러 정도를 지불받으며, 더 많은 시간을 가르치거나 휴일에는 보너스를 받는다. 그녀는 수입은 한 달에 약 4천 달러와 보너스로 해결된다고 말한다.

미네소타 대학에서 아동심리학 학사학위를 받은 켈리스는 "이는 대학에서 내가 할 수 있는 것과 맞먹는다"고 말했다. 또한 VIPKid는 교사들에게 컴퓨터 장비와 티셔츠를 포함한 정기적인 인센티브를 제공한다. 켈리는 지난 1월 마이와 구성원, 학생들을 만나기 위해 베이징 여행을 떠나기도 했다. 회사가 급속도로 확장되면서, 마이는 어린이 교육을 위한 모범 사례를 개발하기 위해 연구소를 설립하고 있다. 이미 회사는 학생들이 자신의 적성에 맞는 교사를 고를 수 있고 자신의 관심사에 초점을 둔 예시를 공부할 수 있다면 더 효과적으로 학습한다는 사실을 알게 되었다.

연구소의 연구 의제 개발에 도움을 주는 스탠포드(Stanford) 교육대학원의 브루스 맥캔들리스(Bruce McCandliss) 교수는 이렇게 말한다. "이 엄청난 규모는 여러분이 연구실에서 볼 수 없었던 이론들을 검토할 수 있는 기회를 제공한다."

토론을 위한 질문

1. 신디 마이의 개인적 리더십 스타일에 대해 어떻게 설명하겠는가?
2. 어떤 권력의 원천을 가지고 있다고 생각합니까?
3. 어떤 리더 행동을 하고 있습니까?
4. 카리스마 리더라고 생각하는가? 왜 그런가? 혹은 왜 그렇지 않은가?

Peter Elstrom and David Ramli, "When the Teacher Is an Ocean Away," *Bloomberg Businessweek*, December 26–January 8, 2017, pp. 22–24. Used with permission.

11 효과적인 팀관리

학습목표

이 장을 학습한 후, 다음 내용에 답할 수 있어야 한다.

학습목표 11-1 집단과 팀이 조직효과성에 중요하게 공헌하는 이유를 설명한다.

학습목표 11-2 어떤 종류의 집단과 팀이 경영과 조직목표 달성에 도움이 되는지 파악한다.

학습목표 11-3 집단 역학의 어떤 요소들이 집단과 팀의 효과성에 영향을 미치는지 설명한다.

학습목표 11-4 집단응집과 일탈 간 균형의 중요성과 집단 응집성이 적절히 유지되어야 하는 이유를 설명한다.

학습목표 11-5 집단과 팀에서는 구성원들이 사회적 태만을 줄이고 조직에 공헌하게끔 동기부여하는 방법을 설명한다.

효과적인 팀워크와 혁신은 어느 조직에서나 중요하다. 도요타에서 연료전지차량 개발팀이 많은 성과를 거두었는데, 대표적으로 휘발유 대신 수소를 사용하여 일체의 유해가스를 배출하지 않는 회사의 첫 번째 수소차를 출시하였다.

©Thampapon/Shutterstock.com

MANAGEMENT SNAPSHOT

성과 증진과 혁신의 수단으로서의 집단과 팀

성과 증진을 위해서 경영자가 팀을 이용하는 방법은?

관리자와 조직이 주요 작업을 수행하기 위해 집단과 팀에 의존하는 주된 이유는 함께 일하는 사람들로 구성된 팀이 개별적으로 일하는 것보다 훨씬 많은 것을 성취할 수 있기 때문이다. 그러나 이렇게 되려면, 우선 집단과 팀이 효과적이어야 한다. 많은 경우, 집단과 팀은 효과적이지 않다. 예로, 집단이나 팀에서는 구성원들이 시간을 낭비하기도 하고, 성과가 오히려 낮게 나타나기도 하며, 또한 끝이 없는 갈등을 반복하면서 수렁에 빠지기도 하고, 어떤 경우에는 다른 구성원의 노력에 무임승차하기도 한다. 하지만, 산업 전반에 걸쳐 효과적인 팀을 살펴봄으로써, 우리는 팀을 활용하여 성과를 향상시킬 수 있는 방법을 찾아갈 수 있다.

토요타의 연료전지 차량팀이 달성한 것을 살펴보도록 하자. Matt McClory가 이끄는 9명의 팀에게 도요타 최초의 연료전지 자동차 인증을 획득하라는 목표가 주어졌다. 연료 전지 차량은 수소와 산소의 화학반응을 통해 생산된 전기를 동력으로 사용한다. 청정 에너지원인 수소는 가솔린 대신에 사용되며, 연료 전지 차량은 주행할 때 유해가스를 배출하지 않는다. 연료전지팀은 이러한 혁신이 도요타에서 실현되도록 도움을 주었다. 3년 동안, 이 팀은 무려 100만 마일 이상을 주행하였고, 그 결과, 4도어 세단형 연료 전지 자동차가 인증받는데 성공하였다. 이 자동차는 한번 충전에 300마일(약 480킬로미터)을 주행할 수 있고, 연료공급에는 5분 밖에 소요되지 않는다. 표준 프로토콜을 사용하여 자동차를 테스트 한 이 팀은 엔지니어링 목적으로 사용되는 구형 자동차에 연료전지 구성요소를 장착하고, 지원차량과 함께 주행하였다. 운전자는 서스팬션 전문가이면서 동시에 파워 트레인 관련 엔지니어이다. 몇 년에 걸쳐, 한번 운행에 몇 주일이 걸리는 테스트 주행을 여러 차례 반복하였다. 예를 들어, 그들은 캐나다의 옐로우 나이프에서 캘리포니아의 데스밸리까지 구간을 달렸다. 영하의 날씨인 옐로 나이프에서 하룻밤을 세고 난 뒤에도 연료전치 자동차는 정상적으로 시동이 걸렸다. 하지만, 만약, 연료가 일반 가솔린 차량이었다면, 시동보조 장치가 없이는 시동이 걸리지 않았을 것이다.

이러한 개발팀의 노력 덕분에 연료전지 4도어 세단인 2016 토요타 미라이(Mirai)가 2015년 말에 미국 캘리포니아에서 출시되었다. 일본어로 Mirai는 "미래"를 의미한다. 미국에 이 연료전치차가 출시된 시점에 미국의 캘리포니아에는 수소 연료전지 자동차를 위한 최고의 인프라가 갖추어져 있었다. 미라이 판매촉진을 위해 토요타는 3년 간의 연료비를 제공하였고, 이와 더불어, 고장시 무료 출동서비스와 매년 1주일간 무료 렌탈 서비스도 구매자에게 제공하였다. 캘리포니아 주정부는 무공해 차량인 수소차를 구매하는 사람들에게 5,000 달러의 리베이트와 친환경 규제를 준수하는 것에 대한 추가 혜택도 제공하였다. 토요타는 미라이의 생산비용을 줄이기 위해 지속적으로 노력하고 있고, 미라이의 수석 엔지니어인 요나카즈 다나카(Yoshikazu Tanaka)는 2020년까지 매년 3만대까지 생산량을 늘리는 것을 목표로 하고 있다고 하였다.

홀푸드마켓(Whole Foods Market)의 최고 경영진 7명으로 구성된 매장팀은 홀푸드마켓의 매장 수와 매출액이 지속적으로 증가하는 것에 발맞추어 홀푸드마켓의 매출을 촉진하는 데에 도움을 주고 있다. 흥미롭게도 이들 최고 경영진은 서로 관계가 돈독하고, 신뢰하며, 모두 회사일을 즐기는 편이다. CEO인 John Mackey와 수석 부사장인 Jim Sud은 47년 이상된 친구이다. Mackey는 CFO인 Glenda Flanagan과 같은 거리에 살고 있고, 두 사람은 아침에 함께 산책을 하곤 한다. 회장인 A.C. Gallo, Mackey와 Flanagan가 크로아티아에 갔던 것처럼 몇몇 구성원들은 여행도 같이 가곤 한다. 그리고 모든 구성원들이 버지니아 아일랜드에서 휴가를 보내기도 하였다. 하지만, 이러한 모든 우정과 신뢰 때문에 흐트러진 의사결정이 내려진 적이 없다. 도리어, 구성원 간의 우정과 신뢰가 의견 불일치 혹은 의견차이를 극복하는 데에 도움을 주었다.

IBM의 팰로우이자 수석 과학자인 Dharmendra Modha가 인간의 두뇌처럼 행동 할 혁신적인 칩을 만들기 위해 전문 영역이 다른 8개의 IBM 연구소, 2개의 정부 연구소 그리고 5개의 대학 캠퍼스에서 200명이 넘는 최고 과학자들을 선발하여 최고의 팀을 이끌고 있었지만, 그 팀은 디지털 및 전자통신 분야에 대한 협의를 끌어 내지 못해서 어려움을 겪고 있었다. 그는 팀원들에게 사실, 판단, 감정, 아이디어 탐구 및 낙천주의를 구분하고 이를 항상 마음 속에 새기도록 장려하였다. 또한 그는 프로젝트의 각 하위 팀이 기여할 내용을 알고 있도록 과업의 분업을 실시하였다. 집단이 특정한 도전 과제를 수행하는 방법에 대해 의견이 나누어질 때에는 집단을 두 개의 하위 집단으로 나누고, 각 하위 집단은 자신들이 최선이라고 생각하는 행동 계획을 따르도록 하였다. 대신, 업무가 종료되었을 때 그들의 노력을 객관적으로 측정하였다. 이런 식으로 하여, 실패가 개인의 일로 치부되지 않고, 팀 전체가 배울 수 있는 계기가 되게끔 하였다. 이 대규모 팀은 혁신적인 칩 아키텍처를 개발하였고, 정부가 지원하는 프로젝트도 계속 진행되어 컴퓨터가 인간의 뇌처럼 작동하도록 하는 방법에 대해서 계속 탐구하고 있다. 대형 팀의 우산 아래에서 여러 개의 작은 하위 팀들이 프로젝트의 각 측면을 맡아서 작업하였다.

여러 산업에 걸쳐, 효과적으로 관리되는 집단과 팀이 성과를 향상시키고 혁신을 일으키는 것은 분명하다.

개요

조직의 혁신과 효과성을 높이기 위해서 집단과 팀을 운영하는 조직의 예로 "Management Snapshot"에서 언급된 조직만 있는 것은 아니다. 크고 작은 회사의 관리자는 성능을 향상시키고, 고객에 대한 대응력을 높이며, 혁신을 촉진하고, 직원들에게 동기를 부여하기 위해 집단과 팀을 사용한다. 이 장에서는 집단 및 팀이 조직의 효과성에 어떻게 기여하는 지와 어떤 종류의 집단과 팀이 그렇게 기여하는지에 대해서 세부적으로 알아볼 것이다. 또한 집단역학의 요소들이 어떻게 집단의 기능과 효과성에 영향을 미치는 지와 집단과 팀구성원의 동기부여를 증진하고 사회적 태만을 억제하는 방안에 대해서도 살펴볼 것이다. 이 장을 마칠 때에는 집단과 팀의 효과적인 관리가 조직의 성과와 효과에 핵심 요소임을 이해하게 될 것이다.

학습목표 11-1

집단과 팀이 조직효과성 증진에서 핵심적 역할을 하는 이유에 대해서 설명하라.

집단, 팀, 조직 효과성

집단은 특정 목표를 달성하거나 특정 요구를 충족시키기 위해 서로 상호작용하는 두 명 이상의 사람들로 정의된다. **팀**은 특정 공통의 목표 혹은 목적을 달성하기 위해 구성원들이 서로 **강도** 높게 일하는 집단이다. 이 정의에서 암시하는 것처럼 모든 팀은 집단이지만, 그렇다고, 모든 집단이 팀이 되는 것은 아니다. 집단과 팀을 구별하는 두 가지 특징은 첫째, 팀원들이 함께 일하는 **강도**이고, 둘째, **명확한 팀 목**

집단 특정 목표를 달성하고 특정 요구를 충족시키기 위해서 상호작용하는 2명 이상의 사람

팀 공통의 목표와 목적을 성취하기 위해서 서로서로 긴밀하게 일하는 구성원으로 이루어진 집단

표 또는 목적의 존재 여부이다.

"Management Snapshot"에서 강조되었던 팀의 목표 중 일부를 생각해 보라. 소규모 회계 법인에서 일했던 회계사들은 집단이라고 볼 수 있다. 이들은 서로 상호작용하고 최신 정보를 공유하여 공통의 목표를 달성할 수 있었기에 집단이라고 볼 수 있다. 즉, 회계 규칙 및 규정을 최신 자료로 업데이트하고, 사무실 기능을 유기적으로 유지하고, 고객만족 및 신규 고객 유치를 위해 최신 정보를 주고받았다. 하지만, 서로 강도높게 협조하지 않았기 때문에 팀으로 보기 어렵다. 개별 회계사들이 협력하기보다는 자신의 고객에 최선을 다 하려고 노력하였다.

모든 팀이 집단이므로 이 장에서는 **집단**이라는 용어를 사용할 때, 집단과 팀을 모두 지칭한다. 팀에서는 팀원들이 서로 힘을 합쳐 함께 일해야 하므로, 팀을 구성하기가 어려울 수 있고, 팀원들이 효과적으로 협력하는 방법을 배우는 데 시간이 걸릴 수도 있다. 집단 및 팀은 (1) 성과 향상, (2) 고객에 대한 대응력 증가, (3) 혁신 증대, (4) 직원의 동기 부여 및 만족도 향상(그림 11.1 참조)을 통해, 조직의 경쟁우위 증진에 기여한다. 이 섹션에서는 팀의 기여도에 대해서 차례로 살펴본다.

성과 향상 수단으로서의 집단과 팀

시너지 개인과 부서가 그들의 활동을 조율하여 얻어지는 성과의 증분

집단을 사용하는 주된 이점 중 하나는 시너지 효과를 기대할 수 있기 때문입니다. 여기서 말하는 **시너지** 효과란 개별적으로 작업한 성과의 합보다는 집단으로 일하여 낼 수 있는 성과가 더 높다는 것을 의미한다. 시너지 효과의 본질은 "전체가 그 부분의 합보다 더 크다"라고 말할 수 있다. 집단의 시너지 효과를 가져올 수 있는 요소로 집단 구성원이 서로의 아이디어를 활용할 수 있는 능력, 서로의 실수를 바로 잡기, 문제가 발생하자마자 즉시 문제를 해결하기, 문제해결에서 다양한 분야의 지식을 활용하기, 개인이 혼자 달성하기에는 너무 광범위하거나 어려운 일을 처리할 수 있다는 점을 들 수 있다.

그림 11.1
조직효과성에 대한 집단과 팀의 공헌

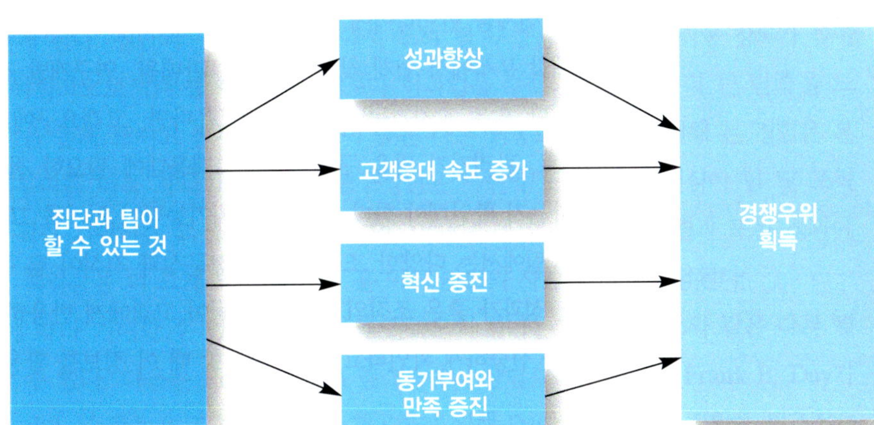

동조화와 일탈 집단구성원이 다음 세 가지 이유 때문에 규범에 동조화된다: (1) 집단구성원들은 보상을 받으려하고 처벌을 피하려한다. (2) 집단구성원들은 그들이 추종하는 구성원들을 모방하려고 한다. (3) 집단구성원들은 규범을 내재화하고, 그것이 바람직한 행동방식이라고 믿는다. Community food bank에서 기금모금자로 일하면서 부서의 규범에 동조화된 Robert King의 사례에 대해서 알아보자. 그가 그렇게 동조화되었던 이유는 (1) 집단 내에서 좋은 지위를 차지하고 동료들과 좋은 관계를 유지하려는 바램(보상), (2) 모금원으로서 부서 내에서 존경받는 사람을 모방하려는 행동(다른 동료 모방), (3) 푸드뱅크(food bank)의 활동을 지원하는 것의 이점에 대한 믿음(바람직한 행동방식에 대한 믿음)이다.

동조화에 실패한 경우, 즉, 일탈은 집단구성원이 집단규범을 어겼을 때에 일어난다. 일탈은 집단이 구성원의 행동을 통제하지 못하고 있다는 것을 의미한다. 집단구성원이 일탈하는 경우, 집단은 다음과 같은 방식으로 해당 구성원에 대해서 대응한다.

1. 집단은 구성원의 일탈행동을 고치고 집단규범에 동조화시키려고 노력할 것이다. 집단 구성원들은 규범을 따라야 할 필요성에 대해 확신을 심어주려고 노력하거나, 일탈행위를 무시하거나 응징을 가하려고도 할 것이다. 일례로, Jacksonville Foods 공장에서 소시지의 무게를 재는 역할은 맡은 자율경영팀에 소속된 Liz Senkbiel은 어지럽혀진 인터뷰 공간을 주기적으로 청소하는 집단규범을 제대로 따르지 못했다. 팀이 공동으로 인터뷰 공간을 청소하는 일을 Liz Senkbiel가 거부하였기 때문에, 팀구성원들은 225달러 정도의 월간 보너스를 두 달동안 받지 못하도록 하였다. 그녀는 일탈의 대가를 톡톡히 맛보아야 했다.
2. 집단이 일탈한 구성원을 쫓아낼 수 있다.
3. 집단이 구성원들의 행동에 맞게 규범을 바꿀 수도 있다.

이 마지막 대안은 일탈이 집단의 기능에 도움을 줄 수 있다는 것을 제시한다. 집단구성원이 현재 규범이 집단 기능에 장애를 일으킨다고 생각하면서도 정작 작업 현장에서는 당연하다고 받아들여지는 상황에서는 일탈이 순기능을 하게 된다. 많은 경우, 구성원들은 특정 방식으로 작업을 해야 하는 이유와 규범을 따라야 하는 이유에 대해서 생각하지 않는다. 일탈은 구성원들을 규범에 대해서 다시 생각하게 하고, 타당한 경우에는 규범을 바꾸게 하는 계기를 제공한다.

모든 예약은 수기로 기록되어야 한다는 규범을 따르는 미용실의 예약접수 담당팀이 있고, 근무 중인 예약담당자가 컴퓨터로 예약을 입력하고 프린트해서 미용사에게 스케쥴을 알려주려고 하는 상황을 상상해 보자. 어느 날, 예약담당자가 예약사항을 예약서류에 기록하지 않고 바로 컴퓨터 시스템에 입력하기로 결심하였다. 이런 일탈행위는 다른 예약담당자가 예약서류를 유지하는 이유에 대해서 생각하게 만들 것이다. 다른 미용실의 관행에 대해서 살펴본 다음, 해당 팀은 자신들의 규범을 바꿀 것이다. 그러면 모든 예약은 바로 컴퓨터 시스템에 입력되고, 시간을 아끼고 오류를 줄이게 될 것이다.

동화와 일탈 간 균형잡기 조직이 경쟁우위를 확보하기 위해서는 집단과 팀이 동조화와 일탈 간 균형을 맞출 필요가 있다(그림 11.4 참조). 집단 구성원의 행동을 통제하고 그것이 성과 증진과 집단 목표 달성에 효과적으로 연계되기 위해서는 어느 수준까지 동조화를 유지할 필요가 있다. 동시에, 역기능적인 규범을 제거하기 위해서 어느 수준의 일탈도 필요하다. 팀이 최고경영팀이든, R&D팀이든, 명령집단이든, 자율경영팀이든 간에 동조화와 일탈 간의 균형을 맞추는 것은 모든 집단과 팀에서 매우 중요한 사항이다.

동조화 정도와 일탈에 대한 반응은 집단 구성원 자신에 의해서 결정된다. 앞에서 설명한 동조화의 세 기반은 동조화를 일으키는 매우 강력한 요소이다. 그래서 이 기반이 매우 강력한 경우에는 일탈이 거의 일어나지 않고, 일어난다고 하더라도 금방 제거된다. 역기능적 규범에서 집단이 벗어나고 일탈이 일어났을 때 일탈의 적정수준을 유지하고, 필요시 규범을 바꾸기 위해서 관리자는 일탈에 대한 적정 수용성을 확보하기 위해서 몇 가지 단계를 밟는다. 첫째, 관리자가 자신이 감독하는 집단과 팀의 역할 모델이 된다. 관리자가 종업원의 업무절차 변화에 대한 제안을 장려하고 받아들일 때, 특정 방식을 고집하지 말아야 한다. 한때 지지되

그림 11.4
집단 내 동조화와 일탈 간 균형 맞추기

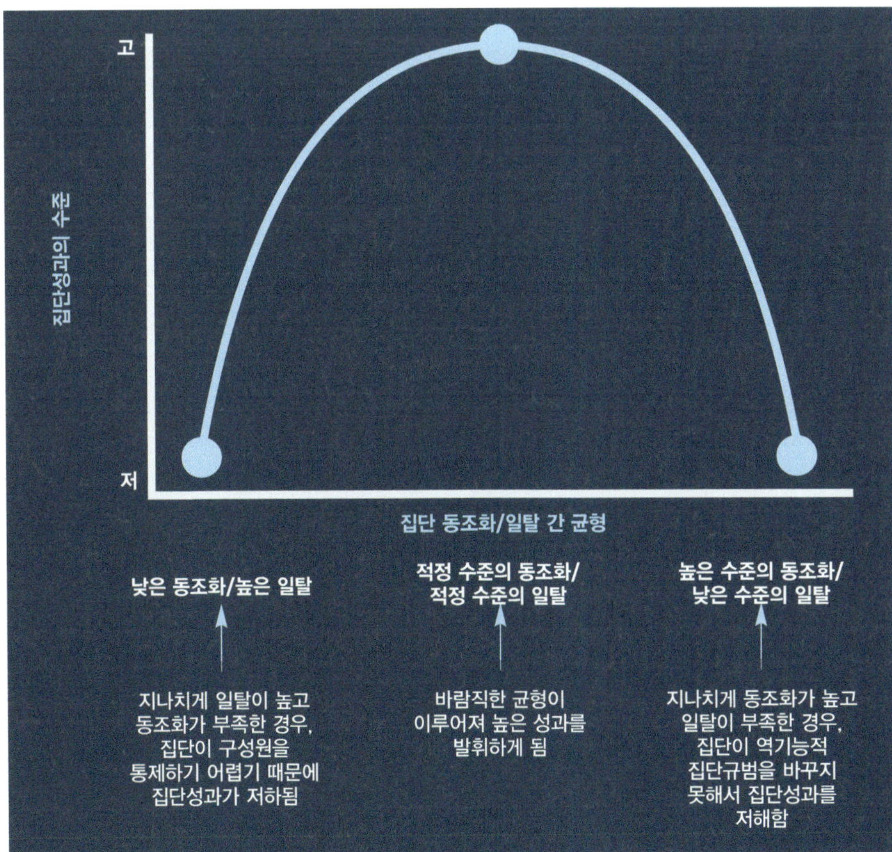

었던 규범이 더 이상 유효하지 않을 때에는 받아들여라. 그러면 변화와 개선이 필요할 때 동조화가 문제를 일으키지 않을 것이다. 둘째, 관리자는 종업원들에게 집단과정과 성과수준을 개선하는 방법을 항상 알려주어야 하고, 이를 통해서 현재에 더 적합한 규범으로 대체할 수 있는 기회가 주어지면 집단이 훨씬 더 효과적으로 성과를 내고 목표를 달성할 것이다. 셋째, 관리자는 현재의 집단규범이 적절한지 종업원들로 하여금 주기적으로 평가하도록 해야 한다.

집단응집성

집단응집성 구성원이 집단에 이끌리고 충성하는 정도

집단성과와 효과성에 영향을 미치는 집단역할의 또 다른 중요한 요소는 집단응집성이다. **집단응집성**이란 구성원들이 그들의 집단에 이끌리고 충성하는 정도를 의미한다. 집단응집성이 높은 경우 구성원들은 집단소속감에 강하게 가치를 두고, 집단에 이끌리고, 그 집단의 일원으로 남기를 강력하게 원한다. 집단응집성이 낮은 경우에는 집단이 어필하는 정도가 낮고, 집단 구성원으로 남고자 하는 강도가 낮아진다. 연구에 의하면, 응집성이 조직의 경쟁우위 증진에 매우 중요하므로, 관리자는 적정 수준의 응집성을 유지하도록 노력해야 한다.

응집성의 결과는 대체로 다음 세 가지로 요약된다: 집단에 대한 참여 수준, 집단규범에 대한 동조화 정도, 집단목표 성취에 대한 강조 정도(그림 11.5 참조).

집단 내 참여수준의 결과

집단응집성이 높아짐에 따라, 구성원의 집단 내 참여는 증가한다. 집단구성원이 참여를 하게 되면 집단 내 활동이 활발해지고, 보다 더 확실하게 집단과업이 완수되고, 구성원 간 정보공유가 활발해지고, 개방적 커뮤니케이션이 늘어나기 때문에 집단의 효과성이 높아진다(13장에 보다 더 심도있게 커뮤니케이션에 대해 다룬다).

집단응집성이 적정 수준일 때, 구성원의 참여와 커뮤니케이션이 활발해 진다. 장난감을 개

그림 11.5
집단응집성의 원천과 결과

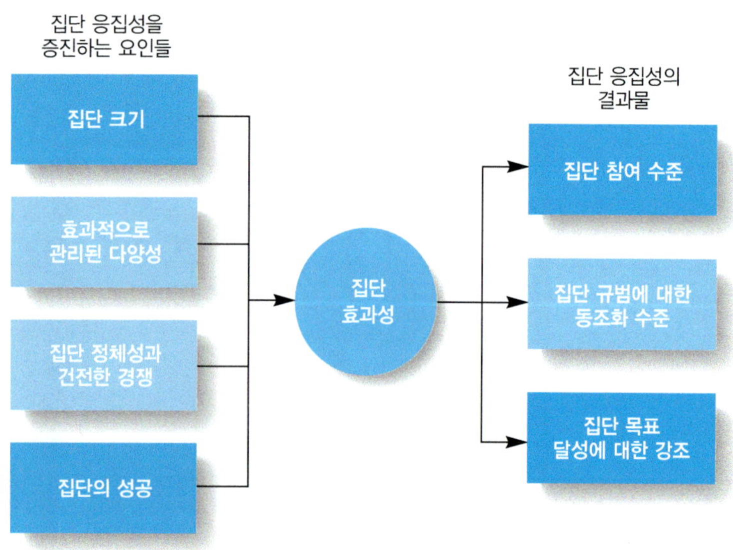

발하는 교차기능팀에 대한 다음 두 사례들 통해서, 관리자들이 지나치게 높은 수준의 응집성을 꺼려하는지 알 수 있다. 응집성이 높은 알파팀의 구성원들은 다른 팀에 비해서 상당히 긴 시간의 회의를 가지는데, 이 회의는 대부분 업무와 관계없는 대화나 농담으로 채워지고, 커뮤니케이션도 자신이 속한 하위 집단 위주로 이뤄진다. 응집성의 수준이 적절한 베타팀에서는 미팅과 커뮤니케이션이 효과적으로 이뤄지고, 필요 이상으로 자주 만나지도 않고, 집단 내 파벌도 만들어지지 않는다. 알파팀과 베타팀 모두 베스트셀러 장난감을 개발하였다. 하지만, 알파팀에서 제품개발에 소요된 시간이 베타팀에서 소요된 시간보다 30% 더 많았다. 이 사례는 지나치게 높은 수준의 응집성이 그리 반길 사항이 아니라는 것을 보여준다.

집단 규범에 대한 동조화 수준 응집성이 증가하면 집단규범에 대한 동조화도 늘어나고, 응집성이 높을 때에는 집단 내에 일탈이 너무 적어서 집단규범이 역기능인 경우에도 집단규범에 동조하게 된다. 이에 비해, 응집성이 낮은 경우, 너무 많은 일탈이 발생하여 구성원들의 행동을 통제할 여력이 부족하게 된다. 알파팀과 베타팀 모두 제품 개발에 있어서 동일한 규범을 가지고 있었다. 구체적으로 살펴보면, 팀 구성원은 새 제품에 대한 아이디어에 대해 토론하고, 제품라인을 결정하고, R&D 출신 팀 구성원이 프로토타입을 설계하게 하는 것이다. 최근 한 작은 영화사가 토끼가족을 애니메이션영화로 출시하였는데, 이 영화가 대박을 쳤다. 그러자 장난감회사들은 이 애니에 등장하는 토끼 캐릭터를 제품화하는 라이선스를 따기 위해서 갖은 수단을 동원하였다. 최고경영진은 알파팀과 베타팀 모두에게 경쟁사를 물리칠 수 있는 제품라인을 개발하라고 명령을 내렸다. 알파팀은 기존의 제품개발 규범을 따랐는데, 그 팀의 마케팅 전문가는 시간을 줄이기 위해서 개발과정을 단순화시킬 필요가 있다고 믿었다. 베타팀의 마케팅 전문가는 기존 제품개발 규범에서 벗어나야 한다고 주장하였다. 그녀는 팀에 아직 R&D 개발용 프로토타입이 없어서, 기존 토끼모양 베스트셀러 제품을 손 보고, 이를 바탕으로 영화사와 협상을 진행하는 것이 영화사의 라이선스 계약 획득에 가장 유리하다고 보았다. 일단 라이선스 사용에 대한 합의가 이뤄지고 난 뒤에야, 기업이 R&D 요소를 더욱 더 투입하여, 시간적 여유를 가질 수 있었다. 베타팀의 마케팅 전문가가 기꺼이 기존 규범에서 일탈한 결과로 그 장남감 회사는 해당 영화사와 독점적인 라이센싱 계약을 획득하였고, 석달만에 첫 토끼 장난감이 출시되었다. 집단은 동조화와 일탈 간 균형을 이뤄야 하고, 알파팀의 사례와 같이 적절한 수준의 응집성이 최고의 결과를 도출한다.

어느 정도의 응집성을 과하다고 할 수 있을까? 집단의 미팅에서 실제로 업무를 완수하는지 여부와 또는 집단 구성원 간 대화가 주로 사적 농담, 일상 경험, 지난 회사 저녁 메뉴의 종류에 머물고 있는지의 여부를 파악하면 쉽게 대답할 수 있다.

집단목표 성취에 대한 강조 집단응집성이 높아짐에 따라, 집단목표 달성에 대한 노력이 증가한다. 하지만, 집단 목표달성을 강조하는 것이 조직 효과성을 높이는 것으로 바로 이어지지 않는다. 조직이 효과적이면서 경쟁우위를 확보하기 위해, 조직 내 집단과 팀은 비록 자신의 목표 달성을 희생하더라도 서로 잘 조화를 이루면서 조직목표 달성에 몰입해야 한다. 집단응집성이 적정 수준일 때, 집단과 조직목표 달성에 모두 도움이 된다. 집단응집성이 지나치게 높은 경우, 집단목표 달성에만 집착하여, 더 중요한 조직목표 달성에는 소홀하게 될 수 있다.

장난감 회사의 교차기능팀에 부여된 주된 임무는 최신 첨단기술을 활용하여 타사 제품과 완벽하게 차별화되는 신제품 라인을 개발하는 것이었다. 토끼 프로젝트에서 알파팀은 집단응집성의 수준이 높아서 혁신제품 개발이라는 집단목표에 집착하고 있었다. 그래서, 기존의 제품개발 프로세스에 정체되어 있었다. 반면, 베타팀은 집단목표보다는 조직목표가 우선이라는 점을 인식하고, 기존 방식에 집착하는 것보다 신속한 제품개발이 조직목표 달성에 더 효과적이라는 것을 인식하고, 결국 개발기간을 줄였다. 이 사례를 통해서, 적정 수준의 응집성이 집단이 조직에 가장 기여할 수 있는 바를 선택하는데 도움을 준다는 것을 알 수 있다.

집단응집성 증진 요인 집단응집성 증진요인으로 다음 네 가지가 있다(그림 11.5 참조). 아래 **집단응집성 결정요인**에 영향을 미쳐서, 응집성을 높이거나 낮추어서 응집성을 적정 수준으로 맞출 수 있다.

집단 크기 앞서 언급한 바와 같이, 작은 집단의 구성원은 큰 집단에 비해서 동기부여가 잘 되고 더 잘 몰입된다. 그래서, 가능하다면 집단 내 응집성을 높이기 위해서 팀 크기를 소규모 혹은 중규모로 유지하는 것이 좋다(2명에서 15명 정도). 만약 집단응집성이 낮고 규모가 크다면, 해당 집단을 반으로 나누고, 각각의 팀에 역할을 부여하여 새로운 두 집단으로 운영하는 것이 좋다.

효과적인 다양성 관리 사람들은 자신과 비슷한 사람들과 지내기를 좋아한다. 예로, 비슷한 가치를 가지고, 비슷한 배경을 가지고, 비슷한 경험을 가진 사람들과 의사소통하는 것이 쉽다. 하지만, 3장에서 보았던 것처럼, 집단, 팀, 그리고 조직에서 다양성은 조직의 경쟁우위 확보 측면에서 도움이 된다. 다양성을 갖춘 집단은 보다 많은 혁신을 이루고 창의적 아이디어를 창출한다. 홀마크 카드 사례와 같이 교차기능팀이 인기를 끄는 이유는 팀 내 확보된 다양한 전문성은 더 높은 수준의 팀성과를 이끌어 내기 때문이다.

집단과 팀을 조직화할 때, 관리자는 집단목표 달성에 필요한 지식, 경험, 전문성 등 기타 특성 측면의 다양성이 확보되어 있는가를 확인해야 한다. 그리고, 이렇게 확보된 다양성이 제대로 관리될 수 있게 집단응집성 조건도 충족되어있는가도 확인해야 한다(3장 참조).

집단 정체성과 건전한 경쟁 집단응집성이 낮은 경우, 집단 정체성 혹은 집단 성격을 개발하고 건전한 경쟁을 유발하여 집단응집성을 높일 수 있다. 이는 미국 일리노이즈주, 링컨 시에 있는 Eaton Corporation 공장 소속 관리자들이 했던 것과 정확하게 일치한다. Eaton의 직원들은 엔진 벨브, 기어, 트럭 차축, 브레이커 등을 생산하였다. Eaton 공장에서는 생산비용을 줄이고 성과를 높이기 위해 자율경영팀이 운영되었다. 하지만, 직원들이 좀 더 목표달성에 몰입하도록 하고 집단응집성을 높일 필요성을 파악하였다. 관리자들은 "The Hoods," "The Worms," and "Scrap Attack"와 같이, 각각의 팀에 이름을 붙여주어서 집단 정체성을 높혔다(어떤 팀은 금속절삭 소재의 소비를 50%나 절감함). 객관적으로 표시할 수 있는 팀 성과 항목과 팀 목표 달성치를 카페테리아 TV 스크린에 게시하고, 팀성과에 대한 보상을 제공하여 건전한 팀 간 경쟁을 유발하였다.

집단의 응집성이 지나치게 높은 경우, 집단정체성보다는 조직정체성을 증진하고 집단보다는 조직이 궁극으로 노력을 집중해야 할 목표라는 것을 인식시켜서 집단응집성을 낮추었다. 조직구성원들이 자신이 조직 내에서 소중한 사람이라는 것을 인식하게 하고, 조직목표 달성을 위해서 집단간 협력이 중요하다는 점을 강조하여 조직 정체성을 높혔다. 집단 간 경쟁을 줄이거나 협력에 대해 보상을 제공함으로써 지나치게 높은 집단 응집성을 낮추었다.

성공 집단응집성 증진에 있어서, 집단응집성에 대해서 말할 때 '성공이 성공을 부른다'라는 말처럼 적절한 표현은 없다. 집단이 성공해 갈수록, 해당 집단은 집단구성원들에게 매력적이게 보일 것이고, 그 결과, 응집성은 더 높아질 것이다. 응집성이 낮을 때 관리자는 집단 구성원에게 분명하고 가식적인 성공을 성취하도록 해 응집성을 높일 수 있다.

중간 규모의 백화점의 가정용품 판매장에서 일하는 판매원 집단을 생각해 보자. 최근 가정용품 파트가 구석으로 옮겨졌다. 고객의 이동이 적은 곳이라서 매출이 감소하였다. 고객과 백화점 관리자로부터 인정을 받고 있던 가정용품 판매직원은 여러 방식으로 매출을 늘리려고 노력해 보았지만 결과적으로 소용이 없었다. 이런 식으로 해당 파트가 성공의 징후를 발휘하지 못하자, 해당 파트의 응집성도 격감하였다. 해당 파트의 응집성을 증진시키기 위해서, 관리자는 집단기반 인센티브를 도입하였다. 매달, 최고의 근퇴 기록을 낸 파트의 구성원 전원의 사진을 식당 게시판에 게시하고, 50달러 상당의 선물이 지급되었다. 가정용품 파트 집단이 자주 선정되었고, 이 부문의 성공을 바탕으로 응집성을 발전시켜 나갔다. 나아가, 이 파트의 모범적 근퇴가 다른 파트에도 영향을 끼쳐서 백화점 전체의 근퇴를 개선하였다.

집단과 팀이 고성과를 낼 수 있도록 관리하기

이제 독자는 조직에서 집단과 팀이 왜 중요한지 그 이유와 조직에서 활용되는 집단과 팀의 종류, 집단역학에 대해서 알게 되었으므로, 이제부터 한 걸음 더 나아가 집단과 팀의 성과를 높이고 조직의 효과성에 더 많이 기여하게 하는 방안에 대해서 생각해 필요가 있다.

Management *in Action*

Topics for Discussion and Action

토론

1. 모든 조직이 조직의 목표를 달성하고 경쟁우위를 확보함에 있어서 집단과 팀에 의존하는 이유는? [학습목표 11-1]
2. 어떤 종류의 직원들이 가상팀에 일하는 것을 더 선호할까? 어떤 종류의 직원들이 직접 대면하면서 일하는 팀을 더 선호할까? [학습목표 11-2]
3. 자신이 속한 집단에 대해서 생각해 보라. 그리고 현재 집단의 발전 단계에 대해서 서술해 보라. 그 집단은 이 장에 기술된 것처럼 형성기, 갈등기, 규범형성기, 성과달성기, 해산기 단계를 따라서 발전하였는가? [학습목표 11-3]
4. 지나친 동조화가 집단과 조직에 해를 끼치는 이유에 대해서 토론하라 [학습목표 11-4]
5. 몇몇 집단들은 집단의 응집성이 왜 그렇게 낮을까? [학습목표 11-4]
6. 당신이 호텔 관리자라고 상상해 보라. 공통의 공간과 모든 객실을 티끌 하나 없이 청소하고 정리해야 하는 청소인력들의 사회적 태만을 줄이기 위해서, 당신은 어떤 절차를 밟을 것인가? [학습목표 11-5]

행동

7. 조직이 조직목표 달성을 위해 사용하는 집단과 팀의 종류를 파악하기 위해, 당신 주변 회사의 관리자들과 인터뷰를 실시하라. [학습목표 11-2]

Building Management Skills

집단실패 진단 [학습목표 11-1, 11-2, 11-3, 11-4, 11-5]

집단 및 팀원으로서 불만족스러웠거나 사기가 꺾였던 최근 경험에 대해서 생각해 보라. 집단이 목표를 달성하지 못하였을 수도 있고, 집단구성원이 아무런 합의에 도달하지 못했을 수도 있다. 그렇지 않다면 아마도 사회적 태만이 지나치게 만연했을 수도 있다. 이제 다음 질문에 답하여라:

1. 어떤 종류의 집단이었는가?
2. 집단구성원들은 집단목표 달성을 위해 충분히 동기부여되어 있었는가? 그런 이유 혹은 그렇지 않았던 이유는?
3. 집단의 크기는 어느 정도였고, 구성원이 맡은 역할은 무엇이었는가?
4. 집단규범은 무엇이었는가? 집단 내에 어느 정도의 동조화와 일탈이 존재했는가?
5. 그 집단의 응집성은 어느 정도였는가? 집단 응집성을 그 수준이라고 판단한 이유는? 그 정도의 집단응집성이 집단과 구성원에 미친 영향과 결과는?
6. 집단 내에 사회적 태만 문제는 없는가? 있었다면 그 이유와 없었다면 그 이유는 무엇인가?
7. 집단응집성을 높이기 위해서 집단 관리자가 할 수 있었던 것은 무엇인가?
8. 집단효과성을 높이기 위해서 집단 구성원이 했던 것은 무엇인가?

Managing Ethically [학습목표 11-1, 11-2, 11-3, 11-4, 11-5]

몇 몇 자율경영팀은 다음과 같은 당황스런 문제에 봉착한다. 한두 명의 팀원이 사회적 태만을 하고, 이를 인지한 다른 팀원들이 이 상황을 바로 잡기 위해서 평소처럼 열심히 일하려고 하지 않는다. 팀원들에 대한 보상이 팀성과에 의해 결정되는 상황에서 사회적 태만은 더더욱 문제가 되고, 사회적 태만이 팀성과를 떨어뜨린다. 관리자들이 이런 문제를 안다고 하더라고, 팀이 자율경영팀이므로 외부의 관리자가 조치를 취하기가 어렵다.

문제

1. 개인의 입장과 집단의 입장에서, 자율경영팀 내 사회적 태만이 가지는 윤리적 함의점에 대해서 생각해 보라.
2. 관리자가 자율경영팀에서 사회적 태만이 문제가 되고 있다는 것을 알았을 때, 이 문제에 관여해야 할 도덕적 의무가 있는가? 긍정 혹은 부정에 대한 이유는? 팀원들은 사회적 태만을 줄이기 위해 노력할 필요가 있는가? 긍정 혹은 부정에 대한 이유는?

Small Group Breakout Exercise [학습목표 11-1, 11-2, 11-3, 11-4, 11-5]

교차기능팀 만들기

3~4명으로 팀을 구성하고 과제를 발표할 팀장을 임명한 다음 시나리오에 따라 토론하시오.

당신들은 중서부 소재 대규모 주립대학에 음식을 제공하는 일을 맡은 관리자 집단이다. 최근, 학생과 교직원을 대상으로 대학 내 8개 카페테리아에 공급되는 음식과 서비스에 대한 고객만족도 조사가 실시되었다. 결과는 매우 실망스러운 정도였다. 불만의 내용은 음식의 종류, 운영시간, 음식의 온도, 채식주의자 등 건강관련 메뉴에 대한 고객응대에 이르기까지 매우 다양하였다. 식당 서비스를 더욱 면밀히 조사하고, 고객만족을 증진하기 위한 개선안을 마련하기 위해 교차기능팀을 만들어야 할 시점이다.

1. 교차기능팀에 어떤 종류의 사람을 영입해야 할까? 그리고 그 이유를 설명하라.
2. 팀이 추구해야 할 목표에 대해서 서술하라.
3. 이 팀에서 수행되어야 할 각각의 역할에 대해서 서술하라.
4. 팀의 동조화와 일탈 간 균형을 잡고 적정 수준의 응집성을 유지하기 위해서 밟아야 할 각각의 단계에 대해서 서술하라.

Be the Manager [학습목표 11-1, 11-2, 11-3, 11-4, 11-5]

당신은 교육서적과 전문서적 관련 출판사의 글로벌 부서에서 외부 활동을 담당하는 사람으로 채용되었다. 그 출판사는 뉴욕에 본사가 있고(당신의 근무처도 뉴욕이다) 여러 나라에 사업부가 있다. 국가별 사업부는 해당 국가에서 번역, 생산, 마케팅, 도서 판매 업무를 맡는다. 당신이 맡은 역할은 당신의 관할(중앙 그리고 남부 아메리카) 사업부 관리자와 접촉하면서, 사업부의 예산과 재무상태를 감독하고, 각 사업부의 최고 관리자로 구성된 가상팀을 이끄는 것이다. 가상팀의 미션은 글로벌 학습을 증진하고, 가능성있는 시장기회를 탐색하고, 지속적으로 문제를 파악하는 것이다. 당신은 문서, 메모, 팩스 전화 및 이메일로 국가별 사업부의 최고 관리자와 직접 소통할 수 있다. 가상팀 미팅이 있을 때에는 화상회의 방식이 자주 사용된다.

회사에 온 직후 가상팀 회의가 몇 차례 열리고 난 뒤, 당신은 회의에 참석한 관리자들이 발언하는 것을 꺼린다는 것을 알아차렸다. 흥미롭게도 전화나 이메일 등을 통해서 개인적으로 의사소통을 할 때에는 스스로 나서서 솔직하게 말도 잘 하고, 개인적인 친밀감도 느낄 수 있었다. 하지만, 가상팀으로 그들과 소통하는 것은 쉽지 않은 일이었다. 지난 번 미팅에서는 당신이 개인적 대화를 통해서 이미 알게 된 그들의 관심 주제를 가상회의에서 직접 발의하도록 부추겨 보았다. 그랬더니 놀랍게도 해당 주제의 핵심 사항을 기술적으로 피해가며 발언하였다. 당신은 혼란스러웠고 어려움을 느꼈다. 당신이 맡은 역할은 잘 진행되었는데, 유별나게 가상팀 운영 임무는 그렇지 않았다. 당신이 아무리 노력해도, 가상팀에서 토론은 강제될 뿐이고 대체로 그 결과도 좋지 않았다. 이러한 현상에 대해서 당신은 무엇이 문제라고 보는가?

Bloomberg Case in the News

애플의 차세대 제품: 증강현실

저자: Mark Gurman

Tim Cook은 2011년 애플의 CEO가 된 이후, 무인주행 자동차, 인공지능, 스트리밍TV 등과 같은 많은 기술에 대해 이야기해 왔다. 이 중에서 가장 Cook이 주목한 기술은 증강현실이고, 증강현실이란 현실의 세상에 이미지, 비디오, 게임을 겹치게 하는 것이다. Cook은 증강현실이 스마트폰과 결합하여 향후 게임을 바꿔버릴 가능성에 주목하였다. 머지 않아, 매일 세끼를 먹는 것처럼 일상적으로 증강현실을 체험하게 될 것이라고 말했다.

애플의 다음 제품에 기대를 갖고 있는 투자자들은 Cook이 매우 진지하다는 것을 알고 행복해 할 것이다. 회사의 계획에 대해서 알고 있는 사람들은 애플이 이미 대중을 겨냥한 야심찬 기술개발에 착수했다고 말하고 있다.

익명을 요구한 제보자는 애플이 이미 자사의 하드웨어와 소프웨어 베테랑과 외부 전문가를 포함하는 팀을 이미 결성하였다고 밝혔다. 이 팀은 Dolby Laboratories의 전직 임원에 의해서 운영되고, 할리우드에서 매각된 digital-effects wizards와 함께 Facebook 및 Microsoft에 매각된 Oculus and HoloLens virtual reality headsets이 포함되어 있다. 애플은 또한 증강현실 하드웨어, 3D 게임 및 가상 현실 소프트웨어에 대한 지식을 가진 여러 중소 기업을 인수하였다.

블룸버그가 보도한 바와 같이, 애플은 여러 종류의 증강현실 관련 제품을 개발하고 있는데, 아이폰과 연결할 수 있는 안경과 빔 관련 제품 등이 이에 포함된다.

증강현실용 안경이 제품화되려면 좀 시간이 걸릴 것처럼 보이지만, 다른 종류의 제품은 상당히 빨리 제품화될 수도 있다. 애플은 이에 대해서 논평을 거부하였다.

애플이 증강 현실로 나아가는 것은 매우 희망차 보인다. 시장조사기관인 Global Market Insights에 의하면, 전 세계 증강현실 시장은 2024년까지 80% 증가하여 1천 6백50억 달러에 달할 것이라고 한다. 그러나 애플에게는 선택의 여지가 없다고 Loup Ventures의 창립 파트너 인 Gene Munster가 말하였다. Munster는 시간이 지남에 따라 증강현실 장비가 아이폰을 대체할 것이라고 말했다. "그것이 바로 지속적으로 성장하고 기존 하드웨어 사용방식을 유지하기 위한 것이다."라고 말하였다.

증강현실은 상대적으로 덜 알려진 가상현실과 비슷한 것이다. 가상현실은 사용자를 가상세계에 완전히 빠져들게 하므로 게이머에게는 정말로 매력적인 기술이다. 하지만, 지금까지는 Oculus and HoloLens와 같은 헤드셋이 주류 제품이라기보다는 틈새시장 제품에 가까왔다. 애플은 증강현실이 다른 것의 간섭을 덜 받기 때문에 팔기가 더 쉬울 것이라고 믿고 있다. 작년에 쿡(Cook)은 증강현실 헤드셋을 언급하면서, 어느 누구도 이 제품이 다른 제품에 끼워서 팔리는 것을 원치 않을 것이라고 말했다.

작고 가벼운 제품을 만든다고 알려져 있는 회사라고 해도, 성공적인 증강현실 제품을 만드는 것은 쉽지 않다. 이번에 개발한 증강현실안경은 배터리가 약하면서 가볍거나, 혹은 배터리는 강력하지만 지나치게 컸다. 얇고 가벼운 제품의 상징인 애플도 더 작으면서 배터리가 강한 제품을 출시 할 필요가 있다.

아이폰에 증가현실 요소를 추가하는 것은 그렇게 대단한 혁신은 아니다. 그런 요소를 갖춘 안경을 만드는 것이 더 어렵다. 애플워치처럼 아이폰에 태더링되게 할 것이다. 스마트폰과 같이 사용한다고 해도, 안경에 3D 영상을 쏘면 전원이 많이 소모되므로, 보다 더 수명이 긴 배터리를 적용하는 것이 핵심적인 사항이다. 컨텐츠 역시 중요하다. 가상현실 안경에 쓸 수 있는 풍부한 앱, 게임, 미디어가 제공되지 않는다면, 그것을 살 이유가 없다. 그리고 가상현실 안경은 새로운 운영체계와 반도체도 필요로 할 것이다. 결국, 애플은 해당 제품을 대량생산할 수 있을 정도로 핵심부품을 싸게 만들어야만 한다.

애플워치를 개발할 때, 다양한 분야에서 전문가를 모집하여 다기능팀을 구성하였다. 가상현실 제품 개발에서도 비슷하게 진행되고 있다. 2015년에 오디오와 비디오 분야의 상징적 기업인 Dolby에서 하드웨어 그룹과 기술그룹을 이끌었던 Mike Rockwell을 영입하였다. Rockwell도 950달러 가상현실 안경을 만들고 Dolby의 투자를 받고 있던 Meta라는 작은 회사를 자문해 주고 있었다.

현재 Rockwell은 애플에서 가상현실 메인 팀을 운영하고 있고, 아이폰과 아이패드의 하드웨어 개발팀을 책임졌던 Dan Riccio를 상사로 모시고 있다. Oculus를 함께 설립하고 2015년 페이스북에 매각되기 전까지 같이 일했던 Jack McCauley는 "그는 정말로 똑똑한 사람이다. 그래서 그는 애플의 가상현실 프로젝트가 잘 운영될 수 있게 팀을 잘 꾸려갈 것이다."라고 말했다.

지난 봄, 제품 출시를 심각하게 고려하는 가운데, 애플은 최고의 하드웨어 전문가와 소프트웨어 전문가를 Rockwell에 배치하였는데, 대표적으로, 애플워치 팀개발팀을 도왔던 Fletcher Rothkopf와 LucasFilm에서 인기있는 오디오 표준인 THX를 만들었던 Tomlinson Holman이 이 팀에 배치되었다.

애플은 3D 제품이나 웨어러블 하드웨어 관련 전문성을 갖춘 사람들도 영입하였다. 그 중에는 아마존의 Lumberyard 가상현실 플랫폼을 이끌었던 Cody White, Meta의 소프트웨어개발자였던 Duncan McRoberts, Oculus의 연구원이었던 Yury Petrov, HoloLens와 Google Earth에서 일했던 Avi Bar-Zeev가 포함된다.

애플은 해당 팀에 아이폰 엔지니어, 카메라 엔지니어, 광학렌즈 엔지니어를 보충하여 더 완성도를 높혔다. 안경 렌즈에 사용되는 기초 소재를 추출하는 전문성을 갖춘 사람들도 있었다. 애플은 3D 영화산업에도 주목하여, 뉴질랜드 웰링턴에 사무실을 열고, 킹콩과 아바타 등의 영화제작에 참여했던 뉴질랜드 특수효과업체인 Weta Digital의 직원들을 영입하였다.

인재영입과 함께 애플은 전술적 M&A에도 심혈을 기울였다. 2015년에 증강현실 소프트웨어 개발업체인 Metaio를 인수하였다. Metaio의 CEO였던 Thomas Alt는 어떤 종류의 기술에 투자해야 할 지를 결정하는 애플의 전략팀에서 일하고있다. 작년에는 애플이 증강현실 관련 카메라 소프트웨어를 개발하는 FlyBy Media를 인수하였다. 쿡이 작년 여름에 Magic Leap 사무실을 방문하고 그 회사의 AR 기술에 관심을 보였다고 전해지는데 이에 대해 Magic Leap은 언급을 회피하였다.

몇몇 관계자의 말에 따르면, 수백명의 엔지니어들이 증강현실 혹은 가상현실 관련 제품개발에 헌신하고 있는데, 한 예로 아이폰 카메라팀은 증강현실 기술을 구현하려고 노력 중이라고 한다. 현재 애플이 시도하고 있는 기능 중의 하나가 사진의 심도를 찍고 난 이후에 바꿀 수 있게 하는 것이다. 즉, 사람의 얼굴 등의 특정 피사체만 선명하게 보이도록 하거나, 사후 틸트가 되도록 하는 것이다. 개발방향에서 다른 점은 Snapchat의 방식과 비슷하게 사람에게 가상현실 효과가 나타나도록 증강현실을 사용하는 것이다. 이러한 아이폰 기능은 depth sensing이라고 알려진 기술에 기반을 두고 있고, 2013년도 인수한 이스라엘 회사인 PrimeSense에서 개발된 알고리즘을 사용한다. 애플은 이런 기능을 출시하지 않을 수도 있지만, 이런 기능들은 스마트폰 업계에서 최신 트랜드이다.

증강현실 강화 안경은 더 먼 미래의 일이다. 제품을 제대로 개발하는 것이 핵심이다. 웨어러블 제품은 개발하기 힘들다. 애플이 제품군에서 가장 먼저 손을 댄 애플워치는 시장의 주상품으로 성장하지 못하였다. 렇다고 모든 사람이 2014년에 구글이 출시한 구글 글래스를 완전히 잊은 것도 아니다. 여전히 애플은 호시탐탐 시장의 기회를 엿보고 있다. Munster는 다음과 같이 말하였다. "증강현실 제품이 성공하려면, 하드웨어도 필요하지만, 지도에서 결재시스템에 이르기까지 갖추어져야 할 것이 아주 많다. 애플은 이 기술을 실현할 수 있는 유일한 회사 중의 하나이다."

토론을 위한 질문거리

1. 애플의 증강현실팀은 어떤 종류의 팀인가?
2. 이런 팀에서는 어떤 종류의 규범이 중요할까?
3. 이런 팀에서 동조화와 일탈 간의 균형이 맞추어져야 하는 이유는?
4. 이런 팀에서는 어느 정도 수준의 응집성이 요구될까? 그리고 그 이유는?

Mark Gurman, "Apple's Next Big Thing: Augmented Reality," Bloomberg Technology, March 20, 2017. Used with permission.

12 인적자원관리와 개발

학습목표

이 장을 학습한 후, 다음 내용에 답할 수 있어야 한다.

학습목표 12-1 전략적 인적자원관리가 조직이 경쟁우위 확보에 어떻게 도움을 주는지 설명하라.

학습목표 12-2 조직구성원의 선발 절차에 대해서 서술하라.

학습목표 12-3 조직구성원이 맡은 직무를 잘 수행할 수 있도록 인적자원을 훈련시키고 개발하는 방법에 대해서 토론하라.

학습목표 12-4 성과평가와 피드백이 매우 중요한 관리행위인 이유를 설명하라. 그리고 성공적인 성과평가와 피드백 절차를 설계할 때 관리자가 선택할 수 있는 선택사항들을 나열하라.

학습목표 12-5 보상과 복리후생 수준을 결정할 때 관리자가 겪게 되는 이슈들을 설명하라.

학습목표 12-6 효과적인 인적자원관리에서 노사관계가 가지는 역할에 대해서 이해하라.

Acuity는 등록금 환급, 사내 헬스장, 연금 보조 등의 복리후생제도를 통해 종업원들을 잘 처우하는 것이 중요하다는 것을 하게 되었다. Source: Acuity Insurance

MANAGEMENT SNAPSHOT

효과적인 인적자원관리

어떻게 효과적으로 인적자원을 관리할까?

Acuity는 25개국에서 영업을 하고, 1,200명의 종업원을 거느리고 있고, 13억달의 매출을 올리고, 위스콘신 주, Sheboygan 시에 본사를 둔 손해보험회사이다. Town of Herman이라는 자동차 보험회사로 1925년에 설립되었고, 중간에 회사명을 Heritage Insurance로 바꾸었다가, 2001년에 다시 Acuity로 회사명을 바꾸었다.

창립 이후, Acuity에는 회사명의 변화 이상의 변화가 있었다. 2000년대 이전에는 재무성과가 그다지 좋은 편은 아니었고, 이직률이 28% 정도였다. 1999년에 Ben Salzmann이 CEO가 될 당시, 조직이 매우 형식적이고 엄격하게 운영되었다. 근무시간 중에 사적으로 전화를 사용할 수 없었고, 업무개시, 식사시간, 휴식 시간을 알리는 벨이 있었다.

Salzmann이 조직 내 최고 직위를 맡으면서 조직을 대대적으로 변화시켰는데, 그 결과, 수익이 크게 증대하였고, 이직률은 급속히 감소하였다. 2017년 언론 보도에 의하면, 지난 17년 동안, Acuity는 지소적으로 보험산업보다 더 빠르게 성장해 왔다. 그런데, 최근 6년 동안에도 6억 달러의 수익을 올렸다. Acuity의 종업원 이직률은 2% 미만이고, 기업의 지속적 성장덕분에 Acuity는 지속적으로 새 일자리를 창출해 왔다. 어떻게 하여 Salzmann이 수익증대와 이직률 감소라는 두 마리 토끼를 잡을 수 있었을까? Salzmann이 이룩한 성공에서 핵심성공요인으로 종업원 처우 개선과 효과적인 인적자원관리를 들 수 있다.

조직변혁의 초기, Salzmann는 Acuity의 형식적이고 엄격한 측면을 줄이고, 회사가 종업원들이 가고 싶은 공간으로 만들려고 노력했다. 이를 위해, 무엇보다 먼저, 업무 및 휴식시간을 알리는 벨을 없애버렸고, 이후 많은 변화가 이어졌다. 이런 변화의 주된 목적은 종업원들이 자신의 잠재력을 일깨울 수 있게 훈련과 자기개발의 기회를 제공하는 것이었고, 이와 더불어, 근무처가 종업원에게 즐겁고 재미있는 장소가 되도록 바꾸고, 종업원에게 합당한 포상과 긍정적 피드백을 늘리고, 보상과 복리후생 측면에서 종업원 처우를 개선하였다. 동시에 조직에 잘 공헌할 수 있는 인재를 선발하기 위해서 관리자들이 노력하였다.

선발모집 측면의 강화를 위해, 인사부서는 모집박람회에 참석하고 온라인 모집방식을 도입하였다. 지원자 평가와 모집면접에서, 관리자들은 지원자가 Acuity의 핵심가치를 받아들이고, 주어진 일을 잘 처리할 수 있는 능력을 갖추었는지 면밀하게 확인하였다.

Acuity의 핵심가치는 열린 소통, 상호 신뢰와 존중, 정직과 성실, 팀웍, 임파워먼트, 자기발전 기회 제공, 즐겁고 재미있는 일자리, 탁월함, 혁신성 등이다.

Acuity는 종업원들에게 훈련과 자기개발 기회를 제공하는데, 구체적으로 리더십 훈련 프로그램 전문성 강화 워크샵이 있다. 종업원들이 더 높은 수준의 교육과정을 등록한 경우, 교육과정 비용을 환급해 주었다.

"When Magic Happens"라는 프로그램에서는 지난 한 달 동안 고객, 협력사, 동료로부터 긍정적 피드백을 받은 20-30명의 종업원을 선발하여 회사 식당에 그들의 이름을 게시하였다. 그리고, 이들 중에서 한 명을 선발하여, 그들이 받은 긍정적 피드백 내용을 음성 메일을 통해서 전 직원들에게 전파하였고, 당사자에게는 100달러 상당의 상품권이 주어졌다.

Acuity는 종업원들에게 공정하게 임금을 지불했고, 푸짐하게 복리후생 혜택도 제공하였다. 예로, 9,800평방 피트의 헬스장을 제공하는 것을 포함하여, 종업원들이 실제로 이용할 수 있는 다양한 혜택을 제공하였다. 입사한 지 5년 차 이하의 직원들은 여러 가지 활동에 참석할 수 있는데, 한 예로 본인이 즐기기 위해서 혹은 다른 사람들과 어울리기 위해서 카약 타러 가는 것을 들 수 있다.

Acuity는 종업원들의 공헌도에 상관없이 401(k) plans에 8% 지원하고, 이익공유 보너스가 기존 보너스 형태뿐만 아니라 401(k) 계정으로도 지급된다. 예로, 최근 계정에 대한 1년 총 공헌도가 10%라고 하자. Acuity는 종업원의 건강보험료의 85%를 지급해 준다. 다른 복리후생 제도의 예로 점심값 지원과 무료 간식, 마사지 요법 제공, 유연시간제, 휴일 급여지급 등이 있다.

Acuity의 근무환경에는 '재미있는 일자리'라는 기업가치가 반영되어 있는데, 예로 회사식당 바깥에 4개의 탁구대가 설치되었다. Acuity는 이런 기업가치를 종업원뿐만 아니라 종업원 가족에게도 적용하고 있는데, 예로 여름 가족 단위 피크닉 지원 제도를 들 수 있다.

Acuity의 종업원 처우 개선과 효과적인 인적자원관리를 놓고 볼 때, Acuity가 2016년 포춘지가 선정한 100대 'Best place to work' 중에서 최고의 기업으로 선정된 것이 그리 놀라운 일이 아니다. 뿐만 아니라, 'Best places to work for millennials and women'에도 상위권에 선정되었다. 종업원 처우개선과 효과적인 인적자원관리는 Acuity와 종업원 모두에게 윈-윈게임이었다.

개요

학습목표 12-1

전략적 인적자원관리를 통해서 조직이 경쟁우위를 확보할 수 있게 되는 이유를 설명하라.

관리자들은 조직목표 달성에 필요한 자원을 획득하고, 개발하고, 보호하고, 활용해야 한다. 조직이 필요로 하는 자원 중에서 가장 중요한 자원 중의 하나가 바로 제품과 서비스를 생산하고 판매하는데 투입되는 인적자원이다. 인적자원에는 조직의 최고경영자로부터 일선 작업자에 이르기까지 모든 사람이 포함된다. "Management Snapshot"에서 본 Ben Salzmann과 같은 효과적인 관리자는 조직 경쟁력 확보를 위해서 인적자원이 얼마나 중요하고, 이를 어떻게 육성하고 활용하는지에 대해서 충분히 알고 있어야 한다.

이 장에서는 조직의 전략과 구조에 맞게 인적자원관리 시스템을 설계하는 방법에 대해서 살펴보겠다. 세부적으로 모집 및 선발, 훈련 및 개발, 성과평가, 보상 및 복리후생, 노사관계로 나누어서 살펴보겠다. 이 장을 마칠 즈음에는 고성과조직에서 인적자원관리가 어떻게 핵심적으로 기여하는지를 이해하게 될 것이다.

전략적 인적자원관리

인적자원관리(HRM)에는 종업원을 끌어들이고 유지하고, 조직목표 달성에 이들이 기여하게 하는 것이 포함된다. 이런 활동들이 인적자원관리 시스템을 구성하는데, 구체적으로 보면, 모집 및 선발, 훈련 및 개발, 성과평가 및 피드백, 보상 및 복리후생, 노사관계와 같이 5가지 활동영역으로 구분된다(그림 12.1 참조).

인적자원관리(HRM) 관리자가 종업원을 끌어들이고 유지하고, 이들이 높은 성과를 내고, 조직목표 달성에 기여하게 하는 활동들

전략적 인적자원관리 관리자가 인적자원관리의 구성요소들이 서로 일관성을 가지도록 하고, 이들이 조직의 아키텍처의 다른 요소들과 조직의 전략과 목표에 일관성이 생기도록 설계해 가는 과정

전략적 인적자원관리는 인적자원관리의 구성요소들이 다른 조직의 구성요소들(예로, 조직의 아키텍처, 조직전략과 목표)과 일관성을 가지도록 설계해 가는 과정을 의미한다. 전략적 인적자원관리의 목표는 경영우위의 네 가지 구성요소인, 조직의 효율성, 질, 혁신, 고객응대성을 높이도록 인적자원관리 시스템을 발전시키는 것이다.

전략적 인적자원관리의 일부로 몇몇 관리자들은 Six Sigma 품질향상 플랜을 도입하였다. 이 플랜은 인적자원관리 측면의 노력을 통하여 제품과 서비스의 하자를 없애자는 것이다. GE의 CEO였던 Jack Welch는 이런 인적자원관리 측면의 노력이 수백만 달러 상당의 GE의 비용을 줄여주었다고 주장하였다. 이런 효과 덕분에 Whirlpool과 Motorola와 같은 회사도 Six Sigma 품질향상 플랜을 도입하였다. 하지만 이런 시도가 효과를 보려면 최고경영진이 Six Sigma 품질향상 플랜에 몰입되어 있어야 하고, 종업원들이 동기부여되어 있어야 하고, 무엇보다 먼저 조직이 생산하는 제품과 서비스의 품질향상의 필요성이 공유되어 있어야 한다. Deloitte Consulting에서 기업용 Lean 시스템 부문 수석을 맡았고, 현재 AlixPartners Professionals에서 이사로 근무 중인 David Fitzpatrick는 대부분의 Six Sigma 품질향상 플랜이 효과적이지 않았는데, 이의 이유는 그것을 적용할 조건이 적절하지 않았기 때문이라고 주장하였다. 예로, 최고경영진이 품질의 중요성을 받아들이지 못한다면, 해당 플랜 실행에 투입되어야 할 시간과 자원을 충분히 할애하지 못하였을 것이고, 결국 미숙한 상태에서 그에 대한 관심이 식어버렸을 것이다.

그림 12.1
인적자원관리 시스템의 요소

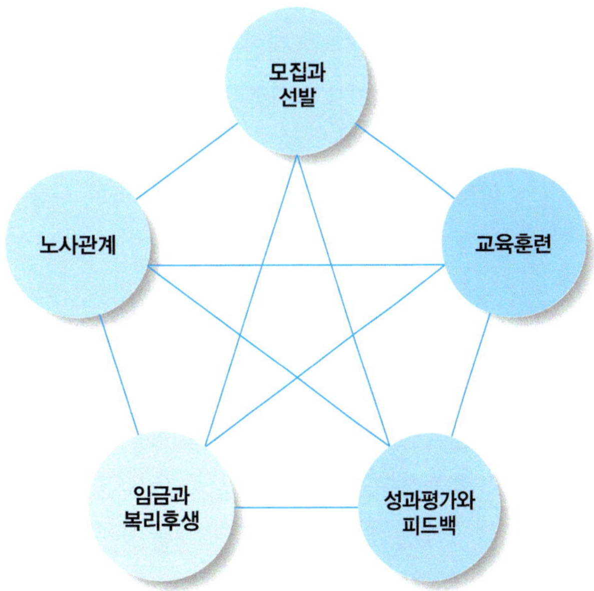

HRM의 개별 요소들은 다른 요소에 영향을 미치므로
이 다섯 가지 요소들은 잘 융화되어야 한다.

인적자원관리 요소에 대한 개요

조직목표 달성에 도움이 되는 능력, 기술, 경험을 갖춘 신입직원을 고용하기 위해서, 인적자원관리의 첫 번째 요소인 **모집과 선발**을 적용한다. 예로, 마이크로소프트는 최고의 컴퓨터 소프트웨어 회사지위를 유지하는 것이 조직목표이다. 이 목표를 달성함에 있어서, 최고의 소프트웨어 인력고용의 중요성을 확실하게 받아들이고 있다. 그래서, 최고 수준인 지원자들을 인터뷰하고 모집선발 과정을 거친다. 선발 과정에 대한 세심한 주의를 통해서 마이크로소프트는 경쟁우위를 높이고 유지한다. 지원자들은 자신이 마이크로소프트에 고용되면 업계 최고 전문가로 인정받는 것이 되므로, 마이크로소프트는 최고 수준의 프로그래머를 모집하는 데 어려움이 거의 없다.

종업원에 대한 모집 및 선발 단계를 거치면, 선발된 종업원이 현재와 미래의 직무에서 성과를 잘 낼 수 있도록 기술과 능력을 향상시키는 **훈련 및 개발 단계**로 넘어가게 된다. 훈련 및 개발 단계는 "Management Snapshot"에서 본 Acuity의 사례와 같이 지속되어야 하는 과정이다. 왜냐하면, 조직의 목표와 전략 상의 변화와 더불어, 기술과 환경의 변화가 지속적으로 일어나므로, 조직구성원들은 새로운 업무처리 기술과 방식을 지속적으로 배워야 하기 때문이다. 마이크로소프트는 새로 모집된 프로그램 개발자는 멘토 혹은 조력자 역할을 하는 경험 많은 종업원들과 소규모 팀에 배치되어 직장내 교육훈련(OJT)을 받는다. 신입 직원은 팀구성원으로부터 고객의 요구를 반영하여 컴퓨터 시스템을 개발하는 방법을 우선적으로 배운다.

세 번째 구성요소인 **성과평가와 피드백**은 다음 두 가지 목표 달성에 도움을 준다. 첫째, 성과평가를 통해서 관리자는 해당 인적자원에 대한 평가 및 활용에 필요한 정보를 제공받게 되는데, 구체적으로 종업원을 어떻게 훈련시키고, 동기부여시키고, 보상하는 방법을 결정하는 데 필요한 정보를 의미한다. 그래서, 성과평가 및 피드백은 MBO(management by objectives)와 함께 사용될 수 있는 **통제시스템**이라고 간주된다(8장에서 다뤄짐). 둘째, 성과평가 결과에 바탕을 둔 피드백은 종업원 개발용도로 사용된다. 관리자가 종업원들의 성과를 정기적으로 평가하면, 종업원들에게 자신의 강점과 약점을 파악할 수 있게 해 주고 그들이 집중해야 할 영역을 알 수 있게 해 준다.

성과평가 결과에 기반하여, 관리자는 종업원에게 **보상**을 제공하는데, 이것이 바로 인적자원시스템의 네 번째 구성요소이다. 높은 성과를 내는 직원들에게 임금인상, 보너스 같은 것들을 제공하여, 관리자들은 조직에서 가장 가치있는 인적자원이 지속적으로 조직에 공헌할 수 있게 해 준다. 나아가, 보상을 성과와 연계시키면, 고성과자들이 조직에 머물러 있으려고 할 것이고, 보다 더 우수한 인재를 유치할 수 있게 된다. 건강보험 같은 **복리후생** 제도는 회사가 종업원들에게 제공할 수 있는 중요한 보상이다.

마지막으로 **노사관계**는 노동자의 이해를 대변하는 노동조합과의 관계를 좋은 방향으로 개발하고 유지시키는데 필요한 방안을 제공한다. 예로, 조직의 노사관계 요소는 작업장의 안전 요소를 강화하고 건전하고 바람직한 작업장 관행을 정착시키는데 도움을 준다.

관리자는 이들 다섯 가지 구성요소들이 서로 적합성을 이루고 조직구조와 통제시스템을 보완할 수 있도록 해야 한다. 예로, 만약 관리자들이 권한을 이양하고 종업원을 임파워먼트 시키면, 과거 관리자가 내렸던 결정을 일선 업무수행자가가 낼 수 있게 이들의 능력과 경험을 향상시키는 훈련 및 개발에 대한 투자가 늘어야 한다.

인적자원관리의 하위 구성요소들은 서로서로 영향을 주고 받는다(그림 12.1 참조). 예로 모집 및 선발을 통해서 조직이 신입사원을 선별하면, 이어서, (1) 필요한 훈련 및 개발의 종류, (2) 성과평가 방식, (3) 보상과 복리후생의 적정 수준을 결정해야 한다. 마이크로소프트의 예를 보면, (1) 최고수준의 인력을 선발하고, (2) 조직 내 경력자를 통해 신입사원을 훈련시키고, (3) 개인 공헌도와 팀성과를 바탕으로 프로그래머의 성과를 평가하고, (4) 개인성과와 팀성과를 바탕으로 보상을 결정한다.

인적자원관리의 법적 환경

이 장에서는 조직목표 달성과 경쟁우위 확보를 위해 전략적으로 인적자원을 관리함에 있어서 관리자가 선택해야 할 사항들에 대해서 세부적으로 살펴보고자 한다. 효과적으로 인적자원을 관리하는 것은 관리자에게 매우 복잡한 임무이라서, 그들이 직면하는 주요 이슈들에 대해서 전반적으로 살펴보겠다. 먼저 인적자원관리에 영향을 미치는 법적 환경에 대해서 살펴볼 필요가 있다.

고용균등기회(EEO: equal employment opportunity) 근로자가 자신의 성별, 나이, 인종, 출신국, 종교, 장애 등에 상관없이 고용에 있어서 동등한 기회를 가질 권리

관리자와 조직이 지켜야 하는 지역, 주, 혹은 국가의 법규와 규제는 인적자원관리의 복잡성을 증대시킨다. 예로, **고용균등기회(EEO)**에 대해 높은 가치를 두고 있는 미국 정부는 이와 관련하여 경영자가 준수해야 할 몇 가지 법령과 강제사항을 제정하였다. EEO는 성별, 인종, 출생국가, 종교, 나이, 장애여부에 상관없이 모든 국민이 동등한 취업기회를 갖게 하는 것이다. 표 12.1은 인적자원관리에 영향을 미치는 대표적 EEO 관련 법령을 요약한 것이다. 1970년 제정된 Occupational Safety and Health Act와 마찬가지로 다른 법들도 직장에서의 폐해로부터 노동자를 보호하고 안전 규정을 지키도록 명시하고 있다.

3장에서 효과적으로 다양성을 관리하는 것은 윤리적 측면에서나 경영측면에서나 모두 필수불가결한 것이라고 설명하였다. EEO관련 법과 시행령은 효과적인 다양한 관리를 법적 측면에서 반드시 필요한 사항이라고 명시하였다. EEO위원회는 EEO관련 법을 강제하고 차별 관련 불만을 다루는 법무부 예하 부서이다. 이와 더불어, EEO위원회는 EEO와 관련하여 관리자가 준수해야 할 가이드라인도 발행한다. 노동부, 법무부, 중앙인사위원회와 함께 EEO위원회는 성별, 인종, 피부색, 종교, 출신에 따른 차별을 금지하는 시민권리에 관한 법률 7항에 맞게 인적자원관리에서 모집 및 선발이 제대로 이뤄지고 있는가에 대한 가이드라인을 관리

표 12.1 인적자원관리에 영향을 미치는 주요 관련 법

연도	관련 법	주요 내용
1963	Equal Pay Act	성과가 동일하면 남녀가 동일하게 보상을 받아야 함
1964	Title VII of the Civil Rights Act	인종, 종교, 성별, 피부색, 출신국에 따른 고용 상의 차별 금지. 고용차별의 범위는 고용, 해고, 보상, 승진, 작업장 여건에 이르기까지 포괄적임
1967	Age Discrimination in Employment Act	40이상의 근로자 차별을 금지하고 강제퇴직을 제한함
1978	Pregnancy Discrimination Act	임신, 육아, 의료 상의 문제에 대해서 고용 상 여성차별을 금지함
1990	Americans with Disabilities Act	장애를 가진 사람에게 고용차별을 하는 것을 금지하고 그들이 작업장에서 일을 할 수 있도록 도움을 주어야 함
1991	Civil Rights Act	의도적 차별이 있었던 경우, 먼저, (Title VII와 같이) 차별을 금지하고, 체불임금과 더불어 손실에 대한 보전을 허용토록 함
1993	Family and Medical Leave Act	남자직원의 출산휴가와 가족질병에 의한 휴가를 포함하여, 의료와 가족 관련 이유로 직장을 쉬어야 할 때에는 12주의 무급휴가를 제공한다.

자들에게 제시한다.

법적 환경과 관련하여 관리자들이 직면하고 있는 현안들로 성희롱 방지방안(성희롱에 대한 보다 자세한 내용은 3장 참조), 장애인 노동자와 일반 노동자를 공존시키는 방안, 종업원의 약물남용 문제 해결 방안, 에이즈 양성반응자(positive HIV)와 에이즈 환자 관리 방안 등이 있다. 에이즈 양성반응자는 에이즈 바이러스에 감염되었지만 에이즈 증상이 나타나지 않고 가까운 시일 내에 에이즈 환자로 발전하지 않을 사람을 의미한다. 많은 경우 그런 사람들은 자신이 직무를 잘 수행할 수 있으므로, 관리자는 그들이 열심히 일하고 직장 내에서 차별받지 않도록 조치를 취해야 한다. 에이즈 환자는 일을 제대로 할 수 있고, 그렇지 않을 수도 있다. 하지만, 분명한 점은 그들이 직장에서 부당하게 차별을 받아서는 안 된다. 많은 조직들이 종업원들에게 다음의 사항에 대해서 교육을 해 오고 있다. 구체적으로, 에이즈 양성반응자와 에이즈 환자의 차이, 에이즈 양성반응자가 전염시킨다는 것이 허구라는 사실, 에이즈 양성반응자가 정당하게 대우받으면 다른 종업원들을 위험에 빠뜨리지 않고 충분히 성과를 낼 수 있다는 점을 교육한다.

학습목표 12-2

조직구성원의 선발 절차에 대해서 서술하라.

모집과 선발

모집은 조직이 필요한 자격을 갖춘 인력풀을 확보하기 위한 관리자의 활동이다. **선발**은 지원자의 자격요건과 특정 직무를 잘 수행할 것 같은 잠재력을 관리자가 보고 결정하는 과정이다. 실제로 모집 및 선발을 하기 전에 관리자는 인적자원계획과 직무분석이라는 중요한 두 활동을 해야 한다(그림 12.2 참조).

그림 12.2

모집과 선발 시스템

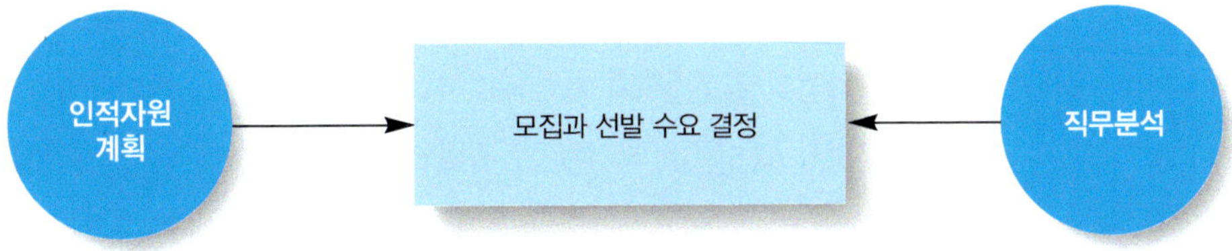

모집 조직이 필요로 하는 자격을 갖춘 인력풀을 확보하기 위한 관리자의 활동이다.

선발 지원자의 자격요건과 특정 직무를 잘 수행할 것 같은 잠재력을 관리자가 보고 결정하는 과정

인적자원계획 현재와 미래의 인적자원에 대한 필요성을 예측하는 활동

아웃소싱 제품과 서비스 생산을 위해 외부의 공급자와 생산자를 활용하는 것

인적자원계획

인적자원계획에는 현재와 미래의 인적자원에 대한 필요성을 예측하는 활동이 포함된다. 현재의 인적자원은 고객에게 고품질의 제품과 서비스를 제공하는 데에 조직이 필요로 하는 종업원이다. 미래의 인적자원은 조직의 장기 목표를 달성하는데 필요한 인적자원이다.

인적자원계획의 일부로, 관리자는 미래 인적자원 수요예측과 공급예측을 예측해야 한다. 수요예측은 주어진 조직목표와 전략에 기반하여 조직이 미래에 필요로 할 인적자원의 양과 질을 예측하는 것이다. 공급예측은 현재 인적자원의 가용성과 적합성과 함께 미래 노동시장에서 적합한 인재의 공급을 추정하는 것이다.

인적자원자원계획의 결과로, 필요한 인적자원을 **아웃소싱**하기도 한다. 제품과 서비스 생산에 투입되는 인력을 모집하고 선발하는 것이 아니라, 관리자가 그러한 인력과 계약을 맺는 것이다. 예로 출판할 책을 편집하는 것과 관련하여 출판사가 프리랜서 에디터와 계약을 것을 들 수 있다. Kelly Services는 고급 기술분야 혹은 전문가 분야의 사람을 아웃소싱으로 인력을 충당하려는 회사에 연결해 주는 서비스를 제공하는 회사이다.

인적자원계획에서 경영자들이 아웃소싱을 하려는 두 가지 이유는 유연성과 비용 때문이다. 먼저 아웃소싱은 관리자에게 유연성을 높여주는데, 특히 정확한 인적자원수요예측이 힘들거나, 인적자원의 변동의 크거나, 특정 영역에서 우수 인력 확보가 어려운 경우에 유연성을 더 높여준다. 둘째, 아웃소싱을 통해서 비용을 줄일 수 있다. 특정 업무가 아웃소싱되면 비용은 다음의 이유로 낮아진다. 인력을 아웃소싱하면 해당 인력에게 복리후생을 제공할 필요가 없고, 필요한 시간에만 계약을 통해서 인력을 사용하고, 교육훈련 관련 비용을 들이지 않아도 되기 때문이다. 아웃소싱은 제품 및 설비의 AS, 법관련 업무, 정보시스템 관리 등의 기능적 업무에 적용하기 쉽다.

하지만 아웃소싱에도 단점이 있다. 특정 업무를 아웃소싱하면, 그에 따라서 제품 및 서비스의 질에 대한 통제력이 약해진다. 마찬가지로, 아웃소싱된 업무를 맡은 사람은 조직 관행 및 절차에 대해서 잘 모를 수 있고, 다른 정규직 직원에 비해서 조직몰입도도 낮다. 나아가 노동조합의 입장에서 볼 때, 아웃소싱은 그들 조합원 수를 줄이는 결과를 초래하므로 노조는 기본적으로 아웃소싱에 대해서 반대 입장이다. 아웃소싱을 통해서 유연성 증대과 비용효과를 누리면서 앞서 언급한 단점을 극복하기 위해 마이크로소프트 혹은 IBM과 같은 몇몇

회사들은 프로그램의 오류를 잡아내는 데에 이런 인력을 활용한다.

기업의 글로벌화가 확대되면서, 미국 혹은 서유럽 같이 인건비가 높은 지역의 기업들이 사업업무, 컴퓨터 프로그래밍, 기업관련 업무들을 인도 및 중국과 같은 임금이 싼 지역 노동자에게로 아웃소싱을 늘려가고 있다. 예로 인도와 미국 컴퓨터 프로그래머들이 미국 원청자 수익의 일부를 가져가고 있다. 아웃소싱[혹은 **오프쇼어링**(*offshoring*), 즉 외국에서 아웃소싱한 경우]의 영역이 공학, 연구개발, 컴퓨터 소프터웨어 개발과 같은 지식집약적 업무로 확장하고 있다. The Conference Board and Duke University's Offshoring Research Network에 따르면, 조사한 미국기업의 절반 이상이 지식집약 업무관련하여 오프쇼어링 전략을 갖고 있는 것으로 나타났다. 왜 그렇게 많은 기업들이 오프쇼어링을 하고 그 범위를 넓히려고 할까? 비용절감이 오프쇼링의 가장 주된 이유이지만, 이와 더불어 글로벌 인재를 활용하고 성장하고 있는 글로벌 시장에 좀 가까이 다가가려는 이유 역시 크다.

주요 미국기업들의 수익 중 국외 수익이 상당히 부분을 차지한다. 예로 HP, Caterpillar, IBM은 전체 수익 중에서 60% 이상을 해외에서 올리고, 수천 명의 종업원을 해외 현지에서 고용한다. 예로 IBM은 인도에서 100,000 명, HP는 해외에서 25,000명을 고용하고 있다. 이보다 작은 기업들은 스리랑카, 러시아, 이집트 등에서 업무를 오프쇼어링하고 있다. 오프쇼어링을 하는 관리자들이 겪는 주요 문제점은 종업원에 대한 통제와 이직이다. 최근 글로벌화와 더불어, 해외로 아웃소싱하는 것이 매우 늘어나고 있다.

Managing Globally

최신 아웃소싱 트렌드

남미와 동유럽 국가가 재무, 회계, 연구개발, 조달 관련 숙련된 전문인력을 아웃소싱할 수 있는 곳으로 부상하고 있다. 예로, 브라질 상파울로에는 영어를 구사할 수 있으면서 재무관리에서 비디오 게임 개발에 이르기까지 다양한 업무를 수행할 수 있는 공과대 혹은 경영대 졸업자가 상당히 많다. 브라질 기술중심 회사인 Brasscom은 브라질에는 세계에서 가장 많은 수의 JAVA 프로그래머가 있고 COBOL 프로그래머는 두 번째로 많다고 한다. 그래서 IBM의 9번째 연구소가 상파울로에 있는 것이 이상할 이유가 없다.

인도에 비해서 남미로 아웃소싱을 하게 되면 일반적으로 비용이 더 든다. 예로, 인도에서 회계업무 초보자의 인건비는 미국보다 51% 정도 적다. 그런데 아르헨티나에서 그런 인력의 인건비는 미국보다 13% 정도 적다. 하지만 아르헨티나 인재들 사업에 대한 이해도가 높고 고객대응 능력도 뛰어나서, 비용이 더 들더라도 그 값을 한다. 더불어, 남미는 미국과 시간대가

미국기업이 아웃소싱한 업무 영역에서도 인도 사무직 노동자들은 다운사이징 문제에 직면하고 있다. 아르헨티나가 미국 근무시간에 일하면서도 다른 국가보다 임금수준이 낮은 노동자들을 내세우면서 경쟁에 나서고 있다.

비슷해서 이 점 역시 장점이 된다. 뉴욕과 아르헨티나의 시차는 뉴욕과 인도와의 시차보다 월등히 적다.

글로벌 기업과 금융기관에 분석업무를 아웃소싱해 주는 회사인 Copal Amba는 고객사와의 시간대를 맞추기 위해서 Pennsylvania주에는 West Chester 시에, 중국에는 북경 시에, 인도에는 Gurgaon 시와 Bangalore 시에, 코스타리카에는 San Jose 시에, 체코에는 프라하 시에, 스리랑카에는 Colombo시에 사무소를 설치해서 유지해 오고 있다. Copal Amba의 회장이자 CEO인 Rishi Khosla는 “만약 당신이 하루에 10-15번 정도 상호작용을 해야 하는 헤지펀드 매니저와 일을 해야 한다면, 비슷한 시간대에 사무실을 열어서 시차를 줄이는 것이 매우 중요합니다”라고 말했다. 인도의 거대 아웃소싱 업체인 Tata Consultancy Services는 페류와 파라과이를 포함해서 여러 남미국가에 걸쳐서 8,000명을 고용하고 있다.

동유럽 국가로도 아우소싱이 몰리고 있다. 예로, Microsoft, Ernst & Young, IBM이 폴란드 Wroclaw 시에 사업소를 열었다. Ernst & Young은 폴란드의 여러 도시에 6개의 사업소를 내었고, 1,300명의 종업원을 두고 있다. 폴란드 젊은이들은 인도에 비해서 대학교육 받기를 더 많이 원해서 여러 가지 언어를 구사할 수 있다. 폴란드 Wroclaw에 있는 HP의 센터을 지원하기 위한 유럽, 아프리카, 중앙아시아의 아웃소싱 관리자 Jacek Levernes는 이 센터에서는 26개의 다른 언어가 사용되기 있기 때문에 이 지역의 다양한 국가의 고객들을 상대하는 데에 매우 유리하게 작용한다고 하였다. 과테말라도 Capgemini Consulting과 코카콜라 같은 회사가 아웃소싱하고 있는 곳이다. 본사와 가까운 국가로 아우소싱하는 최근 트렌트에는 확실히 그만한 이점이 있는 것으로 보인다.

하지만, 옷과 의류 제조에서는 앞의 경우와 다르게 아프리카가 주목받고 있다. 아프리카는 면이 생산되는 곳이면서, 동시에 의류를 제조하는 곳이기도 하다. 아프리카에서는 인건비가 싸고, 면화를 직접 재배하므로 생산시간도 짧다. Lee, Timberland, Wrangler 등의 브랜드를 소유한 VF Corp과 같은 회사는 에티오피아에서 의류 제조지를 물색 중이다. Calvin Klein과 Tommy Hilfiger와 같은 브랜드를 소유한 PVH Corp.는 케냐에서 의류를 생산 중이다. Walmart, JC Penney, 그리고 Levi Strauss 모두 사하라 사막 주변 지역 국가에 의류 제조 일부를 아웃소싱하고 있다.

직무분석

직무분석 직무를 구성하는 과업, 의무사항, 책임사항과 직무수행에 요구되는 지식, 기술, 능력을 분석하는 것

직무분석은 모집 및 선발 전에 관리자가 해야 할 두 번째로 중요한 일이다. 직무분석은 (1) 직무를 구성하는 과업, 의무, 책임 등을 식별하고(**직무기술**), (2) 해당 직무 수행에 필요한 지식, 기술, 능력을 식별하는 과정(**직무명세**)을 의미한다. 조직 내 모든 직무에 대해서 직무분석이 이루어져야 한다.

직무분석은 직무수행자를 관찰하거나 그들과 인터뷰를 하는 등의 방법을 포함하여 다양한 방법으로 수행될 수 있다. 많은 경우, 직무수행자와 관리자를 통해서 만들어진 설문지가 사용되기도 한다. 설문지에는 직무수행에 필요한 기술과 능력, 직무수행에 요구되는 시간, 책임, 감독활동, 직무수행에 필요한 장비, 준비되어야 서류 등에 대한 질문이 포함되어 있다. 몇몇 조직에서는 최신 추세에 따라서 직무의 세부 내용(과업 및 책임)이 유동적이고 이를 사전에 명확하게 구체적으로 정의하지 않는 방식의 유연한 직무설계가 이뤄지고 있다. 이런 종류의 직무에 대해서 직무설계를 할 때에는 직무수행을 위해 어떤 과업을 해야 하는 것보다는 직무수행에 요구되는 기술과 지식을 결정하는 데에 초점을 맞춘다.

인적자원계획과 직무설계를 마치면, 관리자는 어떤 종류의 인적자원과 직무가 필요한지 알 수 있게 된다. 또한 미래의 직무수행자가 갖추어야 할 지식, 기술, 능력의 종류도 알 수 있게 된다. 이 시점부터 모집과 선발이 본격적으로 시작될 수 있다.

외부모집과 내부모집

앞서 말한 바와 같이, 모집은 조직이 필요로 하는 인력풀을 확보하는 것이다. 이를 위해 전통적으로 내부모집과 외부모집이라는 두 가지 방식이 사용되어 왔는데, 최근에는 인터넷의 활용이 늘고 있다.

외부모집 관리자가 외부에서 모집을 할 때, 해당 조직에서 일해 본 적이 없는 사람을 조직 밖에서 찾는다. 외부 모집에는 여러 가지 방법이 있다. 예로, 신문 혹은 잡지에 내는 광고, 직장을 찾는 학생 혹은 고교와 대학의 진로지도 카운슬러를 위한 오픈하우스, 대학에서의 취업 박람회, 지역 사회에서의 그룹 단위의 채용 면접 등이 있다.

많은 조직들이 신입직원을 채용하기 위해 대학으로 채용담당자를 보낸다. 현재 직원이 친구들에게 자기 회사의 취업기회를 알려주거나 회사에 적합한 인물을 추천하는 것처럼, 외부모집에서는 비공식 네트워크를 활용되기도 한다. 어떤 조직들은 외부모집을 위해 채용 전문회사를 이용하기도 한다. 그리고 어떤 경우에는 구직자가 회사에 직접 찾아가서 고용가능성에 대해서 직접 문의하기도 한다.

최근 기업의 다운사이징과 대규모 해고가 늘고 있어서, 기업의 외부 모집이 상대적으로 쉬울 것이라고 생각하기 쉽다. 하지만, 그렇지 않은 경우가 많은데, 그 이유는 지금 구직을 하

는 사람이 많다고 하더라도 그들이 현재 모집 중인 분야에서 요구되는 기술과 능력을 갖추지 못한 경우가 많기 때문이다. 사람을 구하는 기업과 직장을 구하려는 구직자들은 "Monster.com" 혹은 "JobLine International" 같이 웹사이트를 이용하는 것처럼 인터넷에 의존도가 높아지고 있다. Coca-Cola, Cisco, Ernst & Young, Canon, Telia 같은 주요 기업들이 전세계에 걸쳐 인재를 모집하기 위해서 JobLine을 활용하고 있다.

외부모집에는 장점과 단점이 동시에 있다. 장점으로는 비교적 큰 범위의 인력풀에 접근할 수 있는 점, 조직목표 달성에 필요한 기술, 지식, 능력을 갖춘 인재를 유인할 수 있다는 점, 새로운 방식으로 접근할 수 있고 최신 기술을 익힌 인재를 영입할 수 있다는 점을 들 수 있다. 이런 장점이 있는 반면에 상대적으로 비용이 많이 든다는 단점도 있다. 외부에서 채용된 인력들은 내부 채용 인력에 비해서 조직 내부 시스템에 대한 이해가 부족하고 훈련비용이 많이 들 수 있다. 마지막으로, 외부 모집 시에는 채용대상자가 진정으로 고성과자인지를 확신하기가 어렵다는 단점이 있다. 그럼에도 불구하고, 외부모집에 따른 불확실성을 줄이기 위해서 몇 가지 단계를 거칠 수 있다.

내부모집 내부에서 모집할 때에는 관리자들이 비어있는 자리에 기존 직원으로 충원한다. 내부적으로 충원된 종업원들은 **수평적 이동**(책임 및 권한수준에서의 주요 변화가 없는 직무변화) 혹은 승진을 바라던 사람들이다. 내부모집에는 몇 가지 강점이 있다. 첫째, 내부 지원자는 조직의 목표, 구조, 문화, 규칙, 규범에 이르기까지 조직에 대해서 이미 잘 알고 있다. 둘째, 관리자 역시 그들에 대해서 잘 안다. 지원자의 기술, 능력, 실제 직무행동에 대한 충분한 정보를 갖고 있다. 셋째, 내부모집을 통해서 모집 중인 직무 수행자를 포함하여 그렇지 않은 직원들 모두의 동기부여와 사기를 올릴 수 있다. 승진을 바라지 않는 사람이건 혹은 승진할 준비가 되지 않은 사람들에게도 내부모집은 승진이 미래에 자신에게 가능한 일이라는 것을 일깨워준다. 그리고, 수평이동을 통해서, 특정 분야에서 숙련도를 완성하여 맡은 일을 지겨워 하는 사람들에게 지루함을 줄여주고, 새로운 기술을 익힐 기회를 제공한다. 마지막으로, 내부모집은 외부모집에서 비해서 비용과 시간을 아낄 수 있다.

수평 이동 책임과 권한 수준의 주요 변화가 없는 직무변화

내부모집이 이런 장점을 가짐에도 불구하고, 현실적으로 많은 관리자들이 왜 외부모집을 이용할까? 그 이유는 내부모집에도 단점이 있기 때문인데, 제한된 인력풀, 그리고 기존 조직 방식을 따르는 경향 등을 들 수 있다. 많은 경우, 조직들은 내부에서 적합한 인재풀을 충분히 확보하기 어렵다. 설사 내부에 적합한 인재풀이 있다고 하더라도, 더 낫고 새로운 아이디어와 접근법으로 조직에 도움을 줄 수 있는 인재를 확보하기 위해서 외부모집을 이용한다. 즉 조직이 문제에 봉착하거나 성과가 나쁠 때, 외부에서 경영진을 영입하여 새로운 방식을 적용하여 조직의 문제를 해결하곤 한다.

Information Technology Byte

Fog Creek Software의 모집 방식

Fog Creek Software는 뉴욕의 패션거리에 있는 낡은 건물에서 Joel Spolsky과 Michael Pryor이 2000년에 설립한 개인소유의 작은 소프프웨어 회사이다. Fog Creek Software는 설립 이후 매년 이익을 냈었다. 뛰어난 컴퓨터 소프트웨어 개발자를 고용하는 것이 Fog Creek Software같은 회사에게는 가장 중요한 일이다. Spolsky에 의하면, 상위 1%의 소프트웨어 개발자가 평균수준의 개발자에 비해서 10배의 성과를 낸다고 한다. 상위 1%는 또한 매우 창의적이어서 아주 효율적으로 신제품을 개발해 낸다.

Fog Creek와 같은 작은 회사에게 상위 1%의 소프트웨어 개발자를 고용하는 것은 고사하고 찾는 것만 해도 대단한 일이다. 왜냐하면 그런 인력은 이미 대단한 직장에 속해 있고 직장을 옮길 생각이 별로 없기 때문이다. Fog Creek Software는 이런 현실을 깨닫고, 대학에 재학 중인 상위 50% 인재를 대상으로 여름방학 인턴십을 실시하였다. 물론 그들은 졸업 후 정규직으로 고용된다.

매년 가을 Fog Creek은 미래에 최고의 개발자로 성장할 가능성이 있는 컴퓨터 사이언스 분야 거물들에게 직접 편지를 작성해서 보내고, 컴퓨터 관련 전공 교수들을 찾아가서 추천을 요청하고, 직접 웹에서 지원자를 뒤졌다. 이렇게 해서 수백 명의 인턴 지원자를 확보하였고, 그 중에서 최고의 인재에게 전화 면접 기회가 주어졌다. 면접 동안, 그들에게 자신이 받은 수업에 대해서 설명하게 하였고, 소프트웨어 개발의 문제와 도전거리에 대해서 어떻게 대처했는지에 대해서 질문이 주어졌고, 회사에 바라는 바와 뉴욕에서의 생활에 대해서도 이야기하도록 요청받았다.

Fog Creek Software는 유망한 소프트웨어 개발자를 발굴하고 채용하기 위해서 유급 여름 인턴제도를 활용하고 있다. Courtesy of Fog Creek Software

전화 면접에서 좋은 평가를 받은 지원자는 모든 경비를 지원받고 뉴욕으로 날아와서 면접을 봤다. 공항에서는 리무진이 이들을 배웅하고, 숙소는 hip 호텔이고, 숙소에서 환영 선물을 받았다. 이런 다음, Fog Creek에서 하루 종일 면접을 받았고, 본인 원할 경우, Fog Creek의 비용으로 그 호텔에서 며칠 더 묵을 수 있도록 해 주었다. 일반적으로 최종 면접을 받을 사람 세 명 중 한 명만이 인턴십을 받았다.

인턴들은 실제로 소프트웨어 개발업무에 투입되었다. 몇 년 전, 네 명의 인턴들로 구성된 팀이 Fog Creek Copilot라고 하는 성공적인 소프트웨어를 개발하였다. 이를 통해서 인턴들을 동기부여도 하고, 관리자들이 선발할 직원을 고르는 데에도 도움을 받았다. 인턴들은 매우 좋은 처우 받았다. 금전적 보상을 물론이고, 무료로 숙소를 제공받고, 회사 야유회, 파티, 기타 문화행사에도 초청받았다. 인턴을 마칠 무렵, 경영자는 어렵지 않게 우수한 프로그래머를 채용할 수 있었다. 이렇게 선발된 인재는 졸업과 동시에 연봉이 높고, 근무조건이 매우 우수하고, 대단한 수준의 복리후생이 주어지는 직장에 취업할 수 있는 기회가 주어졌다. Fog Creek의 외부인재 모집방식이 길고 비용이 많이 드는 것처럼 보이지만, 이에는 우수한 프로그래머를 확보하는 것이 이상의 효과가 있다. "인터십 프로그램은 우수한 조직구성원을 창출해 내는 파이프라인 역할을 한다. 아주 긴 파이프라인이어서, 아주 오래 기다려야 할 필요가 있기는 하지만, 결국에는 그만큼의 값어치를 한다."라고 Spolsky가 말했다.

선발과정

모집과정을 통해 빈 자리에 대한 지원자 풀을 확보하였으면, 이제는 지원자들이 해당 자리에 적합하고 앞으로 성과를 잘 낼 것인지를 확인해 보아야 한다. 두 명 이상의 사람이 이 조건을 충족시킨다면, 그 중에서 가장 적합한 사람을 선택해야 한다. 지원자들의 순서를 매기고 향후 성과 잠재력을 평가하는데 도움을 주는 다양한 선발도구들이 있다. 이런 선발도구로 배경정보, 면접, 필기시험, 체력평가, 성과평가, 그리고 참조자료(reference) 등이 있다(그림 12.3 참조).

그림 12.3
선발 도구

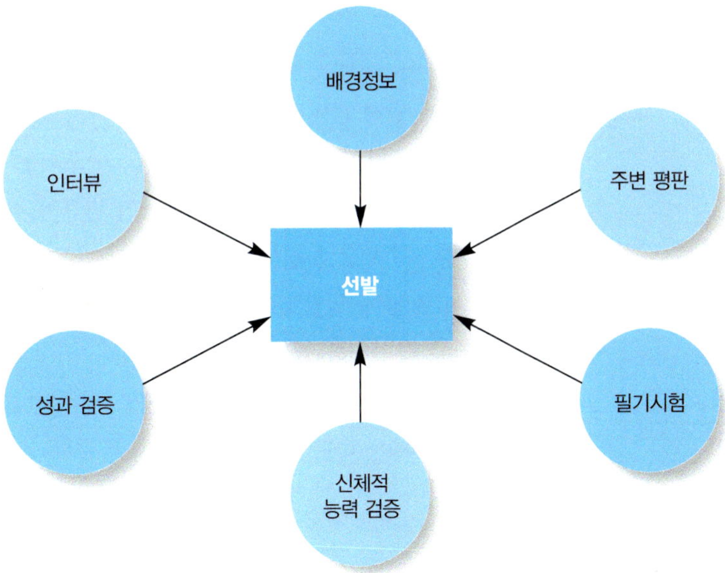

배경정보 선발과정에서 관리자는 지원서와 이력서를 통해서 지원자의 배경 정보를 얻는다. 이를 통해서 지원자의 최종학력, 대학 전공 및 부전공, 재학했던 대학의 종류, 직장경험, 외국어 능력 등에 대한 정보를 얻는다. 배경정보는 (최종 학력 등과 같은) 핵심 자격조건을 갖추지 못한 지원자를 걸러내고, 더 유망한 지원자를 선택하는데 도움을 준다. 예로, 학사 학위를 가진 지원자도 수용할만 하지만, 석사학위를 가진 사람이 훨씬 더 선호될 것이다.

점점 더 많은 조직들이 지원자가 제공한 배경정보의 진위 여부를 확인하기 위해 노력하고 있다(그리고 전과 기록과 같은 부정적 정보를 밝히기 위해서 더욱 더 노력하고 있다). 임금관리 및 인적자원관리의 아웃소싱 업체로 유명한 ADP(Automatic Data Processing, Inc)에 따르면, 더 많은 기업들이 유망한 지원자에 대한 배경 체크를 하고, 지원서류 상의 부정확성과 비일관성 그리고 지원서류에 나타나지 않은 부정적 정보를 찾으려 하고 있다. ADP에 의하면, 지원자의 30%가 자신에 대해 틀리게 기술한다고 한다. 몇몇 경우 배경 체크를 통해서 지원자의 전과기록을 찾아내기도 한다고 한다.

면접 "Management Snapshot"의 Acuity가 그런 것처럼, 거의 모든 조직들이 선발과정에서 면접을 활용한다. 면접은 구조화되어 있을 수도 있고, 그렇지 않을 수도 있다. **구조화된 면접**에서 관리자는 모든 지원자에게 동일한 표준 질문을 던진다(예로, "이 직무에 대해 지원자는 어떤 독특한 강점을 가지고 있나요?" 혹은 "직무의 어떤 측면이 지원자에게 가장 중요한가요?"). 특히, 면접대상자가 직무수행에 필요한 기술과 능력을 가졌다는 것을 밝힐 수 있도록 하는 질문이 주어진다. 상황 면접 질문이라고 불리는 면접질문에서는 피면접자에게 직무관련 상황이 주어지고, 그 상황에서 피면접자가 어떻게 대처할 것인가를 묻는다. 예로 영업 직무 지원자에게는 지나치게 오래 기다리는 것에 항의하는 고객, 결정장애가 있는 고객, 주문내역이 분실되어 항의하는 고객 등에 대해서 어떻게 대처할 것인가라는 질문이 주어질 것이다.

비구조화 면접은 일반 대화에 가깝게 진행된다. 면접관은 지원자가 어떠한지 밝혀내는 질문을 편안하게 던지고 미리 준비된 질문은 하지 않는다. 일반적으로, 구조화된 면접이 비구조화된 면접보다 낫다고 하는데, 왜냐하면, 구조화된 면접이 지원자 식별에 필요한 정보취득에 유리하고, 덜 주관적이고, 면접관이 가진 편견의 영향을 덜 받기 때문이다.

면접을 할 때, 해당 모집분야와 관련되지 않은 것을 질문해서는 안 된다. 이것을 어기면, 해당 조직이 소송에 휘말릴 수 있다. 예로, 피면접자의 배우자에 대한 질문, 자녀 계획 등을 묻는 것은 부적절하거나 불법에 해당된다. 이런 질문은 직무수행과 관련이 없는 질문이므로, 차별적 질문이면서 EEO 관련법에도 위배된다(표 12.1 참조). 그래서, 면접관은 EEO 관련법을 학습해야 하고, 이 법을 위배하는 질문에 대해서 사전에 숙지하고 있어야 한다.

필기시험 선발과정에서 두 종류의 필기시험이 사용되는데 하나는 능력검증이고, 하나는 성격 테스트이다. 둘 다 인쇄된 용지 혹은 컴퓨터를 활용해서 테스트할 수 있다. **능력검사**는 지원자가 직무수행에 필요한 언어이해능력 혹은 수리적 기술 등의 능력 수준을 측정한다. 예로, GM, 크라이슬러, 포드 등의 자동차 회사는 전형적으로 지원자의 읽기 능력과 계산능력을 테스트한다.

성격검사는 직무수행과 관련된 성격적 특징과 특성을 측정한다. 예로, 소매판매 조직의 경우, 지원자가 얼마나 신뢰할만한 지를 파악하기 위해 정직성 검사를 한다. 채용을 위해 (정직성 검사를 포함하여) 성격검사를 하는 것에 대해서 의견이 분분하다. 이에 대한 반대 입장을 살펴보면, 정직성 검사가 절대로 실제 정직성을 측정할 수 없고(타당성이 결여되어 있고), 지원자가 의도적으로 속일 수 있다는 것이다. 선발목적으로 필기시험을 사용하기 전에 관리자는 해당 검사도구가 실제 미래의 성과를 예측하는데 좋은 도구라는 것을 뒷받침하는 증거가 있는지 살펴보아야 한다. 만약, 회사가 그런 증거없이 필기시험 결과를 활용하게 되면 차별관련 소송에 휘말릴 수 있다.

체력검사 소방관, 청소부, 운송업자와 같이 체력이 필요한 직무에서는 관리자가 지원자의 체력을 측정해야 할 필요가 있다. 자동자업체 직원들은 고성과를 내려면 작업의 민첩성이 요구되므로, 자동차회사에 이런 측면을 살펴본다.

성과평가 **성과평가**는 지원자가 실제 직무에서 발휘하는 성과를 측정하는 것이다. 예로, 비서직 지원자에게는 주어진 시간 안에 타이핑을 얼마나 정확하고 빠르게 하는지를 측정하는 키보드 테스트가 이루어진다. 중간관리직을 지원하는 지원자에게는 (해당 직무에서 일어날 수 있는 상황이 반영된) 단기의 작은 프로젝트 수행이 요구되는데, 이를 통해서 지식과 문제해결 능력을 측정한다.

AT&T가 처음 도입한 어쎄쓰먼트 센터(Assessment center)는 성과평가를 한걸음 더 진보시켰다. 일반적인 어쎄쓰먼트 센터에서는 10-15명의 관리직 지원자들이 몇 일에 걸쳐 다양한 활동에 참여한다. 이 시간 동안 그들은 효과적인 관리자에게 요구되는 다양한 측면의 기술, 즉, 문제해결 측면, 조직 측면, 커뮤니케이션 측면, 문재 해결 측면의 기술에 대해서 측정받는다. 경우에 따라서는 개인적으로 측정이 이뤄지고, 경우에 따라서는 집단으로 이뤄지기도 한다. 이 과정 동안, 현재 관리자들은 지원자들의 행동을 관찰하고 성과를 측정한다. 최종적으로 요약된 성과보고서가 선발도구로 활용된다.

참조자료 지원자의 기술, 능력, 그리고 개인적 특성에 대해서 잘 아는 이전 고용주나 다른 정보원(대학 지도교수 등)으로부터 참조자료(reference)를 받아오도록 지원자에게 요구된다. 참조자료 작성을 요청받은 사람은 지원자에 대한 솔직한 정보를 제공해야 한다. 참조자료는 선발관련 의사결정 마무리 단계에서 활용된다. 그러나 이전 고용주들이 부정적인 정보를 제공하는 것을 꺼려하기 때문에 참조자료의 신빙성을 받아들이기가 어려운 경우가 많다. 실제로, 이전 사용주가 제공한 부정적 참조자료 때문에 지원자가 부당하게 명예가 훼손되거나 프라버시가 침해당했다고 소송이 제기됨에 따라서, 지원자의 부정적 정보가 사실이라도 이를 제공하는 것을 꺼리는 경우가 많아지고 있다. 직무수행자는 불특정 다수 사람들의 안전과 목숨을 책임지는 경우가 많다. 그래서 지원자에 대한 부정적 정보를 제공하지 않는 것이 그냥 부적격인 사람이 채용되는 것으로만 그치는 것이 아니라, 불특정 다수의 안전과 목숨이 위험에 처하게 될 수 있다는 것을 명심해야 한다.

신뢰성 도구와 검사가 매번 같은 대상을 측정하고 있다는 정도

타당성 도구와 검사가 측정하려는 것을 제대로 측정하고 있는 정도

신뢰성과 타당성의 중요성 어떤 종류의 선발도구라도 신뢰성과 타당성이 갖추어져야 한다. **신뢰성**은 측정할 때마다 동일한 것을 측정하는 정도를 의미한다. 같은 사람이 같은 측정도구로 다른 날에 두 번에 걸쳐 선발 테스트를 받았을 때, 두 번의 점수가 동일해야 한다. 그런데 만약 점수 차이가 있다면 신뢰성이 낮다는 것을 의미한다. 면접에서는 개인적 판단에 의해 결정되므로 신뢰성 판단이 훨씬 더 복잡해 진다. 그래서, 두 명 이상의 잘 훈련된 면접관이 동일한 지원자를 면접한다면, 면접의 신뢰성이 올라갈 것이다. 만약 면접이 신뢰성을 확보했다면, 각각의 면접관이 피면접자의 적정성 여부에 유사한 결론을 내릴 것이다.

타당성은 측정도구가 얼마나 측정목적에 맞는 대상을 측정하는 가의 정도를 의미한다. 선발도구의 경우, 피선발자가 앞으로 과업과 직무에서 얼마나 잘 성과를 낼 것인가를 맞추는 것이다. 예로, 소방관 선발에서 사용되는 체력검증은 실제 현업에서의 성과예측에 도움을 되는가? 어쎄쓰먼트 센터의 측정값이 관리성과를 실제로 예측할 수 있을까? 키보드테스트가 비서의 성과를 예측할 수 있을까? 이런 것이 모두 타당성이다. 그런데, 소매업과 은행에서 정직성을 타당성있게 예측하는 것이 불분명하므로, 정직성 검사는 논란의 대상이다.

훈련 종업원에게 지금 직무를 수행하는 방법을 가르치고 효과적으로 성과를 내기 위해 요구되는 지식과 기술을 습득하도록 돕는 것

개발 종업원의 지식과 기술을 육성하여 새로운 책임과 도전을 할 수 있도록 준비하는 것

관리자는 신뢰성과 타당성 있는 도구를 사용함에 있어서도 윤리적 그리고 법적 의무를 져야 한다. 신뢰성과 타당성은 여부의 속성보다는 정도의 속성에 가깝다. 그래서, 신뢰성과 타당성이 가장 높게 확보할 수 있도록 선발도구를 사용해야 한다. 특정 기술에 대한 능력 검증에서 관리자는 최신의 측정도구를 찾거나 개발하고, 신뢰성과 타당성을 최대화하도록 활용해야 한다. 면접관 측면에 대해서 말해 보면, 신뢰성을 높이기 위해서 동일한 지원자에 대해서 두 명 이상의 면접관을 투입하여 신뢰성을 높일 수 있다.

훈련과 개발

학습목표 12-3

조직구성원이 효과적으로 직무를 수행하게 하기 위해 훈련과 개발 측면에서 할 수 있는 것에 대해서 토론하라.

"Management Snapshot"에서 본 Acuity의 예와 같이, 훈련 및 개발은 조직구성원이 직무를 효과적으로 수행하고, 새로운 임무를 맡고, 새로운 조건에 맞게 응용하는데 필요한 지식과 기술을 확보하고 증진하도록 해 준다. **훈련**은 종업원이 현재 맡은 직무를 수행하는 방법을 가르치고 높은 성과를 내는데 필요한 지식과 기술을 습득하도록 도움을 주는 것에 중점을 둔다. **개발**은 종업원의 지식과 기술을 구축하여 새로운 임무와 도전에 응할 수 있도록 해 준다. 훈련은 주로 조직의 낮은 수준에서 자주 사용되고, 개발은 전문분야 혹은 관리자급에서 많이 사용된다.

요구 평가 종업원이 훈련 및 개발이 필요한 영역과 익혀야 하는 기술과 지식의 종류를 측정하는 것

훈련 및 개발 프로그램을 만들기 전에 관리자는 어떤 직원이 훈련 및 개발을 필요로 하고 어떤 종류의 기술과 지식을 익혀야 하는지를 결정하기 위해서 **요구 평가**부터 해야 한다(그림 12.4 참조).

훈련의 종류

두 종류의 훈련이 있다. 하나는 강의실 훈련이고, 하나는 현장 훈련(on-the-job training)이다.

강의실 훈련 강의실 훈련에서는 강의실이라는 세팅 하에서 지식과 기술을 습득한다. 이는 조직 내부에서도 하지만, 지역 대학 등 외부에서도 진행된다. 많은 조직에는 훈련을 위한 공식부서가 있고, 어떤 조직에서는 아예 '대학'으로 부르기도 한다. 예로, 디즈니는 디즈니 대학에서 강의실 훈련과 여러 가지 개발과정이 운영된다.

강의실 훈련에서는 전통적인 방식대로 교재, 강의, 집단 토론과 더불어 비디오와 역할극도 자주 사용된다. 비디오를 통해 바람직하거나 혹은 바람직하지 않은 직무행동을 보여준다. 예로, 경험 많은 판매직원이 화가 난 고객을 능숙하게 다루는 것을 비디오로 보면서, 경험이 부족한 판매직원들이 비슷한 상황에서 대처할 기술을 익히게 된다. 역할극을 통해서 훈련생은 주어진 상황에 직접 참여해 보고 다른 사람들이 효과적으로 성과를 내는 것을 보게 된다. 또 다른 예로, 맥도날드 햄버거 대학에서는 역할극을 통해서 프랜차이즈 업주가 자신의 가게를 운영하는데 필요한 지식과 기술을 배우게 된다.

시뮬레이션도 역시 강의실 훈련의 일부인데, 특히 실수가 발생했을 때에 심각한 비용이 발생하는 복잡한 직무에 이 방법이 사용된다. 작업 상황과 직무의 중요한 요소를 시뮬레이션 현장에 그대로 옮겨놓는다. 예로, 교통통제는 시뮬레이션을 통해서 훈련받게 되어 있는데, 교

그림 12.4 훈련 및 개발

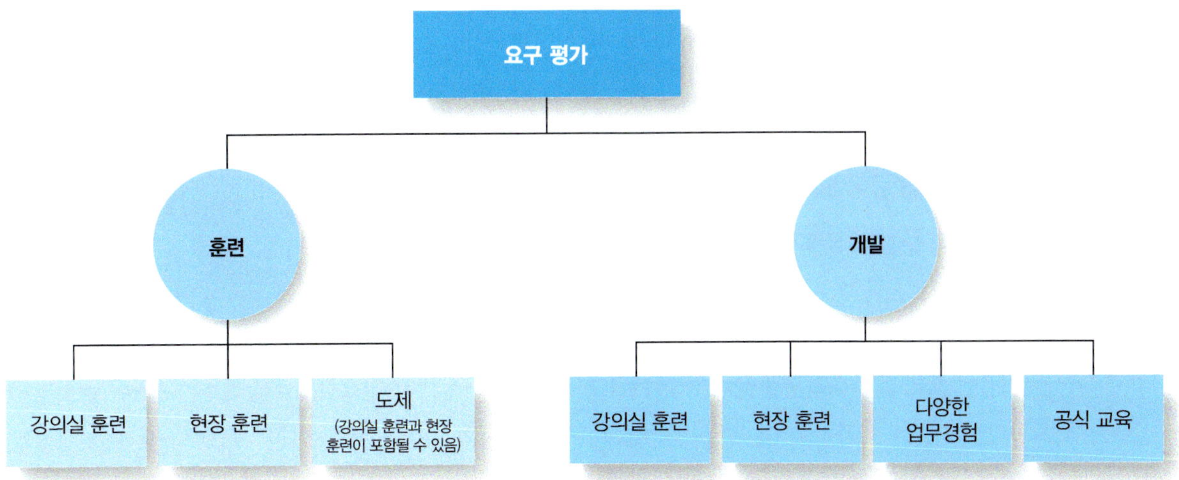

통통제는 속성 자체가 매우 복잡하고, 교통통제에 실패했을 때에는 매우 큰 비용이 발생하기 때문이다.

현장 훈련 직무수행자가 맡겨진 과업을 수행하면서 발생하는 훈련

현장 훈련 **현장 훈련**에서는 현장 실무자가의 일하는 세팅에서 훈련을 받는다. 현장 훈련은 동료나 상사에 의해서 이뤄질 수도 있고, 해당 직무수행 중에 경험과 지식을 익히면서 자연스럽게 이뤄질 수도 있다. Red Lobster 혹은 Olive Garden의 신입 직원들은 경험 많은 직원으로부터 현장 훈련을 받는다. 스쿨버스 운전자는 기존 운전자와 한 주 동안 버스에 동승하여 코스와 안전요소를 익힌다.

관리자들은 부하들이 지속적으로 목표, 기술, 제품, 고객 니즈 측면의 변화를 업데이트하도록 하기 위한 토대를 조성하려고 현장 훈장을 사용한다. 예로, Mary Kay Cosmetics Inc의 판매부분 대표는 새 상품과 현재 유행하는 색상을 인식하는 것뿐 아니라 Mary Kay의 기업원칙을 되새기기 위해서 지속적으로 훈련을 받는다. Mary Kay의 러시아 판매직원들이 지속적으로 훈련을 받은 덕분에 Mary Kay의 러시아 진출이 성공할 수 있었다.

개발의 종류

강의실 훈련과 현장 훈련 모두 훈련과 더불어 개발 목적으로도 사용될 수 있지만, 개발에서는 더 다양한 경험과 공식 교육시스템을 포함하는 추가적 활동이 포함된다.

많은 레스토랑에서는 신입 직원들이 능숙한 고참 웨이터를 따라다니면서 현장 훈련을 받는다. ©Kristi Blokhin/Shutterstock.com

다양한 근무 경험 최고 경영진은 다양한 기능, 제품 및 서비스, 그리고 시장에 대해서 이해하고 전문성을 갖추어야 한다. 이런 전문성을 갖춘 고급 관리자를 육성하려면, 직원들이 다양하고 폭넓은 경험을 가지고 있어야 한다. 다양한 근무 경험은 직원들의 가용한 업무 범위를 넓히고 더 큰 그림을 그릴 수 있게 해 준다. 예로, 관리자들에게 국제 근무 경험을 쌓을 수 있도록 1-3년 정도의 해외근무 기회가 제공된다. 조직이 점점 글로벌화됨에 따라, 관리자는 다른 가치, 믿음, 문화, 지역, 지역별 비즈니스 수행방식을 이해할 필요성이 높아지고 있다.

또 다른 개발 방법은 멘토링이다. 멘토(mentor)는 프로테제(*protégé*)라고 불리는 조직 내 경험이 적은 사람에게 조언과 방향을 제시하는 경험 많은 조직구성원이다. 멘토를 통해서, 자기계발에 필요하고 다양한 근무경험에서 얻을 수 있는 소중한 것을 얻을 수 있게 된다. 멘토와 프로테제가 비공식적으로 관계를 형성할 수

있지만, 공식적인 멘토링 시스템이 조직에 더 도움이 된다고 알려져 있다. 예로, Goldman Sachs, Deloitte, 그리고 Time Inc.이 모두 의무적으로 공식적 멘토링 프로그램을 이용하도록 하고 있다.

공식 멘토링 프로그램은 조직 내에서 멘토링이 일어나도록 설계되어 있다. 참가자는 훈련을 받고, 멘토와 프로테제를 잘 매칭시켜서 의미깊은 관계로 발전하도록 최선을 다 한다. 그런 다음, 멘토링 프로그램의 혜택을 측정한다. 공식 멘토링 프로그램은 다양한 조직구성원이 멘토링의 혜택을 볼 수 있도록 해 준다. 하버드 경영대학원 교수인 David A. Thomas의 연구에 의하면, 대기업에 근무하면서 큰 성공을 거둔 소수 인종 사람들이 멘토에게서 도움을 받은 것으로 나타났다. 공식 멘토링 프로그램은 모든 조직구성원들에게 적용할 수 있는 개발 도구로 활용될 수 있다.

조직 내에 멘토가 부족한 경우, 더 높은 직위로 승진할수록 어려움을 겪게 된다. 인사노무 관련 변호사이자 컨설턴트인 Ida Abott는 "적절한 멘토가 부족하면, 여성 혹은 소수인종 변호사들이 자신의 전문에서 성공하기 어려워지고, 자신에 경력에 대한 불만족과 이직이 늘어난다"라고 결론지은 보고서를 Minority Corporate Counsel Association에 제출하였다.

멘토링을 통해서 모든 종류의 업무에서 모든 종류의 사람이 혜택을 볼 수 있다. Four Seasons hotel 체인의 관리자인 John Washko는 대인관계와 직원을 다루는 방법에 대해서 Stan Bromley으로부터 받은 멘토링에서 도움을 받았다. 그리고 반대로 Bromley는 멘토링 프로그램에 참여하여 자신의 경영 스타일을 발전시킬 수 있었다. 보다 일반적으로, 개발은 모든 관리자에게 적용되는 지속적인 과정이고, 멘토 역시 멘토링을 통해서 자신을 개발할 수 있게 된다.

공식 교육 많은 기업에서 조직구성원이 학위를 받기 위해서 지불한 등록금을 환급해 준다. 이것은 고용주가 제공하는 단순한 혜택이나 보상으로만 보기 어렵다. 조직구성원이 새롭게 도전적인 업무를 맡을 수 있도록 종업원을 개발하는 효과적인 방안 중 하나이다. 비슷한 이유로 기업들은 executive MBA 같은 과정에도 수천 달러를 지불한다. 이 프로그램에서는 전문가들이 경영 및 관리기술 관련 최신 내용을 전달한다.

시간과 여행비용을 아끼기 위해서, 몇몇 관리자들은 직원을 공식적으로 교육하고 개발하기 위해서 장거리 학습(*long-distance learning*)을 활용한다. The Harvard Business School, the University of Michigan와 Babson College와 같은 경영대학은 화상회의 기술을 활용하여 기업의 회의장에서 스크린을 통해서 과정을 교육한다. 경영대학은 특정 기업 혹은 특정 지역의 개발요구에 특화시켜 교육과정을 개발한다. 나아가, 몇몇 교육기관에서는 온라인 학위과정도 제공한다.

훈련 및 개발의 전이

훈련 및 개발 과정이 실시되고 나면, 관리자들은 이 결과로 취득한 지식과 기술이 실제 업무에 활용되는지를 확인하고 싶어 한다. 훈련생이 취득한 전문성을 현장에 활용되게끔 해야 한다.

성과평가 및 피드백

학습목표 12-4

성과평가 및 피드백이 왜 그렇게 중요한지 그 이유를 설명하라. 그리고 관리자가 성공적으로 성과평가 및 피드백을 하기 위해서 관리자가 내려야 하는 선택사항을 나열하라.

인적자원관리 시스템의 모집/선발 그리고 훈련/개발 요소는 종업원이 현재와 미래에 직무수행에 필요한 지식과 기술을 갖추도록 해 준다. 성과평가와 피드백이 모집, 선발, 훈련, 개발을 보완한다. **성과평가**는 직원의 직무성과와 조직에 대한 기여도를 평가하는 것이다. **성과 피드백**은 성과평가 결과를 부하와 공유하고, 그 내용을 자신의 성과에 반영할 기회를 제공하고, 앞으로의 계획을 수립하도록 돕는 것이다. 성과 피드백 전에 성과평가가 반드시 이루어져야 한다. 성과평가는 성과 피드백 없이 수행되어도 되지만, 현명한 관리자라면 반드시 직원들에게 세심한 피드백을 주려고 노력할 것이다. 왜냐하면, 성과 피드백이 종업원의 동기부여와 성과 증진에 도움이 되기 때문이다.

성과평가와 피드백은 여러 가지 이유로 효과적인 인적자원 관리에 도움을 준다. 성과평가는 인적자원 관리 관련 의사결정의 기반으로 활용할 수 있는 중요한 정보를 제공한다. 임금 인상, 보너스, 승진, 직무이동에 대한 의사결정은 정확한 성과평가에 기반을 두어야 한다. 성과평가를 통해서, 훈련 및 개발의 대상자와 영역을 선정할 수 있다. 성과 피드백은 종업원들에게 동기부여와 성과증진의 기회를 제공한다. 성과 피드백을 통해서 고성자들은 자신이 조직으로부터 인정받고 있다는 것을 인식할 수 있게 해 주고, 저성과자에게는 자발적인 향상이 필요하다는 것을 인식하게 해 준다. 성과 피드백은 고성과자와 저성과자 모두에게 자신의 강점과 약점이 무엇인지를 확실하게 알게 해 주고, 자신을 향상시키는 방법을 제공한다.

성과평가 종업원의 직무성과와 조직에 대한 기여도에 대한 평가

성과 피드백 관리자가 성과평가 정보를 부하와 공유하고, 부하가 자신의 성과에 반영해 볼 기회를 주고, 부하와 함께 향후 개선 계획을 세우는 과정

성과평가 종류

성과평가는 특성평가, 행동평가, 결과평가로 구분된다.

특성평가 특성평가를 할 때, 기술, 능력, 성격 등 직무성과와 관련된 직원의 개인적 특성을 측정한다. 예로, 공장 근무자는 컴퓨터기반 장비 활용능력과 수리계산 능력 중심으로 평가가 이루어진다. 사람을 많이 만나는 근로자의 경우, 공감능력과 커뮤티케이션 기술 중심으로 평가가 이뤄진다.

다음 세 가지 특성 평가의 단점 때문에 다른 평가방섭을 강구하게 된다. 첫째 단점은 특정 개인 특성이 실제 직무나 성과에 반영되지 않을 수 있다는 것이다. 예로, 컴퓨터 활용능력과 수리계산능력이 뛰어난 공장 직원이라고 하더라도 동기부여 수준이 낮으면 성과가 낮을 수

있다. 둘째 단점은 앞의 내용과 연결되어 있다. 개인 특성이 항상 직접적으로 성과와 연계되지는 않으므로, 노동자와 법원이 이를 불공정하다고 보거나 일종의 차별로도 볼 수 있다. 세 번째 단점은 이것만으로는 종업원이 성과증진하도록 피드백을 제공할 수 없다는 것이다. 특성 평가는 오랫동안 지속되는 개인특성을 다루는 것이므로, 성과평가를 통해서 제공받은 정보를 성과증진을 위한 피드백에 활용할 수 없다. 예로, 사람을 상대하는 직무를 수행하는 사람에게 공감능력이 부족하다고 해서 이를 개선할 수 있는 마땅한 방안을 제시하기 어렵다. 이런 단점을 놓고 볼 때, 특성평가는 특성평가가 정확하고 직무성과와의 관련성이 충분히 높을 때에만 사용되어야 할 것이다.

행동평가 행동평가를 통해, 관리자는 직원들이 어떻게 직무를 수행하는지(즉, 현장에서 작업자가 보이는 실제 활동과 행동)를 측정한다. 특성평가가 작업자가 어떤 사람인가를 측정하는 것이라면, 행동평가는 작업자가 무엇을 하는가를 측정한다. 예로 사람을 상대하는 직원의 행동평가를 할 때, 관리자는 직원이 고객과 대화할 때는 고객의 눈을 얼마나 응시하는지, 고객이 당황스러워할 때 얼마나 공감하려고 하는지, 고객이 접한 문제에 대해 조언해 주고 도움이 되는 단체를 소개해 주는지를 관찰한다. 행동평가는 직무수행을 어떻게 하는 가가 중요할 때 특히 요긴하다. 예로 고등학교 같은 교육기관에서 교육과정 수와 수강생의 숫자도 중요하지만, 어떻게 가르치느냐, 즉, 교육방법도 역시 중요하다.

행동평가에는 옳고 그른 것과 개선방안을 명확하게 제시할 수 있다는 측면에서 큰 장점이 있다. 행동은 특성보다 쉽게 바꿀 수 있으므로, 성과증진을 위한 성과 피드백이 쉽다.

결과평가 몇몇 직무에서는 직무가 어떻게 수행되었나 보다는 직무수행 결과가 무엇이냐가 더 중요하다. 결과평가에서 관리자는 결과로서의 성과와 업무수행 행동의 실제 결과물을 평가한다. 다음 두 명의 자동차 영업사원의 예를 살펴보자. 한 여성 영업직원은 고객과의 친분을 증진하려고 노력 중이다. 또 다른 남성 영업사원은 고객을 일로만 대하려고 한다. 그 남성 영업직원은 지식이 많아서 고객의 질문에 대답을 잘 해 주고, 그들이 찾아오기를 기다린다. 두 영업사원 모두 평균적으로 비슷한 영업실적을 올렸고 여러 통로로 확인해 본 결과, 두 사람의 고객들 모두 비슷한 수준으로 만족하였다. 이들의 상사는 영업직원의 성과평가에 적합하게 결과평가를 실시하였다(즉, 영업실적과 고객만족). 왜냐하면 영업실적과 고객만족이 만족할 수준이면, 영업사원의 판매행동의 종류가 중요하지 않기 때문이다. 하지만, 만약에 영업사원의 판매실적이 매우 낮다면, 해당 직원에게 영업실적 관련 피드백을 줘야 한다.

객관적 평가와 주관적 평가 특성평가든, 행동평가든, 혹은 결과평가든 간에 모든 평가는 주관적 혹은 객관적 둘 중 하나이다. **객관적 평가**는 사실에 바탕을 두고, 주로 숫자로 표현된다(예로 판매한 차량 대수, 준비된 식사량, 지각한 횟수, 마무리한 감사의 수 등). 결과는 특성

객관적 평가 사실에 기반을 두고 주로 숫자로 표현되는 평가

이나 행동보다 수량화하기 쉽기 때문에 객관적 평가가 많이 사용된다. 하지만, 직무수행이 어떻게 이루어졌는가가 중요한 경우에는 결과평가보다 주관적 행위평가가 더 적합하다.

주관적 평가 특성, 행동, 혹은 결과에 대한 인식에 기반한 평가

주관적 평가는 특성, 행위, 결과에 대한 평가자의 인식에 바탕을 둔다. 주관적 평가는 평가자의 주관에 바탕을 두므로, 정확하지 않은 경우가 많다. 이 때문에 연구자 및 관리자는 신뢰성과 타당성이 높은 주관적 성과평가 측정도구를 개발하기 위해서 더 많은 시간과 노력을 투입해야 한다.

누가 성과를 평가할 것인가?

우리는 조직구성원의 상사가 성과를 평가할 것이라고 가정해 왔다. 이것은 타당한 가정이라고 할 수 있는데, 왜냐하면 상사가 가장 일반적인 평가자이기 때문이다. 성과평가는 관리자의 업무 중에서 가장 중요한 일 중 하나이다. 관리자는 부하들이 성과를 잘 내도록 동기부여할 뿐만 아니라 성과평가를 제대로 하여 임금인상 혹은 승진에 반영해야 한다. 관리자에 의한 평가는 다른 평가자에 의한 평가로 확장할 수 될 수 있다(그림 12.5 참조).

본인, 동료, 부하, 그리고 고객 본인평가를 활용할 때에는 관리자가 본인평가 결과를 보완한다. 동료평가는 종업원의 동료에 의해서 진행된다. 부하가 집단이나 팀에서 근무하는 경우, 동료로부터의 피드백이 관리자에게 의사결정 관련 중요한 정보를 제공하면서 동료들을 동기부여한다. 점점 더 많은 수의 회사들이 부하가 상사의 성과와 리더십을 평가하도록 하고 있다. 어떤 경우에는 고객이 종업원의 고객응대 및 서비스품질 측면의 성과를 평가하기도 한다. 이런 다양한 평가자에 의한 평가가 유용하기도 하지만, 이를 실무에 활용할 때에는 이와 관

그림 12.5
누가 성과를 평가할 것인가?

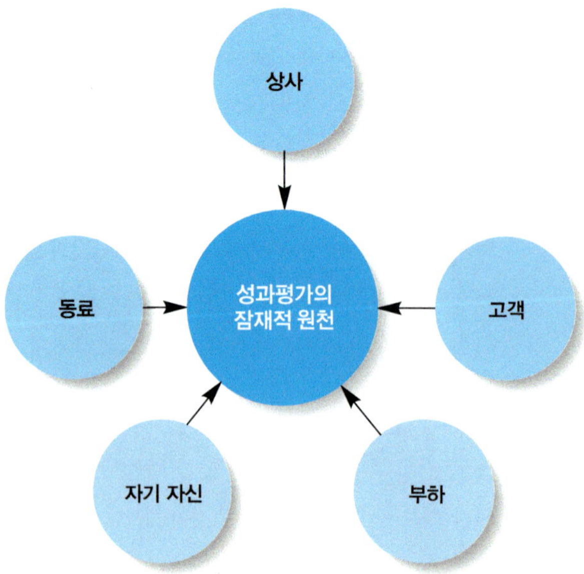

련된 이슈에 대해서 잘 알고 있어야 한다. 부하들은 자신에 대한 평가를 관대하게 부풀리는 경향이 있고, 특히 조직이 다운사이징을 하거나 직무안정성에 대해 걱정할 때에 이런 경향이 더 강해 진다. 부하가 상사를 평가하는 경우, 상사는 부하가 부정적으로 평가할 것을 우려해서 조직에 필요하지만 부하들에게 달갑지 않은 행동을 취하기 어렵다. 이런 부정적 측면은 조직 내 형성된 신뢰 정도에 따라서 약화될 수 있다.

360도 평가 동료, 부하, 상사, 혹은 관리자의 성과를 평가할 수 있는 위치에 있는 고객에 의한 성과평가

360도 성과평가 동기부여와 성과의 증진을 위해 어떤 조직은 360도 평가와 피드백을 도입하였는데, 특히 관리자급에 적용한다. **360도 평가**에서는 관리자에서 시작하여, 동료, 부하, 상사, 어떤 경우에는 고객까지 포함하여 관리자의 성과를 평가한다. 관리자는 다양한 원천으로부터 평가에 대한 피드백을 받는다.

다양한 산업에 걸쳐 많은 기업들이 360도 평가 및 피드백을 도입하고 있다. 360도 평가 및 피드백이 효과적이려면, 조직전반에 걸쳐 신뢰가 형성되어 있어야 한다. 보다 일반적으로, 신뢰는 성과 평가와 피드백 과정에서 매우 중요한 요소이다. 나아가 연구자에 의하면, 360도 평가는 특성 혹은 결과보다는 행동에 초점을 맞추어야 하고 관리자는 신중하게 평가자를 선택해야 한다고 한다. 360도 평가 형식을 활용할 때, 평가자는 익명이어야 하고 잘 훈련되어야 평가가 양심적이게 된다고 한다. 마지막으로 관리자는 관리자는 특정 직무에 360도 평가를 어느 정도 적용할 것인가를 신중하게 선택하고, 그로 인해 예기치 않은 문제가 발생하는 것을 알게 되면 즉각적으로 평가 시스템을 조정해야 한다.

360도 평가를 사용 중이라고 하더라도, 부하의 피드백을 그들의 관리자에게 전달되게 하는 효과적인 절차를 설계하는 것은 어렵다. 하지만, IT를 활용하면 문제해결에 도움이 될 것이다. 예로 ImproveNow.com는 부하가 자기 상사를 평가하면 그 내용이 상사에게 전달되는 온라인 설문지를 개발하여 운영 중이다. 특정 관리자의 개별 부하들은 독립적으로 설문에 응하고, 응답이 집계되고, 관리자에게 성과에 대한 보상, 부하의 관심사에 대한 관심과 지원, 미래비전 제시 등과 같은 다양한 측면의 행동에 대한 피드백이 제공된다.

효과적인 성과 피드백

공식 평가 1년 중 사전에 정해진 시간에 미리 정해진 성과차원과 측정방식에 따라서 수행되는 평가

인적자원관리 시스템의 평가 및 피드백 요소가 성과증진에 기여하기 위한 관리자는 부하에게 피드백을 제공해야 한다. 부하에게 피드백을 주기 위해서 유용할 정보를 확보하기 위해서, 관리자는 공식 혹은 비공식 평가를 활용할 수 있다. **공식 평가**는 1년 중 정해진 기간에 이뤄지고, 사전에 구체화된 성과 차원과 측정값에 기반을 두고 이뤄진다.

대부분의 대규모 조직에 속한 관리자들은 1년에 1번 혹은 2번 회사의 정책에 따라서 공식적 성과평가를 수행한다. 성과에 대한 피드백을 받은 부하와 관리자 간 미팅을 통해서 공식적 평가의 통합이 이뤄진다. 성과 피드백을 통해, 부하들은 자신의 어떤 측면이 우수하고 어

떤 측면이 개선이 필요한가를 알게 된다. 그 결과, 부하들이 개선의 방법도 알게 된다. 공식적 평가의 가치를 인식한 많은 대기업 관리자들은 성과평가 절차의 개선과 하위 관리자들의 피드백 제공 방식의 개선을 위해서 실질적으로 많은 자원을 투입한다.

비공식 평가 성과평가를 위해서 다양한 분야에 대해서 수시로 이뤄지는 평가

공식적 성과 평가는 관리자와 부하직원 모두에게 가치있는 정보를 제공한다. 하지만, 부하직원들은 더 많은 피드백을 원하고, 관리자들은 부하직원들을 더 많이 동기부여하기를 원한다. 이런 이유로 많은 조직들이 **비공식적 평가**로 공식적 평가를 보완한다. 구체적으로 살펴보면, 관리자와 그들의 부하는 지속적 발전과 개선 영역에 대해서 논의하기 위해서 비공식 평가를 위한 미팅을 자주 갖는다. 나아가, 직무 의무, 직무 분배, 목표 변경이 있을 때, 비공식적 평가를 통해서 근로자에게 그들의 책임사항에 대한 시기적절한 피드백을 제공한다.

관리자는 부정적인 성과 피드백을 제공하기를 싫어한다. 하지만 이것은 중요한 관리 활동이다. 아래에 종업원의 동기부여 수준과 성과를 증진하는 효과적인 성과 피드백에 대한 가이드라인이 있다.

- 구체적이어야 하고 수정가능하고 근로자가 향상할 수 있는 범위 내의 행동과 결과물에 초점을 맞추어라. 예: 영업직원에게 고객을 상대할 때 너무 수줍어하는 것 같다고 말하면, 그의 자존감을 무너뜨리고 방어적으로 행동하게 만들 수 있다. 보다 효과적인 피드백 방법을 찾아보면 다음과 같다. 즉, 고객이 들어오면 바로 인사하고, 필요한 것이 있는지를 묻고, 능동적으로 고객이 필요로 하는 것을 찾아주는 것처럼 실제로 할 수 있는 구체적 행동을 예로 들어 피드백을 제공하라.
- 성과평가를 비판보다는 문제해결 혹은 솔루션 제시와 같이 받아들여라. 예: 보고서를 늦게 제출한 재무 분석가를 비판하기보다는 보고서 제출이 늦은 이유를 찾고 개선방안을 찾도록 도움을 주라.
- 개선할 수 있는 부하의 능력에 대해 확신을 보여라. 예: 일선 관리자들은 회의적으로 보기보다는 자신의 부하들이 지속적으로 개선할 수 있다고 확신하고 있다고 말하라.
- 공식적 성과 피드백과 비공적 성과 피드백을 모두 하라. 예: 유치원 직원들은 1년에 두 번 공식적 성과 피드백을 받는다. 이와 더불어, 학교 관리자들은 창의적 아이디어를 낸 직원을 칭찬하거나, 특별히 어려운 아동을 잘 다루었을 때를 알려주거나, 부적절한 감독을 했을 때를 지적하는 식으로 비공식적 피드백을 제공한다.
- 고성과의 예와 뛰어나게 업무를 수행한 것에 대해 칭찬하라. 예: 부정적 면에 초점을 모으기보다는 개선이 필요한 영역과 함께 부하직원들이 우수한 영역에 대해서도 토론해 보라.
- 개인적 비판을 피하고 부하직원을 존경으로 대하라. 예: 어떤 엔지니어링 관리자는 부하의 전문성을 인정하고 전문가로 대우한다. 성과 상의 문제에 대해서 지적하더라도, 개인적 비판을 삼가한다.

- 성과향상 계획에 대한 동의를 이끌어라. 예: 일선 관리자와 부하들은 품질수준의 향상 여부를 확인하기 위해서 한 달 내에 다시 만나기로 결정하였다.

위의 가이드라인을 따름에 있어, 관리자는 성과 피드백을 제공해야 하는 이유(즉, 동기부여 수준과 성과 향상)를 명심해야 한다. 나아가, 성과평가와 피드백을 통해 수집한 정보가 임금인상과 보너스 결정에 도움을 준다.

보상과 복리후생

학습목표 12-5

관리자가 보상과 복리후생 수준을 결정할 때 겪는 이슈들에 대해 설명하라.

보상에는 기본 월급, 임금인상, 그리고 보너스가 포함되고 조직과 직무의 특성 그리고 성과 수준 등의 여러 가지 요인에 의해서 결정된다. **복리후생**은 (보유한 직무가 아니고) 조직 소속에 기반을 두고 병가, 휴일, 의료보험, 생명보험 등이 포함된다. 제 9장에서 보상이 어떻게 조직구성원을 동기부여 시키고, 여러 종류의 보상 플랜이 조직의 목표달성과 경쟁우위 확보에 어떻게 도움을 주는지에 대해서 알아보았다. 앞으로 배울 내용처럼 조직효과성에 도움이 되는 행동 혹은 결과와 보상을 연계시키는 것은 매우 중요하다. 이어서 보상 수준과 보상 구조 설정에 대해서 살펴보자.

보상수준

보상수준 동일 산업 내 비슷한 노동자를 채용하는 다른 기업과 비교한 조직의 보상의 상대적 위치

보상수준은 동일 산업 내에서 비슷한 종류의 근로자를 고용하는 조직의 보상 및 인센티브를 비교한 정도를 나타내는 매우 폭넓고 상대적인 개념이다. 관리자는 임금수준을 상대적으로 높게, 혹은 상대적으로 평균 정도로, 혹은 상대적으로 낮게 줄 것인가를 결정해야 한다. 고임금수준을 선택하면, 고성과자를 유인하고 선발하고 유지할 수 있는 이점이 있지만, 비용이 올라간다. 저임금수준을 선택하면, 비용은 줄이지만 고성과자를 유인하고 유지할 가능성이 낮아지고 현재 직원을 동기부여하는 데에도 한계가 있게 된다. 이런 각각의 상황 모두 제품과 고객 서비스의 질을 떨어뜨리게 된다.

임금수준 결정과정에서 관리자는 조직의 전략을 고려해야 한다. 고임금수준 정책에서는 저원가 전략을 실행하기가 어렵다. 하지만, 고임금수준 정책은 탁월한 품질과 우수한 고객서비스 측면에서 경쟁우위를 갖는 조직에 도움을 준다. 예상할 수 있듯이, Days Inn와 Hampton Inns와 같이 저원가 전략을 따르는 호텔 및 모텔 체인은 Four Seasons과 같이 고품질의 방과 서비스를 제공하는 호텔 체인에 비해서 낮은 임금수준을 유지한다.

보상구조

보상구조 직무가 조직 및 조직목표에 대해서 가지는 상대적 중요성, 요구되는 기술의 수준, 그리고 기타 특성을 반영하여 직무를 범주로 나누어 구분한 것

보상수준을 결정하고 나면, 관리자는 조직 내 다른 직무들을 위해 보상 구조를 설정해야 한다. **보상구조**는 직무를 조직 및 조직목표에 대한 상대적 중요성, 요구되는 기술수준, 다른 중요요소 등을 반영하여 여러 범주로 구분하는 것이다. 각 직무 범주마다 보상범위가 설정된다.

동일 직무 범주 내 직무수행자의 보상은 성과, 연공, 기술 수준 등의 요소에 의해서 결정된다.

보상구조는 흥미롭게도 국가마다 다르다. 미국의 대기업들은 CEO와 고급 관리자들에게 유럽 혹은 일본의 대기업에 비해서 더 높은 월급을 지급한다. 마찬가지로, 조직 내 직위에 따른 임금격차도 유럽이나 일본에 비해서 미국에서 더 크다.

미국 대기업에서 대규모 구조조정과 해고가 벌어지고 있음에도 불구하고, CEO에게 어마어마한 연봉이 주어지는 것이 과연 바람직한 가에 대한 논의가 제기되었다. 더불어, 미국 CEO의 평균 연봉은 시급 노동자의 평균 수익의 360배나 된다고 한다. 이런 엄청난 임금격차가 과연 윤리적인 것인가? 주주들과 공공분야에서는 이러한 대기업의 문제에 대해 재고해 보기를 요구하면서 동시에 이 문제를 던지고 있다. 또 하나의 문제는 CEO가 회사를 떠날 때 받게 되는 수백만 달러 상당의 퇴직금이다. 많은 노동자들이 일자리를 찾으려고 애쓰고 근근이 살아가는데, 최고경영진이 그렇게 큰 돈을 번다는 것이 윤리적으로 바람직한 가에 대해서 의문이 제기되고 있다.

복리후생

조직은 법에 의해서 산업재해보험, 사회보장연금, 실업보험 등의 특정 복리후생을 종업원에게 제공해야 한다. 산업재해보험은 업무관련 부상이나 질병으로 인해 일하기가 어려워졌을 때 종업원에게 경제적 도움을 준다. 사회보장연금은 은퇴자나 불구가 된 전 직원에게 경제적 도움을 준다. 실업보험은 본인 책임 아닌 사유로 직장을 잃은 사람에게 경제적 도움을 준다. 미국의 법 시스템에서는 이 세 가지 복리후생을 조직이 지켜야 할 최소한의 윤리적 의무로 보고 법적으로 강제하고 있다.

건강보험, 치과보험, 휴가, 연금, 생명보험, 유연근무시간제, 기업제공 탁아서비스, 종업원 지원제도, 웰빙 프로그램과 같은 복리후생 제도는 전통적으로 기업이 선택하여 제공하는 것으로 받아들여져 오고 있다. 2010년 3월에 Barack Obama 대통령이 통과시켰고, 2014년부터 시행된 The Health Care Reform Bill을 따르면, 50인 이상 종업원을 고용하고 있는 사용자가 직원들에게 건강보험을 제공하지 않으면 벌금을 물게 되어있다. 직장에서의 요구와 직장을 떠난 일상 삶에서의 요구 간 균형을 맞추도록 해 주는 복리후생 제도가 치열한 경쟁 속에 살아가는 직장인들에게 더욱 더 중요해 지고 있다.

몇몇 조직에서는 최고경영진이 어떤 복리후생이 종업원들에게 적합할 지를 결정하고, 동일한 복리후생 패키지를 모든 종업원에게 제공한다. 다른 조직에서는 종업원마다 욕구가 다르다는 점을 반영하여 종업원이 복리후생 내용을 선택할 수 있는 카페테리아식 복리후생 플랜을 제공한다. **카페테리아식 복리후생 플랜**은 일례로 자녀들이 복리후생 프로그램을 이용할 수 없어서 불만을 가진 사람들을 효과적으로 다룰 수 있게 해 준다. 어떤 조직에서 카페테리아식 복리후생 플랜이 성공적이라고 평가하는 반면, 몇몇 조직에서는 관리 상 어려움이 크다

카페테리아식 복리후생 플랜 종업원이 자신들이 원하는 복리후생 제도를 직접 고를 수 있는 플랜

고 평가한다.

건강관리 비용이 치솟아서 감당이 어려운 정도까지 이르게 되어, 근로자들은 운동을 하고 건강을 돌보기가 어렵게 되었다. 이에 많은 기업들이 종업원의 웰빙을 증진하기 위한 복리후생과 인센티브를 제공하고 있다. Fidelity Investments와 the National Business Group on Health가 실시한 설문에 따르면, 조사대상 기업의 90%가 건강을 증진시킨 종업원에게 인센티브, 상, 보상을 제공하는 것으로 나타났다. 맞벌이 가정에게는 가정친화적 복리후생제도가 특히 매력적이다. 예로 직장 보육시설, 재택근무, 아픈 아이를 위한 휴가제공, 응급 탁아서비스 등이 어린 자녀를 가진 종업원에게 선호되는 복리후생제도이다.

동성부부를 위한 복리후생제도 역시 유능한 인재 유인과 유지에 도움이 된다. 게이와 레즈비언 노동자는 자신의 동성 배우자에게 이성부부와 동일한 복리후생을 제공하지 않은 회사에서 일하는 것을 꺼린다.

노사관계

학습목표 12-6

노사관계가 인적자원의 효과적 관리에서 하는 역할을 이해한다.

노사관계 경영자가 노동자의 이익을 대변하는 노동조합과 근무에 효과적인 관계를 만들기 위해서 하는 활동

노사관계는 관리자가 노동자의 이익을 대변하는 노동조합과의 효과적인 근로관계를 만드는 활동이다. 미국정부는 노동자에 대한 비윤리적이고 부당한 처우 가능성에 대응하여 이미 (표 12.1에 표시된 EEO법을 포함하여) 고용관련 법을 제정해 두었지만, 노동자들 다수는 노동조합이 자신의 이해관계를 제대로 조직에 반영할 것이라고 믿고 있다.

노동조합에 대해서 상세하게 설명하기 전에 중요한 고용관련 입법에 대해서 살펴보자. 1938년 정부는 노동자의 권리를 지키기 위해서 아동노동을 금지하고, 최저임금, 초과근로수당, 최대노동시간을 보장하는 공정근로기준법(Fair Labor Standards Act)을 통과하였다. 1963년에는 동일임금법(Equal Pay Act)이 (동일한 근무여건에서 동일한 수준의 기술, 책임, 노력이 요구되는) 동일한 일을 하는 남자와 여자는 동일하게 임금을 받도록 강제하였다(표 12.1 참조). 1970년에는 직업안전보건법(Occupational Safety and Health Act)이 작업장 안전을 보장하기 위해서 관리자가 따라야 하는 절차를 강제하였다. 이러한 법들은 미국 정부가 노동자의 권리를 지키기 위한 노력의 일부에 불과하다. 미 의회도 역시 안전하고 윤리적이고, 공정한 작업장을 만들기 위해 활발히 노력해 오고 있다.

노동조합

노동조합은 조직 내에서 노동자의 이익을 제공하기 위해서 존재한다. 관리자는 일반 노동자에 비해서 권력이 세고, 조직에는 다양한 이해관계자가 있다는 점을 놓고 볼 때, 관리자는 노동자를 희생해서 주주 같은 이해관계자에게 혜택을 주려고 할 가능성이 있다. 예로 관리자는 주주의 수익률을 높이려고 비용절감을 위해 생산속도를 높이려고 하든가 생산량을 늘리려 할 수 있다. 하지만 생산속도를 높이게 되면 노동자가 부상을 입을 가능성이 높아지게 된

다. 이와 더불어, 노동자는 추가작업에 대한 보상도 못 받게 된다. 이 같은 시나리오에서 노동조합은 노동자들에게 이익을 제공할 수 있다.

미국 국회는 1935년 노사관계법을 통과시키면서, 노동조합이 안전하고 공정한 작업장을 지키는 역할을 인정하였다. 이 법을 통해서, 노동자는 노동조합을 결성하여 자신의 권리와 이익을 지키고, 기업의 부당하고 비윤리적 관행이 불법이라는 것을 천명할 수 있게 하였다. 이 법을 통해, 노동조합의 활동을 감시하기 위한 NLRB(National Labor Relations Board)도 탄생하였다. 최근, NLRB는 확정투표를 실시하였는데, 여기서 노동자가 노동조합을 통해서 자신의 이익을 대변하기를 원하는 지를 확인하였다. NLRB는 불공정한 노동관행에 관한 결정을 내리고, 관리자가 해서는 안 되는 관행인지도 판단해 준다.

노동자는 여러 가지 이유로 노조가 자신의 이익을 대변해 주기를 원할 수 있다. 임금인상과 작업장 개선이 필요하다고 생각할 수 있다. 관리자가 자신들을 함부로 막 대하고 있다고 생각할 수도 있다. 노동시간이 불공정하다거나, 더 높은 수준의 고용안정성 혹은 보다 더 안전한 작업 여건이 필요하다든가 등과 같은 생각을 할 수 있다. 이외에도 노동자들은 경영에 불만을 느끼지만 관리자들과 소통이 잘 되지 않는다고 생각할 수도 있다. 세부적 이유에 상관없이 가장 큰 이유는 바로 권력이다. 단결된 집단은 개인보다 훨씬 큰 권력을 행사할 수 있고, 이런 종류의 권력은 노동자에게 도움이 된다.

이것이 조합화를 강화하는 잠재적 이유로 보이기는 하지만, 몇몇 노동자들은 노동조합 가입을 꺼려할 수 있다. 몇몇 노동자는 노동조합에 가입해도 가입비만큼의 혜택을 못 받을 것이라고 믿는 경우도 있다. 어떤 노동자들은 자신의 의사에 반하여 (예로 노조가 파업이 더욱 이익이 된다고 판단하여 파업을 결정한 경우처럼) 노동조합의 결정에 따라야 하는 것을 싫어할 수도 있다. 나아가, 노조가 조직에 도움이 될 수도 있지만, 경우에 따라서는 조직에 해악을 끼칠 수도 있다. 예로, 노동조합 지도자가 조직이 필요로 하는 변화를 거부하거나 노동조합 자체가 부패했을 경우, 조직의 성과에 악영향을 미칠 것이다.

미국의 노도조합 가입률은 노동조합이 가장 강성했던 1950년대에 비해서 줄었다. 1950년대, 미국노동자의 35%가 노동조합에 가입하였다. 이에 비해, 2015년 노동조합 가입률이 11.1%로 떨어졌다. 미국노동총연맹(AFL: The American Federation of Labor)과 산업별 노동조합 회의(CIO: Congress of Industrial Organizations)에는 12,500,000명의 노동자를 대변하는 56개 노동조합이 소속되어 있다. 미국에서는 약 14,800,000명의 노동자가 노동조합에 가입되어 있다. 제조업과 중공업 분야에서는 노동조합의 영향이 줄어들고 있다. 민간분야 노동자의 약 6.7%만이 노동조합에 가입되어 있다. 하지만, 공공분야 노동자의 35.2%가 노조에 가입되어 있다. 노동조합은 다른 영역으로 진출해 나가고 있는데, 특히 저임금 분야로의 진출이 두드러진다. 최근 저임금 직종이면서 노동조합의 필요성을 높게 인식하여 가입률이 늘고 있는 예로 New Jersey의 청소부업, North Carolina의 양계장업, Baltimore의 경비업을 들 수 있다. North Carolina 양계장 노동자들은 작업장에서 착용하는 장갑과 모자를 자비로 충당해야 하는 것과 휴게실에 갈 때 감독자의 허락을 맡아야 하는 것이 부당하다고 판단하여 노동조합에 가입하였다.

단체교섭

단체교섭 노동시간, 임금, 복리후생, 근로여건, 고용안정과 같은 이슈에 대한 갈등과 분쟁을 해결하기 위해 노동조합과 경영자 사이에 벌어지는 협상

단체교섭은 노동조합과 경영진이 노동시간, 임금, 작업장 여건, 직장안정성 등의 중요 이슈에 대한 갈등과 분쟁을 해결하기 위해서 협상하는 것이다. 몇몇의 경우, 노동조합 구성원들은 자신의 주장을 관철하기 위해서 파업을 진행한다. (중재자라고 불리는 중립의 제3자의 도움을 받아서) 노동조합이 원하는 합의에 도달하면, 노동조합 간부와 경영진이 단체교섭합의문이라고 적힌 계약서에 서명하게 된다.

요약 및 리뷰

전략적 인적자원관리 인적자원관리에는 조직이 인적자원을 유인하고, 유지하고, 효과적으로 활용하는데 필요한 모든 활동이 포함된다. 전략적 인적자원관리는 관리자가 인적자원관리 시스템을 조직 아키텍처의 다른 요소나 전략과 일관성을 가지도록 설계하는 것이다. [학습목표 12-1]

모집 및 선발 모집 및 선발 단계 이전에 관리자는 인적자원계획과 직무분석을 수립해야 한다. 인적자원계획에는 현재와 미래의 인적자원수요를 예측하는 모든 활동이 포함된다. 직무분석은 (1) 직무를 구성하는 과업, 의무, 책임을 식별하고, (2) 직무수행에 필요한 지식, 기술, 능력을 식별하는 과정이다. 모집에는 인력충원이 필요한 자리에 적합한 자격을 갖춘 인력풀을 확보하기 위한 활동이 포함된다. 선발은 지원자의 상대적 자격 정도와 직무수행 잠재력을 판단해 가는 과정이다. [학습목표 12-2]

훈련 및 개발 훈련은 종업원이 현재 맡은 일을 잘 수행하도록 가르치는데 중점을 둔다. 개발은 종업원의 지식과 기술의 폭을 넓혀서 새롭고 도전적인 일을 할 수 있도록 준비하는데 중점을 둔다. [학습목표 12-3]

성과평가와 피드백 성과평가는 종업원의 성과와 조직에 기여한 바를 평가하는 것이다. 성과 피드백은 성과평가 관련 정보를 부하들과 공유하여, 그들이 자신의 성과에 대해서 정확하게 이해하고, 향후 개선할 수 있는 방안을 찾도록 하는 것이다. 성과평가는 의사결정에 유용한 정보를 제공한다. 성과 피드백은 동기부여 수준과 성과를 높이는데 도움을 준다. [학습목표 12-4]

보상과 복리후생 임금수준은 동일산업 내 유사한 인력을 고용하고 있는 조직과 보상정도를 비교하여 보상측면의 상대적 위치를 나타낸 것이다. 보상구조는 조직과 조직목표에 대한

상대적 중요성, 요구되는 기술 수준, 그리고 기타 특성 등을 고려하여 직무를 몇 가지 범주로 구분하는 것이다. 직무 범주 별로 보상범위가 정해진다. 몇 가지 복리후생 제도는 법에 의해 의무적으로 제공되어야 하고, 이 외의 복리후생 제도는 사용자의 재량에서 의해서 지급된다. [학습목표 12-5]

노사관계 노사관계에는 경영진이 노동자의 이익을 대변하는 노동조합과 원만한 관계를 확립하기 위해서 벌이는 모든 활동이 포함된다. The National Labor Relations Board는 노동조합 활동을 감시한다. 단체협상은 노동조합과 경영진이 서로 갈등과 분쟁을 풀고 협상으로 합의를 도출해 가는 과정이다. [학습목표 12-6]

Management *in Action*

Topics for Discussion and Action

토론

1. 인적자원관리 시스템이 조직전략과 목표에 연계되어야 하는 것이 중요한 이유에 대해서 토론해 보라. [학습목표 12-1]
2. 훈련 및 개발이 지속적으로 이뤄져야 하는 이유에 대해서 토론하라. [학습목표 12-3]
3. 중간관리자에게 가장 필요한 개발 활동이 무엇인지에 대해서 토론하라. [학습목표 12-3]
4. 360도 성과평가 및 피드백의 장단점에 대해서 설명하라. 당신은 이런 식의 평가를 좋아하는가? 긍정적인 경우와 부정적이 경우 각각에 대해 그 이유를 설명해 보라. [학습목표 12-4]
5. 같은 지역에 있는 식당이더라도 보상 수준이 다를 수 있는 이유를 설명하라. [학습목표 12-5]

실행

6. 직원을 모집하고 선발하는 방법에 대해서 지역 기업의 경영자와 인터뷰를 실시하라. [학습목표 12-2]

Building Management Skills

인적자원관리 시스템 분석하기 [학습목표 12-1, 12-2, 12-3, 12-4, 12-5]

현재 혹은 과거에 맡았던 직무에 대해서 생각해 보라. 만약 직무를 맡아본 것이 없다면, 직장경험이 있는 친구 혹은 가족들과 인터뷰를 해 보라. 직무를 하나 선택하고 다음 질문에 답해 보라.

1. 이 직무에 대해 사람들이 어떻게 모집되고 선발될까? 그 조직이 사용하는 모집 및 선발 절차가 효과적인가? 그 이유는 무엇인가?
2. 그 직무를 수행하는 사람은 어떤 종류의 훈련 및 개발을 받는가? 훈련 및 개발은 적절한가? 긍정적인 경우와 부정적이 경우 각각에 대해 그 이유를 설명해 보라.
3. 직무에 대한 성과평가는 어떻게 이루어지는가? 성과 피드백은 이 직무 수행자의 동기부여 증진과 성과증진에 도움이 되는가?
4. 이 직무에 대해 어느 수준의 보상과 복리후생이 주어지는가? 그 수준은 적절한가? 긍정적인 경우와 부정적이 경우 각각에 대해 그 이유를 설명해 보라.

Managing Ethically [학습목표 12-4, 12-5]

몇몇 관리자들은 자신의 부하들과 너무 친하게 지내는 것을 꺼려한다. 왜냐하면 그럴 경우 성과평가, 임금인상, 승진 등의 의사결정에서 객관성을 잃게 될 우려가 있기 때문이다. 몇몇 부하직원들은 그들의 동료가 사장과 매우 친하다는 것을 확인하였을 때 화를 내곤 한다. 왜냐하면, 그들은 그 동료에 대한 사장의 호의적 태도를 걱정하기 때문이다. 그들의 걱정을 구체적으로 보면 다음과 같다. 만약 두 사람이 승진에 동등하게 평가받았고, 둘 중 한 명이 사장과 친하고, 다른 한 사람은 그냥 아는 사이 정도라고 하면, 둘 중 어느 쪽이 승진할 가능성이 높을까?

질문

1. 관리자가 그들의 부하와 친한 것이 윤리적으로 문제가 있는지에 대해서 생각해 보라.
2. 관리자는 그들이 원하면 자신의 부하와 회사 밖에서 친구처럼 지내도 된다고 생각하는가? 긍정적인 경우와 부정적이 경우 각각에 대해 그 이유를 설명해 보라.

Small Group Breakout Exercise [학습목표 12-1, 12-2, 12-3, 12-4, 12-5]

인적자원관리 시스템 구축하기

3~4명으로 팀을 구성하고 과제를 발표할 팀장을 임명한 다음 시나리오에 따라 토론하시오.

당신과 당신의 새 파트너는 대학에서 경영학을 부전공한 엔지니어이고 컨설팅 사업을 하기로 결정하였다. 당신의 역할은 다양한 규모의 기업에 제조 프로세스 엔지니어링과 기타 엔지니어링 서비스를 제공하는 것이다. 당신은 이런 활동에 대한 아웃소싱이 늘어날 것이라고 예상하고 있다. 당신은 몇몇 대기업과 제공할 서비스에 대해 논의 중이고, 상대 기업은 상당한 관심을 보였다. 사업을 위한 펀딩도 순조롭게 이루어졌고, 이제 인적자원관리 시스템을 구축할 때이다. 당신의 인적자원계획에 의하면, 커뮤니케이션 기술을 갖춘 경력이 있는 엔지니어 5-8명, 비서직 및 서기 2명, 그리고, 재무, 회계, 인적자원관리 능력을 갖춘 경영학 석사 2명을 필요로 한다. 새로운 사업이 번창할 수 있도록 인적자원을 확보하고 개발하려고 노력 중이다.

1. (a) 엔지니어, (b) 비서 및 서기, (C) 경영학 석사를 모집하고 선발하기 위해서 밟아야 할 과정에 대해서 설명하라.
2. 엔지니어, 비서 및 서기, 경영학 석사가 받아야 할 훈련 및 개발에 대해서 설명하라.
3. 각 직무별 집단에 대해서 어떻게 성과를 평가하고 피드백을 줄 것인지에 대해서 설명하라.
4. 당신 회사의 임금수준과 보상구조에 대해서 설명하라.

Be the Manager [학습목표 12-4]

당신은 Walter Michaels이고, 방금 혼란스러운 피드백을 받았다. 당신은 중간 규모의 창틀 제조업체인 Maxi Vision Inc.의 이사이다. 최근, 당신을 포함하여 Maxi Vision의 중간 및 상급 관리자에 대해 360도 성과평가를 시작하였는데, 최상위 관리자는 평가 대상에서 제외되었다.

당신에게 내용을 전달할 관리자로부터의 피드백을 애타게 기다리고 있었다. 왜냐하면, 당신은 최근 대대적 성과시스템 점검을 포함하여 회사사람들에게 큰 영향을 미칠 수 있는 몇 가지 변화를 주도하였기 때문이다. 관리자에 대한 평가는 360도 평가에 기반하여 이루어졌고, 부하직원들은 당신이 최근 개발한 행위에 기반한 20문항의 BARS로 평가가 이뤄졌다. 평가는 매년 이루어지고, 임금인상과 보너스에 중요한 영향을 미친다.

당신은 새로운 성과평가 절차가 매우 효과적이라고 확신하고 있어서, 당신의 부하직원이 피드백에서 이에 대해 긍정적으로 언급할 것이라고 기대하고 있다. 그런데 세상에! 관리자와 부하직원들이 새로운 BARS 척도가 불공정하고, 부적절하고, 시간낭비에 불과하다고 피드백을 주었고, 이런 결과를 접한 당신은 어안이 벙벙해 졌다. 사실은 관리자가 당신에게 준 피드백은 관리자 자신이 받은 360도 평가에 기반하여 평가된 성과가 좋지 않다는 것을 반영한다. 왜냐하면, 부하직원들이 새로운 평가시스템을 싫어했고 경영진의 일부인 자신의 관리자에게 부분적으로 불만을 터뜨렸기 때문이다. 어떤 관리자는 자신의 부하직원에 대한 성과평가 결과가 그들의 임금과 보너스에 영향을 미치지 못하도록 동일한 점수를 주었다고 실토하였다.

당신은 이런 내용을 확인하고 자신의 눈을 의심할 수 밖에 없었다. 당신은 이것이 가장 이상적인 평가시스템이라고 믿고 개발에 수많은 시간을 쏟아 부었다. 명명백백하게 알 수 없는 몇 가지 이유로 새롭게 개발된 이 평가시스템을 활용할 기회가 주어지지 않았다. 당신의 상사는 이런 불만에 대해 알고 있었고, 이로 인해 발생한 혼란을 수습하는 것이 최우선의 일이라고 (물론 이를 개발한 당신도 책임을 져야 한다는 의미를 포함해서) 말하였다. 당신이라면 이런 상황에서 어떻게 하겠는가?

Bloomberg Case in the News [학습목표 12-1, 12-2, 12-5]

Wall street를 Jacksonville시로 옮기기

저자: Jonathan Levin

Deutsche Bank가 Florida주 Jacksonville시에 전초 기지를 운영하기 위해서 월스트리트 시니어 임원인 Leslie Slover를 보냈을 때, 그녀는 그 지역의 라이프스타일에 충분히 준비가 되어 있지 않았다. 고층빌딩과 지하철도 없었다. 그 자리에는 연못과 광활한 주차장이 딸린 캠퍼스 같은 건물이 있고, 주변에는 주택과 지역에 거주하는 주민들이 있었다. 식사할 곳은? 작은 식당과 푸드트럭 정도였다. 그래서 다시 운전을 하게 되었다.

"그곳의 삶은 힘들었고, 그곳은 맨하탄이 아니었다. 밤 11시 30분에는 식사할 곳이 아예 없다"라고 52세의 Slover가 말했다. 그녀는 New Caledonia 주의 Jacksonville시와 Cary시의 지역 책임자로 오기 전까지 미국의 북동부 지역에서만 지냈었다.

잠들지 않는 도시에서 Georgia주로부터 남쪽으로 35마일 떨어진 northern Florida 시로 이주한 삶은 처음에 몹시 낯설었을 것이다. Frankfurt에 기반을 둔 Deutsche Bank와 Sydney에 기반을 둔 Macquarie Group을 포함하여 많은 글로벌 금융회사들은 세계 방방곡곡으로 영업처를 옮겨간다.

New York과 같은 비싼 금융센터에서 Jacksonville and North Carolina 연구단지와 같이 운영비가 저렴한 곳으로 운영기능을 옮기는 니어쇼링(nearshoring)과 같은 것이 월스트리트의 풍조로 자리잡고 있다. Jacksonville시에는 Bank of America, Citigroup, JPMorgan Chase, 그리고 Wells Fargo에 소속된 19,000명의 직원이 일하고 있다. 이런 가운데, Goldman Sachs는 Salt Lake시에 운영기능을 옮겼고, UBS는 Nashville에 운영센터를 설립하였다. 이것은 해외로 가지 않고 수익성을 높이는 방법이다. 이런 현상은 좋은 일자리를 미국 내에 남겨 두도록 요청한 Trump 대통령의 요구에 의한 영향이 크다.

예전에는 투자은행이 회계사, 기술부서, 법률가 등의 지원부서를 외부로 옮겼었다. 그런데 Deutsche Bank의 사례처럼, Jacksonville 구역은 미국 내에서 두 번째로 큰 영업장소가 되었다. 이 은행은 (2013년에는 1,400명 이었는데) 현재 2,000명의 직원을 고용하고 있고, 2017년에는 더 늘릴 계획이다.

단지 거래기능에 한정되어 있기는 하지만, 그 지역은 미국 내 전체 사업의 축소판이었다. 구역 내에는 인공호수를 따라서 건물이 줄지어 서 있고, Emory and Vanderbilt 같은 대학에서 채용된 젊은 직원들이 뉴욕의 카운터파트와 공조하여 증권을 파고 있다. 고객이 매입 사인을 보내자, Jacksonville 직원이 월스트리트 60번가를 실시간으로 비추고 있는 비디오를 본다. Slover는 IT 덕분에 업무에서 지역 간 차이가 거의 없어질 정도가 되었다고 말한다. 그녀는 Florida에서의 삶을 즐기면서, 뉴욕에 비해서 거의 차이 없이 원활하게 업무를 보고 있다.

Jones Lang LaSalle에 따르면, Jacksonville의 고급 사무실은 평방 피트 당 22달러에 빌릴 수 있는데, 이는 회사의 지사가 있는 미국 주요 네 도시보다 싼 가격이다. 뉴욕에 비하면, 1/4 가격이다. JaxUSA의 부회장인 Cathy Chambers에 의하면, Jacksonville에 일하는 직원들에게 지급되는 평균 보수는 뉴욕에서 지급되는 평균보다 30% 정도 적다고 한다. 예로, 뉴욕에서 일하는 재무 애널리스트는 99,700달러를 받는데 비해, Jacksonville시에 근무하는 재무 애널리스트는 67,000달러를 받는다. 게다가, 지방정부는 기업유치를 위해 세금혜택까지 제공한다.

Jacksonville시에서 Macquarie 사업소를 운영하는 Anthony Glenn는 대도시 근무자에 비해서 다양한 혜택을 누리는데, 그 중에 하나가 늦은 오후 동네 해변에서 서핑을 즐기는 것이다. 이 외에도 출근시간이 15분 밖에 안 된다. 그의 사무실 사람들은 Houston, New York, 그리고 Philadelphia 같은 미국의 대도시를 포함하여 21개국에서 온 사람들로 구성되어 있다고 한다. 그들의 상당수가 대도시에 장거리 통근이 싫어서 이곳에 왔다고 한다.

"대부분의 경우, 라이프스타일 관련 의사결정 때문이었습니다. 수입이 줄어들어는 것과 삶의 질 간 상대적 중요성이 문제였던 것이죠."라고 Glenn이 말했다. Macquarie의 Jacksonville시 사업소는 원래 인도에 개설된 예정이었다고 한다. Jacksonville시 사업소는 미국기반 종업원들에게 더 많은 편의를 제공하고, 인도 소재 사업장은 인도 사업에 집중하고 있다.

JaxUSA의 회장인 Jerry Mallot는 Jacksonville시가 대도시 취향을 충족시키기는 어려울 것이라는 우려를 일추시켜버렸다. "우리는 뉴욕사람이 아니고, 뉴욕사람이 되고 싶지 않다." 그는 그 도시에도 프로미식축구팀이 있고, 우수한 맥주공장이 있고, 앞으로 10년 동안 골프를 칠 코스보다 더 많은 수의 골프 코스가 있고, 게다가 Tesla 자동차 가게도 있다고 말했다. 기업들은 1년 내내 날씨가 좋고 주정부가 부과하는 소득세도 없는 곳에 사업체를 세우기 위해서 노력 중이다 라고 Mallot이 말했다. 그들은 일반적으로 새로운 지역에 관리자를 파견하고, 그곳에서 신입직원을 채용하여, 인력을 구성한다. Jacksonville시의 평균 임금을 감안할 때, 이전한 기업의 보수수준은 매우 매력적이다.

금융업과 기타 사무직종의 유입으로 그 지역에 소득과 다양성이 꾸준히 늘게 되고, 그 결과 정치적 판도도 바뀌게 되었다고 Jacksonville시 소재 University of North Florida의 정치학 부교수인 Michael Binder가 말했다. George W. Bush가 대통령 선거에서 15%밖에 득표하지 못한 선거구에서 Trump가 Hillary Clinton를 1%차이로 이겼다. "여러 모로 볼 때, Florida는 일반적 미국의 모습과 반대이다. 하지만, New South지역의 도시에서와 같이 점차적으로 이런 점도 바뀌고 있다"라고 Binder가 문화적 그리고 정치적 취향을 언급하면서 말했다.

토론거리

1. 금융회사가 뉴욕 같은 대도시가 아니라 Florida주의 Jacksonville과 같은 도시에 본사기능을 옮기고 현지에서 인력을 채용함으로써 얻는 이득은 무엇인가?
2. 비용절감을 위해서 해외로 아웃소싱하는 것이 아니라, Jacksonville시 같은 곳에 사업소를 개설하는 것에는 어떤 이득이 있는가?
3. 뉴욕이 아니라 Jacksonville시에 사업소를 개설하는 것이 보상 및 복리후생 관점에서 어떤 장점이 있는가?

Jonathan Levin, "Trading Wall Street for Jacksonville," Bloomberg Businessweek, January 30–February 5, 2017, pp. 34–36. Used with permission.

제 6 부

13 효과적인 의사소통과 IT관리

학습목표

이 장을 학습한 후, 다음 내용에 답할 수 있어야 한다.

학습목표 13-1 효과적인 의사소통이 조직이 경쟁우위를 확보하는데 도움이 되는 이유를 설명한다.

학습목표 13-2 의사소통 과정을 설명한다.

학습목표 13-3 정보 풍부성의 개념을 정의하고, 관리자가 사용할 수 있는 의사소통 매체의 정보 풍부성을 설명한다.

학습목표 13-4 관리자가 업무와 역할을 효과적으로 수행하기 위해 정보에 접근해야 하는 세 가지 이유를 설명한다.

학습목표 13-5 IT의 발전과 이러한 발전이 경영 및 사업 운영에 미치는 영향에 대하여 설명한다.

학습목표 13-6 6가지의 서로 다른 경영정보시스템의 차이점을 설명한다.

레드햇(Red Hat)의 짐 화이트허스트(Jim Whitehurst)는 효과적인 의사소통 및 협업을 회사 전체 성공의 핵심 요소라고 본다. CEO는 조직의 모든 레벨에 있는 관리자들이 그들의 직원들과 연결되기 위해 열심히 일해야 하며, 다른 사람들의 관점을 듣는 기술을 연습해야 한다고 생각한다.

출처: Paul Frields/Flickr/CC BY 2.0

MANAGEMENT SNAPSHOT

레드햇(Red Hat) CEO, 명확한 의사소통에 집중

관리자들은 어떻게 효과적인 의사소통과 협력을 유도할 수 있는가?

2017년 총수입이 24억 달러에 달하는 세계 최대의 오픈소스 소프트웨어 회사인 레드햇(Red Hat)의 사장 겸 CEO인 짐 화이트허스트(Jim Whitehurst)는 오픈소스 소프트웨어와 같이 급변하는 분야에서 효과적인 의사소통과 협업이 조직에 미치는 중요한 역할을 인식하고 있다. 그의 표현대로 "CEO나 일선 관리자 관계없이 사람들과 얼굴을 마주 보며 연결하는 데 열심히 노력해야 한다…. 나는 의사 소통의 장을 열어 놓고 기회가 생길 때 직접 또는 이메일과 기타 전자 서신을 통해 가능한 한 동료들과 연락할 수 있는 방법을 찾는 법을 배웠다."

미국 노스캐롤라이나 주 롤리에 본사를 둔 레드햇은 소프트웨어를 개발, 서비스 및 개선하기 위해 글로벌 기여자 커뮤니티에 의존하는 오픈 소스 개발 모델을 완전히 채택하고 있다. 레드햇은 사업체 및 조직 고객들의 다양한 출처를 통해 수익을 얻는다. 예를 들어 소프트웨어는 소프트웨어 지원, 소프트웨어의 신판 및 업데이트, 보안 업그레이드, 개선 및 문제 해결, 기술 진보, 기능 업그레이드 및 기타 서비스 등을 포함하는 가입(연간 또는 다년간)을 통해 제공된다. 또한 레드햇은 유료 기술 지원을 제공하여 고객이 소프트웨어를 가장 효과적으로 활용할 수 있도록 지원하고 최신 개발 정보를 유지하며 다른 응용 프로그램과 소프트웨어 오퍼링을 통합한다. 따라서 레드햇은 고객에게 글로벌 커뮤니티가 오픈소스 소프트웨어를 개발 및 개선하도록 하고, 비즈니스 요구를 충족시키기 위해 전문적인 소프트웨어 지원과 완전한 소프트웨어 활용을 위한 지원을 제공하며, 개발 및 개선 사항을 최신 상태로 유지하는 등의 이점을 제공한다.

짐 화이트허스트는 레드햇의 CEO 겸 사장을 8년 넘게 맡고 있다. 레드햇에 입사하기 전에는 델타항공(Delta Airlines)의 최고 운영 책임자(COO)였으며, 델타항공의 수석 부사장 겸 최고 네트워크 및 계획 책임자로도 근무했다. 델타항공에 입사하기 전에 그는 보스턴 컨설팅 그룹(BCG)의 전무 이사 겸 파트너였다. 그는 폭넓은 업무 경험을 통해 효과적인 의사소통에 관한 많은 교훈을 얻었다.

레드햇에서 화이트허스트(Whitehurst)는 존경심은 그들이 말하고 행동하는 것과 어떻게 기여하는지에 따라 모든 사람들에게서 얻어지는 것이라고 강조한다. 실제로 화이트허스트는 사람들이 자신의 역할을 효과적으로 수행하기 위해서는 직함뿐만 아니라 말과 행동으로 조직원들의 존경을 받을 필요가 있다고 본다. 중요한 이슈에 대해 효과적으로 생각과 관점을 전달할 수 있다는 것은 다른 사람들의 관점을 듣는 것과 마찬가지로 중요하다. 이것이 일어날 때, 공통의 이해와 상호신뢰 및 존경이 뒤따를 가능성이 더 높다. 화이트허스트는 자신의 능력과 레드햇의 다양한 팀들의 역량 모두에 자신감을 가지고 있다. 화이트허스트는 직원들의 창의적인 아이디어와 관점을 듣고 격려하고 지원하며, 피드백을 제공함으로써 레드햇 직원들을 참여시킨다. 상호 신뢰와 존중은 정직, 진실성, 그리고 열린 소통과 마찬가지로 화이트허스트에게 중요하다.

권한을 위임하는 것을 중요시하고 직원들이 옳다고 생각하는 일을 할 수 있도록 신뢰하는 사람인 화이트허스트는 리더와 모든 직원들이 서로에게 책임을 지는 방식으로 소통해야 한다고 생각한다. 화이트허스트는 자신의 성과, 자신의 결정과 레드햇의 성과에 대한 설명과 일이 계획대로 진행되지 않을 때 진심으로 사과하는 방식으로 직원들에게 책임을 다한다. 실제로 화이트허스트는 가능한 한 최선의 결정을 내리기 위하여 결정하기 전에 직원들에게 피드백을 요청한다. 그의 결정이 좋지 않다고 판명될 때 화이트허스트는 그것을 인정할 뿐만 아니라 왜 처음부터 그러한 결정을 내렸는지에 대하여 자세하게 설명한다. 이러한 방식으로, 그 결정에 영향을 받은 사람들은 결정이 가볍게 이루어지지 않았고 그의 의도가 좋았다는 것을 알게 된다. 화이트허스트는 모든 직원들이 서로 개방되고 투명해지는 환경을 만들기 위해 노력한다. 중요한 것은, 화이트허스트와 레드햇의 다른 관리자들이 직원들에게 권한을 부여하고 레드햇의 사명에 기여할 수 있는 창의력을 발휘할 수 있도록 자유를 준다는 것이다.

또한, 레드햇은 고객, 파트너 및 보다 더 넓은 오픈 소스 커뮤니티와의 효과적인 의사소통을 촉진한다. 오픈 소스 환경에서 핵심적인 역할을 하는 레드햇은 집합적 지식 기반을 구축하는 것뿐만 아니라 최신의 발전 사항을 전달하고 보급하는 데 중요한 역할을 담당한다. 예를 들어, 고객들이 시간에 민감한 중요한 문제에 직면했을 경우, 레드햇 고객 포털을 사용하여 그들이 직면하고 있는 문제와 관련된 제품들의 기사, 보고서 및 문서를 검색할 수 있다. 고객 시스템 설계자는 레드햇의 엔지니어가 개발한 기술 사례 연구를 살펴볼 수 있고 관련 기술 비디오를 볼 수 있으며 오픈 소스 커뮤니티에 참여할 수 있다. 레드햇은 회사의 지식 뱅크(Knowledge bank)의 일부가 되는 고객의 피드백을 적극적으로 구하고 이 피드백에 따라 향상된 솔루션을 개발한다. 레드햇은 보안과 관련된 문제와 엔지니어 등이 취약점을 어떻게 해결했는지에 관한 의사소통에서도 중요한 역할을 한다. 분명, 짐 화이트허스트와 레드햇에게 효과적인 의사소통은 가장 중요하고 전체적인 성공의 열쇠이다.

개요

관리자가 이용할 수 있는 모든 정보 기술 발전에도 불구하고 조직내에서 비효율적인 의사소통이 계속 발생하고 있다. 비효율적인 의사소통은 관리자, 직원, 조직에 해가 되며 성과 저하, 대인관계의 어려움, 서비스 불량, 고객 불만족으로 이어질 수 있다. 조직이 효과적이고 경쟁우위를 확보하기 위해서는 모든 수준의 관리자가 훌륭한 의사소통자가 되어야 하며, 새로운 IT의 활용이 필수적이다.

이 장에서는 의사소통의 성격과 의사소통 과정을 설명하고, 왜 모든 관리자와 그 부하들이 효과적인 의사소통자가 되어야 하는지를 설명한다. 우리는 관리자가 이용할 수 있는 의사소통 매체와 그들이 보내는 각 메시지의 의사소통 매체를 선택할 때 고려해야 할 요소들을 살펴본다. 그런 다음 우리는 관리자들이 그들의 일을 효과적으로 수행하기 위해 정보에 접근하는 것이 왜 중요한지 논의한다. 마지막으로, 우리는 IT의 발전이 어떻게 관리자의 의사소통 옵션을 확장시켰는지 탐구하고 조직이 경쟁력을 유지하기 위해 필요한 정보를 수집, 저장, 분석 및 활용하는 데 이용할 수 있는 관리 정보시스템의 일부를 알아본다.

의사소통과 관리

학습목표 13-1

효과적인 의사소통이 조직이 경쟁우위를 확보하는데 도움이 되는 이유를 설명한다.

의사소통 공통된 이해에 도달하기 위해 두 명 이상의 사람들이나 그룹 간에 정보를 공유하는 것

의사소통은 공통된 이해에 도달하기 위해 두 명 이상의 사람들이나 그룹 간에 정보를 공유하는 것이다. 무엇보다도 가장 중요한 것은, 아무리 전자적으로 기반을 두더라도, 의사소통은 인간의 노력이며, 개인 및 집단이 정보를 공유하고 그들의 행동을 조정하는 것을 포함한다. 둘째, 공통의 이해에 도달하지 않으면 의사소통은 이루어지지 않는다. 따라서, 만약 당신이 고객 서비스 또는 청구서 작성자에게 말을 걸려고 전화를 하려고 할 때 끝이 없는 자동 메시지와 메뉴 옵션 사이에서 왔다 갔다 하며 결국 좌절에 빠져 전화를 끊는다면, 의사소통은 이루어지지 않는다.

원활한 의사소통의 중요성

1장에서 우리는 조직이 경쟁우위를 확보하려면 관리자가 어떻게 효율성, 품질, 고객에 대한 대응력 및 혁신을 향상시키기 위해 노력해야 하는지 설명하였다. 좋은 의사소통은 이 네 가지 목표를 달성하는 데 필수적이므로 경쟁우위를 확보하기 위한 필수 요소이다.

관리자는 생산 프로세스를 업데이트하여 새롭고 보다 효율적인 기술을 활용하고, 새로운 기술을 운용하고 기술을 확장하도록 교육함으로써 **효율성을 높일**(*increase efficiency*) 수 있다. 관리자들이 신기술에 대해 배우고, 조직에서 이를 구현하며, 작업자들을 어떻게 활용할지 교육하기 위해서는 좋은 의사소통이 필요하다. 마찬가지로, **품질개선**(*improving quality*)은 효과적인 의사소통에 달려 있다. 관리자는 조직의 모든 구성원에게 높은 품질의 의미와 중요성과 이를 달성하기 위한 경로를 전달할 필요가 있다. 부하 직원은 품질문제와 품질향상을 위한 제언을 상급자에게 전달할 필요가 있으며, 자체 관리형 업무 팀 구성원은 품질향상을 위한 아이디어를 서로 공유할 필요가 있다.

또한 원활한 의사소통은 **고객에 대한 반응**(*responsiveness to customers*)도 높일 수 있다. 백화점 영업사원이나 은행 영업사원과 같이 고객과 가장 가까운 조직원들이 고객의 요구와 욕구를 관리자에게 전달할 수 있는 권한을 부여받으면 경영자들은 이러한 요구에 보다 효과적으로 대응할 수 있다. 관리자는 변화하는 고객 선호도에 가장 잘 대응할 수 있는 방법을 결정하기 위해 다른 조직 구성원과 의사소통해야 한다.

복합 기능 팀에서 종종 발생하는 **혁신**(*Innovation*)은 효과적인 의사소통을 필요로 한다. 예를 들어, 새로운 전자 게임을 개발하는 복합 기능 팀의 구성원들은 고객들이 게임을 하고 싶어하고, 매력적이고, 재미있으며, 속편이나 파생 상품으로 이어질 수 있는 게임을 개발하기 위해 서로 효과적으로 의사소통해야 한다. 또한 팀 구성원들은 게임 개발에 필요한 자원을 확보하고 관리자가 프로젝트의 진행 상황을 알 수 있도록 관리자들과 소통해야 한다. 이와 함께 수반되는 "글로벌 경영"의 특징에서 알 수 있듯이 효과적인 커뮤니케이션이 한층 더 중요하게 되어, 조직의 이노베이션이 전 세계적으로 증가하고 있다. 다음의 "Managing Globally"

Managing Globally

강력한 커뮤니케이션, 글로벌 성공을 위한 핵심 요소

영국에 본사를 두고 있는 GE 헬스케어(GE Healthcare)는 의료 기술과 서비스를 제공하며 CT 스캐너와 같은 의료 영상촬영, 진단, 모니터링 시스템을 만든다. 전 세계적으로 5만 명 이상의 직원을 두고 있는 GE 헬스케어는 183억 달러 이상의 매출을 올리고 있다. 차세대 기술로 전 세계 의료 전문가와 환자의 요구를 충족시키는 최고의 스캐너를 만들기 위한 신제품 개발과 제조는 GE 헬스케어의 진정한 글로벌 노력이다. 10초 이내에 전신 스캔을 수행하고 5개의 심장박동 내에서 환자의 심장을 3차원적으로 파악할 수 있는 LightSpeed VCT 스캐너시리즈(Volume Controlled Tomography의 약자)의 개발을 생각해보자.

GE 헬스케어가 알게 된 바와 같이, 전화 회의와 이메일은 유익하지만, 직접 대면토론과 문제해결을 위해 관리자를 모으는 것을 대신할 수 있는 것은 없다.

LightSpeed는 글로벌 협업을 통해 개발되었다. GE 관리자들은 전 세계의 의사들(심장 전문의와 방사선 전문의 포함)과 대화하여 그들이 필요로 하는 것이 무엇이며 LightSpeed로 어떤 종류의 테스트를 수행할지 알아냈을 뿐만 아니라 여러 나라의 환자들 간의 차이에 대한 정보도 수집했다. Hino (일본), Buc (프랑스) 및 Waukesha (미국 위스콘신 주)의 엔지니어는 LightSpeed 용 전자 장치를 개발했으며, 환자가 누워있는 자동화테이블과 같은 다른 부품은 Beijing (중국)과 Hino에서 제조되었다. LightSpeed를 위한 소프트웨어는 Haifa (이스라엘), Bangalore (인도), Buc 및 Waukesha에서 만들어졌다.

효과적인 글로벌 커뮤니케이션은 LightSpeed 시리즈를 성공적으로 개발하기 위한 도전이자 필요조건이었다. 당시 GE의 글로벌 CT 담당 총괄 책임자였던 브라이언 듀친스키(Brian Duchinsky)는 "밀워키(Milwaukee) 서부의 옥수수 밭에 앉아 있으면 같은 아이디어를 내놓지 않을 것이다. 그러나 6개국이 결정을 내리도록 하는 것은 고통스러울 수 있다."고 말했다.

GE의 관리자들은 매일 전화 회의 참여, 다른 나라의 팀들이 서로 의존하도록 하기, LightSpeed에 헌신하는 내부 웹 사이트 개발, 팀들이 서로 도움을 요청하도록 격려, 서로 다른 장소에서 대면 회의를 개최하는 등 여러 가지 방법으로 효과적인 의사소통을 촉진했다. 전화 회의 등 전자적으로 많은 의사소통이 이루어졌지만, 대면회의도 중요했다. 당시 GE의 공학 담당 총괄 책임자였던 밥 암스트롱(Bob Armstrong)은 "모든 사람들이 얼마나 잘하는지, 그리고 한 팀으로서 얼마나 잘하는지 정말 잘 알고 싶다면, 사람들을 한 곳에 모을 필요가 있다."고 말했다.

에서 설명하듯이 조직 혁신은 점점 더 글로벌 수준에서 일어나고 있으며, 효과적인 의사소통이 더욱 중요해지고 있다.

효율성, 품질, 고객에 대한 대응력 및 기술혁신을 증진시켜 조직의 경쟁적 우위를 확보하기 위하여 효과적인 의사소통은 관리자와 조직의 모든 구성원에게 필요하다. 따라서 관리자는 효과적으로 수행할 수 있도록 의사소통 과정을 잘 이해해야 한다.

의사소통 과정

학습목표 13-2

의사소통 과정을 설명한다.

발신자 정보를 공유하고자 하는 사람 또는 그룹

메시지 발신자가 공유하고자 하는 정보

잡음 의사소통 과정의 어떤 단계이든 방해할 수 있는 모든 것

인코딩(암호화) 메시지를 이해할 수 있는 기호 또는 언어로 변화하는 것

수신자 메시지가 의도된 사람 또는 그룹

매체 인코딩 된 메시지가 수신자에게 전송되는 경로

디코딩(해독) 메시지를 해석하고 이해하려 하는 것

의사소통 과정은 두 단계로 구성된다. 우선 **전송 단계**(*transmission phase*)에서 정보는 둘 이상의 개인이나 그룹 간에 공유된다. **피드백 단계**(*feedback phase*)에서는 공통의 이해가 보장된다. 두 단계 모두에서 통신이 이루어지기 위해서는 여러 단계가 있어야 한다(그림 13.1 참조).

전송 단계에서 **발신자**, 즉 다른 사람 또는 그룹과 정보를 공유하고자 하는 사람 또는 그룹은 어떤 정보를 전달할 것인지 **메시지**를 결정한다. 그런 다음 발신자는 메시지를 기호나 언어로 변환하는데, 이것을 인코딩이라 한다. 주로 메시지는 언어로 **인코딩(암호화)**된다. **잡음**은 의사소통 과정의 어떤 단계이든 걸림돌이 되는 것을 일컫는 용어이다.

일단 인코딩 되면, 메시지는 매체를 통해 **수신자**, 즉 메시지가 의도된 사람 또는 그룹으로 전달된다. **매체**는 암호화된 메시지가 수신자에게 전송되게 하는 전화, 편지, 메모 또는 회의에서의 대면 의사소통과 같은 단순한 통로이다. 다음 단계에서 수신자는 메시지를 해석하고 이해하려고 하는데, 이 과정을 **디코딩(해독)**이라 한다. 이는 의사소통에서 가장 중요한 요점이다.

피드백 단계는 수신자(발신자가 되는 사람)에 의해 시작된다. 수신자는 원래의 발신자(수신자가 되는 사람)에게 보낼 메시지를 결정하고 인코딩한 다음 선택한 매체를 통해 송신한다(그림 13.1 참조). 메시지는 원래의 메시지가 수신되고 이해되었는지 확인하거나 그것이 올바르게

그림 13.1 **의사소통 과정**

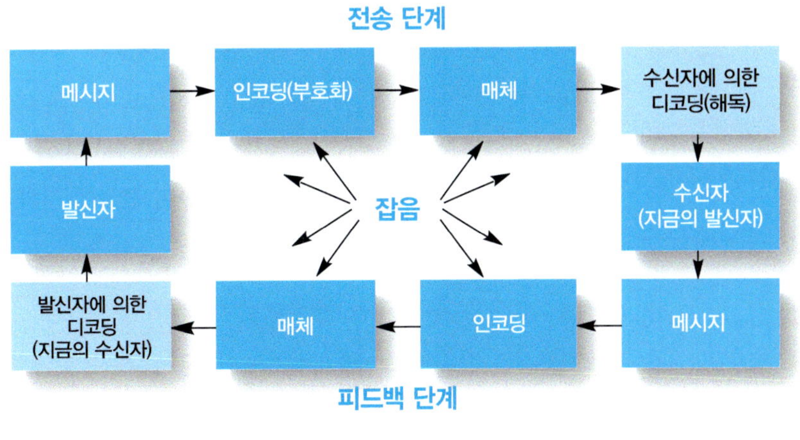

이러한 사람들이 주고받는 강렬한 인상과 같은 비언어적 단서는 경영자와 직원들에게 더 나은 결정을 하는데 도움이 되는 중요한 정보를 제공할 수 있다.

해석되었는지 확인하기 위한 원본 메시지의 재작성을 포함할 수 있으며, 혹은 더 많은 정보에 대한 요청을 포함할 수 있다. 발신자는 메시지를 디코딩하여 공통적인 이해에 도달했는지 확인한다. 최초 발신자가 공통적인 이해에 도달하지 않았다고 판단한 경우, 발신자와 수신자는 공통적인 이해에 도달하기 위해 필요한 만큼 전체 프로세스를 반복한다.

서면 또는 말로 된 단어로 메시지를 인코딩하는 것은 **언어적 의사소통**이다. 우리는 또한 문자나 구어를 사용하지 않고 메시지를 암호화한다. **비언어적 의사소통**은 얼굴 표정(미소, 눈썹을 치켜 올림, 찡그림, 턱을 떨어뜨림), 신체 언어(자세, 몸짓, 끄덕임, 어깨 으쓱임), 심지어 복장 양식(캐주얼, 형식, 보수, 트렌디함)을 통해 정보를 공유한다. 권력 위임의 추세로 인해 일부 관리자들은 조직의 모든 직원들이 팀원이라는 메시지를 전달하기 위해 비공식적으로 옷을 입었고, 고객들을 위한 가치를 창출하기 위해 협력하고 있다.

언어적 의사소통 메시지를 서면 또는 말로 된 단어로 인코딩하는 것

비언어적 의사소통 얼굴 표정, 신체 언어 및 복장 양식을 통해 메시지를 인코딩하는 것

비언어적 의사소통은 언어적 의사소통을 뒷받침하거나 강화하는 데 사용될 수 있다. 따뜻하고 진실한 미소가 잘 된 일에 대한 감사의 말을 뒷받침할 수 있듯이, 걱정스러운 표정은 개인적인 문제에 대한 동정의 말을 뒷받침할 수 있다. 이러한 경우, 언어적 의사소통과 비언어적 의사소통의 일치는 공통의 이해에 도달하는 데 도움이 된다.

때때로 조직의 구성원들이 메시지를 언어로 표현하지 않기로 결정할 때, 실수로 비언어적으로 메시지를 보내기도 한다. 사람들은 비언어적 의사소통에 대한 통제력이 떨어지는 경향이 있고, 종종 억제된 언어적 메시지는 신체 언어나 얼굴 표정을 통해 표현된다. 실제로 찬성하지 않는 제안에 동의하는 관리자는 본의 아니게 얼굴을 찡그려 탐탁치 않음을 내비칠 수도 있다.

때때로 비언어적 의사소통은 언어 채널을 통해 보낼 수 없는 메시지를 보내는 데 이용되기도 한다. 많은 변호사들이 이 의사소통 전략을 잘 알고 있다. 변호사들은 종종 최대 효과를 얻기 위해 법정에서 어디에 서야 할지 선택하고 재판의 다른 단계에서 눈을 마주치는 것과 같은 비언어적 의사소통 기술을 교육받는다. 변호사들은 가끔씩 배심원들에게 영향을 미치려고 부적절한 비언어적 의사소통을 사용하여 곤란에 처하기도 한다.

비효율적인 의사소통의 위험

관리자들은 그들의 다양한 역할과 업무를 수행하기 위해 다른 사람들과의 의사소통이 필요하기 때문에, 많은 시간을 회의, 전화 대화, 이메일 또는 대면적 상호 작용하는 데 보낸다. 실

제로, 일부 전문가들은 관리자들이 그들의 시간의 약 80%를 의사소통에 소비한다고 추정한다. 효과적인 의사소통은 너무 중요해서 효과적인 커뮤니케이터에 대한 관심을 관리자만 가져서는 안된다. 관리자들은 그들의 부하들이 효과적인 의사소통자가 되도록 도와야 한다. 조직의 모든 구성원이 서로, 그리고 조직 밖의 사람들과 효과적으로 의사소통을 할 수 있을 때, 조직은 높은 성과를 내고 경쟁우위를 확보할 가능성이 훨씬 더 높다.

관리자와 조직의 다른 구성원들이 비효율적인 의사소통자인 경우 조직의 성과가 저하되고 조직의 경쟁우위가 상실될 수 있다. 더욱이 의사소통이 원활하지 못하면 때로는 완전히 위험할 수 있고 심지어 비극적이고 불필요한 인명 손실을 초래할 수도 있다. 예를 들어, 하버드 대학교 최근 연구에 따르면, 교대 시간에 의사들이 의사 소통하는 방법을 바꾸면 환자의 부작용 발생 위험이 30% 감소하는 것으로 나타났다. 또한, 의사소통 방법을 개선하면 의료 오류의 발생률을 거의 25%까지 줄일 수 있다는 연구결과가 나왔다.

정보 풍부성과 의사소통 매체

학습목표 13-3

정보 풍부성의 개념을 정의하고, 관리자가 사용할 수 있는 의사소통 매체의 정보 풍부성을 설명한다.

정보 풍부성 통신 매체가 전송할 수 있는 정보의 양과 매체가 발신자와 수신자가 공통적인 이해에 도달할 수 있게 하는 범위

효과적인 의사소통자가 되기 위해서 관리자(및 조직의 다른 구성원)는 그들이 보내는 각각의(*each*) 메시지마다 적절한 의사소통 매체를 선택할 필요가 있다. 부하 직원에게 이메일을 통해 절차의 변화에 대한 메모를 전달해야 하는가? 주요 성과에 대한 축하 메시지는 편지로 전달되어야 하는가? 전화통화로 전달되어야 하는가? 아니면 점심식사에서 전달되어야 하는가? 정리해고 발표는 메모로 전달되어야 하는가? 공장 회의에서 전달해야 하는가? 구매팀 구성원들이 새로운 공급자와의 주요 계약을 강화하기 위해 유럽으로 가야 하는가? 아니면 그들은 전화 회의와 이메일 메시지를 통해 그렇게 해야 하는가? 관리자들은 매일 이러한 질문들을 처리한다.

관리자가 신뢰할 만한 최고의 의사소통 매체는 없다. 어떤 메시지에 대한 의사소통 매체를 선택할 때, 관리자는 세 가지 요소를 고려해야한다. 첫째, 가장 중요한 것은 필요한 **정보 풍부성**이다. 정보 풍부성은 의사소통 매체가 운반할 수 있는 정보의 양과 발신자와 수신자가 공통의 이해에 도달할 수 있게 하는 정도를 말한다. 관리자가 사용하는 의사소통 매체는 정보의 풍부성에 따라 다양하다(그림 13.2 참조). 정보 풍부성이 높은 미디어는 광범위한 정보를 전달할 수 있으며 일반적으로 수신자와 발신자가 공통된 이해를 할 수 있게 한다.

관리자와 다른 조직 구성원의 시간은 귀중한 것이기 때문에 관리자가 통신 매체를 선택할 때 고려해야 할 두 번째 요소는 의사소통에 필요한 시간(*time*)이다. 글로벌 금융 서비스 회사인 AXA의 관리자는 대면 의사소통 대신 화상 회의를 통해 지출 시간을 대폭 줄여 관리자가 전 세계로 출장 갈 수 있도록 했다.

의사소통 매체의 선택에 영향을 미치는 세 번째 요인은 메시지를 보내고 받은 종이나 전자 흔적 또는 일종의 서면 문서화의 필요성(*need for a paper or electronic trail*)이다. 예를 들어 관

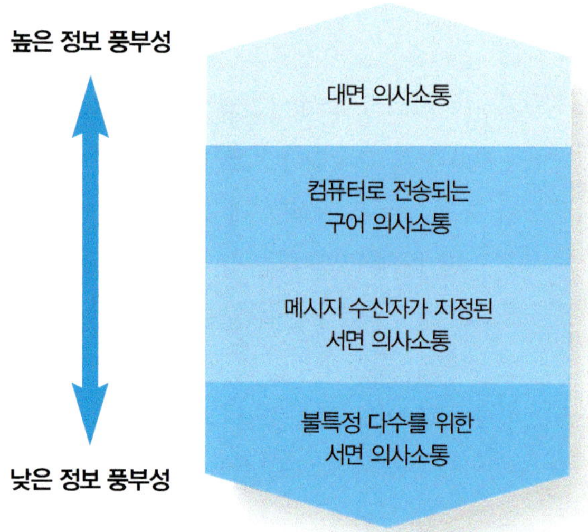

그림 13.2
의사소통 매체의 정보 풍부성

리자는 부하 직원에게 과도한 지각에 대한 공식적인 경고가 주어졌음을 서면으로 문서화하고자 할 수 있다.

이 절의 나머지 부분에서는 정보 풍부성, 시간, 서류상 및 전자적 흔적의 사용가능성이라는 세 가지 차원에 따라 구분되는 네 가지 유형의 의사소통 매체를 검토한다.

대면 의사소통

대면 의사소통은 정보 풍부성이 가장 높은 매체다. 관리자들이 얼굴을 맞대고 의사소통을 할 때 언어적 의사소통을 할 수 있을 뿐만 아니라 얼굴 표정이나 신체 언어 등 상대방의 비언어적 신호를 해석할 수도 있다. 걱정이나 어리둥절해 보이는 표정은 때때로 천 마디 이상의 단어를 말할 수 있고, 관리자들은 그 자리에서 이러한 비언어적 신호에 반응할 수 있다. 또한 대면 의사소통은 관리자들이 즉각적인 피드백을 받을 수 있게 해준다. 혼동, 모호함 또는 오해의 지점을 해소할 수 있으며, 관리자는 공통의 이해에 도달하기 위해 의사소통 과정을 필요한 만큼 반복할 수 있다.

현장경영 관리자가 업무 영역을 둘러보며 직원과 문제 및 우려 사항에 대해 비공식적으로 대화하는 대면 의사소통 기법

현장경영은 조직의 모든 레벨에서 많은 관리자들에게 효과적인 대면 의사소통 기법이다. 관리자들은 부하 직원들과의 공식적인 만남을 계획하기보다는 업무 영역 주변을 돌아다니며 직원과 관리자 모두가 가지고 있는 문제와 우려사항에 직원들과 비공식적으로 대화를 나눈다. 이러한 비공식적 대화는 관리자와 부하 직원에게 중요한 정보를 제공하고 동시에 긍정적인 관계로 발전시킨다. 기술이 빠른 속도로 변화하고 집이나 외진 곳에서 일하는 직원이 많아지면서 2010년대 후반에는 현장경영이 주간 체크인(weekly check in)에 의한 경영으로 진화했다는 관측도 나오고 있다.

전자 통신의 인기에도 불구하고 대면 의사소통은 여전히 정보 풍부성이 가장 높은 매체이다.

대면 의사소통은 정보 풍부성이 가장 높기 때문에, 항상 관리자의 선택 매체가 되어야 한다고 생각할 수 있다. 그러나 시간이 오래 걸리고 그에 따른 서류나 전자적 흔적이 부족하기 때문에 항상 그렇지만은 않다. 중요하거나 개인적이거나 오해받을 가능성이 있는 메시지의 경우, 대면 의사소통을 이용하는 것은 관리자의 시간을 충분히 쓸 만한 가치가 있으며, 필요하다면 메시지를 문서화하는 서면 의사소통의 형태로 이를 보완한다.

정보통신기술의 발전은 관리자에게 대면 의사소통을 위한 새롭고 긴밀한 대안적 의사소통 매체를 제공하고 있다. AXA와 마찬가지로, 어떤 조직에서는 서로 다른 장소에 있는 관리자들이 만나기 위해 이동하지 않고 시간과 비용을 절약하면서 대면 의사소통의 장점을 누리기 위해 화상 회의를 사용한다.

이동경비를 절약하는 것 외에도 화상회의는 다른 장점들을 가지고 있다. 화상회의에서는 많은 관리자가 의사결정 과정에 참여할 수 있기 때문에 회의 이후 외부에서 설명듣는 관리자 수가 줄어들어 의사결정이 보다 신속하게 이루지도록 한다.

화상회의의 도약을 통해, 시스코 시스템즈(Cisco Systems)는 각 지역의 개인과 팀이 인터넷을 통해 실시간으로 의사소통 할 수 있는 TelePresence 제품군을 개발하였다. 이는 장소에 제약없이 모든 사람이 같은 방에서 참여하고 있다는 느낌을 주는 고화질 및 실물 크기의 비디오와 뛰어난 품질의 오디오를 갖추었다. 다른 회사들도 비슷한 제품을 개발했다. 이러한 제품이 구형 시스템과 구분되는 점은 전송에 지장이 없다는 점, 비디오 화질이 날카롭고 명확하며 실시간으로 화상회의를 스마트폰이나 태블릿으로 일상적으로 이용할 수 있다는 점이다.

컴퓨터로 전송되는 구어 의사소통

대면 의사소통 후, 전화선이나 인터넷을 통해 전송되는 구어 의사소통은 정보 풍부성이 두 번째로 높다(그림 13.2 참조). 전화로 의사소통 하는 관리자는 신체 언어와 얼굴 표정은 알 수 없지만, 실제 단어 자체 외에 추가적으로 전달되는 목소리의 톤, 발신자가 강조하는 메시지 부분, 메시지가 사용되는 일반적인 방식에는 접근할 수 있다. 그러므로, 전화는 많은 양의 정보를 전달할 수 있다. 또한 관리자는 전화로 신속하게 피드백을 받고 질문에 답할 수 있기 때문에 공통의 이해에 도달할 수 있도록 한다.

스카이프(Skype)와 페이스타임(FaceTime)과 같은 영상 통화 앱은 사람들이 인터넷을 통해 음성 및 비디오를 사용하여 의사소통 할 수 있게 해준다. 이들은 발신자와 수신자 사이의 비언어적 의사소통 방식에 대한 접근을 제공할 뿐만 아니라 개인 및 기업이 전화 회의 및 인터뷰를 신속하고 저렴하게 수행할 수 있도록 한다. 입사 지원자를 면접하기 위해 스카이프(Skype)나 페이스타임(FaceTime)을 활용하는 기업이 증가하고 있다.

메시지 수신자가 지정된 문서

정보 풍부성이 컴퓨터로 전송되는 구어 의사소통보다 낮은 것은 메시지 수신자가 지정된 서면 의사소통이다(그림 13.2 참조). 대면 의사소통과 컴퓨터로 전송되는 구어 의사소통의 장점 중 하나는 둘 다 주의를 요구하는 경향이 있어 수신자가 주의를 기울일 수 있도록 하는 데 도움이 된다는 것이다. 메모나 편지와 같은 메시지 수신자가 지정된 서면 의사소통에도 이러한 장점이 있다. 이것은 특정인에게 전달되기 때문에 그 사람이 실제로 주의 깊게 읽을 가능성이 높다. 게다가, 발신자는 수신자가 가장 이해하기 쉬운 방법으로 메시지를 쓸 수 있다. 음성 메일과 마찬가지로 서면 의사소통도 수신자가 질문에 즉시 대답하도록 하는 것은 아니지만, 메시지가 명확하게 작성되고 피드백이 제공될 때, 여전히 공통의 이해에 도달할 수 있다.

관리자가 대면 의사소통 방식을 이용하더라도 중요하거나 복잡하여 나중에 참고할 필요가 있는 메시지에 대해서는 서면으로 후속 작업을 보내는 것이 필요한 경우가 많다. 병원 관리자인 카렌 스트래커(Karen Stracker)가 자신의 부하 직원 중 한 명에게 병원이 보험 혜택 거부를 다루는 방식에 중요한 변화를 말해야 할 때의 일이다. 스트래커는 부하 직원을 만나 변경 사항을 직접 전달하였다. 그녀는 부하 직원이 그것을 이해한다고 확신하자, 따라야 할 지침서를 건네 주었고, 그것은 근본적으로 그들이 논의했던 정보를 요약했다.

또한 이메일과 문자메시지는 발신자와 수신자가 개인적인 주소를 쓴 글로 의사소통 하기 때문에 이 의사소통 매체의 범주에 속한다. 그러나 단어들은 종이가 아닌 컴퓨터 화면, 노트북 또는 모바일 장치에 나타난다. 사업에서의 이메일 사용이 너무 광범위해져서 일부 관리자들은 사업 전략에 대한 조치를 취하고 새롭고 혁신적인 아이디어를 고안하는 등의 다른 업무를 보기 위하여 이메일 활용을 의도적으로 중단해야 한다고 생각한다. 기술마케팅조사기관인 래디카티 그룹(Radicati Group)에 따르면, 2021년까지 전 세계 이메일 트래픽이 기업과 소비자 모두를 포함해 매일 3190억(*319 billion*) 통에 이를 것으로 보인다. 많은 조직에서는 직원들이 이메일을 효과적으로 관리할 수 있도록 직원들(및 관리자)이 일상 업무 활동의 일환으로 이메일을 사용하게 하는 사내 교육 프로그램이나 다른 지침을 제공한다.

스카이프(Skype)와 페이스타임(FaceTime)과 같은 영상통화 앱은 개인 및 기업이 신속하고 저렴하게 의사소통 할 수 있게 해준다. 입사 지원자를 면접하거나 집에서 일하는 직원들이 사무실에서 일하는 동료들과 실시간으로 소통할 수 있도록 하기 위해 이런 앱을 활용하는 기업도 늘고 있다.

이메일의 인기가 높아지면서 많은 근로자와 관리자가 재택근무자, 즉 조직에 고용되어 일주일에 적어도 하루 정도는 사무실에서 벗어나 자신의 집에서 일하는 사람들이 될 수 있었다. 최근 통계에 따르면, 미국 노동 인구의 20-25%가 일정 빈도로 텔레워크(Teleworks)를 한다. 많은 재택 근무자들은 집에서 근무하는 유연성이 가족과의 친밀감을 주면서도 사무실과 오가는 데 시간을 낭비하지 않고 더 생산적으로 일할 수 있게 해준다고 말한다.

유감스럽게도, 이메일의 광범위한 사용은 점점 더 많은 이메일 남용을 수반하고 있다. 이메일 남용을 피하기 위해 관리자는 회사 이메일이 어떤 용도로 사용될 수 있고, 어떤 용도로 사용되어야 하며, 어떤 것이 범위 밖에 있는지 명확히 명시하는 정책을 개발해야 한다. 또한, 관리자는 이메일 남용이 의심될 때 사용할 절차와, 이메일 남용이 확인될 때 발생할 결과에 대하여 조직의 모든 구성원에게 이 정책을 명확하게 전달해야 한다. 다음의 "Ethics in Action"에서 설명하였듯, 직장에서의 인터넷 서핑과 더불어 개인 이메일과 문자 메시지는 관리자에게 몇 가지 도전적인 딜레마를 제시한다.

Ethics in Action

직원의 소셜 미디어 및 인터넷 사용 추적

점점 더 많은 회사들이 관리자와 조직에게 직원들이 방문하는 웹사이트와 그들이 보내는 이메일 및 소셜 미디어 메시지를 추적할 수 있는 도구를 제공하고 있다. 예를 들어, 네트워크 법의학 소프트웨어를 사용하면 관리자는 직원들의 컴퓨터 모니터에서 일어나는 모든 것을 기록 및 재생할 수 있고 키 입력도 추적할 수 있다. 많은 대기업과 중소기업이 더 효율적이고 생산적이 되기 위한 노력의 일환으로 직원들의 활동을 다양한 방법으로 추적하고 있다.

직원들을 감시하는 것은 사생활에 대한 우려를 불러일으킨다. 대부분의 직원들은 상사가 그들의 전화 통화에 귀를 기울이기를 원하지 않는다. 마찬가지로, 일부 사람들은 이메일을 모니터링하고 인터넷 사용을 추적하는 것은 사생활 침해라고 생각한다. 많은 직원들의 근무시간이 점점 길어지고 있는 것을 감안할 때, 개인 이메일과 인터넷 사용에 대해 면밀히 조사되어야 할까? 분명히, 직장 동료들을 성희롱하거나 회사 기밀을 누설하는 등 불법적이고 비윤리적인 이메일 사용이 의심될 경우, 감시를 요구할 수 있다. 그러나 실제 문제의 징후가 없는 경우에도 감시가 조직생활의 정상적인 부분이 되어야 할까?

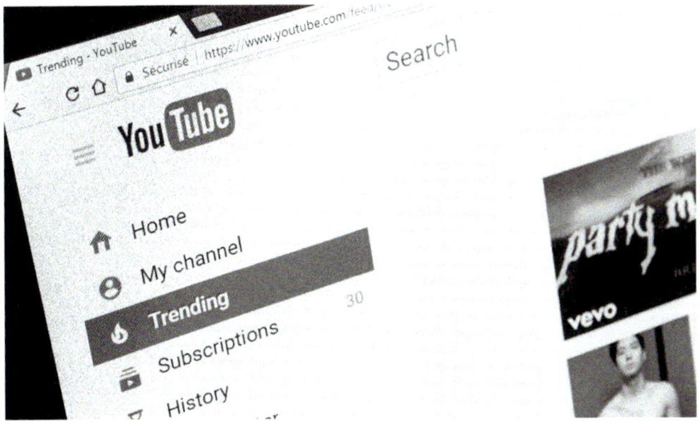

고용주의 모니터링 정책은 조직에서 의도하지 않은 부정적인 결과를 초래할 수 있다. ©Pixinoo/Shutterstcok.com RF

본질적으로 이 딜레마는 신뢰의 문제를 포함한다. 그리고 직원들이 컴퓨터, 노트북, 휴대 전화와 같은 회사가 공급하는 기계를 감시하도록 하는 것을 막기 위한 방법이 없다는 점을 감안할 때, 직원들 스스로 그들 자신의 사생활을 보호하기 위한 조치를 취할 수 있다. 직장에서의 프라이버시 보호에 전념하고 있는 전미 노동인권 협회(National Workrights Institute) 설립자인 루이스 몰트비(Lewis Maltby)는 직원들이 자신의 장비(개인 휴대 전화나 노트북 등)와 외부 와이파이(Wi-Fi) 제공자를 사용해, 조직이 그 정보에 접근할 수 없게 할 것을 제안하고 있다. 또한 직원들은 그들이 어떤 이메일 메시지를 보내는지 주의할 필요가 있으며, 개인적이고 민감한 이메일을 직장 시스템에서 보내지 않도록 해야 합니다. 일단, 이메일 메시지를 보내면 수신자의 컴퓨터와 시스템에 저장되고, 잠재적으로 반송인에게 돌아가거나 법원에서 소환될 수 있다.

불특정 다수를 위한 서면 의사소통

불특정 다수를 위한 서면 의사소통은 정보 풍부성에 있어서 가장 낮은 위치에 있으며, 많은 사람들에게 전달해야 하는 메시지에 가장 적합하다. 이러한 메시지는 특정한 수신자가 정해져 있지 않으므로 피드백을 받을 가능성이 적기 때문이다. 따라서 관리자는 모든 수신자가 이해할 수 있도록 해당 매체로 보내는 메시지를 정확하게 작성했는지 확인할 필요가 있다.

관리자는 많은 사람들에게 전달할 수 있는 수단으로 사내 기사를 유용하다고 여긴다. 뉴스레터를 온라인으로 배포하고, 직원들이 동료, 소비자 등과 다양한 방법으로 의사소통 할 수 있도록 격려하는 기업이 증가하고 있다. 예를 들면 IBM의 사내 의사소통은 보통 내부적으로 W3이라고 알려져 있는 기업 인트라넷으로 진행하며, 이는 기업 내 전문적인 콘텐츠를 사용자 생성 콘텐츠로 변화시킬 수 있었다.

관리자는 규칙, 규정, 정책, 중요한 정보, 그리고 절차 변경에 대한 안내 또는 새로운 조직 멤버를 소개하는 것과 같은 다양한 종류의 메시지로 불특정 다수를 위한 서면 의사소통을 사용할 수 있다. 또한, 불특정 다수를 위한 서면 의사소통은 기계를 다루는 절차 또는 업무 절차 또는 소비자 요청을 처리하는 방법을 전달하기 위해서 사용하기도 한다. 이러한 매체로 남아있는 서면 또는 전자 메시지는 직원들에게 매우 유용할 수 있다.

메시지 수신자가 지정되어 있는 서면 의사소통처럼 불특정 다수를 위한 서면 의사소통은 컴퓨터로 주고받을 수 있으며, 기업의 규모와 상관없이 행해지고 있는 추세가 증가하고 있다. 불행하게도 전자 메시지가 쉽게 확산되는 속성 때문에 급증하게 되었다. 많은 관리자와 직원들의 전자 수신함은 읽지 않은 메시지로 가득 차 있고, 그들에게 주어진 업무와 관련된 정보가 담긴 메시지를 모두 읽을 시간은 거의 없다. 이와 같은 **정보 과잉**은 별로 중요하지 않은 정보는 주목을 받는 대신에 정작 중요한 정보는 무시하거나 지나칠 가능성이 높다. 또한, 정보

정보 과잉 별로 중요하지 않은 정보는 주목을 받는 대신에 정작 중요한 정보는 무시하거나 지나칠 가능성을 높이는 정보의 과다

과잉은 생산성이 줄어들어 상당한 많은 시간과 돈이 들어가는 결과를 낳을 수 있다.

어떤 관리자와 조직은 직원, 소비자, 투자자, 그리고 일반 대중과 소통하기 위해서 블로그를 이용한다. **블로그**는 개인, 그룹 또는 조직이 정보, 논평, 그리고 주장 글을 게시하고, 구독자는 그들의 논평과 주장으로 응답하는 웹사이트를 뜻한다. 어떤 최고 관리자는 그들만의 블로그를 작성하고, 홀푸드(Whole Foods), GE(General Electric)와 같은 기업은 기업 블로그를 가지고 있다.

블로그 개인, 그룹 또는 조직이 정보, 논평, 그리고 주장 글을 게시하고, 구독자는 그들의 논평과 주장으로 응답하는 웹사이트

페이스북, 트위터, 유튜브, 또는 링크드인과 같은 **소셜 네트워킹 사이트**는 사람들과 공통적으로 가지고 있는 개인적 또는 전문적인 관심사 또는 연관성에 대해서 소통할 수 있도록 해준다. 미국과 전 세계에서 수많은 사람들이 소셜 네트워킹 사이트를 통해서 사용자 지정 프로필을 만들고, 네트워크 내 사람들과 소통한다. 소셜 네트워크를 통한 의사소통이 업무와 연관되어 있을 수 있겠지만, 관리자는 직원들이 이러한 사이트를 통해서 개인적인 그룹 내 지인과 소통하느라 직장에서 시간을 낭비하는 것에 대해서 걱정하기도 한다.

소셜 네트워킹 사이트 사람들과 공통적으로 가지고 있는 개인적 또는 전문적인 관심사 또는 연관성에 대해서 소통이 가능한 웹사이트

정보와 관리자의 역할

학습목표 13-4

관리자가 업무와 역할을 효과적으로 수행하기 위해 정보에 접근해야 하는 세 가지 이유를 설명한다.

관리자는 정보에 접근하기 전까지 효과적으로 계획하고, 체계화하고, 이끌고, 통제할 수 없다. 정보는 그들이 정확한 결정을 내리기 위해서 필요한 지식과 지능의 원천이다. 하지만 정보는 데이터와 같지 않다. **데이터**는 매출량, 비용 수준, 또는 소비자의 수와 같은 가공되지 않고, 요약되지 않고, 분석되지 않은 사실을 뜻한다. **정보**는 시간이 지날수록 변화하는 매출량 또는 비용을 보여주는 그래프와 같이 의미 있는 방법으로 정리된 데이터를 뜻한다. 데이터 하나만으로 관리자에게 아무 것도 알려주지 않지만, 이와 반대로 정보는 매출이 떨어지거나 비용이 증가하는 것을 관찰하는 관리자와 같은 사람이 받음으로써 상당히 많은 양의 유용한 지식을 전달할 수 있다. 정보통신기술의 용도 중 하나가 더 나은 관리 결정을 내리기 위해서 데이터를 정보로 바꾸는 것이기 때문에 데이터와 정보의 차이는 중요하다.

데이터 가공되지 않고, 요약되지 않고, 분석되지 않은 사실

정보 의미 있는 방법으로 정리된 데이터

유용한 정보의 속성

관리자에게 유용한 정보를 결정하는 네 가지 요소는 품질, 적시성, 완성도, 그리고 적절성이다.

품질 정확도와 신뢰도는 정보의 품질을 결정한다. 정확도와 신뢰도가 높으면 높을수록 정보의 품질이 높다. 오늘날 정보통신기술은 관리자에게 장기적인 의사 결정을 개선하고, 매일 또는 매달 특정 상품을 얼마만큼 만들어야 하는 지와 같은 단기적인 운영 결정을 수정하기 위해 사용할 수 있는 고품질 실시간 정보에 접근할 수 있게 해준다. 예를 들어서 슈퍼마켓 관리자는 우유, 닭, 또는 빵과 같은 제품들이 항상 남아있도록 선반을 어떻게 다시 채울 것인지 알기 위해서 특정 제품들의 수요 변화를 매일 추적하고, 기록할 수 있는 서버와 연결된 작은 바코드 리더를 사용한다.

그림 13.3
정보의 유용성에 영향을 주는 요소

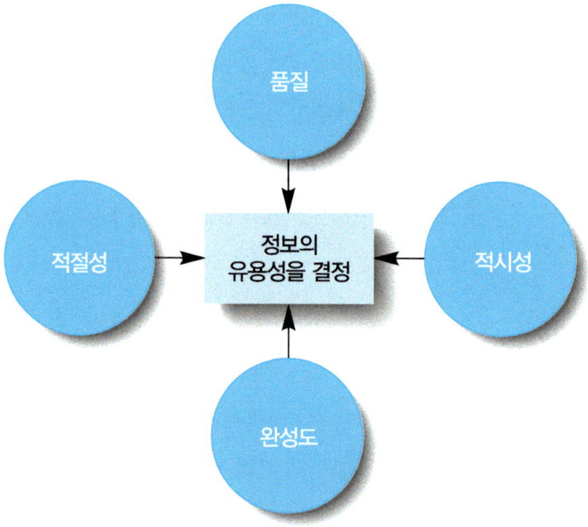

적시성 시기 적절한 정보는 관리자가 이미 내린 결정이 아닌 최상의 결정을 내려야 할 때 이용 가능하다. 오늘날 빠르게 변화하고 있는 세계에서 시기 적절한 정보의 필요성은 정보를 실시간 기반으로 이용 가능해야 한다는 뜻이고, 이는 스마트폰과 같은 모바일 전자 기기 수요의 급증으로 이어진다. **실시간 정보**는 경기의 현재 변화를 반영하는 정보를 뜻한다. 급격한 변화를 경험하는 산업에서는 실시간 정보가 자주 업데이트 될 필요성이 있다.

실시간 정보 현재 상황을 반영한 주기적으로 업데이트되는 정보

항공사는 가격을 매시간 조정하고, 수익을 극대화하기 위해서 항공편 예약 수와 경쟁사 가격에 대한 실시간 정보를 사용한다. 그러므로 뉴욕에서 출발하는 시애틀 행 항공 운임을 예로 들자면 빈 좌석을 채우기 위해서 가격을 낮추거나 거의 모든 좌석이 팔렸을 경우 가격을 올리는 식으로 운임이 한 시간마다 바뀔 수 있다. 미국의 항공사는 매일 100,000번 이상 운임을 변경한다. 이러한 가격 결정을 하는 관리자가 현재 시장 수요에 대한 실시간 정보가 필요한 것은 당연하다.

완성도 완성도 있는 정보는 관리자가 통제를 행사하고, 협동을 달성하거나 효과적인 결정을 내릴 때 필요한 모든 정보를 제공한다. 하지만 5장에서 관리자는 완성도 있는 정보에 접근하기 어렵다. 대신에 정보의 불확실성, 애매모호함, 그리고 제한된 합리성 때문에 불완전한 정보를 가지고 결정을 내려야 한다. 정보통신기술의 기능 중 하나는 관리자의 정보의 완성도를 높이는 것이다.

적절성 적절한 정보는 유용하며, 관리자의 특정한 요구 사항과 환경에 적절하다. 적절하지 않은 정보는 유용하지 않으며, 정보가 적절한지 결정하기 위해서 소중한 시간을 보내야 하는 바쁜 관리자의 실적에 실제로 치명타를 줄 수 있다. 관리자가 현재 노출되어 있는 엄청난 정보량과 제한된 정보 처리 능력을 고려할 때 기업의 정보시스템 디자이너는 관리자가 적절한 정보만을 받는지 보장할 필요가 있다.

정보통신기술이란?

정보통신기술(IT) 정보를 획득, 구성, 저장, 조작, 전송하기 위한 일련의 방법과 기술

경영정보시스템(MIS) 관리자가 역할을 효과적으로 수행하기 위해서 필요한 구체적이고, 상세한 정보를 선택하고 사용하는 정보통신기술의 구체적인 형태

정보통신기술(IT)은 정보를 획득, 구성, 저장, 조작, 전송하기 위한 일련의 방법과 기술을 뜻한다. **경영정보시스템(MIS)**은 관리자가 역할을 효과적으로 수행하기 위해서 필요한 구체적이고, 상세한 정보를 선택하고 사용하는 정보통신기술의 구체적인 형태이다. 끊임없이 개발되는 강력하고, 정교한 컴퓨터 하드웨어, 소프트웨어와 같이 정보통신기술의 빠른 발전은 조직과 관리자에게 근본적인 영향을 주었다. 재고 관리와 고객관계관리 시스템과 같이 최근 이루어진 정보통신기술 개발은 성과에 상당한 기여를 했으며, 이를 적용하거나 시행하지 않은 조직은 성과에 부정적인 효과를 낳게 되었다. 2010년대에 들어서면서 기업의 생산성과 효율성의 증가는 전반적으로 조직과 그들이 직원들이 성과를 향상시키기 위해서 향상된 정보통신기술을 사용함에 따라 기능해졌다.

관리자는 세 가지 이유로 정보가 필요하다. 이는 효과적인 결정을 내리고, 조직 활동을 통제하고, 협동하기 위해서다. 다음은 이러한 정보의 사용에 대해서 상세하게 알아보겠다.

정보와 결정

경영(계획, 조직, 이끎, 그리고 통제)의 상당수는 결정을 내리는 것이다. 예를 들어서 마케팅 관리자는 제품에 어떤 가격을 매겨야 할지, 어떠한 유통 채널을 사용할 것인지, 그리고 판매량을 극대화하기 위해 강조해야 할 홍보 메시지를 결정해야 한다. 제조 관리자는 제품을 얼마나 많이 만들고, 어떻게 만들어야 하는지 결정해야 한다. 구매 관리자는 자원을 누구로부터 구매하고, 어떤 자원 재고를 유지해야 할지에 대해 결정해야 한다. 인간 관계 관리자는 직원들의 임금을 얼마나 주어야 하고, 어떻게 교육해야 할지 그리고 어떤 복지를 주어야 할지 결정해야 한다. 엔지니어링 관리자는 새로운 제품 디자인을 결정해야 한다. 최고 관리자는 경쟁하고 있는 프로젝트 중에서 희소 재원을 어떻게 할당해야 할지, 어떻게 조직을 구성하고, 통제하는 것이 최선인지, 기업이 어떤 실무 차원 전략을 추구해야 하는지에 대해 결정해야 한다. 그리고 그들의 기능적 지향에 상관없이 모든 관리자는 부하 직원에게 어떤 성과 평가를 주어야 할 지와 같은 문제에 대한 결정을 내려야 한다.

기술의 발전이 핵심 데이터가 관리자에게 공유되는 방법을 변화시켰음에도 불구하고 정보는 아직도 조직 내 의사결정을 책임지는 사람들에게 매우 중요하다.

효과적인 결정을 내리기 위해서 관리자는 조직 내, 그리고 외부 관계자들로부터 정보를 얻는 것이 필요하다. 예를 들어서 제품의 가격을 결정하기 위해서 마케팅 관리자는 소비자가 서로 다른 가격 지점에서 어떻게 반응할지에 대한 정보가 필요하다. 그들은 생산 비용보다 저렴

하게 가격을 설정하고 싶어하지 않기 때문에 단가에 대한 정보가 필요하다. 또한, 그들은 가격 전략이 조직 전반적인 경영 전략과 일관돼야 하기 때문에 경쟁 전략에 대한 정보가 필요하다. 어떤 정보는 조직 외부에서부터 나온다. (소비자 설문조사와 경쟁자) 그리고 어떤 정보는 조직 내부에서부터 나온다. (제조로부터 나오는 생산 비용에 대한 정보) 이러한 예시가 제시하는 것처럼 효과적인 결정을 하기 위한 관리자의 능력은 정보를 획득하고 처리하는 능력으로부터 나온다.

정보와 통제

8장에서 설명한 것처럼 통제는 조직이 설정한 목표를 달성하기 위해 조직과 멤버들이 필요한 활동을 어떻게 효율적이고, 효과적으로 행해야 하는 지에 대해 규정하는 것을 뜻한다. 관리자는 네 단계를 통해 조직 활동에 대한 통제를 달성한다. (그림 8.2 참고): (1) 측정할 수 있는 성과 또는 목표 기준을 설정한다. (2) 실제 성과를 측정한다. (3) 설정한 목표와 실제 성과를 비교한다. 그리고 (4) 결과를 평가하고, 필요할 경우 시정 조치를 취한다. 예를 들어서 UPS는 다음 날 택배의 99%를 정오까지 배송한다는 목표를 가지고 있다. UPS에는 직접 수령과 택배 배송을 책임지는 미국의 운영 설비가 무수히 많이 있다. UPS 관리자는 이 설비의 배송 실적을 정기적으로 감시한다. 만약 관리자가 99% 목표가 달성되지 않은 것을 발견하면 무엇이 문제인지 확인하고, 필요할 경우 시정 조치를 취한다.

모든 조직 활동에 대한 통제를 달성하기 위해서 관리자는 정보를 가지고 있어야 한다. UPS 운영 설비의 활동을 통제하기 위해서 UPS 관리자는 각 설비의 택배 중 몇 퍼센트가 정오까지 배송하는 지에 대해 알아야 할 것이다. 이 정보를 얻기 위해서 관리자는 UPS만의 정보시스템을 사용한다. UPS는 사내 정보통신기술 상표를 개발하는 데에 있어서도 선두주자이다. 배송해야 할 모든 택배는 택배를 배송하는 UPS 택배원의 작은 컴퓨터로부터 스캔 된다. 그리고 이러한 정보는 UPS 서버를 통해 본사의 메인 프레임 컴퓨터로 무선 전송된다. 배송 중에 택배가 다시 한 번 스캔 되면 이 정보는 UPS의 광활한 컴퓨터 네트워크를 통해서도 전송된다. 관리자는 택배가 배송된 후 그날 정오까지 몇 퍼센트의 택배가 배송됐는지 확인하기 위해서 이 정보를 빠르게 받아볼 수 있다. 그리고 배송 목표가 달성되지 않았을 경우 관리자가 개입할 수 있도록 이 정보가 시설 별로 세분화된다.

정보 경영 시스템은 모든 부서별 그리고 기능별 운영을 통제하기 위해서 사용된다. 예산에 대한 지출을 추적하기 위해서 관리자는 관련 조직 단위 별 현재 지출에 대한 정보가 필요하다. 회계 정보통신기술은 관리자에게 이와 같은 정보를 제공하도록 설계되었다. 데이터를 모으고, 고객 서비스를 개선하는 기술이 추가된 것이 디즈니월드(Walt Disney World)와 리조트에서 사용된다. 손목에 차거나 특별한 홀더에 가지고 다니는 화려한 매직밴드(MagicBand)는 방문자의 여행 경험을 연결할 뿐만 아니라 디즈니가 고객과 그들이 놀이공원에서 어떻게 시간을 보내는 지에 대한 정보를 수집할 수 있도록 도와주는 일체형 기기다. 매직밴드는 디즈니 월드와 리조트의 모든 기기를 읽을 수 있는 고주파 기술을 사용하고, 방문자가 머무르는 동안 방 열쇠와 물건 구매 수단 역할을 한다.

정보와 협동

조직 목표를 달성하기 위한 협동 부서와 부서 활동은 경영의 또 다른 기본 업무다. 관리자가 마주해야 할 협동 업무량을 예로 들었을 때 매일 디즈니 공원과 리조트를 방문하는 사람들을 위한 50만에서 100만 사이의 식사를 준비하기 위해 필요한 협동 노력을 고려해보자. 이에 대한 크기를 디즈니가 근처에서 음식을 구하기 위한 노력과 합치고, 실행 계획은 순식간에 복잡해진다. Walt Disney Parks & Resorts의 컨셉트 개발을 위한 총괄 요리사인 레니 드 조지(Lenny DeGeorge)에 따르면 전 세계 디즈니 공원과 리조트에 있는 총 1,040개 레스토랑의 공급망은 리조트의 위치와 지역 재배자와 생산자가 생산할 수 있는 것에 따라 결정된다. 플로리다를 예로 들면 무엇이 제철이고, 이용 가능한 지 확인하기 위해서 "Fresh from Florida"와 함께 일한다. 남부 캘리포니아에서 디즈니는 유기농 제품을 제공하는 여러 지역 재배자들을 보유하고 있다. DeGeorge와 그의 디즈니 요리 동료들은 최근 새로운 장비를 테스트하고, 새로운 조리법을 시도하고, 가장 괜찮은 결과물을 홍보하기 위해 디즈니 음식 서비스 직원들을 위한 전문적이고, 창의적인 업무 공간이 마련된 새로운 올란도 시설인 Flavor Lab으로 옮겼다.

협동 부서와 부서 활동의 또 다른 예로 스타벅스(Starbuck)의 "농가 체험 프로그램(Origin Experience)" 프로그램이 있다. 이는 기업의 공급망 실행 계획에 참여할 수 있게 하며, 동료와 직원들과 함께 배운 정보에 대해서 공유할 수 있다. 농가 체험 프로그램을 통해 해외 여행을 하고, 커피 열매가 자라는 스타벅스 파트너를 만날 수 있다. 여행과 경험의 결과는 스타벅스 직원들에게 공급망에 대한 새로운 시각과 전 세계 매장에서 판매하고 있는 커피를 제공한다.

농가 체험 프로그램의 한 사례로 워싱턴 주 쇼라인(Shoreline, Washington)의 매장 관리자는 커피가 자라는 경험을 직접 체험하기 위해서 코스타리카로 갔다. 거기에 있으면서 관리자는 작업 중 커피 열매로부터 제거된 붉은 커피 체리를 집어서 맛보고, 뜨거운 태양에서 건조되고 있는 열매를 모았다. 그녀는 지역 농부와의 인간적인 상호작용과 스타벅스가 설정한 재배자에 대한 높은 기준과 글로벌 공급망의 윤리적 자원 구매에 대한 기업 약속에 매우 놀라워했다. 이러한 방문은 스타벅스 직원들이 공급망에 대해서 배우고, 이를 어떻게 더 부드럽게 작동시키며, 동료들과 함께 공유할 수 있는 정보를 제공하고, 그들이 일상적인 직무 경험의 한 부분으로 이용할 수 있도록 도와준다.

정보 통신 기술의 발전

정보통신기술의 발전은 관리자들로 하여금 시기 적절하고, 완성도 있고, 적절하고, 높은 품질의 정보를 수집하는 방법에 있어서 엄청난 발전을 가능하게 했다. 기업과 사업을 하는 방식을 완전히 바꿔놓은 계속 진행 중인 정보통신기술 혁명에 대해 더 잘 이해하기 위해서 정보통신기술의 핵심 요소를 살펴볼 필요성이 있다.

학습목표 13-5

IT의 발전을 설명하고, 이러한 발전이 경영과 사업 운영에 미치는 영향에 대하여 설명한다.

정보통신기술 발전의 영향

정보통신기술의 발전으로 인해 이전 세대에는 존재하지 않은 한층 강력한 마이크로프로세서와 컴퓨터, 고대역폭 스마트폰, 정교한 문서 작업 소프트웨어, 끊임없이 확장되는 컴퓨터 네트워크, 저렴한 디지털 카메라와 게임 콘솔, 그리고 점점 더 유용해지는 온라인 정보와 소매업과 같은 제품과 서비스가 주위에 어디든지 존재하게 되었다. 이러한 제품들은 아주 흔하며, 계속해서 향상되고 있다. 새로운 정보통신기술 개발에 참여한 매니저와 기업들은 상당한 이익을 거두었다.

그러나 많은 기업들이 정보통신기술의 발전에 의해 많은 이득을 봤지만, 다른 기업들은 위협을 받았다. AT&T, 버라이즌(Verizon), 그리고 다른 전 세계 전통적인 장거리 이동통신 기업들은 인터넷, 브로드밴드, 그리고 무선 기술을 제공하는 기업으로부터 그들의 시장 점유율을 위협받고 있다. 그들은 무선 핸드폰 기업을 인수하고, 그들 만의 고성능 브로드밴드 네트워크를 구축하고, 그들의 네트워크에서 핸드폰이 작동되기 위해 애플, 삼성과 같은 기업들과 연합하는 방식으로 대응할 수밖에 없었다. 따라서 정보통신기술의 발전은 기회가 될 수도 있고, 위협이 될 수도 있다. 그래서 관리자들은 그들의 기업을 보호하고, 경쟁우위를 유지하기 위해서 빠르게 움직여야 한다. 다음 "Management Insight"에서 설명하는 것처럼 정보통신기술의 발전은 직원 성과를 측정하기 위해서 기업들이 웨어러블 기기를 사용하는 형태로 주위 어느 곳에서 확인할 수 있다.

정보통신기술과 제품 수명주기

정보통신기술이 발전할 때 조직이 살아남기 위해서 관리자는 빠르게 채택하고, 적용할 필요성이 있다. 이에 대한 이유 중 하나로 정보통신기술이 어떻게 시간이 지남에 따라 제품의 수요가 예상 가능한 패턴으로 변화하는 방법인 **제품 수명주기**의 길이에 영향을 받는지가 있다. 일반적으로 제품 수명주기는 도입기, 성장기, 성숙기, 쇠퇴기, 네 단계로 이루어져 있다. (그림 13.4 참고) 도입기(*embryonic stage*)에는 제품이 아직 광범위한 지지를 받기 전이다. 소비자는 새로운 스마트폰과 같은 제품이 무엇을 제공하는지 확신하지 않으며, 이에 대한 수요는 매우 적다. 애플(Apple)의 아이패드(iPad)와 같은 제품은 점차 소비자로부터 지지를 받으며, 수요

제품 수명주기 제품의 수요가 예상 가능한 패턴으로 변화하는 방법

Management Insight

직원의 성과를 향상하는 데 도움을 주는 웨어러블 기기

당신이 책상에 앉아있고, 컴퓨터로 보고서를 작성한다고 가정해보자. 상사가 당신이 얼마나 생산적인지 어떻게 확인할 수 있을 것인가? 당신이 컴퓨터에서 키보드를 얼마나 누르는지 감시하는 프로그램을 설치할 수 있거나 상사의 사무실에서 당신의 행동을 감시할 수 있다. 하지만 근무 시간에 당신이 무엇을 하는지 상사가 모두 확인할 수 있는 새롭고, 더 효율적인 방법이 있다. 당신 목에 거는 직원 ID 배지처럼 업무 중에 센서를 착용하고 있다고 생각해보라.

센서는 당신의 몸 동작, 목소리 변화, 그리고 빛, 온도와 같은 환경적인 요소를 감지한다. 이는 당신이 책상에 앉아있고, 바쁘게 보고서를 타이핑하고 있다는 것을 기록한다. 30분 후, 당신은 약간의 피로감을 느끼기 시작한다. 배지는 당신의 업무 속도가 느려졌음을 확인한다. 한 시간 후에 당신은 곧 있을 미팅 전에 짧게 쉬는 시간을 갖기로 결정한다. 배지는 책상에서부터 당신의 판타지 팀에 대해서 물어보는 동료 직원과 만나는 휴게실까지의 움직임을 기록한다. 당신은 팀에 대해 큰 기대를 가지고 있으며. 기기는 당신이 누구와 말하고 있는지 (만약 그 사람이 센서를 착용하고 있다면) 그리고 당신의 목소리에서 열정의 정도를 기록한다. 그리고 배지는 휴게실에서 미팅을 위한 컨퍼런스 방까지의 움직임을 추적한다.

이 센서는 "웨어러블(wearable)"이라고 하며, 기업은 직원들이 어디에 있고, 무엇을 하는지, 그리고 그들이 얼마나 열정적으로 하고 있는지 추적할 수 있다. 계보기와 약간 비슷하지만, 웨어러블은 발걸음을 측정하는 것보다 더 많은 것을 한다. 기업은 직원이 특정 동료 직원 주위에 있을 때 얼마나 활기찬지 비교하기 위해서 웨어러블을 사용할 수 있다. 웨어러블은 직원이 어떤 미팅에서 적극적으로 참여하고, 어떤 미팅에서 조용히 있기를 선호하는지 알려주기도 한다.

기업과 스포츠 팀은 성과를 추적하고, 생산성 데이터를 수집하기 위해서 웨어러블 기술을 사용한다. 위 운동선수는 심장 감시 장치가 포함된 Catapult 조끼를 입고 있다. ©Catapult

웨어러블은 스마트 시계, 안경, 이어폰, 배지 그리고 다른 기기와 같은 형태로 존재한다. 예를 들어서 뷰직스(Vuzix)에서 개발한 소형 카메라가 달려있는 "스마트 안경(smart glasses)"은 자동으로 바코드를 스캔하고, 시각 화면으로 정보를 제공하기 위한 목적으로 배송 센터 직원들이 착용할 수 있다. 또한, 안경은 직원들에게 깨지기 쉽거나 특정한 방향에서 들어야 하는 물건을 알려주기도 한다. 안경은 배송 센터 내 직원들의 흐름을 추적하는 소프트웨어에 연결되어 있다.

많은 스포츠 팀이 훈련 기간에 웨어러블을 이용하며, 이로 인한 혜택은 팀과 선수들 모두 누릴 수 있다. 예를 들어서 카타펄트 스포츠(Catapult Sports)의 웨어러블 기기는 선수들 움직임의 격렬함과 가속도에 대한 데이터를 수집함으로써 선수들이 피로한지 감독들이 확인할 수 있도록 도와준다. 이 정보는 부상에 취약할 수 있는 운동선수가 언제 피로한지 정확하게 파악하는데 도움을 준다. 2015 NBA 챔피언십 기간에 골든 스테이트 워리어스(Golden State Warriors) 선수들은 훈련 시간에 일상적으로 웨어러블을 착용했고, 이는 감독들에게 선수들이 피로해졌을 때 언제 "한계에 다다르는지" 알려주기 위한 데이터를 제공했다. 이 정보는 긴 NBA 시즌 동안 선수들이 경기를 뛰기보다 언제 쉬어야 해야 할지 스티브 커(Steve Kerr) 감독이 결정하는 데 도움을 줬다.

웨어러블은 생산성을 개선하기 위해 사용되는 귀중한 데이터를 제공할 수 있다. 하지만 여기에도 문제점은 존재한다. 직원들은 직장에서 화장실에 있을 때에도 혼자가 아니기 때문에 웨어러블이 그들의 사생활을 침해한다고 느낄 수 있다. 또한, 그들은 웨어러블의 유일한 목적이 결과물의 효율성이나 기업의 생산성을 개선하는 것뿐이라고 생각할 수 있다.

웨어러블을 사용하는 한 기관인 소시오메트릭 솔루션스(Sociometric Solutions)는 무엇이 추적되고 있다고 알려주고, 개개인의 데이터가 아니라 종합적인 데이터를 볼 것이라고 말해주며, 자율적으로 참여하도록 함으로써 직원들의 사생활이 보호되고 있다고 안심시키는 것을 제안한다. 이 기업의 회장이자 CEO인 벤 웨이버(Ben Waber)는 "우리가 하려고 하는 것은 사람들이 항상 수량화 할 수 없다고 생각한 것을 실제로 수량화 하는 것이다. 예를 들면 사람들이 얼마나 서로 상호 작용을 하는지, 소비자에게 어떻게 말하는지, 대화에 얼마나 참여하는지, 그리고 조직 내에서 정보가 어떻게 흐르는 지와 같은 것이다."고 말한다.

가 증가하고, 제품은 성장기로 진입한다. **성장기**(*growth stage*)에는 많은 소비자들이 시장에 진입하고, 제품을 처음으로 구매하며, 수요가 급격하게 성장한다. 이 단계가 아이폰(iPhone)과 아이패드(iPad)가 큰 성공을 거쳐간 시기이다. 물론 이러한 제품들의 향후 성공 여부는 소비자가 정보통신기술 애플리케이션 컬렉션 속에서 발견하는 가치와 삼성, 구글과 같은 경쟁사들이 얼마나 빠르게 유사하면서 저렴한 태블릿 컴퓨터와 스마트폰을 제공하는 지에 따라 달려있다.

성장기가 끝나고 소비자들이 이미 제품을 구매했고, 처음으로 구매하는 남아있는 사람들이 비교적 거의 없기 때문에 시장 수요가 최고조일 때 **성숙기**(*maturity stage*)가 시작된다. 이 단계에서 수요가 일반적으로 대체 수요다. 제품의 수요가 떨어지기 시각하면 주기가 하락하

그림 13.4
제품 수명주기

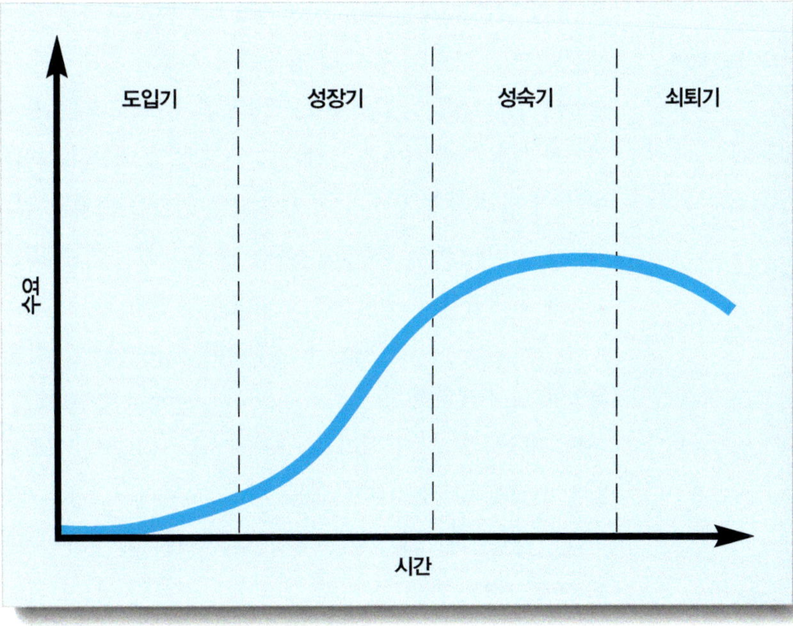

기 시작한다. 이는 일반적으로 발전 기술이 더욱 발전된 제품으로 이어짐으로써 오래된 것은 쓸모 없어져버릴 때 발생한다. 아이팟(iPod)의 하락세를 예로 들자면 애플의 또다른 제품인 아이폰이 아이팟을 하락시킨 장본인이다. 애플에서 2015년에 출시한 애플워치(Apple Watch)는 2016년 하반기에 600만대 이상 팔리면서 사상 최고의 분기 실적을 기록했다. 애플워치는 50%에 가까운 디지털 시계 시장 점유율을 가져가면서 제품 수명 주기의 성장기에서는 탄탄한 것으로 보인다. 하지만 핏비트(FitBit)의 블레이즈(Blaze), 삼성 기어(Gear)와 같은 경쟁사들이 따라잡고 있다.

애플워치는 전 세계적으로 지지를 받았으며, 제품 수명주기의 성장기에 위치해 있다. ©Prykhodov/123RF

일반적으로 PC, 스마트폰, 태블릿 등 디지털 기기의 모든 세대에 대한 수요는 현재의 기술이 가장 최근의 IT 발전을 통합한 신제품으로 대체될 때 떨어진다. IT혁명이 관리자에게 중요한 한 가지 이유는 기술의 발전이 제품의 수명주기 길이와 산업의 경쟁 수준을 결정하는 가장 중요한 요소 중 하나이기 때문이다.

컴퓨팅 성능 네트워크

컴퓨팅 성능과 애플리케이션의 가격 하락으로 인해 규모에 상관없이 모든 종류의 조직에서 그들의 요구를 가장 잘 충족하기 위해 적절한 하드웨어와 소프트웨어의 조합을 통한 맞춤 제작된 컴퓨터 서비스 네트워크를 개발하는 것에 더 많이 투자하는 것이 가능해졌다. 시간이 지남에 따라 등장하기 시작한 일반적인 조직 규모의 컴퓨팅 **네트워크**는 데스크탑과 노트북에 연결된 넷북, 스마트폰, 그리고 태블릿 컴퓨터와 같은 "외부" 모바일 컴퓨팅 기기와 "내부" 랙 서버를 통해 연결된 기업의 메인 프레임으로 이루어진 4단 네트워크 솔루션이다. 무선과 유선 통신을 통해 필요한 권한을 가지고 있는 직원들은 사무실, 집, 보트, 해변가, 비행기와 같이 무선 또는 유선 링크가 설치될 수 있는 모든 곳에서 기업의 정보통신기술 시스템에 연결할 수 있다.

네트워크 정보를 교환하는 연결된 컴퓨터

컴퓨터 하드웨어가 빠르게 발전하고 있는 것처럼 컴퓨터 소프트웨어 역시 마찬가지이다. **운영 체제 소프트웨어**(*Operating system software*)는 어떻게 실행하는 지에 대해 컴퓨터 하드웨어에 전달한다. 문서 처리, 스프레드시트, 그래픽, 그리고 데이터베이스를 위한 프로그램과 같은 **애플리케이션 소프트웨어**(*Applications software*)는 특정한 업무 또는 용도를 위해 개발되었다. 컴퓨터 하드웨어 성능의 성장은 소프트웨어 개발자들이 더욱 강력하고, 사용자 친화적인 프로그램을 만들 수 있게 해주었다. 빠르게 성장하는 마이크로프로세서의 성능을 활용함으로써 애플리케이션 소프트웨어는 정보를 획득하고, 구성하고, 전달하는 관리자의 능력을 상당히 증가시켜주었다. 이렇게 함으로써 조직 활동을 조정하고, 통제하는 능력과 더 나은 결정을 할 수 있는 능력 또한 개선시켰다.

경영 정보 시스템의 종류

기술 정보의 발전은 더 나은 결정을 내리고, 조직 자원을 통제하기 위해서 필요한 정보를 얻기 위한 관리자의 능력을 계속해서 향상시켰다. 다음으로 관리자들이 관리 작업을 수행하기 위해 특히 유용한 경영정보시스템의 여섯 가지에 대해서 알아보도록 하겠다. (그림 13.5 참고) 이 경영정보시스템(MIS)은 관리자가 비정형적 의사결정을 내리기 위해서 필요한 정보를 제공하는 능력을 결정하는 기반 정보통신기술의 정교함에 따라 연속적으로 나열되어 있다. (5장에서 비정형적 의사결정은 흔하지 않고, 예측할 수 없는 기회와 위협에 대응하여 일어나다는 것을 다시 떠올려보자.) 각각의 시스템에 대해 확인하기 전에 이보다 앞선 경영정보시스

학습목표 13-6

여섯 가지의 서로 다른 경영정보시스템의 차이점을 설명한다.

그림 13.5 컴퓨터 기반 경영정보시스템 여섯 가지

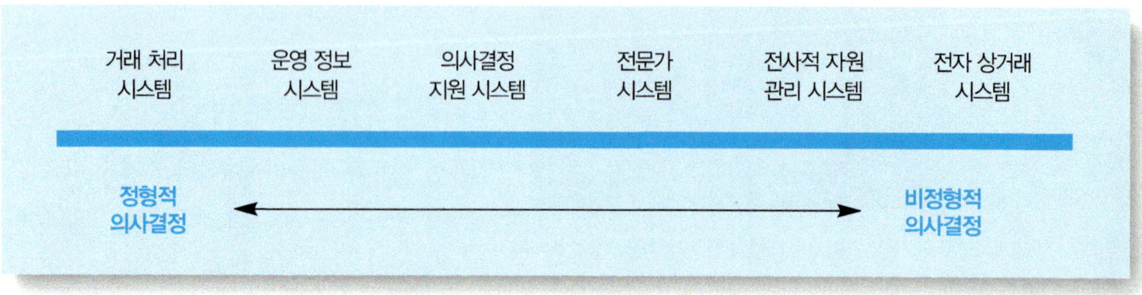

템인 조직 계층에 대해서 알아보도록 하겠다.

조직 계층: 전통적인 정보시스템

전통적으로 관리자는 조정, 통제, 의사결정 등에 필요한 정보를 모으기 위해 조직 계층을 하나의 시스템으로 사용했다. (조직 구조와 계층에 대한 설명은 7장을 참고) 경영 사학자인 알프레드 챈들러(Alfred Chandler)에 따르면 정보 네트워크로써 계층의 사용은 1850년대 미국의 철도 회사들에 의해 확립되었다. 당시 철도는 미국에서 제일 규모가 큰 산업 조직이었다. 영토의 규모와 지리적 확장이라는 장점으로 인해 협동과 통제에 있어서 독특한 문제점에 직면했다. 1850년대에 그들은 선임 관리자가 협동과 통제를 달성하고, 철도를 운영하는 것에 대한 결정을 내리기 위해 필요한 정보를 제공하는 계층적 경영 구조를 고안함으로써 문제를 해결하기 시작했다.

1850년대 이리 철도(Erie Railroad)의 관리자였던 다니엘 맥 칼럼(Daniel McCallum)은 이리(Erie)의 경영 계층을 정의하는 권한과 책임 라인이 정보가 이동하는 통신 채널도 나타낸다는 것을 깨달았다. 맥칼럼은 첫 번째일지 모르는 현대 경영정보시스템을 구축했다. 정기적인 일일 보고서와 월간 보고서는 관리 체인을 지치게 했는데 그래서 최고 관리자들은 비용 통제와 화물 운임 설정과 같은 결정을 내릴 수 있었다. 그리고 결정이 수행될 수 있도록 다시 아래 계층으로 전달되었다. 이 시스템으로 인해 성과가 개선되었다는 사실이 알려지자 많은 조직들이 채널을 모으고, 정보를 처리하기 위한 그들만의 계층을 사용함으로써 철도를 모방했다.

조직 계층이 유용한 정보시스템이지만, 여러 단점도 존재한다. 첫째로 너무 많은 관리자층이 있을 경우 정보와 요청이 계층을 따라 올라가고, 결정과 대답이 내려가는 시간이 오래 걸린다. 느린 의사소통은 시기 적절하고, 유용한 정보를 줄일 수 있으며, 변화하는 시장 현황에 빠르게 대응하기 힘들다. 두 번째로 정보가 하나의 관리층에서 다른 층으로 움직이면서 왜곡될 수 있다. 정보가 여러 수신자와 발신자를 거치면서 의미 변화가 발생한다는 뜻의 **정보 왜곡**은 정보의 품질을 떨어뜨린다. 셋째로 관리자는 통제할 수 있는 범위가 제한되기 때문에 조직의 규모가 커질수록 계층의 길이도 늘어나고, 이에 따라 더 많은 관리자를 고용해야 함에 따라 비싸고 어떨 때는 효과적이지 않은 정보시스템이 만들어질 수 있다. 큰 경영 계층을 가지고 있는 기업은 관료주의적이며, 소비자의 요구에 묵묵부답이라는 보편적인 생각은 효과적으로 데이터를 처리하고, 관리자에게 시기 적절하고, 완성도 있고, 적절하고, 높은 품질의 정보를 제공할 수 없는 큰 경영 계층의 무능력함에서 나왔다. 만약 관리자가 다음 설명할 다른 종류의 경영정보시스템에 접근할 수 있다면 경영 계층은 가장 좋은 결정을 할 수 있다는 점에서 아직까지 현존하는 정보시스템 중에서 가장 좋다.

정보 왜곡 정보가 여러 수신자와 발신자를 거치면서 의미 변화가 발생하는 것

거래처리 시스템

거래처리 시스템 규모가 큰 일상적이고, 반복적으로 발생하는 거래를 처리하기 위해서 고안된 경영정보시스템

거래처리 시스템은 규모가 큰 일상적이고, 반복적으로 발생하는 거래를 처리하기 위해서 고안된 시스템을 뜻한다. 거래처리 시스템은 상업적으로 이용가능한 메인프레임 컴퓨터가 출연한 1960년대에 등장하기 시작했다. 이는 많은 조직에서 적용한 첫 번째 컴퓨터 기반 정보통신기술이었으며, 오늘날에는 아주 흔하다. 은행 관리자는 은행 계좌에 예치하고, 대금을 지불하는 것을 기록하기 위해서 거래처리 시스템을 사용한다. 슈퍼마켓 매니저는 제품의 판매량을 기록하고, 재고 수준을 추적하기 위해서 거래처리 시스템을 사용한다. 더욱 일반적으로 규모가 큰 조직의 대부분의 관리자는 급료 준비 및 지급, 고객 청구, 그리고 공급 업체에 대한 지불과 같은 업무를 처리하기 위해서 거래처리 시스템을 사용한다.

운영정보시스템

운영정보시스템 종합적인 데이터를 모으고, 구성하며, 관리자가 일상적이지 않은 협동적이고, 통제적이며, 의사결정이 필요한 업무에 사용할 수 있는 형태로 요약하는 운영정보시스템

1960년대에 많은 종류의 경영정보시스템은 거래처리 시스템을 따랐다. **운영정보시스템**은 종합적인 데이터를 모으고, 구성하며, 관리자에게 가치 있는 형태로 요약하는 시스템을 뜻한다. 거래처리 시스템은 일상적인 거래를 처리한다면 운영정보시스템은 일상적이지 않은 협동적이고, 통제적이며, 의사결정이 필요한 업무에 사용할 수 있는 정보를 관리자에게 제공한다. 대부분의 운영정보시스템은 거래처리 시스템과 한 쌍을 이룬다. 운영정보시스템은 일반적으로 거래처리 시스템으로부터 모은 데이터에 접근하고, 데이터를 유용한 정보로 처리한 후 관리자가 접근할 수 있는 형태로 정보를 구성한다. 이전 "Management Insight"에서 설명했듯이 웨어러블을 통해 모은 데이터는 운영정보시스템의 일부분이라고 할 수 있다.

의사결정 지원시스템

의사결정 지원시스템 관리자가 비정형적 의사결정을 내려야 할 때 사용할 수 있는 모델 구성능력을 포함하는 상호적인 컴퓨터 기반 경영정보시스템

의사결정 지원시스템은 관리자가 더 나은 비정형적 의사결정을 내릴 수 있도록 도와주는 모델을 제공하는 상호적인 컴퓨터 기반 시스템이다. 5장에서 비정형적 의사결정은 새로운 생산능력에 투자하거나, 새로운 제품을 개발하거나, 새로운 판촉 캠페인을 시작하거나, 새로운 시장에 진입하거나, 또는 국제적으로 확장하는 결정처럼 비교적 흔하지 않거나 새로운 결정이라는 것을 다시 떠올려보자. 운영정보시스템은 관리자를 위한 중요한 정보를 구성하지만, 의사결정 지원시스템은 관리자에게 모델 구성 능력을 제공함으로써 다양한 방법으로 정보를 다룰 수 있게 해준다. 관리자는 제품의 가격을 낮출지에 대한 결정을 내리는 데 도움을 받기 위해서 의사결정 지원시스템을 이용할 수 있다. 의사결정 지원시스템은 소비자와 경쟁사들이 가격 인하에 대해 어떻게 반응할 것인지에 대한 모델이 포함되어 있을 수 있다. 관리자는 이러한 모델을 실행하고, 의사결정에 도움이 되도록 결과를 이용한다.

마지막 단계에서 의사결정 지원시스템이 관리자를 위해 의사결정을 내리는 것이 아니라는 뜻에서 강조한 단어인 도움은 매우 중요하다. 오히려 관리자의 의사결정의 품질을 향상시키기 위해서 사용할 수 있는 가치 있는 정보를 제공하는 기능을 가지고 있다.

인공지능과 전문가 시스템

인공지능(AI) 기계에 의해 수행하는 행동을 뜻하는 것으로, 만약 사람이 행한다면 "지능"이라고 불렸을 것이다.

인공지능(AI)은 기계에 의해 수행하는 행동이라고 정의되며, 만약 사람이 행한다면 "지능"이라고 불렸을 것이다. 이런 행동은 이미 문제를 해결하고, 간단한 업무를 수행할 수 있는 프로그램을 만드는 것을 가능하게 했다. 예를 들어서 **소프트웨어 에이전트**(*software agents*), **소프트보트**(*softbots*), 또는 **노우보트**(*knowbots*)와 같이 다양한 이름으로 알려진 소프트웨어 프로그램은 중요한 데이터를 찾기 위해 엄청난 양의 데이터나 수신 이메일을 분류하는 것과 같은 간단한 경영 업무를 수행하기 위해 사용될 수 있다. 이러한 프로그램의 흥미로운 특징은 관리자가 그런 데이터를 분류하는 것을 "관찰"하는 것에서 정보를 검토할 때 관리자의 선호가 무엇인지 "배울" 수 있다는 점이다. 이러한 종류의 능력으로 "똑똑한" 프로그램은 관리자를 위해 업무의 일부분을 대신할 수 있으며, 다른 업무를 하도록 자유를 줄 수 있다. 이와 같이 수많은 인공지능 프로그램은 가정 뿐만 아니라 기업에서도 사용되고 있다. 2016년에는 벤처캐피털리스트 등의 유례없는 자금 지원으로 인해 인공지능 창업이 기록적인 속도로 줄을 이었다.

전문가 시스템 일반적으로 인간의 전문 지식이 요구되는 문제를 해결하기 위해 컴퓨터 소프트웨어에 내장된 인간의 지식을 활용하는 경영정보시스템

현재 이용 가능한 가장 진보된 경영정보시스템인 전문가 시스템은 인공지능을 설계에 포함한다. **전문가 시스템**은 일반적으로 인간의 전문 지식이 요구되는 문제를 해결하기 위해 컴퓨터 소프트웨어에 내장된 인간의 지식을 활용하는 시스템이다. 인간의 전문 지식 (및 지능)을 모방하려면 적어도 (1) 문제를 인식하고, 공식화하고, 해결하고, (2) 해결책을 설명하고, (3) 경험을 통해 배울 수 있는 기술이 필요하다.

전사적 자원관리 시스템

전사적 자원관리 시스템(ERP) 설계 단계에서 최종 고객 단계로 제품을 이동하는데 필요한 기능 활동을 조정할 수 있는 멀티모듈 애플리케이션 소프트웨어 패키지

높은 성과를 달성하기 위해 각 기업의 기능이나 부서 내에서 경영정보시스템을 개발하는 것만으로는 더 나은 정보와 지식을 제공하는데 충분하지 않다. 서로 다른 기능 및 부서에서 관리자들이 다른 기능 및 부서의 관리자 활동에 대한 정보에 접근할 수 있어야 한다. 기능과 부서 간 정보와 지식의 흐름이 클수록 더 많은 학습이 이루어질 수 있으며, 이는 기업의 지식과 전문성을 쌓는다. 이러한 지식과 전문성은 경쟁우위와 수익성의 원천이다.

지난 25년 동안 소프트웨어 기업들이 방금 설명한 대부분의 경영정보시스템 측면뿐만 아니라 본질적으로 더 많은 것을 포함하는 전사적 자원관리 시스템을 개발하기 위해 노력함에 따라 정보통신기술에 있어서 또 다른 혁명이 일어났다. **전사적 자원관리 시스템(ERP)**은 기업

이 초기 설계 단계에서 최종 고객 단계로 제품을 이동하는데 필요한 전체 기능 활동과 운영 세트를 연결하고, 조정할 수 있는 멀티모듈 애플리케이션 소프트웨어 패키지다. 이러한 소프트웨어 패키지의 비즈니스 애플리케이션으로는 회계, 고객 서비스 관리(CRM), 인적 자원, 제조, 그리고 재고 및 공급망 관리가 포함될 수 있다. 근본적으로 전사적 자원관리 시스템은 (1) 개개인의 기능이 기능 수준 기술을 향상시키고, (2) 모든 기능 간의 통합을 개선하여 기업의 경쟁우위를 구축하도록 협력한다. 오늘날 기업의 운영 방식을 개선하기 위해 전사적 자원관리 시스템을 선택하고, 설계하는 것은 기업 내 정보 기능이 직면한 가장 큰 과제다.

전자상거래 시스템

전자상거래 기술과 인터넷을 이용해 기업 간 그리고 기업과 개인 고객 간에 행하는 무역

B2B(business-to-business) 상거래 서로 다른 기업의 가치사슬을 연결하고 조정하기 위해서 기술과 인터넷을 사용해 기업 간에 행하는 무역

B2B(business-to-business) 마켓플레이스 산업 내 구매자와 판매자를 연결하기 위해 설치된 인터넷 기반 거래 플랫폼

B2C(business-to-customer) 상거래 기술과 인터넷을 이용해 기업과 개인 고객 간에 행하는 무역

전자상거래는 기술과 인터넷을 이용해 기업 간 그리고 기업과 개인 고객 간에 행하는 무역을 뜻한다. **B2B(Business-to-business) 상거래**는 서로 다른 기업의 가치사슬을 연결하고 조정하기 위해서 기술과 인터넷을 사용해 기업 간에 행하는 무역이다. B2B 상거래의 목표는 제품과 서비스를 만들고, 판매하는 일의 수익성을 높이는 것이다. B2B 상거래는 기술을 이용함으로써 기업들의 운영 비용을 감소시키고, 전반적인 품질을 향상시킬 수 있기 때문에 수익성을 높인다. 주요 B2B 소프트웨어 애플리케이션은 **B2B 마켓플레이스**인데 이는 구매자와 판매자를 연결하기 위해 여러 산업에 설치된 인터넷 기반 온라인 거래 플랫폼이다. B2B 마켓플레이스에 참여하기 위해 기업들은 서로 정보를 검색하고, 공유할 수 있게 해주는 공통 소프트웨어 표준을 채택한다. 그 기업들은 시간이 지남에 따라 비용을 줄이거나 품질을 향상시키기 위해서 협력할 수 있다.

B2C(Business-to-customer) 상거래는 기술과 인터넷을 이용해 기업과 개인 고객 간에 행하는 무역이다. 고객과 직접 연결하는 기술을 이용함으로써 기업은 가치사슬에서 이윤의 상당 부분을 차지하는 도매상, 소매상과 같은 중개상을 이용하지 않아도 된다. 웹사이트와 온라인 상점을 사용하는 것은 기업들의 제품 가치에 대한 더 많은 정보를 그들의 고객들과 다른 소비자들에게 전달하는 것을 가능하게 해준다. 흔히 이 기술의 사용은 기업들이 더 많은 고객들을 끌어들일 수 있게 해주며, 이는 더 높은 판매 수익으로 이어진다.

2010년대에는 마이크로소프트(Microsoft), 오라클(Oracle), SAP, 그리고 IBM과 같은 소프트웨어 기업들이 클라우드 컴퓨팅을 활용해 자사 제품들이 원활하게 작동하도록 하는 한편 글로벌 기업의 전자상거래 소프트웨어 수요 증가에 대응하고 있다. 이전에 그들의 소프트웨어는 특정 사내 웹사이트에서만 작동하도록 구성되었다. 오늘날 소프트웨어는 기업의 정보통신기술 시스템을 공급자, 유통 업체와 같은 다른 기업들과 네트워크화 할 수 있어야 한다. 현재 관리자가 직면한 과제는 세계 어느 곳에서도 기업 간 원활한 정보 교환이 가능한 전자상거래 소프트웨어를 선택하는 것이다. 글로벌 경쟁우위가 새로운 주요 기술 진보를 먼저 하는 기업에 가기 때문에 지분이 높다.

정리하자면 진보된 형태의 경영정보시스템을 사용함으로써 관리자는 기업의 활동과 운영에 있어서 더 많은 통제권을 가지고 있으며, 경쟁우위와 수익성을 향상시키기 위해서 일할 수 있다. 정보통신기술의 기능이 점점 더 중요해지고 있는 것은 정보통신기술 관리자들이 어떤 종류의 하드웨어와 소프트웨어를 기업이 사용할지를 결정하고 나서 다른 기능 관리자와 직원들에게 일상적인 업무 운영의 일환으로서 이를 어떻게 효과적으로 사용하는지에 대해 교육시키기 때문이다.

요약 및 리뷰

의사소통 및 관리 의사소통은 두 명 이상의 개인 또는 그룹 간에 정보를 공유하여 공통의 이해를 얻는 것이다. 조직이 경쟁우위를 점하기 위해서는 좋은 의사소통이 필요하다. 의사소통은 전송과 피드백, 두 단계를 수반하는 주기적 과정에서 발생한다. [학습목표 13-1, 13-2]

정보 풍부성과 의사소통 정보 풍부성은 의사소통 매체가 휴대할 수 있는 정보의 양과, 매체가 발신자와 수신자 모두 공통의 이해에 도달할 수 있는 정도를 뜻한다. 정보 풍부성의 내림차순으로 분류되는 의사소통 매체의 네 가지 범주는 대면 의사소통(영상 회의 포함), 컴퓨터로 전송되는 구어 의사소통(음성 메일 포함), 인간적 서면 의사소통(이메일 포함), 그리고 불특정 다수를 위한 서면 의사소통이다. [학습목표 13-3]

정보와 관리자의 역할 컴퓨터 기반 정보시스템은 대부분의 조직 운영의 중심이다. 관리자에게 높은 품질의 시기 적절하고, 적절하고, 비교적 완성도 있는 정보를 제공함으로써 적절하게 구현된 정보시스템은 조직의 운영을 조정하고, 통제하며, 효과적인 결정을 내리기 위한 관리자의 능력을 향상시킬 수 있다. 또한, 정보시스템은 조직이 생산성, 품질, 혁신, 그리고 고객 대응에 대한 유용한 영향을 통해 경쟁우위를 확보하도록 도울 수 있다. [학습목표 13-4]

정보통신기술 혁명 지난 30년 동안 정보통신기술 성능의 급격한 진보와 비용 감소가 있었다. 가격 하락, 무선 통신, 글로벌 컴퓨터 네트워크, 그리고 소프트웨어 개발 모두는 컴퓨터 기반 정보시스템의 성능과 효율성을 획기적으로 향상시켰다. [학습목표 13-5]

경영정보시스템의 종류 전통적으로 관리자는 조직을 조정하고, 통제하며, 효과적인 의사결정을 내리기 위해서 필요한 정보를 수집하기 위한 조직 계층을 메인 시스템으로 사용했다. 오늘날 관리자는 활동의 일부로서 여섯 가지 컴퓨터 기반 시스템을 활용한다. 정교함을 기준으로 오름차순으로 나열하면 이들은 거래처리 시스템, 운영정보시스템, 의사결정 지원시스템, 전문가 시스템, 전사적 자원관리 시스템, 전자상거래 시스템이다. [학습목표 13-6]

Management *in Action*

Topics for Discussion and Action

토의

1. 왜 아직도 조직 내 관리자들 간에 대면 의사소통이 중요한가? [학습목표 13-1, 13-2, 13-3]
2. 정보시스템과 경쟁우위와의 관계는 무엇인가? [학습목표 13-3]
3. 부하 직원이 상사로부터 받을 수 있는 다음과 같은 종류의 메시지에 대해 어떤 매체(또는 미디어)가 적합하다고 생각하는가? (a) 임금 인상, (b) 승진이 되지 못한 것, (c) 부하 직원이 작성한 보고서의 오류, (d) 추가적인 직무 책임, (e) 다가오는 해의 기업 휴일 일정. 각각에 대한 당신의 결정을 설명하시오. [학습목표 13-3]
4. 어떻게 정보통신기술이 새로운 제품 개발 과정에 도움을 주는가? [학습목표 13-5]
5. 많은 기업들이 전사적 자원관리 시스템과 같은 진보된 경영정보의 구현이 어렵다고 보고해왔다. 왜 이렇다고 생각하는가? 어떻게 구현의 장애물을 제거할 수 있는가? [학습목표 13-5]

실행

6. 직장에서 정기적으로 사용하는 정보시스템의 주요 종류에 대해 설명해 달라고 관리자에게 요청해보시오. [학습목표 13-1, 13-3]

Building Management Skills

비효율적인 의사소통 진단 [학습목표 13-1, 13-2, 13-3]

여러분이 마지막으로 당신과 함께 일하는 사람, 급우, 친구, 가족 구성원과 같은 사람과 매우 비효율적인 의사소통을 경험했을 때를 생각해보고 그 사건을 설명하시오. 그리고 다음 질문에 답하시오.

1. 그 사건에서 왜 당신의 의사소통이 비효율적이었는가?
2. 의사소통 과정 중 어느 단계가 특히 문제였으며, 그 이유는 무엇인가?
3. 발생한 필터링 또는 정보 왜곡에 대해서 서술하시오.
4. 의사소통을 효과적으로 만들기 위해서 당신은 이 상황을 어떻게 다르게 처리할 수 있었는가?

Managing Ethically [학습목표 13-1, 13-2, 13-3]

오늘날 조직에서는 직원들이 회사의 정보시스템을 활용할 때가 많다. 이메일 남용이 증가하고 있고, 직원들이 근무 시간에 인터넷 서핑을 하느라 보내는 시간도 증가하고 있다. 실제로 통계에 따르면 인터넷 서핑을 하는 총 시간의 약 70%가 근무 시간이라고 한다.

질문

1. 혼자서 또는 그룹으로 직장에서 개인적인 용도로 사용하는 정보통신기술의 윤리성에 대해 알아보라. 직원들이 이러한 자원을 사용할 수 있는 권한을 가져야 하는가? 언제 그들의 행동이 비윤리적으로 되는가?
2. 일부 기업들은 직원들이 정보통신기술과 인터넷을 사용하는 방식을 추적한다. 관리자가 직원들의 사적인 메일을 읽거나 온라인으로 방문하는 사이트를 기록하는 것이 윤리적인가?

Small Group Breakout Exercise [학습목표 13-1, 13-2, 13-5, 13-6]

새로운 정보시스템의 사용

3~4명으로 팀을 구성하고 과제를 발표할 팀장을 임명한 다음 시나리오에 따라 토론하시오.

당신은 대형 회계 기업의 파트너 관리 팀에 있습니다. 당신은 기업의 정보시스템이 적절하고, 최신인지 여부를 판단하기 위한 감사에 대한 책임이 있다. 놀랍게도 조직에 이메일 시스템이 마련되어 있고, 회계사들은 성능이 좋은 네트워크에 연결되어 있지만, (파트너를 포함한) 대부분은 이 기술을 사용하고 있지 않다. 또한, 조직 계층이 여전히 파트너 관리 팀에서 선호하는 정보시스템이다. 이러한 상황을 고려할 때 당신은 조직의 경쟁우위를 확보하기 위해 새로운 정보시스템이 제공하는 기회를 이용하고 있지 않는 점을 우려하고 있다. 당신은 이 문제에 대해서 논의했으며, 회계사들이 새로운 정보통신기술을 배울 필요성을 인식하고, 잠재력을 활용할 수 있도록 행동 계획을 수립하기 위한 미팅 중에 있다.

1. 회계사들이 새로운 정보 기술을 사용할 때 얻을 수 있는 이점은 무엇인가?
2. 회계사가 새로운 정보 기술을 사용하도록 설득하는 과정에서 어떤 문제에 직면할 수 있을 것이라고 생각하는가?
3. 회계사가 새로운 기술을 사용하는 것을 쉽게 배울 수 있는 방법에 대해서 토론하시오.

Be the Manager [학습목표 13-1, 13-2, 13-3]

의사소통의 문제점

마크 첸(Mark Chen)은 인터넷으로 가구를 판매하는 온라인 기업의 지원 직원을 감독한다. 첸은 항상 직원을 늘려야 한다고 생각해왔다. 상사에게 이러한 요청을 하려고 했을 때 경제는 침체되었고, 기업의 다른 부서들은 해고를 경험했다. 따라서 직원 증원에 대한 첸의 계획은 무기한 보류 상태이다.

첸은 그의 직원들과 문제가 있는 의사소통 패턴을 알아차렸다. 보통 그는 직원 중 한 명이 어떤 일을 하기를 원할 때 그 사람에게 관련 정보를 이메일로 보낸다. 지난 몇 달 동안 그의 이메일 요청은 무시됐고, 그의 부하들은 그가 직접 방문해서 그들에게 특정한 마감일을 주어야만 그의 요청에 응하였다. 매번 그들은 지연된 것에 사과하지만, 요청들로 인해 너무 바빠서 때때로 전화 받기를 중단한다고 말한다. 누군가가 한 번 이상 무언가를 요구하지 않는 한 그들은 요구가 특별히 급하지 않으며, 보류될 수 있다고 느낀다.

첸은 이 상황이 정상적이지 않으며, 가까운 미래에 심각한 문제를 일으킬 수 있다고 생각한다. 하지만 그는 부하 직원들이 업무의 우선 순위를 정하는 방법이 없다는 것과, 그것이 바로 그가 묻기 전까지 몇몇 중요한 프로젝트들이 보류된 이유라는 것을 깨달았다. 첸은 단기적으로 직원을 충원할 수 없다는 것을 알고, 당신에게 조언을 구하러 왔다. 그는 직원들이 24시간 내에 요청에 대한 일종의 응답을 제공하고, 업무의 우선 순위를 정하고, 상대적으로 중요한 업무를 확인할 수 있으며, 너무 바쁘다고 생각하지 않게 하여 상사의 요청에 대응하고, 전화를 받도록 하는 시스템을 개발하고자 한다.

질문

1. 의사소통의 전문가로서 당신은 첸에게 어떻게 조언해 줄 것인가?

Bloomberg Businessweek Case in the News

이 팀은 마크 주커버그(Mark Zuckerberg)의 페이스북(Facebook) 페이지를 운영한다

저자: Sarah Frier

"그의 사진은 디지털 도메인에서 통제되어야 합니다."

5년 전 페이스북이 기업 공개를 했을 때 세계는 마크 주커버그(Mark Zuckerberg)가 누구인지 꽤 생생하게 남겼다. 그 이미지는 제시 아이젠버그(Jesse Eisenberg)가 "소셜 네트워크(The Social Network)"라는 영화에서 주커버그로서 허구적인 연기를 보여준 것인데 영화에서 그는 금융인을 만나든, 아니면 법정에서 공동 창업자를 속이려 하든지 간에 항상 후드티셔츠를 입은 격렬하고, 사교적이 부족한 억만장자였다. 지난 몇 년 간 주커버그는 자신의 이미지를 다른 방향으로 바꾸기 위해서 결연한 노력을 해왔다.

2014년 말에는 그가 세계 곳곳을 여행하고 있는 어디에서나 여러 사람들과 함께 창업 시작 레슨부터 본인이 가장 좋아하는 피자 토핑까지 넓은 범위의 주제를 가지고 Q&A 시간을 열기 시작했다. 이 마을 회관은 주커버그의 개인 페이스북 페이지에 개인적인 깨달음을 통한 새로운 회사 이정표, 새 아빠로서 그의 삶이 담긴 소프트 포커스 사진, 그리고 이용자 댓글에 대한 반응을 섞은 거의 매일 올라오는 게시물로 발전해왔다. UC버클리 대학교(University of California, Berkeley)에서 기업가 정신을 가르치는 데이비드 샤론(David Charron)은 "지난 2년 간 그가 배운 것은 자신의 이미지가 디지털 도메인에서 통제될 필요성이 있다는 것이고, 그는 그저 발전하고 있다"고 말했다.

주커버그는 많은 도움을 받고 있다. 일반적으로 소수의 페이스북 직원들이 그를 위해 의사소통을 관리하며, 그의 게시물과 연설문을 쓰는 것을 돕지만, 12명이 넘는 추가 직원들은 그의 페이지에 있는 악성 댓글과 스팸을 삭제한다. 또한, 페이스북에는 주커버그가 베이징에서 달리는 모습 또는 그의 딸에게 책을 읽어주는 모습 등을 찍는 전문 사진 작가들이 있다. 그 중에는 가장 최근에 워싱턴 포스트에서 난민 위기를 취재한 그의 작품으로 잘 알려진 Charles Ommanney도 있다. 기업 대변인인 바네사 찬(Vanessa Chan)은 임원들이 다양한 청중들과 쉽게 소통할 수 있는 방법은 페이스북(Facebook)을 이용하는 것이라고 말했다.

상당 수의 최고 경영자들이 이미지 관리자를 가지고 있지만, 이 팀의 규모는 조금 다르다. 주커버그의 개인 이미지를 회사의 이미지, 즉 이용자 증가 통계 옆에 기저귀 교환 사진과 결합시킨 것도 마찬가지이다. 제프 베조스(Jeff Bezos), 스티브잡스(Steve Jobs)와 함께 일해 온 USC(University of Southern California Center for Public Relations)의 소장인 프레드 쿡(Fred Cook)은 "나는 그가 하는 방식으로 개인적인 것과 사업적인 것을 공유하는 것에 같은 수준의 편안함을 느끼는 다른 사업가들을 잘 알지 못한다"고 말했다.

페이스북은 그런 점에서 조금 다르다. 최고 운영 책임자인 셰릴 샌드버그(Sheryl Sandberg)는 그녀의 페이지를 직장에서의 불평등과 남편의 갑작스러운 죽음에 대해 이야기하기 위해서 사용했다. 그리고 페이스북 내에서는 주커버그의 이미지가 회사의 이미지와 거의 동일하다는 것이 하나의 신념이라고 직원들은 말한다. 사람들이 주커버그가 혁신적이고, 매력적이라고 생각한다면 페이스북도 그렇다. 이는 최근 CEO와 아이언맨을 비교하려는 홍보팀의 야심찬 노력을 설명하는 데 도움이 될 것이다.

12월에는 주커버그, 그의 아내, 딸, 부모, 그리고 반려견 모두 아마존(Amazon.com)의 에코(Echo)와 유사한 스마트홈 디바이스를 만들기 위한 그의 오랜 노력이 그려진 비디오 시리즈에 등장했다. 주커버그는 로버트 다우니 주니어(Robert Downey Jr.)가 마블(Marvel) 영화에서 사용하는 AI 버틀러처럼 이 프로젝트를 자비스(Jarvis)라고 불렀다.

페이스북 팀은 주커버그의 개인 차량에서 영상 한 개, 아내인 프리실라 챈(Priscilla Chan) 영상 한 개, 그리고 모건 프리먼(Morgan Freeman)의 목소리가 담긴 자비스 영상 한 개를 촬영했다. 주커버그가 자비스에게 좋은 니켈백(Nickelback)의 곡을 틀어 달라고 부탁하면 프리먼의 목소리로 그런 곡이 없다고 말하는 등 몇 가지 흥미로운 순간들이 있다.

낮은 탄성에도 불구하고, 기습 홍보의 효과가 있는 것 같다. 주커버그의 게시물은 보통 최소 20만 번 공유되는 데 자비스 비디오는 100만 이상을 기록했다. USC의 쿡은 그의 18세 아들이 주커버그를 팔로우한 것을 보고 "그는 평범한 사람처럼 보인다"고 말했다. "만약 18살짜리가 자신이 진정한 방식으로 다가온다고 생각한다면, 그것은 정말 대단한 일이다"고 쿡이 말했다.

자비스는 2016년 주커버그의 개인적인 도전이었다. 그가 명시한 올해 목표는 미국의 50개 주를 모두 여행하고, 지역 사회에 대한 이해를 높이는 것이다. (이와 대조적으로 2011년 그의 목표는 그가 직접 죽인 고기만 먹는 것이었다.) 또한, CEO는 외교관들과 만나는 데 더 많은 시간을 보내고 있으며, 약 20억 달러의 현금과 기타 자산, 거기에 추가로 520억 달러의 페이스북 주식으로 구성된 개인 자산의 99%를 어떻게 자선 사업에 투자할 것인지에 대해서 알아보기 시작했다.

이 모든 것을 염두에 두고, 주커버그가 공직에 출마하고 싶은지 궁금해하는 것은 당연하다. 그는 말하고 있지는 않지만, 온라인 상에서 진지한 사업 얘기와 유행에 뒤쳐진 농담이 뒤섞여 있는 것을 봤을 때 약간은 정치적이다고 느끼지 않을 수 없다. 이와 비교를 위해 언제 한 번 버락 오바마(Barack Obama)의 소셜 미디어 계정을 확인해보자.

토론을 위한 질문

1. 주커버그와 그의 직원들, 그리고 약 20억만명의 페이스북 이용자들 사이에 좋은 의사소통의 영향은 무엇인가?
2. 조직 내 비효율적인 의사소통이 혁신을 어떻게 방해하는가?
3. 주커버그의 비언어적 의사소통에 대해서 설명하시오. 페이스북 이용자들, 페이스북 직원들, 페이스북 투자자들에게 어떤 의미가 있는가?
4. 정보통신기술 혁명이 기업과 다양한 이해관계자들 간에 의사소통 과정을 어떻게 변화시켰는지에 대해서 몇 가지 예시를 제시하시오.

Sarah Frier, “This Team Runs Mark Zuckerberg’s Facebook Page,” *Bloomberg Businessweek*, January 23–January 29, 2017, pp. 28–29. Used with permission.

14 운영관리: 필수적인 운영과 공정관리

학습목표

이 장을 학습한 후, 다음 내용에 답할 수 있어야 한다.

학습목표 14-1 우수한 품질, 효율성, 그리고 고객 대응력을 달성하는 데 있어 운영관리의 역할을 설명할 수 있다.

학습목표 14-2 고객이 원하는 것을 묘사하고, 관리자가 고객의 니즈에 반응하는 것이 왜 중요한 것인지를 설명할 수 있다.

학습목표 14-3 우수한 품질을 구현하는 것이 왜 중요한 것인지를 설명할 수 있다.

학습목표 14-4 우수한 효율성을 구현하는 것이 왜 중요한 것인지를 설명할 수 있다.

서로 맞물리는(연동적인) 벽돌 조각으로 전 세계에서 유명세를 얻은 기업 레고는 전 세계에 퍼져 있는 그들의 제조 공장에 같은 공정과 설비를 사용함으로써 고품질 관리 표준을 유지하고 있다.

출처: ovbelov / Shutterstock.com

MANAGEMENT SNAPSHOT

세계적인 성공을 가져온 레고 그룹의 가치사슬 비결

질과 효율성이 기업의 가치사슬에 있어 왜 중요한가?

이 질문은 1932년으로 돌아가, 기업 레고가 처음 설립되었을 때부터 레고에 의해 반복적으로—그리고 성공적으로— 대답되어 왔다. "레고"라는 글자는 덴마크의 단어 두 가지를 축약한 것이다, "놀이"를 의미하는 leg, 그리고 "잘"을 의미하는 godt. 레고는 덴마크 빌운트를 기반으로 올레 키르크 크리스티얀센에 의해 설립되었고, 그 이후 키르크 크리스티얀센 가문에 의해 소유되어 왔다.

목수의 작은 작업장이었던 변변치 않은 시작과는 달리, 레고는 많은 진전을 보여 왔다. 오늘날 그들은 멕시코, 헝가리, 체코 공화국, 중국, 그리고 덴마크에 있는 전 세계 다섯 개 공장의 고품질 제조 공정으로 유명하다. 기업 레고는 아이들이(그리고 어른들 또한) 몇 십 년간 쌓아온 형형색색의 서로 맞물리는 플라스틱 부품들을 7,000억 개 이상 만들어왔다. 그들은 2016년에 140개 이상의 국가에서 750억개가 넘는 레고 부품이 팔렸음을 추산했다. 레고는 또한 영화, 비디오 게임, 그리고 테마 놀이공원 사업 부문에도 지원하기 시작하였으나, 서로 맞물리는 벽돌이 그들의 대표 상품으로 자리 잡았다.

레고는 그들의 웹 페이지를 통해, 품질과 환경 주도성에 있어서의 그들의 자세를 홍보하고 있다: "우리는 미래의 건설자인 아이들이 건강한 행성을 물려받기를 바란다. 이것이 우리가 우리의 비즈니스를 환경 영향 평가를 하는 이유이다. 우리가 이산화탄소 배출을 최소화할 수 있는 곳이 어딘지를 보기 위해, 우리는 자재 조달에서부터 폐기물 처리까지 우리의 가치사슬 전반을 검토하고 있다."

레고를 가지고 놀아 본 적 있는 누구라도 그 조각들(주로 벽돌들)이 서로 맞물려야 한다는 것쯤은 알고 있을 것이다. 이 점은 레고의 제조 공정에 오류의 여지가 없게끔 만들어 주었다. 만약 제조 공정이 서로 연결되지 않는 벽돌 조각들을 만들었다면, 그 놀이 세트는 모든 나이대의 아이들에게로부터 불만족스러운 반응을 얻었을 것이다.

모든 레고 제조 공장은 같은 사양을 가지고 있어야 한다. 그래야만 한 공장에서 생산된 벽돌 조각들이 또 다른 공장에서 생산된 벽돌 조각과 맞물릴 수 있다. 품질 관리 또한 매우 높은 수준에서 유지되어, 오직 백만 개의 조각들 중 18개의 불량품만이 발견될 뿐이다. 그들은 0.004 밀리미터의 정밀도 공차를 나타내고 있다. 이는 머리카락 한 가닥의 넓이보다 작은 수준이다.

전 세계에 걸쳐 동일한 품질과 사양을 유지하기 위해, 레고는 각기 다른 공장에서 동일한 교육을 실시하고 있다. 또한, 모든 공장에 있는 설비는 표준화되어 있으며, 따라서 각기 다른 공장에서의 고급 인력들은 서로의 업무 지식을 공유할 수 있다.

게다가, 레고는 벽돌 조각을 위한 새로운 재료를 고려하고 있다—환경에 더 나은 새로운 재료를 연구하는 중이다. 그들은 2015년에 1억 5,000만 달러를 '지속가능한 재료 센터'를 설립하는 데 투자했다고 발표했다. 지속가능한 재료 센터는 특히 실험실, 연구 시설, 그리고 외부 파트너와 공급자에게 개방되어 있는 협력 공간을 포함한다. 그들의 새로운 시설은 2019년에 열 것으로 계획되어 있다. 2017년에 레고는 레퓨테이션 인스티튜트의 "Global RepTrak 100; 세계적으로 가장 평판이 좋은 기업" 리스트에서 2등을 차지했다. 이에 레고의 최고 마케팅 담당자인 줄리아 골딘은, "이 순위는 전 세계 아이들에게 레고 놀이를 선사하기 위해 19,000명이 넘는 우리의 직원들이 매일 보여주고 있는 독특한 아이디어와 가치, 그리고 열정과 근면을 반영하는 것이다"라고 말했다.

레고의 2017 Global RepTrak 리스트 순위를 언급하며, 레퓨테이션 인스티튜트의 관리 책임자인 헨리크 스트뢰이어 또한 그녀의 말에 동의하며 다음과 같이 말했다. "레고가 그들 스스로 전 세계적으로 사람들의 생각과 마음 속에서 그런 저명한 자리에 올랐다는 사실은 그들의 창의성과 올곧은 사업 경영에 대한 전념과 헌신의 증거이다."

제조 효율성을 향상시키고, 그들의 제품과 종업원에 있어 고급의 표준을 유지하는 것을 도모하는 것이 레고 사업 전략의 핵심이다. 레고는 그들의 가치사슬을 세계 시장에서의 경쟁우위로서 활용하는 것에 전념하고 있다.

개요

학습목표 14-1

우수한 품질, 효율성, 고객 대응력을 만드는 데 있어서 운영관리의 역할을 설명하시오.

"Management snapshot"에서 나타나듯이, 조직은 계속해서 성공하기 위해 지속적으로 그들의 사업 관행을 평가해야 한다. 비록 다른 조직이 경쟁력을 얻기 위해 그리고 현재의 경쟁력 있는 상태를 유지하기 위해 다른 전략을 펼치더라도, 어떤 조직은 최근의 연구 및 기법을 택할지도 모른다.

이번 장에서 우리는 기업 제품의 품질, 생산 효율성, 그리고 조직의 고객 대응력을 향상시키기 위해 관리자가 활용할 수 있는 운영관리 전략에 집중해 보려고 한다. 이 장의 마지막쯤에, 당신은 경쟁우위를 구축하고 고성능의 조직을 만들어내는 데 운영관리의 역할이 얼마나 중요한 것인지를 이해할 것이다.

운영관리와 경쟁우위

운영관리 투입물을 완성된 재화 혹은 서비스로 변환시키는 생산시스템 전반에 대한 관리

생산시스템 조직이 투입물을 조달하고, 투입물을 산출물로 전환시키고, 산출물을 처리하는 데 사용하는 시스템

운영관리는 투입물을 완성된 재화 혹은 서비스로 변환시키는 생산시스템 전반에 대한 관리를 말한다. **생산시스템**은 조직이 투입물을 조달하고, 투입물을 산출물로 전환시키고, 산출물(재화 혹은 서비스)을 처리하는 데 사용하는 시스템을 이른다. **운영관리자**는 조직의 생산시스템을 관리하는 것에 책임이 있는 관리자를 가리키는 말이다. 그들은 투입물을 산출물로 전환시키기 위해 무엇이든 한다. 그들의 업무는 생산의 세 단계—투입물의 조달, 전환 공정 통제, 재화 혹은 서비스의 처분-를 관리하고, 품질, 효율성, 고객 대응력을 향상시키기 위해 운영 개선이 어디에서 이루어져야 할지를 결정하여, 최종적으로는 조직에 경쟁우위를 가져다주는 것이다(그림 14.1).

품질은 신뢰감이 있고, 책임감 있으며, 심리적으로 만족스러운 재화 혹은 서비스를 이르는 말이다: 그 재화 혹은 서비스는 고안된 당시의 의도대로 역할을 하고, 그 역할을 잘하며, 혹은 사용자가 가치 있다고 생각하는 무언가를 사용자에게 선사하는 어떤 속성을 갖고 있는 것

그림 14.1
운영관리의 목적

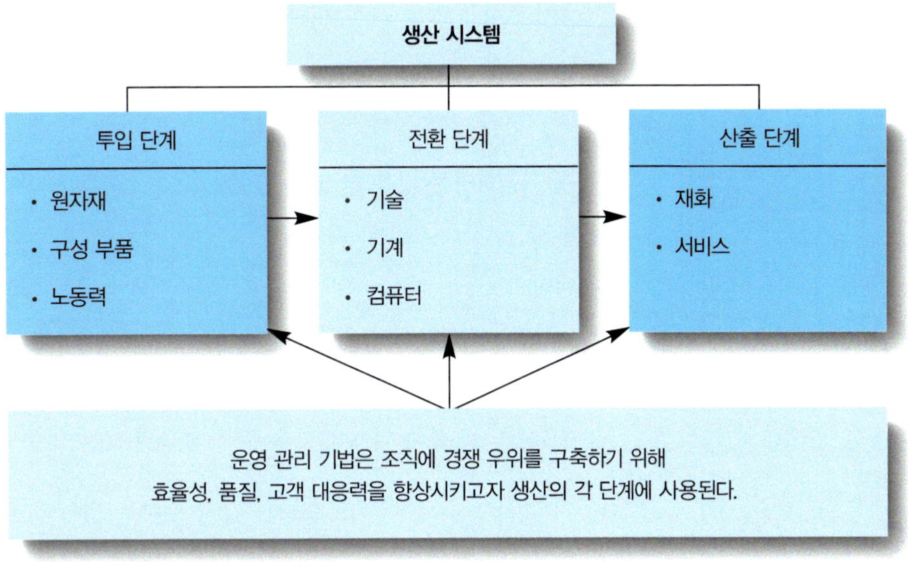

운영관리자 조직의 생산시스템을 관리하고 운영 개선이 어디에서 이루어질지를 결정하는 데 책임이 있는 관리자

이다. 효율성은 주어진 산출량을 만드는 데 요구되는 투입량을 말한다. 고객 대응력은 고객의 수요와 니즈를 맞추기 위해 취해지는 행동을 나타내는 말이다. 운영관리자는 조직이 충분한 양의 고품질, 저비용 투입물을 공급받는 데 책임이 있으며, 또한 소비자가 기꺼이 구매하도록 고품질, 저비용 제품을 만들어낼 수 있는 생산시스템을 고안해야 한다.

우수한 효율성과 품질을 달성하는 것은 우수한 고객 대응력을 갖추는 것의 일부분이라는 점에 주목하라. 고객은 그들이 지불한 돈만큼의 가치를 원하며, 효율적인 생산시스템을 갖춰 고품질, 저비용의 제품을 만들어낼 수 있는 조직이 이러한 가치를 가장 잘 전달할 수 있을 것이다.

고객 대응력 향상

학습목표 14-2

고객이 원하는 것을 묘사하고, 관리자가 고객의 니즈에 반응하는 것이 왜 중요한 것인지를 설명하시오.

기업은 고객에 의해 소비되는 산출물-재화 혹은 서비스-을 생산한다. 이윤을 추구하든 혹은 추구하지 않든, 모든 기업은 고객을 가지고 있다. 고객 없이는, 대부분의 기업들이 없어질 것이다. 고객이 대부분의 기업의 생존에 있어 필수적이기 때문에, 관리자는 정확하게 고객을 파악하고 그들의 니즈에 맞춰 조직의 전략을 세워야 한다. 이것이 바로 경영 저술가들이 기업에게 현재 그들이 생산하고 있는 제품의 종류가 아닌, 고객이 어떤 필요와 니즈를 만족하고 있는지의 관점에서 그들의 사업을 정의하라고 권고하는 이유이다.

고객이 무엇을 원하는가?

고객의 수요를 만족시키는 것이 조직의 생존에 중심이 된다는 점을 고려하면, 고객이 무엇을 원하는가는 중요한 질문일 것이다. 고객이 원하는 것은 산업과 산업마다 다양하기 때문에 정확히 그들이 원하는 것을 특정하는 것은 불가능하다. 그러나 대다수의 고객이 대부분의 산업에서 원하는 어떤 보편적인 제품의 속성을 발견하는 것은 가능하다. 일반적으로 다른 요소는 동일할 때, 대부분의 고객은 다음을 선호한다.

1. 더 높은 가격보다는 낮은 가격을.
2. 저품질 제품보다는 고품질 제품을.
3. 느린 서비스보다는 빠른 서비스를. (그들은 언제나 나쁜 애프터서비스보다는 좋은 애프터서비스를 선호할 것이다.)
4. 별 기능이 없는 제품보다는 유용한 기능을 담고 있는 제품을.
5. 가능한 그들의 독특한 니즈에 맞춰 주문 제작된 혹은 맞춤 제작된 제품을.

물론 이러한 속성 외에 다른 요소가 같지 않다는 것이 문제가 된다. 예를 들어, 고품질과 빠른 서비스, 애프터서비스와 사후 지원, 많은 기능을 담은 제품, 그리고 맞춤 제작된 제품을 공급하는 것은 비용을 증가시키며, 따라서 그 비용을 메우기 위해 가격 또한 높아질 수밖에 없다. 따라서 이러한 속성들에 대한 고객의 요구는 대개 그들의 낮은 가격에 대한 요구와 충돌한다. 결국 고객들은 가격과 선호하는 속성간의 균형을 찾아야 하며, 이것은 또한 관리자에게도 요구된다.

고객 대응력을 높이기 위한 생산시스템 고안

고객을 만족시키는 것은 매우 중요한 일이기 때문에, 관리자들은 고객이 원하는 속성을 갖는 산출물을 만들어낼 수 있는 생산시스템을 고안하기 위해 노력한다. 조직 산출물에 대한 속성들—산출물의 품질, 비용, 그리고 기능—은 조직의 생산시스템에 의해 결정된다. 고객의 요구를 만족시킬 수 있는 조직의 능력이 바로 그들의 생산시스템으로부터 오는 것이기 때문에 관리자는 지속적으로 생산시스템을 개선하는 데 상당한 노력을 기울여야 한다. 개선된 제품으로 고객의 마음을 이끌고자하는 관리자들의 갈망이 최근 새로운 운영관리 기술의 도입을 설명해준다. 이러한 새 운영관리 기술에는 유연 생산, 적시생산시스템, 그리고 앞서 13장에서 다루었던 정보 체계와 기술 또한 포함된다.

고객 대응력과 조직의 생산시스템의 연관성에 대한 한 가지 예로, 사우스웨스트 항공의 운영 방식을 생각해 보자. 미국에서 가장 지속적으로 성공을 거두고 있는 항공사 중 하나인 사우스웨스트 항공은 빠르게 확장돼 왔다. 사우스웨스트의 성공 비결 중 한 가지는 그들의 관리자가 고객이 갖고 있는 저가의, 신뢰성 있으며(시간 준수), 편리한 항공 여행에 대한 요구를 만족시키기 위해 독특하게 맞춤화된 생산시스템을 만들었다는 것이다. 사우스웨스트는 그들의 생산시스템이 신뢰성, 편리성, 그리고 저가라는 희망 속성들을 모두 갖춘 제품(예를 들면,

사우스웨스트 에이전트는 고객에 도움이 된다. 사우스웨스트의 운영체계는 저가의, 신뢰할 수 있는, 그리고 편리한 항공 여행에 대한 고객의 요구를 만족시키는 방향으로 설계되어 있다. 그들의 이러한 운영체계는 사우스웨스트를 최근 몇 년간 가장 일관성 있게 성공을 거두고 있는 항공사 중 하나로 만들어 주었다. 계획대로 비행이 제 시간에 이루어지게 하기 위해서, 사우스웨스트의 직원들은 복합적인 업무를 수행할 수 있도록 교차 교육을 받고 있다. ©Southwest Airlines Co.

휴스턴에서 달라스로 향하는 비행편)을 가져왔기 때문에 높은 고객 충성심을 얻을 수 있었다.

사우스웨스트의 저비용 생산시스템은 항공기의 유지 보수뿐만 아니라, 그들의 항공권 예약 체계와 노선 체계, 비행 빈도, 수화물 취급 체계, 그리고 기내 서비스까지도 주력한다. 예를 들어, 사우스웨스트는 기내 고객 서비스에 저가 실속형 접근을 하고 있다. 비행 중 식사를 제공하지 않으며, 일등석 또한 없다. 사우스웨스트는 여행 에이전트에 의해 사용되는 대형 예약 컴퓨터를 예약 요금이 너무 많이 든다는 이유로 가입하지 않았다. 또한, 그들은 교육비와 유지비를 낮추기 위해 연비가 좋은 보잉 737호, 단 한 가지의 항공기로만 비행을 운행한다. 이상의 노력들이 쌓여 고객을 위한 낮은 가격이 완성되는 것이다. 게다가, 사우스웨스트는 수화물 요금을 부과하지 않는 몇 개 없는 항공사 중 하나다. 승객은 2개의 짐을 무료로 체크인할 수 있다.

사우스웨스트의 신뢰성은 그들이 항공 산업에서 가장 빠른 회송 시간을 자랑하고 있다는 사실에 기반한다. 사우스웨스트의 지상 근무원들은 도착한 항공기를 정비하여 다시 출발 준비를 하는 데까지 오직 15분만이 걸릴 뿐이다. 이러한 신속한 운영은 비행이 제 시간이 이루어질 수 있도록 한다. 사우스웨스트는 복합적인 업무를 해낼 수 있도록 교차 교육된 유연한 직원들 덕분에 앞서 말한 빠른 적하와 재적재 시간을 자랑할 수 있는 것이다. 따라서, 티켓을 확인하는 직원 또한 시간이 촉박하다면 다른 업무를 맡을 수 있다.

사우스웨스트의 편리성은 인기 있는 지역 간을 운행하는 다수의 비행 일정을 운영하는 것과, 시내와 떨어진 곳에 있는 메이저 항공보다는 시내와 가까운 항공을 이용하는 것에서 기인한다. 사우스웨스트의 가치사슬 관리는 그들에게 항공 산업 내에서의 경쟁우위를 가져다주었다. 고객에게 더 빠른 서비스를 제공함으로써 고객 대응력을 높이고자 했던 또 다른 곳이 있는데, 바로 다음의 "Management insight"에 소개되어 있는 '파네라'라는 기업이다.

Management insight

파네라에서의 스피드 페이 오프에 대한 필요성

파네라는 미국과 캐나다에 2,000개가 넘는 지점을 두고 있는 베이커리 카페 체인점이다. 최근까지, 그들은 제공품과 서비스에 있어 전형적인 베이커리 카페의 모델을 가지고 성공적으로 운영해 오고 있었다. 파네라의 최고 경영자인 론 세이치가 어떤 영감을 받기 전까지는 말이다. 아침에 그의 아들을 학교로 데려다 줄 때마다 항상 지각하는 세이치는 그의 베이커리 지점에 미리 전화를 걸어 그의 아들을 위한 아침과 점심을 준비하곤 했다. 그가 상점에 도착했을 때, 그의 아들은 세이치의 신용 카드를 갖고 뛰어 들어가, 줄을 서지 않고, 음식을 받을 수 있었다. 이는 세이치의 가족에 한해서 이루어졌으며, 모두가 그런 체계를 이용할 수 있었던 것은 아니다.

바로 그것이 세이치에게 파네라 2.0을 위한 아이디어를 주었다. 현재 고객은 컴퓨터나 모바일 어플리케이션을 통해 주문을 할 수 있다. 고객이 상점에 도착하면, 그들은 줄을 서지 않고 주문한 음식에 대한 값을 지불하며, 음식을 상점 내부에서 먹고 가거나 혹은 포장해 갈 수 있다. 또한 상점에는 미리 주문을 하지 않았으나 빠르게 줄을 통과하여 음식을 받고 싶은 사람을 위한 터치 스크린 키오스크가 있다. 물론 고객들은 여전히 계산대로 가서 주문을 할 수도 있다.

위와 같은 새로운 주문 체계의 한 가지 이점은 이것이 마이파네라 리워드 프로그램과 동기화 된다는 것이다. 마이파네라 리워드 프로그램은 고객이 한 모든 주문을 기억한다. 만약 고객이 상점에 방문하여 커스텀 샌드위치를 주문한다면, 이를 기억하고 그 다음 방문에서도 같은 주문을 할 수 있게끔 해주는 것이다. 파네라는 2011년에 새로운 주문 체계를 시범적으로 운행하기 시작했으며, 2014년에는 열렬한 성과를 등에 업은 채 이를 전국 매장에 도입하였다. 따라서 주문하기 위해 기다리는 고객들로 늘어진 줄이 사라졌을 뿐 아니라, 전체 고객의 경험 또한 향상되고 맞춤화될 수 있었다. 게다가 파네라의 애플 페이 옵션은 현재 그들 거래의 4분의 1 가량을 차지하여, 전체 업무의 속도를 높이고 있다.

최고 경영자인 론 세이치가 파네라 2.0을 위한 아이디어를 얻은 이후, 고객은 온라인으로 주문할 수 있으며, 상점 내부의 주문 대기 줄을 생략할 수 있고, 모바일 어플리케이션을 통해 값을 지불할 수 있다. 이러한 주문 체계는 파네라로 하여금 효율성을 높이고 고객 서비스 만족도를 증대시킬 수 있도록 하였다. ©Alexey Rotanov/Shutterstock.com

이 시스템은 또한 고객의 주문에 관한 정확도를 개선해 왔다. 계산대에서 주문이 들어가는 동안 발생하는 수많은 오류들로 인해 산업 평균적으로 7개 중

1개의 주문이 부정확하게 작성된다. 그에 반해 파네라에서는 현재 많은 고객들이 새로운 주문 체계를 통해 주문을 하기 때문에, 종업원들에게는 고객에게 주문 상품을 전달하기 전에 각 주문별로 한 번 더 확인할 수 있는 시간이 생겼다.

이러한 주문 체계를 시행한 것은 파네라 종업원들에 대한 변화 또한 야기했다. 예를 들자면, 파네라의 정보 기술(IT) 부문 직원의 규모는 두 배가 되었다. 게다가, 고객이 온라인 혹은 상점 내부의 키오스크를 통해 주문을 할 때, 이러한 시스템은 들어오는 주문 수요를 맞출 수 있도록 계산대에 있던 종업원을 주방으로 재배치되게끔 만들었으며, 이는 생산성 향상에 도움이 되었다. 파네라 2.0에 대한 세이치의 비전은 패스트 캐주얼 체인으로서 성공하는 것이다. 파네라가 미국의 외식리서치사 테크노믹스의 2016년 체인 음식점 보고서의 탑 10 리스트에 든 것으로도 모자라, 파네라의 동일 매장 매출은 전체 체인 전반에 걸쳐 오른 것으로 확인되었다.

고객관계관리

고객관계관리(CRM)
조직이 고객에게 제공할 수 있는 가치를 극대화하기 위해 고객과의 지속적인 관계를 증진하고자 정보 기술(IT)을 사용하는 기법

고객관계관리(CRM)란, 관리자가 고객에 가까이 접근하고, 그들의 니즈를 이해하기 위해 사용할 수 있는 운영 전략 중 하나다. 13장에서 논의된 바처럼, CRM은 조직이 고객에게 제공할 수 있는 가치를 극대화하기 위해 고객과의 지속적인 관계를 증진하고자 정보 기술을 사용하는 기법이다. 2000년대에 들어서 대부분의 대기업들은 시시때때로 변하는 기업 제품에 대한 고객의 요구를 추적하기 위해 정교한 CRM 기술을 갖춰 왔다; 이것이 고객 대응력을 극대화하는 데 있어 필수적인 수단으로 거듭났다. CRM 정보 기술은 마케팅과 판매, 그리고 고객에 제품을 배송하는 데 포함되는 여러 기능 활동을 모니터링하고, 통제하며, 연결하는 역할을 한다. 유통 채널을 통한 제품의 배송 및 판매원의 판매 활동을 모니터링하고, 제품의 가격을 설정하며, 애프터서비스를 조정하는 것 등이 이러한 기능 활동에 포함된다. CRM 시스템은 세 개의 서로 연결된 요소를 갖고 있다; 영업과 판매, 애프터서비스 및 지원, 그리고 마케팅.

판매 관리자가 지난 30일 동안 판매원들이 낸 전체 판매 수익이 담긴 영업 실적에만 접근해 왔다고 가정해 보자. 이러한 정보는 기존 고객 대상의 매출에서 오는 수익이 새로운 고객의 경우와 대비하여 얼마나 되는지를 보여주지 않는다. 이들이 어떤 중요한 지식들을 놓치고 있는 것인가? 첫 번째로, 만약 대부분의 수익이 기존 고객 대상의 매출로부터 온다면, 이것은 기업이 그들의 제품을 광고하고 판매하는 데 소비하는 비용이 새로운 고객을 끌어들이지 못하며, 결국 그 비용이 낭비되고 있음을 말해주는 것이다. 두 번째로, 가격 설정과 자금 조달, 그리고 주문 방식은 영업에 포함되는 중요한 부분이다. 많은 기업에서, 거래를 성사시키는 과정에서 판매원들은 중앙 영업부에 서류를 보내야만 한다. 중앙 영업부는 특별 자금 조달을

위해 고객을 승인하고, 특정 운송 및 배송 날짜를 결정하는 등의 일을 다룬다. 어떤 기업에서는, 다른 부서가 이러한 일을 맡으며, 따라서 그들로부터 답변을 받는 데 오랜 시간이 걸릴 수 있다; 소비자는 기다릴 수밖에 없다. 그리고 이러한 사실은 때로 매출 감소로 이어지기도 한다. CRM 시스템이 도입되기 전까지, 이러한 문제들은 만연해 있었으며 종종 판매 실패 및 더 높은 운영 비용을 유발했다. 오늘날 판매 및 영업 관련 CRM 소프트웨어는 정보를 분석하여 판매 과정 운영을 개선할 수 있는 방법을 추천해주는 **최선의 판매 관행**을 담고 있다.

엠파이어 헬스초이스는 CRM을 도입함으로써 그들의 영업 및 애프터서비스를 개선한 기업이다. 그들은 뉴욕에서 가장 큰 건강 보험 제공 기관이며, 그들은 4,000명이 넘는 최전선의 직원들을 통해 보건 의료 보험을 판매하고 있다. 몇 년 동안 이 중개인들은 각 보험 증권별 가격을 결정하는 데 요구되는 고객의 특정 정보들을 모으는 역할을 하고 있었다. 일단 그들이 필요한 정보를 수집하고 나면, 그 중개인들은 엠파이어에 가격 견적을 요구했다. 견적을 며칠 동안 기다리고 난 뒤, 중개인들은 견적을 다시 고객에게 전달했으며, 그러고 나면 고객은 종종 그들의 보험 증권에 대한 비용을 줄이기 위해 견적을 수정했다. 이러한 상황이 발생하면, 중개인들은 엠파이어에 수정된 가격 견적을 받기 위해 다시금 연락해야 했다. 이것이 각 거래마다 빈번히 일어났기 때문에, 종종 거래를 체결하는 데까지 20일이 넘게 소요되기도 하였으며, 고객은 그들의 보험증을 받기 위해 그로부터 10일 정도를 또 기다려야 했다.

이러한 지연이 판매 실패를 유발하고 있다는 것을 알아차리고, 엠파이어는 CRM 시스템이 그들의 영업 절차를 어떻게 개선할 수 있을지를 검토해 보기로 했다. 그들의 관리자는 웹 기반의 시스템을 선택하였는데, 따라서 중개인들은 그들 스스로 온라인상에서 가격 견적을 계산할 수 있었다. 중개인들이 고객의 정보를 입력하면, 견적은 몇 초 안에 생성되었다. 중개인들은 보험 증권과 그것의 가격이 합의되는 지점까지 고객과 마주 앉은 채로 보험 증권을 끊임없이 수정할 수 있었다. 그 결과, 현재 이러한 영업 절차는 단 몇 시간 안에 완료될 수 있다.

기업이 애프터서비스와 사후지원 CRM 소프트웨어를 도입하면, 판매원들은 후속 고객 방문과 관련된 자세한 정보를 입력해야 한다. 이 시스템이 모든 고객의 병력을 추적하고 기록해야 하기 때문에, 판매원들은 이전의 전화 통화나 방문에서 발생한 모든 기록에 대한 즉각적인 접근권을 가진다. 그들은 고객의 니즈에 대응하고 고객 충성심을 구축하기에 훨씬 유리한 위치에 있으며, 따라서 기업의 애프터서비스 또한 향상된다. 예를 들어, T-모바일이나 스프린트와 같은 휴대 전화 서비스 사업자들은 판매원들에게 모든 고객의 문의, 불만, 그리고 요청에 대한 정보를 수집하도록 하며, 이것은 고객 로그에 전자적으로 기록된다. 이러한 CRM 모듈은 고객 로그에 있는 정보들을 분석할 수 있는데, 이는 회사가 요구하는 서비스 기준에 직원의 서비스가 적합하거나 혹은 능가하는지를 평가하는 데 도움이 된다.

CRM 시스템은 또한 고객 불만에 대한 상위 10가지 이유들을 발견할 수 있다. 따라서 영업 관리자들은 이러한 문제의 원인을 제거하고 애프터서비스 지원 절차를 개선하기 위해 일할 수 있다. CRM 시스템은 상위 10가지 서비스 및 지원 관행도 발견하는데, 이는 곧 모든 판매원들에게 교육될 수 있다.

마지막으로, CRM 시스템이 변하는 고객 니즈에 대한 정보를 처리하기 때문에, 이 시스템은 마케팅을 다방면으로 향상시킨다. 예를 들어, 마케팅 관리자는 구매 정보와 고객이 회사의 제품에 끌리지 않은 이유와 관련된 정보를 포함하는 자세한 고객 프로필에 접근할 수 있다. 이러한 정보를 가지고, 마케팅은 고객과 그들이 원하는 특정 제품 속성을 더 잘 파악할 수 있다. 전통적인 CRM 시스템은 판매원들로 하여금 고객 정보를 입력하도록 조직되어 있었다. 현재 소셜 CRM은 소셜 미디어 상의 고객들을 추적할 수 있으며, 그들을 기업의 레이더망에 둘 수 있다. 예를 들어, 만약 트위터 사용자가 그 기업이나 기업의 제품과 관련된 주제에 관해 자주 포스팅을 했다면, CRM 시스템은 그 사용자를 중요한 연결고리 혹은 잠재 고객으로 관심을 둘 수 있게 한다. 게다가, 많은 기업들이 고객을 그들의 브랜드로 불러 모으기 위해 소셜 CRM 소프트웨어를 사용한다. 요약하자면, CRM 시스템은 고객이 기업의 제품에 어떻게 반응하고 있는지에 관한 중요한 정보를 모을 수 있는 종합적인 방법이다. 이 시스템은 기업의 제품과 고객의 니즈를 맞추는 데 사용되는 매우 효과적인 전략이다.

품질개선

학습목표 14-3

우수한 품질을 구현하는 것이 왜 중요한 것인지 설명하시오.

앞서 언급한 것처럼, 고품질의 제품은 우수한 디자인, 기능, 신뢰성, 그리고 애프터 서비스와 같은 속성을 갖고 있다; 이러한 제품들은 고객의 요구에 더 잘 일치할 수 있도록 고안된다. 품질은 제조업과 서비스업 조직의 제품 모두에 적용될 수 있는 개념이다—토요타의 차, 사우스웨스트 항공사의 항공 서비스, 혹은 시티뱅크 지점의 고객 서비스와 같은 제품들. 왜 관리자들은 그들 기업의 제품의 품질을 조절하고 개선하려고 노력하는 것일까? 거기에는 두 가지 이유가 있다(그림 14.2).

우선, 고객은 대개 저품질의 제품보다는 상대적으로 고품질의 제품을 선호한다. 따라서, 같은 가격에 경쟁자의 제품보다 더 좋은 품질의 제품을 공급할 수 있는 기업은 그들의 고객에게 더 나은 것을 제공하고 있는 것이다—또한 고객에 더 잘 호응하고 있는 것이다. 종종, 고품질의 제품을 제공하는 것은 기업의 제품에 브랜드 명성을 가져다 주기도 한다. 결국, 향상

그림 14.2
향상된 품질이 조직성과에 미치는 영향

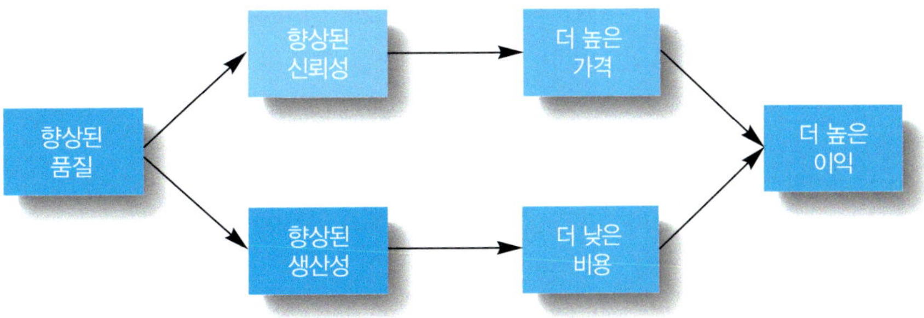

된 명성은 기업으로 하여금 그들의 제품에 경쟁자가 요구할 수 있는 것보다 더 많은 대가를 요구할 수 있게끔 해주며, 따라서 더 큰 이익을 가져다 준다. 예를 들어, 2017년에 렉서스는 JD 파워가 선정한 가장 신뢰성 있는 자동차 브랜드 10위 리스트의 1위로 6년 연속 이름을 올린 바 있다. 렉서스 자동차의 높은 품질과 신뢰성은 그들로 하여금 그들의 자동차에 라이벌 자동차 회사가 매긴 것보다 더 높은 가격을 매길 수 있도록 했다.

품질을 높이기 위해 노력하는 두 번째 이유는, 더 나은 품질이 효율성을 향상시킬 수 있고, 따라서 운영 비용을 낮추어 이익을 신장시킬 수 있기 때문이다. 즉 높은 품질을 구현하는 것은 직원의 생산성에 미치는 품질의 영향으로 인해 운영 비용을 감소시킨다: 더 높은 품질은 폐기되어야 하는 불량품을 만들거나 열악한 서비스를 제공하는 데 낭비되는 시간이 줄어든다는 것을 의미하며, 따라서 오류를 바로잡는 데 드는 시간 또한 감소한다. 이는 더 높은 직원의 생산성으로 해석될 수 있으며, 이것은 더 낮은 비용을 의미한다. 운영관리가 품질, 비용, 그리고 고객만족에 영향을 미칠 수 있는 방법은 다음의 "Management Insight"에서 탐구해 보도록 하자.

Management insight

독특한 소비 경험을 제공하는 할인 소매점

티제이엑스(TJX)는 의류, 신발, 핸드백, 그리고 집 꾸미기 상품과 함께 다른 패션들을 할인된 가격에 판매하는 기업이다. 그들의 미국 지점에는 티제이맥스, 마샬, 시에라 트레이딩 포스트, 그리고 홈굿즈가 입점되어 있다.

티제이엑스는 운송에 있어서 그들이 갖고 있는 미션이 "비슷한 물품으로 비교했을 때, 백화점 및 전문점의 평균 가격보다 약 20%–60% 더 낮은 가격에서 브랜드 명과 디자이너 상품의 모음을 매일 빠르게 변화시키는 것"이라고 말했다. 절약 이외에, 이들의 주요 강점은 "보물 찾기식 소비 경험"을 제공한다는 것이다. 티제이엑스는 다른 상품과 다른 스타일, 종종 전통적인 백화점에서 볼 수 있는 좀 더 고정적인 계절 상품 라인을 추구하는 것과는 다소 반대되는 경험을 갖고 있다. 이들의 사업 모델은 그들로 하여금 거의 모든 경제 상황에서 활약할 수 있도록 한다. 티제이엑스는 다른 소매업자로부터 과잉 재고나 취소된 주문 상품들을 구매함으로써 고품질의 유명 상표 물품들을 할인된 가격에 팔 수 있다. 티제이엑스는 극도로 할인된 가격에 초과 재고를 매수하며, 이것은 이후 그들의 고객에게 전달된다.

티제이엑스 상점은 매장별로 벽이나 물리적 분리점이 없다. 이것은 공급과 수요에 따라 상품의 카테고리가 확장되거나 축소될 수 있게끔 하기 위함이다. 재고가 빠르게 도는 것은 매장을 항상 새롭게 유지해주고, 기업으로 하여금 필요할 때 물건을 살 수 있도록 한다. 최고경영자인 엔리 헤르만은 다음과 같이 말했다. “우리의 물품 구입 담당 팀은 100개가 넘는 나라의 18,000개가 넘는 판매 회사로부터 물품을 받는다. 우리의 고도로 통합되고, 국제적인 사업을 지탱하기 위해 우리의 글로벌 공급 사슬과 유통망은 몇 십 년간 발전되어 왔다.”

계속 확대되어 온 공급 사슬은 티제이엑스가 그들의 해외 확장에 관한 계획을 세우는 데 도움이 되었다. 최근 회계 연도 데이터에 따르면, 티제이엑스는 9개의 나라에서 10개의 소매 체인을 관리하고 있다. 여기에는 최근 이루어진 호주의 할인 소매점 트레이드 시크릿의 인수 또한 포함되어 있다. 게다가, 티제이엑스는 그들의 전자상거래 플랫폼을 만들고 있으며, 이것은 그들의 소매 사업과 함께 성장해나갈 것이다.

효율성 향상

학습목표 14-4

우수한 품질을 구현하는 것이 왜 중요한지 설명해 보시오.

운영관리의 세 번째 목표는 조직의 생산시스템의 효율성을 향상시키는 것이다. 주어진 산출물을 생산하는데 필요한 투입물이 감소할수록 생산시스템의 효율성이 높아진다. 관리자들은 기업의 효율성을 두 가지 방법으로 측정할 수 있다. **총요소생산성**이라고 알려진 측정법은 기업이 산출물을 생산하기 위해 기업의 자원들을-예컨대 노동, 자본, 원료 또는 에너지—얼마나 잘 활용하고 있는지 살펴본다. 총요소생산성은 다음과 같은 식으로 표현된다.

$$\text{총요소생산성} = \frac{\text{산출량}}{\text{총투입량}}$$

총요소생산성의 문제는 투입량이 대체적으로 다른 단위로 측정된다는 데 있다: 생산에 대한 노동의 기여도는 일한 시간으로 측정 된다; 원료의 기여도는 사용된 양으로 측정 된다(예를 들어 1톤의 강철을 만들기 위해 필요한 철광석의 톤); 에너지의 기여도는 사용된 에너지 양으로 측정된다(킬로와트시); 등등. 총요소생산성을 계산하기 위해서 관리자들은 식에 투입량을 대입하기 전에 입력 정보를 모두 공통 단위(예를 들어 달러와 같은)로 전환해야 한다.

총요소생산성은 종종 전체 효율성의 유용한 척도가 되기도 하지만 주어진 산출량의 생산에 대한 노동과 같은 개별 투입량의 정확한 정보를 모호하게 만든다. 그래서 대부분의 기업들은 효율성의 특정 요소의 측정에 초점을 두는 **부분생산성**으로 알려진 측정법을 사용해서 개별 요소에 대한 효율성을 측정한다. 예를 들어, 노동 투입에 대한 효율성은 다음과 같이 표현된다.

$$\text{노동생산성} = \frac{\text{산출량}}{\text{직접 노동량}}$$

노동생산성은 서로 다른 기업 간의 효율성을 비교하기 위해 가장 흔히 사용된다. 예를 들어, 한 연구는 1994년에 일본 자동차 부품 공급업체들이 평균적으로 카시트나 배기 시스템 같은 부품을 생산하기 위해 영국 기업의 노동 시간의 평균보다 절반의 노동 시간을 들였다는 것을 알아냈다. 따라서 이 연구는 일본의 기업이 영국 기업 보다 노동을 더 효율적으로 활용하고 있다고 결론을 내었다.

효율성 관리는 대부분의 기업에서 매우 중요한 문제이다. 왜냐하면 효율성의 향상은 생산 비용을 감소시켜서 기업이 더 큰 이윤을 얻거나 저렴한 가격으로 더 많은 고객을 끌어들일 수 있게 하기 때문이다. 예를 들어, 1990년에 미국에서 개인용 컴퓨터는 평균적으로 3,000달러에 팔렸지만 1995년에 1,800달러가 되었고 2017년에는 350.3달러 전후가 된다. 이 기간 동안 개인용 컴퓨터의 성능과 기능의 평균이 매우 증가하였음에도 불구하고 가격은 감소하게 된다. (마이크로프로세서는 더 강해졌고 메모리는 증가하였으며 멀티미디어 기능이 추가되었다.)

이러한 가격 인하는 어떻게 가능했을까? 개인용 컴퓨터의 제조사들은 품질에 집중하며 부품의 품질을 향상시키고 PC를 조립하기 쉽게 개선하며 효율성을 높였다. 이는 그들이 수익을 유지하면서도 비용과 가격을 감소시킬 수 있게 만들었다.

설비배치, 유연생산과 효율성

물리적 작업 설비의 배치와 디자인에 대한 관리자의 결정 방식도 효율성에 영향을 미치는 또 다른 요소이다. 이것이 중요한 데는 두 가지 이유가 있다. 첫 번째 이유는 작업장에서 설비와 작업자가 조직되거나 그룹화 되는 방식은 생산시스템의 효율성에 영향을 끼치기 때문이다. 두 번째 이유는 특정 제품을 만들 때 필요한 장비의 설치 비용이 효율성의 중요한 결정 요인이기 때문이다. **설비배치**는 설비와 작업자와의 인터페이스를 디자인해서 생산시스템의 효율성을 증대시키기 위한 운영관리 전략이며, **유연생산**은 생산시스템과 관련된 절차 비용을 줄이기 위한 운영관리 기술이다.

설비배치 설비와 작업자와의 인터페이스를 디자인해서 생산시스템의 효율성을 증대시키기 위한 운영관리 전략

유연생산 생산시스템과 관련된 절차 비용을 줄이기 위한 운영관리 기술

설비배치 설비, 로봇, 사람들이 그룹화 되는 방식은 이들의 생산성에 영향을 미친다. 그림 14.3은 작업장을 배열하는 3가지 기본적인 방법을 보여 준다: 제품별 배치, 공정별 배치, 위치 고정형 배치.

제품별 배치에서는 작업장에서 제품을 제조하기 위한 공정이 고정된 순서로 진행될 수 있도록 설비가 배치된다. 일반적으로 제품별 배치에서 작업자들은 고정되어 있으며 움직이는 컨베이어 벨트가 제품을 다음 공정으로 넘어가도록 운반해 제품은 점차적으로 생산되게 된다. 이 배치방식은 대표적으로 자동차 조립 라인과 같은 대량 생산 체계에서 자주 사용된다. 제품별 배치는 제품이 대량으로 생산될 때만 효율적인 것으로 여겨졌다; 하지만 컴퓨터가 제어하는 모듈 방식의 생산라인이 도입됨에 따라 작은 묶음으로 제품을 생산하는 것도 효율적으로 이루어질 수 있게 되었다.

그림 14.3 설비 배치의 3가지 방식

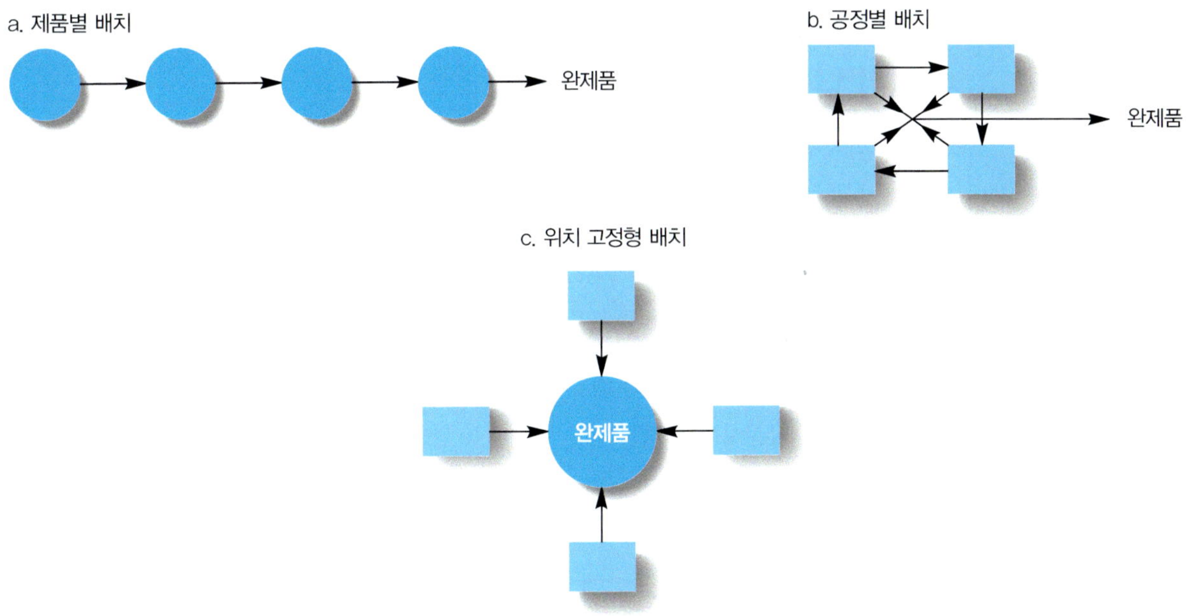

공정별 배치에서는 작업장은 고정된 순서로 배치되어 있지 않다. 대신 작업장은 상대적으로 독립적이며 제품이 다음 공정에 필요한 작업장으로 이동하여 제품이 완성된다. 공정별 배치는 주로 각기 다른 고객의 요구에 따라 제작되는 다양한 맞춤형 제품을 생산하는데 적합하다. 예를 들어, 주문 제작 가구 업체는 공정별 배치를 활용해서 다양한 종류의 원목과 마감으로 다양한 의자와 책상을 각기 다른 작업 팀들이 만들도록 할 수 있다. 예컨대 환자가 병원 응급실에서 엑스레이 실로, 엑스레이 실에서 수술실로, 수술실에서 회복실 등으로 가는 방식은 공정별 배치로 설명할 수 있다. 공정별 배치는 유연성이 있기 때문에 컴퓨터 제조나 환자의 치료방식과 같이 제품이나 서비스를 쉽게 다양화 할 수 있다. 하지만 이러한 유연성은 비용이 많이 들기 때문에 때론 비효율적이다.

위치 고정형 배치에서 제품은 특정 위치에 고정되어 있다. 이 배치 방식에서 제품의 부품은 멀리 떨어진 작업장에서 생산되어 생산 위치로 이동해 마지막 조립을 거치게 된다. 이러한 배치 방식은 자율적 관리팀에서 점점 많이 사용되는 추세이다. 서로 다른 팀이 각자의 부품을 만들고 완성 부품을 최종 조립 팀에게 보내 제품을 완성시키게 하는 것이다. 위치 고정형 배치는 주로 제트 항공기나 메인 프레임 컴퓨터, 가스 터빈과 같이 조립하기 복잡하고 어렵거나 너무 커서 한 작업장에서 다른 작업장으로 옮기기 힘든 제품을 생산하는데 사용된다. 배치 방식과 상관없이 시설은 효율성을 염두하고 배치해야 한다. 하지만 불행히도, "Management Insight"에서 보여 준 것과 같이 비행기 탑승수속에서는 이러한 배치 방식이 통하지 않는다.

Management insight

비행기 탑승수속, 어렵지 않다!

비행기 뒤쪽부터 탑승 시키는 것이 빠를까? 아님 항공사가 창가 쪽 자리, 중간 자리, 복도 쪽 자리 순서로 승객을 탑승시키는 것이 빠를까? 승객을 임의의 탑승 그룹에 배정하는 것은 어떨까? 아님 좌석을 배정하지 않고 승객이 원하는 자리에 앉게 하는 것은 어떨까? 믿거나 말거나 최근 실시된 두 연구에서 승객을 랜덤으로 탑승시키는 것이 다른 선택안들 보다 빠르다는 것을 밝혀냈다.

아메리칸 항공은 2년을 들여 탑승 수속 시간을 단축하는 방법을 연구해 승객을 랜덤으로 그룹을 배정해 탑승하도록 결정했다. 연구에서 관찰자는 수천 가지의 탑승 방법을 관찰하여 무엇이 수속 시간을 지연시키는 지 알아냈다. 당연하게도 기내 반입용 가방이 큰 문제였다. 가방에 대한 비용을 피하기 위해 승객들은 큰 가방을 가져왔다. 그리고 비행기의 뒤쪽에서 앞쪽으로 탑승 수속을 시작했을 때 복도에서 기다리는 승객들은 좌석에 착석하기 위해 비행기 앞 쪽의 기내 수화물함(오버헤드 빈)에 넣을 것이고 이 때문에 나중에 탑승한 승객들은 가방을 보관할 장소가 없게 되었다.

컴퓨터 시뮬레이션을 통해 아메리칸 항공은 뒤쪽에서 앞쪽으로 탑승하는 방식이 창문-중간-복도의 방식보다 느리다는 것을 알아냈고, 놀랍게도 승객을 임의의 탑승 그룹에 배정하는 방식이 시간이 적게 걸리며 승객이 비행기 앞쪽보다 자신의 자리에 가까운 기내 수화물 함에 짐을 보관할 확률이 높다는 것을 알아냈다. 2017년에 아메리칸 항공은 전반적인 탑승을 "단순화"하기 위해 승객을 9개의 그룹으로 나누어 탑승시키는 방식을 아직 시도하고 있다고 밝혔다.

항공사들은 정시 출발을 위해 승객을 탑승시키는 가장 빠른 방법을 연구하고 있다. 탑승 과정을 지연시키는 것은 무엇일까? 다수의 기내 반입용 가방과 자기 순서 전에 탑승하는 승객 또는 빠른 탑승을 위해 비용을 지불한 승객들이다.

과학적인 방법을 통해 다양한 아이디어를 시험하는 디스커버리 채널의 '호기심 해결사(MythBusters)' 프로그램은 이 연구의 증명을 통해 비행기 뒤쪽에서 앞쪽으로 진행하는 탑승 수속 방식이 가장 느린 방식이라는 것을 밝혔다. 이 프로그램의 실험자들은 좌석과 오버헤드 빈이 있는 비행기 모형에서 다양한 탑승 방식을 시험해 보았다. 더욱 현실성 있는 모의실험을 위해서 5%의 실험자들은 잘못된 좌석에 있거나 필요 이상으로 오래 복도에 서있는 방식으로 탑승 수속을 방해하라고 요구받았다. 실험 결과 높은 클래스의 승객을 먼저 탑승시키고 뒤쪽 창가 쪽 좌석같이 탑승하기 어려운 구역의 승객을 그 다음으로 탑승시키는 '역 피라미드' 방식이 가장 승객들의 만족도가 높은 것으로 나타났다. 좌석을 배정하지 않는 탑승 방식이 가장 빨랐는데, 이 방식은 시험한 모든 방식 중에서 가장 만족도가 낮았다.

무엇이 탑승 시간을 지연시켰을까? 산업 분석가들은 이에 대해 몇 가지 이유를 제시했다. 첫째로 자신의 탑승 그룹 순서가 되기 전에 탑승한 승객들이 탑승을 지연시켰다. 둘째로 빠른 탑승을 위해 비용을 지불했거나 항공사를 자주 이용한 승객에 대한 보상으로 빠른 탑승을 하게 하는 승객들은 탑승 시간에 탑승 순서가 되기 전에 줄을 서거나 탑승하는 것(첫 번째 이유)과 같이 탑승을 지연시켰다.

사우스 웨스트 항공은 이러한 탑승 속도의 장애물을 피하기 위해 좌석 미배정 방식–승객들을 그룹이나 숫자순으로 배열한 뒤 비행기 내에서 바로 좌석을 선택하는 방식-을 활용했는데 이 방식은 항공사에 도움이 되는 듯 보였다.

느린 탑승의 가장 큰 원인은 아마 기내 반입 수하물일 것이다. 대부분의 항공사가 2008년에 연료 가격이 급등한 뒤로 화물용 가방에 비용을 부과하기 시작했다. 이러한 비용을 피하기 위해 승객들은 점점 기내 반입용 가방을 많이 사용하기 시작했고 이는 탑승 과정을 지연시켰다. 결국 기내 수화물함이 다 찼을 때 많은 가방들이 이륙 직전에 비행기에서 내려져 화물용 칸으로 이동되었고 이는 더 많은 지연을 유발했다.

비행기에서 탑승 속도가 왜 이렇게 중요할까? 항공사들은 탑승 시간을 줄일 때마다 매 분당 40달러를 절약할 수 있다. 하지만 항공사들은 이 돈을 승객들에게 다양한 비용을 청구해 돌려받는 것으로 나타났다. 미국 운수부에 따르면, 2016년에 아메리칸 항공과 U.S. 항공이 합병된 항공사는 수하물 관련 비용으로 10억 달러 이상을 벌었다.

유연생산 특정 제품을 생산하기 위한 설비의 구성과 관련된 비용이 제조 기업 비용의 주된 요인이다. 이 비용은 설비를 구성할 동안 생산이 이루어질 수 없기 때문에 발생한 생산 비용을 포함한다. 예를 들어 부품 제조업체는 기존에 생산했던 한 부품(예를 들어 승용차의 조향축용 와셔)에서 다른 부품(예를 들어 트럭의 조향축용 와셔)을 생산하기 위해 자동화된 생산설비를 재구성 하는 데 종종 반나절이나 걸리곤 한다. 이 반나절 동안 제조 공장에서는 아무것도 생산하지 않지만 직원들은 이 "비생산적인" 시간동안 임금을 받게 된다. 만약 복잡한 생산 설비의 구성 시간을 줄인다면 구성을 위한 비용은 줄고 효율성은 높아지게 된다. 즉 구성을 위한 비용을 줄일 수 있다면 공장과 직원들이 실제 무언가를 생산하기 위해 보내는 시간이 많아진다는 뜻이다. 이러한 간단한 사고는 유연생산기술의 발전 동력이 되었다.

유연생산은 생산 설비를 구성하는 데 필요한 시간을 줄이는 것을 목적으로 한다. 생산 공정의 재설계를 통해 어떤 제품을 생산하는 생산설비를 다른 제품을 생산하는 생산설비로 빠르게 전환할 수 있다면 이는 구성을 위한 시간과 비용을 크게 줄일 수 있다. 또한 기업은 유연생산을 통해 동일한 시간 동안 기존보다 더 다양한 제품을 생산할 수 있다. 따라서 유연생산은 회사의 고객 대응력을 향상시킨다.

제너럴모터스는 유연생산의 이점을 실현하기 위해 지난 2001년에 미시간주의 랜싱(Lansing)에 공장을 지어 늘어난 수요를 충족시키고자 했다. 처음 이 공장이 지어졌을 때 이 그랜드 리버 조립 공장(Grand River Assembly plant)은 이미 제너럴모터스의 다른 공장보다 유연성이 뛰어났고 제너럴모터스의 국외의 혁신적인 공장을 모델로 만들어졌다. 일부 제너럴모터스의 임원은 공장이 잘 작동되기에 부지가 너무 좁다는 점을 우려했지만, 공장은 다양한 차종을 생산할 수 있는 능력뿐만 아니라 협업 팀의 경영 스타일, 자동화 기능으로 인해 호평을 받게 된다. 2017년에 회사는 그랜드 리버 공장에 수백만 달러를 투자해 새로운 설비와 장비를 도입할 뿐만 아니라 차체공장을 크게 확장할 것이라고 발표했다.

적시생산시스템(JIT)의 재고관리와 효율성

재고 특정 시점에 기업이 가지고 있는 원재료, 투입물, 부품들의 모음

적시생산시스템 부품이나 투입물들이 기업이 필요하기 전이 아니라 필요할 때 전달되는 시스템

재고란 특정 시점에 기업이 가지고 있는 원재료, 투입물, 부품들의 모음을 의미한다. **적시생산시스템(JIT)**의 재고 시스템은 투입물의 결함의 원인을 정의하고 발견하는 데 중요한 역할을 한다. 적시생산시스템을 통해 재고관리를 하는 기업들은 기업이 부품이나 소모품을 필요하기 전이 아니라 필요할 때 이것들을 받게 된다. 적시생산시스템 내에서 부품들은 필요할 때 기업의 생산시스템에 즉시 투입 된다; 이 부품들은 사용하기 몇 달 전 부터 창고에 있지 않다. 이는 결함이 있는 투입물들을 빠르게 파악할 수 있다는 것을 의미한다. 이후에 관리자들은 투입물에 대한 문제를 추적해서 이 부품들이 생산되기 전에 문제를 해결할 수 있다.

예를 들어 토요타의 칸반(*kanban*)시스템과 같은 적시생산시스템은 본래 제품의 질을 향상시키기 위한 목적으로 개발되었다; 이는 효율성에 큰 영향을 미치게 된다. 토요타의 시스템은 부품이 필요할 때 즉시 생산 라인에 투입되는 것을 기초로 하고 있다. 이를 통해 토요타는 재고 회전율을 높이고 창고 저장비용이나 재고 보유비용과 재고와 관련된 자본 비용을 줄여 주요 비용을 절감하게 되었다.

적시생산시스템을 통해 제품을 생산하거나 조립하는 기업뿐만 아니라 서비스를 제공하는 기업 역시 큰 이점을 볼 수 있다. 미국의 가장 큰 소매 업체인 월마트(Walmart)에서는 일주일에 적어도 두 번씩 적시생산시스템을 통해 재고를 보충한다. 많은 월마트의 상점은 매일 배달을 받고 있는데 상품이 구매되는 즉시 월마트의 정교한 공급망을 통해 새로운 상품이 주문된다. 최근 회사는 월마트 매장 관리자들의 스마트폰을 통해 사용할 수 있는 '나의 생산성(My Productivity)' 앱의 도입을 발표했다. 앱을 활용해서 관리자들은 매장의 특정 품목을 신속하게 보충하고 실시간 판매 데이터와 경향을 파악할 수 있으며 고객의 질문에 답변할 수도 있다. 또한 관리자들은 이 앱을 통해 고객들의 영수증 설문 조사의 피드백을 신속하게 검토

해서 매장의 잠재적 문제를 파악할 수 있다.

적시생산시스템의 한 가지 단점은 완충재고 없이 기업을 운영한다는 것이다. 완충재고를 보유하는 것은 비용이 많이 발생하지만 공급업체들의 중단(예를 들어 주요 공급 업체의 분쟁)으로 투입물이 부족할 때 기업에 도움이 된다. 또한 완충재고는 고객의 빠른 수요 증가에 빠르게 대응하게 해준다. 즉, 고객 대응력을 키울 수 있다.

매사추세츠주의 워터타운에 본사를 둔 유나이티드 일렉트릭 컨트롤(United Electric Controls)의 사례에서 보다시피 작은 기업도 칸반 시스템으로 이득을 볼 수 있다. 유나이티드 일렉트릭은 공장의 안전을 위한 알람과 셧다운 스위치 제조 시장에서 선두를 차지하고 있다. 이 회사는 단순히 한 번에 창고에 투입물을 보관하고 필요에 따라 분배하고 있었다. 그리고 비용을 줄이기 위해 생산시스템의 사용 지점에서 가까운 곳에 투입물을 저장하기로 결정했다. 이로 인해 부품 수를 정확히 파악할 수 없었고 결국 투입물의 부족으로 생산 중단이 초래되기도 하였다.

그래서 관리자들은 회사가 40개 미만의 공급자를 보유하고 있고 필요한 투입량에 대해 최신 정보만 알고 있었지만 공급 칸반 시스템을 시험 도입하기로 결정하였다. 관리자들은 중앙 창고에 3주 분의 공급 부품-예상치 못한 수량 부족을 피하기에 충분한 공급량-을 저장하기로 결정했다. 그들은 계약 공급업체들에게 칸반과 창고에 투입물을 공급하라고 요구하면서 이 시스템을 시작했다. 일주일에 한번 씩 공급업체들은 창고를 확인해서 다음 주에 재고가 얼마나 필요할지 결정했다. 그 이후에 다른 공급자들도 이 시스템에 참여하도록 요구받았고 지금은 35개 이상의 주요 공급업체들이 칸반 시스템의 부분을 운영하고 있다.

이 적시생산시스템의 재고관리는 모든 성과 측정 기준에서 성공하게 된다. 재고 보유 비용이 크게 줄었고 제품이 적시에 고객에게 전달될 수 있게 되었다. 또한 신제품의 설계에서 생산까지의 주기가 50% 감소하였는데 이는 공급업체들이 신제품 설계 과정 초기부터 참여해 투입물을 필요 즉시 공급할 수 있었기 때문이다.

자율적 운영 팀과 효율성

자율적 운영 팀의 활용도 기업의 효율성을 높일 수 있는 또 다른 전략이다(11장 참조). 보통 자율적 운영 팀은 5명에서 15명의 직원으로 구성되어 있으며 이들은 제품의 부분이 아니라 한 제품 전체의 생산을 담당한다. 팀의 구성원들은 팀의 모든 업무에 대해 배우며 업무가 계속 변화한다. 이렇게 이 팀에서는 동료의 빈자리를 다른 팀원이 채울 수 있기 때문에 유연한 노동력을 확보할 수 있다. 또한 자율적 운영 팀의 팀원은 업무 및 휴가 계획, 원료 주문, 새 팀원 임명과 같은 기존에 상위 관리자가 하던 업무에 대한 권한을 가진다. 사람들은 주로 더 큰 자율성과 책임을 부여받았을 때 더 좋은 성과를 내기 때문에 이러한 권한을 가진 자율적 운영 팀은 생산성과 효율성을 높이는 데 도움이 된다. 게다가 관리자를 제거하고 수평적인 조직 관계를 만듦으로써 비용을 절감할 수 있고 효율성 또한 높일 수 있다. 자율적 운영 팀을 도입하면 보통 효율성이 30%나 그 이상 높아진다. 미국 노스캐롤라이나주의 더럼에 위치한 제너럴일렉트릭 항공(GE Aviation) 공장에서 자율적 운영 팀을 도입한 후 해마다 생산성이 향상되었으며 높은 생산 품질과 성공적인 정시 인도 비율을 달성했다.

프로세스 리엔지니어링과 효율성

프로세스 리엔지니어링
비용, 품질, 서비스, 속도와 같은 사업 성과의 주요 측정 요소들을 크게 향상시키기 위해 비즈니스 프로세스를 근본적으로 재고하고 철저하게 재설계하는 것

비즈니스의 주요 활동을 하나 또는 그 이상의 투입물을 통해 고객에게 가치 있는 산출물을 생성하는 과정이라고 생각하자. **프로세스 리엔지니어링**은 비용, 품질, 서비스, 속도와 같은 사업 성과의 주요 측정 요소들을 크게 향상시키기 위해 비즈니스 프로세스를 근본적으로 재고하고 철저하게 재설계하는 것을 의미한다. 고객관계관리도 비즈니스 프로세스의 일부로 여겨질 수 있다: 고객의 주문이 접수되면(투입) 주문을 처리하기 위한 프로세스가 진행되고 주문된 제품이 고객에게 전달되게 된다(산출). 이때, 프로세스 리엔지니어링은 가치를 창출하지 못하는 활동에 투입되는 시간을 없애면서 효율성을 높일 수 있다.

프로세스 리엔지니어링에 대한 예로 포드자동차가 이를 어떻게 활용했는지 생각해보자. 어느 날 포드자동차의 매니저가 일본 파트너 마즈다와 같이 일하게 되었는데 우연히 회계부에 5명의 직원들만 일하고 있다는 것을 발견하였다. 포드자동차의 미국 회사에서는 500명의 직원이 회계부에서 일하고 있었기 때문에 포드의 매니저는 이 사실을 듣고 매우 놀랐다. 그는 이 사실을 상부에 알렸고 그들은 이 차이의 이유를 찾기 위한 특별 조사팀을 구성하기로 결정했다.

포드자동차의 경영진들은 구매부에서 주문서를 공급업체에게 보내고 이 주문서의 복사본을 다시 포드자동차의 회계부에 전달하면서 자재 조달이 이루어진다는 것을 알아냈다. 공급자가 자재를 출하하고 포드자동차에 도착하면 자재 창고의 서기는 물품 조달에 대한 양식을 작성해서 회계부로 전달했다. 그리고 공급업체는 회계부에 송장을 전달한다. 따라서 회계부에서는 이 자재들에 대해 3개의 문서를 받게 된다: 주문서의 복사본, 받은 서류, 송장. 만약 이 세 가지 정보가 일치하면(대부분 일치한다) 회계부의 직원은 대금을 지불하게 된다. 하지만 가끔 이 세 문서는 일치하지 않을 때도 있다. 포드자동차는 회계부의 직원이 이 주문서, 받은 서류, 송장이 일치하지 않는 1%의 상황을 해결하기 위해 대부분의 시간을 보낸다는 사실을 알아냈다.

포드자동차의 경영진은 리엔지니어링을 통해 조달 과정을 단순화시키기로 결정했다. 그 결과 구매부에서 주문서를 공급업체에 전달하면서 동시에 온라인 데이터베이스에 주문 정보를 입력하게 되었다. 이전과 마찬가지로 공급업체들은 자재를 자재 창고에 전달하고 자재가 도착하면 자재 창고의 직원은 컴퓨터 단말기를 통해 도착한 자재들이 주문서와 일치하는지 확인한다. 이 둘이 일치한다면 직원은 자재를 허가하고 단말기를 통해 데이터베이스에 자재가 도

포드자동차의 경영진들은 리엔지니어링 프로세스를 활용해서 회사 조달 과정의 효율성을 향상시켰다. 포드자동차는 조달 과정을 단순화시켜서 회계부의 직원이 일치하지 않는 내용의 복잡한 주문서를 수정하는데 들이는 시간을 획기적으로 감소시켰다. ©josefkubes/Shutterstock.com

착했다고 입력한다. 자재의 영수증은 데이터베이스에 기록되고 컴퓨터는 자동적으로 공급업체에게 계산서를 발급하고 전달한다. 만약 자재와 주문서의 내용이 일치하지 않는다면 직원은 자재를 거절하고 공급업체에게 다시 보내게 된다.

본래 회계부에서 진행되는 지불 승인은 자재 수신창고에서 진행되게 되었다. 이 새로운 과정으로 인해 회계부의 필요성이 사라졌다. 따라서 포드자동차의 일부에서는 회계부를 95%까지 감축시켰다. 회계부의 직원 수를 줄이면서 리엔지니어링을 통해 비생산적인 활동으로 낭비되는 시간을 줄였고 이로 인해 전체 조직의 효율성이 향상되게 되었다.

요약하면 기업의 모든 수준의 관리자들은 효율성을 높이기 위한 중요한 역할을 담당한다. 최고경영진은 지속적인 개선이나 리엔지니어링에 대한 필요성을 강조하면서 효율성 향상을 장려하는 역할을 해야 한다. 또한 그들은 다양한 부서의 관리자들이 협업하여 효율성을 더욱 더 향상시킬 수 있는 방안을 찾을 수 있도록 해야 한다. 최고 경영진들이 이러한 역할의 중요성을 알고 있다 해도 기능 수준의 관리자들이 이러한 기회를 포착하고 기업의 생산시스템의 효율성을 향상시키는데 최적의 위치에 있다. 그들은 매일 매일 진행되는 기업 생산시스템과 관련되어 있으므로 품질과 같은 효율성을 향상시키는 일을 끊임없이 지속해야 한다.

운영관리: 남은 문제들

품질과 효율성을 통해 우수한 고객 대응력을 달성하는 것은 종종 운영관리와 조직문화의 큰 변화를 필요로 한다. 대중 언론에 적시생산시스템, 유연생산, 리엔지니어링에 대한 부정적인 시각을 가진 보고가 많이 등장하였다. 이렇게 부정적인 시각을 가진 조직은 이러한 시스템을 구현하려면 조직 문화에 큰 변화가 필요하다는 것을 이해하지 못했을 가능성이 크다. 이 시스템들 중 어느 것도 산업적 병을 치료하기 위한 약처럼 문제를 한 번에 해결할 수 있는 만병통치약이 아니다. 이러한 전략을 조직에서 제대로 시행하는 것은 힘든 도전이 될 수 있으며, 이를 시행하는 관리자들의 몇 년간의 끈기가 필요할 수 있다.

관리자들은 또한 위에 설명된 생산기술을 도입함으로서 발생할 수 있는 윤리적 영향을 이해해야 한다. 적시생산시스템, 유연생산, 리엔지니어링은 품질, 효율성, 고객에 대응력을 향상시킬 수 있지만 직원들에게 큰 부담을 줄 수 있다. 이러한 기술을 도입했을 때 직원들의 업무량이 늘어날 수도 있고 더 나쁜 상황에는 그들이 직장을 잃을 수도 있다.

업무에 대한 스트레스가 증가하더라도 직원에게 업무량을 계속해서 증가시키는 것이 과연 윤리적일까? 당연히 답은 '아니오'이다. 조직이 효과적으로 운영되려면 직원의 지지가 필수적이다. 어떤 종류와 양의 업무가 적합하고 어떤 업무는 과할까? 이 질문에는 명확한 답이 없다. 궁극적으로 이 문제는 윤리적인 행동을 추구하는 책임감 있는 관리자의 판단에 달려있다.

요약 및 리뷰

운영관리와 경쟁우위 기업의 관리자들은 높은 성과를 달성하기 위해서 고객 대응력, 제품의 질, 조직의 효율성을 향상시키기 위하여 노력한다. 이러한 목표를 달성하기 위해 관리자들은 다양한 운영관리 기법을 활용해 기업의 생산시스템 운영 방식을 향상시키고자 한다. [학습목표 14-1]

고객 대응력 향상 경쟁 환경에서 높은 성과를 달성하려면 고객 요구에 대한 생산시스템의 반응이 필수적이다. 관리자들은 고객이 원하는 제품 특성을 가진 산출물을 생산하는 시스템을 디자인하기 위해 노력한다. 운영관리의 핵심 임무 중 하나는 고객에게 동일한 가격에 경제적으로 더 많은 제품 속성을 전달할 수 있는 새롭고 향상된 생산시스템을 개발하는 것이다. 그리고 기업은 적시생산시스템(JIT), 유연생산, 프로세스 리엔지니어링과 같은 전략을 통해 위의 임무를 달성할 수 있다. 관리자들은 고객 대응력과 기업의 생산시스템의 관계를 잘 분석해야 한다. 저렴한 가격, 수용 가능한 품질, 향상된 기능과 같은 고객의 요구를 충족시키는 기업의 능력은 기업의 생산시스템의 특성에 크게 달려있다. 관리자들은 고객 대응력만큼 조직의 대응력과 비용 부담 능력에 한계가 존재한다는 것을 중요하게 인지하고 있어야 한다. [학습목표 14-2]

품질 향상 관리자들은 기업 산출물의 품질을 향상시키기 위해서 노력한다. 왜냐하면 이러한 노력이 고객들에게 더 나은 서비스를 제공하고 제품 가격을 올리고 생산 비용을 낮추는 것을 가능하게하기 때문이다. 품질을 향상시키기 위해서는 기업 전체 차원의 노력이 필요하다; 관리자들은 고객 중심을 강조하고 품질 측정 방법을 연구하고 품질개선 목표를 설정하고 제품 품질을 향상시키기 위한 직원의 의견을 수렴하며 제조하기 용이한 제품을 설계한다. [학습목표 14-3]

효율성 향상 효율성 향상을 위해서는 다음 중 하나 이상이 필요하다: 품질향상, 유연생산기술의 적용, 적시생산시스템 도입, 자율적 운영 팀, 프로세스 리엔지니어링의 활용. 최고 경영자는 예를 들면 지속적인 개선의 필요성을 강조하는 행위 같이 효율성 향상을 위한 조직 분위기를 설정해야 한다. 기능 수준의 관리자들은 생산시스템에서 효율성 향상을 위한 개선점을 찾고 시행해야하는 책임이 있다. [학습목표 14-4]

Management *in Action*

Topics for Discussion and Action

토론

1. 고객 대응력을 높이기 위해 관리자들이 조직의 생산시스템에 주의를 기울이는 것이 왜 중요한지 생각해보시오. [학습목표 14-1]
2. "기업에서 가장 노력해야 할 대상은 총 고객 서비스이다." 이 말에 어느 정도 찬성하는지 생각해보시오. [학습목표 14-2]
3. CRM은 무엇이고 이것이 어떻게 고객 대응력을 향상시키는지 생각해보시오. [학습목표 14-2]
4. 품질 향상은 기업의 이윤 창출에 도움이 될 수 있는지 생각해보시오. [학습목표 14-3]
5. 효율성은 무엇이고, 효율성을 향상시키기 위한 전략에는 무엇이 있는지 생각해보시오. [학습목표 14-4]

실행

6. 기업 관리자에게 품질, 효율성, 고객 대응력이 어떻게 정의되고 측정되는지 물어보시오. [학습목표 14-2, 14-3, 14-4]
7. 동네 가게, 식당, 슈퍼마켓에 가서 이 기업들의 고객 대응력 정도를 평가해보시오. 또한 이 기업들이 고객 대응력을 향상시키려면 어떻게 해야 하는지 생각해보시오. [학습목표 14-2]

Building Management Skills

생산시스템관리 [학습목표 14-1, 14-2]

친숙한 기업—근무하거나 후원한 경험이 있거나 대중 매체에서 자주 다뤄진—을 하나 고르시오. 기업은 반드시 한 가지 산업이나 사업에 포함되어 있어야 한다. 그 기업에 대한 질문에 답을 해보시오.

1. 기업의 산출물은 무엇인지 생각해보시오.
2. 이 산출물을 생산하기 위해 기업이 사용하고 있는 생산시스템을 설명해보시오.
3. 그 기업의 고객이 원하는 제품특성이 무엇인지 생각해보시오.
4. 기업의 생산시스템이 고객이 원했던 제품특성을 전달하고 있는지 생각해보시오.
5. 기업의 고객 대응력, 품질, 효율성을 향상시키기 위해 생산시스템에서 개선할 점을 생각해보시오.

Managing Ethically [학습목표 14-1, 14-4]

일반적으로 기업은 효율성 향상을 위한 전략을 도입한 후, 더 이상 필요 없는 수백 또는 수천 명의 직원을 해고한다. 그리고 남아있는 직원들은 종종 더 많은 일을 빠르게 처리해야 한다. 이 점은 직원들에게 스트레스와 업무와 관련된 다른 문제를 야기할 수 있다. 남아있는 직원들은 이에 더해서 많은 동료와 친구들이 해고되었어도 자기는 그대로 일하고 있다는 "생존자의 죄책감"을 느낄 수 있다.

질문

1. 혼자서나 그룹을 지어서 기업 성과 향상을 위한 새로운 운영관리 기법을 도입할 때 윤리적 영향을 고려하는 법에 대해 의논해보시오.
2. 윤리적인 관점에서 도입할 전략을 선정할 때와 성과 향상을 위해 직원을 독려할 때의 기준을 설정해보시오.
3. 어느 정도의 해고까지 수용가능하고 수용가능하다면 직원들의 피해를 줄이기 위해 어떤 일을 할 수 있을지 고민해보시오.

Small Group Breakout Exercise [학습목표 14-1, 14-2, 14-3, 14-4]

샌드위치 사업에서 경쟁하는 방법

3~4명으로 팀을 구성하고 과제를 발표할 팀장을 임명한 다음 시나리오에 따라 토론하시오.

당신과 파트너들은 새로운 샌드위치 가게를 열어 써브웨이(Subway)와 썬더클라우드 섭스(ThumderCloud Subs)와 정면으로 경쟁하려고 한다. 이 체인점들이 좋은 브랜드 인지도를 가지고 있기 때문에 새로운 샌드위치 가게를 위한 경쟁우위 요소를 창출하는 것이 중요했고 당신은 파트너들과 만나 이것을 만들기 위한 브레인스토밍을 하려고 한다.

1. 샌드위치 가게의 고객들이 대체적으로 원하는 제품 특성을 정의해보시오.
2. 기존 샌드위치 가게의 운영과 과정에 있어서 개선할 수 있는 점에 대해 생각해보고 향상된 (a) 품질, (b) 효율성, (c) 고객 대응력을 통해 어떻게 경쟁우위를 창출할 수 있는지에 대해 고민해보시오.

Be the Manager [학습목표 14-1, 14-3]

평면 스크린 디스플레이를 만드는 방법

당신은 애플과 HP 같은 개인용 컴퓨터 제작 업체에 평면 스크린 디스플레이를 공급하는 스타트업 기업의 경영진에 대한 운영관리 컨설턴트이다. 평면 스크린 디스플레이 시장은 경쟁이 치열하기 때문에 비용 절감이 상당히 요구된다. 또한 개인용 컴퓨터 제작 업체들은 고객 만족을 위해서 높은 질과 향상된 기능을 더 많이 요구하고 있다. 그리고 그들은 생산 일정에 맞출 수 있도록 제품의 정시 배달을 요구하고 있다. 경영진들은 이러한 요구를 충족시킬 수 있는 최선의 방법에 대한 당신의 조언을 요구한다. 현재 이 기업은 새 직원을 채용하고 생산 설비를 제작하는 과정에 있다.

질문

1. 이 장에서 서술한 전략 중 어떤 것들이 이 경영진들을 도와 효율성을 향상시킬 수 있을지 생각해보시오.
2. 품질을 향상시키기 위해 경영진들이 어떤 방식으로 프로그램을 개발할 수 있을지 고민해보시오.
3. 경영진들이 운영관리에서 배울 수 있는 중요한 교훈에 대해 생각해보시오.

Bloomberg Case in the News

공급업체에 2030년까지 10억톤의 온실가스 감축을 요구하는 월마트

저자: 매튜 보일(Matthew Boyle)

소매업계의 거대기업(월마트 스토어스)은 스스로 기후 변화를 방지할 수밖에 없다.

가격으로 공급 업체들을 압박하는 것으로 오랫동안 알려진 월마트 스토어스가 세계에서 가장 큰 소매 업체로서 공급 망에서 발생하는 온실 가스 배출량을 2030년까지 10억 미터톤 가량 제거하기 위해 유니레버(Unilever)와 콜게이트 파몰리브 컴퍼니(Colgate-PalmoliveCo.) 등에게 압력을 가하고 있다.

회사의 발표에 따르면, 프로젝트 기가톤이라고 부르는 그 목표치는 1년 동안 2억 1천 1백만 대의 승용차를 도로에서 없애는 것과 같다. 그 목표의 일환으로써, 월마트는 그 자체에서도 2025년까지 온실가스 배출량을 18% 줄이고자 하고 있다. 월마트의 지속 가능성 부서의 수석 부사장인 로라 필립스(Laura Phillips)는, 제너럴 밀스(General Mills Inc.), 캠밸 스프(Campbell Soup Co.), 유니레버(Unilever)를 포함하는 공급 업체들이 이 감축의 대부분에 참여할 것이라고 말했다.

아칸소 주, 벤턴빌에 있는 회사의 본부에서 화요일에 있었던 인터뷰에서 필립스는 이렇게 말하였다. “우리는 자체 운영에서는 진전을 이루었습니다. 하지만 이 문제는 공급망 깊숙이 관련되어 있습니다.” “주요 공급 업체들의 적극적인 행동이 시급합니다.”

월마트는 오래전부터 화장지에서 부터 타이어를 아우르는 거의 모든 것의 비용을 줄이기 위해 공급 업체들을 압박하는 것으로 유명하다. 현재 월마트는 탄소 배출에 있어서도 비슷한 방식을 활용하고 있다. 예컨대 판매업자에게 샴푸 한 병의 포장을 줄일 때 추가된 인센티브를 제공해 업체들이 비용을 절감할 수 있도록 하고 있다. 월마트는 10억 미터톤 즉, 1기가 톤을 감축했는데, 이는 월마트가 2015년 말까지 2천만 톤의 배출량을 줄이겠다는 기존의 목표에서서 상당한 진전을 보였고, 결국은 넘어섰다. 지난 해 11월, 이 소매업체(월마트)는 2025년까지 재생 가능 에너지의 사용을 25 %에서 절반으로 늘릴 것이라고 발표하며 지속 가능성에 대한 목표를 더욱 확장시켰다.

이 새로운 목표는 도널드 트럼프 대통령이 오바마 전 대통령의 기후 정책을 해체하려는 움직임과 파리 기후 조약을 거절할지 고민하는 상황에서 만들어졌다. 월마트는 파리 협약에서 배출 감소를 약속한 150개가 넘는 기업 중 하나였고 월마트의 전 회장인 랍 왈튼(Rob Walton)은 기후 과학의 열렬한 지지자였다.

월마트는 공급업체들이 청정 에너지에 대한 노력을 할 수 있는 6개 분야를 정의했다; 농업, 폐기물, 포장, 삼림 벌채, 제품 사용과 디자인. 벤턴빌(Bentonville)에서 개최 된 수요일에 있었던 행사에서 HP기업은 수면 모드에서 30 퍼센트 적은 에너지를 사용하는 프린터를 공개했고 시리얼 제조사인 켈로그는 2020년까지 쓰레기를 15퍼센트 줄이면서 3천만 달러를 절약할 수 있다고 발표했다.

“생산된 식품의 3분의 1이 버려지고 있습니다.”그 행사의 기자회견에서 켈로그의 최고경영자인 존 브라이언트(John Bryant)가 말했다. 그는 이러한 쓰레기를 제거하는 것이 회사의 “대 장기 목표”중 하나라고 말했다.

비누 제조사인 도브와 유니레버가 그랬듯이 회사 자체로 배출량을 감소시키는 것은 도전적인 일일 수 있다. 이 회사는 2010년에 2020년까지 제품으로 발생하는 온실가스를 절반으로 줄이기로 약속하면서 고객들에게 샤워를 더 짧게 해달라고 부탁했다. 하지만 소비자에게 영향을 미치는 게 어렵다는 것을 깨닫고 이 목표를 2030년까지 미루었다.

모든 업체가 이 목표에 도달토록 하기 위해 월마트는 세계 자연 기금(World wild life fund)과 환경 보호 기금(Environmental Defense Fund)과 같은 비영리 단체들과 협업하여 공급업체들을 돕고 있다.

기업들은 기후 목표의 잠재적인 정치적 반대 의견에도 위축되지 않고 있다-오히려 그들은 “더 열심히 하고 있다”, 세계자연기금의 회장인 카터 로버츠(Carter Roberts)가 이렇게 말했다.

“사람들은 아이들 세대에서 중요해질 문제에 대한 리더십을 찾고 있습니다.” 그가 말했다.

토론을 위한 질문

1. 온실 가스를 줄이고자 하는 월마트의 노력이 기업의 공급망을 어떻게 발전시킬지 생각해 보시오.
2. 월마트의 생태 발자국의 개선을 위한 노력이 고객 대응력에 영향을 줄 수 있는지에 대해 설명해보시오.
3. 월마트의 환경적 목표를 달성하기 위해, 세계자연기금과 같은 단체와 어떻게 협업하는 것이 월마트와 공급업체에 도움이 될 수 있을지 설명하시오.
4. 월마트가 기가톤 프로젝트(Project Gigaton)의 결과를 통해 경쟁우위를 어떻게 창출할 수 있는지 생각해보시오.

부 록

B 경력개발

경영자들은 자신의 경력을 쌓아가는 동안 그리고 부하들의 효율적인 경력 관리(career management)를 지원하는 과정에서 몇 가지 문제들에 직면하게 되었다. **경력**은 한 사람의 생애를 통틀어 경험하는 직무와 관련된 전체 총합이다. 경력은 사람들이 갖는 다양한 직업들과 그들이 일하는 다양한 조직들을 모두 포함한다. 경력은 대부분의 사람들에게 적어도 두 가지 이유로 중요하다. 첫째, 경력은 외부의 관심사를 추구하도록 기본적인 필요와 기회들을 제공함으로써 자신과 자신의 사랑하는 사람들을 지원하는 수단이다. 두번째, 경력은 개인적인 성취와 의미(meaning)의 원천이 될 수 있다. 많은 관리자들은 조직에 변화를 만들고 조직의 효율성과 효과성을 향상시키는 것을 지원하는 일이 개인적으로, 또한 재무적으로 성과가 있다는 것을 알아내었다.

경력 한 개인의 평생을 걸친 직업 혹은 직무관련 경험의 총합

경력 개발은 그들 자신의 경력이 시간이 지남에 따라 어떻게 펼쳐질지, 그리고 그들의 조직에서 경력이 어떻게 관리되어 되는지에 관한 관리자들의 관심사항이다. 관리자들은 그들 자신의 경력 개발 과정에서 미래의 기회로 이끌어줄 자신의 스킬을 발전시킬 수 있는 도전적이고 흥미로운 일들을 찾고, 그리고 그들에게 개인적으로 의미있는 종류의 일을 할 수 있도록 허락한다. 비슷하게, 부하직원들을 동기부여 시키고 이끌 때, 관리자들은 적절히 부하직원의 경력 개발에 대응/조율해야 한다. (관리자와 종업원 모두의) 경력이 조직 내에서 효율적으로 관리된다면, 조직은 인적자원을 최대한 활용할 수 있으며 종업원들은 그들의 직무에 대해 동기를 부여 받고 만족하는 경향을 보인다.

휴렛 패커드의 최고경영자인 Meg Whitman은 HP에 오기전에 Stride Rite, FTD, P&G, Disney, Hasbro, eBay 등의 다양한 직장경력을 가지고 있다.

종업원과 관리자 모두는 효율적으로 경력을 관리하는 것에 중요한 역할을 한다. 예를 들어, 종업원들을 그들에게 동기부여 되고 성취감을 주는 일의 종류나 자신의 미래 경력에 대한 열망 등을 이해해야 한다. 그런 후 종업원들은 그들이

원하는 경력을 갖는 것을 도와줄 교육, 훈련, 직무 경험 등을 스스로/사전적으로 찾아나서야 한다. 관리자들은 종업원들에게 그들의 경력 개발에 기여할 수 있는 직무 제공, 경험들, 훈련 그리고 기회 등을 제공함으로써 종업원들이 조직에 의미 있는 기여를 할 수 있도록 동기 부여할 수 있다.

경력 유형

모든 사람의 경력은 고유하지만, 사람들이 갖는 경력의 유형은 고정적 경력(state career), 선형 경력, 나선형 경력 그리고 일시적 경력 등의 4개의 전형적인 유형으로 분류된다.

고정적 경력 한 개인의 업무 생활의 상당 부분 동안 같은 종류의 직업으로 이루어진 경력

고정적 경력

고정적 경력을 가진 사람은 근로생활을 유지하는 동안 특정한 종류의 직업에 집중한다. 고정적 경력을 가진 사람들은 그들의 일에 굉장히 능숙해지고 전문적이게 된다. 대학을 졸업하면서부터 극을 쓰기 시작해 70살의 나이에 은퇴할 때까지 계속해서 극을 쓴 극작가는 고정적 경력을 가진 사람이다. 치대를 졸업한 후 은퇴할 때까지 안정적으로 치과 서비스를 제공해온 치과의사 또한 이러한 경력유형에 속한다.

어떤 관리자들은 그들의 근로생활의 많은 부분을 같은 종류의 직무를 유지하는 고정적 경력을 선택하는데 그들의 일에 대해 매우 숙련되고 전문적이게 된다. 예를 들어 잡지 출판사의 재능/능력있고 창의적인 그래픽 디자이너는 자신이 정말 좋아하는 일인 매력적인 잡지 속지와 표지 디자인을 계속하기 위해 승진이나 다른 "기회"들을 거절할 수 있다. 이와 비슷하게, Dillard의 몇몇 관리자들은 그들이 판매원들을 직접 감독하는 것을 좋아하며 고객들과 가까이 있을 기회를 위해 지역 판매 관리자로서 고정적 경력을 가진다.

선형 경력 새로운 직장에 있을 때마다 추가적인 책임, 조직에 더 큰 영향, 새로운 기술, 조직의 위계질서에서 상향 이동이 수반되는 일련의 직업으로 구성된 경력

선형 경력

선형 경력을 가진 사람은 추가적인 책임, 조직에서의 더 큰 영향력, 새로운 스킬, 그리고 조직계층에서의 상향 이동 등을 수반하는 각각의 새로운 직무를 연속적인 직업으로 이동한다. 많은 관리자들의 경력은 그들이 같은 회사에 머물거나 자주 조직을 바꾸든지 선형이다. 선형 경력은 맡은 직위의 위쪽으로의 전진한다.

거대한 기업들의 최고경영자들은 그들이 CEO가 되기 전에 다양한 조직에서 일련의 낮은 직급의 직책을 거쳤다. 비슷하게, Texas의 College Station에 위치한 Red Lobster의 부지배인은 말단 직위인 계산원부터 시작했다. Dillard's 백화점의 선형 경력은 이러한 연속적인 직위로 포함할 수 있다: 간부훈련인(executive trainee), 지역판매부장(area sales manager), 보조 구매자(assistant buyer), 구매담당자, 판매/판촉 부서의 상점관리보조자(assistant store manager of merchandising), 상점 관리자, 그리고 판매 사업부 관리자(divisional merchandise manager). 몇몇은 다른 종류의 경력을 가질 수도 있으나, 'Managers'의 부하 직원들 또한 선형 경력을 가질 수 있다.

나선형 경력 서로 의지하면서도 근본적으로 다른 경향이 있는 일련의 직업으로 구성된 경력

나선형 경력 **나선형 경력**을 가진 사람은 구조적으로 다른 경향의 직업을 유지하는 경향이 있다. 화학공학과의 부교수로서 대학에서의 교육 및 연구를 떠나 화학 회사에서 10년 동안 R&D부서를 이끌다가 자신의 컨설팅 회사를 설립한 사람은 나선형 경력을 가진 것이다. 비슷하게, 대기업의 마케팅관리자를 역임하다 홍보(public relations) 직무로 이직하여 몇 년 동안 그 자리를 지킨 후 광고회사로 직장을 바꾼 사람도 나선형 경력이다. 그러한 세 가지 직업은 상당히 서로 다르고 책임감의 증가 정도가 수반하지 않아도 된다.

일시적 경력 한 개인이 직업을 자주 바꾸고, 그 이전의 직업과 각각의 작업이 다른 직업

일시적 경력 어떤 사람들은 자주 이전 직업과는 다른 직업들을 갖는데, 이러한 유형의 경력이 **일시적 경력**이다. 중학교 선생님을 하다 2년 후 소비재기업의 이사 보좌관(administrative assistant)으로 1년 동안 일하고, 다시 목수일로 이직한 사람은 일시적 경력이다.

경력 단계

모든 사람의 경력은 고유하지만 사람들이 일반적으로 진행하는 것으로 보이는 한 경력단계가 있다. 한 사람이 모든 단계를 거치지는 않더라도, 전형적으로 몇몇의 단계는 경험된다. 각각의 단계는 특정한 종류의 행동들, 난관들, 그리고 잠재적인 기회들과 관련된다. 연구자들 사이에서 일부 의견 차이가 있지만, 사람이 각 단계를 경험하는 정도나 단계의 정확한 수와는 관계없이 여기서 우리는 경력을 이해하고 관리하는 데에 유용한 다섯 단계(see exhibit A)에 대해 논하도록 한다.

이 경력단계들은 매니저이든 매니저가 아니든 똑같이 적용된다. 따라서, 단계를 이해하는 것은 매니저들에게 있어서 자신의 경력 개발 측면과 그들의 부하직원들의 경력 개발 측면 모두에서 중요하다. 중요하게, 그리고 점점 더, 이 경력단계들은 다양한 조직에 속한 대부분의 사람들에게 의해 경험된다. 즉, 과거에는, 최소한 몇몇의 사람들은 그들의 경력 대부분을 하나의 조직에서 (또는 단지 몇 개의 조직에서) 쌓았겠지만, 이것이 점점 더 드물어지기 때문이다. 급속한 기술 변화, 증가된 글로벌 경쟁, 환경의 불확실성, 아웃소싱, 그리고 많은 조직들이 비용을 줄이기 위해 시점에 어느 한 시점에 의존하는 해고 등은 사람들의 경력이 다수의 상이한 조직들의 일련의 직위에서 펼쳐지게 하는 데에 원인이 되는 요인들이다. 따라서, **경계없는(boundaryless) 경력** 또는 단일 조직에 묶여있지 않는 경력들이 점점 더 보편화되고 있으며 대부분의 사람들은 그들의 경력을 통해 여러 조직에서 다양한 업무 경험을 갖는다.

경계없는 경력 단일 기업에 소속되어 있지 않으며, 여러조직에서 다양한 업무 경험으로 구성된 경력

취업 준비 이 단계에서, 사람들은 자신이 원하는 직업을 결정하고 자신이 선택한 경력을 쌓기 위해 필요한 자격과 경험이 무엇인지 배우게 된다. 직업을 결정하는 것은 쉬운 일이 아니며 어느 정도의 자각(self-awareness)과 숙고(reflection)이 요구된다. 어떤 경우, 사람들은 그들이 가장 행복할 가능성이 높은 직업을 찾는 것을 전문직업상담가에게 의존한다. 사람의 성격(personality), 가치관, 태도 그리고 기분(moods) 등이 직업을 처음 선택하는 데에 영향을 준다.

보기 A 경력 단계

직업 영역을 선택한 후에, 사람들은 좋은 시작 위치를 얻는 데 필요한(necessary) 지식, 스킬(skills) 및 교육 등을 습득해야 한다. 사람들은 학사 학위나 대학원 학위 또한 수습기간을 통한 직장 내 훈련(on the job training)에서 획득할 수 있다(독일과 몇몇의 다른 나라들에서 보편적이다).

입사 이 단계에서, 사람들은 좋은 첫 직장을 찾으려고 노력한다. 그 탐색은 광고 읽기, 직업/일자리 박람회 참석 등과 같은 다양한 방법으로 잠재적인 기회를 파악하고, 대안적인 직책(positions)을 가능한 많이 알아내고, 스스로를 장래 고용주에게 매력적인 후보자로 만드는 것을 수반한다. 조직에 입문하는 것은 몇몇 유형의 커리어에 있어서 다른 직업들 보다 더욱 어려운 단계이다. 본인이 회계 법인에서 일하기를 원한다는 것을 알고있는 회계 전공자는 이미 자신의 기회와 그러한 회사에 자신을 매력 있게 만드는 방법에 대한 좋은 아이디어를 가지고 있다. 서적 출판사의 편집자로 경력을 쌓고 싶어하는 영문학과 전공자는 흔치 않은 "좋은" 출발로 보이는 신입 직책을 찾을 수 있으며, 존경받는 출판사의 영업 담당자의 직책을 수락하는 것이 그녀의 최선이라고 결정할 수 있다. 많은 경우, 매니저들은 관리직이 아닌 재무, 마케팅 또는 엔지니어링과 같은 부서의 신입 직책으로 그들의 커리어를 시작한다.

초기 경력 초기 경력 단계는 그 또는 그녀가 선택한 경력에서 첫 번째 직업을 얻은 후 시작된다. 이 단계에는 두 가지 설립과 성취라는 중요한 단계가 있다. 설립이란 새로운 직업과 조직에 대한 ropes를 학습(예를 들어, 구체적인 직무 책임과 의무, 기대되고 요구되는 행동, 상급자(boss)와 같은 다른 조직 구성원들의 중요한 가치 등)하는 것을 의미한다. 더 넓은 조직에서 업무와 기능을 수행하기 위한 기본적인 노하우를 습득한 사람은 두 번째 단계를 밟을 준비가 되어있다. 성취란 이름을 남기는 것/명성을 떨치는 것/성공하는 것, 또는 직무나 조직에 중요한 기여를 하는 것을 의미한다.

성취 단계는 미래의 경력발전에 결정적일 수 있다. 이것은 스스로의 잠재력을 입증하고, 관리자가 되기를 갈망하고 원하는 직책을 두고 경쟁하고 있는 다른 사람들로부터 돋보이게 하는 수단이다. 다운사이징과 구조조정은 많은 대기업의 관리직의 수를 줄여, 개인이 초기 경력 단계를 효과적으로 관리하여 발전 기회를 늘리는 것을 매우 중요하게 만들었다. 조직 진정으로 중요한 공헌을 할 수 있는 위치와 방법을 파악함으로써, 당신은 조직 내외부의 경력 전망을 강화할 수 있다.

멘토 경험이 부족한 직원에게 조언과 안내를 제공하는 경험이 많은 조직원

어떤 사람들은 멘토를 찾고 그들의 도움을 구하는 것이 초기 경력과 후속 단계에서 귀중한 가치가 될 수 있다는 것을 발견했다. **멘토**는 경험이 부족한 직원(후배/제자(proteges) 또는 멘티)에게 조언과 안내를 제공하는 경험 많은 조직원이다. 멘토가 제공하는 도움은 까다로운 작업 할당에 대한 조언부터 시작해서 감독자와의 의견 불일치 대처법, 얻기 위해 노력해야 하는 차후 직책의 종류, 다양한 상황에서의 적절한 행동과 의복/복장(what to wear)에 대한 정보 등에 이른다. 멘토가 종종 후배/제자(proteges)를 찾기도 하지만, 개인은 또한 사전 대책을 강구할 수 있으며 잠재적인 멘토의 도움을 요청할 수 있다. 일반적으로, 특히 훌륭한 잠재력을 지닌 멘토들은 다양한 경험과 부하 동료들을 도우려는 진정한 열망을 가진, 제자가 되고자 하는 사람과의 대인관계에 적합한 성공적인 관리자이다. 연구자들은 멘토로부터 도움을 받는 것이 임금 인상, 임금 만족, 승진 및 성취감에 대한 좋은 감정 등과 관련이 있다.

중기 경력 중기 경력 단계는 일반적으로 사람들이 일하는 기간이 20년에서 35년 사이에 해당된다. 여러 관리자들은 상당히 다른 방식으로 이 단계를 경험한다. 어떤 관리자의 경우, 중기 경력 단계는 주요 성과 및 성공 시기인 중요한 시점이다. 다른 관리자의 경우에, 중기 경력 단계는 그들의 경력이 정체(plateau)되기 때문에 슬럼프이다.

경력정체 승진하거나 보다 책임감 있는 직업을 얻을 가능성이 낮은 지위

관리자들은 현재 조직에서 상위 직책으로 승진하거나 다른 조직에서 더욱 책임감 있는 직책을 얻을 가능성이 줄어들 때 **경력정체(career plateau)**에 이른다. 조직의 계층이 상위로 올라갈수록 관리직이 점점 줄어들기 때문에 일부 관리자들은 필연적으로 경력정체를 경험하게 된다. 일부 조직에서는 다운사이징과 구조조정으로 인해 상위 직급이 특히 부족하다.

자신의 상황을 받아들일 수 있는 정체된 관리자들은 계속해서 그들의 업무를 즐기고 조직에 중요한 기여를 할 수 있다. 예를 들어, 일부 정체된 관리자들은 그들에게 새로운 일을 배우고 다른 방식들로 조직에 기여할 수 있도록 기회를 주는 쪽으로 이동하는 것을 장려한다. 어떤 사람들은 멘토가 되어 자신의 지혜를 공유하고 자신의 분야에서 시작하는 사람에게 변화를 줄 수 있는 기회가 특별히 매력적이라는 것을 깨닫는다.

후기 경력 후기 경력 단계는 개인이 일을 계속하고 활동적인 경력을 가지고 있는 한 지속된다. 대부분의 관리자들은 이 단계에서 생산적인 상태를 유지하고 있으며, 속도를 늦출 기미를 보이지 않는다.

효과적인 경력관리

효과적인 경력관리
조직의 모든 단계에서 필요에 따라 보다 책임감 있는 직책을 맡을 수 있는 자격을 갖춘 직원이 있는지 확인하여야 한다.

관리자들은 자신이 개인적으로 원하는 유형의 직업을 갖는 것에 대한 보장뿐만 아니라 그들의 조직의 모든 직원들을 위한 효과적인 경력관리가 존재하는 것에 대한 문제에 직면한다. **효과적인 경력관리**는 조직의 모든 단계에서 필요에 따라보다 책임 있는 직책을 맡을 수 있는 우수한 자격을 갖춘 직원이 있으며, 조직의 많은 구성원들이 최대한 자신의 직업과 경력에 대해 높은 동기부여와 만족감을 갖도록 하는 것을 의미한다. 상상할 수 있듯이, 조직 전체에서 효과적으로 경력을 관리하는 것은 절대 쉬운 일이 아니다. 그러나 이 시점에서 어느 조직에게 있어서나 효과적인 경력 관리의 중요한 두 가지 토대, 즉 윤리적인 직업 관행 및 직원들의 다차원적인 삶을 위한 편의에 대한 논의는 유용하다.

윤리적인 경력제도 윤리적인 직업 관행은 효과적인 경력 관리에서 가장 중요한 요소 중 하나이며 기본적인 수준에서 조직 구성원 간의 정직, 신뢰 및 열린 의사소통에 기반한다. 윤리적인 직업 관행은 개인적인 우정이나 유대 관계와 같은 직무와 관련성 없는 고려 사항이 아니라 성과에 대한 승진에 근간을 두며, 조직의 다양한 구성원들이 그들이 자격을 갖춘 경력 기회를 받을 수 있도록 보장한다. 관리자들은 다른 사람에게 영향을 미치는 경력 결정을 내릴 수 있는 그들의 권한/힘(power)을 남용해서는 안 되며 자신의 커리어를 발전시키기 위해 비윤리적으로 행동하면 안 된다. 모든 수준/위치(level)의 관리자는 윤리적인 직업 관행을 헌신 및 준수하고 이 헌신을 적극적으로 보여야 한다. 그들은 이러한 관행들을 위반하는 것이 절대로 용납되지 않을 것이라는 것을 알려야 하며, 자신이 윤리적으로 대우받지 못했다고 느끼는 조직원들이 반드시 보복에 대한 두려움 없이 그들의 생각을 이야기할 수 있도록 해야 한다.

근로자의 다차원적인 삶을 위한 편의 효과적으로 경력을 관리한다는 것은 또한 많은 조직 구성원이 자신의 삶에서 직면하는 다양한 요구에 민감하게 반응하고 편의를 제공한다는 것을 의미한다. 맞벌이 부부는 이제 예외가 아닌 표준이 되었으며, 한 부모의 수는 사상 최고에 달하고 있고, 더 많은 중기 경력 단계 근로자들이 그들의 병약하고 나이든 부모를 돌보아야 한다. 불필요한 이동과 여행을 제한하고, 유연한 근무 배치와 일정을 채택하고, 현장에서 탁아소를 제공하며, 근로자가 아이나 나이든 부모를 돌볼 수 있도록 휴무 시간을 허용함으로써 관리자는 근로자가 그들의 다른 책무/책임(commitment)을 다하면서도 만족스럽고 생산적인 경력을 가질 수 있도록 할 수 있다.

경력은 관리자 자신들과 마찬가지로 관리자의 부하 직원에게도 중요하다. 효과적인 경력관리에 관련된 많은 이슈들을 이해하는 것은 관리자와 부하 직원 모두가 조직이 목표를 달성하는 데 도움을 주는 것과 동시에 자신이 원하는 경력을 쌓을 수 있도록 해 준다.

찾아보기 Index

ㄱ

ㄴ

ㄷ

ㄹ

ㅁ

ㅂ

ㅅ

ㅇ

ㅈ

ㅊ

ㅋ

ㅌ

ㅍ

ㅎ

B

S

X

Y